S. Chand's

HINDI-ENGLISH-HINDI DICTIONARY

IN ROMAN ALPHABETICAL ORDER

Dr. Dwarka Prasad

Assisted by

Mrs. Santosh Prasad

2002

S. CHAND & COMPANY LTD.

RAM NAGAR, NEW DELHI-110 055

S. CHAND & COMPANY LTD.
(An ISO 9002 Company)
Head Office : 7361, RAM NAGAR, NEW DELHI - 110 055
Phones : 3672080-81-82; Fax : 91-11-3677446
Shop at: **schandgroup.com**
E-mail: **schand@vsnl.com**

Branches :
No. 6, Ahuja Chambers, 1st Cross, Kumara Krupa Road, **Bangalore**-560 001. Ph : 2268048
152, Anna Salai, **Chennai**-600 002. Ph : 8460026
Pan Bazar, **Guwahati**-781 001. Ph : 522155
Sultan Bazar, **Hyderabad**-500 195. Ph : 4651135, 4744815
Mai Hiran Gate, **Jalandhar** - 144008 Ph : 401630
613-7, M.G. Road, Ernakulam, **Kochi**-682 035. Ph : 381740
285/J, Bipin Bihari Ganguli Street, **Kolkata**-700 012. Ph : 2367459, 2373914
Mahabeer Market, 25 Gwynne Road, Aminabad, **Lucknow**-226 018. Ph : 226801, 284815
Blackie House, 103/5, Walchand Hirachand Marg , Opp. G.P.O.,
Mumbai-400 001. Ph : 2690881, 2610885
3, Gandhi Sagar East, **Nagpur**-440 002. Ph : 723901
104, Citicentre Ashok, Govind Mitra Road, **Patna**-800 004. Ph : 671366

First Edition 2002

ISBN : 81-219-2129-5

PRINTED IN INDIA

By Rajendra Ravindra Printers (Pvt.) Ltd., Ram Nagar, New Delhi-110 055 and published by S. Chand & Company Ltd., 7361, Ram Nagar, New Delhi-110 055

भूमिका

यह कोश क्यों ?

यह एक वास्तविकता है कि रोमन लिपि का क्रम अधिकांश लोगों को आसानी से याद हो जाता है। जबकि देवनागरी लिपि का क्रम याद करने में थोड़ी कठिनाई होती है। उत्तर भारत में टेलीफोन डायरैक्टरी जब भी देवनागरी लिपि के क्रम में प्रकाशित हुई तो लोगों को टेलीफोन नम्बर खोजने में बड़ी कठिनाई का सामना करना पड़ा। वहीं रोमन लिपि के क्रम में शब्द खोजने में आसानी होती है। यह कोश इस परेशानी से बचने के लिए बनाया गया है। इसमें हिन्दी शब्द पहले रोमन लिपि में और फिर देवनागरी लिपि में दिए हैं। उसके बाद उनका अर्थ अंग्रेजी व हिन्दी में दिया गया है। इससे अंग्रेजी माध्यम से हिन्दी सीखने के इच्छुक लोगों के लिए आसानी होगी। सम्पूर्ण विश्व में रहने वाले भारतीयों के लिए यह एक अनूठा कोश होगा।

हम विशेष रूप से डॉ. दिनेश्वर प्रसाद (फादर कामिल बुल्के के सहयोगी एवं उनके कोश के संशोधक) के आभारी हैं जिन्होंने सम्पूर्ण कोश को पढ़ा एवं कोश के संबंध में अपने विचार लिखे।

अंत में हम अपने प्रकाशक एस. चन्द एण्ड कम्पनी लिमिटेड के प्रबंध-निदेशक श्री रवीन्द्र कुमार गुप्ता जी के हार्दिक आभारी हैं जिन्होंने इतने सुन्दर रूप में इस कोश को प्रकाशित किया है।

5, गांधी मार्ग (मेन रोड)
रांची, झारखंड - 834 001

डा. द्वारका प्रसाद
श्रीमती सन्तोष प्रसाद

हिन्दी के प्रसिद्ध साहित्यकार एवं फादर कामिल बुल्के अंग्रेजी-हिन्दी कोश के संशोधक डॉ. दिनेश्वर प्रसाद की इस कोश के बारे में प्रस्तावना

डॉ. द्वारका प्रसाद जितने हिन्दी के प्रसिद्ध लेखक हैं, उतने ही अँग्रेज़ी के प्रौढ़ मर्मज्ञ विद्वान्। यह पेशे से मनोचिकित्सक हैं। हिन्दी उपन्यास, कहानी और नाटक के क्षेत्र में इन्होंने प्रभूत कार्य किया है और इनका परम्पराभंजक कृतित्व सदैव चर्चा में रहा है।

एक ऐसे गद्यकार के नाते, जो लगभग सात दशकों से लिखता रहा है, यह हिन्दी के विकासमान और समकालीन स्वरूप की बड़ी निकट जानकारी रखते हैं। अत: इनके द्वारा तैयार **Hindi-English-Hindi Dictionary in Roman Alphabetical Order** की प्रामाणिकता और उपयोगिता स्वत: स्पष्ट है।

यह कोश ऐसे लोगों को ध्यान में रख कर तैयार किया गया है, जो अँग्रेज़ी या अन्य भाषा-भाषी हैं और देवनागरी की अपेक्षा रोमन लिपि से अधिक परिचित हैं। इसलिए इसमें हिन्दी शब्द पहले रोमन और फिर देवनागरी में दिये गये हैं और उनके प्रयोग रूपों की व्याकरणिक कोटियों का संकेत करते हुए उनके शब्दार्थ प्रस्तुत किये गये हैं। इससे अँग्रेज़ी माध्यम से हिन्दी सीखने के इच्छुक उन भारतीय और विदेशी समुदायों को, जिनकी संख्या बहुत बड़ी है, अपने प्रयोजन में बहुत सहायता मिलेगी।

वस्तुत: हिन्दी न केवल विश्व की तीसरी बड़ी भाषा है, बल्कि इसका प्रचार-प्रसार दिन प्रतिदिन बढ़ता जा रहा है। भारत से बाहर के भारतवंशी देशों में इसका व्यवहार जनभाषा के रूप में होता है। अपने सांस्कृतिक मूलों की ओर लौटने की बढ़ती हुई प्रवृत्ति के कारण अन्य देशों की भारतीय आबादियों में भी इसके प्रति आकर्षण बढ़ता जा रहा है। भारत में इसके संवैधानिक महत्त्व और भारत से बाहर इसकी विस्तृत उपस्थिति के कारण विश्व के अधिकांश देशों में इसकी जानकारी की ललक बढ़ती जा रही है और इन देशों में अँग्रेज़ी भाषी तथा अँग्रेज़ी को महत्त्व देने वाले पूर्व ब्रिटिश उपनिवेशों की संख्या सबसे अधिक है। इसलिए रोमन लिपि और अँग्रेज़ी भाषा के माध्यम से हिन्दी सिखाने वाली पुस्तकों की उपयोगिता बहुत बढ़ गयी है। डॉ. द्वारका प्रसाद की Hindi-English-Hindi Dictionary in Roman Alphabetical Order इन पुस्तकों की शृंखला में एक नयी कड़ी है, जो अपने आकार, वैज्ञानिकता और उपयोगिता के कारण विशेष रूप से उल्लेखनीय है।

मेरा विश्वास है, यह कोश हिन्दी के विश्वव्यापी प्रचार-प्रसार में बहुत सहायक सिद्ध होगा और अपने उपयोगकर्त्ताओं द्वारा अत्यधिक सराहा जायेगा।

INDICATION LIST

Roman Equivalents of Hindi Alphabets

अ	- A	घ	- GH	न	- N, ∸, Ṅ
आ	- Ā, ा - Ă	च	- C	प	- P
इ	- I, ि	छ	- CH	फ	- PH
ई	- I, ी	ज	- J	फ़	- F̣
उ	- Ū, ु	ज़	- Z	ब	- B
ऊ	- Ū, ू	झ	- JH	भ	- BH
ऋ	- Ṛ	ण	- Ṇ	म	- M, ∸, Ṁ
ए	- E, े	ट	- Ṭ	य	- Y
ऐ	- AI, ै	ठ	- ṬH	र	- R
ओ	- O - ो	ड	- Ḍ	ल	- L
औ	- AU, ौ	ड़	- Ṛ	व	- V
क	- K	ढ	- ḌH	श	- Ś
क़	- Q	ढ़	- ṚH	ष	- Ṣ
ख	- KH	त	- T	स	- S
ख़	- K̲H̲	थ	- TH	ह	- H
ग	- G	द	- D		
ग़	- Ġ	ध	- DH		

संकेत सूची

(A. अ.) (Arabic अरबी)
A. अ. Adverb अव्यय
Adj. अ. Adjective विशेषण
F. अ. Feminine स्त्रीलिंग
M. अ. Masculine पुल्लिंग
V.I. अ. Verb intransitive अकर्मक क्रिया
V.T. अ. Verb transitive सकर्मक क्रिया

INDICATION LIST

Hindi Equivalents of Roman Alphabets

A	–	अ
Ā	–	आ
ा	–	**Ă at end of a word** अ
AI	–	ऐ, ै
AU	–	औ, ौ
B	–	ब
BH	–	भ
C	–	च
CH	–	छ
D	–	द
Ḍ	–	ड
ḌH	–	ढ
E	–	ए
F	–	फ़
G	–	ग
Ġ	–	ग़
GH	–	घ
H	–	ह
I	–	इ, ि
Ī	–	ई, ी
J	–	ज
JH	–	झ
JŇ	–	ज्ञ
K	–	क
KH	–	ख
KṠ	–	क्ष
KH	–	ख़
L	–	ल
M	–	म
Ṁ	–	ं
N	–	न
Ṅ	–	ं
Ṇ	–	ण
O	–	ओ, ो
P	–	प
PH	–	फ
Q	–	क़
R	–	र
Ṛ	–	ऋ, ृ
Ṛ	–	ड़
ṚH	–	ढ़
S	–	स
Ṣ	–	ष
Ṡ	–	श
T	–	त
Ṭ	–	ट
ṬH	–	ठ
TH	–	थ
U	–	उ., ु
Ū	–	ऊ, ू
V	–	व
Y	–	य
Z	–	ज़

A

A. अ. देवनागरी वर्णमाला का पहला अक्षर।

AB अब adv. अ. at the present time; now; just now; now a days. इस समय, वर्तमान वि. ~ का, वर्तमान समय का।

ĀB आब (P. फ़ा.) m. पु. water, temper, lustre पानी, आंसू, 2. पसीना।

ABĀBĪL अबाबील (P. फ़ा.) f. स्त्री. a swallow एक छोटी चिड़िया।

ĀBĀD आबाद (P. फ़ा.) adj. वि. settled बसा हुआ।

ĀBĀDĪ आबादी (P. फ़ा.) f. स्त्री. a settled place; a settlement बस्ती; 2. population जनसंख्या।

ABĀDHYĂ अबाध्य (S. सं.) adj. वि. unchecked; not to be checked; जिसे रोका न जा सके।

ABAS अबस adj. वि. unsubmissive; not under control. विवश।

ABBĀ अब्बा (A. अ.) m. पु. father पिता।

ĀBHĀ आभा (S. सं.) f. स्त्री. light; splendour; gleam; beauty; चमक; झलक; सौन्दर्य।

ABHADRĂ अभद्र (S. सं.) adj. वि. crude; indecent अशिष्ट।

ABHĀGA अभागा adj. वि. unfortunate बदनसीब, भाग्यहीन।

ABHĀGYĂ अभाग्य (S. सं.) adj. वि. misfortune बदनसीबी, बदकिस्मती।

ĀBHARAN आभरण (S. सं.) m. पु. ornament गहना।

ĀBHĀR आभार (S. सं.) m. पु. gratitude एहसान।

ĀBHĀRĪ आभारी (S. सं.) adj. वि. grateful एहसानमन्द।

ĀBHĀS आभास (S. सं.) m. पु. apearance; likeness; impression; inkling झलक।

ABHĀV अभाव (S. सं.) m. पु. want; poverty न होना। 2. non-existence कमी।

ABHEDYĂ अभेद्य (S. सं.) adj. वि. impregnable. 2. indivisible जिसका भेद न हो सके।

ABHĪ अभी adj. अ. now; at this particular time; immediately, इसी वक्त।

ABHIBHĀVAK अभिभावक (S. सं.) f. पु. guardian. संरक्षक (स्त्री.) अभिभाविका।

ABHIBHŪT अभिभूत (S. सं.) adj. वि. overbearing; पराजित; किंकर्त्तव्यविमूढ़।

ABHIDHĀ अभिधा (S. सं.) f. स्त्री. literal sense (of a word); नाम, 2. उपाधि, ३. वाचार्थ प्रकट करने वाली शब्द-शक्ति।

ABHIDHEYĂ अभिधेय (S. सं.) adj. वि. speakable कथनीय, कहने योग्य।

ABHIJĀT अभिजात (S. सं.) adj. वि. aristocratic; well-bred; notable कुलीन, उच्च-कुल में उत्पन्न।

ABHIJĀTYĂ अभिजात्य (S. सं.) adj. वि. of good or high birth कुलीनता, ऊंचे कुल में जन्म।

ABHIGYĀN **अभिज्ञान** (S. सं.) m. पु. recognition (by a mark or token) याद करना, पहचानना।

ABHIKARTĀ **अभिकर्ता** (S. सं.) m. पु. an agent किसी व्यापारी या व्यापारिक संस्थान या राज्य की ओर से प्रतिनिधि रूप में काम करने वाला या कमीशन पर माल बेचने वाला।

ABHIKATHAN **अभिकथन** (S. सं.) m. पु. allegation assertion अप्रमाणित आरोप।

ABHILĀṢĀ **अभिलाषा** (S. सं.) f. स्त्री. desire इच्छा।

ABHILEKH **अभिलेख** (S. सं.) m. पु. written record लेख 2. पत्थर ताम्र-पत्र आदि पर लिखा/खुदा हुआ लेख।

ABHILEKHĀGĀR **अभिलेखागार** (S. सं.) m. पु. an archive लेख/अभिलेख का संग्रहालय।

ABHIMAT **अभिमत** (S. सं.) adj. वि. desired approved m. पु. desire wish opinion इष्ट, प्रिय, पु. इच्छा राय।

ABHIMĀN **अभिमान** (S. सं.) m. पु. pride, vanity गर्व, घमंड।

ABHIMĀNĪ **अभिमानी** (S. सं.) adj. वि. proud, vain घमंडी, घमंड करने वाला।

ABHINANDAN **अभिनंदन** (S. सं.) m. पु. applause, praise. 2. ceremonial commemoration बड़ाई करना, स्वागत करना पत्र congratulatory address मानपत्र।

ABHINAV **अभिनव** (S. सं.) adj. वि. modern, recent, very new नया, बिल्कुल ताजा।

ABHINETĀ **अभिनेता** (S. सं.) n. स. an actor अदाकार।

ABHINETRĪ **अभिनेत्री** (S. सं.) f. स्त्री. an actress अभिनय करने वाली अदाकार।

ABHINĪT **अभिनीत** (S. सं.) adj. वि. staged, acted अभिनय किया हुआ।

ABHINN **अभिन्न** (S. सं.) adj. वि. close, inseparable intimate एक रूप, जो अलग न किया जा सके, घनिष्ठ।

ABHIPRĀY **अभिप्राय** (S. सं.) m. पु. sense, meaning intention आशय।

ABHRĂ **अभ्र** (S. सं.) m. पु. cloud बादल।

ABHIRAKSAK **अभिरक्षक** (S. सं.) m. पु. custodian संरक्षण करने वाला।

ABHIRĀM **अभिराम** (S. सं.) adj. वि. charming beautiful delightful सुन्दर, मोहक।

ABHIRUCHI **अभिरुचि** (S. सं.) f. स्त्री. interest (in) inclination (towards) desire (for) शौक, चाह।

ABHIṢEK **अभिषेक** (S. सं.) m. पु. anointing the ceremonial bathing of an idol राजा का सिंहासन रोहण, देवी-देवता का मूर्तिस्नान।

ABHISANDHI **अभिसन्धि** (S. सं.) f. स्त्री. deceit, plot धोखेबाजी।

ABHIŚAPT **अभिशप्त** (S. सं.) adj. वि. cursed जिसे शाप मिला हो।

ABHIŚAP **अभिशाप** (S. सं.) m. पु. a curse शाप, अनिष्ट का हेतु, किसी का बुरा मनाना।

ABHISĀR **अभिसार** (S. सं.) m. पु. meeting, rendezvous lover's meeting प्रिय/प्रिया से मिलन/मिलने जाना।

ABHISARIKĀ **अभिसारिका** (S. सं.) f. स्त्री. woman who keeps a lover's tryst निर्दिष्ट स्थल पर प्रिय से मिलने वाली प्रेमिका।

ABHYANTAR अभ्यंतर (S. सं.) m. पु. inner part, interior भीतरी भाग, बीच का अवकाश. adj. internal, middle.

ABHYARTHNĀ अभ्यर्थना (S. सं.) f. स्त्री. prayer, entreaty, earnest request अनुरोध, विनती।

ABHYARTHI अभ्यर्थी (S. सं.) m. पु. a candidate प्रत्याशी, उम्मीदवार।

ABHYĀS अभ्यास (S. सं.) m. पु. practice, drill मश्क, किसी काम को बार-बार करना।

ABHYAST अभ्यस्त (S. सं.) adj. वि. practised, drilled, experienced अच्छी तरह सीखा हुआ। जिसको आदत पड़ी हुई हो।

ABHYUTTHĀN अभ्युत्थान (S. सं.) m. पु. rising progress , elevation (as in rank) उत्कर्ष, ऊपर उठना (पद में)।

ABĪR अबीर (A. अ.) m. पु. a red or green powder (used in Holi) गुलाल, लाल हरा चूर्ण (होली में प्रयुक्त)।

ABODH अबोध (S. सं.) adj. वि. innocent, ignorant, of immature mind नासमझ, नादान।

ABOHAVĀ आबोहवा (A. अ.) f. स्त्री. climate जलवायु।

ABŪJH अबूझ (S. सं.) adj. वि. stupid, ignorant, unknowable नासमझ, समझ से परे।

ACAL अचल (S. सं.) adj. वि. immovable, m, mountain अडिग, जो हिलाया न जा सके।

ACAMBHĀ अचंभा (S. सं.) m. पु. astonishment a wonder, a marvel ताज्जुब, आश्चर्य।

ACAMBHIT अचंभित (S. सं.) adj. वि. astonished चकित।

ACĀNAK अचानक adv. अ. suddenly, unexpectedly सहसा, एकाएक।

ACAR अचर (S. सं.) adj. वि. unanimate, immovable गतिहीन, जो चलता न हो।

ĀCĀR आचार (S. सं.) m. पु. manner, behaviour, 2. custom tradition चरित्र, शील।

ACCHĀ अच्छा adj. वि. good pleasant, 2. Serviceable, sound virtuous उत्तम, बढ़िया, ठीक।

ĀCARAN आचरण (S. सं.) m. पु. conduct behaviour चरित्र, चाल-चलन।

ĀCĀRYĂ आचार्य (S. सं.) m. पु. a man of distinguished learning, a professor, a principal गुरु, शिक्षक, महाविद्यालय का प्रधान अधिकारी।

ĀCCHĀDIT आच्छादित (S. सं.) adj. वि. shaded, covered clouded ढका/छिपा हुआ।

ĀCCHANN आच्छन्न (S. सं.) adj. वि. covered ढका हुआ।

ACET अचेत (S. सं.) adj. वि. unconscious बेहोश।

ACHEDYĂ अछेद्य (S. सं.) adj. वि. which cannot be pierced जो छेदा न जा सके।

ACHŪT अछूत (S. सं.) adj. वि. untouchable हरिजन, जिसे छुआ न जा सके।

ACINTYĂ अचिन्त्य (S. सं.) adj. वि. inconceivable unimaginable जिसका चिन्तन न हो सके।

ACIR अचिर (S. सं.) adj. वि. not permament adv. soon जल्दी, शीघ्र।

ACŪK अचूक adj. वि. unfailing, certain पक्का न चूकने वाला।

ACYUT अच्युत (S. सं.) adj. वि.

immortal, eternal not fallen अपने स्थान से न गिरने वाला, 2. विष्णु।

ADĀ अदा (A. अ.) f. स्त्री. charm, elegance, 2. flirtatious gestures or manner, नख़रा, हाव-भाव।

ADAB अदब (A. अ.) m. पु. good manners civility, 2. belles-letters, literature साहित्य, शिष्टाचार।

ĀDĀB आदाब (A. अ.) m. पु. courteous greeting, 2. good manners अदब-कायदा, सलाम, व्यवहार-नियम।

ADĀLAT अदालत (A. अ.) f. स्त्री. a court of law न्यायालय, कचहरी।

ĀDAM आदम (A. सं.) m. पु. Adam. a man, male of the human species प्रथम मानव, मनुष्य।

ĀDMĪ आदमी (A. अ.) m. पु. a man पुरुष, मनुष्य।

ĀDAR आदर (S. सं.) m. पु. respect, esteem, honour इज्ज़त, सम्मान।

ĀDARṆIYĂ आदरणीय (S. सं.) adj. वि. revered, respected आदरयोग्य।

ĀDARŚ आदर्श (S. सं.) m. पु. ideal adj. ideal classic अनुकरणीय व्यक्ति/वस्तु/कार्य।

ADĀVAT अदावत (A. अ.) f. स्त्री. malice, hatred, ill-will शत्रुता, दुश्मनी।

ADBHUT अदायगी (A. अ.) f. स्त्री. payment (of a loan) performance (or a role) ऋण चुकाना। किसी चरित्र को निभाना (कला क्षेत्र में)।

ADBHUT अद्भुत (S. सं.) adj. वि. strange, astonishing, wonderful m. surprise, a wonder अनोखा, विचित्र।

ADDA अड्डा m. पु. a place serving a particular purpose, working place site, stand or station ठहरने तथा बैठने की जगह, वाहन/रेल आदि का अड्डा।

ĀDEŚ आदेश (S. सं.) m. पु. order, instruction, writ आज्ञा, हुक्म।

ADH अध adj. वि. half आधा।

ADHAH अधः (S. सं.) below, down, downward नीचे, पतन decline, falling down नीचे गिरना।

ADHKACRA अधकचरा adj. वि. raw, green, undercooked, immature uneducated अधूरा, जो पूरा न हो।

ADHAM अधम (S. सं.) adj. वि. vile, wretched नीच, दुष्ट।

ADHAR अधर (S. सं.) m. पु. the lower lip, 2. mid-air, adj. low होंठ, ओंठ, हवा में।

ĀDHĀR आधार (S. सं.) m. पु. base, foundation, 2. premise सहारा, अवलंबन।

ADHARM अधर्म (S. सं.) m. पु. immorality, sin, irreligosity कुकर्म, धर्म के विरुद्ध।

ĀDHI आधि (S. सं.) f. स्त्री. distress, anxious thought मानसिक पीड़ा, अभिशाप, विपत्ति।

ADHIDAIVIK अधिदैविक (S. सं.) adj. वि. spiritualised आध्यात्मिक।

ADHIGAMAN अधिगमन (S. सं.) m. पु. analysis, study पदयोजना के आधार पर की गई व्याख्या।

ADHIK अधिक (S. सं.) adj. वि. more, exceeding many much too much बहुत, ज्यादा।

ADHIKAMŚ अधिकांश (S. सं.) adv. अ. mostly m. greater part ज्यादातर।

ADHIKĀR अधिकार (S. सं.) m. पु. power authority अख्तियार।

ADHIKARĪ अधिकारी (S. सं.) adj. वि. officer, official one possessing authority स्वामी, प्रभु, आफ़िसर, अफ़सर।

ADHIKĀRIK अधिकारिक (S.

सं.) adj. वि. official having authority सरकारी अधिकार या अधिकारी से संबद्ध।

ADHIKṚT अधिकृत (S. सं.) adj. वि. under (one's) authority taken in occupation, 2. authorised जिस पर अधिकार कर लिया गया हो, 2. जिसे अधिकार दिया गया हो।

ADHĪ KṢAK अधीक्षक (S. सं.) m. पु. superintendent सुपरिन्टेन्डेन्ट।

ADHIKṢETRA अधिक्षेत्र (S. सं.) m. पु. area under authority or possession अधिकार, क्षेत्र

ĀDHIKYĂ आधिक्य (S. सं.) m. पु. excess surplus abundance अधिकता बहुतायन, बाहुल्य, प्राधान्य।

ADHIMĀS अधिमास (S. सं.) m. पु. an intercalary month (added to the lunar calender every three years) मलमास, अधिक मास।

ADHIN अधीन (S. सं.) adj. वि. subject dependent subordinate किसी के अधिकार में रहने वाला।

ADHINĀYAK अधिनायक (S. सं.) m. पु. dictator, a supreme leader तानाशाह।

ADHINIYAM अधिनियम (S. सं.) m. पु. an act (of the government) विशेष आज्ञा के अनुसार विशेष स्थिति में बना नियम।

ADHĪNASTH अधीनस्थ (S. सं.) adj. वि. in a position of dependence किसी के अधीन।

ADHĪR अधीर (S. सं.) adj. वि. fickle, unstable, impatient धैर्यरहित।

ADHIPATRĂ अधिपत्र (S. सं.) m. पु. warrant written statement वारंट।

ĀDHIPATYĂ आधिपत्य (S. सं.) m. पु. authority, control, supremacy rule प्रभुत्व, राज्य।

ADHIṢṬHĀN अधिष्ठान (S. सं.) m. पु. abode residence governing body रहने का स्थान।

ADHIṢTHĀTĀ अधिष्ठाता (S. सं.) m. पु. founder, 2. governor, ruler अध्यक्ष, मुखिया।

ADHISŪCNĀ अधिसूचना (S. सं.) f. स्त्री. formal notification काम की आज्ञा।

ADHIŚULK अधिशुल्क (S. सं.) m. पु. supercharge, surcharge सुपर चार्ज, शुल्क पर अतिरिक्त शुल्क।

ADHIVĀS अधिवास (S. सं.) m. पु. residence place of residence दूसरे देश की नागरिकता पाने के लिए बसना।

ADHIVEŚAN अधिवेशन (S. सं.) m. पु. sitting session सम्मेलन, सभा।

ADHOGATI अधोगति (S. सं.) f. स्त्री. decline wretched state पतन, अवनति।

ADHOVASTRĂ अधोवस्त्र (S. सं.) m. पु. undergarment, underwear कमर से नीचे पहनने के कपड़े।

ADHUNĀ अधुना (S. सं.) adv. अ. at the present time आजकल, इन दिनों।

ĀDHUNIK आधुनिक (S. सं.) adj. वि. modern, recent वर्तमान काल का आजकल का।

ADHŪRA अधूरा adj. वि. incomplete unfinished अपूर्ण।

ADHYAKṢ अध्यक्ष (S. सं.) m. पु. an actress प्रधान, चैयरमैन।

ADHYAYAN अध्ययन (S. सं.) m. पु. study reading पढ़ाई गूढ़ तत्वों का ज्ञान प्राप्त करना।

ĀDHYATMIK आध्यात्मिक (S. सं.) adj. वि. spiritual आत्मा-परमात्मा से संबंध रखने वाला।

ĀDI आदि (S. सं.) m. पु. beginning, origin adj. first prior, 2. Original

प्रथम, मूल, प्रधान पु. आरंभ, 2. मूल कारण, 3. इत्यादि।

ADIG अडिग (S. सं.) adj. वि. firm immovable अटल, जिसे हिलाया न जा सके।

ĀDIKAVI आदिकवि (S. सं.) m. पु. the first poet, valmiki वाल्मीकि, 2. ब्रह्मा।

ĀDIM आदिम (S. सं.) adj. वि. original first primitive पहला बहुत पुराने काल का शुरू में उत्पन्न।

ADIN अदिन (S. सं.) m. पु. an unlucky day a time of misfortune बुरा दिन, संकटकाल।

ĀDIPURUṢ आदिपुरुष (S. सं.) m. पु. the first man Vishnu परमेश्वर नारायण, विष्णु।

ĀDITYĂ आदित्य (S. सं.) m. पु. the sun, 2. sons of Aditi सूर्य, 2. अदिति के पुत्र।

ĀDMĪ आदमी (A. अ.) m. पु. a man descendent of Adam, 2. husband, 3. servant मनुष्य, व्यक्ति, पति, नौकर।

ĀDMIYAT आदमियत (A. अ.) f. स्त्री. humanity, compassion मनुष्यता, भलमनसी।

ADAMYĂ अदम्य (S. सं.) adj. वि. irrepressible जिस (इच्छा) का दमन न किया जा सके, जिसे रोका न जा सके।

ADNĀ अदना (A. अ.) adj. वि. lower, lowest, humble, insignificant तुच्छ, नीचा, साधारण।

ADANDNIYĂ अदंडनीय (S. सं.) adj. वि. that which/who cannot be punished जिसे दंड न दिया जा सके।

ADANDYĂ अदंड्य (S. सं.) adj. वि. see Adandniya अदंडनीय देखो।

ADRI अद्रि (S. सं.) m. पु. rock, mountain पहाड़।

ADRṢT अदृष्ट (S. सं.) adj. वि. unseen, unforeseen न देखा हुआ, जिसका पूर्वज्ञान न हो।

ADRṢYĂ अदृश्य (S. सं.) adj. वि. invisible not to be seen अगोचर लुप्त, गायब जो दिखाई न दे।

ADVAIT अद्वैत (S. सं.) m. पु. monism, non-duality the only one आत्मा-परमात्मा को एक मानने वाला सिद्धांत।

ADVITIYĂ अद्वितीय (S. सं.) adj. वि. unique incomparable अनन्य जैसा कोई दूसरा न हो (या कुछ दूसरा न हो)।

ADYA अद्य (S. सं.) adj. वि. now today आज इस समय, तन of today आज का।

ĀDYĂ आद्य (S. सं.) f. स्त्री. first original आदि का पहला मूल।

ĀDYĀ आद्या (S. सं.) f. स्त्री. goddess Durga दुर्गा, 2. प्रतिपदा।

ĀFAT आफ़त (A. अ.) f. स्त्री. misfortune disaster misery trouble मुसीबत, क्लेश।

AFGĀN अफगान (P. फ.) m. पु. an Afghan अफगानिस्तान का निवासी।

AFLATŪN अफ़लातून (A. अ.) m. पु. Plato, 2. a boastful man यूनान का दार्शनिक-प्लेटो, 2. डींग हांकने वाला व्यक्ति।

AFRĀ-TAFRĪ अफ़रा-तफ़री (P. फा.) f. स्त्री. confusion, confused state of things बदहवासी, उथल-पुथल, आतंक।

AFSĀNĀ अफ़साना (P. फा.) m. पु. tale short story, romance कथा, कहानी।

AFSAR अफ़सर (A. अ.) m. पु. an

officer (or official) अधिकारी, हाकिम।

AFSOS अफ़सोस (P. फा.) m. पु. sorrow, regret दुख, खेद, पछतावा।

ĀFTĀB आफ़ताब (P. फा.) m. पु. the sun सूर्य।

AFVAH अफ़वाह (A. अ.) f. स्त्री. rumour, hearsay किंवदन्ती, उड़ती-ख़बर।

AFYŪN अफ़यून (A. अ.) m. पु. opium अफ़ीम।

ĀG आग f. स्त्री. fire, 2. passion, lust अग्नि, 2. कामागिन, 3. वात्सल्य ~ का पुतला an irritable person क्रोधी ~ देना to set afire दाहकर्म करना ~ लगाना to set fire झगड़ा कराना ~ होना get very angry अति क्रुद्ध होना।

AGĀDH अगाध (S. सं.) adj. वि. profound unfathomable अथाह, बहुत गहरा।

AGHAN अगहन m. पु. the ninth lunar month of the Hindu calendar year नौवां, कार्तिक के बाद और पौष के पहले का महीना।

AGLĀ अगला adj. वि. first in front, former, foremost प्रथम, आगे या सामने का।

AGAM अगम (S. सं.) adj. वि. inaccessible, incomprehensible, 2. the VED पहुंच से परे, अथाह 2. आगम।

ĀGAM आगम (S. सं.) m. पु. entry approach, 2. a holy text, the VED आना, अवाई, उत्पत्ति, 2. शास्त्र।

ĀGAMAN आगमन (S. सं.) m. पु. arrival coming आना।

ĀGĀMĪ आगामी (S. सं.) adj. वि. impending, coming in the future भावी, आने वाला।

AGAMYĂ अगम्य (S. सं.) adj. वि. see AGAM अगम देखो।

AGAMYĀ अगम्या (S. सं.) adj. वि. a woman with whom sex is prohibited वह स्त्री जिसके साथ संभोग मना हो।

ĀGANTUK आगन्तुक (S. सं.) m. पु. a newcomer अचानक आ जाने वाला।

AGAR अगर (P. सं.) conj. स्त्री. if यदि m 2. aloe tree and its wood पु. अगरु सुगंधित लकड़ी का वृक्ष ~ बत्ती f. incense stick स्त्री, खुशबूदार बत्ती।

ĀGAR आगर (S. सं.) m. पु. abode खान, ढेर।

AGATI अगति (S. सं.) f. स्त्री. helpless state गति न पाना/होना, मोक्ष न पाना।

AGATYĀ अगत्या (S. सं.) adj. वि. compelled विवश।

ĀGE आगे (adv. अ.) front, ahead further, 2. opposite, 3. in the future afterwards सामने पहले, 2. बाद में (आने वाले समय में)।

AGH अघ (S. सं.) m. पु. guilt, wickedness पाप।

ĀGHĀT आघात (S. सं.) m. पु. a blow, shock, injury चोट, प्रहार।

AGHAṬIT अघटित (S. सं.) adj. वि. which has not happened m. the unknown future जो/जैसा पहले न हुआ हो।

AGHOR अघोर (S. सं.) adj. वि. not terrible, 2. name of a Shiva community of beggars जो घोर/भीषण न हो ~ पंथ the aghor community शिवपूजक पंथ ~ पंथी a member of the agher community औघड़, अघोरी।

AGIABAITAL अगियाबैताल m. पु. name of a demon ruling over fire विक्रमादित्य के कल्पित दो बैतालों में एक।

AGLĀ अगला adj. वि. foremost, in front, first, 2. former आगे/सामने का, सर्वप्रथम 3. next बाद वाला।

ĀGNEYĂ आग्नेय (S. सं.) adj. वि. having to do with fire (or the Vedic God Agni) 2. fiery आग/अग्नि संबंधी।

AGNI अग्नि (S. सं.) f. स्त्री. fire आग ~ कांड conflagration आग लगना ~ कोण m. the south-east दक्षिण और पूर्व के बीच का कोण ~ परीक्षा test/ordeal by fire कड़ा इम्तहान, कठोर परीक्षा ~ पूजक fire worshipper आग की पूजा करने वाला (जैसे पारसी)।

AGAṆIT अगणित (S. सं.) adj. वि. uncounted असंख्य बहुत अधिक।

AGOCAR अगोचर (S. सं.) adj. वि. unseen mysterious, 2. the invisible supreme being जो देखा, सुना या समझा न जा सके, 2. भगवान।

ĀGOŚ आगोश (P. फा.) f. स्त्री. lap, embrace गोद।

AGRĂ अग्र (S. सं.) adj. वि. front, foremost, chief अगला, प्रधान ~ ज. elder brother, the first born बड़ा भाई, सबसे पहले जन्मा ~ णी. leading a leader नेता सबसे आगे ~ सर proceeding आगे बढ़ता हुआ।

AGRIM अग्रिम (S. सं.) adj. वि. first in order/rank, 2. prior सबसे पहला पहले से।

AGUṆ अगुण (S. सं.) adj. वि. without qualities, m. defect गुणों से रहित, पु. खोट।

AGVANĪ अगवानी f. स्त्री. to welcome स्वागत।

ĀḤ आह (inter. अ.) oh! (expressing grief/surprise), a sigh दुख/पीड़ा व्यक्त करने वाला अव्यय, एक आह।

AHAM अहम (A. अ.) adj. वि. important महत्त्वपूर्ण, बहुत जरूरी।

AHAM अहं (S. सं.) pron. स. the self, the ego स्वयं --- कार pride, egoism घमंड।

ĀHĀR आहार (S. सं.) m. पु. food nourishment भोजन, भोजन-सामग्री।

ĀHAT आहत (S. सं.) adj. वि. wounded, hurt घायल, चोट खाया हुआ।

ĀHAṬ आहट f. स्त्री. the sound of footsteps, light sound हल्की सी आवाज़, किसी के आते कदमों की ध्वनि।

AHERĪ अहेरी m. पु. a hunter शिकारी।

AHETU अहेतु (S. सं.) adj. वि. without motive or cause बिना कारण, जिसका कोई हेतु न हो।

AHI अहि (S. सं.) m. पु. a snake सांप, सर्प।

AHIT अहित (S. सं.) adj. वि. harmful, v/m harm बुराई, पु. बुरा कर्म।

AHIṂSA अहिंसा (S. सं.) f. स्त्री. non-violence किसी प्राणी को न मारना/न दुख देना।

AHIMSAK अहिंसक (S. सं.) adj. वि. non-violent हिंसा न करने वाला।

ĀHISTĀ आहिस्ता (P. फा.) adj. वि. slow, slowly, gently धीरे से, धीरे-धीरे।

AHORĀTRĂ अहोरात्र (S. सं.) m. पु. day and night दिन और रात, दो सूर्योदयों के बीच का समय।

AHUTI आहुति (S. सं.) f. स्त्री. sacrifice oblation burnt offering बलि, होम।

ĀHVĀN आह्वान (S. सं.) m. पु. a call बुलाना, पुकारना।

AHVAL अहवाल (A. अ.) m. पु. condition, circumstances समाचार, हाल का बहुवचन।

AIB ऐब (A. अ.) m. पु. fault, defect shortcoming खोट, बुराई।

AICCHIK ऐच्छिक (S. सं.) adj. वि. voluntary, optional इच्छानुसार,

वैकल्पिक।

AIHIK ऐहिक (S. सं.) adj. वि. worldly सांसारिक।

AINAK ऐनक (P. फा.) f. स्त्री. looking glasses, spectacles चश्मा।

AINDRĂJĀLIK ऐन्द्रजालिक (S. सं.) adj. वि. magical जादुई m. a magician पु. बाज़ीगर, बाज़ीगरी जानने वाला।

AINDRIYĂ ऐन्द्रिय (S. सं.) adj. वि. sensual इन्द्रिय से संबंधित, इन्द्रिय-ग्राह्य।

AINDRIYAK ऐन्द्रियक (S. सं.) adj. वि. sensual इन्द्रिय से संबंधित, इन्द्रिय-ग्राह्य।

AIṄTH ऐंठ f. स्त्री. twist, coil, 2. pride, arrogance अकड़, घमंड, बल।

AIṄTHNĀ ऐंठना v. क्रि. to twist to coil to wriggle to become rigid मरोड़ना, अकड़ना (अकड़ जाना)।

AIRĀGAIRA ऐरा-ग़ैरा adj. वि. this and that, so-so, of no account, इधर-उधर का, तुच्छ, नगण्य ~ नत्थू ख़ैरा a person of no account every Tom-Dick and Harry.

AISĀ ऐसा adj. वि. of this sort m. such a thing इस तरह का।

AIŚVARYĂ ऐश्वर्य (S. सं.) m. पु. prosperous state, 2. supremacy, 3. grandeur, pomp प्रभुत्व, धन-सम्पत्ति।

AITIHĀSIK ऐतिहासिक (S. सं.) adj. वि. historical, history-making इतिहास-संबंधी, इतिहास बनाने वाली घटना।

AIYĀR ऐयार (A. अ.) m. पु. villain a cunning person, a person possessing magical powers धूर्त, चालाक, जादुई शक्तियों से संपन्न व्यक्ति।

AIYĀRĪ ऐयारी (A. अ.) f. स्त्री. deception by magical powers. चालाकी, जादुई शक्तियों द्वारा धोखाधड़ी।

AIYĀŚ ऐयाश (A. अ.) adj. वि. fond of luxury, sensual, voluptuous विलासी, कामुक्त, विषयासक्त।

AIYĀŚĪ ऐयाशी (A. अ.) f. स्त्री. voluptuousness, love of luxury, lust विलासिता, कामुकता।

ĀJ आज adv. अ. today, at this time, on this day वर्तमान, जो दिन चल रहा है ~ कल these days वर्तमान दिनों में, एक-दो दिन में।

AJĀ अजा (S. सं.) f. स्त्री. she goat बकरी।

AJAB अजब (A. अ.) m. पु. astonishing अनोखा, विचित्र।

AJANMĀ अजन्मा (S. सं.) adj. वि. unborn अनादि, जन्मरहित।

AJAR अजर (S. सं.) adj. वि. ever-young, not subject to age जिसे बुढ़ापा न आए।

AJASRĂ अजस्त्र (S. सं.) adj. वि. perpetual continuous adv. forever निरंतर, सदा रहने/चलने वाला।

AJĀT अजात (S. सं.) adj. वि. having no cast, m. casteless जिसकी कोई जात न हो।

AJATŚATRU अजातशत्रु (S. सं.) adj. वि. one who has no enemy जिसका कोई शत्रु न हो।

AJAY अजय (S. सं.) adj. वि. invincible जो जीता न जा सके, अजेय।

AJGAR अजगर (S. सं.) m. पु. a python एक तरह का बुहत मोटा सांप।

AJĪRṆĂ अजीर्ण (S. सं.) m. पु. indigestion अनपच।

ĀJĪVIKĀ आजीविका (S. सं.) f. स्त्री. livelihood रोज़ी, जीवन-यापन का तरीका।

ĀJĪVAN आजीवन (S. सं.) adj. वि. lifelong जिन्दगी भर, जब तक जीवन हो।

AJÑA अज्ञ (S. सं.) adj. वि. ignorant m. lack of knowledge ignorance मूर्ख।

AJÑYAN अज्ञान (S. सं.) adj. वि. ignorant m. lack of knowledge ignorance मूर्ख।

ĀJÑĀ आज्ञा (S.सं.) f. स्त्री. command, order आदेश, हुक्म।

AJNABĪ अजनबी (A. अ.) m. पु. stranger अपरिचित, परदेशी adj. foreign.

AJÑĀT अज्ञात (S. सं.) adj. वि. unknown गुप्त, छिपा हुआ ~ वास residence in a secret place छिप कर रहना, गुप्त स्थान पर रहना।

AJÑEYĂ अज्ञेय (S. सं.) adj. वि. unknowable जिसे जाना न जा सके।

AKĀL अकाल (S. सं.) m. पु. famine, dearth दुर्भिक्ष, ऐसा समय जब अन्न न मिलता हो।

AKALANK अकलंक (S. सं.) adj. वि. pure, guiltless निर्मल, हर तरह से अच्छा, बेदाग़।

ĀKALAN आकलन (S. सं.) m. पु. evaluation 2. a collection ग्रहण, समझाना, अनुसंधान।

AKALMRITYU अकालमृत्यु (S. सं.) f. स्त्री. untimely death असामयिक मौत।

AKALPIT अकल्पित (S. सं.) adj. वि. unimagined, 2. not artificial, natural जिसकी कल्पना न की गई हो, 2. प्राकृतिक, अकृत्रिम।

AKĀM अकाम (S. सं.) adj. वि. without desire इच्छारहित, निष्काम।

ĀKĀṄKṢĀ आकांक्षा (S. सं.) f. स्त्री. desire, wish, ambition चाह, इच्छा, अपेक्षा।

AKANTAK अकंटक (S. सं.) adj. वि. without thorns, without obstacles बिना बाधा का।

AKAṚ अकड़ f. स्त्री. arrogance, stifness ऐंठ, तनाव, शेखी।

ĀKAR आकर (S. सं.) m. पु. a rich source, treasury, store खान, भंडार, खज़ाना।

ĀKĀR आकार (S. सं.) m. पु. appearance, 2. shape form, 3. type, 4. bulk, 5. format रूप, शक्ल, बनावट।

AKARM अकर्म (S. सं.) m. पु. evil act, 2. inaction बुरा कर्म, निष्क्रियता, काम का न होना।

AKARMAK अकर्मक (S. सं.) adj. वि. intransitive व्याकरण में वह क्रिया जिसके साथ कोई कर्म न हो।

AKARMANYĂ अकर्मण्य (S. सं.) adj. वि. idle निकम्मा।

AKARṆĪYĂ अकरणीय (S. सं.) adj. वि. not proper, that which should not be done न करने योग्य।

ĀKARṢAK आकर्षक (S. सं.) adj. वि. attractive मोहक, सुन्दर, खींचने वाला।

ĀKARṢAṆ आकर्षण (S. सं.) m. पु. charm, attraction मोहने/खींचने की शक्ति।

ĀKAŚ आकाश (S. सं.) m. पु. sky, the heavens, 2. space आसमान, गगन।

AKASMĀT अकस्मात (S. सं.) adv. अ. suddenly, by chance अचानक, सहसा।

ĀKASMIK आकस्मिक (S. सं.) adj. वि. sudden, casual, unexpectedly अचानक होने वाला।

ĀKĀŚVĀNĪ आकाशवाणी (S. सं.) f. स्त्री. a voice from the heaven, radio

आसमान से आने वाली (देवताओं द्वारा की गई भविष्यवाणी) वाणी या ध्वनि। ऑल इण्डिया रेडियो का सरकारी नाम।

AKATHNĪYĂ अकथनीय (S. सं.) adj. वि. inexpressible not to be mentioned न कहने योग्य, जो बयान न किया जा सके।

AKATHYĂ अकथ्य (S. सं.) adj. वि. inexpressible not to be mentioned न कहने योग्य, जो बयान न किया जा सके।

AKĀTYĂ अकाट्य (S. सं.) adj. वि. incontrovertible जिसे काटा न जा सके (जैसे बात, तक)।

AKĀYĂ अकाय (S. सं.) adj. वि. unborn, without body अजन्मा, देहरहित।

AKELA अकेला adj. वि. single, alone, unique, solitary जिसके साथ कोई न हो, एकमात्र, अनन्य।

AKHĀDYĂ अखाद्य (S. सं.) adj. वि. inedible, unfit for eating न खाने योग्य।

AKHAND अखंड (S. सं.) adj. वि. non-stop, continuous, unbroken संपूर्ण, जिसके टुकड़े न हो सकें, indivisible.

AKHBĀR अख़बार (A. अ.) m. पु. newspaper समाचार पत्र, ख़बर-कागज़।

ĀKHEṬ आखेट (S. सं.) m. पु. hunting शिकार ~ करना to hunt शिकार करना/खेलना।

AKHIL अखिल (S. सं.) adj. वि. entire, whole समस्त, सम्पूर्ण।

AKHILEṠ अखिलेश (S. सं.) m. पु. lord of all-God सब का स्वामी-ईश्वर।

ĀKHIR आख़िर (A. अ.) adj. वि. at last, final, end finally अंत, समाप्ति, अंततः।

ĀKHIRĪ आख़िरी (A. अ.) adj. वि. final, last अंतिम, सबसे पीछे का।

AKHTIYAR अख़्तियार (A. अ.) m. पु. authority, power, right of action अधिकार, हक़।

ĀKHYĀN आख्यान (S. सं.) m. पु. legend, tale, narrative कथा, कहानी।

ĀKHYĀYIKĀ आख्यायिका (S. सं.) f. स्त्री. tale, story कहानी।

AKIṄCAN अकिंचन (S. सं.) adj. वि. destitute m. poverty तुच्छ, दीन, मामूली।

AKĪRTI अकीर्ति (S. सं.) f. स्त्री. bad reputation, disgrace बदनामी।

ĀKRAMAṆ आक्रमण (S. सं.) m. पु. attack, invasion हमला।

ĀKROṠ आक्रोश (S. सं.) m. पु. anger, resentment क्रोध, गुस्सा।

AKṢAM अक्षम (S. सं.) adj. वि. incapable, incompetent अयोग्य, शक्तिहीन।

AKṢAMYA अक्षम्य (S. सं.) adj. वि. unforgivable जिसे क्षमा न किया जा सके।

AKṢĀṄṠ अक्षांश (S. सं.) m. पु. latitude पृथ्वी पर पूर्व से पश्चिम गई हुई एक कल्पित रेखा या अक्ष का अंश।

AKSAR अक्सर (A. अ.) adv. अ. usually generally often प्रायः, बहुधा।

AKṢAR अक्षर (S. सं.) m. पु. Letter (of alphabet) imperishable, unchangeable वर्णमाला का एक स्वर या व्यंजन, जो नष्ट न हो सके, जो बदला न जा सके।

AKṢARṠAH अक्षरशः (S. सं.) adj. वि. literal, adv. literally ठीक ज्यों का त्यों।

AKṢAT अक्षत (S. सं.) adj. वि. entire, whole पूरा, अखंड ~ योनि virgin

कुंवारी, जिसका पुरुष से संबंध न हुआ हो।

AKṢAYA अक्षय (S. सं.) adj. वि. imperishable, permanent durable जिसका कभी क्षय/नाश न हो।

ĀKṢEP आक्षेप (S. सं.) m. पु. criticism, censure, aspersion, 2. accusation लांछन, फेंकना।

AKSĪR अक्सीर (A. अ.) adj. वि. very effective अवश्य, गुणकारी।

AKṢUṆṆ अक्षुण्ण (S. सं.) adj. वि. unbroken, continuing समूचा, जो टूटा न हो।

ĀKUL आकुल (S. सं.) adj. वि. anxious, agitated उद्विग्न, बेचैन, परेशान।

AKULĪN अकुलीन (S. सं.) adj. वि. a low-born person छोटे/नीचे वंश का।

ĀLĀ आला (A. अ.) adj. वि. highest, supreme, best श्रेष्ठ, उत्तम m. पु. implement, tool औज़ार।

ALABHYĂ अलभ्य (S. सं.) adj. वि. rare, unattainable अप्राप्य, जो मिलता न हो।

ALAG अलग (adj. वि.) separate, loose, free, 2. different, 3. lonely जुदा, दूर, भिन्न, 2. अन्य प्रकार का, 3. अकेला पड़ा हुआ।

ALKĀ अलका (S. सं.) f. स्त्री. heaven a mythological place in the Himalayas कुबेरपुरी, बैकुंठ।

ALKATRĀ अलकतरा m. पु. coal-tar कोलतार।

ALAKH अलख adj. वि. invisible, the ultimate being (God) अलक्ष्य, परमेश्वर।

ALAM अलम् (S. सं.) adj./adv. वि./अ. enough काफ़ी।

ALAM अलम (A. अ.) m. पु. banner निशान, झंडा ~ बरदार, flag-bearer झंडा लेकर आगे चलने वाला।

ĀLAM आलम (A. अ.) m. पु. the world, universe, condition दुनिया, भीड़-अवस्था, हालत।

ALĀMAT अलामत (A. अ.) f. स्त्री. sign, mark चिन्ह, पहचान, लक्षण।

ĀLAṀBAN आलंबन (S. सं.) m. पु. support, an object सहारा, सहारा लेना।

ALANGHNIYĂ अलंघनीय (S. सं.) adj. वि. unsurmountable जो लांघा न जा सके।

ĀLĀP आलाप (S. सं.) m. पु. conversation, prelude to a song कथन, संगीत के स्वर, स्वरों का साधन।

ALĀV अलाव (S. सं.) m. पु. a fire in the open तापने के लिए जलाई गई आग।

ALĀVĀ अलावा (A. अ.) adv. अ. in addition, over and above सिवा, अतिरिक्त।

ALBATTA अलबत्ता (A. अ.) adv. अ. however, indeed बेशक, निस्संदेह।

ĀLEKH आलेख (S. सं.) m. पु. writing लिखावट, लिखाई, लेख।

ALĠOZA अलग़ोज़ा (P. फ़ा.) m. पु. flute, pipe एक तरह की बांसुरी।

ĀLHĀ आल्हा m. पु. name of a legendary hero of 12th century, from Mahoba, in whose honour ballads are sung महोबा का प्रसिद्ध वीर जिसकी वीरता की गाथा गाई जाती है (सं-आल्हा-ऊदल का वर्णन)।

ALHADĀ अलहदा (A. अ.) adj. वि. separate अलग, जुदा।

ALHAṚ अल्हड़ adj. वि. happily

careless मस्त और लापरवाह।

ALI अलि (S. सं.) m. पु. a black bee भौंरा।

ALĪL अलील (A. अ.) adj. वि. ill, unwell बीमार।

ĀLIM आलिम (A. अ.) m. पु. a learned person विद्वान, पंडित, ज्ञानी व्यक्ति।

ĀLIṄGAN आलिंगन (S. सं.) m. पु. embrace, embracing गले लगाना, लिपटाना।

ALLAH अल्लाह (A. अ.) m. पु. God, interj, good-heavens भगवान, ख़ुदा।

ĀLOCHAK आलोचक (S. सं.) m. पु. critic समीक्षक।

ĀLOCHNĀ आलोचना (S. सं.) f. स्त्री. criticism समीक्षा।

ĀLOK आलोक (S. सं.) m. पु. light, splendour, view उजाला, प्रकाश।

ALP अल्प (S. सं.) adj. वि. very little थोड़ा।

ALPĀYU अल्पायु (S. सं.) adj. वि. short-lived of young years छोटी उम्र वाला/वाली।

ĀLSĪ आलसी f. स्त्री. lazy सुस्त lazy person काहिल।

ĀLŪ आलू m. पु. potato एक सब्जी (ज़मीन के नीचे होने वाली) ~ बुख़ारा Bactrian plum आलूचा का सुखाया हुआ फल।

ĀM आम m. पु. mango (tree & its fruit) एक प्रसिद्ध फल।

ĀM आम (A. अ.) adj. वि. general, common साधारण, जो ख़ास न हो।

AMĀ अमा (S. सं.) f. स्त्री. the night रात्रि ~ वस्या dark moonless night अंधेरा चंद्रमाविहीन रात जिससे नया मास शुरू होता है।

ĀMAD आमद (P. फ़ा.) m. पु. coming, arrival आना, आ पहुंचना income आय ~ T ready, prepared उतारू (करने पर)।

AMALĪ अमली (A. अ.) adj. वि. practical व्यावहारिक।

AMAN अमन (A. अ.) m. पु. peace शांति ~ चैन contentment तृप्ति, तृप्त-अवस्था।

AMĀNAT अमानत (A. अ.) f. स्त्री. entrusted a security धरोहर।

AMANTRAṆ आमंत्रण (S. सं.) m. पु. invitation न्योता, बुलावा, निमंत्रण।

AMĀNUṢ अमानुष (S. सं.) adj. वि. inhuman, m. पु. non-human creature वि. पैशाचिक, पु. देवता आदि।

AMĀNYĀ अमान्य (S. सं.) adj. वि. not to be believed or credited not grantable न मानने योग्य।

AMAR अमर (S. सं.) adj. वि. immortal, eternal न मरने वाला, अविनाशी, बेल m. a parasitical creeper आकाश बेल, कोश n. a dictionary of Sanskrit words compiled by Amar Singh अमर सिंह द्वारा रचित संस्कृत का कोश ~ पक्षी n. The Phoenix लोक n. paradise स्वर्ग।

ĀMARAṆ आमरण (S. सं.) adj. वि. till death जीवन के अंत तक।

AMARṢ अमर्ष (S. सं.) m. पु. anger क्रोध, तिरस्कार आदि से उत्पन्न क्षोभ्।

AMARTYĀ अमर्त्य (S. सं.) adj. वि. immortal m. पु. immortal अनश्वर, मृत्युरहित।

ĀMĀŚAY आमाशय (S. सं.) n. सं. stomach मेदा।

AMBĀ अंबा (S. सं.) f. स्त्री. mother, 2. the goddess Durga माता, गौरी या पार्वती।

AṀBAR अंबर (S. सं.) m. पु. the sky, 2. clothing (A) m. a perfume Amber. आकाश

AṀBĀR अंबार (P. फ़ा.) m. पु. heap, pile ढेर, राशि।

AṀBH अंभ (S. सं.) m. पु. water जल, 2. पितृ, 3. पितृलोक।

AṀBHOJ अंभोज (S. सं.) m. पु. lotus, 2. moon कमल, 2. सारस, 3. चन्द्रमा।

AṀBU अंबु (S. सं.) m. पु. water पानी ~द. m. पु. cloud बादल ~ज. m. पु. lotus कमल ~धि. m. पु. ocean सागर।

ĀM DARBĀR आम दरबार m. पु. an open court खुला दरबार जिसमें सब लोग शामिल हो सकें।

ĀM FAHAM आम फ़हम (A. अ.) adj. वि. generally understandable जो सब की समझ में आ सके।

AMĪN अमीन (A. अ.) adj. वि. an officer concerned with investigation or land arbitrator अमानत रखने वाला पु. दीवानी का अहलकार जो पैमाइश आदि करता है।

AMĪR अमीर (A. अ.) adj. वि. rich, wealthy धनी व्यक्ति, m. पु. a person of rank, nobleman रईस।

AMIT अमित (S. सं.) adj. वि. immeasurable incalculable जिसे नापा या तौला न जा सके।

AMIṬ अमिट (S. सं.) adj. वि. indelible, inimitable न मिटने वाला।

AMITĀBH अमिताभ (S. सं.) adj. वि. magnificient अति तेजस्वी m. सं. a name of Buddha बुद्ध का एक नाम।

AMITR अमित्र (S. सं.) adj. वि. friendless, enemy मित्रहीन m. पु. enemy शत्रु।

AMIYĀ अमिय (S. सं.) m. पु. nectar अमृत।

AMLĀN अम्लान (S. सं.) adj. वि. radiant, clean pure प्रफुल्ल, जो मुर्झाया हुआ न हो।

AMMĀ अम्मा f. स्त्री. mother mummy मां,-जान, माता जी।

AMMĀṄ अम्मां f. स्त्री. mother mummy मां, जान माता जी।

ĀMNE-SĀMNE आमने-सामने adv. क्रि. वि. in front of each other एक दूसरे के सामने अ. मुकाबले में।

ĀMOD आमोद (S. सं.) m. पु. amusement, pleasure, pastime हर्ष, प्रसन्नता ~ प्रमोद bantering pastime मौज, रंगरलियां।

AMOGH अमोघ (S. सं.) adj. वि. unerring अचूक।

AMRĀĪ अमराई f. स्त्री. mango grove आम का बाग।

AMṚT अमृत (S. सं.) m. पु. nectar, 2. imperishable, 3. one not dead वह पेय जिसके पीने से मुर्दा जी उठे, वि. न मरा हुआ।

AMUK अमुक (S. सं.) adj. वि. So and so, a certain (person or thing) फ़लां।

ĀMŪL आमूल (S. सं.) adv. अ. from or to the root जड़ तक, जड़ से।

AMŪLYA अमूल्य (S. सं.) adj. वि. invaluable, priceless, 2. gratis अनमोल, बेशकीमती।

AMŪRT अमूर्त (S. सं.) adj. वि. formless आकार रहित ~ कला, non-plastic arts.

ĀN आन f. स्त्री. dignity pride, self-respect मर्यादा, गौरव, गर्व।

ANĀCHĀR अनाचार (S. सं.) m. पु. dishonest conduct अयोग्य, आचरण।

ANĀDAR अनादर (S. सं.) m. पु.

disrespect तिरस्कार, आदर का न होना।

ANADHIKAR अनाधिकार (S. सं.) adj. वि. unauthorised पु. अधिकार का अभाव, वि. अधिकार रहित।

ANADHIKṚT अनाधिकृत (S. सं.) adj. वि. unauthorised जो अधिकार में न किया गया हो।

ANĀDI अनादि (S. सं.) adj. वि. eternal, without beginning नित्य आदि रहित।

ANĀDṚT अनादृत (S. सं.) adj. वि. disparaged not respected जिसका आदर न किया गया हो।

ANĀGAT अनागत (S. सं.) adj. वि. not come, 2. unusual, 3. yet to come, future adv. suddenly न आया हुआ भावी।

ANAGH अनघ (S. सं.) adj. वि. pure, without sin निष्पाप।

ANĀHŪT अनाहूत (S. सं.) adj. वि. uninvited बिन बुलाया, अनिमन्त्रित।

ANĀJ अनाज m. पु. grain, 2. food (in general) अन्न, नाज।

ĀNĀKĀNĪ आनाकानी f. स्त्री. turning a deaf ear एतराज, टालमटोल।

ANĀKRAMAN अनाक्रमण (S. सं.) m. पु. non aggression किसी देश पर चढ़ाई न करना ---संधि non-aggression pact स्त्री. दो राष्ट्रो के बीच परस्पर हमला न करने की संधि।

ANAL अनल (S. सं.) m. पु. fire, flame आग।

ANĀM अनाम (S. सं.) adj. वि. nameless बेनाम।

ANĀMĀ अनामा (S. सं.) the ring finger, a nameless woman बिना नाम की, अन्तिम और बिचली उंगलियों के बीच की उंगली।

ANĀMIKĀ अनामिका (S. सं.) the ring finger, a nameless woman बिना नाम की। अन्तिम और बिचली उंगलियों के बीच की उंगली।

ĀNAN आनन (S. सं.) m. पु. face, mouth चेहरा, मुंह।

ĀNAND आनंद (S. सं.) m. पु. delight, joy bliss खुशी, हर्ष।

ĀṄANDĀŚRU आनंदाश्रु (S. सं.) m. पु. tears of joy खुशी के आंसू।

ĀNAṄDMAYA आनंदमय (S. सं.) adj. वि. full of joy खुशी से भरा हुआ।

ĀNAN FĀNAN आनन फ़ानन (A. अ.) adj. क्रि. वि. forthwith in the space of a moment अ. तुरंत, अति शीघ्र।

ANAṄG अनंग (S. सं.) m. पु. a title of Kamdev, the god of love adj. bodiless देह रहित, पु. कामदेव।

ANANNĀS अनन्नास (S. सं.) m. पु. the pineapple and its fruit एक प्रकार का खट-मीठा फल।

ANAṄT अनंत (S. सं.) adj. वि. eternal, infinite, without end, 2. an eternal being जिसका अंत न हो ~ काल m. eternity.

ANAṄTAR अनंतर (S. सं.) adj. वि. continuous, unbroken ppn immediately अ. तुरन्त बाद।

ANANYA अनन्य (S. सं.) adj. वि. being only one, single, whole, undivided एकनिष्ठ।

ANĀP-ŚANĀP अनाप-शनाप adj. वि. excessive nonsense, confusion बेतुकी, बकवास।

ANARGAL अनर्गल (S. सं.) adj. वि. without restraint, incoherent मनमाना, विचारहीन।

ANĀṚĪ अनाड़ी adj. वि. awkward, unskilful, ignorant अज्ञानी, अकुशल

~पन m. inexperience.

ANARTH अनर्थ (S. सं.) adj. वि. useless, meaningless, senseless, 2. injurious निकम्मा, अर्थहीन।

ANĀRYĂ अनार्य (S. सं.) m. पु. non-aryan adj. non-aryan जो आर्य न हो, शूद्र, वि. नीच।

ĀNASAKTI अनासक्ति (S. सं.) f. स्त्री. non-attachment आसक्ति का अभाव, उदासीनता।

ANĀSTHĀ अनास्था (S. सं.) f. स्त्री. unbelief अश्रद्धा, आस्था न होना।

ANAŚVAR अनश्वर (S. सं.) adj. वि. imperishable, eternal सनातन, जिसका कभी नाश न हो।

ANĀTH अनाथ (S. सं.) adj. वि. an orphan, 2. without a master, 3. helpless असहाय, जिसका कोई रक्षक न हो।

ANĀTHĀLAY अनाथालय (S. सं.) n. सं. orphanage अनाथ लोगों को रखने का स्थान, यतीमखाना।

ANĀVARAṆ अनावरण (S. सं.) m. पु. unveiling किसी महापुरुष या महिला के चित्र या मूर्ति को अनावरित करना (समारोह के तौर पर)।

ANĀVṚT अनावृत (S. सं.) adj. वि. unveiled, uncovered naked खुला हुआ, जो ढका न हो।

ANAVṚṢṬI अनावृष्टि (S. सं.) f. स्त्री. drought पानी न बरसना, सूखा।

ANĀVŚYAK अनावश्यक (S. सं.) adj. वि. unnecessary ग़ैरज़रूरी, जिसकी आवश्यकता न हो।

ANĀYĀS अनायास (S. सं.) m. पु. ease, absence of effort adv. suddenly अ. आसानी से बिना परिश्रम के।

ANBAN अनबन f. स्त्री. dispute, querrel बिगाड़, झगड़ा।

ĀṄC आंच f. स्त्री. flame, heat गरमी, जलन-लपट ~ आना (को) to suffer distress.

ANCHAL आंचल f. स्त्री. border of a sari शाल, दुपट्टे आदि का छोर, साड़ी का छोर।

ANCHAL अंचल (S. सं.) m. पु. border of a sari, 2. border region, 3. region, zone साड़ी, दुपट्टे का छोर, किनारे का क्षेत्र, क्षेत्र।

ANCHĪ TĀ अनचीता adj. वि. unexpected, 2. unforeseen अनचाहा, बिना सोचा हुआ।

AṄDAR अंदर (P. फ़ा.) adj. वि. inside m. inside भीतर।

AṄDAZ अंदाज़ (P. फ़ा.) m. पु. rough estimate guess, 2. manner, gesture, 3. affectation अनुमान।

AṄDEŚA अंदेशा (P. फ़ा.) m. पु. misgiving, apprehension आशंका।

AṄDHĀ अंधा adj. & m. वि. पु. blind ऐसा प्राणी जिसे दिखाई न देता हो, नैनहीन ~पन m. blindness.

AṄDHER अंधेर m. पु. injustice, lawlessness गड़बड़ी।

AṄDHĪ आंधी f. स्त्री. a storm, whirlwind तूफ़ान।

AṄDHKĀR अंधकार (S. सं.) m. पु. darkness अंधेरा, 2. अज्ञान।

AṄDOLAN आंदोलन (S. सं.) m. पु. movement (political etc.) हलचल।

ĀNDOLIT आंदोलित (S. सं.) adj. वि. disturbed हलचल से भरा हुआ, कांपा हुआ।

ANEK अनेक (S. सं.) adj. वि. many not one, 2. various एक से अधिक,

कई, बहुत।

AṄG अंग (S. सं.) m. पु. limb, organ, 2. part, 3. member, 4. branch (of literature, 5. side 1. शरीर, 2. भाग ~ज adj. son पुत्र।

ĀṄGAN आंगन (S. सं.) m. पु. courtyard चौक, घर के अन्दर का सेहन।

AṄGAR अंगार (S. सं.) m. पु. a burning coal, 2. a spark cinder दहकता हुआ कोयला।

AṄGBHAṄG अंग भंग (S. सं.) m. पु. mutilation of the body, adj. mutilated, crippled अंग का खंडित होना।

AṄGĪ अंगी (S. सं.) adj. वि. having a body शरीरी, शरीर धारण करने वाला।

AṄGIYĀ अंगिया f. स्त्री. brassiere, bodice चोली, ब्रा. कंचुकी।

AṄGIKĀR अंगीकार (S. सं.) m. पु. acceptance, assent ग्रहण, स्वीकार।

AṄGRĀG अंगराग (S. सं.) m. पु. application of cosmetics to the body उबटन।

AṄGRAKṢHAK अंगरक्षक (S. सं.) m. पु. body guard शरीर की रक्षा करने वाला।

ANGAṚH अनगढ़ adj. वि. crude, unfinished, awkward बेडौल, बिना गढ़ा हुआ।

AṄGUL अंगुल m. पु. the finger, 2. a finger's length उंगली, 2. उंगली की नाप।

AṄGUṢTH अंगुष्ठ (S. सं.) m. पु. the thumb, 2. the big toe अंगूठा।

AṄGŪTHĪ अंगूठी f. स्त्री. a ring उंगली में पहनने वाला छल्ला।

AṄGŪR अंगूर (P. फ़ा.) m. पु. a grape

ANHIT अनहित (S. सं.) m. पु. disadvantage misfortune बुराई।

ANHONĪ अनहोनी f. स्त्री. improbable impossible असंभव न होने वाली।

ANIDRĀ अनिद्रा (S. सं.) f. स्त्री. insomnia, sleeplessness नींद न आने की बीमारी।

ANIKET अनिकेत (S. सं.) adj. वि. homeless nomad

ANIL अनिल (S. सं.) m. पु. air, wind हवा, वायु।

ANINDYĂ अनिंद्य (S. सं.) adj. वि. blameless irreproachable सुंदर, प्रशंसनीय।

ANIṄDNĪYĂ अनिंदनीय (S. सं.) adj. वि. blameless irreproachable सुंदर, प्रशंसनीय।

ANIRVACHANĪYĂ अनिर्वचनीय (S. सं.) adj. वि. unutterable inexpressible in words जिसका वर्णन न किया जा सके।

ANIṠCHAY अनिश्चय (S. सं.) m. पु. doubt, uncertainly adj. doubtful संदेह, निश्चय का अभाव।

ANISṬ अनिष्ट (S. सं.) m. harm, evil adj. undesirable वि. हानिकर, पु. जो इष्ट न हो।

ANĪṠVRVĀD अनीश्वरवाद (S. सं.) m. पु. atheism नास्तिक मत।

ANĪTI अनीति (S. सं.) f. स्त्री. wickedness, immorality improper conduct अन्याय, दुष्कर्म।

ANITYĂ अनित्य (S. सं.) adj. वि. transient impermanent जो सदा न रहे।

ANIVĀRYĂ अनिवार्य (S. सं.) adj. वि. unavoidable, inevitable अत्यावश्यक।

ANJALI अंजलि (S. सं.) f. स्त्री. the hollowed hands pressed together (in salutation) हथेलियों पर बनाया हुआ गड्ढा, अंगुरि।

ANJĀN अनजान adj. वि. unknown unkowing, ignorant, m. पु. an ignorant person अज्ञान की अवस्था।

AṄJAN अंजन m. पु. lamp-blak (as applied to the eyes as a cosmetic आंख में लगाई जाने वाली कालिख, अंजन।

ĀṄJAN आंजन m. पु. lamp-blak (as applied to the eyes as a cosmetic आंख में लगाई जाने वाली कालिख, अंजन।

AṄK अंक (S. सं.) m. पु. a number, A figure, 2. point (in a game), 3. embrace lap 1. संख्या, 2. संख्या का चिन्ह, 3. नाटक का एक खंड, 4. गोद, 5. बगल, 6. आलिंगन ~ गणित m. पु. arithmetic.

AṄKAN अंकन (S. सं.) m. पु. drawing, 2. valuing चित्र बनाना।

ĀṄKNĀ आंकना vt. to draw (a picture), चित्र बनाना।

AṄKH आंख f. स्त्री. the eye ~ आना to have an inflammation of the eyes आंखों में लाली के साथ पीड़ा होना ~ चुराना to be timid कतराना ~ दिखाना to frown, to threaten रोष या अवज्ञासूचक दृष्टि से देखना ~ फेरना to withdraw favour पहले जैसा प्रेम नष्ट करना ~ मारना to wink आंखों से इशारा करना ~ लड़ाना to exchange glances प्रेमदृष्टि से देखना ~ उठाना to look covetously or angrily बुरी निगाह से देखना ~ में चढ़ना, पसंद आ जाना ~ में रात काटना to go without sleeping (the whole night) जागकर रात बिताना ~ मिचौली blindman's buff बच्चों का आंख मूंदा-मूंदी का खेल।

AṄKIT अंकित (S. सं.) adj. वि. marked, noted, stamped, noted लिखित, चित्रित।

AṄKUR अंकुर (S. सं.) m. पु. sprout अंषुआ, पहला कोमल डंठल।

AṄKUṠ अंकुश (S. सं.) m. पु. goad, 2. inhibition हाथी को वश में रखने का लोहे का कांटा, 2. नियंत्रण रोक ~ में रखना to keep in control संयत रखना।

ANMEL अनमेल adj. वि. unmatched, inharmonious, hetreogenous अनमेल, बेमेल खालिश।

ANMOL अनमोल adj. वि. priceless, precious बहुमूल्य, कीमती।

ANN अन्न (S. सं.) m. पु. grain, 2. food supply अनाज, खाद्य पदार्थ ~ जल m. food and drink खाना-पीना, जीविका, दानापानी।

ANOKHA अनोखा adj. वि. unprecedented, strange अद्‌भुत, अनूठा।

ANPAR̲H अनपढ़ adj. वि. uneducated बेपढ़ा, अनपढ़, अशिक्षित।

AṄṠ अंश (S. सं.) m. पु. part, portion, 2. share, 3. degree 2. खण्ड, भाग, वृत्त की परिधि का 360 वां भाग।

ANṠAN अनशन (S. सं.) m. पु. fasting, 2. hungerstrike उपवास, भूख, हड़ताल।

ĀṄṠIK आंशिक (S. सं.) adj. वि. some, a few कुछ, थोड़ा।

AṄSU अंशु (S. सं.) m. पु. sun's ray सूर्य की किरण ~ माली the sun सूर्य ~ man the sun सूरज, सूर्य।

ANT अंत (S. सं.) m. पु. end, 2. completion, conclusion, outcome सिरा, आख़िर, फल।

ANTAHKARAṆ अंतः करण (S. सं.) m. पु. conscience मन बुद्धि, चित्त, हृदय।

ANTAHPUR अंतः पुर (S. सं.) m. पु. the ladies part of the house जनानख़ाना।

ANTAR अंतर (S. सं.) m. पु. interior soul, difference फ़र्क, भेद।

ANTARAṄG अंतरंग (S. सं.) adj. वि. intimate आत्मीय, भीतरी।

ANTARBHĀV अंतर्भाव (S. सं.) m. पु. inner nature or purpose, inclusion (in) भीतरी, आशय।

AṄTARATMA अंतरात्मा (S. सं.) m. पु. + f. स्त्री. conscience मन, अंतः करण।

AṄTARDESĪYĂ अंतर्देशीय (S. सं.) adj. वि. inland, internal देश के अंदर का या उससे संबंद्ध।

AṄTARDHĀRĀ अंतर्धारा (S. सं.) f. स्त्री. undercurrent नदी आदि के भीतर का प्रवाह।

AṄTARGAT अंतर्गत (S. सं.) adj. वि. hidden अंदर छिपाया या समाया हुआ।

AṄTARIKṢ अंतरिक्ष (S. सं.) m. पु. outer space, cosmos the sky adj. वि. invisible पृथ्वी और अन्य ग्रहों के बीच का स्थान, आकाश।

AṄTARIM अंतरिम adj. वि. interim मध्यवर्ती।

AṄTARKATHĀ अंतर्कथा (S. सं.) f. स्त्री. story as part of another story, 2. innermost search कथा के भीतर की कथा या प्रसंग।

AṄTARMUKH अंतर्मुख (S. सं.) m. पु. introversion adj. introvert adj. वि. जिसकी प्रवृत्ति अंदर की ओर हो।

AṄTARNIHIT अंतर्निहित (S. सं.) adj. वि. inner अंदर छिपा हुआ।

AṄTARRĀṢṬRIYĂ अंतर्राष्ट्रीय (S. सं.) adj. वि. international दो या अधिक, राष्ट्रों से संबंधित।

AṄTARYĀMI अंतर्यामी (S. सं.) adj. वि. knowing the inner thoughts मन की बात जानने वाला god ईश्वर।

AṄTASTAL अंतस्तल (S. सं.) m. पु. inner heart or soul मन।

AṄTASTH अंतस्थ (S. सं.) m. पु. situated in the middle, 2. the semi vowels and liquid consonants (य, र, ल, व), अंदर का।

AṄTIM अंतिम (S. सं.) adj. वि. last, final ultimate आखरी।

AṄTIMETTHAM अंतिमेत्थम् (S. सं.) m. पु. ultimatum अंतिम चेतावनी।

AṄTYĂ अंत्य (S. सं.) adj. वि. last final, 2. lowest सबसे अंत का ~ कर्म m. पु. last rites (after death) ~ ज m. पु. untouchable (of low caste) शूद्र, अधूत।

AṄTYĀKṢARĪ अंत्याक्षरी (S. सं.) a pastime in which participants recite verses in turn, the first word of each new verse being the same as the last of the verse preceding ऐसी प्रतियोगिता जिसमें एक कविता या गीत के अंतिम अक्षर से दूसरा कविता-पाठ या गीत आरंभ होता है।

AṄTYĀNUPRĀS अंत्यानुप्रास (S. सं.) m. पु. rhyme काफ़िया, तुक।

AṄTYEṢTHI अंत्येष्ठि (S. सं.) f. स्त्री. final rites मरने के बाद का धार्मिक संस्कार।

AṆU अणु (S. सं.) m. पु. enatom a particle adj. minute साठ परमाणुओं का एक प्राचीन मान, कण, अत्यंत सूक्ष्म मात्रा वि. अतिसूक्ष्म ~ बम m. पु. atom bomb ~ भट्टी f. स्त्री. atomic reactor

शक्ति f. स्त्री. atomic energy.

ANUBHAV अनुभव (S. सं.) m. पु. experience तजुर्बा, प्रत्यक्ष ज्ञान।

ANUBHŪTI अनुभूति (S. सं.) f. स्त्री. feeling realization अनुभव या संवेदन।

ANUCHAR अनुचर (S. सं.) m. पु. a follower, 2. servant, 3. companion साथी, नौकर।

ANUCCHED अनुच्छेद (S. सं.) m. पु. section paragraph किसी लेखका वह अंग जिसमें एक विषय का उल्लेख हो।

ANUCHIT अनुचित (S. सं.) adj. वि. improper बुरा, नामुनासिब।

ANUDĀR अनुदार (S. सं.) adj. वि. cruel hard hearted संकीर्णहृदय।

ANUDEŚ अनुदेश (S. सं.) m. पु. instruction, directive आदेश, हिदायत।

ANŪDIT अनुदित (S. सं.) adj. वि. Translated अनुवाद किया हुआ।

ANUG अनुग (S. सं.) m. पु. follower पीछे चलने वाला।

ANUGAMAN अनुगमन (S. सं.) m. पु. to follow going after पीछे चलने वाला।

ANUGĀMĪ अनुगामी (S. सं.) adj. वि. following, consequent m. पु. a follower पीछे चलने वाला।

ANUGAT अनुगत (S. सं.) adj. वि. followed, imitated, 2. following अनुगामी पु. सेवक।

ANUGRAH अनुग्रह (S. सं.) m. पु. favour कृपा, प्रसाद, अहसान।

ANUGṚHĪT अनुगृहीत (S. सं.) adj. वि. shown favour, obliged जिस पर अनुग्रह किया गया हो।

ANUJ अनुज (S. सं.) m. पु. a younger brother adj. वि. younger छोटा भाई।

ANUJÑĀ अनुज्ञा (S. सं.) f. स्त्री. Sanction, licence, 2. order, command आज्ञा, स्वीकृति ~ पत्र m. Licence.

ANUJÑAPTI अनुज्ञप्ति (S. सं.) f. स्त्री. licence, 2. patent rights, 3. permission अनुज्ञापत्र।

ANUKAMPA अनुकंपा (S. सं.) f. स्त्री. sympathy, compassion कृपा, हमदर्दी।

ANUKARAṆ अनुकरण (S. सं.) m. पु. imitation following the example (of) नकल, देखादेखी करना।

ANUKARṆIYĂ अनुकरणीय (S. सं.) adj. वि. deserving to be followed अनुकरण करने योग्य।

ANUKRAM अनुक्रम (S. सं.) m. पु. Order, Sequence series क्रमबद्ध, पु. उचित क्रम।

ANUKṚTI अनुकृति (S. सं.) f. स्त्री. imitation नकल, एक काव्यालंकार।

ĀNUKṘĀMAṆIKĀ अनुक्रमणिका (S. सं.) f. स्त्री. Index, 2. Table of contents विषय सूची।

ANUKŪL अनुकूल (S. सं.) adj. वि. favourable, 2. in accord with मुआफ़िक अ. ओर।

ANUKŪLAN अनुकूलन (S. सं.) m. पु. conditioning अनुकूल बनाना।

ANUMĀN अनुमान (S. सं.) m. पु. estimate, guesswork inference अटकल, अन्दाज ~ करना ~ लगाना to conjecture.

ANUMATI अनुमति (S. सं.) f. स्त्री. permission, assent इजाज़त, स्वीकृति ~ प्राप्त adj. वि. approved स्वीकृत।

ANUMODAK अनुमोदक (S. सं.) m. पु. advocate, supporter, adj. approving वि. समर्थन करने वाला, पु. समर्थक।

ANUMODAN अनुमोदन (S. सं.) m. पु. Approval, 2. Seconding (a motion) समर्थन।

ANUMODIT अनुमोदित (S. सं.) adj. वि. approved, seconded given support वि. जिसका समर्थन हुआ हो।

ANONAY अनुनय (S. सं.) m. पु. entreaty प्रार्थना, विनय ~ विनय m. continuing entreaty.

ANŪP अनूप (S. सं.) adj. वि. peerless, incomparable उपमारहित, बेजोड़।

ANUPAM अनुपम (S. सं.) adj. वि. excellent, incomparable बेजोड़, सर्वोत्तम।

ANUPASTHITI अनुपस्थिति (S. सं.) f. स्त्री. absence गैरहाज़िरी।

ANŪPAT अनुपात (S. सं.) m. पु. Proportion, ratio सापेक्षित संबंध।

ANUPRĀṆIT अनुप्राणित (S. सं.) adj. वि. inspired जिसे स्फूर्ति या जीवन दिया गया हो।

ANUPRĀS अनुप्रास (S. सं.) m. पु. alliteration, repitition & words (in literature) वर्ण-विशेष या वर्ग-विशेष के वर्णों की आवृत्ति संबंधी शब्दालंकार।

ANUPŪRAK अनुपूरक (S. सं.) adj. वि. supplementary वह अंश जो छूटी हुई बात या कोई कमी पूरी करने के लिए बाद में जोड़ा जाय ~ प्रश्न m. supplementary question (s).

ANUPURIT अनुपूरित (S. सं.) adj. वि. supplemented जो कोई कमी या छूट आदि पूरी करने के लिए बाद मे जोड़ा जाय।

ANUPYOGITĀ अनुपयोगिता (S. सं.) f. स्त्री. uselessness निरर्थकता, उपयोगी न होना।

ANURĀG अनुराग (S. सं.) m. पु. attachment प्रेम, आसक्ति।

ANURAKTI अनुरक्ति (S. सं.) f. स्त्री. attachment, devotion प्रेम, आसक्ति।

ANURAṄJAN अनुरंजन (S. सं.) m. पु. delight, 2. conciliating प्रसन्नता, खुशी।

ANURODH अनुरोध (S. सं.) m. पु. request, entreaty आग्रह, प्रार्थना।

ANURŪP अनुरूप (S. सं.) adj. वि. corresponding similar समान रूप वाला, सदृश।

ANUSAṄDHĀN अनुसंधान (S. सं.) m. पु. Search investigation, 2. research जांच-पड़ताल, खोज।

ANUŚAṄSĀ अनुशंसा (S. सं.) f. स्त्री. recomendation सिफ़ारिश।

ANUSĀR अनुसार (S. सं.) m. पु. conformity to usage, adv. in accordance with अनुकूल, मुताबिक अ. की तरह।

ANUSARAṆ अनुसरण (S. सं.) m. पु. following, acting in accordance with अनुकरण, पीछे चलना।

ANUŚĀSAN अनुशासन (S. सं.) m. पु. discipline, 2. control नियमन, आदेश।

ANUŚĪLAN अनुशीलन (S. सं.) m. पु. continued study नियमित और गंभीर अध्ययन।

ANUŚRTI अनुश्रुति (S. सं.) f. स्त्री. legend श्रुति-परम्परा से प्राप्त कहानी।

ANUṢṬHĀN अनुष्ठान (S. सं.) m. पु. observance, rite, 2. beginning धार्मिक कृत्य।

ANUSŪCHĪ अनुसूची (S. सं.) f. स्त्री. schedule, list किसी नियमावली के परिशिष्ट की तरह दी गई नामों की सूची।

ANUSŪCHIT JATI अनुसूचित जाति (S. सं.) f. स्त्री. scheduled caste अनुसूची में उल्लिखित जाति।

ANUSVĀR अनुस्वार (S. सं.) m. पु. after-sound, 2. a superscript dot used in Devnagari script to denote vowel nasality or nasal consonant अनुनासिक वर्ण।

ANUTĀP अनुताप (S. सं.) m. पु. remorse repentance खेद, पछतावा।

ANŪTHĀ अनूठा (S. सं.) adj. वि. rare, uncommon अनोखा, सुन्दर।

ANUTTARDĀYĪ अनुत्तरदायी (S. सं.) adj. वि. irresponsible जो अपनी जिम्मेवारी न समझे।

ANUTTĪRṆ अनुत्तीर्ण (S. सं.) adj. वि. unsuccessful (in examination) जो परीक्षा में सफल न हुआ हो।

AṆUVĀD अणुवाद (S. सं.) m. पु. atomic theory, Vaisheshik philosophy वैशेशिक दर्शन।

ANUVĀD अनुवाद (S. सं.) m. पु. translation उल्था भाषान्तर।

ANUVEŚPATR अनुवेशपत्र (S. सं.) m. पु. visa यात्रा के लिए अनुमतिपत्र।

ANUVIBHĀG अनुविभाग (S. सं.) m. पु. subsection छोटा विभाग।

AṆUVĪKṢAṆ अणुवीक्षण (S. सं.) m. पु. minutest scrutiny खुर्दबीन ~ यंत्र m. microscope.

ANUYĀCHAN अनुयाचन (S. सं.) m. पु. canvassing मत-प्रार्थना।

ANUYĀYĪ अनुयायी (S. सं.) m. पु. follower पीछे चलने वाला।

ANVARAT अनवरत (S. सं.) adj. वि. continuous incessant निरन्तर, अ. लगातार।

ANVEṢAK अन्वेषक (S. सं.) adj. वि. + m. पु. investigator खोजी, अन्वेषण करने वाला।

ANVEṢAṆ अन्वेषण (S. सं.) m. पु. investigation, research खोज, शोज, छानबीन करके तथ्यों का पता लगाना।

ANVĪKṢAṆ अन्वीक्षण (S. सं.) m. पु. investigation खोज, बारीकी से देखना ~ यंत्र microscope.

ANYĂ अन्य (S. सं.) adj. वि. other different गैर, दूसरा, भिन्न ~ पुरुष m. third person ~ तम supreme.

ANYĀY अन्याय (S. सं.) m. पु. injustice, 2. oppression outrage बेइन्साफी।

ANYONYĀŚRAY अन्योन्याश्रय (S. सं.) m. पु. mutual cause-effect, relationship परस्पर कार्य-करण संबंध।

AP अप (S. सं.) pref. उप. away, back, down expressing, inferiority e.g. अपमान m. पु. insult, disagree विपरीतता, बुराई, अधिकता, हीनता, विशेषता आदि का द्योतक है ~ शब्द m. term of abuse.

ĀP आप pron. सर्व. yourself, oneself, myself, adv. क्रि. वि. by oneself, 2. Hon. you, 3. Hon. He, she, they. Pron. and adv. सर्व और क्रि. वि. each one each by or for himself पु. (सं.) पानी वि. प्राण्य, सर्व, खुद-स्वयं, तुम वे का आदर सूचक शब्द ~ बीती f. the story of one's own experiences आत्मकथा।

ĀPĀ आपा m. पु. ego, 2. balance अपना स्वरूप अहम्-भाव, 2. सुधबुध ~ (ये) में आना, होश-हवास में होना।

APACH अपच m. पु. indigestion बदहजमी, अनपच।

ĀPĀDĀN अपादान (S. सं.) m. पु. removing, 2. (gram.) the alternative case पंचमी विभक्ति (व्या.)।

APADASTH अपदस्थ (S. सं.) adj. वि. deposed, dismissed पद से हटाया हुआ। पदच्युत।

ĀPAHIJ अपाहिज m. पु. criple a disabled person अपंग, निकम्मा।

APALAK अपलक adj. वि. unblinking

(eyes) fixed (gaze) अ. एकटक, निर्निमेष।

APAṄG अपंग adj. स्त्री. maimed, cripple, helpless, infirm अशक्त, अंगहीन।

APĀR अपार (S. सं.) limitless, excessive, 2. uncrossable, 3. shoreless जिसका पार न हो, असीम ~ दर्शी adj. opaque.

APARĀHNĂ अपराह्न (S. सं.) m. पु. early afternoon (mid-day to about three P.M.) तीसरा पहर दोपहर के बाद का काल।

APARĀJIT अपराजित (S. सं.) adj. वि. undefeated, 2. invincible जो जीता गया न हो।

APAṚH अपढ़ (S. सं.) adj. वि. illiterate, uneducated person अनपढ़, अशिक्षित।

APARICHAY अपरिचय (S. सं.) m. पु. lack of acquaintance जान-पहिचान न होना।

APARIMIT अपरिमित (S. सं.) adj. वि. unlimited सीमाहीन, अत्यधिक।

ĀPAS आपस m. पु. relationship, kimdred, brotherhood नाता हेलमेल ~ का mutual ~ में among them-selves.

ĀPASĪ आपसी adj. वि. mutual आपस का।

APATHYĂ अपथ्य (S. सं.) adj. वि. indigestible, unwholesome food बुशा पु. प्रतिकूल आहार न खाने योग्य खाना।

APATNĪK अपत्नीक (S. सं.) adj. वि. without a wife बिना पत्नी का।

APĀTR अपात्र (S. सं.) m. पु. a worthless person adj. ineligible, unworthy वि. अयोग्य, अनधिकारी।

APAURUṢ अपौरुष (S. सं.) m. पु. unmanly importent effiminate नपुंसक।

APAURUṢEYĂ अपौरुषेय (S. सं.) adj. वि. superhuman बिना पौरुष का, 2. ईश्वरीय।

ĀPATTI आपत्ति (S. सं.) f. स्त्री. misfortune, 2. an objection एतराज, 2. विपत्ति संकट adj. objectionable.

APAVITR अपवित्र (S. सं.) adj. वि. impure, unholy मैला, अशद्ध।

APBHRUṄŚ अपभ्रंश (S. सं.) m. पु. corrupt form (of speech or language) 2. a late corrupt form of middle Indo-Aryan language नीचे गिरना, वि. बिगड़ा हुआ।

APCHAY अपचय (S. सं.) m. पु. damage, loss waste, 2. decline हानि, दोष, छीजन।

APEKṢĀ अपेक्षा (S. सं.) f. स्त्री. expectation adv. in relation (to) चाह, आशा, आवश्यकता।

APEKṢIT अपेक्षित (S. सं.) adj. वि. expected, 2. due requisite जिसकी चाह, आशा, प्रतीक्षा या आवश्यकता हो।

APEY अपेय (S. सं.) adj. वि. not drinkable न पीने योग्य।

APHARAN अपहरण (S. सं.) m. पु. Stealing, 2. Kidnapping, 3. hi-jacking, 4. depriving छीनना, लूट ले जाना ~ कर्ता m. kidnapper, hi-jacker.

APKĀR अपकार (S. सं.) m. पु. disservice, harm अहित, बुराई।

APKARṢ अपकर्ष (S. सं.) m. पु. decline, 2. disgrace fall नीचे की ओर लाना या खींचना।

APKĪRTI अपकीर्ति (S. सं.) f. स्त्री. dishonour, infamy बदनामी, अपयश।

APMĀN अपमान (S. सं.) m. पु. disgrace, insult, disrespect, dishonour बेइज्ज़ती, अनादर ~ जनक adj. humiliating.

APMĀNIT अपमानित (S. सं.) adj. वि. humiliated insulted जिसकी बेइज्ज़ती की गई हो।

APMṚTU अपमृत्यु (S. सं.) f. स्त्री. untimely death अकाल या असमय मृत्यु।

APNĀNĀ अपनाना (V.T. स. क्रि.) to make one's own, 2. to adopt (an altitude or course of action) अपना बनाना, स्वीकार करना।

APRACHALIT अप्रचलित (S. सं.) adj. वि. out of date obsolete जिसका चलन न हो।

APRAKĀŚIT अप्रकाशित (S. सं.) adj. वि. unpublished (books etc.), 2. not illuminated जो प्रकाश में न आया हो, जो छपा न हो (पुस्तक आदि)।

APRAMĀṆIK अप्रमाणिक (S. सं.) f. वि. inauthentic uncertified not proved अविश्वसनीय न मानने योग्य।

APRĀPYĂ अप्राप्य (S. सं.) adj. वि. unattainable अलभ्य न मिलने वाला।

APRĀSAṄGIK अप्रासंगिक (S. सं.) adj. वि. irrelevant प्रसंग के बाहर या विरुद्ध।

APRASANN अप्रसन्न (S. सं.) adj. वि. displeased, dissatisfied उदास, खिन्न, नाखुश ~ता. f. dissatisfaction, displeasure.

APRATIBH अप्रतिभ (S. सं.) shy. bashful without brilliance प्रतिभाहीन, जिसे कुछ न सूझे।

APRATIHAT अप्रतिहत (S. सं.) adj. वि. undamaged, 2. unrepelled जिसे कोई रोकने वाला न हो।

APRATIM अप्रतिम (S. सं.) adj. वि. unique, incomparable बेजोड़, अनुपम।

APRATIṢṬHĀ अप्रतिष्ठा (S. सं.) f. स्त्री. dishonour, 2. low esteem बेइज्ज़ती, बदनामी।

APRATĪTI अप्रतीति (S. सं.) f. स्त्री. mistrust, lack of confidence, implausibility अविश्वास।

APRATYAKṢ अप्रत्यक्ष (S. सं.) adj. वि. invisible, not evident, 2. indirect, hidden जो दिखाई न दे ~कर m. indirect tax.

APRAUṚH अप्रौढ़ (S. सं.) adj. वि. immature नाबालिग।

APRAUṚHĀ अप्रौढ़ा (S. सं.) f. स्त्री. unmarried girl who has not attained puberty कुमारी कन्या जो रजस्वला न हो।

APRIYĂ अप्रिय (S. सं.) adj. वि. unpleasant, unloved, unloving, unfriendly अरुचिकर, नापसन्द।

APROKṢ अपरोक्ष (S. सं.) adj. वि. hidden, not in front जो सामने न हो।

APŚABD अपशब्द (S. सं.) m. पु. abuse, an abusive word दुर्वचन।

APŚAKUN अपशकुन (S. सं.) m. पु. ill omen अनिष्टसूचक, शकुन।

APSARĀ अप्सरा (S. सं.) f. स्त्री. a beautiful woman, 2. a dancing-girl at the court of Indra परी, स्वर्गलोक की वेश्या।

APURṆ अपूर्ण (S. सं.) adj. वि. incomplete, insufficient अधूरा।

APURV अपूर्व (S. सं.) adj. स्त्री. unprecedented, 2. uncommon, 3. novel जो या जैसा पहले न हुआ हो।

APVĀD अपवाद (S. सं.) adj. वि. exceptional m. exception, 2. censure, blame, reproach निन्दा, 2. सामान्य नियम से हट कर विशेष नियम।

APVARG अपवर्ग (S. सं.) m. पु. release (from suffering, rebirth etc.), 2. end completion मोक्ष, निर्वाण।

APVYAY अपव्यय (S. सं.) m. पु. extravagance mis-spending फ़िजूल-खर्चा, अनुचित व्यय।

ĀRĀ आरा m. पु. a saw, 2. a spoke, 3. A shoemaker's knife (an awl) टेकुआ, लकड़ी चीरने का एक दांतदार औज़ार ~ कश m. a sawyer आरा चलाने वाला।

ARAB अरब (A. अ.) m. पु. Arabia, an Arab अरब देश का निवासी adj. वि. a hundred million ~ खरब m. पु. nryriad (of).

ARABĪ अरबी (A. अ.) f. स्त्री. the Arabic language अरबी भाषा adj. वि. Arabian अरबी।

ĀRĀDHANĀ आराधना (S. सं.) f. स्त्री. worship पूजा, उपासना।

ARĀJKTĀ अराजकता (S. सं.) f. स्त्री. anarchy स्वेच्छाचार ~ वादी adj. वि. anarchist स्वेच्छाचारी।

ARĀJPATRIT अराजपत्रित (S. सं.) adj. वि. nongazetted ऐसा (कर्मचारी) जिसकी पद्वृद्धि आदि की सूचना पत्रों में नहीं छपती।

ĀRAKṢAK आरक्षक (S. सं.) m. पु. guard पहरेदार।

ĀRAKṢAṆ आरक्षण (S. सं.) m. पु. reservation रिज़र्व करना/कराना।

ĀRAKṢIT आरक्षित (S. सं.) adj. वि. reserved आरक्षण किया हुआ।

ĀRĀM आराम m. पु. repose comfort, leisure सुख/प्रसन्नता/2. relief.

ĀRAṀBH आरंभ (S. सं.) m. पु. beginning commencement, start शुरू/श्री गणेशा।

AṚAṄGĀ अड़ंगा m. पु. obstacle obstruction बाधा/रुकावट p. interference बाधा/ ~ डालना to limder रुकावट डालना।

ARASIK अरसिक (S. सं.) adj. वि. nirthless dull of savouring (the essential quality of a thing) काव्य, संगीत आदि में रस ले सकने में असमर्थ।

AṚCHAN अड़चन f. स्त्री. obstacle difficulty hindrance विध्न/बाधा।

ARCHAN अर्चन (S. सं.) m. पु. worship, adoration पूजा/वंदना।

ARCHNĀ अर्चना (S.सं.) m. पु. worship, adoration पूजा/वंदना।

ARDALĪ अर्दली m. पु. an orderly चपरासी।

ARDH अर्ध (S. सं.) adj. वि. half-semi आधा m. पु. a half आधा भाग।

ARDDH अर्द्ध (S. सं.) adj. वि. half-semi आधा m. पु. a half आधा भाग।

ARDHAṄGINĪ अर्धांगिनी (S. सं.) f. स्त्री. a wife पत्नी/बीवी।

ARDHNĀRĪŚVAR अर्धनारीश्वर (S. सं.) m. पु. lord who is half woman शिव का वह रूप जिस का आधा भाग पार्वती का होता है।

ARDHSĀPTĀHIK अर्धसाप्ताहिक (S. सं.) adj. वि. biweekly हफ्ते में दो बार प्रकाशित होने वाला (समाचार-पत्र आदि)।

ARDR आर्द्र (S. सं.) adj. वि. moist wet, humid भीगा हुआ, गीला।

ARGAJĀ अरगजा m. पु. a perfume, yellowish in colour made from various in gredients (like rose-water, sandal etc.) केसर, चंदन आदि मिला कर तैयार किया गया लेप।

ARGALĀ अर्गला (S. सं.) f. स्त्री. a wooden bar for fastenting a door अगढ़ी, छिटकिनी।

ARGANĪ अर्गनी f. स्त्री. a rope or bamboo structured between two points of support for hanging clothes कपड़ा टांगने के लिए बंधी हुई रस्सी।

ARGH अर्घ (S. सं.) m. पु. respectful oftering to deity or an honourable guest of water etc. पूजन के सोलह उपचारों में एक।

ARGHYĂ अर्घ्य (S. सं.) adj. वि. honoured पूजनीयार article m. पु. article offered respectfully to a deity or guest पूजा में देने योग्य वस्तु।

ARHAT अर्हत (S. सं.) m. पु. a Bauddha priest बौद्ध पुजारी a fain saint जैन महात्मा।

ARHATĀ अर्हता (S. सं.) f. स्त्री. qualification गुणवत्ता।

ĀṚHAT आढ़त f. स्त्री. brokerage business दूसरे के माल को लेकर कमीशन पर बिकवा देने का काम, 2. warehouse (esp. for grain) अनाज बेचने का गोदाम, 3. brokerage दलाली।

ĀṚHATIA आढ़तिया m. पु. broker, agent working on commission especially in grain आढ़त का काम करने वाला (विशेष कर अनाज का)।

AṚHUL अड़हुल m. पु. the shoe-flower, Hibiscus syriacus जवाकुसुम।

ARISṬ अरिष्ट (S. सं.) m. पु. not hurt, misfortune दुर्भाग्य।

AṚIYAL अड़ियल adj. वि. obstinate, stubborn हठी/जिद्दी।

ARJAN अर्जन (S. सं.) m. पु. earning कमाई, 2. acquisition प्राप्ति, 3. profit नफा।

ĀROH आरोह(S. सं.) m.पु. ascending mounting चढ़ना/ऊपर जाना, 2. (in music) an ascending scal (संगीत में) स्वर का ऊपर चढ़ना।

ĀROHAṆ आरोहण (S. सं.) m. पु. see Āroh आरोह।

ĀROP आरोप (S. सं.) m. पु. accusation, allegation इल्जाम, 2. fixing or placing ~क. a. one who alleges आरोप लगाने वाला।

ARPAṆ अर्पण (S. सं.) m. पु. an offering sacrifice भेंट देना, देना।

ARPIT अर्पित (S. सं.) adj. वि. entrusted offered भेंट दिया हुआ।

ĀRSĪ आरसी (P. फ़ा.) f. स्त्री. a mirror आईना, दर्पण।

ARTH अर्थ (S. सं.) m. पु. meaning मायने/मतलब, 2. money धन, 3. finance वित्त 4. motive अभिप्राय, 5. purpose आशय।

ARTHAT अर्थात् (S. सं.) adv. अ. in other words that is to say यानी, दूसरे शब्दों में।

ĀRTHIK आर्थिक (S. सं.) adj. वि. economic financial monetary अर्थ अथवा धन संबंधी।

ARTHĪ अर्थी (S. सं.) m. पु. suitor, a petitioner having an interest चाह, गरज रखने वाला, 2. stretcher to carry a human corpse to the burning ghat मुर्दा ढोने की टिख्टी।

ARTHMANTRĪ अर्थमंत्री (S. सं.) m. पु. finance minister सरकार में वह मंत्री जिसके जिम्मे आर्थिक विभाग हो।

ARTHŚĀSTR अर्थशास्त्र (S. सं.) m. पु. economics धन अथवा वित्त संबंधी विज्ञान।

ARTHŚĀSTRĪ अर्थशास्त्री (S. सं.) m. पु. economist अर्थ-विज्ञान का जानने वाला।

ĀRTĪ आरती (S. सं.) f. स्त्री. dish holding a lamp burning ghee and incense (moved in circles before an idol) देवता के सामने पूजा में उनके मुख के चारों ओर कपूरदीपक घुमाना।

ARUCHĪ अरुचि (S. सं.) f. स्त्री. dislike aversion अनिच्छा, अच्छा न होना, 2. lack of appetite भूख न लगना -- कर adj. वि. in appetiting भूख मारने वाला।

ARUṆ अरुण (S. सं.) adj. वि. reddish brown लाल, उषा या सिंदूर के रंग का।

ARUṆIMĀ अरुणिमा (S. सं.) f. स्त्री. flush, reddish glow लाली।

ARŪP अरूप (S. सं.) adj. वि. formless आकृतिहीन, 2. ill-formed ugly बदसूरत, m. shapelessness भद्दीशक्ल।

ĀRŪṚH आरूढ़ (S. सं.) adj. वि. mounted (on) सवार/आसीन।

ARVIND अरविंद (S. सं.) a lotus कमल।

ARYĀ आर्य (S. सं.) m. पु. Aryan noble, honourable सभ्य, संस्कारयुक्त, समाननीय, m. Aryan भारत की एक प्राचीन सभ्य जाति ~ धर्म m. पु. religious duties of an Aryan हिन्दु धर्म ~ समाज m. पु. a Hindu system founded by Maharshi Dayanand Saraswati स्वामी दयानंद सरस्वती द्वारा प्रवर्तित एक धार्मिक समाज।

ARYĀVART आर्यावर्त (S. सं.) m. पु. land of the Aryans north and Central India उत्तर भारत।

ARJĪ अर्ज़ी (A. अ.) f. स्त्री. petition representation submission दरख़्वास्त, प्रार्थनापत्र ~ नवीस m. पु. petition writer प्रार्थनापत्र, लेखक।

ĀRZŪ आरज़ू (P. अ.) f. स्त्री. wish, 2. request entreaty कामना, इच्छा, तमन्ना, प्रार्थना, निवेदन।

ĀŚĀ आशा (S. सं.) f. स्त्री. hope expectation आसरा, उम्मीद ~ जनक, adj. वि. promising filled with hope उम्मीद जगाने वाला।

ASABHYĂ असभ्य (S. सं.) adj. वि. uncivilized, uncultured अशिष्ट, गंवार, असंस्कृत।

ASĀDHYĂ असाध्य (S. सं.) adj. वि. not realisable जिसकी सिद्धि न हो, 2. incurable अच्छा न होने वाला (जैसे रोग), लाइलाज।

ASAHĀY असहाय (S. सं.) adj. वि. helpless जिसका कोई सहारा न हो।

ASAHIṢṆU असहिष्णु (S. सं.) adj. वि. intolerant न सहने वाला क्रोधी।

ASAHYÁ असह्य (S. सं.) adj. वि. intolerable असहनीय, बेबर्दाश्त, न सहने योग्य।

ASAHYOG असहयोग (S. सं.) m. पु. non-cooperation सहयोग न देना।

ASAINIKIKARAṆ असैनिकीकरण (S. सं.) m. पु. demilitarisation सैन्य, विहीनता।

ĀSAKT आसक्त (S. सं.) adj. वि. attracted, infatuated अनुरक्त, लिप्त।

ĀSAKTI आसक्ति (S. सं.) f. स्त्री. attraction infatuation attachment अनुराग।

ASAL असल (A. अ.) adj. वि. real actual नकल का उल्टा, सच्चा m. essence original or real nature सच्चा, 2. capital मूलधन।

ASAM असम (S. सं.) adj. वि. dissimilar unequal, uneven जो बराबर न हो, ~ता f. स्त्री. dissimilarity सम न होना।

ASAMARTH असमर्थ (S. सं.) adj. वि. incapable unable अशक्त।

ASAMAY असमय (S. सं.) adj. वि. untimely कुसमय an unsuitable time गलत समय।

ASAṀBADDH असंबंद्ध (S. सं.) adj. वि. disconnected incoherent बेतुका, बेमेल, संबंधहीन।

ASAṀBHAV असंभव (S. सं.) adj. वि. impossible नामुकिन, न होने वाला।

ASĀṀPRADHVIK असांप्रदायिक (S. सं.) adj. वि. non-communal जिसका किसी संप्रदाय से संबंध न हो।

ASAṀSKṚT असंस्कृत (S. सं.) adj. वि. uncultured असभ्य,संस्कारहीन।

ASAṀYAM असंयम (S. सं.) m. पु. lack of self control संयम का अभाव, 2. indulgence of the senses विलासिता।

ASAṀYAT असंयत (S. सं.) adj. वि. unbridled, unrestrained बंधनहीन।

ASĀMYIK असामयिक (S. सं.) adj. वि. untimely बेवक्त, बेमौका।

ASAṄG असंग (S. सं.) adj. वि. unattached निर्लिप्त, अकेला।

ASAṄGATI असंगति (S. सं.) f. स्त्री. contradiction विरोधाभास, विपरीतता, 2. absurdity, 3. incoherence बेतुकापन।

ĀSAN आसन (S. सं.) m. पु. posture sitting शरीर की स्थिति, बैठना, 2. mat a seat वह चीज जिस पर बैठा जाए ~ करना, vi. to adopt yoga postures ~ जमाना, vi. to sit firmly जमकर अडिगभाव से बैठ जाना।

ASAṄYAT असंयत (S. सं.) adj. वि. unrestrained, unbridled बंधनहीन, संयमरहित।

ĀṠAṄKA आशंका (S. सं.) f. स्त्री. doubt apprehension संदेह, अविश्वास, 2. danger खतरा, 3. fear भय।

ASAṄKHYĂ असंख्य (S. सं.) adj. वि. innumerable, countless अनगिणत, बेहिसाब।

ĀSANN आसन्न (S. सं.) adj. वि. impending approaching पास आता, आया हुआ ~ कोण, m. पु. an adj. a cut angle.

AṠĀṄT अशान्त (S. सं.) adj. वि. disturbed, restless बेचैन।

AṠĀṄTI अशान्ति (S. सं.) f. स्त्री. disturbance, restlessness बेचैनी, खलबली, क्षोभ।

ASAPHAL असफल (S. सं.) adj. वि. unsuccessful नाकामयाब failed (in examination) परीक्षा में सफल न होना।

ASAR असर (A. अ.) m. वि. influence effect प्रभाव।

AṠARAṆ अशरण (S. सं.) adj. वि. helpless without protection or shelters असहाय।

AṠARFĪ अशर्फी (P. फ़ा.) f. स्त्री. a gold coin formerly current worth between sixteen + twenty सोने का सिक्का जो आज के सोलह से बीस रुपये के बराबर होता था।

ASĀṚH आषाढ़ (S. सं.) m. पु. the fourth month (lunar) of the Vikramiya era (june-july) असाढ़ मास जेठ के बाद और सावन के पहले वाला महीना।

AṠARĪRĪ अशरीरी (S. सं.) adj. वि. desembodied, bodiless निराकार, शरीर रहित।

ĀṠATĪT आशातीत (S. सं.) adj. वि. beyond expectation आशा से अधिक।

ASATKĀR असत्कार (S. सं.) m. पु. disrespect अनादर।

ASATYĂ असत्य (S. सं.) m. पु. untruth झूठ, मिथ्या adj. वि. false, untrue झूठा।

ĀSAV आसव (S. सं.) m. पु. potion रस, 2. distillate, decoction अर्क।

ĀṠAVĀD आशावाद (S. सं.) m. पु. optimism आशामय दृष्टिकोण रखना ~ आशावादी, adj. वि. optimist आशा से भरा दृष्टिकोण रखने वाला।

ĀṠAY आशय (S. सं.) m. पु. purport sense intention अभिप्राय, तात्पर्य।

AṠAUCH अशौच (S. सं.) m. पु. impurity अपवित्रता, 2. mourning शोक (मृत्यु पर होने वाला)।

ASĀVDHĀN असावधान (S. सं.) adj. वि. careless, inattentive बेखबर, गाफिला।

ASBĀB असबाब (A. अ.) m. पु. goods, property things wares luggage आवश्यक वस्तुएं, सामान।

ĀṠCHARYĂ आश्चर्य (S. सं.) m. पु. astonishment wonder surprise अचरज, अचंभा, विस्मय, ~ जनक adj. वि. astonishing विस्मयकारक~ चकित, adj. वि. struck with wonder आश्चर्य से अभिभूत।

AṠEṢ अशेष (S. सं.) adj. वि. entire complete संपूर्ण, समूचा without end infinite जिसका अंत न हो।

ASI असि (S. सं.) f. स्त्री. a sword वामवार ~ धारा f. स्त्री. edge of a sword तलवार की धार।

AṠIKṢIT अशिक्षित (S. सं.) adj. वि. uneducated illiterate अनपढ़, बेपढ़ालिखा।

ASĪM असीम (S. सं.) adj. वि. unlimited boundless सीमाहीन, जिसकी हद न हो।

ĀṠIQ आशिक (A. अ.) adj. वि. lover वह पेय m. पु. a lover प्रेमी, ~ मिजाज़ m. पु. amourous by nature स्वभाव से प्रेम करने वाला।

AṠIR असीर (A. अ.) m. पु. captive बंदी, कैदी।

ASĪRĪ असीरी (A. अ.) f. स्त्री. captivity कैद।

ĀṠĪRVACHAN आशीर्वचन (S. सं.) m. पु. blessing असीस, आशीर्वाद।

AṠIṢṬ अशिष्ट (S. सं.) adj. वि. uncivil उजड्ड, असभ्य।

ASIT असित (S. सं.) adj. वि. non-white, black काला, जो उजला न हो अश्वेता।

AṠIV अशिव (S. सं.) adj. वि. malign inauspicious अकल्याणकर।

ASLĪ असली (A. अ.) adj. वि. real primary original खालिस, जो नकली न हो।

ASLIAT असलियत (A. अ.) f. स्त्री. reality essential quality वास्तविकता।

ASLĪL अश्लील (S. सं.) adj. वि. indecent vulgar rustic ग्राम्या भद्दा, ~ ता, f. स्त्री. vulgarity obscurity indecency ग्राम्यता, भद्दापन, गंवारूपन।

ASMAT अस्मत (A. अ.) f. स्त्री. purity chastity honour पवित्रता, सतीत्व, इज्जत।

ĀSMĀN आसमान (P. फ़ा.) m. पु. sky आकाश।

ASMITĀ अस्मिता (S. सं.) f. स्त्री. one's self अपनापा, स्वयं होना।

ĀṠNĀI आशनाई (P. फ़ा.) f. स्त्री. love, loveaffair, liason प्रेम, प्रेमसंबंध, प्रेम–प्रसंग।

AṠOBHAN अशोभन (S. सं.) adj. वि. unattractive, unseenly असुंदर, अभद्र।

AṠOK अशोक (S. सं.) m. पु. freedom

from sorrow शोकरहित होना, 2. the tree jousia asoka अशोक वृक्ष, 3. free from cure or worry शोकहीन, 4. name of emperor Ashoka मगध-साम्राज्य के सम्राट अशोक।

ASPAṢṬ अस्पष्ट (S. सं.) adj. वि. indistinct unclear जो साफ न हो।

ĀṠRAM आश्रम (S. सं.) m. पु. sanctuary abode (as of a hermit) मठ, साधु-संत की कुटी।

ĀṠRAY आश्रय (S. सं.) m. पु. refuge shelter ठिकाना, 2. support आधार, 3. patronage संरक्षण, 4. dependence आश्रित होना।

AṠRU अश्रु (S. सं.) m. पु. a tear आंसू, ~ पात m. shedding of tear आंसू बहाना।

AṠRUT अश्रुत (S. सं.) adj. वि. unheard, unheard of, unprecedented जो सुना न गया हो, जो पहले न हुआ हो, 2. unvedic अवैदिक,~ पूर्व a. unprecedented जैसा पहले न हुआ हो।

AST अस्त (S. सं.) adj. वि. setting (of a heavenly body as the sun, moon etc.) डूबा हुआ (जैसे सूरज, चांद आदि)।

ASTABAL अस्तबल (A. अ.) m. पु. a stable (of horses etc.) धुड़साल, अश्र्वशाला, तबेला।

AṢṬAK अष्टक (S. सं.) adj. वि. eighth आठवां।

AṢṬAM अष्टम (S. सं.) adj. वि. eighth आठवां।

ASTAR अस्तर (P. फ़ा.) m. पु. living (of a garment) सिले कपड़े, जूते आदि के भीतर की तह।

ĀSTHĀ आस्था (S. सं.) f. स्त्री. faith] belief विश्वास, श्रद्धा।

ĀSTHĀYĪ अस्थायी (S. सं.) adj. वि. temporary inpermanent क्षणिक, अस्थिर।

ASTHĪ अस्थि (S. सं.) f. स्त्री. bone हड्डी।

ASTHIR अस्थिर (S. सं.) adj. वि. unsteady, undecided डांवाडोल जो स्थिर न हो, जिसने निश्चय न किया हो।

ASTI अस्ति (S. सं.) f. स्त्री. existence विधमानता, सत्ता।

ĀSTIK आस्तिक (S. सं.) adj. वि. religious devoul धार्मिक, 2. believer (in the vedas & existence of God) वेद, ईश्वर को मानने वाला।

ASTĪN आस्तीन (P. फ़ा.) m. पु. sleeve बांह (कमीज आदि की), 2. cuff ~ का सांप, ememy in the guise of a friend दोस्त बनकर दुश्मनी करने वाला ~ चढ़ाना, to make ready (to fight) लड़ने को तैयार होना।

ASTITVA अस्तित्व (S. सं.) m. पु. existence सत्ता, हस्ती, ~ बार, m. पु. existentialism अस्वित्ववाद।

ASTRĂ अस्त्र (S. सं.) m. पु. a weapon हथियार, 2. armament हाथ से फेंक कर चलाया जाने वाला हथियार।

AṠUDDHĂ अशुद्ध (S. सं.) adj. वि. incorrect गलत, 2. impure अपवित्र।

ASUR असुर (S. सं.) m. पु. demon दानव, दैत्य।

ĀSURĪ आसुरी (S. सं.) adj. वि. demonic दानवों जैसा ~ विवाह, m. वि. a marriage in which the bride is purchased used from her parents एक विवाह पद्धति जिसमें कन्या माता-पिता से खरीदी जाती है।

ASUVIDHĀ असुविधा (S. सं.) f. स्त्री. inconvenience सुभीता न होना।

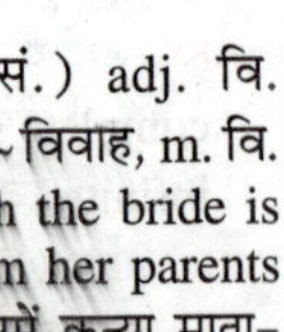

AṠVĂ अश्व (S. सं.) m. पु. horse घोड़ा।

ASVABHĀVIK अस्वाभाविक (S. सं.) adj. वि. unnatural बनावटी, स्वभाव

विरुद्ध।

AŚVATTH अश्वत्थ (S. सं.) m. पु. the sacred fig tree (Ficus religios) पीपल।

ĀŚVASĀN आश्वासन (S. सं.) m. पु. assurance assertion दिलासा।

ASVASTH अस्वस्थ (S. सं.) adj. वि. unwell-ill बीमार, रुग्ण।

ASVĀSTHYĂ अस्वास्थय (S. सं.) m. पु. illness, disease रोग, बीमारी।

ASVIKĀR अस्वीकार (S. सं.) m. पु. denial refusal इन्कार।

AŚVINĪ अश्विनी (S. सं.) f. स्त्री. mare, घोड़ी, 2. one of the 27 stars 27 नक्षत्रों में से पहला।

ATĀĪ अताई (P. फ़ा.) m. पु. a self taught singers musician and dancer बिना सीखे गाने-बजाने और नाचने वाला।

AṬAL अटल (S. सं.) adj. वि. unmovable जो टल न सके, 2. not to be moved inviolable जो हटने या हटाने के लिए नहीं हो, 3. steadfast स्थिर।

ATAL अटल (S. सं.) adj. वि. bottomless अथाह, 2. one of the seven patals सात पातालों में से पहला पाताल।

ĀTAṄK आतंक (S. सं.) m. पु. terror दहशत, apprehension भय, दबदबा, ---वाद, m. पु. terrorism उग्रवाद।

ATANU अतनु (S. सं.) adj. वि. bodiless अनंग, m. पु. kamdev, the god of love and sex कामदेव।

AṬĀRĪ अटारी f. स्त्री. balcony कोठा, an upper room ऊपरी कमरा।

ATARKYĀ अतर्क्य (S. सं.) adj. वि. beyond reason or thought जिसके बारे में तर्क-वितर्क न हो सके।

ĀTAŚ आतश (P. फ़ा.) f. स्त्री. fire, flame आग, ~ दान, m. पु. grate brazier अग्निपात्र, ~ बाज़, m. पु. maker of fire work पटाखे आदि बनाने वाला, ~बाज़ी, f. स्त्री. fireworks पटाखे आदि का खेल।

ĀTIŚ आतिश (P. फ़ा.) f. स्त्री. fire, flame आग, ~ दान, m. पु. grate brazier अग्निपात्र, ~ बाज़, m. पु. maker of fire work पटाखे आदि बनाने वाला, ~बाज़ी, f. स्त्री. fireworks पटाखे आदि का खेल।

ĀTŚĪ आतशी (P. फ़ा.) adj. वि. fiery having to do with fire अग्नि संबंधी, ~ शीशा, m. पु. magnifying glass.

ĀTAŚCHĀH आतशगाह (P. फ़ा.) m. पु. fire temple (as of the Parsis) (पारसियों का) अग्निमंदिर।

ĀTAŚKHĀNĀ आतशख़ाना (P. फ़ा.) m. पु. fire temple (as of the Parsis) (पारसियों का) अग्निमंदिर।

ĀTŚAK आतशक (P. फ़ा.) f. स्त्री. syphilis venereal disease उपवंश, गरमी की बीमारी या यौनरोग।

ĀTATĀĪ आतताई (S. सं.) adj. वि. dangerous criminal निदारुण, अपराधी, 2. one intent on violence a tyrant हिन्सा पर उतारू, अपराधी, अत्याचारी।

AṬERAṄ अटेरन m. पु. bobbin, 2. a hollow stick or reed on which thread is wound before spinning सूत की आंटी बनाने वाला यंत्र।

ATH अथ (S. सं.) adv. अ. so thus अब, अनन्तर ~ से अंत तक from beginning to end शुरु से अखीर तक।

ATHAC अथच (S. सं.) adv. अ. moreover और भी।

ATHAK अथक (S. सं.) adj. वि. tireless, indefatigable जो न थके।

AṬHKHELĪ अठखेली f. स्त्री. play merrymaking चुहल, विनोद, क्रीड़ा।

ATHARV अथर्व (S. सं.) m. पु. one of the four vedas चार वेदों में एक।

ATHVĀ अथवा (S. सं.) cong. or या।

ATI अति (S. सं.) adj. वि. very much excessive बहुत, अधिक, f. स्त्री. excess काफी।

ATICHĀR अतिचार (S. सं.) m. पु. unwarranted behaviour trespass अपनी अधिकार सीमा का उल्लंधन करना, 2. rapid motion (as of a planet) तीव्र गति।

ATIKRAM अतिक्रम (S. सं.) m. पु. transgression अतिक्रमण, नियम का उल्लंधन।

ATIKRAMAN अतिक्रमण (S. सं.) m. पु. see दे. अतिक्रम।

ATIRANJAN अतिरंजन (S. सं.) m. पु. exaggeration बात का बढ़ा-चढ़ा कर कहना।

ATIRANJIT अतिरंजित (S. सं.) adj. वि. exaggerated बढ़ाकर कही गई बात।

ATIREK अतिरेक (S. सं.) m. पु. excess, surplus बहुतायत, अधिकता।

ATIRIKT अतिरिक्त (S. सं.) adj. वि. excess, surplus आवश्यकता से अधिक, शेष।

ATISĀR अतिसार (S. सं.) m. पु. diarrhoea, dysentry पेचिश, आंव की बीमारी।

ATIŚAYOKTI अतिशयोक्ति (S. सं.) f. स्त्री. hyperbole किसी बात को बढ़ा-चढ़ा कर कहना, इसी नाम का आलंकार।

ATĪT अतीत (S. सं.) adj. वि. past, former गत, बीता हुआ m. स्त्री. past भूतकाल।

ATITHI अतिथि (S. सं.) m. पु. guest मेहमान, पाहुना ~ सत्कार m. पु. hospitality मेहमाननवाज़ी।

ĀTITHEYĂ आतिथेय (S. सं.) adj. वि. proper for a guest अतिथियोग्य, 2. attentive to a guest अतिथि सेवक, m. पु. a host मेजबान।

AṬKAL अटकल f. स्त्री. guessing conjecture अनुमान, ~ से, adj. वि. at random अन्दाजे से, ~ पच्चू, m. पु. adj. वि. conjectural अनुमानित।

ĀTM आत्म (S. सं.) m. पु. soul spirit, the self जीव, जन, जीवात्मा, 2. the ultimate being.

ĀTMĀ आत्मा (S. सं.) m. पु. soul spirit, the self जीव, जन, जीवात्मा, 2. the ultimate being.

ĀTMABAL आत्मबल (S. सं.) m. पु. strength of character spiritual strength मनोबल।

ATMAHATYĀ आत्महत्या (S. सं.) f. स्त्री. suicide खुदकुशी, अपने हाथ से अपनी हत्या।

ATMJÑĀN आत्मज्ञान (S. सं.) m. पु. self knowledge, knowledge of the spirit अपने आप को जानना, ब्रहम का ज्ञान।

ĀTMANUBHUTI आत्ममानुभूति (S. सं.) f. स्त्री. knowing the self आत्म साक्षात्कार।

ATMARAKṢĀ आत्मरक्षा (S. सं.) f. स्त्री. self-defence अपना बचाव।

ĀTMASĀT आत्मसात् (S. सं.) adj. वि. assimilated अपने वश में किया हुआ।

ĀTMAVISVĀS आत्मविश्वास (S. सं.) m. पु. self-confidence अपने ऊपर विश्वास या भरोसा।

ĀTMAVANCHNĀ आत्मवंचना (S. सं.) f. स्त्री. self-deception अपने आपको धोखा देना।

ĀTMĪYĂ आत्मीय (S. सं.) adj. वि. one's own अपना, 2. close intimate दिल्ली, निकट, m. पु. relative स्वजन, संबंधी, 3. a close friend नजदीकी दोस्त, -- ता. f. स्त्री. intimacy निकटतम।

ATṚIPT अतृप्त (S. सं.) adj. वि. unsatisfied, dissatisfied, insatiated जो संतुष्ट न हो, असन्तुष्ट।

AṬṬAHĀS अट्टहास (S. सं.) m. पु. loud laughter ठहाका, खूब जोर की हंसी।

AṬṬALIKĀ अट्टालिका (S. सं.) f. स्त्री. a multistoried कोठी, अटारी, बहुमंजिला, मकान।

ATTĀR अत्तार (A. अ.) adj. वि. perfume seller इत्तफरोश (इत्र बेचने वाला)।

ATUKĀṄT अतुकांत (S. सं.) adj. वि. non-rhyming (poetry) जिसके तुक मिलते न हों (कविता)।

ATUL अतुल (S. सं.) adj. वि. in comparable बेजोड़, 2. unweighable जिसे तौला न जा सके।

AṬŪṬ अटूट (S. सं.) adj. वि. unbroken, unbreakable जो टूट न सके, 2. continuous लगातार चलने वाला।

ATYĀCHĀR अत्याचार (S. सं.) m. पु. atrocity, tyranny जुल्म, अन्याय ~ i (अत्याचारी) oppressive, tyrannical जुल्मी, अन्यायी m. पु. a tyrant, oppresses अत्याचार अतचार करने वाला व्यक्ति।

ATYAṄT अत्यंत (S. सं.) adj. वि. vast, extreme बहुत अधिक, हक से ज्यादा, adj. वि. extremely अधिकाई से।

ATYUKTI अत्युक्ति (S. सं.) f. स्त्री. hyperbole बढ़ा-चढ़ाकर कहना, अतिशयोक्ति।

AUCHAK औचक adv. अ. suddenly अचानक, एकाएक।

AUCHITYĂ औचित्य (S. सं.) m. पु. propriety उचित होना, suitability उपयुक्ता।

AUDHAR औढर adj. वि. having compasion for the needy आशुतोष, थोड़े में प्रसन्न होने वाला।

AUDYOGIK औद्योगिक (S. सं.) adj. वि. industrial उद्योग-संबंधी।

AUDYOGEKARAṆ औद्योगीकरण (S. सं.) m. पु. industrialisation समाज या देश को उद्योग-प्रधान बनाना।

AUṄDHĀ औंधा adj. वि. upturned उल्टा, जिसका मुंह नीचे की ओर हो।

AUNE-PAUNE औने-पौने m. पु. bringing and getting haggling (over a price) कुछ घाटा उठाकर ~ बेचना, v.t. to sell for what one can get जो मिले उसी दाम पर बेचना।

AUPNIVEṠIK औपनिवेशिक (S. सं.) adj. वि. colonial उपनिवेश-संबंधी।

AUQĀT औक़ात (A. अ.) f. स्त्री. circumstance हैसियत (वक्त का बहुवचन), 2. capacity means योग्यता, साधना।

AUPANYĀSIK औपन्यासिक (S. सं.) adj. वि. pertaining to a novel, novelistic उपन्यास-संबंधी, काल्पनिक।

AURAS औरस (S. सं.) adj. वि. leguitimate (of birth) विवाहित स्त्री से उत्पन्न, जायज, m. पु. a legitimate son or daughter जायज सन्तान।

AURAT औरत (A. अ.) f. स्त्री. a woman स्त्री, नारी 2. wife पत्नी।

AURTĀNĀ औरताना (P. फ़ा.) adj. वि. womanly, feminine नारी-सुलभ।

AUṢADH औषध (S. सं.) f. स्त्री. medicine दवा, ~ alay m. पु. dispensary दवाखाना।

AUSAT औसत (A. अ.) adj. वि. average, medium बीच का, साधारण, m. पु. average बीच की राशि या पड़ता।

AUZAR औज़ार (A. अ.) m. पु. tool, implement उपकरण, काम करने का साधन।

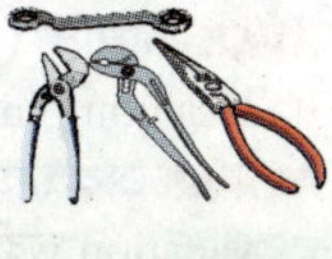

AVADH **अवध** (S. सं.) adj. वि. unkillable जो वध के योग्य न हो, m. पु. Ayodhya an area of the U.P. (Uttar Pradesh) उत्तर प्रदेश का एक क्षेत्र।

AVADHĀTRĪ SARKAR **अवधात्री सरकार** f. स्त्री. caretaker government काम चलाऊ सरकार, वह सरकार जो निर्वाचक आदि होने के बाद नई सरकार के कार्य भार ग्रहण कर लेने तक शासन करती है।

AVADHI **अवधि** (S. सं.) f. स्त्री. limit, extent, period, term नियत काल।

AVADHĪ **अवधी** f. स्त्री. Dialect of Awadh अवध की बोली।

AVADHŪT **अवधूत** (S. सं.) adj. वि. shaken off. discarded छोड़ा हुआ, त्यागा हुआ, m. पु. an ascetic a yogi सन्यासी, साधुओं का एक भेद।

AUGĀHAN **अवगाहन** (S. सं.) m. पु. immersion, bathing नहाना, plunge थाह लेना।

ĀVĀGAMAN **आवागमन** (S. सं.) m. पु. transmigration पुनर्जन्म, 2. coming and going आना-जाना।

AVAGAT **अवगत** (S. सं.) adj. वि. known ज्ञात, informed जाना हुआ।

ĀVĀHAN **आवाहन** (S. सं.) m. पु. calling, summons पुकारना, बुलाना, 2. an appeal invitation निमंत्रण।

AVHELNĀ **अवहेलना** (S. सं.) f. स्त्री. neglict in difference उपेक्षा, तग़ाफुल।

AVAIDH **अवैध** (S. सं.) adj. वि. law ful, illegal ग़ैरकानूनी।

AVAITNIK **अवैतनिक** (S. सं.) adj. वि. honourary वेतन न लेने वाला।

AVAJÑĀ **अवज्ञा** (S. सं.) f. स्त्री. disobedience उपेक्षा, अपमान।

AVĀK **अवाक** (S. सं.) adj. वि. speech less non plussed मौन, स्तब्ध, चुपा।

AVKĀŚ **अवकाश** (S. सं.) m. पु. leave vacation छुट्टी, फुर्सत, 2. retirement नौकरी से फुर्सत हो जाना।

AVLOKAN **अवलोकन** (S. सं.) m. पु. inspection, scrutiny looking at देखना, ~ IYĂ अवलोकनीय adj. वि. worth looking देखने योग्य।

AVĀM **अवाम** (A. अ.) m. पु. common people जनसाधारण, जनता।

AVANATI **अवनति** (S. सं.) f. स्त्री. downfull, fall अधः पतन।

AVANI **अवनि** (S. सं.) f. स्त्री. the earth the world भूमि, धरती।

AVANĪ **अवनी** (S. सं.) f. स्त्री. the earth the world भूमि, धरती।

AVAṄTIKĀ **अवन्तिका** (S. सं.) f. स्त्री. present day Ujjain उज्जैन।

AVAR **अवर** (S. सं.) adj. वि. subordinate छोटा, दर्जे में नीचा ~ सदन m. पु. lower house (of assembly etc.) लोअर हाउस।

ĀVĀRĀ **आवारा** m. पु. adj. वि. vagabond, vagrant बेकार घूमने वाला।

ĀVARAṆ **आवरण** (S. सं.) m. पु. covering, cover ढकना, कवर।

ĀVĀRAGĪ **आवारगी** f. स्त्री. vagrancy wandering आवारापन।

AVAṚODH **अवरोध** (S. सं.) m. पु. obstacle, blockage रुकावट, रोक, restriction रोक।

AVAROHAṆ **अवरोहण** (S. सं.) m. पु. descent descending उतरना, नीचे आना।

AVARUDDH **अवरुद्ध** (S. सं.) adj. वि. restrained रुका हुआ, रोका हुआ।

AVASĀD **अवसाद** (S. सं.) m. पु. depression उदासी।

AVASĀN **अवसान** (S. सं.) m. पु. end समप्ति।

AVASAR **अवसर** (S. सं.) m. पु. opportunity, chance मौका, सुयोग।

AVAŚEṢ **अवशेष** (S. सं.) adj. वि.

remainder remains वह जो बचा रहे, बचा हुआ।

AVASTHĀ अवस्था (S. सं.) f. स्त्री. condition circumstances हालत, दशा, 2. age उम्र, आयु।

AVAŚYĂ अवश्य (S. सं.) adj. वि. unrestrained जो वश में न किया जा सके, 2. adv. अ. without doubt of course जरूर।

ĀVAŚYAKTĀ आवश्यकता (S. सं.) f. स्त्री. need, necessity जरूरत।

AVATARAṆ अवतरण (S. सं.) m. पु. descent, descending उतरना, देवताओं, आदि का मनुष्य आदि के रूप में प्रकट होना, 2. crossing (a river etc.) पार करना।

AVATAṄS अवतंस (S. सं.) m. पु. ornament बाली, कानफूल, 2. great man श्रेष्ठ पुरुष।

AVAYAV अवयव (S. सं.) m. पु. limb, organ member शरीर का कोई भाग।

ĀVĀZ आवाज़ (P. फ़ा.) f. स्त्री. sound noise, voice शब्द, शोर, बोल, ध्वनि, ~ उठाना, to raise the voice किसी बात के पक्ष या विपक्ष में बोलना ~ लगाना, to call पुकारना, आवाज़ देना।

ĀVBHAGAT आवभगत f. स्त्री. warm welcome स्वागत, सत्कार, खातिर बात।

ĀVEDAN आवेदन (S. सं.) m. पु. application, petition प्रार्थना, अर्जी, ~ पत्र, m. पु. petition applicaton प्रार्थनापत्र।

ĀVEG आवेग (S. सं.) m. पु. surge fit (of anger etc.) प्रबल मनोवेग।

ĀVEŚ आवेश (S. सं.) m. पु. emrotion frenzy जोश, भावना।

AVGUṆ अवगुण (S. सं.) m. पु. fault, defect दोष, एवं, बुराई।

AVGUṄṬHAN अवगुंठन (S. सं.) m. पु. a veil घूंघट, बुर्का।

AVIBHĀJYĂ अविभाज्य (S. सं.) adj. वि. indivisible जिसे बांटा न जा सके, 2. joint (as property) सम्मिलित (जैसे संपत्ति)।

AVIBHAKT अविभक्त (S. सं.) adj. वि. individed समूचा, अखंड, जो बंटा हुआ न हो, 2. joint सम्मिलित, शामिलात।

AVICHAL अविचल (S. सं.) adj. वि. immovable motionless स्थिर, अचल।

AVDYĀ अवद्या (S. सं.) f. स्त्री. ignorance illiterary विद्या या ज्ञान का अभाव, अशिक्षा।

AVIKAL अविकल (S. सं.) adj. वि. literal, complete, unimpaired ज्यों-का-त्यों, व्यवस्थित।

AVINAŚVAR अविनश्वर (S. सं.) adj. वि. indistructible जिसका विनाश न हो।

AVINĀŚĪ अविनाशी (S. सं.) adj. वि. immortal, eternal, indistructible अमर, जो नष्ट न हो।

AVINAY अविनय (S. सं.) m. पु. want of manners discourtsey नम्रता का अभाव, अशिष्टता।

AVNĪT अवनित (S. सं.) adj. वि. discourteous अशिष्ट, घमंडी, उद्दंड।

ĀVIRBHĀV आविर्भाव (S. सं.) m. पु. emergence, manifestation, appearance प्रकट होना।

AVIRAT अविरत (S. सं.) adj. वि. continuous विरामहीन, लगा हुआ।

ĀVIṢKAR आविष्कार (S. सँ.) m. पु. invention, discovery ईजाद, नई चीज निकालना या बनाना।

AVIŚVĀS अविश्वास (S. सं.) m. पु. disbelief संदेह, विश्वास न होना, नायकीनी।

AVIVĀHIT अविवाहित (S. सं.) adj. वि. unmarried, single जिसका ब्याह न हुआ हो, कुंआरा।

AVIVEK अविवेक (S. सं.) m. पु. thoughtlessness नासमझी, अविचार, 2. folly बेवकूफी।

AVTĀR अवतार (S. सं.) m. पु. incarnation ईश्वर का मानव आदि के रूप में पृथ्वी पर आना।

AVYAKT अव्यक्त (S. सं.) adj. वि. unknown, unmanifested अप्रकट, अदृश्य।

AVYAY अव्यय (S. सं.) adj. वि. eternal not likely to change अविकारी m. पु. a particle वह शब्द जिसका रूप वचनों, लिंग, विभक्तियों आदि में एक ही रहे।

AVYAVSTHĀ अव्यवस्था (S. सं.) f. स्त्री. disorder नियम व्यवस्था का अभाव।

AVYAYĪBHĀV अव्ययीभाव (S. सं.) m. पु. an indeclinable compound word वह समास जिसमें पूर्वपद अव्यय हो।

ĀYĀ आया (P. फ़ा.) f. स्त्री. lady maid, children nurse an ayah बच्चे को दूध पिलाने वाली धाई।

ĀYĀ आया part, came आने का भूतकालिक रूप।

ĀYĂ आय (S. सं.) f. स्त्री. income आमदनी।

AYĀCHIT अयाचित (S. सं.) adj. वि. unexpected not asked for न मांगा हुआ।

AYĀL अयाल (S. सं.) m. पु. mane, 2. fordock (of a horse) घोड़े की गर्दन पर के बाल।

AYATHARTH अयथार्थ (S. सं.) adj. वि. unreal, false गलत, झूठ।

ĀYĀM आयाम (S. सं.) m. पु. dismensions विस्तार।

ĀYĀT आयात (S. सं.) m. पु. import विदेश से आया हुआ माल।

ĀYAT आयत (S. सं.) adj. वि. extensive rectangular विस्तृत, विशाल, m. पु. rectangle समानान्तर चतुर्भुज जिसका प्रत्येक कोण समकोण हो, f. स्त्री. verse of the Quran कुरान का वाक्य।

ĀYOG आयोग (S. सं.) m. पु. commission कमीशन।

ĀYOJAK आयोजक (S. सं.) adj. वि. m. पु. orgainser संगठकर्त्ता।

ĀYOJAN आयोजन (S. सं.) m. पु. organising, convening तैयारी, प्रबंध।

ĀYU आयु (S. सं.) f. स्त्री. age span of life term उम्र, जीवन।

ĀYUDH आयुध (S. सं.) m. पु. weapon, 2. arms हथियार, युद्ध का साधन।

ĀYUKTĂ आयुक्त (S. सं.) adj. वि. appointed लगाया गया, m. पु. commissioner कमिश्नर।

ĀY-VYAY आय-व्यय (S. सं.) m. पु. income and expenses आमद-खर्च, ~ फलक, m. स्त्री. balance sheet तलपट, चिट्ठा।

ĀZĀD आज़ाद (P. फ़ा.) adj. वि. free स्वाधीन, मुक्त।

ĀZĀDĪ आज़ादी (P. फ़ा.) f. स्त्री. freedom, independence स्वाधीनता, मुक्ति।

ĀZĀR आज़ार (P. फ़ा.) m. पु. sickness disease कष्ट, पीड़ा, रोग।

ĀZIZ आज़िज़ (A. अ.) adj. वि. helpless लाचार, अशक्त।

ĀZMĀIṠ आज़माइश (P. फ़ा.) f. स्त्री. experiment, trial जांच, परीक्षा, परीक्षा के लिए प्रयोग।

ĀZMŪDĀ आज़मूदा (P. फ़ा.) adj. वि. tried, tested आज़माया हुआ।

◆◆◆

B

BĀ बा (A. अ.) pref. उप. with, by साथ, पास, ~ अदब, adv. वि. with respect सम्मान के साथ, विनय के साथ।

BĀCOBŪ बाबू m. पु. distinguished person an educated person बड़ा आदमी, शिक्षित आदमी, 2. title of respected person बड़े आदमी को पुकारने का एक शब्द, 3. father पिता, 4. clerk किरानी, लिपिक।

BACHĀV बचाव m. पु. protection, defence, preservation escape रक्षा, सफाई, अपने को बचाना, अपनी रक्षा करना, भागना।

BACHCHĀ बच्चा m. पु. a child शिशु a boy लड़का, 2. young (of a creature) किसी पशु का छोटा शावक, ~ देना, to give birth शिशु जन्मना, ~ (च्चों) का खेल a child's play ~ दानी, f. स्त्री. womb uterus गर्भाशय।

BACHĀNĀ बचाना vt. to save to protect to avoid रक्षा करना, बचना, अपने को अलग करना।

BACHPAN बचपन m. पु. childhood बाल्यावस्था, लड़कपन, बाल्यावावस्था।

BACHPANĀ बचपना m. पु. childishness लड़कपन।

BAD बद (P. फ़ा.) adj. वि. bad wicked बुरा, unlucky अशुभ, अपनी f. स्त्री. disturbance of peace शान्ति भंग, गड़बड़ी ~ क़िस्मत, adj. वि. unlucky अभागा, ~ कार, adj. वि. wicked दुष्ट, ~ नाम, adj. वि. infamous disgraced कुख्यात, ~ हाल, adj. वि. bad state (as through poverty etc.) दुरवस्था, ~ हाली, f. स्त्री. bad state दुरवस्था।

BĀD बाद adj. वि. after words पीछे, अनंतर।

BĀDAL बादल m. पु. cloud मेघा, ~ घिरना, gathering of clouds मेघों का आना।

BADAL बदल (A. अ.) m. पु. change exchange, substitution फेरफार, बदल, विनिमय।

BADALNĀ बदलना vi. to change, to the changed to vary भिन्न होना, (बात से) हटना, 2. to be exchanged विनिमय होना, vt. to exchange विनिमय करना।

BADALVĀNĀ बदलवाना m. पु. to change to cause to be changed बदलने का काम किसी और से करवाना।

BADAN बदन (P. फ़ा.) m. पु. the face मुंह, मुख, मुखड़ा, 2. the body शरीर, देह, ~ में आग लगना to be angry क्रोधित होना।

BĀDHĀ बाधा (S. सं.) f. स्त्री. obstacle burdle अड़चन, fear भय।

BĀDHAK बाधक (S. सं.) adj. वि. obstructive, restrictive बाधा डालने वाला।

BADHĀĪ बधाई f. स्त्री. congratulations मुबारक।

BADĪ बदी f. स्त्री. dark half of a lunar month (from full to new month) कृणापक्ष, 2. mischief बुराई।

BADINTZĀMĪ बदइन्तज़ामी f. स्त्री. mismanagement कुप्रबंध, अव्यवस्था।

BADKĀRĪ बदकारी f. स्त्री. wrong, doing दुराचार, कुकर्म।

BADLĀ बदला (A. अ.) m. पु. revenge प्रतिकार।

BADLĀĪ बदलाई f. स्त्री. the act of exchange barter बदलने की क्रिया सामान से सामान बदलना।

BADLĪ बदली f. स्त्री. cloud घटा, छाए हुए बादल।

BADNĀ बदना v.t. स.क्रि. to vow to pledge to affirm ठहराना।

BADNĀM बदनाम adj. वि. infamous of bad reputation कुख्यात, जिसकी निंदा होती हो।

BĀDŚĀH बादशाह (P. फ़ा.) m. पु. king emperor राजा, सम्राट, 2. (in cards) king ताना का एक पत्ता जिसमें राजा का मित्र होता है।

BĀG बाग f. स्त्री. rin bridle लगाम, रासा।

BAG̣ बाग़ (P.फ़ा.) m. पु. gardan, park orchard उधान।

BAG̣AL बग़ल (P. फ़ा.) m. पु. side (of the body) flank side पहलू, कांख, ~ गरम करना sleep (with) साथ सोना।

BAG̣ĀVAT बग़ावत (A. अ.) f. स्त्री. revolt, rebellion विद्रोह, विप्लव, ~ करना। to revolt विप्लव करना।

BĀG̣BĀN बाग़बान (P. फ़ा.) m. पु. gardner माली, ~ i. बाग़बानी. f. स्त्री. gardening बागीचे का काम, माली का काम या पद।

BĀG̣Ī बाग़ी (A. अ.) adj. वि. rebellious सरकश, बग़ावत करने वाला, विद्रोही, m. पु. rebel in surgent विद्रोही।

BĀG̣ĪCHA बाग़ीचा (P. फ़ा.) m. पु. garden फुलवारी, छोटा, बाग़।

BAHĀDUR बहादुर (P. फ़ा.) adj. वि. brave, bold साहसी, निडर, m. पु. hero शूर–वीर।

BAHĀDURĪ बहादुरी (P. फ़ा.) f. स्त्री. bravery वीरता, मर्दानगी।

BAHAKNĀ बहकना v.i. अ. क्रि. to be deluded to be misled पथभ्रष्ट होना, चूकना, धोखा खाना, to lose control to become in toxicated नियंत्रण खो देना, नशे में झूम जाना।

BAHAKĀNĀ बहकाना v.i. अ. क्रि. mislead, to delude, to seduce भरमाना, बहलाना, फुसलाना।

BAHALĀNĀ बहलाना v.i. अ. क्रि. to divert (the mind from cares) मन को और तरफ लगाना, 2. to amuse to entertain दिल खुश करना, भुलाना।

BAHALNĀ बहलना v.i. अ. क्रि. to be amused to be entertained मनोरंजन होना, 2. to be distructed मन और तरफ लगना।

BAHĀL बहाल (P. फ़ा.) adv. वि. as before पूर्ववत्, adj. वि.

BAHĀLĪ बहाली (P. फ़ा.) f. स्त्री. appointment, appointment पुनर्नियुक्ति, नियुक्ति।

BAHĀNĀ बहाना (P. फ़ा.) m. पु. excuse pretext, evasion हीला, v.t. स. क्रि. to make to flow to cause to flow बहने का कारण होना।

BAHĀR बहार (P. फ़ा.) f. स्त्री. spring वसन्त ऋतु, 2. youth खिलती हुई जवानी, 3. name of a ragini एक रागिनी, ~ पर

आना, ~ पर होना, to bloom खिलना, जवानी पर आना।

BĀHAR बाहर adv. अ. out, outside, 2. away abroad अंदर का उल्टा, दूर, अलग, विदेश में ~ भीतर, adv. अ. outside and inside every where हर जगह, यहां, वहां।

BAHĪ बही f. स्त्री. account ledger हिसाब, किताब लिखने की किताब, खाता।

BAHIRAṄG बहिरंग (S. सं.) adj. वि. external, separate बाहरी, m. पु. external part बाहरी भाग।

BAHIRGAMAN बहिर्गमन (S. सं.) m. पु. to go out going out बाहर जाना।

BAHIṢKĀR बहिष्कार (S. सं.) m. पु. boycott सामूहिक, व्यवहार-त्याग।

BAHIṢKṚT बहिष्कृत (S. सं.) adj. वि. boycotted जिसका बहिष्कार हुआ हो, परित्यक्त, निकाला हुआ।

BAHU बहु (S. सं.) adj. वि. many much, multi, poly अनेक, दो से अधिक, बहुत, ~ मत, m. पु. majority ~ रंगी, adj. वि. multicoloured अनेक रंगों वाला, ~ भाषाज्ञ, adj. वि. polyglot अनेक भाषाएं जानने वाला, ~ राष्ट्रीय, adj. वि. multinational अनेक राष्ट्रों का, ~ वचन, m. पु. plural number व्याकरण में एक से अधिक का द्योतक, ~ विवाह, m. पु. polygamy ~ मूल्य adj. वि. precious कीमती, ~ स्तरीय, adj. वि. multilevel अनेक सतहों वाला।

BAHUT बहुत adj. वि. much many अधिक, ज्यादा, दो से अधिक, 2. abundent ample, enough काफी, पर्याप्त, adv. अ. very much अधिक मात्रा का, ~ कुछ, m. & adv. पु. और अ. a lot, a good deal अधिक मात्रा में।

BAHUTERA बहुतेरा adj. वि. many बहुत-सा, adv. अ. in ample quantity अधिक मात्रा में।

BAHUVID बहुविद (S. सं.) adj. वि. very learned अत्यंत, ज्ञानी।

BHUVIDYĂ बहुविद्या (S. सं.) adj. वि. very learned अत्यंत, विद्वान।

BAHUVIVĀH बहुविवाह (S. सं.) m. पु. polygamy (or polyandry) एकाधिक विवाह।

BANK बैंक (E. अं.) m. पु. bank अधिकोष।

BAINKAR बैंकर (E. अं.) m. पु. one who runs a bank महाजन।

BAIR बैर (S. सं.) m. पु. enmity दुश्मनी, शत्रुता।

BAIR बैर m. पु. the ber tree and its fruit बेरका पेड़ और उसका फल।

BAISĀKHĪ बैसाखी f. स्त्री. a crutch लंगडे आदमी के चलने में मदद देने वाली एक तरफ का लाठी, ajd. वि. of the month of Baisakh बैशाख मास की, f. स्त्री. nectar वैशाख की पूर्णिमा, festival celebrated on the full moon day of Baisakh एक पर्व जो वैशाख की पूर्णिमा को मनाया जाता है (खास कर पंजाब में)।

BAISIKIL बाइसिकल (E. अं.) f. स्त्री. bycycle पावगाड़ी, साइकिल।

BAIṬHAK बैठक f. स्त्री. a sitting बैठना, 2. drawing room बैठने का कमरा, ~ ख़ाना, m. पु. drawing room बैठने का कमरा।

BAIṬHĀNĀ बैठाना v.t. स.क्रि. to cause to sit बैठने का काम कराना, 2. to install स्थापित करना।

BAIṬHNĀ बैठना v.i. अ. क्रि. to sit, to sit down आसीन होना।

BAJNĀ बजना v.i. अ. क्रि. to sound to resound ध्वनि उत्पन्न होना।

BAJĀNĀ बजाना v.t. स. क्रि. to sound to play (an instrument) to cause to sound ध्वनि उत्पन्न कराना, बाजे में ध्वनि निकालना।

BAZĀZĀ बज़ाज़ा m. पु. cloth-market कपड़ों का बाज़ार।

BAKHEṚĀ बखेड़ा m. पु. entanglement trouble झगड़ा, झंझट, परेशानी, 2. obstacle बाधा।

BAKHIĀ बखिया (P. फ़ा.) m. पु. stitching back-stitches दुहरे टांकों की सिलाई ~ उधड़ना, reveal a secret भंडाफोड़ करना।

BAKHSĪ बख़्शीश (P. फ़ा.) f. स्त्री. a gift इनाम।

BAKNĀ बकना v.i. अ. क्रि. babble to chatter, to rave बड़बड़ाना, बोलना।

BAL बल (S. सं.) m. पु. power, strangth, might, force, vigour ताकत, शक्ति support सहारा।

BAL बल m. पु. twist, coil मरोड़।

BĀL बाल (S. सं.) adj. वि. young बच्चा, m. पु. a young person child बच्चा, ~ चर, m. पु. boy scout विधवा, f. स्त्री. child widow ~ विवाह, m. स्त्री. child marriage बचपन की शादी।

BĀL बाल m. पु. a hair, hair, 2. pl. बहुत, the hair of the head ~ बाल बचना, to escape by a hairs length विपद में पड़ते-पड़ते बच जाना।

BALĀ बला (A. अ.) f. स्त्री. misfortune, calamity कष्ट, रोग, मुसीबत, दुर्भाग्य, ~ का, awful बेहद, मुसीबत का।

BĀLĀ बाला (S. सं.) f. स्त्री. a girl, a young woman (of below 16 years of age) 16. वर्ष की कन्या, कुमारी, 2. a large ear-ring कान का एक गहना, bracket बाजू-बंद।

BALĀDAVATARAṆ बलादवतरण (S. सं.) m. पु. forced landing (of an aeroplane) हवाई जहाज का हठात भूमि पर उतरना।

BALĀDGRAHAṆ बलादग्रहण (S. सं.) m. पु. m. extraction (money) बलपूर्वक रुपया-पैसा ले लेना।

BĀLAK बालक (S. सं.) m. पु. boy बच्चा, लड़का, ~ पन, m. पु. boyhood, childhood बाल्यावस्था, शैशव, childishness बचपना, 2. m. पु. immature नाबालिग।

BĀLAM बालम m. पु. dearest one lover, husband प्रेमी, पति।

BALAT बलात् (S. सं.) adv. अ. forcibly by force जबर्दस्ती, ~ कार, m. पु. rape of a woman by force बलपूर्वक किया गया संभोग, 2. अत्याचार।

BĀLBACHCHE बालबच्चे m. पु. issues sons and daughters लड़के-बच्चे, संतान।

BĀLCHAR बालचर (S. सं.) m. पु. boy- scout स्काउट।

BALGAM बलग़म (A. अ.) m. पु. phlegm, mucus श्लेष्मा, कफ।

BĀLI बाली f. स्त्री. ear-ring with earlobe to कान का एक गहना।

BALI बलि (S. सं.) f. स्त्री. offering 2. sacrifice देवता को चढ़ाई गई चीज़, ~ दान, m. पु. sacrifice देवता को कुछ चढ़ाना, कुरबानी, बलि, in mostly animal sacrifice, अधिकांश में किसी जानवार को मारना।

BĀLIG बालिग़ (A. अ.) adj. वि. of mature age वच,: प्राप्त (लड़की 18 साल, में, लड़का 21 साल, में), m. पु. an adult सयाना या वयस्क आदमी।

BĀLIKĀ बालिका (S. सं.) f. स्त्री. a girl छोटी लड़की।

BALKI बल्कि adv. अ. moreover, but rather किंतु, अच्छा हो कि।

BĀLNĀ बालना v.t. स. क्रि. to light (a candle etc.) जलाना।

BĀLPAN बालपन m. पु. childhood बचपन।

BALŚĀLĪ बलशाली (S. सं.) f. स्त्री. strong, powerful बली, बलयुक्त, मजबूत।

BALVĀ बलवा m. पु. riot, disturbance दंगा, बगावत, ~ करना, m. पु. riot दंगा करना।

BALVĀĪ बलवाई m. पु. rioter दंगाई, बलवा कराने वाला।

BALVIDHVA बालविधवा (S. सं.) f. स्त्री. child widow छोटी उम्र में ही विधवा हो जाने वाली।

BĀLVIVĀH बालविवाह (S. सं.) m. पु. child marriage छोटी उम्र की शादी।

BĀLŪ बालू f. स्त्री. sand रेत ~ की भीत, या दीवार frail a wall of sand क्षणभंगुर, वस्तु।

BAM बम f. स्त्री. a bomb बारूद का गोला, m. पु. a bombing (incident) बम का प्रहार, ~ बारी, f. स्त्री. bombing raid बमवर्षा, ~ वर्षक, m. पु. bomber बमों की वर्षा करने वाला (वायुयान)।

BĀNĀ बाना f. स्त्री. weaving बुनाई, 2. dress पहनावा, 3. nature habit स्वभाव, रीति, चाल।

BANANĀ बनना v.i. अ. क्रि. to be made बनाया जाना, to be reformed सुधरना, to dress सजना।

BANĀNĀ बनाना v.i. अ. क्रि. to make to create to form रचना, नया रुप देना, 3. to build निर्माण करना, 4. to make fun to ridicule हंसी उड़ाना।

BANĀVAT बनावट f. स्त्री. make structure बनाना, ढांचा, बनाने का भाव, 2. build (of body) रचना, (शरीर आदि की), 3. show आडंबर, दिखावा, 4. artifice शिल्पकार्य।

BANĀVAṬĪ बनावटी f. स्त्री. artificial, synthetic कृत्रिम, नकली, 2. showing दिखाऊ।

BANIYĀ बनिया m. पु. merchant वैश्य, वणिक, 2. grocer आटा, दाल आदि बेचने वाला, ~ IN बनियाइन f. स्त्री wife of a baniya बनिया की स्त्री।

BAṄD बंद adj. वि. closed, shut घिरा हुआ, जो खुला न हो, 2. fasterned बांधा हुआ 3. come to a close समाप्त हुआ, 4. confined घिरा हुआ, घेरा हुआ।

BAṄDANVĀR बंदनवार f. स्त्री. festoon of leaves and flowers सुंदर पत्तों, फूलों आदि की झालर।

BAṄDGĪ बंदगी (P. फ़ा.) f. स्त्री. devotion worship आराधना, 2. salutation नमस्कार, 3. service सेवा।

BAṄDHAK बंधक (S. सं.) m. पु. pledged or pawned गिरवी, 2. a mortgage गिरवी, 3. a hostage बन्धक, व्यक्ति, ~ कर्ता, m. mortgager बंधक करने वाला।

BAṄDHKĪ बंधकी adj. वि. mortgaged गिरवी रखा हुआ।

BAṄDHNĀ बंधना v.t. स.क्रि. to be tied, to be bound or fastened बंधन में आना, to be imprisoned to be confined कैद होना, गिरफ्तार होना, 3. to be fixed, to be involved फंसना, शामिल होंना (किसी चीज़ में)।

BĀṄDHNĀ बांधना v.t. स. क्रि. to bind to tie to fasten बंधन में डालना।

BAṄDHU बंधु (S. सं.) m. पु. friend मित्र, दोस्त, 2. brother भाई, साथी, 3. relatives परिवारजन, स्वजन, संबंधी, ~ बाधव, m. पु. friends and relatives

स्वजन संबंधी।

BAṄDHYĀ बंध्या (S. सं.) f. स्त्री. sterifie or infertile (woman) बांझ स्त्री, ~ करण, m. पु. sterilisation बांझ बनाना (शल्य-चिकित्सा द्वारा)।

BAṄDĪ बंदी (P. फ़ा.) m. पु. slave, prisoner दास, गुलाम, कैदी, 2. bard चारण, भाट, m. पु. habeas corpus कैदी को कचहरी में हाजिर करने का आदेश।

BAṄDOBAST बंदोबस्त m. पु. arrangement इंतजाम, ~ करना, to arrange इंतजाम करना।

BANDŪQ बंदूक (P. फ़ा.) f. स्त्री. gun, musket, rifle एक मशहूर आग्नेयास्त्र, ~ चलाना, v.t. स. क्रि. to fire a gun or rifle.

BANGĀL बंगाल m. पु. Bangal बंगाल राज्य या प्रान्त।

BAṄGLĀ बंगला adj. वि. of Bengal बंगाल का, f. स्त्री. Bengali (lan guage) बंगला भाषा, m. पु. bungalow a cottage छोटा हवादार मकान।

BANGĀLĪ बंगाली m. पु. a resident of Bengal बंगालवासी, f. स्त्री. Bengali language बंगला भाषा (अंग्रेजी में प्रयुक्त)।

BAṄJAR बंजर adj. वि. barren waste (land) fallow land ऊसर, खेती के अयोग्य जमीन।

BĀP बाप m. पु. father पिता, जनक, अब्बा।

BAPTISMĀ बपतिस्मा m. पु. baptism ईसाइयों का नामकरण संस्कार।

BAPAUTĪ बपौती adj. वि. inherited from a father hereditary पैतृक (संपत्ति), f. inheritance patrimoney उत्तराधिकार।

BAQAR बक़र (A. अ.) m. पु. ox, bull बैल, f. स्त्री. cow गाय, ~ ईद, f. स्त्री. muslim festival commemorating Abraham's readiness to sacrifice his son मुसलमानों का एक त्यौहार।

BAQĀYĀ बक़ाया (A. अ.) adj. वि. m. पु. arrears, balance remainder अवशिष्ट, बचा हुआ, दो देय है, ~ लगान, m. पु. arrear rent बाकी पड़ा हुआ लगान।

BĀQĪ बाक़ी (A. अ.) adj. वि. remaining left over बचा हुआ, 2. due न चुकाया हुआ।

BĀR बार f. स्त्री. time (times) दफा, मर्तबा, 2. load बोझ।

BAṚĀ बड़ा adj. वि. big, large, great लंबा, चौड़ा, महान, 2. noble eminent भारी महत्व वाला, गरिमशाली, ~ आदमी, great man श्रेष्ठ पुरुष, adv. वि. very exceedingly, excessively बहुत, अधिक।

BARĀBAR बराबर adj. वि. equal even-level समान, समतल, adv. स्त्री.

BARĀBARĪ बराबरी f. स्त्री. equality compatibility, correspondence समानता, गुस्ताखी, प्रतिस्पर्द्धा।

BAṚĀ BĀBU बड़ा बाबू m. पु. head clerk बड़ा किरानी।

BAṚĀ DIN बड़ा दिन m. पु. christmas (x'mas) 25 दिसंबर का दिन, दीशु प्रष्टि का जन्म दिन, क्रिसमस।

BAṚĀ GHARĀNĀ बड़ा घराना m. पु. high family ऊंचा घराना।

BĀRAH बारह adj. वि. twelve दस से दो अधिक, 2. दस और दो की संख्या (12), ~ मासा, m. पु. poem or song

12

describing each of the months of the year as symbolic of the em otions of separated lovers बिछुड़े प्रेमी-प्रेमिका के मनोभाव जताने वाले साल के बारहों महीने के गीत, ~ खड़ी f. स्त्री. the sets of twelve syllables of the Devnagri script देवनागरी के अक्षर, सदाबहार।

BAṚĀĪ बड़ाई f. स्त्री. largeness, bulk size praise- ड़ापना, प्रशंसा।

BARĀMAD बरामद m. पु. coming up or forth निकलना, प्रकट होना, ~ होना, m. पु. to come forth to be re-covered मिलना, निकलना, पाया जाना।

BARĀMDĀ बरामदा (P. फ़ा.) m. पु. verandah सायबान।

BARAMBĀR बांरबार adv. अ. frequent फिर-फिर, कई बार, बार-बार।

BAṚAPPAN बड़प्पन m. पु. greatness बड़ाई, गौरव, महत्व।

BARAS बरस m. पु. year वर्ष, साल, ~ पड़ना, m. पु. to rain to fall in showers वर्षा होना, 2. to shout with anger बहुत गुस्सा होकर फटकारना।

BARĀT बरात f. स्त्री. marriage procession to brides house दूल्हे की सवारी का जुलूस, 2. marriage party वर के साथ कन्या पक्ष के यहां जाने वाले लोगों का दल ~ I बराती, m. पु. people going in a barat बरात में जाने वाले लोग।

BARATNA बरतना v.t. स.क्रि. to use काम में लेना।

BARAUNĪ बरौनी f. स्त्री. eyelash पलक के किनारे के बाल।

BARBAR बबर (S. सं.) f. स्त्री. uncivilized असभ्य।

BARBAṚĀNĀ बड़बड़ाना v.i. अ.क्रि. to mutter, to gamble बकबक करना, मर्मर करना।

BARBAS बरबस adv. अ. by force to no point, unnecessarily जबर्दस्ती, अकारण, व्यर्थ।

BARF बर्फ़ (P. फ़ा.) f. स्त्री. snow, ice hail जमा हुआ पानी, हिम।

BARFĪLA बर्फीला adj. वि. icy snowy, snow covered बर्फ से ढंका हुआ, बर्फ से युक्त।

BARFĀNĪ बर्फ़ानी adj. वि. snowy, snow covered बर्फ से ढंका हुआ, बर्फ से युक्त।

BĀṚH बाढ़ f. स्त्री. growth, increase बढ़ना, अधिक होना, 2. flood सैलाब।

BAṚHNĀ बढ़ना v.i. अ.क्रि. to increase to grow वृद्धि होना, to go forward आगे जाना।

BAṚH BAṚH KAR BOLNĀ बढ़ बढ़कर बोलना v.i. अ.क्रि. to boast डींग मारना।

BAṚHTĪ बढ़ती f. स्त्री. increase growth, 2. rise (in prices or wages) वृद्धि, बढ़ने का भाव, 2. ad-bancement, progress prosperity प्रगति, संपन्नता, surplus अधिकता।

BAṚHIYĀ बढ़िया adj. वि. excellent of good quality अच्छा, अच्छी किस्म का।

BĀRĪK बारीक (P. फ़ा.) adj. वि. fine thin, slander महीन, सूक्ष्म, गूढ़।

BĀRIṠ बारिश (P. फ़ा.) f. स्त्री. rain वर्षा।

BARKAT बरकत (A. अ.) f. स्त्री. increase वृद्धि, 2. prosperity लाभ, प्रसाद।

BARMĀ बरमा m. पु. drill, ginlet auger लकड़ी में छेद करने का औजार 3. Burma ब्रह्म देश।

BĀRYNIṠ बार्निश f. स्त्री. varnish एक प्रकार का रोगन।

BARSĀT बरसात f. स्त्री. the rainy reason वर्षा ऋतु।

BARSĀTĪ बरसाती adj. वि. belonging to the rainy reason having to do with rain बरसात का, 2. a rain-coat वाटर-प्रूफ़ कोट, 3. porch, balcony, a room on the terrace छत पर का अकेला कमरा।

BARTAN बर्तन m. पु. pot धातु, मिट्टी आदि का बना पात्र, जैसे थाली, लोटा, ग्लास आदि।

BĀRŪD बारूद (P. फ़ा.) f. स्त्री. gun powder गंधक और कोयले का बारीक चूर्ण (जिससे विस्फोट होता है), ~ख़ाना, m. पु. arenal, magazine बारूद या गोली बारूद का भंडारा।

BAṚUĀGNĪ बड़वाग्नि (S. सं.) f. स्त्री. fire beneath the sea समुद्र स्थित आग।

BARVANAL बड़वानल m. पु. fire benath the sea.

BARVAṬ बरवट m. पु. an abdominal tumour तिल्ली।

BAS बस m. पु. power काबू, adv. स्त्री. that's all काफी।

BĀS बास m. पु. abode नि वास, 2. smell गंध।

BĀSĪ बासी adj. वि. stale (as food be) देर का पका हुआ या जो ठ़ढा हो चुका है, 2. faded (as flowers) कुम्हलाया हुआ, 2. left-over food ठ़ढा। बचा हुआ खाना, ~कढ़ी में उबाल आना, to full young again बुढापें में जवानी का जोश आना।

BASAR बसर (P. फ़ा.) f. स्त्री. to manage to live गुजर, निर्वाह, ~करना, to spend time समय बिताना।

BASĀNĀ बसाना v.t. स.क्रि. to settle to cause to dwell आबाद करना, 2. to found (a town) बनाना (शहर)।

BASERĀ बसेरा m. पु. shelter रात बिताने का ठिकाना या स्थान।

BASNĀ बसना v.t. स.क्रि. to settle स्थायी रूप से रहना।

BASTĀ बस्ता (P. फ़ा.) m. पु. cloth-wrapper तह किया हुआ सामान रखने का कपड़ा, 2. school child's books etc. स्कूली बच्चे की किताबें आदि, 3. bundle (of papers) (कागज वगैरह का) बंडल।

BASTĪ बस्ती f. स्त्री. a settlement आबाद, आबाद घरों का समूह।

BASŪLĪ बसूली f. स्त्री. masons or builder's hatchet कोटा बसूल (मिस्त्री या बढ़ई का एक औजार)।

BĀT बात f. स्त्री. a word speech talk, conversation discussion कथन, चर्चा, वार्ता, वक्तव्य मामला, ~ करना, immidiately झटपट, करना ~ उठाना, to raise a matter बात आरंभ करना, 2. to neglect to carry out बात न मानना, ~ हठा न रखना, to leave nothing कुछ करने को बाकी न छोड़ना, ~ का धनी, true to one's words अपना वादा पूरा करना ~ बनाना, to exaggerate बढ़ा कर बातें करना ~ काटना, to interrupt बीच में बोलना, ~खुलना, to transpire बात का पता लग जाना, ~ चलाना, to start a conversation बातचीत आरंभ करना ~ टालना, to put off बात नहीं करना, ~बनाना, to invent a story, to invent an excuse बहाना बनाना, ~ बिगाड़ना, to spoil a plan काम खराब करना, ~रखना, to comply (with) बात मान लेना, ~ लगाना, to impute आरोप लगाना।

BĀT बाट f. स्त्री. way, path मार्ग, रास्ता, m. पु. a weight measure of weight बटखरा।

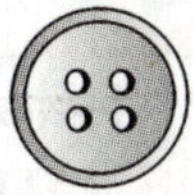

BAṬAN बटन m. पु. button बुताम़ा, 2. switch बिजली का खटका, स्विच।

BATĀNĀ बताना v.t. स. क्रि. to inform to tell सूचित करना, कहना।

BĀTCHĪT बातचीत f. स्त्री. talk, conversation वार्तालाप, गुफ्तगू।

BAṬER बटेर m. पु. a quail तीतर से मिलती-जुलती एक चिड़िया ~ बाज़ी, to arrange bater fights बटेर लड़ाना, इसका व्यसन।

BAṬKHARĀ बटखरा m. पु. a weight used in weighing goods बाट, तौलने का लोहे आदि का टुकड़ा।

BAṬNĀ बटना v.t. स. क्रि. to twist (रस्सी में) बल डालना।

BAṬṬĀ बट्टा m. पु. discount, rebate दलाली, छूट, 2. loss घाटा, 3. share, stigma धब्बा, दाग, ~ खाता, m. स्त्री. bad ledger डूबन्त खाता।

BAUCHHĀR बौछार f. स्त्री. heavy, shower, squell झड़ी, भरमार, ~ करना, to shower or felt down (rain) बरसाना।

BAUDDH बौद्ध (S. सं.) adj. & m. वि. और पु. Buddhist बौद्धमत का अनुयायी, ~ मत, m. स्त्री. Buddhism बौद्धधर्म, बुद्ध द्वारा प्रवर्तित धर्म।

BAUNĀ बौना m. पु. dwarf वामन, adj. वि. dwarfish बौना जैसा।

BAVANḌAR बवंडर m. पु. storm, whirlwind आंधी, तूफान, चक्रवात।

BAVĀSIR बवासीर f. स्त्री. piles, haemorrhoids एक रोग जिसमें गुदाद्वार में मस्सा हो जाता है।

BAVARCĪ बावर्ची m. पु. a cook रसोइया।

BAYĀN बयान (A. अ.) m. पु. statements, description, exposition कथन, वक्तव्य।

BAYĀNĀ बयाना m. पु. advance अग्रिम, दादनी।

BAYĀBĀN बयाबान m. पु. wilderness जंगल, उजाड़, खंडा।

BĀZ बाज़ (A. अ.) m. पु. falcon hawk एक शिकारी चिड़िया, adv. अ. again, back फिर, पीछे, adj. वि. certain, some कोई, कुछ, deprived वंचित, ~ लोग, no certain people ~ आना, to give up दूर रहना, बचना।

BĀZĀR बाज़ार (P. फ़ा.) m.पु. market-place, market, हाट, 2. market day हाट का दिन, 3. rate भाव, ~ तेज होना, increase in price दाम बढ़ना, ~ मन्दा होना, sale to decrease बिक्री कम होना।

BĀZĪ बाज़ी (P. फ़ा.) f. स्त्री. game contest खेल, दांव, gambling जुआ।

BĀZĪGAR बाज़ीगर (P. फ़ा.) m. पु. juggler, conjurer जादूगर।

BĀZŪ बाज़ू (P. फ़ा.) m. पु. arm, upper arm, shoulder बांह, ऊपरी बांह, कंधा, flank, side बगल, ~ बंद, m. स्त्री. bracelet बांह पर पहनने का एक गहना।

BEBASĪ बेबसी f. स्त्री. helplessness विवशता, लाचारी।

BECHAIN बेचैन adj. वि. restless uneasy बेकल, बेकरार।

BECHNĀ बेचना v.t. स. क्रि. to sell बिक्री करना, विक्रय।

BEDAKHLĪ बेदख़ली f. स्त्री. dispossession कब्जा हटाया जाना।

BEDARDĪ बेदर्दी f. स्त्री. cruelty क्रूरता, बेरहमी, निर्दयता।

BEDHAṚAK बेधड़क adv. अ.

fearlessly निर्भयता से।

BEFIKR बेफ़िक्र adj. वि. careless, worryless चिंतारहित।

BEGAM बेगम f. स्त्री. queen रानी, 2. wife पत्नी, 3. lady of rank उच्चश्रेणी की महिला, 4. the queen (in chess & cards) ताश या शतरंज में रानी।

BEGĀR बेगार (P. फ़ा.) f. स्त्री. unpaid labour वह काम जो बगैर उजरत दिए करवाया जाय, 2. one doing unpaid labour बगैर पैसे के काम करने वाला।

BEGUNĀH बेगुनाह adj. वि. innoceint, guiltless निरपराध, बेकसूर।

BEHAD बेहद adj. वि. limitless, unbounded असीम, बहुत अधिक।

BEHOŚ बेहोश adj. वि. unconscious जिसे होश न हो।

BEHŪDGĪ बेहूदगी f. स्त्री. uncivility अशिष्टता।

BEIMĀN बेईमान adj. वि. dishonest बदनीयत, झूठा, बेदीन।

BEIZZAT बेइज्ज़त adj. वि. dishonest प्रतिष्ठाहीन।

BEKĀR बेकार adj. वि. unemployed निठल्ला, निरर्थक।

BEKĀRĪ बेकारी f. स्त्री. unemployment बेरोजगारी।

BEKAS बेकस adj. वि. helpless असहाय।

BEKHABAR बेख़बर adj. वि. careless लापरवाह, बेसुध।

BEKHUD बेख़ुद adj. वि. beside one self (with emotion) मदहोश।

BEL बेल f. स्त्री. a vine, creeper (plant) लता।

BELAGĀM बेलगाम adj. वि. unbridled बिना नियंत्रण का।

BEMĀNĪ बेमानी adj. वि. meaingless निरर्थक।

BEMATLAB बेमतलब adj. वि. senseless, meaingless, pointless निष्प्रयोजन, बेकार।

BEMAZĀ बेमज़ा adj. वि. tasteless, of bad taste स्वादरहित, बदजायका।

BENAZĪR बेनज़ीर adj. वि. uncomparable बेजोड़, अनुपम।

BEPARDĀ बेपर्दा adj. वि. uncovered पर्दारहित, जिसके आगे पर्दा न हो।

BEQADRĪ बेकद्री f. स्त्री. being unworthy पूछ न होना।

BEṚĀ बेड़ा m. पु. a raft, a boat नाव, a fleet नावों या जहाजों का समूह, ~ डूबना, the raft to sink, an enterprise to fail काम बिगड़ना।

BERAHAM बेरहम adj. वि. merciless cruel निर्दय, कठोर।

BEṚĪ बेड़ी f. स्त्री. fetter, 2. ankle-ring कैदियों के पांवों में पहनाई जाने वाली लोहे की जंजीर।

BERUKHĪ बेरुख़ी f. स्त्री. displeasure उपेक्षा, वगाफुल।

BESABR बेसब्र adj. वि. impatient अधीर।

BEŚAK बेशक adv. अ. certainly undoubtedly निस्सन्देह, जरूर।

BESAR बेसर m. पु. a nose ring नाक का एक पहनावा।

BESŪD बेसूद adj. वि. useless व्यर्थ, बेफायदा।

BESŪRĀ बेसुरा adj. वि. out of tune जो शुद्ध स्वर में गा न सके।

BEVQŪF बेवकूफ़ adj. वि. foolish ignorant मूर्ख, नासमझ।

BEṬĀ बेटा m. पु. son पुत्र, लड़का, स्नेह का संबोधन।

BEṬĪ बेटी f. स्त्री. daughter पुत्री, लड़की।

BHĀBHĪ भाभी f. स्त्री. sister-in-law elder brother's wife भावज, बड़े भाई की पत्नी।

BHACHAKNĀ भचकना v.i. अ. क्रि. to limp लंगड़कर चलना।

BHADR भद्र (S. सं.) adj. वि. civil, good, gracious भला, शुभ, श्रेष्ठ n. an excellent person अच्छा आदमी।

BHĀG भाग (S. सं.) m. पु. portion, share हिस्सा, 2. fraction, division तकसीम (गणित)।

BHAGĀNĀ भगाना v.t. स. क्रि. to chase away, to put to flight खदेड़ना, 2. to kidnap स्त्री, बच्चे आदि को बहका कर ले जाना, to elope with किसी स्त्री के साथ निकल जाना।

BHAGAT भगत m. पु. a devotee भक्त, वैष्णव साधु, adj. वि. devoted भक्ति करने वाला।

BHĀGĪDĀRĪ भागीदारी f. स्त्री. partnership साझेदारी।

BHĀGPHAL भागफल (S. सं.) m. पु. quotient लब्धि, भाग देने के बाद जो बचता है (गणित)।

BHAGINĪ भगिनी (S. सं.) f. स्त्री. sister बहन।

BHAGN भग्न (S. सं.) adj. वि. broken shattered टूटा हुआ, 2. dejected हताश।

BHAGNAVṠES भग्नावशेष (S. सं.) m. पु. ruins खंडहर, debris remains टूटकर बचा हुआ।

BHAGORĀ भगोड़ा m. पु. refugee deserter, fugitive भागा हुआ।

BHGVADBHAKTI भगवद् भक्ति (S. सं.) f. स्त्री. devotion to god भगवान की भक्ति।

BHAGVĀN भगवान (S. सं.) m. पु. glorious, divine पूज्य, m. पु. supreme being, God परमेश्वर, ईश्वर, 2. any revered person पूज्य पुरुष।

BHĀGYĂ भाग्य (S. सं.) m. पु. luck, fate, destiny नसीब, तकदीर, ~ वान, adj. वि. fortunate, lucky नसीब वाला, सौभाग्यशाली, ~ विधाता, m. पु. maker of fortunes तकदीर बनाने वाला।

BHĀĪ भाई m. पु. brother सहोदर, भ्राता।

BHAJAN भजन (S. सं.) m. पु. devotional song, hymn आराधना, worship पूजा करना, ~ पूजन, m. पु. singing and worship पूजा-उपासना।

BHAKT भक्त (S. सं.) m. पु. devotee अनुगत, भक्तियुक्त, ~ वत्सल, adj. वि. showing a parental kindness to devotees भक्त को प्यार करने वाला।

BHAKTI भक्ति (S. सं.) f. स्त्री. religious devotion, adoration, piety आराधना, ~ पूर्वक, adv. वि. with devotion भक्ति के साथ, ~ मार्ग, m. वि. the path of devotion भक्ति का रास्ता।

BHALĀ भला m. पु. welfare, benefit, advantage भलाई, लाभ, adj. वि. good, excellent, honest, religious अच्छा, नेक, सुंदर, ~ changa (भलाचंगा), adj. वि. well and healthy अच्छा और भला।

BHALĀĪ भलाई f. स्त्री. goodness, kindness अच्छाई, नेकी, खैरियत, ~ बुराई, f. स्त्री. pro and con, the good and the bad अच्छापन-बुरापन।

BHĀLŪ भालू m. पु. bear रीछ।

BHANḌĀ भंडा m. पु. earthen pot मिट्टी का घड़ा, ~ फूटना, to be uncovered (a plot etc) भेद खुलना।

BHANḌĀR भंडार m. पु. store-room, warehouse कोठार।

BHAṄG भंग m. पु. breaking, splitting टूटना, विघटन, ध्वंस, 2. infringement, 3. adjournment (सभा आदि का) बीच में समाप्त होना।

BHAṄJAN भंजन (S. सं.) m. पु. breaking तोड़ना, भंग करना।

BHAṄVAR भंवर m. पु. whirlpool जलावर्त, m. पु. the world and its snares सांसारिक झंझट।

BHĀP भाप m. पु. steam, vapour वाष्प, पानी का वाष्पीय रूप।

BHĀPH भाफ m. पु. steam, vapour वाष्प, पानी का वाष्पीय रूप।

BHĀR भार m. पु. load, burden बोझ, 2. weight वजन, 3. responsilibity जिम्मेदारी, उत्तरदायित्व।

BHĀṚ भाड़ m. पु. ovenfor purching grain भड़भूजे की भट्टी, ~ झोंकना, to waste one's time छोटा काम करना।

BHĀṚ भाड़ m. पु. oven for parching grain भड़भूजे की भट्टी, ~ झोंकना, to waste one's time समय बर्बाद करना।

BHĀṚĀ भाड़ा m. पु. charge, levy, hire fare, rent किराया।

BHĀRAT भरत m. पु. name of a younger brother of Rama राम का एक छोटा भाई, 2. name of the in augurator of the theory of dramatic art नाट्यशास्त्र के प्रणेता, 3. name of the son of King Dushyant and Shakuntala after whom India is called Bharatvarsha राजा दुष्यंत और शकुन्तला का पुत्र जिसके नाम पर इस देश का नाम भारत वर्ष पड़ा।

BHĀRAT भारत (S. सं.) m. पु. India हिन्दुस्तान, भारतवर्ष।

BHĀRGRAST भारग्रस्त (S. सं.) adj. वि. burdened, oppressed जिस पर भार हो।

BHAṚKNĀ भड़कना v.i. अ.क्रि. to flare up, to burst out (in anger) बिदकना, प्रज्वलित होना, 2. to be alarmed डर जाना, सचेत हो जाना।

BHARMĀR भरमार f. स्त्री. abundance बहुतायत।

BHARNĀ भरना v.i. अ. क्रि. to be filled खाली जगह का पूरा होना, v.i. स. क्रि. to fill खाली जगह को किसी चीज से पूरा करना।

BHAROSĀ भरोसा m. पु. reliance confidence विश्वास, 2. faith hope आशा, उम्मीद।

BHĀRTĪYĂ भारतीय (S. सं.) adj. वि. Indian भारत का, भारत संबंधी, हिन्दुस्तानी, m. पु. Indian भारतवासी।

BHĀṢĀ भाषा (S. सं.) f. स्त्री. language, speech बोली, ज़बान, लिखने-बोलने का ढंग, ~ शास्त्र, m. पु. linguistics भाषाविज्ञान।

BHĀṢAṄ भाषण (S. सं.) m. पु. speech, a lecture व्याख्यान, बोलना, ~ करना, to make a speech, to lecture व्याख्यान देना।

BHAṢĀṄTAR भाषांतर (S. सं.) m. पु. translation अनुवाद, उल्था।

BHĀṢYĂ भाष्य (S. सं.) m. पु. exposition, commentary टीका, ~ कार, m. पु. commentator टीकाकार।

BHATĪJĀ भतीजा m. पु. nephew brother's son भाई का बेटा।

BHATĪJĪ भतीजी f. स्त्री. niece brother's daughter भाई की बेटी।

BHATTA भत्ता m. पु. allowance, expenses सफर-खर्च आदि के लिए मिलने वाली रकम।

BHAUGOLIK भौगोलिक (S. सं.) adj. वि. geographical भूगोल संबंधी।

BHAUTIK भौतिक (S. सं.) adj. वि.

worldly material mundane सांसारिक, भूत संबंधी, ~ शास्त्र, m. पु. physics विज्ञान जिसमें तत्त्वों के गुण आदि का विवेचन होता है।

BHĀV भाव (S. सं.) m. पु. natural state, temperament, emotion भावना, 2. idea विचार, 3. mood मिज़ाज, 4. rate दर, 5. meaning अर्थ, 6. manner अंगचेष्टा, 7. intuition अंतर्ज्ञान।

BHĀVĀRTH भावार्थ (S. सं.) m. पु. inner meaning तात्पर्य, मतलब।

BHAVĀTMAK भावात्मक (S. सं.) adj. वि. emotional आवेश संबंधी।

BHAVDĪYĂ भवदीय (S. सं.) adj. वि. yours आपका।

BHAVAN भवन (S. सं.) m. पु. house मकान, गृह।

BHĀVĪ भावी (S. सं.) adj. वि. future भविष्य predestined होने वाली बात, नियति, m. पु. fate भाग्य, तकदीर।

BHAVIṢYĂ भविष्य (S. सं.) m. पु. the future आगामी, आने वाला काल, adj. वि. future भविष्य का, 3. future tense भूतकाल, ~ निधि, f. स्त्री. provident fund आगामी कल के लिए बचाई गई राशि ~ वक्ता, m. पु. prophett भावी बताने वाला, ~ वाणी, f. स्त्री. prophesy भावी की सूचना।

BHAVITAVYĂ भवितव्य (S. सं.) adj. वि. destined जो होने वाला हो, m. पु. fate तकदीर, भाग्य।

BHAVNĀ भावना (S. सं.) f. स्त्री. feeling, mood, emotion राग, आवेश, अनुभूति, ~ त्मक, adj. वि. emotional ~ हीन, adj. वि. dispassionate जिसमें भावना न हो।

BHĀVONMATTĂ भावोन्मत्त (S. सं.) adj. वि. greatly emotional भाव-विह्वल।

BHĀVUK भावुक (S. सं.) adj. वि. emotional, sentimental, sensitive, reflective भाव-प्रवणता, ~ ता, f. स्त्री. sentimentality भावुक होना।

BHAVYĂ भव्य (S. सं.) adj. वि. proper true, splendid, magnificent सुन्दर, शानदार।

BHAY भय (S. सं.) m. पु. fear, fright डर, खतरा, ~ भीत, adj. वि. afraid, frightened डरा हुआ।

BHAYĀṆAK भयानक (S. सं.) adj. वि. dangerous डरावना।

BHAYAṄKAR भयंकर (S. सं.) adj. वि. dangerous डरावना।

BHAYĀVAH भयावह (S. सं.) adj. वि. dangerous डरावना।

BHAYĀ VNĀ भयावना adj. वि. fearsome डरावना।

BHED भेद (S. सं.) m. पु. difference अंतर, 2. kind प्रकार, 3. secret रहस्य, ~ करना, v.t. स. क्रि. to distinguish (between) अंतर बताना, ~ भाव, m. पु. distinction discrimination भेद करना।

BHEDIA भेदिया m. पु. informer, spy. भेद बताने वाला, जासूस।

BHEJNĀ भेजना v.t. स. क्रि. to send पठाना, प्रेषित करना।

BHEṄṬ भेंट f. स्त्री. meeting visit मुलाकात, मिल, 2. an interview साक्षात्कार, 3. present an offering उपहार।

BHES भेस m. पु. dress पोशाक, पहनावा, 2. disguise छद्मवेश, 3. appearance रूप-रंग, ~ बदलना, v.t. स. क्रि. to assume a disguise गुप्त वेशधारण करना।

BHIDNĀ भिदगा v.i. अ. क्रि. to be

pierced छिदना, पैबस्त होना।

BHIGNĀ भीगना v.i. अ. क्रि. to be wet, to be soaked गीला होना, पानी से तर होना।

BHIGONĀ भिगोना v.t. स. क्रि. to soak, to wet पानी आदि से तर करना।

BHIJVĀNĀ भिजवाना v.t. स. क्रि. to cause to be sent प्रेषित करना, पहुंचाने का प्रबंध करना।

BHIJVĀNĀ भिजवाना v.t. स. क्रि. to cause to be sent भेजने का काम किसी और से करवाना।

BHIKHĀRĪ भिखारी m. पु. beggar भिखमंगा, f. स्त्री. beggar भिखारिन।

BHIKHMANGĀ भिखमंगा m. पु. beggar भिखारी।

BHIKṢĀ भिक्षा (S. सं.) f. स्त्री. alms भीख, ~ वृत्ति, f. स्त्री. living by begging भीख से जीविका निर्वाह, ~ टन, m. पु. going out begging भीख मांगते फिरना।

BHIKṢU भिक्षु (S. सं.) m. पु. a holy man living by begging संन्यासी, बौद्ध संन्यासी।

BHIKṢUK भिक्षुक (S. सं.) m. पु. beggar भिक्षु।

BHIM भीम (S. सं.) adj. वि. terrible भयानक, 2. vast बड़ा, m. पु. name of the second son of Pandu पांडु के दूसरे पुत्र, ~ काय, adj. वि, large bodied (person) विशाल शरीर का (व्यक्ति)।

BHĪNCNĀ भींचना v.t. स. क्रि. to press, to squeeze दबाना, to hold or embrace tightly चिपकाना, जोर का आलिंगन करना, 3. to cluch (fists) (मुट्ठी) बंद करना, (आंख) जोर से बंद करना।

BHINGNĀ भींगना v.t. स. क्रि. to be drenched गीला होना, पानी में तर होना।

BHINN भिन्न (S. सं.) adj. वि. different, distinct, other अलग, और तरह का, दूसरा, m. पु. a fraction भिन्न।

BHĪRU भीरू (S. सं.) adj. वि. timid, cowardly डरपोक, ~ ता, f. स्त्री. cowardice, timidity डरपोकपना।

BHIṢAN भीषण (S. सं.) adj. वि. terrible, awesome डरावना, भयावह।

BHIŚTĪ भिश्ती m. पु. water carrier मशक से पानी भरने वाला।

BHĪT भीत (S. सं.) adj. वि. frightened, afraid डरा हुआ, भयभीत, भयग्रस्त, 2. f. स्त्री. wall दीवार।

BHITAR भीतर adv. अ. inside, within अंदर, ~ बाहर, inside and outside ~ ही भीतर, adv. अ. within one self साथ, 2. m. पु. that which is in the mind मन की चीज़, 3. conscience अंत:करण।

BHITRĪ भीतरी adj. वि. inner, internal अंदरुनी, भीतर का, मन का, अप्रकट, 2. close निकटस्थ, 3. hidden छिपा हुआ, 4. worn next to the body (an underwear) अंत: वस्त्र।

BHITTI भित्ति (S. सं.) f. स्त्री. wall दीवार, ~ चित्र, m. पु. wall painting दीवार का चित्र।

BHOG भोग (S. सं.) m. पु. enjoyment experiencing सुख लेना, सुख-दुख प्राप्त करना, 2. sexual intercourse, coitus संभोग।

BHOGNĀ भोगना v.t. स. क्रि. to enjoy आनंद लेना, to suffer दुख उठाना, to experience अनुभव करना, to endure सहना।

BHOJ भोज (S. सं.) m. पु. a meal, eating बहुत से लोगों का एक साथ बैठ कर खाना, feast banquet सम्मिलित

भोजन, 2. a species of birch tree एक तरह का पेड़ जिसके पत्तों पर पहले लिखा जाता था।

BHOJAN भोजन (S. सं.) m. पु. a meal, eating, food खाना, खाद्य, ~ करना, v.t. स.क्रि. to eat खाना, ~ शाला, f. स्त्री. kitchen, eating place रसोई, खाने की जगह।

BHOJPURĪ भोजपुरी (S. सं.) f. स्त्री. the speech of Bhojpur area (U.P. and Bihar) बिहार और उत्तर प्रदेश के भोजपुर क्षेत्र की भाषा, adj. वि. having to do with the Bhojpur region भोजपुर संबंधी, m. पु. inhabitant of Bhojpur भोजपुर निवासी।

BHOLĀ भोला adj. वि. simple, innocent सीधा, 2. foolish बेवकूफ, बुद्धू, ~ भाला, m. पु. & adj. वि. सीधा-सादा।

BHOṄDŪ भोंदू adj. वि. simple, stupid silly बेवकूफ, बुद्धू।

BHOR भोर (S. सं.) m. पु. daybreak, dawn सुबह, प्रभात।

BHRAM भ्रम (S. सं.) m. पु. perplexity, confusion, doubt, error भूल, अयथार्थ ज्ञान।

BHRĀMAK भ्रामक (S. सं.) adj. वि. confusing, misleading, perplexing बहकाने वाला, पेंच में डालने वाला।

BHRAMAṆ भ्रमण (S. सं.) m. पु. Journey पर्यटन, धूमना-फिरना, यात्रा।

BHRAṢṬ भ्रष्ट (S. सं.) adj. वि. corrupted नीचे गिरा हुआ, पतित, debased दूषित आचार वाला, pulluted दूषित, ~ करना, to corrupt दूषित करना।

BHRAṢṬĀCHĀR भ्रष्टाचार (S. सं.) corruption दूषित आचार।

BHRAṢṬĀCHĀRĪ भ्रष्टाचारी (S. सं.) m. पु. a corrupt person भ्रष्टाचार करने वाला व्यक्ति।

BHRŪṆ भ्रूण (S. सं.) m. पु. foetus गर्भस्थ शिशु, ~ हत्या, f. स्त्री. an induced abortion गर्भपात द्वारा गर्भस्थ शिशु की हत्या करना।

BHŪ भू (S. सं.) f. स्त्री. the earth, the world, land भूमि, पृथ्वी, धरती, ~ कंप, m. पु. earthquake जलज़ला, ~ गर्भ, m. पु. inner earth धरती के नीचे का भाग, ~ विज्ञान, m. पु. ~ विद्या, f. स्त्री. ~ शास्त्र, m. पु. geography भूगोल, ~ गोल, m. पु. geography ~ पति, ~ पाल, m. पु. king राजा, ~ दान, m. पु. donation of land ज़मीन दान में देना, ~ दृश्य, m. पु. landscape भूभाग में प्रकृति का चित्र।

BHUGTĀN भुगतान m. पु. payment, paying off (a loan or charge) ऋण चुकाना।

BHUJĀ भुजा (S. सं.) f. स्त्री. the arm, the upper arm बाहु, बांह, 2. the side बगल।

BHUJAṄG भुजंग (S. सं.) m. पु. serpent, snake सांप, सर्प।

BHŪKAMP भूकंप (S. सं.) m. पु. earthquake ज़लज़ला, ज़मीन का कांपना, ~ मापक, n. सं. seismograph भूकंप के झटके, धक्के, केन्द्र की दूरी आदि सूचित करने वाला यंत्र।

BHŪKARMĪ भूकर्मी (S. सं.) n. सं. ground staff (of airport) हवाई अड्डे के वे कर्मचारी जिन्हें जमीन पर ही काम करना पड़ता है।

BHŪKH भूख f. स्त्री. hunger क्षुधा, भोजन या शारीरिक कोई और इच्छा, ~ हड़ताल, f. स्त्री. hunger strike अनशन।

BHŪKHAṆD भूखंड (S. सं.) m. पु. region area (of land or earth) भूभाग।

BHUKHMARĪ भुखमरी f. स्त्री. starvation अकाल famine भुखमरी।

BHŪL भूल f. स्त्री. mistake, oversight, error, fault, amission भ्रम, चूक, गलती, अशुद्धि, ~ चूक, m. पु. error in accounts हिसाब में गलती होना।

BHULĀNĀ भुलाना v.i. अ. क्रि. to forget, to overlook, to go astray सक्रिय, v.t. स.क्रि. to forget, to omit भुला देना।

BHŪLNĀ भूलना v.i. अ.क्रि. to forget, to over, to go astray याद न रहना, गलती करना, v.t. स.क्रि. to forget, to omit भुला देना।

BHULVĀNĀ भुलवाना v.t. स.क्रि. to lead astray बहकाना, भुलाना।

BHŪMI भूमि (S. सं.) f. स्त्री. land, earth, soil ज़मीन, क्षेत्र, country देश, ~ दान, m. पु. donation of land ज़मीन दान देना, भूदान, ~ क्षरण, m. पु. erosion ज़मीन का कटाव, ~ हीन, adj. वि. land less जिसके पास ज़मीन न हो।

BHŪMANḌAL भूमंडल (S. सं.) m. पु. earth, world दुनिया, संसार, पृथ्वी-लोक, भूलोक, मर्त्यलोक।

BHŪMIKA भूमिका (S. सं.) f. स्त्री. introduction, preface (of a book etc), प्रस्तावना (पुस्तकादि की), 3. role (in drama or film etc.) अभिनेता का पार्ट, अदाकारी, किरदार, ~ निभाना, v.i. स.क्रि. to play a part or role अदाकारी करना।

BHŪMISAṄRAKṢAṆ भूमिसंरक्षण (S. सं.) m. पु. soil preservation भूमिक्षरण रोकना, कटाव से भूमि को बचाना।

BHŪNĀNĀ भुनाना v.t. स.क्रि. encash, to cause to change (money) बड़े सिक्के को छोटे सिक्कों में बदलना।

BHŪP भूप (S. सं.) m. पु. king राजा।

BHŪ-PARIMĀP भू-परिमाप (S. सं.) m. पु. land measurement ज़मीन की माप-जोख।

BHŪT भूत (S. सं.) m. पु. one of the five elements: earth, water, fire, air and ether पांच भूत-अग्नि, पृथ्वी, जल, वायु, गगन, जिससे संसार की रचना मानी जाती है, adj. वि. past विगत, जो बीत चुका, ~ प्रेत, m. पु. ghost and spirit ~ चढ़ना, to be obsessed प्रेत का आक्रमण।

BHŪTPURVĂ भूतपूर्व (S. सं.) adj. वि. previous former पहले का।

BĪBĪ बीबी (P. फ़ा.) f. स्त्री. lady, wife कुलांगना, महिला, पत्नी, 2. elder sister बड़ी बहन, 3. sister-in-law भाभी या साली।

BĪC बीच m. पु. middle मध्य, intervening time or space अंतर या अंतराल, 2. difference अंतर, ~ बचाव, m. पु. arbitration, mediation झगड़ा निबटाना, मध्यस्थता करना।

BICHALNĀ बिचलना v.i. स.क्रि. to slip to withdraw मुकरना, विचलित होना, to withdraw (as from a promise) मुकरना।

BICCHHŪ बिच्छू m. पु. scorpion एक जहरीला जंतु।

BICHĀNĀ बिछाना v.t. स.क्रि. to spread out, to lay, to unroll (bedding) बिस्तर लगाना।

BICHHUĀ बिछुआ m. पु. a ring worn on the big toe by married women विवाहित स्त्रियों का पांव का एक गहना।

BICHHURNĀ बिछुड़ना v.i. अ.क्रि. to be separated, to be parted वियोग होना, साथ छूटना।

BICHHOH बिछोह m. पु. separation वियोग, जुदाई।

BIDĀI बिदाई f. स्त्री. departure

रुखसती।

BIGĀṚ बिगाड़ m. पु. falling out, quarrel अनबन, झगड़ा, damage खराबी, state of being spoiled बुरा हो ना, ~ करना, to quarrel झगड़ा करना।

BIGAṚNĀ बिगड़ना v.i. अ.क्रि. to deteriorate, to be spoiled खराब होना, to quarrel नाराज होना, झगड़ना, to be corrupted to be damaged to break down to be angry गुस्सा होना, (चलती गाड़ी का) खराब हो जाना।

BIGĀṚNĀ बिगाड़ना v.t. स.क्रि. to spoil, to corrupt, to destroy, to tard खराब करना, बहकाना, भ्रष्ट करना, बुरी आदत डालना, बर्बाद करना।

BIGUL बिगुल m. पु. bugle सीटी।

BIHIST बिहिश्त (P. फ़ा.) f. स्त्री. paradise स्वर्ग।

BĪJ बीज m. पु. seed फूल वाले पेड़-पौधे का गर्भांड, धान-गेहूं आदि का गर्भांड, embryo ~ गणित, m. पु. algebra ~ बोना, to sow seed बीज डालना।

BĪJAK बीजक (S. सं.) m. सूची, भेजे जाने वाले माल की सूची, 2. कबीर दास के पदों का एक भेद।

BIJLĪ बिजली f. स्त्री. electricity, 2. lightening विद्युत, तड़ित, ~ गिरना, v.i. अ.क्रि. lightening to strike वज़्पात होना, ~ घर, m. पु. power house वह स्थान जहां से बिजली उत्पादन कर वितरित किया जाय।

BIKĀU बिकाऊ adj. वि. for sale जो बेचे जाने वाला हो, saleable बेचने योग्य।

BIKHARNĀ बिखरना v.i. अ.क्रि. to be scattered (as seed) फैलना, छींटना (जैसे बीज), to be dispersed तितर-बितर होना।

BIKHERNĀ बिखेरना v.t. स.क्रि. to scatter, to disperse फैलाना, तितर-बितर करना।

BIKHARĀNĀ बिखराना v.t. स.क्रि. to scatter, to disperse फैलाना, तितर-बितर करना।

BIKNĀ बिकना v.i. अ.क्रि. to be sold बेचा जाना।

BIKRĀL बिकराल adj.वि. frightening भीषण, भंयकर, डरावना।

BIKVĀNĀ बिकवाना v.t. स.क्रि. cause to be sold बेचने का काम कराना।

BIL बिल (E. अं.) m. पु. bill विधेयक, पावने का पुरजा।

BIL बिल m. पु. a hole (of a rat or snake) जमीन या दीवार में बना लंबा छेद (जैसे सांप आदि का बिल)।

BILĀ बिला adv. अ. without बगैर, बिना, ~ शक, adv. अ. without double निःसन्देह।

BILAG बिलग adj. वि. separate detached जुदा, अलग।

BILGĀNĀ बिलगाना v.t. स.क्रि. to separate, to divide अलग करना, भाग करना।

BILAKHNĀ बिलखना v.i. अ.क्रि. to sob, to be distressed विलाप करना।

BILLĀ बिल्ला m. पु. badge बैज, 2. tom cat बिडाल, नर बिल्ली।

BILLAUR बिल्लौर m. पु. crystal, 2. quartz स्फटिक।

BILṬĪ बिल्टी f. स्त्री. railway reciept (of goods despatched) रेल (या ट्रक) से भेजे जाने वाले माल की रसीद।

BĪMĀ बीमा m. पु. insurance assurance इंश्योरेन्स।

BĪMĀR बीमार adj. वि. sick, ill रोगी, मरीज।

BĪMĀRĪ बीमारी f. स्त्री. sickness illness, disease रोग, मर्ज, bad habit लत।

BĪMĀPATRAK बीमापत्रक m. पु. insurance policy बीमा की पॉलिसी, बीमा का इकरारनाम।

BINĀ बिना prep. & adv. अ. without बगैर, छोड़कर।

BINATĪ बिनती f. स्त्री. entreaty request प्रार्थना।

BINAULĀ बिनौला m. पु. cotton-seed कपास का बीज।

BĪṚĀ बीड़ा m. पु. a betel leaf with areca nut, lime, spices folded to be eaten पान (लगा हुआ), 2. an earnest of a pledge कुछ करने का जिम्मा।

BIRĀDAR बिरादर (P. फ़ा.) m. पु. brother भाई, सजातीय।

BIRĀDARĪ बिरादरी (P. फ़ा.) f. स्त्री. brotherhood, 2. kinship, 3. community, 4. caste भाईचारा, जाति, गांव।

BIRLĀ बिरला adj. वि. scarce, few, little बहुतों में से एक, कोई एक।

BISĀT बिसात (A. अ.) m. पु. chess-board शतरंज का बोर्ड,

2. carpet, 3. capacity सामर्थ्य, 4. means साधन, 5. importance फैलाव, हैसियत, ~ ख़ाना, m. पु. cloth-store, general store बिसाती की दूकान।

BISĀTĪ बिसाती m. पु. pedlar, seller of miscellaneous goods विभिन्न सामान बेचने वाला, (अधिकतर फेरी करके)।

BISĀTKHĀNĀ बिसातख़ाना m. पु. pedlar's shop बिसाती की दूकान।

BISTAR बिस्तर m. पु. bedding bedroll बिछौना।

BITĀNĀ बिताना v.t. स.क्रि. to spend, to cause to pass गुजारना।

BITHĀNĀ बिठाना v.t. स.क्रि. to cause to sit बैठाना, उपविष्ट कराना।

BITNĀ बीतना v.i. अ.क्रि. pass, to elapse (time) कटना, गुजरना (समय), 2. to happen घटना, 3. to be experienced अनुभव होना।

BOJH बोझ m. पु. load, burden भार, गट्ठा, 2. responsibility जिम्मेवारी, ~ ता, v.t. स.क्रि. to load भार डालना ~ उतरना, unloading हल्का होना, जी हल्का होना।

BOLĪ बोली f. स्त्री. speech, dialect भाषा, बोल, 2. bid (at an auction) नीलामी की आवाज, 3. taunt, reproach व्यंग्य, फबती।

BOLNĀ बोलना v.i. अ.क्रि. to speak to talk आवाज निकालना, बात करना, v.t. स.क्रि. to say, to speak कहना, बात करना।

BONĀ बोना v.t. स.क्रि. to sow to broadcast (seed) बीज डालना।

BOTĪ बोटी f. स्त्री. a slice of meat or flesh मांस का छोटा टुकड़ा।

BRAHM ब्रह्म (S. सं.) m. पु. the all pervading spirit of the universe. The impersonal ultimate being named Brahman or Brahma सच्चिदानंद स्वरूप जगत का मूलतत्त्व।

BRAHMACARYĂ ब्रह्मचर्य (S. सं.) m. पु. celebacy, chastity विद्यार्थी का प्रथम आश्रम जब पूर्ण शुचिता अनिवार्य है, the first state of varnashram.

BRAHMABHOJ ब्रह्मभोज (S. सं.) m. पु. feeding of Brahman ब्राह्मण भोजन।

BRĀHMAN ब्राह्मण (S. सं.) m. पु. brahmin the first caste in the four of the Hindus हिन्दुओं के चतुर्वर्ण में से प्रथम वर्ण, ~ वाद, brahmanism.

BRAHMAJÑAN ब्रह्मज्ञान (S. सं.) m. पु. knowledge of Brahman spiritual knowledge परमतत्त्व का ज्ञान।

BRAHMĀNAṄD ब्रह्मानंद (S. सं.) m. पु. the ecstasy of knowing or becoming Brahman ब्रह्मस्वरूप से साक्षात्कार का आंनद।

BRAKE ब्रेक m. पु. device for

stopping car etc. (वाहन, मोटर आदि के) रोकने का यंत्र।

BROKER ब्रोकर m. पु. commission agent दलाल।

BŪ बू (P. फ़ा.) f. स्त्री. smell, scent bad smell गंध, दुर्गंध, सुगंध, 2. suspicion सन्देह।

BŪCAR बूचड़ m. पु. meat-seller कसाई, मांस विक्रेता, ~ ख़ाना, m. पु. Slaughter-house.

BUDDH बुद्ध (S. सं.) m. पु. the Budha गौतम बुद्ध, adj. वि. enlightened, awakened जगा हुआ, जाग्रत।

BUDDHĀ बुड्ढा adj. वि. old वृद्ध, बूढ़ा, m. पु. an old man वृद्ध पुरुष, (f. स्त्री. बुड्ढी)।

BUDDHI बुद्धि (S. सं.) f. स्त्री. intelligence, wisdom अक्ल, विचार करने की शक्ति, मनीषा, ~ जीवी, adj. वि. intellectual, one who lives by writing etc. साहित्यकार, ~ मत्ता, f. स्त्री. good sense समझदारी, ~ हीन, adj. वि. foolish मूर्ख, बेवकूफ।

BŪḌHĀ बूढ़ा adj. वि. old (man) वृद्ध, m. पु. an old man वृद्ध पुरुष, ~ पा, m. पु. old age वृद्धावस्था, (f. स्त्री. बूढ़ी or बुड्ढी)।

BUJHNĀ बुझना v.i. अ.क्रि. extinguished (fire, light etc.) बुझाया जाना, जलना बंद होना, 2. be relieved (of hunger, thirst etc.) (भूख, प्यास) मिटना।

BUJHĀNĀ बुझाना v.t. स्त्री. to put out (fire, light etc.) गुल करना (रोशनी, आग आदि), 2. to be relieved (of hunger, thirst) मिटाना (भूख, प्यास, भूख आदि)।

BUJHAUAL बुझौअल m. पु. puzzle, a riddle पहेली।

BUKHĀR बुख़ार (A. अ.) m. पु. fever ज्वर, 2. passion वासना, ~ उतारना, to vent ire or spleen क्रोधादि निकालना, भड़ास निकालना।

BULAND बुलंद (P. फ़ा.) adj. वि. high, lofty ऊंचा।

BULANDĪ बुलंदी (P. फ़ा.) f. स्त्री. loftiness, height ऊंचाई, उत्कर्ष।

BUNANĀ बुनना v.t. स.क्रि. to weave to plait, to knit धागे या ऊन से कपड़ा पहनावा आदि बनाना।

BŪND बूंद f. स्त्री. drop, iota कतरा, बिन्दु।

BŪNDĀ-BĀNDĪ बूंदा-बांदी f. स्त्री. drizzle हल्की वर्षा।

BUNIYĀD बुनियाद (P. फ़ा.) f. स्त्री. foundation नींव, groundwork आधार, जड़, beginning आरंभ।

BUNIYĀDĪ बुनियादी adj. वि. basic, elementary नींव संबंधी, आरंभिक, मूलगत।

BURĀ बुरा adj. वि. bad खराब, harmful हानिकारक, wicked बदमाश, दुष्ट, evil कुत्सित, m. पु. evil wrong दुष्ट, खराब व्यक्ति, ~ मानना, to be angered क्रुद्ध होना, ~ करना, to harm नुकसान पहुंचाना, ~ लगना, to be displeased नाराज़ होना, ~ काम, m. पु. malpractice, vice पाप, खराब काम।

BURĀDĀ बुरादा (P. फ़ा.) m. पु. sawdust filings लकड़ी का चूरा।

BURAĀĪ बुराई f. स्त्री. wickedness दुष्टता, evil, vice अनिष्ट, 2. defect खराबी, 3. harm हानि, 4. Slander, speaking ill बुरी बात कहना, निन्दा करना, ~ भलाई, f. स्त्री. evil & good अच्छा- बुरा।

BŪT बूट (S. सं.) m. पु. shoe जूता।

BUZURG बुज़ुर्ग (P. फ़ा.) adj. वि. aged, venerable बड़ा, वृद्ध आदरणीय, m. पु. elder old man वृद्ध पुरुष।

BUZURGĪ बुज़ुर्गी (S. सं.) f. स्त्री. greatness, venerability बड़प्पन, बड़ाई।

◆◆◆

C

CABĀNĀ चबाना v.t. स.क्रि. to chew to crunch to gnaw दांत से कुचलना।

CĀBUK चाबुक (P. फ़ा.) m. पु. a whip कोड़ा, ~ मारना to whip.

CACĀ चचा m. पु. paternal uncle father's younger brother बाप का भाई।

CĀCĀ चाचा m. पु. paternal uncle father's younger brother बाप का भाई।

CACĪ चची f. स्त्री. paternal aunt, father's younger brother's wife पिता के छोटे भाई की पत्नी।

CĀCĪ चाची f. स्त्री. paternal aunt, father's younger brother's wife पिता के छोटे भाई की पत्नी।

CACERĀ चचेरा adj. वि. descended from a paternal uncle चचा से उत्पन्न चचाज़ाद।

CAḌHĀĪ चढ़ाई f. स्त्री. ascending mounting चढ़ने की क्रिया, 2. ऊपर की ओर जाने वाली भूमि, 3. attack हमला।

CAḌHANĀ चढ़ना v.i. अ.क्रि. to climb, to mount, to ride नीचे से ऊपर की ओर जाना (पहाड़ आदि पर) ऊपर जाना, (घोड़े पर) बैठना, 2. to rise (price, a river) दाम बढ़ना, नदी में पानी बढ़ना।

CAḌHĀNĀ चढ़ाना v.t. स.क्रि. to cause to rise, to raise ऊपर ले जाना।

CAḌHĀVĀ चढ़ावा m.पु. any religious offering पूजा में देवता को चढ़ाई जाने वाली वस्तु, 2. a present (of jewellery from bridegroom to his bride) वर की ओर से वधू को दी जाने वाली वस्तु।

CAḌHVĀNĀ चढ़वाना v.t. स्त्री. cause to be raised to get raised चढ़ने की क्रिया करवाना।

CĀH चाह f. स्त्री. wish, desire, fancy इच्छा, लालसा, affection प्यार.

CAHAK चहक f. स्त्री. singing (of birds etc.) (चिड़ियों के) चहकने का भाव, warbling.

CAHAKNĀ चहकना v.i. अ.क्रि. to warbele to sing (as birds) चिड़ियों का चहचहाना।

CAHALQADMĪ चहलक़दमी f. स्त्री. a stroll, a short walk धीरे-धीरे टहलना।

CAHĀR चहार (P. फ़ा.) adj. वि. four चार, ~ दीवारी, f. स्त्री. an enclosing wall परकोटा।

CAHETĀ चहेता adj. वि. beloved, darling, desired प्यारा (स्त्री), (चहेती)।

CĀHIYE चाहिए v.i. अ.क्रि. wanted दरकार है, should, aught उचित है।

CĀHNĀ चाहना v.i. अ.क्रि. wish, to desire इच्छा करना, 2. to ask for, मांगना, 3. to like, to love पसंद करना, प्यार करना।

CAIN चैन m. पु. contentment, peace of mind, repose सन्तोष, शान्ति, आराम, कल, ~ क़ी वंशी बजाना, to spend time in peace बड़े आनंद में दिन बिताना।

CAKHCAKH चख़चख़ f. स्त्री. dispute wrangling कहा-सुनी, झगड़ा।

CAKLĀ चकला m. पु. a circular object (for making bread) रोटी बेलने का पाटा, 2. brothel वेश्याओं की बस्ती।

CAKKALAS चक्कलस f. स्त्री. fuss up-roar मित्रों का परिहास।

CAKIT चकित (S. सं.) adj. वि. astonished हैरान, विस्मित।

CAKKAR चक्कर m. पु. band, a curve वृत्ताकार मार्ग, 2. perplexity हैरानी।

CAKHANĀ चखना v.t. स.क्रि. to taste, to try स्वाद लेना।

CAKMĀ चकमा m. पु. cheating धोखा, भुलावा (खाना, देना)।

CAKRĀNĀ चकराना v.i. अ.क्रि. to revolve, to be perplexed हैरान होना, सर घूमना।

CAKṢU चक्षु (S. सं.) m. पु. eye आंख।

CAL चल adj. वि. moving गतिमान, हिलता-डोलता, 2. unsteady restless बेचैन, 3. movable (property) अचल (संपत्ति) का उल्टा, transient नश्वर, अनित्य।

CĀL चाल f. स्त्री. movement, motion चलने की क्रिया, गति, 2. gait चलने की शैली, 3. trick (ताश के पत्ते आदि) चलना।

CĀLAK चालक adj. वि. driving, impelling चलाने वाला, m. पु. a driver गाड़ी चलाने वाला।

CĀLĀK चालाक adj. वि. cunning vigilant चुस्त, फुर्तीला, चतुर, धूर्त, सावधान।

CĀLĀKĪ चालाकी f. स्त्री. cunning, skill चतुराई, धूर्तता।

CALAN चलन (S. सं.) m. पु. moving चलने की क्रिया, चलने का भाव, 2. gait चलने की शैली, 3. fashion, conduct रीति, रिवाज़।

CĀLĀN चालान f. स्त्री. despatch consignment भेजना, भेजा जाने वाला सामान, 2. an invoice बीजक, 3. a commital (of a case) केस भेजना।

CALĀNĀ चलाना v.t. स.क्रि. to cause to go or move, to set or to keep in motion चलने को प्रेरित करना।

CALBĀZ चालबाज़ (P. फ़ा.) adj. वि. a deceitful person छलिया, धूर्त, चाले चलने वाला।

CALBĀZĪ चालबाज़ी (P. फ़ा.) f. स्त्री. fraud, deceit छल, धूर्तता।

CALCALAN चालचलन m. पु. behaviour, character आचरण, चरित्र।

CALCALĀV चलचलाव m. पु. impending death कूच, मौत, चलने की तैयारी।

CALCITR चलचित्र (S. सं.) m. पु. cinema, cinematic film सिनेमा।

CALḌHĀL चालढाल f. स्त्री. manner behaviour तौर-तरीका, आचरण।

CALĪS चालीस adj. वि. forty उनचालीस से एक अधिक।

CALĪSVAṄ चालीसवां m. पु. fortieth the fortieth day function of a dead person मृत व्यक्ति के चालीसवें दिन का कर्म।

CALNĀ चलना v.i. अ.क्रि. to walk, to move हरकत करना, एक जगह से दूसरी जगह जाना, 2. to work (a machine) यंत्र का काम करना।

CALTĀPURZĀ चलतापुर्ज़ा adj. वि. a shrwed operator a smooth customer चालाक, धूर्त।

CAMAN चमन (P. फ़ा.) m. पु. a flower garden a place abounding in flowers फुलवारी, हरा-भरा स्थान।

CAMRA चमड़ा m. पु. skin त्वचा, चर्म, hide खाल, leather.

CAMKĀNĀ चमकाना v.t. स.क्रि. to cause to shine, to glitter चमकदार बनाना।

CAMKNĀ चमकना v.i. अ.क्रि. to shine, to glitter झलकना, जगमगाना।

CAṀPAĪ चंपई adj. वि. yellowish, golden orange चंपा के फूल जैसे रंग का, f. स्त्री. yellowness उक्त रंग।

CAMATKĀR चमत्कार (S. सं.) m. पु. miracle करामात, अद्भुत बात, adj. वि. wonderful आश्चर्यजनक।

CAṄCAL चंचल (S. सं.) adj. वि. restless, 2. fickle, 3. flirtatious एक जगह एक स्थिति में न रहने वाला, चुलबुली, एक बात पर स्थिर न रहने वाला, ~ ता, f. स्त्री. volatility, playfulness, flirtatious ness चुलबुलापन।

CAṄḌ चंड (S. सं.) adj. वि. fierce, violent तीक्ष्ण, उग्र।

CAND चंद (P. फ़ा.) adj. वि. a few, some कुछ, थोड़े-से, दो-चार।

CĀND चांद m. पु. moon चंद्रमा, शशि।

CANDĀ चंदा m. पु. subscription सार्वजनिक कार्य के लिए दी जाने वाली रकम, सामयिक पत्रिका का मूल्य।

CAṄDAN चंदन (S. सं.) m. पु. the sandal tree sandalwood एक प्रसिद्ध वृक्ष जिसकी लकड़ी एक प्रधान गंध द्रव्य है, संदल, 2. sandalwood paste चंदन लकड़ी का लेप।

CAṄḌĪ चंडी (S. सं.) f. स्त्री. title of the goddess Durga दुर्गा, 2. enraged woman कर्कशा/स्त्री।

CAṄDR चंद्र (S. सं.) m. पु. the moon चद्रमा, राशि, ~ ग्रहण, m. पु. lunar eclipse पृथ्वी की छाया से चांद का छिप जाना, ~ मल्लिका, f. स्त्री. jasmine जूही, ~ लोक, m. पु. heaven of the moon चंद्रमा का लोक।

CAṄDRIKĀ चंद्रिका (S. सं.) f. स्त्री. moonlight, moonbeam चांदनी।

CAṄDRMĀ चंद्रमा m. पु. the moon सौरमंडल का एक उपग्रह, चांद।

CAṄḌU चंडू m. पु. a mixed preparation of opium for smoking अफ़ीम का क़िवाम।

CAṄGUL चंगुल (P. फ़ा.) m. पु. claws, talon, clutch, grasp पंजा, पकड़, काबू।

CĀṆKYĂ चाणक्य (S. सं.) m. पु. Kautilya, the author of Arthshastra अर्थशास्त्र के प्रणेता कौटिल्य।

CAPAL चपल (S. सं.) adj. वि. swift, fickle, restless चंचल, अस्थिर।

CAPAT चपत f. स्त्री. a slap तमाचा।

CAPĀTĪ चपाती f. स्त्री. a thin Cake of unleavened bread फुल्का, पतली रोटी।

CAPET चपेट m. पु. a blow दबाव, रगड़ा, धक्का, 2. range or reach पहुंच, ~ में आना, to be threatened धमकाया जाना, चुंगल में फसना।

CAPEṬNĀ चपेटना v.t. स.क्रि. attack to assail दाबना, डाटना।

CĀPLŪS चापलूस (P. फ़ा.) adj. वि. sycophant, flatterer चाटुकार, खुशामदी।

CĀPLŪSĪ चापलूसी (P. फ़ा.) f. स्त्री. sycophanat, flattery चाटुकारिता।

CAPPAL चप्पल f. स्त्री. a sandal खुली एड़ी का जूता।

CAPRĀSĪ चपरासी m. पु. an orderly, peon अर्दली।

CĀR चार adj. वि. four तीन और एक, m. पु. चार की संख्या (4), ~ चांद लगना, to have fourfold beauty or success or prosperity सुंदरता बढ़ना, प्रगति या उन्नति बढ़ना, ~ दिन की चांदनी, f. स्त्री. a nine days wonder दो-चार दिन ही रहने वाली बात, ~ सौ बीस, m. पु. a smart operator a cheat ठग, ~ जामा, m. स्त्री. garment एक पहनावा।

CĀRĀGĀH चारागाह m. पु. grazing ground पशुओं के चरने-चराने की जगह।

CARĀNĀ चराना v.t. स.क्रि. to cause to graze चरने को प्रेरित करना घासचारा खिलाना।

CARAN चरण (S. सं.) m. पु. foot (pl. feet) पांव, पैर, कदम, पग, 2. single line (of poem) कविता की एक पंक्ति, ~ छूकर, to touch feet पांव छूकर प्रणाम करना।

CĀRAṆ चारण (S. सं.) m. पु. a bard singer भाट।

CARCĀ चर्चा (S.सं.) f. स्त्री. mention, talk, discussion, gossip ज़िक्र, वाद-विवाद, गप्प।

CARIT चरित (S. सं.) m. पु. practice आचरण, व्यवहार, 2. a narrative of a person's life, a biography जीवन गाथा, जीवनी, 3. character पात्र।

CARITR चरित्र (S. सं.) m. पु. character, conduct, behaviour आचरण, व्यवहार, ~ चित्रण, m. पु. character portrayal ~ वान, adj. वि. of good character अच्छे चरित्र-वाला, ~ हीन, adj. वि. of bad character बुरे चरित्रवाला।

CARM चर्म (S. सं.) m. पु. leather, skin, hide चमड़ा, त्वचा, खाल, ~ कार, n. सं. a worker with leather चमड़े का काम करने वाला, ~ चक्षु, m. पु. the eyes of the material body आंख, ~ शोधन, n. tanning चमड़ा साफ करना।

CARNĀ चरना v.i. अ.क्रि. to graze पशुओं का मैदान या खेत में घास खाना।

CĀRPĀĪ चारपाई f. स्त्री. a bed a bedstead खाट, छोटा पलंग, ~ पकड़ना, to be confined to bed बिस्तर पर पड़ जाना, बीमार होकर, ~ से पीठ लगना, to be seriously ill सख्त बीमार होना।

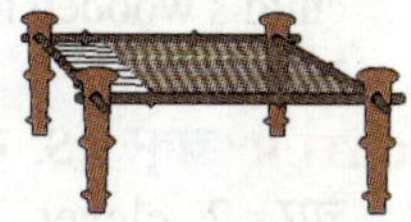

CASKĀ चस्का m. पु. habit, taste आदत, स्वाद, 2. ardent desire अत्यंत इच्छा, 3. addiction लत।

CAṠM चश्म (P. फ़ा.) m. पु. eye आंख।

CAṠMĀ चश्मा (P. फ़ा.) m. पु. spectacles ऐनक, 2. spring झरना, सोता।

CAṠMDĪD चश्मदीद (P. फ़ा.) adj. वि. having seen with (one's) own eyes आंखों देखा, ~ गवाह, n. सं. an eye-witness गवाह जिसने घटना खुद देखी हो।

CĀṠNĪ चाशनी f. स्त्री. a syrup गुड़-चीनी आदि का शीरा।

CAṬĀĪ चटाई f. स्त्री. mat घास, बेंत, सीक, बेंत की छाल, प्लास्टिक आदि का बना बिछावन।

CAṬAKNĀ चटकना v.i. अ.क्रि. to crack to split हल्की आवाज़ के साथ टूटना।

CAṬKHANĪ चटखनी f. स्त्री. door-bolt छिटकनी, सिटकिनी।

CAṬKHĀRĀ चटखारा m. पु. a smacking of the lips or of tonque against the palate स्वादिष्ट, वस्तु को खाते समय जीभ को तालू से लगने की

आवाज़।

CAṬNĪ चटनी f. स्त्री. a sweet pickle स्वादिष्ट अवलेह, चाटने की चीज़।

CAṬPAṬĀ चटपटा adj. वि. hot spicy मज़ेदार, चटपटा, m. पु. a savoury स्वादिष्ट खाद्य।

CAṬṬĀBAṬṬĀ चट्टाबट्टा m. पु. a child's wooden toy काठ के खिलौनों का समूह।

CATUR चतुर (S. सं.) adj. वि. four चार, 2. clever, skilful, cunning होशियार, कार्यदक्ष।

CATURĀĪ चतुराई f. स्त्री. cleverness चालाकी, होशियारी।

CATURBHUJ चतुर्भुज (S. सं.) adj. वि. four armed quadrilateral चार भुजाओं वाला।

CATURTHĪ चतुर्थी (S. सं.) f. स्त्री. the fourth day of a lunar fortnight पक्ष-विशेष की चौथी तिथि, 2. dative case (g.) संप्रदान कारक (व्या.)।

CATURVARṆ चतुवर्ण (S. सं.) m. पु. the four classes of Aryan Society आर्यों (हिन्दुओं) के चारों वर्ण-ब्राह्मण, क्षत्रिय, वैश्य, शूद्र।

CATURVED चतुर्वेद (S. सं.) m. पु. the four vedas (Rig, Yajur, Sama and Atharva) चारों वेद ऋग्वेद, यजुर्वेद, सामवेद, अथर्ववेद।

CAUGIRD चौगिर्द adv. अ. all round चारों ओर।

CAUGUNĀ चौगुना adj. वि. fourtimes किसी वस्तु का चार गुना।

CAUHADDĪ चौहद्दी f. स्त्री. boundary किसी स्थान या मकान की चारों सीमाएं।

CAUKANNĀ चौकन्ना adj. वि. vigilant, alert होशियार, सावधान।

CAUKĪ चौकी f. स्त्री. a low, rectangular, fourlegged seat छोटा तख्त, लकड़ी आदि का बना चार पांवों का बैठने या सोने का आसन, a site or base सिपाहियों या सैनिकों को रखने का स्थान, a watch-post पहरा देने का स्थान, a kneading board रोटी बेलने का पाटा, ~ दार, m. पु. a guard, a watchman पहरेदार।

CAUṄKĀNĀ चौंकाना v.t. स.क्रि. to startle, to put on the alert दूसरे के चौंकने का कारण होना।

CAUṄKNĀ चौंकना v.i. अ.क्रि. to start, to be startled भय या विस्मय से चंचल हो जाना।

CAUKOR चौकोर adj. वि. four-sided or four-cornered चौखूंटा, चौकोना।

CAUPĀĪ चौपाई f. स्त्री. a quatrain सोलह मात्राओं के चार चरणों का छंद।

CAURAS चौरस adj. वि. level, even flat समतल, चौपहला, ~ करना, make even to level समतल करना।

CAURASTĀ चौरस्ता m. वि. a crossroads चौराहा।

CAURYOṄMĀD चौर्योन्माद m. वि. Kleptomania चोरी करने की दुष्प्रवृत्ति।

CAUTARFĀ चौतरफ़ा adj. वि. four sided चार कोनों वाला, adv. अ. all around चारों ओर, चौगिर्द।

CEṢṬĀ चेष्टा (S. सं.) f. स्त्री. trial effort कोशिश, प्रयत्न, 2. gesture, expression (of the features) भाव-भंगी, 3. activity गति।

CET चेत m. पु. consciousness होश, संज्ञा, 2. wits, 3. caution सावधानी।

CETAN चेतन (S. सं.) m. पु. consciousness होश, 2. soul आत्मा, जीव।

CETNĀ चेतना (S. सं.) f. स्त्री. consciousness होश।

CETNĀ चेतना v.i. अ.क्रि. to become conscious, to awake सावधान होना, होश में आना।

CETĀVANĪ चेतावनी f. स्त्री. a

warning, caution, reminder ख़तरे की पूर्व सूचना, सावधानी के लिए कही गई बात।

CEHRĀ चेहरा (P. फ़ा.) m. पु. face, features मुखड़ा, ~ उतरना, the face to fall चेहरे से चिन्ता आदि प्रकट होना, ~ मोहर, m. पु. facial expression मुखड़े का भाव, ~ पर हवाइयां उड़ना, to be perturbed चेहरे से धबड़ाहट झलकना।

CHABI छवि f. स्त्री. image portrait तस्वीर, चित्र photograph फोटो।

CHADM छद्म (S. सं.) m. पु. a disguise, masquerade बदला हुआ वेश, ~ नाम, a pseudonym उपनाम।

CHĀGAL छागल (S. सं.) m. पु. a goat बकरा, 2. an anklet with bells पांव में पहनने का एक गहना।

CHAKKĀ छक्का m. पु. a group of six (in cards etc.) छः का समाहार (ताश के पत्तों आदि में), ~ छूटना, to be bewildered हिम्मत हारना, ~ छुड़ाना, to bewilder हौसला पस्त करना।

CHAL छल m. पु. deceit, fraud धोखा।

CHALĀṄG छलांग f. स्त्री. a leap, bound, jump कुदान, उछाल, चौकड़ी, ~ लगाना, to leap, to bound to jump चौकड़ी भरना, उछलना, कूदना।

CHALIĀ छलिया adj. वि. faithless deceitful छलने वाला, धोखा देने वाला, m. पु. a deceiver धोखेबाज़।

CHALANĪ छलनी f. स्त्री. a seive, a strainer छानने का आला, ~ करना, to batter चकनाचूर कर देना।

CHĀṄH छांह f. स्त्री. shade, 2. shadow छाया, 3. shelter आश्रय।

CHĀṄV छांव f. स्त्री. shade, 2. shadow छाया, 3. shelter आश्रय।

CHĀP छाप f. स्त्री. mark निशान।

CHAPĀĪ छपाई f. स्त्री. printing, cost of, or wages for printing छापने का काम या उसकी उजरत।

CHAPĀKHĀNĀ छापाखाना m. पु. printing press वह स्थान जहां छपाई हो, मुद्रणालय।

CHĀPĀMĀR छापामार m. पु. commando, guerrilla छापा मारने वाला।

CHAPĀNĀ छपाना v.t. स.क्रि. cause to be printed प्रेस में पुस्तक आदि मुद्रत कराना।

CHĀPNĀ छापना v.t. स.क्रि. to print अक्षर आदि मुद्रित करना।

CHAT छत f. स्त्री. roof मकान की पाटन।

CHĀTĀ छाता m. पु. umbrella छतरी।

CHAṬĀ छटा (S. सं.) f. स्त्री. splen-dour lustre, brilliance शोभा, दीप्ति।

CHATRĪ छतरी f. स्त्री. umbrella छाता।

CHAṬHĪ छठी f. स्त्री. the sixth day after the birth of a child (when ceremonial observances are performed) शिशु के जन्म के छठे दिन होने वाला स्नान, पूजन उत्सव, ~ का दूध याद दिलाना, to reduce to complete helplessness पूरी तरह पस्त कर देना, ~ का दूध याद आना, to be in a very painful situation कठिन समय आ पड़ना।

CHĀTĪ छाती f. स्त्री. breasts, bosom, (of a woman) स्तन, उरोज, कुच, 2. chest वक्ष, पैर और गर्दन के बीच का भाग, ~ ठंढी होना, set to rest, to be comforted जीकी जलन मिटाना, ~ पर सांप लोटना, burn with every हृदय को गहरी वेदना होना।, ~ पीटना, to grieve

मातम मनाना, ~ से लगाना, to embrace आलिंगन करना, गले लगाना, ~ भरना, the breasts to swell स्तनों का उभरना।

CHĀTR छात्र (S. सं.) m. पु. a student, a pupul विद्यार्थी, शिष्य।

CHĀTRĀLAY छात्रालय (S. सं.) m. पु. a student hostel छात्रावास।

CHĀTRĀVĀS छात्रावास (S. सं.) m. पु. hostel छात्रालय।

CHĀTRAVṚTTI छात्रवृत्ति f. स्त्री. stipend, scholarship वज़ीफा।

CIḌHANĀ चिढ़ाना f. स्त्री. to irritate नाराज़ करना।

CIHṄ चिह्न (S. सं.) m. पु. a mark, impression निशान, 2. a sign, emblem लक्षण, पहचान।

CIHNIT चिह्नित (S. सं.) adj. वि. marked जिस पर चिह्न हो, ~ करना, to mark निशान लगाना।

CIKAN चिकन (P. फ़ा.) f. स्त्री. muslin or other cotton cloth embroidered with raised patterning of flowers, सूती कपड़े पर बेल-बूटे का काम।

CIKĀRĀ चिकारा m. पु. a two-stringed/bowed instrument similar to the Sarangi एक तरह की सारंगी, 2. a ravine deer एक तरह का हिरण।

CIKITSĀ चिकित्सा (S. सं.) f. स्त्री. therapy medical treatment इलाज, उपचार।

CIKITSAK चिकित्सक (S. सं.) m. पु. one who treats medically, a doctor or Vaidya चिकित्सा करने वाला, डॉक्टर या वैद्य।

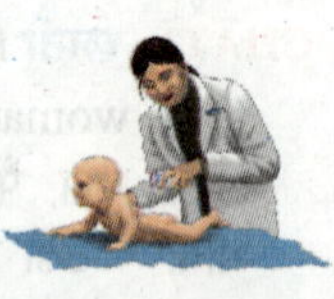

CIKITSĀLAY चिकित्सालय (S. सं.) m. पु. hospital, clinic अस्पताल, शफ़ाख़ाना।

CIKNĀ चिकना adj. वि. smooth slippery, fatty greasy स्निग्ध, तेलयुक्त, तैलीय।

CILAM चिलम f. स्त्री. a clay bowl used for smoking tobacco तंबाकू पीने का पात्र।

CIMṬĀ चिमटा m. पु. tongs, forceps गर्म चीज़ पकड़ने का आला।

CIṄGĀRĪ चिंगारी f. स्त्री. a spark जलते हुए कोयले आदि का बहुत छोटा टुकड़ा।

CIṄGHARṆĀ चिंघाड़ना v.i. अ.क्रि. to trumpet हाथी का ज़ोर से बोलना, to scream, to shriek ज़ोर से चीखना, चिल्लाना।

CIṄTĀ चिन्ता (S. सं.) f. स्त्री. worry, anxiety फ़िक्र ~ कुल, perturbed उद्विग्न, चिंता से आकुल, ~ जनक, causing concern चिंता का कारणरूप।

CIṄTAN चिंतन (S. सं.) m. पु. reflecting, meditating, thought मनन, सोचना-विचारना।

CINTANIYĀ चिंतनीय (S. सं.) adj. वि. to be considered, causing concern चिंता करने योग्य।

CINTIT चिंतित (S. सं.) adj. वि. worried, anxious, concerned चिंतायुक्त, सोच में पड़ा हुआ।

CIPAKNĀ चिपकना v.i. अ.क्रि. to stick, to adhere जुड़ना, सटना।

CIPKĀNĀ चिपकाना v.t. स.क्रि. to stick किसी लसदार चीज़ से जोड़ना, सटाना।

CIR चिर (S. सं.) adj. वि. long, longlasting, adv. for a long time सदा जो लंबे समय से हो, जो बहुत दिनों से हो।

CĪṚ चीड़ m. पु. pine tree, fin tree एक सदाबहार पेड़-पाइन।

CĪR चीर m. पु. clothing वस्त्रखंड, पट्टी, धज्जी, चिंदी।

CIRAG चिराग (P. फ़ा.) m. पु. a lamp, a light दीपक, दीया, ~ तले अंधेरा, unpleasant things co-existing right besides the splendid रखवाले के सामने चोरी, भलाई के पास ही बुराई का होना, ~ बढ़ाना, to put out a lamp दीया बुझाना, ~ लेकर ढूंढ़ना, to search carefully बहुत कोशिश से ढूंढ़ना।

CIRANJĪV चिरंजीव (S. सं.) adj. वि. longlived बहुत दिन जीने वाला।

CIRAYU चिरायु (S. सं.) adj. वि. longlived बहुत दिन जीने वाला।

CĪRNA चीरना v.t. स.क्रि. to tear, to split, to saw फाड़ना, टुकड़े करना।

CIRNIDRĀ चिरनिद्रा (S. सं.) f. स्त्री. death महानिद्रा, मृत्यु, सदा के लिए सो जाना।

CĪRPHĀṚ चीर-फाड़ f. स्त्री. surgery चीरने-फाड़ने का काम, शल्यक्रिया।

CIRŚĀNTI चिरशांति (S. सं.) f. स्त्री. peace forever, salvation मुक्ति, स्थायी शांति।

CIRSMARṆIYĂ चिरस्मरणीय (S. सं.) adj. वि. memorable सदा याद रखने योग्य।

CITĀ चिता (S. सं.) f. स्त्री. a funeral pyre मुर्दा जलाने के लिए बनी लकड़ियों की सेज।

CITHṚĀ चिथड़ा m. पु. a rag, a tatter, adj. tattered, torn फटा-पुराना कपड़ा।

CITR चित्र (S. सं.) m. पु. a picture, a painting, drawing, sketch a photograph, cinefilm तस्वीर।

CITT चित्त (S. सं.) m. पु. the mind, soul, heart मन, अंतःकरण, ~ ाकर्षक, attractive मनमोहक, मन को लुभाने वाला।

CĪVAR चीवर (S. सं.) m. पु. garment of an ascetic संन्यासी का पहनावा।

COLA चोला m. पु. a long gown, 2. body ढीला-ढाला कुर्त्ता, शरीर, ~ बदलना, to change the body, transmigration रूप बदलना, शरीर त्याग करना।

COLĪ चोली f. स्त्री. brassire, Bra अंगिया, ब्रेसियर, --दामन का साथ, नाता, a close and intimate relationship कभी न टूटने वाला साथ, अंतरंग संबंध।

COR चोर m. पु. a thief, adj. hidden secret (as a door) चुराने वाला, चोरी करने वाला।

CORĪ चोरी f. स्त्री. stealing a theft चुराने की क्रिया ~ चोरी, slealthily चोरी, चुपके से।

CUBHAN चुभन f. स्त्री. a piercing pain चुभने का भाव, दर्द, खटक।

CUBHNĀ चुभना v.i. अ.क्रि. to pierce, to be thrust into धंसना, गड़ना।

CUGAD चुग़द (P. फ़ा.) m. पु. an owl, a fool उल्लू, मूर्ख व्यक्ति।

CUGLĪ चुग़ली (P. फ़ा.) f. स्त्री. informing, tale-bearing, back-biting पीठ पीछे की गई निन्दा।

CUGULKHOR चुग़ुलख़ोर (P. फ़ा.) adj. वि. informer, slanderer चुग़ली करने या खाने वाला।

CŪK चूक f. स्त्री. mistake, fault, omission ग़लती, भूल, छूट जाना।

CUKĀNĀ चुकाना v.t. स.क्रि. to pay, to settle, to finish अदा, चुकता करना।

CUKNĀ चुकना v.i. अ.क्रि. to be paid, settled, finished, adjusted समाप्त होना।

CŪKNĀ चूकना v.t. स.क्रि. to fail, err, make a mistake, blunder, miss भूल

करना, निशाना ख़ाली जाना, असफल होना।

CULBULA चुलबुला adj. वि. lively, flirtatious, fidgety चंचल, नटखट।

CULLU चुल्लू m. पु. the palm of the hand hollowed (as to hold water) a mouthful of water गहरी की हुई हथेली ~ भर पानी में डूब मरना, to be greatly ashamed or embarrassed लज्जा से मुंह न दिखा सकना।

CUṀBAK चुंबक (S. सं.) m. पु. a magnet लोहे को अपनी ओर खींचने वाला पदार्थ।

CUṀBAN चुंबन (S. सं.) m. पु. a kiss बोसा, चूमने की क्रिया ~ करना, लेना, to kiss होठों से होठों, गालों या अन्य अंग का स्पर्श करना।

CŪNA चूना v.i. अ.क्रि. to drip, leak, ooze टपकना, रिसना, m. पु. lime पत्थर, कंकड़, सीप आदि को फूंकने से प्राप्त होने वाला क्षार, ~ लगाना, to deceive, befood मूर्ख बनाना।

CUNĂNĀ चुनना v.t. स.क्रि. to choose, select दो या अधिक में से एक को पसंद करना।

CUNRAĪ चुनरी f. स्त्री. a women's garment दुपट्टा, चुन्नी।

CUNAUTĪ चुनौती f. स्त्री. a challenge ललकार।

CUNĀV चुनाव m. पु. election, selection चुनने की क्रिया या भाव, इन्तख़ाब।

CUṄGĪ चुंगी f. स्त्री. toll tax महसूल (नगरपालिका, म्युनिसिपैलिटीका)।

CUP चुप f. स्त्री. silence, quiet, 2. silent मौन, जो बोलता न हो।

CUPPĪ चुप्पी f. स्त्री. silence मौन, ख़ामोशी।

CURĀNĀ चुराना v.t. स.क्रि. to steal चोरी करना, दूसरे की चीज़ बिना उससे पूछे ले लेना, to hide छिपाना, 2. to captivate (as the heart) (दिल) लेना।

CUST चुस्त (P. फ़ा.) adj. वि. alert, active फुर्तीला, तेज़।

CUSTĪ चुस्ती (P. फ़ा.) f. स्त्री. alertness फुर्ती।

CUTAṚ चूतड़ m. पु. the buttocks नितंब।

CUṬKALĀ चुटकला m. पु. joke लतीफा, मनोरंजक, उक्ति, ~ छोड़ना, to joke मनोरंजक बात कहना।

CUṬĪLĀ चुटीला adj. वि. wounding चोट करने वाला।

CUṬKĪ चुटकी f. स्त्री. pinch किसी चीज़ को पकड़ने, उठाने आदि के लिए अंगूठे और तर्जनी या बीच की उंगली को परस्पर सटाना, the snap of the fingers उंगलियां बजाना, ~ बजाते, at the snap of fingers, immediately ~ में उड़ाना, to treat as playbul खेल समझना, ~ लेना, to make fun हंसी उड़ाना।

◆◆◆

D

DĀB दाब f. स्त्री. pressure, weight दबाव, वज़न, 2. power, authority प्रभुत्व, शक्ति, रोब, 3. control नियंत्रण।

DABĀNĀ दबाना v.t. स.क्रि. to press down, to press दबाव के नीचे लेना, 2. to squeeze, 3. to crush दमन करना, 4. to supress दबाव के नीचे लेना।

ḌABḌABĀNĀ डबडबाना v.i. अ.क्रि. to overflow with tears (the eyes) अश्रुयुक्त होना।

DABNĀ दबना v.i. अ.क्रि. to be pressed down, to be squeezed, to be crushed दाब के नीचे पड़ना, फीका पड़ना, ठंडा पड़ना।

DABOCNĀ दबोचना v.t. स.क्रि. to seize, to clutch, to spring on, to press tight धर दबाना।

DĀD दाद (P. फ़.) f. स्त्री. due praise प्रशंसा, ~ देना, to appreciate प्रशंसा करना, 2. justice न्याय, इन्साफ़, 3. ringworm खुजली।

DAFĀ दफ़ा (A. अ.) f. स्त्री. time, occasion बार, 2. clause (of law), section (of a document) कानून का एक नियम, दस्तावेज़ की धारा।

DAFĀ दफ़ा (A. अ.) m. पु. warding off भगाना, ~करना, to repel, to ward off दूर करना।

DAFAN दफ़न (A. अ.) m. पु. buried गाड़ा हुआ (मुर्दे को) मिट्टी में दबाया हुआ, मुर्दे को ज़मीन में गाड़ना।

DAFNĀNĀ दफ़नाना v.t. स.क्रि. to bury मुर्दे को ज़मीन में गाड़ना।

DAFTAR दफ़्तर (A. अ.) m. पु. an office कार्यालय, place of business काम-काज की जगह, 2. volume (of documents) हिसाब-किताब के काग़ज़।

DAG डग m. पु. a step क़दम, ~ भरना, to step क़दम बढ़ाना।

DĀG̣ दाग़ (P. फ़ा.) m. पु. blemish, spot, mark, stain धब्बा, कलंक, ~दार, adj. वि. scarred, blemished, disgraced कलंकित।

DAG̣Ā दग़ा (P. फ़ा.) f. स्त्री. deceit fraud, treachery धोखा, फरेब, छल, ~देना, to decieve धोखा देना, ~बाज़, traitor a cheat धोखा देने वाला।

DAGNĀ दगना v.i. अ.क्रि. to be branded, to be marked दाग लगना, निशान लगना, 2. to be fired (firearm) (बंदूक, तोप आदि का) छूटना।

DĀGNA दागना v.t. स.क्रि. to fire (a firearm) (बंदूक आदि) चलाना, 2. to brand जलाकर निशान छोड़ना।

DĀH दाह f. स्त्री. burning 2. fire, conflagration जलाना, 3. cremation अग्निसंस्कार, (शव का), 4. fever बुखार, 5. pangs संताप, जलन (ईर्ष्या आदि की) ~ कर्म, m. पु. act of cremation शव को आग देना, ~संस्कार, दाह कर्म।

DĀH डाह f. स्त्री. jealousy, envy ईर्ष्या, 2. heart-burning हृदय की जलन।

DAHĀNĀ दहाना m. पु. mouth (of a river, drain etc.) नदी के दूसरी नदी या

समुद्र में गिरने की जगह, opening (of a valley) v.t स.क्रि. to burn, to set fire to जलाना।

DAHNĀ दहना v.i.अ.क्रि. to burn जलना।

DAHĀṚ दहाड़ f. स्त्री. roaring (as of tiger) घोर गर्जन (बाघ या शेर का)।

DAHEZ दहेज़ (P. फ़ा.) m. स्त्री. dowry दायजा, दाय, विवाह पर कन्या पक्ष की ओर से वर को दिया जाने वाला धन, सामान आदि।

DĀHINĀ दाहिना adj. वि. right (hand) दायां (हाथ), (f. स्त्री. दाहिनी)।

DAHKĀNĀ दहकाना v.t. स.क्रि. to kindle, to light बालना, जलाना, प्रज्वलित करना।

DAHKNĀ दहकना v.i. अ.क्रि. to burn लपट फेंकते हुए जलना।

DAHLĪZ दहलीज़ (P. फ़ा.) f. स्त्री. threshold, porch, way, vestibule देहरी।

DAHLNĀ दहलना v.i. अ.क्रि. to shake to tramble डर के मारे कांपना, 2. to be alarmed शंकित होना।

DAHŚAT दहशत (A. अ.) f. स्त्री. fear, terror भय, डर, आतंक।

DAIHIK दैहिक (S. सं.) adj. वि. physical, belonging to the body शारीरिक, देह संबंधी।

DAINDINĪ दैनंदिनी (S. सं.) f. स्त्री. a diary डायरी, रोज़नामचा।

DAINIK दैनिक (S. सं.) adj. वि. daily, diurnal प्रतिदिन का, हर रोज़ निकलने वाला (अख़बार)।

DAINIKĪ दैनिकी (S. सं.) f. स्त्री. a diary, 2. a day's wages, 3. daily report हर रोज की घटनाओं की रिपोर्ट।

DAIVĀT दैवात (S. सं.) adv. अ. bychance, providentially संयोग से, दैव योग से।

ḌĀK डाक f. स्त्री. the postal service पत्रादि भेजने की सेवा, 2. post mail डाक द्वारा भेजी जाने वाली वस्तु, ~ घर, ~ ख़ाना, m. पु. postoffice.

ḌAKAIṬ डकैत m. पु. a robber डाकू, लुटेरा।

ḌAKAITĪ डकैती f. स्त्री. robbery, banditry, decoity लूट, डाकाज़नी।

ḌAKĀRNĀ डकारना v.i. अ.क्रि. to belch डकार लेना, 2. to embezzle किसी का माल पचा जाना।

ḌĀKBANGLĀ डाकबंगला m. पु. inspection bungalow, circuit house सरकारी मकान जो आगुंतकों के ठहरने के लिए होता है।

DAKHAL दख़ल (A. अ.) m. पु. possession, occupancy अख़्तियार, अधिकार, 2. reach पहुंच, प्रवेश।

DAKHIL दाख़िल (A. अ.) adj. वि. entered अंदर घुसा हुआ, 2. admitted शामिल, ~ KHARIJ KARNA v.t स.क्रि. to mutate किसी सरकारी काग़ज पर से एक व्यक्ति का नाम हटा कर दूसरे का चढ़ाना।

ḌĀKIĀ डाकिया m. पु. a postman डाक ढोने वाला।

ḌĀKIYĀDEŚ डाकीयादेश m. पु. postal order पोस्टल ऑर्डर।

ḌĀKKHĀNĀ डाकख़ाना m. पु. postoffice डाकघर, पोस्ट ऑफिस।

DAKṢ दक्ष (S. सं.) adj. वि. skilled dextrous, competent कुशल, सिद्धहस्त, निपुण।

DAKṢIN दक्षिण (S. सं.) adj. वि. right (hand or side) दक्खिन, south, southern दक्खिनी, the right hand दाहिना, (हाथ), adj. वि. to the south दक्खिन की ओर।

DAKṢIṆĀ दक्षिणा (S. सं.) f. स्त्री. gratiuity, a fee paid to a brahmin for performing puja or any religious service पुरोहितों को दिया जाने वाला धन, m. पु. southern mountain.

DAKṢINPANTHĪ दक्षिणपंथी (S. सं.) adj. वि. rightist (opposite of leftist) अप्रगतिशील विचारधारा का अनुयायी।

ḌĀKṬĀR डाक्टर m. पु. doctor चिकित्सक, 2. doctor (of philosophy) डाक्टर (पी.एच.डी आदि), पंडित।

ḌĀKṬARĪ डाक्टरी m. पु. therapy science of medicine चिकित्सा, चिकित्साशास्त्र, 2. practice of medicine चिकित्सक की प्रैक्टिस, adj. वि. doctor's चिकित्सक का।

ḌAKŪ डाकू m. पु. a robber a decoit लुटेरा, डाका डालने वाला।

DAL दल m. पु. group, band, party, (political) गिरोह (राजनैतिक), 2. petal फूल की पंखड़ी।

ḌĀL डाल f. स्त्री. branch शाखा।

DĀL दाल f. स्त्री. pulse, lentils दली हुई अरहर, मूंग आदि, pulse ready for eating अरहर, मूंग आदि की पकाई हुई वस्तु, ~ गलना, to achieve one's purpose, dal to soften after boiling दाल उबलकर पक जाना, ~ में काला, Suspicious सन्देह होना, ~ रोटी, f. स्त्री, livelihood रोज़ी-रोटी, pulse and bread दाल और रोटी।

DALĀL दलाल m. पु. a broker बिचवई कुटना।

DALĀLĪ दलाली f. स्त्री. brokerage, commission दलाल का काम, दलाल का कमीशन, 2. business of a broker दलाल का काम।

ḌALAR डालर (S. सं.) m. पु. dollar अमेरिकन सिक्का।

DALDAL दलदल (P. फ़ा.) m. पु. marsh, swamp कीचड़, ~ में फ़सना, to be in a difficult situation मुसीबत में फंसना।

DALĪL दलील (A. अ.) f. स्त्री. argument तर्क, बहस, युक्ति।

DALIT दलित (S. सं.) adj. वि. oppressed दबाया हुआ, ~ वर्ग, m. पु. oppressed class दबाई हुई जाति, हिन्दुओं में अधिकांशत: शूद्र।

DAM दम (P. फ़ा.) m. पु. breath, life spirit सांस, प्राण, ~ अटकना, suffer from breathlessness श्वास अवरुद्ध होना, ~ खींचना, to remain silent to draw in breath चुप्पी साधना, ~ घुटना, to be suffocated or choked सांस रुक जाना, ~ तोड़ना, to die मर जाना, ~ टूटना, to die to be out of breath मरना, सांस रुकना, ~ में दम रहना या होना, to be alive जान रहना, 2. moment क्षण, 3. puff (as at a hookah) हुके आदि का कश।

DĀM दाम m. पु. price, cost, money क़ीमत, रुपया, पैसा।

DĀMĀD दामाद (P. फ़ा.) m. पु. son-in-law जामाता, पुत्री का पति।

DAMAK दमक f. स्त्री. glitter, glow brilliance चमक, दीप्ति।

DAMAKNĀ दमकना v.i. अ.क्रि. to shine to glitter, to glow चमकन।

DAMAN दमन (S. सं.) m. पु. repression, suppression, oppression बलपूर्वक शान्त करने (दबा देने) का काम।

DĀMAN दामन (P. फ़ा.) m. पु. skirt (of a garment) पल्ला, ~ छुड़ाना, to get rid of to free one self (from) अपने को बचा लेना, अपने को मुक्त

करना।

DAṀBH दंभ (S. सं.) m. पु. pride अभिमान, 2. hypocrisy पाखंड।

DAṀBHĪ दंभी (S. सं.) adj. वि. proud अभिमानी, 2. hypocrite पाखंडी, 2. arrogant उद्धत, अक्खड़, m. पु. hypocrite पाखंडी आदि।

DAṀPATI दम्पति (S. सं.) m. पु. married couple, husband & wife स्त्री-पुरुष, पति-पत्नी।

DĀMPATYǍ दाम्पत्य (S. सं.) m. पु. relating to a married couple or husband and wife पति-पत्नी का संबंध, m. पु. husband and wife's mutual relationship दम्पति होने की अवस्था, दम्पति संबंधी।

DAMṚĪ दमड़ी f. स्त्री. one eighth of a paisa पैसे का आठवां भाग।

DĀN दान (S. सं.) m. पु. donation देने की क्रिया, दयावश देने की क्रिया, देना (जैसे विवाह पर पिता के द्वारा कन्या को वर को सपुर्द करना, कन्या-दान)।

DANĀ दाना (P. फ़ा.) m. पु. a grain अनाज का एक कण, 2. wise learned बुद्धिमान, m. पु. a wise man बुद्धिमान व्यक्ति, ~ पानी, m. पु. livelihood जीविका, दाने-दाने को मुहताज़, to be penniless अतिनिर्धन, ~ पानी उठना, being out of work जीविका न रहना।

DĀNAV दानव (S. सं.) m. पु. a demon राक्षस, a feindish राक्षसी।

DAṆḌ दंड (S. सं.) m. पु. stick, staff, rod डंडा, 2. punishment, penalty, fine सज़ा, जुर्माना, ~ न्यायालय, m. पु. criminal, court फौज़दारी, अदालत।

DAṆḌATMAK दंडात्मक (S. सं.) adj. वि. punitive, penal दंड देने की गरज से लगाया गया।

DAṆḌĀDES दंडादेश (S. सं.) m. पु. sentence (law) सज़ा का आदेश (क़ानून)।

DAṆḌĀDEŚIT दंडादेशित (S. सं.) adj. वि. sentenced सज़ा पाया हुआ।

DAṆḌĀDHIKĀRĪ दंडाधिकारी m. पु. magistrate मजिस्ट्रेट।

DAṆḌIT दंडित (S. सं.) adj. वि. punished सज़ा पाया हुआ, सज़ायात्फा।

DAṆḌKAR दंडकर (S. सं.) m. पु. punitive tax दंडात्मक कर।

DAṆḌVAT दंडवत् (S. सं.) m. पु. sticklike (posture) to prostrate one self साष्टांग प्रणाम।

DAṆḌVIDHĀN दंडविधान (S. सं.) m. पु. jurisprudence दंड की व्यवस्था, न्यायशास्त्र, जुर्म और सज़ा का क़ानून।

DAṄG दंग (P. फ़ा.) adj. वि. taken aback, dumbfounded चकित, हक्का-बक्का।

DAṄGĀ दंगा m. पु. riot फ़साद, झगड़ा।

DAṄGAL दंगल m. पु. contest (as wrestling) कुश्ती आदि की प्रतियोगिता।

DAṆK डंक m. पु. sting दंश।

DAṆKĀ डंका m. पु. a drum नगाड़ा, धौंसा।

DĀNPATR दानपत्र (S. सं.) m. पु. a will a deed of gift वह लेख या पत्र जिसमें किसी चीज़ के दान रूप में दिए जाने का उल्लेख हो, वसीयत।

DĀṆḌ डांड m. पु. an oar नाव खेने का बांस, 2. a staff, pole, bar डंडा।

DAṄT दांत m. पु. tooth दंत, ~ काटी, रोटी, deep friendship गहरी दोस्ती, ~ खट्टे करना, to set the teeth on edge, to give a set-back परास्त करना।

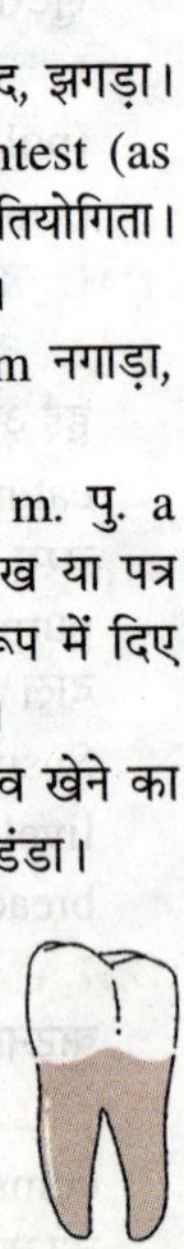

DAṆṬ डांट f. स्त्री. a threat झिड़क,

फटकार।

ḌĀNṬNĀ डांटना v.t. स.क्रि. restrain to scold झिड़कना, फटकारना।

ḌĀNVAḌOL डांवाडोल m. पु. tremor कंपन, adj. वि. unsteady, shaken चंचल, हिलता हुआ।

DĀNVĪR दानवीर (S. सं.) m. पु. a very munificent person अत्यंत दानी व्यक्ति।

DAPAṬNĀ डपटना v.t. स.क्रि. rebuke झिड़कना।

ḌAPHLĪ डफली f. स्त्री. a tamborine एक हाथ से बजाने वाला बाजा, खजड़ी।

DAQIĀNUS दक़ियानूस (P. फ़ा.) m. पु. a conservative or old fashioned person पुराणपंथी, पुराने ख़यालों का समर्थक।

DAQIĀNŪSĪ दक़ियानूसी adj. वि. old-fashioned, conservative पुराणपंथी, पुराना, पुराने ख़यालों का समर्थक।

DAR दर (P. फ़ा.) m. पु. entrance door दरवाज़ा, दहलीज़, 2. rate भाव।

DAR डर m. पु. Fear, awe भय, apprehension अंदेशा।

DAR-DAR दर-दर adv. अ. door to door दरवाज़े-दरवाज़े।

DĀRĀ दारा (S. सं.) f. स्त्री. wife पत्नी, (P. फ़ा.) m. पु. master मालिक, शाह।

DARAKHT दरख़्त (P. फ़ा.) m. पु. a tree पेड़, वृक्ष।

ḌARĀNĀ डराना v.t. स.क्रि. to threaten to frighten भयभीत करना, भय दिखाना।

DARĀR दरार f. स्त्री. a crack रेखा की तरह का लंबा छेद, 2. gap, opening.

DARASAL दरअसल adv. अ. on one side, aside, in reality असल में, वास्तव में।

ḌARĀVNĀ डरावना adj. वि. fearsome formidable भयानक, भयोत्पादक।

DARĀZ दराज़ (P. फ़ा.) adj. वि. long, extended लंबा, दीर्घ, विशाल, f. स्त्री. a drawer (in a table) मेज़ में लगा सामान रखने का खाना।

DARBĀN दरबान m. पु. doorman चौकीदार।

DARBĀR दरबार m. पु. a royal court, hall of audience राजसभा।

DARD दर्द (P. फ़ा.) m. पु. pain, compassion पीड़ा, रहम, सहानुभूति, ~ नाक़, adj. वि. tragic painful दर्द से भरा हुआ।

DARIDR दरिद्र (S. सं.) adj. वि. poor, needy निर्धन, ग़रीब, m. पु. a poor person ग़रीब आदमी।

DARIDRTĀ दरिद्रता (S. सं.) f. स्त्री. poverty ग़रीबी।

DĀRIDRYĂ दारिद्रय (S. सं.) f. स्त्री. poverty ग़रीबी।

DARIYĀ दरिया (P. फ़ा.) m. पु. a river नदी, 2. the sea समुद्र, ~ को कूज़ेमें बंद करना, to enclose the sea in a jar to achieve the impossible थोड़े में बहुत कहना, असंभव काम कर दिखाना, ~ दिल, adj वि. generous उदारचित्त।

DARJĀ दर्जा (A. अ.) m. पु. degree वर्ग, 2. class कक्षा।

DARKHVĀST दरख़ास्त (P. फ़ा.) f. स्त्री. application प्रार्थना पत्र, 2. request प्रार्थना, अनुरोध।

DĀROGA दारोग़ा (P. फ़ा.) adj. वि. police inspector थानेदार, हिफ़ाज़त करने वाला।

DARP दर्प (S. सं.) m. पु. pride, arrogance गर्व, धमंड, अहंकार।

DARPAṆ दर्पण (S. सं.) m. पु. mirror, looking-glass आईना, शीशा।

ḌARPOK डरपोक m. पु. a timid person coward कायर, a timid कायर।

DARŚAN दर्शन (S. सं.) m. पु. seeing दीदार, साक्षात्कार, 2. philosophy तत्त्वज्ञान कराने वाला ज्ञान, ~ शास्त्र, philosophy.

DĀRŚNIK दार्शनिक (S. सं.) adj. वि. philosophical दर्शनशास्त्र संबंधी, m. पु. a philosopher दर्शनशास्त्र का जानकार।

DARŚNIYĂ दर्शनीय (S. सं.) adj. वि. worth seeing देखने योग्य, दर्शन करने योग्य।

DĀRUṆ दारुण (S. सं.) adj. वि. terrible भयानक, कठोर, m. पु. भयानक रस।

DARVĀZĀ दरवाज़ा (P. फ़ा.) m. पु. a door, doorway, entrance द्वार, कपाट, किवाड़।

DARVEŚ दरवेश (P. फ़ा.) m. पु. a muslim medicant फ़क़ीर, (मुस्लिम), 2. beggar भिखारी।

DARZĪ दर्ज़ी (P. फ़ा.) m. पु. a tailor कपड़े सीनेवाला, ~ गिरी, f. स्त्री. tailoring दर्ज़ी का काम।

DAS दस adj. वि. ten नौ से एक अधिक और ग्यारह से एक कम, दस की संख्या (10)।

DĀS दास (S. सं.) m. पु. slave ग़ुलाम।

DAŚĀ दशा (S. सं.) f. स्त्री. condition state, situation अवस्था, स्थिति, 2. ग्रह विशेष का भोग्यकाल।

DAŚĀBD दशाब्द (S. सं.) m. पु. decade दशक, दस वर्षों का समय।

DAŚĀNAN दशानन (S. सं.) m. पु. tenfaced parson, a person with ten faces, name of Ravana जिसके दस मुंह हैं, रावण।

DAŚĀVTĀR दशावतार (S. सं.) m. पु. ten incarnations of Vishnu विष्णु के दस अवतार।

DAŚHARĀ दशहरा m. पु. the festival celebrating the victory of Rama over Ravana held on the tenth of the light half of the month of Ashvin विजयादशमी।

DĀSĪ दासी (S. सं.) f. स्त्री. maid servant नौकरानी, सेविका।

ḌASNĀ डसना v.t. स.क्रि. to bite, to sting (as a snake, scorpion etc.) ज़हरीले जन्तुओं, कीड़ों आदि का काटना।

DĀSĀNUDĀS दासानुदास (S. सं.) m. पु. servant of servants विनम्र सेवक, ग़ुलामों का ग़ुलाम।

DAST दस्त (P. फ़ा.) m. पु. hand हाथ, 2. diarrhoea पारवाना।

DĀSTĀ दासता (S. सं.) f. स्त्री. slavery ग़ुलामी।

DASTAK दस्तक (P. फ़ा.) f. स्त्री. knock (at a door) दरवाज़ा खटखाना।

DASTKHAT दस्तख़त (P. फ़ा.) f. स्त्री. signature हस्ताक्षर, ~ करना, to sign हस्ताक्षर करना।

DĀSTĀN दास्तान (P. फ़ा.) f. स्त्री. story tale वृत्तांत, कहानी, विवरण।

DASTĀVEZ दस्तावेज़ (P. फ़ा.) m. पु. document तमस्सुक।

DASTĪ दस्ती (P. फ़ा.) adj. वि. mamal हाथ का, 2. conveyed in the hand हाथ से भेजा गया, 3. a small handle मूठ।

DASTKĀR दस्तकार (P. फ़ा.) m. पु. artisan कारीगर।

DASTKĀRĪ दस्तकारी (P. फ़ा.) f. स्त्री. handicraft हस्तशिल्प, दस्तकार का काम।

DASTŪR दस्तूर (P. फ़ा.) m. पु. custom, usage, practice, normal procedure रीति, चाल, नेग।

DASU दस्यु (S. सं.) m. पु. bandit डाकू, लुटेरा, 2. barbarian असभ्य, जंगली।

DĀTĀ दाता (S. सं.) m. पु. generous उदार, m. पु. a donor देनेवाला, दानी।

ḌAṬNĀ डटना v.i. अ.क्रि. become firm to stay in place अड़ना।

DATTAK दत्तक (S. सं.) m. पु. an adopted son गोद लिया हुआ (पुत्र, पुत्री)।

DĀTVYĂ दातव्य (S. सं.) adj. वि. to be given or bestowed देने योग्य, 2. charitable निःशुल्क, मुफ़्त।

DAULAT दौलत (P. फ़ा.) m. पु. wealth धन, संपत्ति, ~ ख़ाना, m. पु. prosperous house घर (आदर में कहा गया)।

DAUR दौर m. पु. passing round (as of wine) शाराब के प्याले का बारी-बारी पहुँचाया जाना, 2. turn round, circuit फेरा, समय का फेर, 3. time युग।

DAUṚ दौड़ f. स्त्री. running a run दौड़ने की क्रिया या भाव।

DAUṚĀNĀ दौड़ाना v.t. स.क्रि. to cause to run दौड़ने के काम में किसी को लगाना।

DAURDHŪP दौड़ धूप f. स्त्री. bustle effort ज़ोरदार कोशिश।

DAUṚNĀ दौड़ना v.i. अ.क्रि. to run, to hasten भागना, अति वेग से चलना।

DAVĀ दवा (P. फ़ा.) f. स्त्री. medicine औषध, ~ ख़ाना, m. पु. pharmacy औषधालय।

DAVĀMĪ दवामी (A. अ.) adj. वि. permanent स्थायी, ~ बन्दोबस्त, m. पु. permanent selftement स्थायी, प्रबंध।

DĀVAT दावत (A. अ.) f. स्त्री. invitation भोज का निमंत्रण, 2. party feast पार्टी, भोज।

DAVĀT दवात f. स्त्री. ink-pot मसिपात्र, स्याही रखने का बर्तन।

DAVṄ दावं f. स्त्री. throw (in a game) खेलने की बारी, 2. opportunity मौक़ा, अवसर।

DAYĀ दया (S. सं.) f. स्त्री. pity, compassion, mercy, kindness करुणा, अनुकंपा।

DĀYĂ दया (S. सं.) m. पु. to be given gift, donation देने योग्य धन, उपहार, दान, पेतृक संपत्ति, ~ भाग, m. पु. share of inheritance उत्तराधिकार (पैतृक संपत्ति में)।

DĀYĀDHIKARĪ दायधिकारी (S. सं.) m. पु. hair उत्तराधिकारी।

DAYADṚṢṬĪ दयादृष्टि (S. सं.) f. स्त्री. compassionate eyes दया से भरी नज़र।

DĀYKAR दायकर (S. सं.) m. पु. death duty मृत्युकर, उत्तराधिकार मे प्राप्त धन पर लगाया जाने वाला कर।

DAYĀLU दयालु (S. सं.) adj. वि. kind kindhearted कृपायुक्त, दयामुक्त।

ḌĀYAN डायन f. स्त्री. witch, hag चुड़ैल।

DAYĀVĀN दयावान (S. सं.) adj. वि. kind-hearted कृपावान, कृपालु, दयालु।

DĀYITVĂ दायित्व (S. सं.) m. पु. responsibility, liability जिम्मेदारी।

DĀYRĀ दायरा (A. अ.) m. पु. circle, ring, sphere (of influence) गोल घेरा, अधिकार क्षेत्र।

ḌAYRĪ डायरी (A. अ.) f. स्त्री. diary दैनन्दिनी, रोज़नामचा।

DEH देह (S. सं.) f. स्त्री. body शरीर, ~ छोड़ना to die मर जाना, ~ छूटना, to die मरना, मृत्यु होना।

DEHATĀ देहात m. पु. a village

country गांव।

DEHĀTĪ देहाती adj. वि. rustic, rural गांव का, ग्रामीण, गांव संबंधी, m. पु. a villager ग्रामीण।

DEKHA-DEKHĪ देखा-देखी f. स्त्री. to look at each other एक दूसरे को देखना, 2. imitation नक़ल, confrontation सामना, adv. अ. in mitation एक दूसरे को देखकर, अनुकरण के रूप में।

DEKHBHĀL देखभाल f. स्त्री. supervision, care (of a child or patient) निगरानी, संरक्षण, बच्चे या बीमार का ख़याल रखना।

DEKHREKH देखरेख f. स्त्री. supervision, care (of a child or patient) निगरानी, संरक्षण, बच्चे या बीमार का ख़याल रखना।

DEKHNĀ देखना v.t. स.क्रि. to see, to watch, to look at, to glance आंखों के द्वारा किसी का ज्ञान प्राप्त करना।

DEN देन f. स्त्री. giving, 2. a gift देना, उपहार, 3. a loan ऋण, 4. liability देनदारी।

DENĀ देना v.t. स.क्रि. to give, to grant, to bestow सौंपना, प्रदान करना।

DEṠ देश (S. सं.) m. पु. country, 2. nation, 3. native land मुल्क, स्थान, जन्मभूमि।

DEṠĀṬAN देशाटन (S. सं.) m. पु. travelling, touring देश भ्रमण।

DEṠBHAKT देशभक्त (S. सं.) adj. वि. patriot देशानुरागी, m. पु. a patriot वह आदमी जिसको अपने देश से प्रेम हो।

DEṠBHAKTI देशभक्ति (S. सं.) f. स्त्री. patriotism देश प्रेम।

DEṠNIKĀLĀ देशनिकाला m. स्त्री. exile निर्वासन का दंड।

DEV देव (S. सं.) m. पु. a god देवता।

DEVĀLAY देवालय (S. सं.) m. पु. a temple मंदिर।

DEVĪ देवी (S. सं.) f. स्त्री. goddess देवता की पत्नी, 2. a lady सदाचार आदि से युक्त स्त्री।

DEVTĀ देवता (S. सं.) m. पु. a god स्वर्ग का अमर प्राणी, 2. पूज्य।

DEYĀDEYĂ PHALAK देयादेय फलक (S. सं.) m. पु. balance sheet तलपट।

DHADHAKNĀ धधकना v.i. अ.क्रि. to flare, to blaze धांय-धांय जलना।

DHAHĀNĀ ढहाना v.t. स.क्रि. to demolish गिराना, ध्वस्त करना।

DHAIRYĂ धैर्य (S. सं.) m. पु. patience चित्त की दृढ़ता, स्थिरता।

DHAJ धज f. स्त्री. splendid attire, 2. imposing style बनाव-सिंगार।

DHAJJĪ धज्जी f. स्त्री. strip, shred (of cloth, paper etc.) लंबा, पतला टुकड़ा (कपड़े या कागज़ आदि का) ~ उड़ाना, to punish severely, to show to be worthless खंडन करना, निकृष्ट साबित करना।

DHAJJIYAN URNA धज्जियां उड़ना-टुकड़े-टुकड़े हो जाना।

DHAKDHAKĀNĀ धकधकाना v.i. अ.क्रि. to palpitate, beating of heart दिल, कलेजे का तेज़ी से धड़कना।

DHAKDHAKĪ धकधकी f. स्त्री. beating of heart धड़कना, खटका।

DHAKKA धक्का m. पु. shove, jolt टक्कर, घाटा, ~ खाना, to suffer loss or misfortune धक्का सहना, अपमानित होना, भटकते रहना।

DHAKNĀ ढकना v.t. स.क्रि. m. पु. a cover, lid ढक्कन, to cover छिपाना।

DHALAĪ ढलाई f. स्त्री. casting, pouring out, cost of or wages for casting ढालने का काम, ढलाई की

मज़दूरी।

DHALNĀ ढलना v.i. अ.क्रि. to run down ढरकना, to flow, 2. to be poured out to cast, 3. to tilt, to incline ढलाई का काम हो जाना, बीतना।

DHĀLNĀ ढालना v.t. स.क्रि. to pour, to spill, 2. to cast (metal), 3. to fashion, to form ढलाई का काम करना।

DHĀM धाम (S. सं.) m. पु. dwelling, abode, place of pilgrimage घर, 2. अधिष्ठान, 3. देव-स्थान।

DHAMĀCHAUKRĪ धमाचौकड़ी f. स्त्री. row, brawl, turmoil उछल-कूद।

DHAMĀKĀ धमाका m. पु. a loud noise, crash, 2. a hard blow भारी वस्तु गिरने का गंभीर शब्द।

DHAMKĀNĀ धमकाना v.t. स.क्रि. to threaten, to terrorise धमकी देना, डराना।

DHAMKI धमकी f. स्त्री. rebuke threatening, 2. rebuke घुड़की, धमकाने की क्रिया।

DHĀN धान m. पु. paddy, 2. unhusked rice शाल, तृण जाति का एक पौधा जिसके बीज़ को चावल कहा जाता है।

DHAN धन (S. सं.) m. पु. property, 2. wealth, money 3. an amount to be added to as to give a total, 4. funds संपत्ति, पूंजी, 2. जोड़ का चिन्ह (+)।

DHANĀDEṠ धनादेश (S. सं.) m. स्त्री. cheque चेक।

DHANĀDHYA धनाढ्य (S. सं.) adj. वि. wealthy, rich, धनवान, अमीर, दौलतमंद।

DHĀNCĀ ढांचा m. पु. framework, structure, 2. skeleton, 3. platform बनावट, तरह, तरीका।

DHANDHĀ धंधा m. पु. occupation, trade, work काम-काज, व्यवसाय, पेशा, रोज़गार।

DHANDHĀNYĂ धनधान्य (S. सं.) m. पु. money and food रुपया-पैसा।

DHĀNDHLĪ धान्धली f. स्त्री. trickery, guile मनमाना व्यवहार।

DHAṄDHORĀ ढंढोरा m. पु. drum, 2. proclaimation by beat of drum, to announce publicly डुंग्गी, मुनादी, पीटना, घोषित करना।

DHAṄDHORCĪ ढ़ढोरची m. पु. a public crier मुनादी करने वाला।

DHAṄG ढंग m. पु. style, manner, characteristic way शैली, रीति, तरीक़ा।

DHANHĪN धनहीन (S. सं.) adj. वि. poor ग़रीब, विपन्न, दरिद्र, निर्धन।

DHANĪ धनी adj. वि. rich, wealthy m. a rich man अमीर, दौलतमन्द, सिद्धहस्त, पु. अमीर आदमी।

DHANPAKṢ धनपक्ष (S. सं.) m. पु. credit side (of a ledger) रोकड़ बही आदि के पृष्ठ का जमा वाला भाग।

DHAṄSNĀ धंसना v.i. अ.क्रि. to sink, to pierce, to penetrate गड़ना, नीचे खिसकना, चुभना।

DHANUṢ धनुष (S. सं.) m. पु. a bow कमान तीर चलाने का एक प्रसिद्ध यंत्र।

DHANVIDHEYAK धन विधेयक (S. सं.) m. पु. money bill वित्त विधेयक।

DHANYĂ धन्य adj. वि. auspicious blessed, 2. praiseworthy, virtuous कृतार्थ, प्रशंसनीय अ. साधुवाद द्योतक शब्द।

DHĀNYĂ धान्य (S. सं.) m. पु. rice, 2. grain, corn अनाज, गल्ला, 2. धान।

DHANYAVĀD धन्यवाद (S. सं.) m. पु. giving thanks, 2. thank you, thanks धन्य-धन्य कहना, शुक्रिया।

DHAṚ धड़ m. पु. the body, trunk, main part (of an object), 2. trunk of a tree कमर से गले तक का भुजारहित भाग, 2. वृक्ष का सब से बड़ा भाग तना, 2. पशु-पक्षियों में सिर और दुम को छोड़ बीच का भाग।

DHĀṚ धाड़ f. स्त्री. assault विलाप, ~ मारना, चिल्ला-चिल्ला कर रोना।

DHĀR धार f. स्त्री. current, flow, stream: channel (of a river), 2. heavy shower, 3. edge of a blade पु. जोर की वर्षा, वह तेज़ किनारा जिससे कुछ काटते हैं।

DHARĀ धरा (S. सं.) f. स्त्री. earth पृथ्वी, धरती।

DHĀRA धारा (S. सं.) f. स्त्री. current, 2. section (in law) प्रवाह, धार, 2. सिलसिला, 3. दफ़ा, सेक्शन (कानून का)।

DHĀRAN धारण (S. सं.) m. पु. preserving, holding, maintaining, 2. wearing, 3. taking, 4. acquiring थामना, लेना, पहनना।

DHĀRĀPRAVĀH धाराप्रवाह (S. सं.) adj. वि. freely, unbroken stream अविराम गति से चलने वाला (भाषण इत्यादि)।

DHĀRASABHĀ धारासभा (S. सं.) f. स्त्री. legislative council व्यवस्थापिका सभा।

DHARĀTAL धरातल (S. सं.) f. स्त्री. surface of the earth धरती की सतह।

DHĀRĀVĀHĪ धारावाही (S. सं.) adj. वि. continuous लगातार होने या जारी रहने वाला।

DHĀRĀVAHIK धारावाहिक (S. सं.) adj. वि. serial, serialised (programme or poublication) देखो धारावाही।

DHAṚKĀ धड़का m. पु. state of suspense, alarm हृदय की धड़कन, आशंका।

DHARM धर्म (S. सं.) m. पु. what is to be held or preserved, the complex of religious and social obligations which a devout Hindu is required to fulfil, right action, duty, morality, 2. virtue, morality, 3. justice, 4. customary observances of community or sect, 5. moral law, 6. religion ईश्वर श्रद्धा, पूजा-पाठ आदि, 2. मज़हब, 3. नैतिक और व्यावहारिक कर्तव्य, 4. पदार्थ का मूलभूत गुण, वि. संबंध सूचक शब्दों के आगे लगने वाला शब्द (जैसे धर्मपत्नी आदि) ~ पत्नी, f. wife. ~ पिता, m. godfather ~ निरपेक्ष, adj. वि. secular ~ निष्ठ, devout religious ~ तंत्र, m. पु. theocracy ~ ग्रंथ, m. पु. scripture ~ परायण, adj. वि. religious ~ स्व, m. पु. endowments.

DHARMĀCĀRĪ धर्माचारी (S. सं.) adj. वि. religious, a religious person धर्म का आचरण करने वाला।

DHARMBHĪRU धर्मभीरु (S. सं.) adj. वि. one afraid of religions जो धर्म से डरता हो।

DHĀRMIK धार्मिक (S. सं.) adj. वि. religious धर्म-संबंधी, धर्मशील।

DHARMOPDEŚ धर्मोपदेश (S. सं.) m. पु. religious discourse धर्म की शिक्षा।

DHARNĀ धरना v.t. स.क्रि. sitting constantly at the door of a person whose attention one is demanding पकड़ना, 2. रखना, पु. मांग पूरी न होने तक किसी के यहां अड़ कर बैठना।

DHĀRṆĀ धारणा (S. सं.) f. स्त्री. holding in the mind, 2. conception

धारण करने की शक्ति, 2. विचार निश्चित मत।

DHAROHAR धरोहर f. स्त्री. a charge, trust, 2. a deposit ~ रखना, to entrest, अमानत, थाती।

DHARRĀ ढर्रा m. पु. manner, style मार्ग, रास्ता।

DHARTĪ धरती (S. सं.) f. स्त्री. the earth पृथ्वी, भूमंडल, संसार।

DHASAKNĀ धसकना v.i. अ.क्रि. to subside, to sink, 2. to fall away नीचे की ओर बैठना।

DHASNĀ धसना v.i. अ.क्रि. to sink, 2. to stick, 3. to penetrate ध्वस्त होना, नीचे को खिसकना।

DHĀTU धातु (S. सं.) f. स्त्री. a primary substance (viz. earth, water, fire, atmosphere, air), 2. an ore metal, 3. a bodily humour, 4. semen, 5. a root (grammar) ~ विज्ञान, metallurgy ~ विज्ञानी या शास्त्री, minerologist, metallurgist खनिज पदार्थ (जैसे सोना, चांदी आदि), 2. शब्दों का मूल रूप।

DHĀTVIK MULYĂ धात्विक मूल्य (S. सं.) m. पु. intrinsic value किसी सिक्के आदि का वास्तविक मूल्य।

DHĀVĀ धावा m. पु. an attack, incursion ~ करना, to attack चढ़ाई। हमला, ~ करना, आक्रमण करना, ~ मारना, दूर तक चढ़ाई करना।

DHĀVAK धावक (S. सं.) m. पु. a runner दौड़ने वाला।

DHĀVIT धावित (S. सं.) adj. वि. run or gone away, 2. cleansed दौड़ा हुआ, धोया हुआ, साफ़ किया हुआ।

DHENU धेनु (S. सं.) f. स्त्री. a milch cow गाय जो दूध देती हो।

DHIKKĀR धिक्कार (S. सं.) m. पु. reproach, insult ~ करना, to curse "धिक" कह कर की गई भर्त्सना।

DHIKKĀRNĀ धिक्कारना v.t. स.क्रि. to reproach, to insult लानत-मलामत करना।

DHĪL ढील f. स्त्री. looseness, slackness, laxity, 2. negligence ढिलाई, सुस्ती।

DHĪLA ढीला adj. वि. loose, slack जो कसा न हो।

DHĪMĀ धीमा adj. वि. slow, sluggish, 2. subdued (as sound, voice etc.) soft, low, 3. faint (as light colour) ~ करना, to slacken ~ पड़ना, to grow sluggish (adv. धीमे से, धीमे-धीमे) मंद, मंथर, कम गति वाला।

DHINDHORĀ ढिंढोरा m. पु. drum डुग्गी, मुनादी।

DHĪR धीर (S. सं.) adj. वि. steadfast, resolute, m. steadfastness स्थिरचित्त, दृढ़, गंभीर।

DHĪRE धीरे adv. अ. slowly मंद गति से, चुपके।

DHOKHĀ धोखा m. पु. deceit, 2. false impression, mistake, blunder ~ खाना, to be deceived ~ उठाना, to be taken advantage of ~ (खे) की टट्टी, camouflage वंचना, दगा, भुलावा, ~ खाना, छला जाना, ~ (खे) की टट्टी, मायाजाल।

DHOKHEBĀZ धोखेबाज़ adj. वि. deceitful, fraudulent m. an impostor a deceitful person धोखा देने वाला।

DHOL ढोल a large drum बड़ी ढोलक।

DHONĀ धोना v.t. स.क्रि. to wash पानी से साफ करना, मैल दूर करना।

DHOTĪ धोती f. स्त्री. a dhoti, a piece of cloth worn round the lower body, one end of which passes between the legs and is tucked in behind एक प्रसिद्ध अधोवस्त्र।

DHRUV ध्रुव (S. सं.) adj. वि. fixed, immovable, 2. the pole star, 3. a pole (of the earth), 4. terminal (of a battery) ~ दर्शक, m. a compass.

DHŪL धूल f. स्त्री. dust, 2. anything trivial ~ उड़ना, to flow, dust ~ चाटना, to abase oneself ~ छानना, to wander about to endure distress ~ फांकना, to wander aimlessly ~ धूसरित, adj. वि. covered with dust सूखी मिट्टी के सूक्ष्म कण, 2. तुच्छ बस्तु ~ फांकना, जीविका के अभाव में इधर-उधर मारे फिरना, ~ में मिलाना, नष्ट करना, बर्बाद करना।

DHŪM धूम m. पु. uproar, noise, turmoil, 2. display ostentation m. smoke ~ केतु, m. पु. a comet उत्सव का शोर, 2. प्रसिद्धि।

DHŪMDHĀM धूम-धाम m. पु. ostentation स्त्री, ठाट-बाट, चहल-पहल।

DHUN धुन f. स्त्री. ardent desire, obsession, craze, 2. whim, 3. modulation (in music) melody लगन, मौज, मन की लहर, ~ का पक्का, काम पूरा करके ही छोड़ने वाला।

DHŪNA धूना m. पु. gum, resin एक वृक्ष जिससे वार्निश तैयार की जाती है।

DHUNDH धुंध f. स्त्री. fog, mist, 2. dullness, gloom कोहरा, गर्द छा जाने से होने वाला अंधेरा।

DHUṄDHLĀ धुंधला adj. वि. hazy, misty, foggy cloudy धुएं के रंग का, अस्पष्ट, अंधेरा।

DHŪṄDHNA ढूंढ़ना v.t. स.क्रि. to search खोजना, तलाश करना।

DHŪNĪ धूनी f. स्त्री. smoke, smokefire, 2. burning of incense, fumigation धूप आदि जलाकर सुगंधित धुआं करना, 2. ठंढ से बचने के लिए साधुओं द्वारा जलाई जाने वाली आग।

DHŪP धूप (S. सं.) m. पु. incense, fragrant gum or resin गुग्गुल आदि सुगंधित द्रव्य, f. स्त्री. light or heat of the sun, sunshine आतप, सर्यू का प्रकाश, ~ खाना, to bask in the sun धूप का सेवान करना, ~ दिखाना, to put in the sun (to dry) धूप में सुखाना, ~ छांह, light & shade.

DHURĪ धुरी f. स्त्री. pole axle ~ हीन, adj. वि. of week will छोटा धुरा, ~ राष्ट्र, पु. द्वितीय महायुद्ध में जर्मनी, जापान और इटली का गुट।

DHVAJ ध्वज (S. सं.) m. पु. banner, standard (ध्वजा, f. स्त्री.) पताका, झंडा।

DHVAJĀROPAN ध्वजारोपण (S. सं.) m. पु. the planting of a flag झंडा गाड़ना या लगाना।

DHVAJOTTOLAN ध्वजोत्तोलन the unfurling of a flag झंडा फहराना।

DHVAJPOT ध्वजपोत (S. सं.) m. पु. flagship बेड़े का वह जहाज जिस पर झंडा फहरा रहा हो और नौसेनाध्यक्ष यात्रा कर रहा हो।

DHVANI ध्वनि (S. सं.) f. स्त्री. sound, echo, tone, tune, noise आवाज़, गीत की लय, ~ विस्तारक, m. पु. loudspeaker.

DHVAṄS ध्वंस (S. सं.) m. पु. demolition, ruin नाश, मकान या इमारत का ढहना।

DHVAṄSAVŚEṢ ध्वंसावशेष (S. सं.) m. पु. the ruins खंडहर, टूटे-फूटे टुकड़े।

DHVANITARAṄG ध्वनितरंग (S. सं.) m. पु. soundwaves सं./स्त्री. कोई शब्द बोलने या कोई ध्वनि होने पर उठने वाली वह तरंग जो हवा में चारों ओर फैलकर सुनने वालों के कानों में पहुंचती है।

DHYĀN ध्यान (S. सं.) m. पु. meditation, contemplation किसी के स्वरूप का चिन्तन, ग़ौर, ~ आना, to come to mind याद आना, ~ देना, pay attention ख़याल करना, ~ पूर्वक, attentively ~ योग, devout meditation.

DHYĀNMAGN ध्यानमग्न (S. सं.) adj. वि. deep in thought ध्यान में लीन।

DĪD दीद (P. फ़ा.) adj. वि. seen देखा हुआ।

DĪDA दीदा (P. फ़ा.) m. पु. the eye, sight आंख, धृष्ठता, ~ लगना, काम में तबीअत लगना।

DĪDĀR दीदार (S. सं.) m. पु. look, appearance, charm, 2. eye to eye encounter चेहरा, दर्शन।

DIGAṀBAR दिगंबर (S. सं.) adj. पु. having space as clothing, naked, nude, 2. a Digambar jain ascetic जिसके लिए दिशाएं ही वस्त्र रूप हो, नंगा, जैनियों का एक सम्प्रदाय।

DIGAṄT दिगंत (S. सं.) m. पु. end छोर, दिशा का अंत।

DIGDARŚAK YAṄTR दिग्दर्शक यंत्र (S. सं.) m. पु. a compass कुतुबनुमा, कम्पास।

DIKHAVAṬĪ दिखावटी adj. वि. specious, false, forged (papers etc.) दिखावटी, ऊपरी।

DIKHLĀNA दिखलाना v.t. स.क्रि. to show , to demonstrate प्रकट करना, दूसरे को देखने में लगाना।

DĪKHNĀ दीखना v.t. स.क्रि. to be visible प्रकट होना, दिखाई देना, नज़र आना।

DĪKSĀ दीक्षा (S. सं.) f. स्त्री. initiation (in religious rites) मंत्र का उपदेश, योग, उपनयन संस्कार।

DĪKṢĀNT BHĀṢAṆ दीक्षांत भाषण (S. सं.) m. पु. convocational address पु./स. उपाधि या प्रमाणपत्र देने के समय समुत्तीर्ण स्नानकों को संबोधन कर किया गया भाषण।

DIL दिल (P. फ़ा.) m. पु. heart, 2. the feelings, 3. desire हृदय, 2. हिम्मत, 3. इच्छा, 4. हौसला, ~ कड़ाकरना, to harden the heart मन में दृढ़ता लाना, ~ का गुबार निकालना, to satisfy an emotion मन का मलाल दूर करना, ~ चुराना, to be disinterested in work काम में मन न लगाना, ~ जलाना, to cause hurt सताना, ~ देना, to fall in love with प्रेमासक्त होना, ~ भर आना, to be moved with compassion करुणा से विचलित होना, ~ रुबा, m./f. loved, beloved प्रेमी, प्रेयसी।

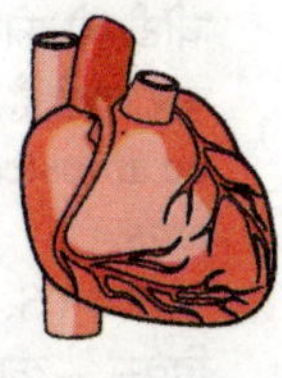

DILĀSĀ दिलासा (P. फ़ा.) m. पु. consolation आश्वासन, धीरज बंधाना।

DILCASP दिलचस्प adj. वि. interesting जिसमें मन लगे, रुचिकर।

DILER दिलेर (P. फ़ा.) adj. वि. bold साहसी, हिम्मती।

DILERĪ दिलेरी (P. फ़ा.) f. स्त्री. boldness हिम्मत, साहस, बहादुरी।

DILĪ दिली (P. फ़ा.) adj. वि. cordial, sincere, intimate हार्दिक, दिल की, अभिन्न।

DILLAGĪ दिल्लगी f. स्त्री. joking, fun हंसी, मज़ाक।

DILJALĀ दिलजला (P. फ़ा.) adj. वि.

sad दुखी।

DILPHENK दिलफेंक adj. वि. philanderer रुप का लोभी।

DIMAG दिमाग़ (A. अं.) m. पु. brain, 2. mind, 3. pride मस्तिष्क, बुद्धि, समझ, 2. अभिमान, ~ आसमान पर चढ़ना या होना, to be very haughty (one's) mind to be in seventh heaven ~ खाना/चाटना, to bore बकवाद करना।

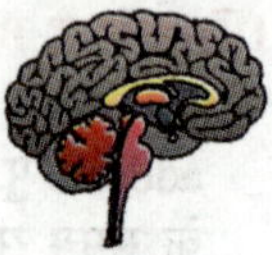

DĪMAK दीमक (P. फ़ा.) f. स्त्री. white ant. सफेद चींटी जो कागज़ आदि चट कर जाती है, ~ लगना, to be infested by white ants.

DIN दिन (S. सं.) m. पु. day, daytime दिवस, ~ काटना, to pass (one's) days with difficulty कठिनाई से समय बिताना।

DĪN दीन (S. सं.) adj. वि. poor, wretched, needy विपन्न, दरिद्र, ग़रीब।

DĪN दीन (A. अ.) m. पु. faith, religion धर्म, मज़हब, पंथ, ~ दुनिया, f. स्त्री. this world and the next इहलोक-परलोक।

DINĀNK दिनांक (S. सं.) m. पु. date तिथि।

DING डींग f. स्त्री. boasting, to boast, शेखी बघारना, लंबी चौड़ी बाते करना, ~ मारना, हांकना, to brag.

DĪNTA दीनता (S. सं.) f. स्त्री. poverty, need, meekness दरिद्रता।

DĪP दीप (S. सं.) m. पु. a light, lamp दीया, द्वीप, 3. एक ताल।

DĪPAK दीपक (S. सं.) m. पु. lamp, 2. one of the ragas of Hindustani music दीया, एक राग, एक ताल।

DĪPĀVALI दीपावली (S. सं.) f. स्त्री. festival of lights held at the new moon of the month of Kartik दीवाली कार्तिक अमावस्या को पड़ने वाला हिन्दुओं का एक त्योहार जिसमें दीप जलाए जाते हैं।

DĪRGH दीर्घ (S. सं.) adj. वि. long (of space or time) prolonged, elongated, 2. tall, vast बड़ा, 2. ऊंचा, 3. विस्तृत, 4. लंबा।

DĪRGHA दीर्घा (S. सं.) f. स्त्री. a gallery गैलरी।

DĪRGHĀVKAS दीर्घावकाश (S. सं.) m. पु. long leave लंबी छुट्टी।

DĪRGHAYU दीर्घायु (S. सं.) adj. वि. long-lived लंबी आयु वाला दीर्घजीवी।

DISA दिशा (S. सं.) f. स्त्री. direction, course, 3. point of the compass ओर, 2. क्षितिजमंडल के चार कल्पित भागों ~ पूर्व, पश्चिम, उत्तर, दक्षिण में से कोई एक।

DISĀVAR दिसावर m. पु. a foreign country परदेश, अन्य देश।

DIVĀLĀ दिवाला m. पु. insolvency सर्वथा अभाव हो जाना।

DĪVALĪ दीवाली (S. सं.) f. स्त्री. festival of lights (देखो) दीपावली।

DIVĀLIYĀ दिवालिया adj. वि. insolvent जिसका दिवाला निकला हो।

DĪVĀN दीवान (P. फ़ा.) m. पु. a royal court, 2. a minister of state, 3. the collected verse of a poet शाही दरबार या अदालत, 2. प्रधान-मंत्री, 3. (उर्दू) काव्य संग्रह।

DĪVANĀ दीवाना (P. फ़ा.) adj. वि. insane, fanatical पागल, सनकी, विक्षिप्त, ~ बनाना, to drive to frenzy.

DĪVANĪ दीवानी (P. फ़ा.) adj. वि. a civil court, 2. litigation, adj. having to do with a court, 3. civil वह अदालत जिसमें रुपये/जायदाद के

मुकदमों की सुनवाई होती है।

DIVANGAT दिवंगत (S. सं.) adj. वि. deceased gone to heavon, dead स्वर्गीय, मृत।

DĪVĀR दीवार (P. फ़ा.) f. स्त्री. a wall, 2. embankment भीत।

DIVAS दिवस (S. सं.) m. पु. anniversary दिन वार, रोज़।

DIVYA दिव्य (S. सं.) adj. वि. extremely beautiful अति सुंदर, भव्य।

DIVYĀṄGNĀ दिव्यांगना (S. सं.) f. स्त्री. a beautiful woman of the heaven अप्सरा, देबवधू।

DO दो adj. वि. two एक और एक (का जोड़), पु. दो की संख्या 2.

DOHĀ दोहा m. पु. a rhyming couplet, in which each line consists of half lines made up of feet of 6 + 4 + 3 and 6 + 4 + 1 matras respectively एक छंद जिसके प्रथम और तृतीय चरण में 13-13 और द्वितीय तथा चतुर्थ चरण में 12-12 मात्राएं होती हैं।

DOHAĪ दोहाई f. स्त्री. a call गुहार, पुकार।

DOLNĀ डोलना v.i. अ.क्रि. to swing, to rock, to sway हिलना, इधर-उधर घूमना।

DOMUṄHAPAN दोमुंहापन m. पु. duplicity दो तरह की बात करना, ~ सांप, वह आदमी जो दो तरह की बातें करे।

DORĪ डोरी f. स्त्री. rope रस्सी।

DOṢ दोष (S. सं.) m. पु. fault, defect, 2. blame, 3. mistake अपराध, 2. ऐब खराबी, 3. अशुद्धि।

DOṢĀROPAṆ दोषारोपण (S. सं.) m. पु. attribution of fault, blame दोष लगाना।

DOST दोस्त (P. फ़ा.) m. पु. a friend मित्र, ~ अहबाब, m. friends.

DOSTĀNĀ दोस्ताना (P. फ़ा.) adj. वि. friendly, m. friendship मित्रता का, पु. मित्रता।

DOSTĪ दोस्ती (P. फ़ा.) f. स्त्री. friendship मित्रता, बन्धुत्व।

DOZAKH दोज़ख़ (P. फ़ा.) m. पु. hell नर्क, जहन्नुम।

DRAṢṬĀ द्रष्टा (S. सं.) m. पु. one who is seeing देखने वाला।

DRAV द्रव (S. सं.) m. पु. a fluid, adj. liquid fluid तरल होना, तरल पदार्थ।

DRAVIT द्रवित (S. सं.) adj. वि. made liquid, 2. moved (with emotion) पिधल जाना, भावुक होना।

DRAVYA द्रव्य (S. सं.) m. पु. substance, matter, 2. commodity, 3. a chemical element पदार्थ, उपकरण, धन-दौलत।

DṚG दृग (S. सं.) m. पु. the eye आंख, चक्षु।

DṚṚH दृढ़ (S. सं.) adj. वि. firm, unyielding अटल, सबल, जो विचलित न हो, ~ विश्वास, firm belief सशक्त विश्वास, ~ प्रतिज्ञ, firm on promise प्रतिज्ञा से न डिगने वाला।

DṚṚHTA दृढ़ता (S. सं.) f. स्त्री. firmness, strength, hardness दृढ़ होने का भाव।

DROH द्रोह (S. सं.) m. पु. enmity, hostility, 3. treachery दूसरे का अनिष्ट चाहना।

DṚṢṬI दृष्टि (S. सं.) f. स्त्री. sight, look, glance, 2. eye sight अवलोकन, देखने की शक्ति, 2. ज्ञान, 3. मत, अभिमत, ~ भ्रम (BHRAM), m. पु. illusion, hallucination भ्रान्ति, ~ दोष (DOṢ), defect in sight देखने में त्रुटि, 2. careless security ~ गत (GAT) adj. वि. visible जो देखने में आया हो, ~

कोण (KON), point of view perspective विचारने का पहलू।

DRṢṬĀṄT दृष्टांत (S. सं.) m. पु. example उदाहरण।

DRṢYA दृश्य (S. सं.) m. पु. scene, view, seenery, seene (in a drama or film) adj. visible नज़ारा, तमाशा, वि. दर्शनीय।

DRṢYĀBHĀS दृश्याभास (S. सं.) m. पु. spectrum देखे हुए दृश्य, चित्र, प्रतिबिंब का आंखे बन्द कर लेने पर भी विद्यमान होने का आभास।

DRṢYĀNTAR दृश्यांतर (S. सं.) m. पु. change of scene दृश्य, बदलना।

DUĀ दुआ (A. अ.) f. स्त्री. invocation, one's wish (for another) ईश्वर से मांगना।

DUBĀNĀ डुबाना v.t. स.क्रि. to cause, to sink, to immerse गोता देना।

DUBHAṢĪ दुभाषी (S. सं.) adj. वि. bilingual दो भाषाएं जानने वाला।

DUBHAṢIYA दुभाषिया (S. सं.) adj. वि. interpreter एक को दूसरे का अभिप्राय (बातों का अर्थ) समझाने वाला।

DUBIDHA दुबिधा f. स्त्री. doubt, dilemma, uncertainty निश्चय का अभाव, अनिश्चय की स्थिति।

ḌUBKI डुबकी f. स्त्री. plunge, dive, ducking गोता।

DUBLĀ दुबला adj. वि. thin, lean, 2. weak क्षीण शरीर वाला, पतला।

ḌŪB MARNĀ डूब मरना v.i. अ.क्रि. to drown, to die of shame लाज के मारे मर जाना।

ḌŪBNĀ डूबना v.i. अ.क्रि. to sink, to set (sun), to drown गोता खाना, 2. लीन होना, ~ ते को तिनके का सहारा, any help to the helpless अवलंबहीन को थोड़ा सा भी सहारा।

DŪDH दूध (S. सं.) m. पु. milk, 2. milky (juice of some plants) गाय, भैंस, बकरी आदि के थन से निकलने वाला तरल पदार्थ ~ का दूध और पानी का पानी, to distinguish the good, true from the bad/false सच्चा-सच्चा न्याय, ~ धों नहाना, पूतों फलना, to be loaded with riches जन-धन से खूब संपन्न होना, ~ का धुला beyond reproach पाक-साफ़ व्यक्ति।

DUDHĀR दुधार adj. वि. milch animal (cow, goat, etc.) अधिक दूध देने वाली, DUDHĀRU same वही अर्थ।

DUHITĀ दुहिता (S. सं.) f. स्त्री. daughter पुत्री, कन्या।

DŪHNĀ दूहना v.t. स.क्रि. to milk, to squeeze out दूध निकालना, सब कुछ ले लेना।

DUKĀN दुकान f. स्त्री. a shop, stall सौदा खरीदने-बेचने की जगह ~ दार, shopkeeper बेचने वाला, ~ दारी, shopkeeping, trade खरीद बिक्री, व्यापार करना (दुकान से)।

DUKH दुख m. पु. suffering, 2. sorrow, grief, 3. regret, 4. misfor-tune, 5. pain कष्ट, कलेश, तकलीफ़, ~ देना, to cause pain or distress कष्ट पहुंचाना, ~ बंटाना, to share pain विपत्तियों में साथ देना।

DUKHAD दुखद (S. सं.) adj. वि. causing pain or grief कलेशकर, दुख देने वाला।

DUKHDĀYĪ दुखदायी (S. सं.) adj. वि. causing pain or grief कलेशकर, दुख देने वाला।

DUKHĀNĀ दुखाना v.t. स.क्रि. see दुख देना (देखो)।

DUKHĀNT दुखांत (S. सं.) adj. वि. tragic, trajedy त्रासदी, जिसका अंत दुखमय हो।

DUKHṚA दुखड़ा m. पु. suffering,

distress कष्ट, दुखगाथा, ~ रोना, to tell one's sad story दूसरों को अपनी विपन्नावस्था का वृत्तांत सुनाना।

DUKHIYA दुखिया adj. वि. sad grieving, sorry distressed, suffering विपद्ग्रस्त।

DUKHI दुखी adj. वि. sad grieving, sorry distressed, suffering विपद्ग्रस्त।

DUKHIĀRA दुखियारा adj. वि. sad, grieving दुखी, संकटापन्न।

DUKHMAY दुखमय (S. सं.) adj. वि. full of sorrow दुख से भरा हुआ।

DUKHNA दुखना v.i. अ.क्रि. to pain, to ache पीड़ा होना, दर्द करना।

DULĀR दुलार m. पु. love, 2. fondling लाड़-चाव, प्यार।

DULĀRĀ दुलारा adj. वि. dear, darling लाड़ला, पु. लाड़ला पुत्र।

DULĀRNĀ दुलारना v.t. स.क्रि. to fondle लाड़-प्यार करना।

DŪLHĀ दूल्हा m. पु. bridegroom वर, पति, नौशा।

DULHAN, DULHIN दुल्हन, दुल्हिन f. स्त्री. bride नयी बहू।

DUM दुम (P. फ़ा.) f. स्त्री. tail, 2. rear or hind part पूंछ, 2. पिछलग्गू, -दबा कर भाग जाना, to flee abjectly डर कर भाग जाना, ~ हिलाना, to wag the tail, to fawn (before someone) खुशामंद में लगना।

DUMANZILĀ दुमंजिला adj. वि. double-storied (house) दोतल्ला मकान, जिस मकान की दो मंज़िलें हों।

DUNIYĀ दुनिया (A. अ.) f. स्त्री. the world संसार, ~ दार, down to earth, worldly समझदार व्यक्ति, ~ से उठ जाना, to die मर जाना।

DŪR दूर adj. वि. distant, remote फ़ासले पर, जो क़रीब न हो, ~ संचार, telecommunications ~ दर्शन, India's national television भारत का राष्ट्रीय टेलिविज़न, ~ भाष, telephone टेलिफोन, ~ बीन, telescope टेलिस्कोप।

DURĀCAR दुराचार (S. सं.) m. पु. abominable, behaviour बुरा आचरण, कुकर्म।

DURĀCARĪ दुराचारी adj. वि. of bad behaviour बुरे, आचरण वाला, कुकर्मी।

DURĀTMĀ दुरात्मा (S. सं.) m. वि. a bad character, a wicked person नीच प्रकृति का (व्यक्ति)।

DURBAL दुर्बल (S. सं.) adj. वि. weak शक्तिहीन, कमज़ोर।

DURBHAGYĂ दुर्भाग्य (S. सं.) m. पु. misfortune, ill luck अभागापन, बदकिस्मती।

DURBHIKṢ दुर्भिक्ष (S. सं.) m. पु. famine अकाल।

DURBUDDHI दुर्बुद्दि (S. सं.) adj. वि. foolish, ignorant दुष्ट-बुद्धि, दुष्ट बुद्धि वाला।

DŪRDARṠĪ दूरदर्शी (S. सं.) adj. वि. far-sighted, prudent दूरंदेश दूर की बात सोचने वाला।

DURDAṠA दुर्दशा (S. सं.) f. स्त्री. deplorable condition बुरी हालत।

DURGANDH दुर्गंध (S. सं.) f. स्त्री. stink, bad smell बदबू, बुरी गंध।

DURGATI दुर्गति (S. सं.) f. स्त्री. bad condition दुर्दशा, बुरी हालत, 2. नरक, 3. दरिद्रता।

DURGHATNĀ दुर्घटना (S. सं.) f. स्त्री. accident हादसा, अशुभ, घटना।

DURJAN दुर्जन (S. सं.) adj. वि. a bad person, villain बुरा आदमी, खल।

DURLABH दुर्लभ (S. सं.) adj. वि. difficult to obtain जिसका मिलना कठिन हो।

DŪRMUDRAK दूरमुद्रक (S. सं.) m. पु. teleprinter टेलिप्रिन्टर।

DURUPYOG दुरुपयोग (S. सं.) m. पु. misuse बुरा (ग़लत) इस्तेमाल।

DURUST दुरुस्त (P. फ़ा.) adj. वि. right correct, precise, exact, 2. in good condition, 3. fit, proper जिसमें कोई खामी न हो, सही हालत में उचित।

DŪRVIKṢEPAK दूरविक्षेपक (S. सं.) m. पु. transmitter ट्रांसमीटर।

DŪRVIKṢEPAṆ दूरविक्षेपण (S. सं.) m. पु. transmission ट्रांसमिशन।

DURVYAVHAR दुर्व्यवहार (S. सं.) m. पु. misbehaviour बुरा सलूक।

DURYOG दुर्योग (S. सं.) m. पु. a bad configuration of stars ग्रहों का बुरा फेर।

DUSAH दुसह (S. सं.) adj. वि. unbearable जिसे सहना कठिन हो।

DŪṢAṆ दूषण (S. सं.) m. पु. calumny, corrupting दोष, ख़राबी।

DUṢCARITR दुष्चरित्र (S. सं.) adj. वि. depraved, of bad character (person) बदचलन, गंदे आचरण वाला।

DŪṢIT दूषित (S. सं.) adj. वि. spoiled, corrupted, 2. censured disgraced दोष-युक्त।

DUṢKĀL दुष्काल (S. सं.) m. पु. bad times, famine बुरा काल, दुर्भिक्ष, प्रलय।

DUṢKARM दुष्कर्म (S. सं.) m. पु. sin, crime, wicked act बुरा काम, पाप।

DUṢMAN दुश्मन (P. फ़ा.) adj. वि. enemy, adversary शत्रु, अपकारी।

DUṢMANĪ दुश्मनी (P. फ़ा.) f. स्त्री. enmity शत्रुता।

DUṢT दुष्ट (S. सं.) adj. वि. wicked, m. wretch, a wicked person बदमाश, नीच।

DŪT दूत (S. सं.) m. पु. a messenger, envoy, 2. an ambassador हरकारा, 2. राजदूत।

DŪTAVĀS दूतावास (S. सं.) m. पु. embassy राजदूत का निवास और उसका कार्यालय।

DUTKĀRNĀ दुत्कारना v.t. स.क्रि. to scold, to reprimand तिरस्कार करना।

DVĀR द्वार (S. सं.) m. पु. door, gate, 2. entrance, passage दरवाज़ा।

DVĀRĀ द्वारा (S. सं.) adj. वि. through ज़रिए, मार्फ़त।

DVI द्वि (S. सं.) adj. वि. two दो।

DVĪP द्वीप (S. सं.) m. पु. an island, स्थल का वह भाग जिसके चारों ओर पानी हो।

◆◆◆

E

EHSĀN एहसान (A. अ.) m. पु. favour, 2. sense of gratitude नेकी, भलाई, उपकार, 2. ऋण।

EHTIYĀT एहतियात (A. अ.) f. स्त्री. caution, vigilance, a precaution बचाव, चौकसी, होशियारी।

EK एक (S. सं.) adj. वि. one signle, sole alone, 2. identical, 3. united, 4. unique ~ आंख से (सबको) देखना, to look impartially on एक सा मानना, ~ आंख न भाना, the sight (of) to be intolerable जिस को देखना बिल्कुल सहन न हो, ~ जान दो क़ालिब, close friends बहुत गहरे दोस्त, ~ एक से दो होना, to be married ब्याह होना।

EKĀDAŚĪ एकादशी (S. सं.) f. स्त्री. the eleventh day of a lunar fortnight हर (चन्द्रमा के) पक्ष की ग्यारहवीं तिथि।

EKĀDHIK एकाधिक (S. सं.) adj. वि. more than one एक से अधिक।

EKĀDHIKĀR एकाधिकार (S. सं.) m. पु. monopoly इजारा।

EKĀGR एकाग्र (S. सं.) adj. वि. intent on one point, attentive जिसका ध्यान एक ही वस्तु पर लगा हो।

EKĀKĪ एकाकी (S. सं.) adj. वि. solitary, single अकेला।

EKĀKINĪ एकाक्निनी (S. सं.) adj. वि. f. स्त्री. single female अकेली।

EKĀNKĪ एकांकी (S. सं.) adj. वि. one act, m. one act play एक अंक वाला (नाटक)।

EKĀNT एकांत (S. सं.) adj. वि. lonely (place), .m. secluded place अकेला (स्थान), अलग, ~ बास, life in seclusion अकेले रहना।

EKĀR एकार the hindi letter ए, "ए" अक्षर।

EKASV एकस्व (S. सं.) m. पु. patent एकाधिकार देने वाला सरकारी मुद्रित प्रलेख।

EKB̄ARGĪ एकबारगी (P. फ़ा.) adj. वि. at once, suddenly बिल्कुल, एक ही बार में।

EKCHITT एकचित्त (S. सं.) adj. वि. single minded एकाग्र, तल्लीन।

EKDALĪYA ˘ ŚASANTANṬR एकदलीय शासनतंत्र (S. सं.) m. पु. totalitarianism एक ही दल की शासन-प्रणाली।

EKLAUTĀ एकलौता (S. सं.) adj. वि. the only (son) मां-बाप का अकेला बेटा, (f. EKLAUTI स्त्री, एकलौती)।

EKMANZILĀ एकमंजिला (S. सं.) adj. वि. single-storied एक तल्ला, (एक मंज़िल) मकान या इमारत।

EKMAT एकमत (S. सं.) adj. वि. of one opinion एक या समान मत रखने वाले।

EKRĀR एकरार m. पु. promise, agreement स्वीकार, वायदा।

EKSĀṄ एकसां adj. वि. similar समान, बराबर।

EKTĀ एकता (S. सं.) f. स्त्री. oneness

मेल, एका, अभेद।

EKTĀNTĀ एकतानता (S. सं.) f. स्त्री. monotony नीरस, एकरुपता।

EKTARFĀ एकतरफ़ा (P. फ़ा.) adj. वि. onesided एक ही ओर झुकनेवाला, एक ही ओर (पक्ष) का या में।

EKTR एकत्र (S. सं.) adj. वि. in one place, collected, together यकजा, इकट्ठा।

EKVACHAN एकवचन (S. सं.) m. पु. singular (grammar) एक का वाचक या द्योतक।

ELCĪ एलची (T. तु.) m. पु. messenger, ambassador दूत, राजदूत।

ETBĀR एतबार (A. अ.) m. पु. confidence, reliance, faith विश्वास, भरोसा, 2. साख।

ETMĀD एतमाद (A. अ.) m. पु. trust, faith विश्वास, भरोसा।

ETRĀZ एतराज़ (A. अ.) m. पु. objection, 2. fault finding आपत्ति, विरोध, दोष निकालना।

EVAZ एवज (A. अ.) m. पु. a substitute स्थानापन्न, बदले में।

♦♦♦

F

FAISLĀ फ़ैसला (A. अ.) m. पु. decision, 2. judgement, adjudication (of a case) निर्णय, निश्चय।

FALĀLAIN फ़लालैन (A. अ.) m. पु. Flannel एक प्रकार का मुलायम ऊनी कपड़ा।

FALĀṄ फ़ला (A. अ.) adj. वि. such & such, any, m. a certain (man) अमुक (व्यक्ति), अमुक (वस्तु)।

FALTŪ फ़ालतू adj. वि. spare, surplus, not needed फ़ाज़िल, बेकार, जिसकी ज़रूरत न हो।

FANĀ फ़ना (A. अ.) f. स्त्री. perishing, death, adj. expired no more विनाश, वि. नष्ट, मृत।

FANŪS फ़ानूस (A. अ.) f. स्त्री. light, lamp, 2. glass shade (of a lamp), chandelier एक तरह का शमादान, लटकने वाली बत्ती (झाड़-फ़ानूस)।

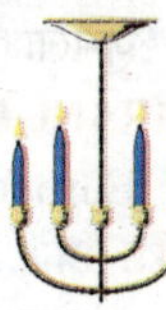

FAQAT फ़क़त (A. अ.) adv. क्रि. वि. merely, only अकेला, केवल, अ. एकमात्र।

FAQĪR फ़कीर (A. अ.) m. पु. a beggar, 2. ascetic (muslim) adj. penniless, (f. फ़क़ीरनी) भिखारी, 2. मुसलमान, साधु, 3. अकिंचन मनुष्य।

FĀRAS फ़ारस (A. अ.) m. पु. Persia (today's Iran) षारस, ईरान।

FARD फ़र्द (A. अ.) adj. वि. sole, single, a single person or thing अकेला, (स्त्री-सूची), पु. ~ व्यक्ति।

FAREB फ़रेब (P. फ़ा.) m. पु. fraud, deceipt, 2. guile छल, धोखा।

FARIQ फ़रीक़ (A. अ.) m. पु. division, section, a party (in a law-suit) पक्ष (विशेष कर मुकदमें में)।

FARIYĀD फ़रियाद (P. फ़ा.) f. स्त्री. complaint, appeal नालिश, दुहाई।

FARLĀNG फ़रलांग (A. अ.) m. पु. Furlong (British Measure 220 yards) दूरी का नाप ~ 220 गज़।

FARMĀ फ़रमा m. पु. Form of matter ready for printing छपने को तैयार मैटर (फ़ारम या फ़रमा)।

FARMAIṠ फ़रमाइश (P. फ़ा.) f. स्त्री. order (request for goods etc.) आज्ञा रूप से कुछ मांगना।

FAROKHT फ़रोख़्त (P. फ़ा.) f. स्त्री. selling, sale विक्रय, बेचना।

FARQ फ़र्क़ (A. अ.) m. पु. separate, 2. difference, distinction अंतर, दूरी, भिन्नता।

FARṠ फ़र्श (A. अ.) m. पु. f. स्त्री. carpeting, floor-cloth, 2. floor बिछावन (धरती पर), 2. पक्की की हुई ज़मीन।

FĀRSĪ फ़ारसी adj. वि. a persian (person), 2. persian language फ़ारस की भाषा, फ़ारस का निवासी।

FARṠĪ SALĀM फ़र्शी सलाम (P. फ़ा.) m. पु. a salutation (bending very low-almost reaching the floor) बहुत झुक कर किया जाने वाला सलाम।

FARZ फ़र्ज़ (A. अ.) m. पु. a duty, 2. assumption, supposition कर्तव्य, कर्म, ~ अदा करना, to do one's duty

कर्तव्य का पालन करना, ~ करना, to suppose to imagine मानना, कल्पना करना।

FARZĪ फ़र्ज़ी (P. फ़ा.) m. पु. assumed, hypothetical ख़याली, काल्पनिक, (chess-queen) शतरंज के खेल में वज़ीर का मोहरा।

FASĀD फ़साद (A. अ.) m. पु. violence, riot, disturbance झगड़ा, दंग़ा, बिगाड़।

FASAL फ़सल (A. अ.) f. स्त्री. harvest-time, crop खेती की पैदावार।

FASALĪ फ़सली adj. वि. seasonal, 2. having to do with the harvest उपज कटाई के समय का, मौसमी, ~ बुख़ार, seasonal fever मौसमी बुख़ार।

FĀSLA फ़ासला (A. अ.) m. पु. distance, intervening space दूरी, बीच का अन्तर (दो व्यक्तियों या वस्तुओं के)।

FASLĪ SĀL फ़सली साल the fasli era introduced by Akbar which began on 10 sept. 1555 अकबर द्वारा चलाया हुआ सन्।

FATAH फ़तह (A. अ.) f. स्त्री. triumph, victory विजय, कामयाबी जीत।

FATVĀ फ़तबा (A. अ.) m. पु. decree, verdict of muslim law मुल्ला द्वारा दी गई व्यवस्था।

FATUHĪ फ़तूही (P. फ़ा.) f. स्त्री. a short quilted waist-coat बिना आस्तीन की कुर्ती।

FAUZ फ़ौज (A. अ.) f. स्त्री. an army सेना, ~ दारी, criminal offence (FAUZDARİ) फौजदारी अदालत a criminal court.

FĀYDĀ फ़ायदा (A. अ.) m. पु. advantage, benefit, 2. profit, gain, 3. use लाभ, 2. गुण, 3. प्राप्ति।

FAZIHAT फ़ज़ीहत (A. अ.) m. पु. disgrace, shame अपमान, बदनामी।

FĀZIL फ़ाज़िल (A. अ.) adj. वि. abundant, 2. spare, extra, 3. learned, accomplished बढ़ा हुआ, ज़रुरत से अधिक, 2. विद्वान।

FĪ फ़ी (A. अ.) prep. स्त्री. into, 2. per प्रति, हर (एक के) पीछे।

FIDĀ फ़िदा (A. अ.) f. स्त्री. devotion, self-sacrifice मुग्ध, आसक्त, ~ होना, to be devoted, to fall in love (with) आशिक होना, प्रेम में पड़ना।

FIHRIST फ़िहरिस्त (P. फ़ा.) f. स्त्री. a list, catalogue, inventory सूची, फ़र्द।

FĪ KAS फ़ी कस (A. अ.) adv. अ. per head प्रति व्यक्ति।

FILHĀL फ़िलहाल (A. अ.) adv. अ. क्रि.वि. at the present time for the time being अभी (तक), इस समय।

FIQRA फ़िक़रा (A. अ.) m. पु. a sentence, 2. specious words चुस्त जुमला।

FIRANGĪ फ़िरंगी (P. फ़ा.) m. पु. a European यूरोप-निवासी।

FĪS फ़ीस Fee, Fees मेहनताना, शिक्षक या डाक्टर का शुल्क।

FĪ SAIKRE फ़ी सैंकड़े adv. क्रि.वि. per hundred प्रति-शत सौ में।

FITRAT फ़ितरत (A. अ.) f. स्त्री. creation, 2. nature, 3. temperament, constitution, 4. cunning स्वभाव, 2. सृष्टि, 3. चालाकी।

FQTA फ़ोता (P. फ़ा.) m. पु. scrotum अंडकोष।

FURSAT फ़ुर्सत (A. अ.) f. स्त्री. leisure, free time, 2. respite अवकाश, इत्मिनान।

FUZŪL फ़ुज़ूल (P. फ़ा.) adj. वि. surplus, unnecessary अनावश्यक, ज्यादा (जरूरत से)।

◆◆◆

G

GABRU गबरु adj. वि. youthful, juvenile, m. teenager, youngman नवजवान, जिसकी रेखी भीरा रही हो।

GADĀ गदा f. स्त्री. a club लोहे का एक पुराना हथियार।

GADAI गदाई adj. वि. of no account, wretched बेकार।

GAḌAR ग़दर (A. अ.) m. पु. revolt, rebellion विप्लब,बग़ावत, विद्रोह।

GADDI गद्दी f. स्त्री. a cushion, 2. a throne, royal seat, 3. money-lender's seat, 4. something padded आसन, 2. राजा, मठाधीश आदि का पद।

GADHĀ गधा m. पु. an ass, donkey, 2. a fool घोड़े की जति का एक चौपाया, वि. नासमझ, बेवकूफ़, अहमक़, ~ धे को बाप बनाना, काम निकालने के लिए मूर्ख की ख़ुशामद करना, to pamper a fool to get one's work done.

GADRĀNA गदराना v.i. अ.क्रि. to ripen, to bloom, to develop पकने पर होना (के करीब), खिलना।

GADYĂ गद्य (S. सं.) m. पु. prose वह रचना जो छंद बद्ध न हो, ~ काव्य, a prose poem गद्य रूप में लिखी गई कविता, काव्य गुण युक्त गद्य।

ḌAFIL ग़ाफिल (A. अ.) adj. वि. negligent, neglectful heedless ग़फ़लत करने वाला, बेख़बर।

ḌAFLAT ग़फ़लत (A. अ.) f. स्त्री. neglect, negligence, forgetfulness बेख़बरी, असावधानी, भूल।

ḌAFŪR ग़फ़ूर (A. अ.) adj. वि. kind, compassionate दयालु, क्षमाशील।

GAGAN गगन (S. सं.) m. पु. the sky आकाश, अंतरिक्ष, ~ चुम्बी भवन, a sky-scraper आकाश को छूने वाली (बहुत ऊंची) इमारत।

GĀHAK गाहक m. पु. customer, purchaser ख़रीदार, ग्राहक।

GAHAN गहन (S. सं.) adj. वि. dense, thick, 2. profound गहरा, घना, 2. कठिन, पु. गहराई।

GAHNĀ गहना m. पु. an ornament ज़ेवर, आभूषण, स.क्रि. पकड़ना।

GAHRĀ गहरा adj. वि. deep, 2. intimate, (of feelings), 3. heavy (of sleep), 4. harsh (below) ~ हाथ मारना, to transact a good business ~ असामी, a wealthy man मालदार आदमी।

GAHRAĪ गहराई f. स्त्री. depth, profundity, 2. a deep place गहरापन, गहरेपन की माप।

ḌAIB ग़ैब (A. अ.) the hidden world परोक्ष, अदृश्य लोक।

ḌAIR ग़ैर (A. अ.) adj. वि. other, 2. non + related, 3. foreign दूसरा, अन्य, ~ ज़रूरी, unnecessary अनावश्यक, ~ ज़िम्मेवार, irresponsible अपनी ज़िम्मेवारी न समझने वाला, ~ हाज़िर, absent अनुपस्थित।

ḌAIRAT ग़ैरत (A. अ.) f. स्त्री. shame, a just sense of honour लज्जा, हया, आन।

ḌAIRVĀJIB ग़ैरवाजिब adj. वि. unjust अनुचित।

GAJ गज (S. सं.) m. पु. elephant, हाथी, ~ गामिनी, a beacutiful woman who walks like an elephant मन्द-गति से लहरा कर चलने वाली सुन्दर औरत।

GAJANAN गजानन (S. सं.) adj. वि. elephant-faced, an epithet of Ganesha गणेश।

GAJAR गजर n. सं. chimes, 2. the a.m. chimes पहर-पहर बजने वाला घंटा, 2. भोर का घंटा।

GĀJAR गाजर m. पु. a carrot एक मीठा मूल, ~ मूली, incomsequential तुच्छ वस्तु।

GAJRĀ गजरा m. पु. a garland of flowers फूलों का हार, फूलों की घनी गुंथी हुई माला।

GĀL गाल m. पु. the cheek कपोल।

GALĀ गला m. पु. the throat कंठ, सिर को धड़ से जोड़ने वाला अंग, ~ कटना, to be killed क़त्ल किया जाना, ~ घोंटना, to strangle गला दबा कर सांस रोक देना, ~ छुड़ाना, to extricate (from a danger or a predicament) परेशान करने वाले व्यक्ति (या वस्तु) से पीछा छुड़ाना, ~ फाड़ना, to shout (one self) hoarse चीख-चीख कर बोलना, ~ ले लगना, to embrace आलिंगन करना, ~ ले का हार, very close intimate बहुत-बहुत प्यारा, ~ ले पर छुरी फेरना, to harass भारी अहित करना।

GALĀNĀ गलाना v.t. स.क्रि. to melt, 2. to cause a rot ठोस चीज़ को तरल बनाना, 2. सड़ाना।

ḌALAT ग़लत (A.अ.) adj. वि. wrong, incorrect, 2. untrace मिथ्या, असत्य, ~ बयानी, false witness झूठा कथन, झूठी गवाही देना।

ḌALATI ग़लती (A. अ.) f. स्त्री. mistake, inaccuracy अशुद्धि, भूल-चूक।

GALBĀ गलबा (A. अ.) m. पु. victory जीत, विजय, प्रबलता।

GALGAND गलगंड m. पु. goitre घेघा (गले का रोग)।

GALĪ गली f. स्त्री. a lane, alley संकरी सड़क।

GĀLĪ गाली f. स्त्री. abuse अपशब्द, गंदा या अश्लील शब्द।

ḌALIB ग़ालिब (A. अ.) adj. वि. triumphant विजयी, 2. a great persion & urdu poet उर्दू /फ़ारसी के महान कवि, (Mirza Asadullah Khan मिर्ज़ा असदुल्लाह ख़ान)।

ḌĀLIBAN ग़ालिबन adv. (अ.)अ. chiefly संभवत: अधिकतर संभव है।

ḌALĪCA ग़लीचा (A. अ.) m. पु. a small carpet कालीन।

ḌALĪZ ग़लीज़ (A. अ.) adj. वि. dirty, impure गंदा, मैला।

ḌALLA ग़ल्ला (P. फ़ा.) m. पु. grain अनाज।

GALNĀ गलना v.i. अ.क्रि. to dissolve to melt ठोस वस्तु का तरल होना, पिघलना।

ḌAM ग़म (P. फ़ा.) m. पु. sorrow, 2. concern शोक, दुख, 2. चिन्ता।

GAMAN गमन (S. सं.) m. पु. the act of going जाना, पास जाना।

ḌAMI ग़मी (P. फ़ा.) f. स्त्री. death, 2. mourning, 3. time of sorrow.

GĀN गान (S. सं.) m. पु. singing, 2. a song गाना, गीत, स्तवन, ~ विद्या, science of music संगीत-विद्या।

GĀNĀ गाना v.t. स.क्रि. to sing, 2. a song लय-ताल के साथ शब्दों का उच्चारण करना, गीत, गान।

GAṆ गण (S. सं.) m. पु. a group, tribe समूह, बर्ग, संघ, गिरोह।

GAṆADHIP गणाधिप m. पु.(सं.) the chief of gana or group, 2. the god Ganesh सेनानायक, गणेश।

GAṆDHIPATĪ गणाधिपति m. पु.(सं.) the chief of gana or group, 2. the god Ganesh सेनानायक, गणेश।

GAṆADHYAKṢ गणाध्यक्ष m. पु.(सं.) the chief of gana or group, 2. the god Ganesh सेनानायक, गणेश।

GAMBHĪR गंभीर (S. सं.) adj. वि. deep, 2. prefound, 3. serious, dignified गूढ़, संजीदा, 2. गहरी और ऊंची (आवाज़)।

GAṆANA गणना (S. सं.) f. स्त्री. counting गिनना, हिसाब, लिहाज, जन ~ census मर्दुमशुमारी।

GAṆḌ गंड (S. सं.) m. पु. the cheek कनपटी, गाल, 2. फोड़ा।

GAṄḌĀ गंडा m. पु. an aggregate of four, amulet, charm ~ तावीज़, तिलस्मी बंधन।

GANDĀ गंदा adj. वि. dirty, filthy, 2. vile, obscene मैला, 2. अश्लील।

GAṄDGĪ गंदगी f. स्त्री. filth, 2. obscenity मलिनता, बदबू, 2. अश्लीलता।

GANDH गंध f. स्त्री. smell, fragrance वास, महक, बू, 2. नाममात्र।

GANDHAK गंधक (S. सं.) m. पु. sulphur एक तेज़ गंध वाला पीले रंग का खनिज पदार्थ।

GĀNDHĀR गांधार (S. सं.) m. पु. the region of Gandhara, 2. the name of a raga भारत का एक प्राचीन जनपद, 2. गांधारवासी, 3. एक राग (गांधार)।

GANDHARV गंधर्व (S. सं.) m. पु. a heavenly musician संगीत का देवता, ~ विद्या, the science of music गानविद्या, ~ विवाह, marriage by mutual consent, without any marriage ceremony प्रेम-विवाह।

GĀNDHI गांधी m. पु. a perfume seller इत्र बेचने वाला, 2. name of a Gujarati trading community एक गुजराती व्यापारी वर्ग, 3. Mahatma Gandhi, the father of the Indian Nation महात्मा गांधी, राष्ट्रपिता, अहिंसक आन्दोलन से भारत को जिन्होंने स्वतंत्रता दिलाई, ~ वाद, Gandhism गांधी द्वारा, ~ प्रतिपादित सत्य एवं अहिंसा का सिद्धांत।

GAṄDLĀ गंदला adj. वि. dirty, unclear गंदा, मैला-कुचैला।

GAṄDMĀLĀ गंडमाला m. पु. goitre धेधा, कंठमाला, रोग।

GAṄDUM गंदुम (P. फ़ा.) m. पु. wheat गेहूं।

GAṄEŚ गणेश (S. सं.) m. पु. the lord Ganesh, son of Shiv & Parvati शिव-पार्वती के पुत्र गणेश (देवता)।

GAṄGĀ गंगा (S. सं.) f. स्त्री. the river Ganges गंगा नदी (भारत की एक प्राचीन और पवित्र नदी), ~ जल, ganges water गंगा का पानी, ~ जमुनी, alloy of gold & silver दो रंगा, सोने-चांदी का बना, ~ लाभ, to die मृत्यु होना, ~ सागर, place where the Ganges meets the sea स्थान जहां गंगा सागर से मिलती है, गंगा सागर नामक तीर्थ-स्थान।

GAṄGODAK गंगोदक (S. सं.) m. पु.

Ganges water गंगाजल, 2. एक वर्णवृत्त।

GAṄGOTRĪ गंगोत्री the place in the Himalayas fram where the Ganges rises हिमालय की एक चोटी जहां से गंगा नदी निकलती है।

GAṆIKA गणिका (S. सं.) f. स्त्री. prostitute, a dancing girl वेश्या।

ǴANĪMAT ग़नीमत (P. फ़ा.) f. स्त्री. a piece of good fortune, body संतोष की बात, लूट का माल।

GAṆIT गणित (S. सं.) m. पु. Arithmetic हिसाब, संख्या, वि. गिना हुआ, जोड़ा हुआ।

GAṄJ गंज m. पु. disease of falling hair सिर के बाल झड़ जाने का रोग।

GAṄJA गंजा adj. वि. bald खल्वाट, टकला।

GĀṄJĀ गांजा hemp. cannabis sativa एक पौधा जिसकी पत्तियां तंबाकू की तरह पी जाती हैं।

GAṄJEṚĪ गंजेड़ी adj. वि. one who smokes GĀṄJĀ गांजा पीने का अभ्यस्त।

GANNĀ गन्ना m. पु. sugar-cane ईख, ऊख।

GAṆRĀJYĂ गणराज्य (S. सं.) m. पु. a republic जिस राज्य में शासन जनप्रतिनिधयों द्वारा चलाया जाता हो।

GAṄTVYĂ गंतव्य (S. सं.) adj. वि. destination मंजिल, जहां जाना हो।

GĀṄTH गांठ f. स्त्री. a knot गिरह, ग्रंथि।

GĀṄTHNA गांठना v.t. स.क्रि. to knot, to fasten, 2. to take over गिरह लगाना, कसना, 2. हाथ में कर लेना।

GĀṄV गांव m. पु. a village ग्राम छोटी बस्ती।

GĀNVIDYA गानविद्या (S. सं.) f. स्त्री. science of music संगीत शास्त्र।

GAP गप f. स्त्री. gossip, 2. baseless or exaggerated remarks, 3. rumour इधर-उधर की झूठी-सच्ची बातें, ~ करना, to swallow निगले जाना, ~ उड़ाना, spread a rumour अफवाह उड़ाना।

GAPOṚ गपोड़ (S. सं.) m. पु. rumour-monger गप उड़ाने वाला।

GAPPĪ गप्पी (S. सं.) m. पु. rumour-monger गप उड़ाने वाला।

ǴĀR ग़ार (A. अ.) m. पु. cave, den, 2. sunken place गड़ढा, गर्त, 2. गुफ़ा, खोह, मांद।

GĀRĀ गारा m. पु. thick mud मिट्टी या चूना-सुर्खी का लेप जिससे ईंट जोड़ी जाती है।

GĀRAD गारद m. पु. guard पहरा, रक्षक, प्रहरी (अं. GUARD).

GARAJNA गरजना v.i. अ.क्रि. to thunder, to roar कड़क कर बोलना, बादलों का गड़गड़ाना।

GARAL गरल (S. सं.) m. पु. poison ज़हर, विष।

GARAM गरम adj. वि. hot जिसे छूने से ताप का अनुभव हो, ~ कपड़ा, warm cloth ऊनी या रूईदार कपड़ा, ~ ख़बर, hot news वह खबर जिसकी बहुत चर्चा हो, ~ जोशी, warmth of zeal affection बहुत उमंग से करना, ~ मसाला, hot Indian spices धनिया, मिर्च, लौंग, इलायची आदि या इन का मिला-जुला चूर्ण।

GARMĀGARAM गरमागरम adj. वि. freshly/recently cooked ताज़ा, तुरन्त का पका हुआ।

GAṚANA गड़ाना v.t. स.क्रि. to pierce to stick (into) चुभाना, धसाना।

ǴARĀRĀ ग़रारा (P. फ़ा.) m. पु. loose trousers (for women) ढीली मोहरी का पाजामा (ज़नाना), 2. to gargle गले में पानी लेकर "गरगर" (आवाज़) के

साथ कुल्ली करना।

ḌĀRAT ग़ारत (P. सं.) f. स्त्री. devastation, pillage, plunder तबाही, लूट-मार।

ḌARAZ ग़रज़ (A. अ.) f. स्त्री. motive, purpose, 2. need, 3. interest, 4. gist प्रयोजन, मतलब, 2. ज़रूरत, 3. रुचि।

GAṚBAR गड़बड़ adj. वि. confused, disorder, confusion, disturbance, 2. agitation अस्त-व्यस्त, अव्यवस्था।

GAṚBARĀNĀ गड़बड़ाना v.i. अ.क्रि. to muddle, 2. to be disturbed गड़बड़ होना, गड़बड़ करना।

GARBH गर्भ (S. सं.) m. पु. the womb बच्चादानी, 2. pregnancy conception गर्भधारण होना/करना, ~ गिरना, to miscarry गर्भपात, ~ गिराना, to carry out an abortion गर्भपात कराना, ~से होना, to be pregnant गर्भवती होना, ~निरोध, contraception गर्भ रोकने का उपाय।

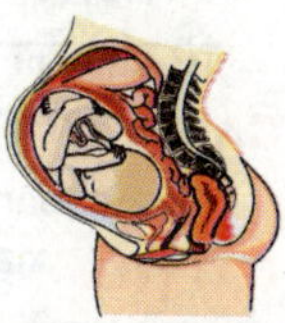

GARBHIṆĪ गर्भिणी (S. सं.) f. स्त्री. pregnent गर्भवती।

GARBĪLA गर्बीला adj. वि. proud घमंडी।

GARD गर्द f. स्त्री. dust धूल।

GARDAN गर्दन (P. फ़ा.) f. स्त्री. the neck ग्रीवा, गला, ~उठाना, to protest विरोध करना, ~में हाथ देना, to insult बेइज्ज़त करना, ~ झुकना, to bow to अधीन होना।

GARDIṠ गर्दिश (P. फ़ा.) f. स्त्री. adversity विपरीत स्थिति, ~में आना, to fall on hard times मुसीबत में पड़ना, 2. फेरा, चक्कर, घुमाव, 3. संकट।

GAṚE MURDE गड़े-मुर्दे adj. वि. long forgotten incidents पुरानी भूली बातों (अप्रिय) की चर्चा करना, ~उखाड़ना, to talk about impleasant past भूतकाल की अप्रिय बातें उठाना।

GAṚERIA गड़ेरिया m. पु. a shepherd, goat-herd एक जाति जो भेड़ पालती (चराती) है।

GAṚH गढ़ m. पु. castle, fort कोट, किला, अड्डा।

GAṚHA गढ़ा m. पु. a pit, hole, 2. crater गड्ढा।

GAṚHANT गढंत adj. वि. fabricated, artificial, 2. fiction गढ़ा हुआ, कल्पित, स्त्री गढ़ी हुई बात।

GĀRHASTYĂ गार्हस्थ्य (S. सं.) m. पु. domestic life गृहस्थ आश्रम, गृह कार्य।

GARHIT गर्हित (S. सं.) adj. वि. detestable base निन्दित बुरा, दूषित।

GAṚHNA गढ़ना v.t. स.क्रि. to make to shape, to forge, to mould, 2. to carve, 3. to fabricate औज़ार की सहायता से कुछ बनाना (ढालना)।

ḌARĪB ग़रीब (A. अ.) adj. वि. poor, humble-modest निर्धन, मुफ़लिस, दीन-हीन, ~ख़ाना, humble dwelling (my house) दीन की कुटिया (नम्रतावश अपने घर को कहते हैं), ~परवर, a kind, hospitable (Lord) ग़रीबों का पालन करने वाला (भगवान)।

ḌARIBI ग़रीबी (A. अ.) f. स्त्री. poverty मुफ़लिसी, दरिद्रता, निर्धनता।

GARIMĀ गरिमा f. स्त्री. dignity, prestige, excellence गुरुता, भारीपन, सम्माननीय स्थिति।

GARIṢTH गरिष्ठ (S. सं.) adj. वि. heavy, indigestible (food) सबसे भारी, दुश्पाच्य (भोजन)।

GARJAN गर्जन (S. सं.) m. पु. the sound of thunder, 2. roaring, 3. bellowing गरजने की क्रिया, ऊंची आवाज़ में चिल्लाना।

GARMĀHAT गर्माहट f. स्त्री. warmth गर्मी, उष्णता।

GARMĀNĀ गरमाना v.i. अ.क्रि. to become hot, to become warm, 2. to become angry, v.t. to heat, 2. to make angry गर्मी अनुभव करना, 2. क्रोधित होना, स.क्रि. गर्म करना, 2. क्रोधित करना।

GARMĪ गरमी f. स्त्री. heat, warmth, 2. the hot weather, 3. venereal disease (syphlis), 4. ardour zeal गरम होने का भाव, 2. ग्रीष्म ऋतु।

GĀRNA गारना v.t. स.क्रि. to squeeze or wring out निचोड़ना।

GART गर्त (S. सं.) m. पु. pit, a ditch गड्ढा, गढ़ा।

GARŪR ग़रूर (A. अ.) m. पु. (false) pride, 2. vanity गर्व (झूठा) घमंड।

GARUṚ गरुड़ (S. सं.) m. पु. the name of a bird falcon, 2. the veticle of Vishnu उकरब, 2. विष्णु का वाहन।

GARV गर्व (S. सं.) m. पु. pride, 2. arrogance अभिमान, घमंड।

GUŚ ग़श (A. अ.) m. पु. fainting or fit मूर्च्छा, ~ खाना, to faint, to swoon मूर्च्छित होना।

GAŚT गश्त (P. फ़ा.) f. स्त्री. going round, patrolling पुलिस का पहरा, घूमना या चक्कर लगाना।

GAŚTI गश्ती (P. फ़ा.) adj. वि. going round गश्त लगाने वाला, ~ चिट्ठी, a circular letter वह चिट्ठी जो सब मातहत कर्मचारियों को क्रमश: भेजी जाए।

GAT गत (S. सं.) adj. वि. past, gone गति, बीता हुआ।

GATĀṄK गतांक (S. सं.) m. पु. the last issue (of a magazine) पिछला अंक (किसी पत्रिका का)।

GĀTHĀ गाथा (S. सं.) f. स्त्री. a song, 2. a narrative poem, a ballad गीत-कथा, 2. प्रशंसा, स्तुति।

GAṬHILA गठीला adj. वि. knotty, 2. compact, well-built (person) गठा हुआ, कसा हुआ (बदन)।

GAṬHRĪ गठरी f. स्त्री. a bundle, a package, parcel कपड़े में बंधा हुआ सामान।

GATI गति (S. सं.) f. स्त्री. movement, motion, 2. progress जाना, चाल, रफ़्तार, ~ मान, in motion गतियुक्त, हरकत करने वाला, ~ रोध, an obstacle जिच, बाधा, अवरोध, ~ शास्त्र, ~ विज्ञान, dynamics विज्ञान का वह भाग जिसमें द्रव्य आदि की गति और शक्ति-संबंधी सिद्धांतों का निर्धारण किया जाता है।

GATTĀ गत्ता (P. फ़ा.) cardboard, paste-board एक तरह की घटिया दफ़्ती।

GATṬHĀ गट्ठा m. पु. a large bundle बड़ी गठरी, गट्ठर।

GAŪ गऊ f. स्त्री. a cow, 2. a gentle person गाय, सीधा आदमी।

GAUR ग़ौर (A. अ.) m. पु. deep thought चिंतन, सोच-विचार, ~ करना, to reflect चिंतन करना।

GAUṚ गौड़ (S. सं.) m. पु. a brahmin sub-community of India, old name of West Bengal एक ब्राह्मण जाति का खंड, बंगाल का पुराना नाम-गौड़देश।

GAURĀ गौरा (S. सं.) adj. वि. a fair-skinned woman, Durga or Parvati गौर स्त्री, पार्वती।

GAURAV गौरव (S. सं.) m. पु. honour, prestige, 2. gravity गुरुता, भारीपन, महत्व।

GAURAVĀNVIT गौरवान्वित (S. सं.) adj. वि. glorious, honoured गौरवयुक्त, जिसे गौरव प्राप्त हुआ हो।

GAURĪ गौरी (S. सं.) f. स्त्री. the goddess Parvati, wife of Lord

Shiva पार्वती (शिव की पत्नी) गोरी स्त्री। 2. आठ वर्ष की कन्या।

GAUTAM गौतम (S. सं.) m. पु. Buddha, 2. an ancient sage husband of Ahilya बुद्ध, 2. गौतम का वंशज।

GAVĀH गवाह (P. फ़ा.) m. पु. a witness साक्षी।

GAVĀHĪ गवाही f. स्त्री. evidence साक्ष्य।

GAVAIYĀ गवैया m. पु. a singer गायक, गाने वाला।

GAVĀNĀ गवाना v.t. स.क्रि. to make someone sing गाने का काम किसी और से कराना।

GAVĀRĀ गवारा (P. फ़ा.) adj. वि. acceptable रुचिकर, मनोनुकूल, ~ करना, to endure to adjust बर्दाश्त करना।

GAVEṢṆ गवेषणा (S. सं.) f. स्त्री. research, investigation खोज।

GAVYĂ गव्य (S. सं.) m. पु. obtained frow a cow-milk, butter, ghee, urine & dung गाय से प्राप्त दूध-दही आदि।

GAYĀ गया past, gone, went, an ancient city in Bihar GAYA जो जा चुका, बीत चुका, बिहार (मगध) का प्रसिद्ध तीर्थ-स्थान जहां पिंडदान होता है। (स्त्री, गयी या गई)।

ǴĀYAB ग़ायब (A. अ.) adj. वि. vanished, disappeared लुप्त छिपा हुआ, अनुपस्थित।

GAYAK गायक (S. सं.) m. पु. singer गवैया, गानेवाला (स्त्री. गायिका)।

GAZ गज़ (P. फ़ा.) m. पु. a measure of length (Yard) लंबाई का एक नाप सोलह गिरह या छत्तीस इंच, a measuring rod 36 inches long नापने का गज़।

ǴAZAB ग़ज़ब adj. वि. excessive, a disaster आफ़त, अंधेर, ~ ढाना, to terrorise ज़ुल्म करना, आफ़त ढाना।

ǴAZAL ग़ज़ल (A. अ.) f. स्त्री. a poem of generally romantic or amatory theme ऐसी पद्य-रचना जिसमें प्रिया के सौन्दर्य तथा उसके प्रति उत्पन्न प्रेम का वर्णन हो, (अब अन्य विषयों पर भी ग़ज़ल लिखी जाती है)।

GAZAT गज़ट Eng. GAZETTE सरकारी अखबार, राजपत्र।

ǴAZĪ ग़ाज़ी (A. अ.) m. पु. a hero, a victor (over non-muslims) विजेता, शूरवीर।

ǴAZNAVI ग़जनवी (P. फ़ा.) adj. वि. a resident of Gazni ग़ज़नी का रहने वाला, एक तुर्क वंश।

GEHUṄ गेहूं m. पु. wheat एक अन्न जिससे अमूमन रोटी बनाते हैं।

GEHUAṄ गेहुआं adj. वि. wheat coloured गेहूं के रंग का, गंदुमी।

GEHUṄVAN गेहुंवन m. पु. name of a very poisonous snake गेहूं के रंग का एक बहुत ज़हरीला सांप।

GEṄD गेंद f. स्त्री. a ball कंदुक, खेलने का बॉल।

GERU गेरु m. पु. red ochre, a red soil लाल मिट्टी।

GERUĀ गेरुआ adj. वि. ochre-coloured, yellowish गेरु के रंग का (पीला-नारंगी सा रंग का)।

GEYĂ गेय (S. सं.) adj. वि. fit to be sung गाने योग्य।

GHABRĀHAṬ घबराहट f. स्त्री. confusion, 2. agitation, alarm अधीरता, उद्विग्नता।

GHABRĀNĀ घबराना v.i. अ.क्रि. to be confused, agitated अधीर होना, अस्थिर होना, स.क्रि., अस्थिर करना।

GHĀGHRĀ घाघरा m. पु. an ample

ankle length shirt लहंगा।

GHĀLMEL घालमेल adj. वि. mixed up गड्ड-मड्ड।

GHĀLNĀ घालना v.t. स.क्रि. to throw, 2. to ruin नाश करना।

GHAMAṆD घमंड (S. सं.) m. पु. pride, arrogance गर्व, दर्प, शेखी।

GHAMAṆḌĪ घमंडी (S. सं.) adj. वि. proud, vain arrogant गर्वीला, घमंड करने वाला।

GHANGHOR घनघोर adj. वि. very dense, terrible ज़बर्दस्त, भीषण, घना (घनी)।

GHANIṢṬH घनिष्ठ (S. सं.) adj. वि. intimate, very close अंतरंग, बहुत घना (मित्र)।

GHANPHAL घनफल m. पु. cubic capacity लंबाई, चौड़ाई, मोटाई का गुणनफल।

GHANŚYĀM घनश्याम (S. सं.) m. पु. a title of Krishna, a adj. dark as a cloud श्री कृष्ण, बादल जैसा काला।

GHAṆṬĀ घंटा m. पु. a bell, gong, an hour घड़ियाल, बड़ी घड़ी, साठ मिनट का समय।

GHAṆṬĪ घंटी f. स्त्री. a small bell, 2. the sound of a bell छोटी घंटी, 2. घंटी की टुन-टुन आवाज़।

GHANATV घनत्व (S. सं.) m. पु. density घनापन, ठोसपन।

GHANVĀD घनवाद (S. सं.) m. पु. cubism आधुनिक चित्र और मूर्तिकला की एक प्रवृत्ति।

GHAPLĀ घपला m. पु. confusion, 2. fraud गोलमाल, गड़बड़।

GHAR घर m. पु. a house, living quarters, 2. home family, 3. building आवास, आदमी या पशु के रहने की जगह, ~ फूंक तमाशा देखना, to waste one's resources foolishly अपनी सम्पत्ति मूर्खता से बर्बाद करना, ~ बसाना, to set up home after marriage विवाह कर लेना, ~ सिर पर उठाना, to make unbearable noise शोर, उधम मचाना, ~ वाली, wife पत्नी।

GHARĀNĀ घराना m. पु. family, household, 2. lineage, 3. school of music and dance कुल, वंश।

GHARELŪ घरेलू adj. वि. domestic, personal (as servant) पालतू, घर का।

GHAṚĀ घड़ा m. पु. earthen pitcher (pot) कलसा, पानी रखने का बर्तन।

GHAṚĪ घड़ी f. स्त्री. a small space of time (a period of 24 minutes), 2. a particular moment, 3. a watch a clock 60 पल या 24 मिनट का कालमान, समय सूचक यंत्र, ~ घड़ी, time and again बार-बार।

GHĀS घास f. स्त्री. grass, fodder, 2. hay, straw चौपायों का चारा, तृण, पुआल।

GHASĪṬNA घसीटना v.t. स.क्रि. to drag, to haul किसी चीज़ को ज़मीन पर रगड़ खाते हुए खींचना।

GHASIYĀRĀ घसियारा m. पु. a seller of grass, a cutter of grass घास काटने-बेचने वाला, तुच्छ व्यक्ति।

GHĀSLEṬ घासलेट m. पु. kerosene oil मिट्टी का तेल।

GHĀT घात m. पु. ambush, to look for a chance, to attack ताक लगाना, दांव-पेंच।

GHĀṬ घाट m. पु. wharf, 2. a place for washing clothes, 3. a mountain pass नाव से उतरने का स्थान, कपड़े धोने का स्थान, पहाड़ी रास्ता।

GHAṬĀ घटा (S. सं.) f. स्त्री. cloud बादल।

GHAṬAK घटक (S. सं.) m. पु. a marriage broker, 2. element विवाह संबंध कराने वाला, 2. तत्त्व, 3. घटित करने वाला अंश।

GHAṬĀNĀ घटाना v.t. स.क्रि. to deduct, 2. to cause to be lessened कम करना, 2. बाकी निकालना।

GHAṬĪ घटी f. स्त्री. loss, decrease हानि, नुकसान।

GHAṬNA घटना v.i. अ.क्रि. to happen, 2. to be lessened, 3. to be subtracted घटित होना, गुज़रना, 2. कम होना, कम पड़ना।

GHĀV घाव m. पु. wound, a bruise, 2. a sore ज़ख़्म, क्षत, आघात, चोट।

GHĀYAL घायल adj. वि. wounded, 2. injured ज़ख़्मी, जो चोट खाए हो।

GHER घेर m. पु. encircling, ring, boundry, 2. fullness (of the skirt) घेरा, फैलाव।

GHERNĀ घेरना v.t. स.क्रि. to encircle to surround, 2. to hedge in, to confine रोकना, आबोष्टित करना।

GHĪ घी m. पु. clarified butter घृत, पिघलाया हुआ मक्खन, ~ के दिए जलाना, to prosper बहुत आनंद करना।

GHIGHIYĀNĀ घिघियाना v.i. अ.क्रि. to whine, to beseech गिड़गिड़ाना।

GHISAĪ घिसाई f. स्त्री. abrasion, friction घिसने की क्रिया या भाव।

GHISNĀ घिसना v.t. स.क्रि. to rule to grind, v.i. to be rubbed to be worn down अ.क्रि., रगड़ना (इस प्रकार कि वस्तु का कुछ अंश कटता जाए)।

GHOL घोल m. पु. a solution घोल कर बनाई हुई चीज़।

GHOLAK घोलक m. पु. solvent घुला देना वाला, जो घुला दे।

GHOLNĀ घोलना v.t. स.क्रि. to mix, to stir, to dissolve or melt मिश्रित करना, हिलाना, मिला कर घोल बनाना।

GHOṄSLA घोंसला m. पु. a nest नीड़, पक्षी के रहने का स्थान, नशेमन।

GHOR घोर (S. सं.) adj. वि. terrible, awesome, 2. extreme, intense, deep डरावना, भयानक, 2. भीषण।

GHOṚA घोड़ा m. पु. a horse अश्व, सवारी के काम आने वाले एक जानवर, ~ गाड़ी, horse-drawn cart वह गाड़ी जिसमें घोड़ा (घोड़े) जोता जाता हो।

GHOṢṆA घोषणा (S. सं.) f. स्त्री. announcement, proclamation मुनादी, ऐलान।

GHOTĀLĀ घोटाला m. पु. scandal, 2. confusion घपला, गोलमाल, गड़बड़।

GHOTNĀ घोटना v.t. स.क्रि. to grind, to mix, 2. to commit, to memory मलना, पीसकर महीन करना, 2. याद करना।

GHṚNA घृणा (S. सं.) f. स्त्री. hatred, aversion, 2. contempt नफ़रत, घिन, ~ स्पद, hateable घृणा-योग्य।

GHULNA घुलना v.i. अ.क्रि. to melt, to suffer, 2. to be dissolved, 3. to suffer किसी तरल पदार्थ में मिल जाना, 2. दुख में कमजोर होना।

GHUMAKKAṚ घुमक्कड़ adj. वि. roving, wandering सैर-सपाटे का शौकीन, बहुत घूमने वाला।

GHUMĀNĀ घुमाना v.t. स.क्रि. to roll, to cause to revolve, 2. to show (take) around, 3. to circulate फिराना, चक्कर देना।

GHŪMNĀ घूमना v.i. अ.क्रि. to travel, to wander, 2. to move in a circle, 3. to turn/bend (as a road) फिरना,

चक्कर खाना, 2. मुड़ना (जैसे सड़क का)।

GHUN घुन m. पु. a wood-louse, 2. a weevil लकड़ी में लगने वाला छोटा कीड़ा।

GHŪṆGHAT घूंघट f. स्त्री. a veil चेहरे को ढकने के लिए स्त्री द्वारा प्रयुक्त कपड़ा (आंचल, चादर, दुपट्टा आदि), नक़ाब।

GHUṆGHRU घुंघरू m. पु. a small bell, 2. string of small bells, (worm for dancing) पीतल (चांदी) का खोखला दाना जिसके अन्दर कंकड़ी बजती है, 2. नृत्य के लिए पांवों में बांधने की घुंघरूओं की लड़ी।

GHŪṆSA घूंसा m. पु. a blow, a fisticuff मुक्का, प्रहार के लिए बंधी हुई मुट्ठी, घूंसे बाज़, a boxer मुक्केबाज़, boxing मुक्केबाज़ी।

GHŪṆT घूंट m. पु. a swallow, a gulp तरल पदार्थ की वह मात्रा जो एक बार में गले में उतारी जा सके।

GHŪRNĀ घूरना v.i. अ.क्रि. to stare at, to ogle काम या क्रोध भरी दृष्टि से देखना।

GHŪS घूस f. स्त्री. a bribe रिश्वत, ~ खाना, ~ लेना, to accept a bribe रिश्वत लेना, ख़ोर, one who takes a bribe (habitually) जो आदतन रिश्वत लेता हो।

GHUSNĀ घुसना v.i. अ.क्रि.. to enter प्रवेश करना, भीतर जाना।

GHUSĀNĀ घुसाना v.t. स.क्रि. to cause to enter प्रवेश कराना, to penetrate भीतर भेजना (करना)।

GHUṬAN घुटन f. स्त्री. choking, suffocation सांस रुकने जैसा अनुभव।

GHUṬNĀ घुटना m. पु. knee जांघ और टांग का जोड़, to suffocate दम निकलने जैसा लगना, to be ground पिसना (जैसे भांग)।

GHUTTĪ घुट्टी f. स्त्री. digestive, medicine for babies बच्चों के लिए रेचक, पाचक दबा।

GHIC-PIC घिच-पिच adj. वि. jumbled अस्पष्ट (गड्ड-मड्ड) लिखावट।

GĪDAṚ गीदड़ m. पु. a jackal सियार, श्रृंगाल वि. डरपोक, ~ भभकी, bravado स्त्री दिखाऊ धमकी।

GILA गिला (P. फ़ा.) m. पु. complaint, 2. accusation, 3. lamentation शिकायत, उलाहना।

GĪLĀ गीला adj. वि. wet भीगा हुआ, moist, damp नम, आर्द्र।

GILĀF गिलाफ़ m. पु. pillow-case covering, 2. quilt, sheath खोली, (तकिए, रज़ाई आदि को)।

GILAS गिलास m. पु. a tumbler गोल, लम्बोतरा प्याला।

GILAT गिलट f. स्त्री. gilt, metal plating on anything मुलम्मा, चांदी के रंग की एक घटिया धातु।

GILAURĪ गिलौरी f. स्त्री. a folded betel-leaf with its contents (ready for eating) पान का बीड़ा।

GILHARĪ गिलहरी f. स्त्री. a squirrel कट्टो, पेड़ों पर रहने वाला एक छोटा जन्तु।

GINANĀ गिनना v.i. अ.क्रि. to count, to calculate गणना करना, संख्या मालूम करना।

GINĀNĀ गिनाना v.t. स.क्रि. to cause to be counted किसी और से गिनती कराना।

GINTĪ गिनती f. स्त्री. counting, calculation गणना गिनने की क्रिया, ~

के, just a few थोड़े से, ~ में आना, to deserve inclusion कुछ मूल्य-महत्व का होना।

GIRAFT गिरफ़्त (P. फ़ा.) f. स्त्री. grasp, 2. capture पकड़, ~ में आना, to be taken into custody पकड़ में (कब्जे में) आना।

GIRAFTAR गिरफ़्तार (P.फ़ा.) adj. वि. arrested पकड़ा हुआ, बन्दी, ~ करना, to arrest बन्दी बनाना।

GIRAH गिरह f. स्त्री. a knot, 2. a pocket, 3. three fingure breadth गांठ, बंधन, गुत्थी, 2. तीन अंगुली की चौड़ाई।

GIRĀNĀ गिराना v.t. स.क्रि. to drop, 2. to lower, 3. to disgrace नीचे डालना, नीचे फेंकना, 2. बेइज़्जत करना।

GIRĀVAT गिरावट f. स्त्री. a fall पतन, गिरने का भाव।

GIRD गिर्द adv. अ. around आस-पास, पास।

GIRGIRĀNA गिड़गिड़ाना v.i. अ.क्रि. to whine to entreat abjectly दीन भाव से प्रार्थना करना।

GIRI गिरि (S. सं.) m. पु. a mountain, a hill पहाड़, पर्वत।

GIRJA गिरजा m. पु. a church, chapel ईसाइयों का उपासना गृह।

GIRNA गिरना v.i. अ.क्रि. to fall, to collapse ऊपर से नीचे आना, मंदा होना (भाव)।

GĪT गीत (S. सं.) m. पु. song गान, बड़ाई।

GĪTA गीता (S. सं.) m. पु. a song, 3. an episode in poetic work, 3. the Bhagvad महाभारत में श्रीकृष्ण द्वारा अर्जुन को दिया गया धार्मिक उपदेश।

GĪTI गीति (S. सं.) f. स्त्री. a song गीत, एक गाया वृत्त, ~काव्य, a lyrical poem गीत के रूप मे बना काव्य।

GĪTŚĀSTR गीतशास्त्र (S. सं.) m. पु. the science of music musicology संगीत विद्या।

GIZĀ गिज़ा (A. अ.) food, 2. diet आहार, खाना, खाद्य पदार्थ, 2. खुराक।

GLĀNI ग्लानि (S. सं.) f. स्त्री. disgust, 2. remorse अ.फ़सोस, मानसिक शिथिलता, खेद।

GO गो f. स्त्री. a cow गाय, ढोर।

GO गो (P. फ़ा.) conj. अ. although, notwithstanding यद्यपि, अगर्चे।

GOBAR गोबर m. पु. cow-dung गाय की लीद।

GOCAR गोचर adj. वि. visible, which can be felt इन्द्रिय, द्वारा जाने योग्य, 2. pasture for cows गायों के चरने की जगह।

GOD गोद f. स्त्री. lap. bosom पहलू, ~ लेना, to adopt किसी को दत्तक बनाना, (as son or daughter) पुत्र या पुत्री के रूप में)।

GODHAN गोधन m. पु. wealth in cattle गाय-बैल रूपी धन।

GODHŪLI गोधूलि (S. सं.) f. स्त्री. twilight गोधलि, गोधूली, स्त्री. संध्या बेला।

GODNĀ गोदना v.t. अ.क्रि. a tattoo, 2. to pierce, to penetrate नील या कोयले से किसी अंग पर बना चिन्ह, 2. चुभाना, गड़ाना।

GOHATYĀ गोहत्या (S. सं.) f. स्त्री. killing of a cow गोवध, गाय की हत्या।

GOĪ गोई (P. फ़ा.) f. स्त्री. speaking कथन (जैसे साफ़गोई), (female) friend, fast friend सखी, सहेली।

GOKI गोकि (P. फ़ा.) conj. अ. although यद्यपि, हालांकि।

GOL गोल m. पु. anything round, a

circle, a sphere adj. round, circular वृत्ताकार, गोलाकार, adj. अं. Goal वह स्थान जहाँ गेन्द के प्रवेश करने से पक्षविशेष की जीत दर्ज होती है।

GOLĀ गोला m. पु. a round lump, ball, 2. a cannon ball, 3. a grain market गोलाई वाला, 2. तोप का गोला, 3. अनाज मंडी, ~ बारूद, shot and powder, stored ammunition युद्ध सामग्री।

GOLĪ गोली f. स्त्री. a marble, 2. a bullet, 3. a pill कंचा, 2. (बंदूक की) गोली, 3. (दवा की) गोली, ~ खाना, to be struck by a bullet गोली से घायल होना, ~ चलाना, to fire a shot गोली से घायल करना, ~ मारना, to shoot ठुकरा देना।

GOLMEZ SAMMELAN गोलमेज़ सम्मेलन m. पु. round table conference सर्वपक्ष सम्मेलन।

GOMĀṄS गोमांस (S. सं.) m. पु. beef गाय का मांस।

GOMŪTR गोमूत्र (S. सं.) m. पु. cow's urine गाय का मूत्र।

GOṄD गोंद f. स्त्री. gum, glue पेड़ का लसदार पसेव जो सूख गया हो, चिपकने वाला पदार्थ।

GOP गोप (S. सं.) m. पु. a cowherd गया पालने वाला।

GOPAN गोपन (S. सं.) m. पु. hiding, 2. a hidden or sceret place छिपाना, छिपाव, 2. गुप्त स्थान।

GOPNIYĂ गोपनीय (S. सं.) adj. वि. needing to be kept sceret जिसे गुप्त रखना ज़रूरी हो।

GOPAN ŚAPATH गोपन शपथ (S. सं.) m. पु. oath of scerecy गुप्त रखने की कसम, मंत्रियों द्वारा पदग्रहण करने के समय ली जाने वाली शपथ।

GOPĀṢṬMĪ गोपाष्टमी (S. सं.) f. स्त्री. eighth day of the moonlit fortnight of Kartik month (when cows are worshipped कार्तिक शुक्ल अष्टमी।

GOPĪ गोपी (S. सं.) f. स्त्री. wife of a cowherd, 2. milkmaid गोपवधू, ग्वालिन।

GOPIKĀ गोपिका (S. सं.) f. स्त्री. wife of a cowherd, 2. milkmaid गोपवधू, ग्वालिन।

GORAKHDHAṄDHĀ गोरखधंधा m. पु. a complicated task or problem पहेली, झमेला।

GORAKHNĀTH गोरखनाथ name of a legendary, Yogi, founder of the Gorakhpanth पंद्रहवीं सदी के एक प्रसिद्ध हठयोगी और गोरखपंथ के प्रवर्तक।

GORKHĀ गोरखा m. पु. a Nepali community नेपाल की एक प्रजाति, नेपालनिवासी।

GOSĀIṄ गोसाईं m. पु. lord of cows, 2. a title of the Supreme being, 3. name of a Brahmin community गोस्वामी, मालिक, श्रेष्ठ।

GOṠT गोश्त (P. फ़ा.) m. पु. meat, flesh मांस, सालन।

GOṢṬHĪ गोष्ठी (S. सं.) f. स्त्री. meeting, 2. an assembly, 3. discussion सभा, मंडली, वार्तालाप।

GOṬ गोट f. स्त्री. hem or border (of a garment) braid, gold or silver मगजी, किनारी, संजाफ़।

GOṬA गोटा m. पु. gold or silver lace सुनहले या रूपहले तारों से बुना हुआ फ़ीता।

ḠOTA ग़ोता (A. अ.) m. पु. diving, plunging, a plunge डुबकी, पानी में डूबना, ~ खाना, to be immersed, to sink डुबकी खाना।

GOTAM गौतम (S. सं.) m. पु. name of a rishi, the husband of Ahilya, name of the founder of the Nyaya philosophy न्याय शास्त्र प्रवर्तक गौतम मुनि।

GOṬĪ गोटी f. स्त्री. a small round stone, 2. a piece in a game छोटी पत्थर की गोली, 2. मोहरा, ~ जमना, बैठना, a move towards success युक्ति सफल होना, ~ पिटना, पीटना, to lose, capture a piece मोहरा हारना, जीतना।

GOTR गोत्र (S. सं.) m. पु. an exogamous sub-division of a caste group कुल वंश।

GOVIṄD गोविंद (S. सं.) m. पु. Sri Krishna गोपालक कृष्ण।

GRAH ग्रह (S. सं.) m. पु. a planet, 2. evil spirits influencing the body and mind सूर्य की परिक्रमा करने वाला तारा, 2. तारों की स्थिति का शरीर तथा दिमाग़ पर बुरा असर।

GRĀHAK ग्राहक (S. सं.) m. पु. a customer, a subscriber ग्राहक, ख़रीदार, ग्रहण करने वाला।

GRĀHAKYAṄTR ग्राहकयंत्र (S. सं.) m. पु. a receiver टेलिफ़ोन, रेडियो या तार की ध्वनि ग्रहण करने वाला यंत्र।

GRAHAṆ ग्रहण (S. सं.) m. पु. seizing, 2. eclipse, 3. taking, accepting पकड़ने की क्रिया, 2. पृथ्वी की छाया पड़ने पर सूर्य या चन्द्र की ज्योति का छुपना, पाना, स्वीकार करना।

GRĀHYĂ ग्राह्य (S. सं.) adj. वि. worthy of acceptance, to be received ग्रहण करने योग्य, लेने लायक।

GRĀM ग्राम (S. सं.) m. पु. a village बस्ती, गांव, 2. a measure of weight एक तौल।

GRĀMIṆ ग्रामीण (S. सं.) adj. वि. a villager, of a village गांव का (रहने वाला), ग्राम-संबंधी।

GRĀMDEV ग्रामदेव (S. सं.) m. पु. a village deity गांव का अधिष्ठाता।

GRĀMDEVTA ग्रामदेवता (S. सं.) m. पु. a village deity गांव का अधिष्ठाता।

GRĀMYĂ ग्राम्य (S. सं.) adj. वि. rural, rustic ग्राम-संबंधी, देहाती, मूर्ख।

GRAṄTH ग्रंथ (S. सं.) m. पु. a book, a treatise पुस्तक, किताब, ~ कार, a writer लेखक ~ साहब (Guru) Granth Sabab, the sacred scriptures of the sikhs सिखों का धर्म-ग्रन्थ।

GRAṄTHĀGĀR ग्रंथागार (S. सं.) m. पु. a library पुस्तकालय।

GRAṄTHI ग्रंथि (S. सं.) f. स्त्री. a knot, 2. a gland, 3. complex गांठ, अंगों का जोड़।

GRAṄTHĪ ग्रंथी (S. सं.) m. पु. a reader of the Granth Sabah ग्रंथ का पाठ करने वाला व्यक्ति।

GRĀS ग्रास (S. सं.) m. पु. a morsel, a mouthful निवाला, कौर।

GRAST ग्रस्त (S. सं.) adj. वि. seized, taken, possessed by पीड़ित, ग्रसा हुआ, पकड़ा हुआ।

GṚH गृह (S. सं.) m. पु. dwelling, home, 2. building घर, मकान, वास-स्थान।

GṚHASTH गृहस्थ (S. सं.) m. पु. a householder घर-बार वाला।

GṚHASTHĀŚRAM गृहस्थाश्रम (S. सं.) m. पु. the second or domestic stage of life, married life विवाहित जीवन, (ब्रह्मचर्य आश्रम के बाद) जीवन का द्वितीय आश्रम ~ विवाहित भाग।

GṚHASTHĪ गृहस्थी (S. सं.) f. स्त्री. household गृहस्थ का जीवन।

GṚHIṆĪ गृहिणी (S. सं.) f. स्त्री. mistress of the house पत्नी, गृह

स्वामिनी।

GṚHMANṄTRĪ गृहमंत्री (S. सं.) m. पु. home-minister राज्य के भीतरी मामलों (शांति रक्षा आदि) की व्यवस्था करने वाला मंत्री।

GṚHUDYOG गृहउद्योग (S. सं.) m. पु. village, rural industry घर में किया जाने वाला धंधा।

GṚHYUDDH गृहयुद्ध (S. सं.) m. पु. civil war घर की लड़ाई, 2. देश के अंदर की लड़ाई।

GRĪṢM ग्रीष्म (S. सं.) m. पु. the hot season (Month of June in India) गर्मी का मौसम।

GUBĀR ग़ुबार (A. अ.) m. पु. dust, dust-storm धूल, गर्द, ~ निकालना, to vent ill feeling भड़ास निकालना, संचित दुख निकालना।

GUCCHĀ गुच्छा m. पु. a bunch, a cluster टहनी में लगे फल-फूल, 2. इकट्ठी हुई चीज़ों का छोटा समूह।

GUDĀ गुदा m. पु. anus मलद्वार।

GUDĀZ गुदाज़ (P. फ़ा.) adj. वि. soft, plump नर्म, गुदगुदा।

GUDDA गुड्डा m. पु. a large doll (f. GUDDI गुड्डी), नर गुड़िया।

GUDGUDĪ गुदगुदी f. स्त्री. tickling गुदगुदाने से पैदा होने वाली सुखद सुरसुराहट।

GUDṚĪ गुदड़ी f. स्त्री. rags, a tattered garment चीथड़ा, रंग-बिरंगे टुकड़ो से बना ओढ़ना, ~ कालाल, a great person born in an ordinary home साधारण घर में जन्मा असाधारण व्यक्ति, ~ बाज़ार, a second hand clothes market पुरानी चीज़ों का बाज़ार।

GUFTAGŪ गुफ़्तगू (P. फ़ा.) m. पु. conversation बात-चीत, वार्तालाप।

GUJRĀT गुजरात m. पु. the state or region of Gujrat भारत का एक पश्चिमी राज्य, गुजरात।

GUJRATĪ गुजराती adj. वि. belonging to Gujrat गुजरात प्रदेश का निवासी, गुजरात का बना।

GUL गुल (P. फ़ा.) m. पु. a flower, 2. a rose फूल, 2. गुलाब का फूल, -करना, to extinguish बुझाना, (दीपक) ~ खिलना, to flower to come to light भेद खुलना, बखेड़ा उठना, ~ खिलाना, to cause to happen बखेड़ा उठाना।

GULĀB गुलाब a rose एक कंटीला पौधा, उसका फूल, ~ जामुन, a sweet made from Khoa & syrup एक प्रसिद्ध भारतीय मिठाई (खोये और चीनी की चाशनी से बनी)।

GULĀM ग़ुलाम (A. अ.) m. पु. a slave दास, ख़रीदा हुआ नौकर।

GULĀMĪ ग़ुलामी (A. अ.) f. स्त्री. slavery बंधुआ मज़दूरी।

GŪLAR गूलर f. स्त्री. the wild fig and its fruit उदुंबर, उसका फल।

GULCHARRA गुलछर्रा m. पु. a life given over to pleasure मौज, ऐश, चैन, ~ रें उड़ाना, to live high life निर्द्वंद्व हो कर मौज उड़ाना।

GULDAN गुलदान m. पु. flower-vase गुलदस्ता रखने का पात्र।

GULDASTĀ गुलदस्ता m. पु. a bunch of flowers फूलों का गुच्छा।

GULISTĀN गुलिस्तान (P. फ़ा.) m. पु. a flower garden, a rose garden पुष्पवाटिका, बगीचा, 2. a famous Persian book of verse & prose by Sheikh Sadi शेख़ सादी का प्रसिद्ध नीतिग्रंथ।

GULISTAṄ गुलिस्तां (P. फ़ा.) m. पु. a flower garden, a rose garden पुष्पवाटिका, बगीचा, 2. a famous Persian book of verse & prose by Stheikh Sadi शेख़ सादी का प्रसिद्ध नीतिग्रंथ।

GULṠAN गुलशन m. पु. a garden बाग, वाटिका।

GUM गुम (P. फ़ा.) adj. वि. missing, 2. absent, lost खोया हुआ।

GUMĀN गुमान (P. फ़ा.) m. पु. pride, haughtiness, 2. conjecture गर्व, 2. शक, सन्देह, अनुमान।

GUMĀSTĀ गुमाश्ता (P. फ़ा.) m. पु. deputed agent, business represent-ative एजेन्ट, दलाल।

GUṀBAD गुंबद (P. फ़ा.) m. पु. an arch, a dome गोल छत जिसमें आवाज़ गूंजे।

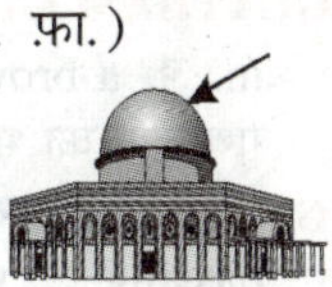

GUMNĀM गुमनाम adj. वि. anony-mous छद्‌मनाम, 2. जिसका नाम प्रसिद्ध न हो।

GUṀPHIT गुम्फित (S. सं.) adj. वि. woven, twisted गूंथा हुआ, सजाया हुआ।

GUMRĀH गुमराह adj. वि. misled, one who has lost his way जो रास्ता भूल (भटक) गया हो।

GUMṠUDĀ गुमशुदा adj. वि. lost जो गायब (भुला) गया हो।

GUMSUM गुमसुम adj. वि. quiet चुप और निश्चेष्ट।

GUṆ गुण (S. सं.) m. पु. quality विशेषता, जाति-स्वभाव, 2. each of the three constituents of nature viz. Goodness, Passion & Darkness प्रकृति के तीनों मुख्य गुण-सत्व, रजस एवं तमस।

GUNĀH गुनाह (P. फ़ा.) m. पु. fault, offence पाप, ग़लती, ~ गार, sinful, sinner, guilty पापी, पापाचारी, अपराधी, दोषी।

GUṄCA गुंचा (P. फ़ा.) m. पु. a bud, a blossom कली।

GUṄḌA गुंडा m. पु. bully, 2. a dissolute person बदमाश, दुर्वृत्त।

GUṄDHNA गूंधना v. क्रि. to knead मांडना (आटे में पानी डालकर)।

GUNGUNĀNĀ गुनगुनाना v.i. अ.क्रि. to hum, to mutter धीमे स्वर में गाना।

GUṆĪ गुणी (S. सं.) adj. वि. worthy, talented, having good qualities गुणवान, गुण युक्त, प्रतिभाशाली।

GŪNJ गूंज f. स्त्री. humming, buzzing, 2. reverberation, resonance प्रति-ध्वनि।

GUṄJAN गुंजन (S. सं.) m. पु. humming or murmuring sound, 2. echo, 3. the sound of birds or bees भौंरे का भनभनाना।

GUṄJĀN गुंजान adj. वि. thick, dense, compact घना, सटा हुआ।

GUṄJĀR गुंजार m. पु. see GŪNJ गूंज देखो।

GŪṄJNĀ गूंजना v.i. अ.क्रि. to echo, to resound आवाज़ का टकरा कर लौटना, प्रतिध्वनित होना।

GUṆVAN गुणवान (S. सं.) adj. वि. a talented person गुणी, प्रतिभावान।

GUPCUP गुपचुप adj. वि. secret, silently, silence छिपकर गुप्त रीति से।

GUPHĀ गुफा f. स्त्री. a cave स्त्री, खोह, गुहा।

GUPT गुप्त (S. सं.) adj. वि. secret रक्षित, छिपा हुआ, छिपाया हुआ, ~ चर, a detective जासूस।

GUṚ गुड़ m. पु. raw sugar, jaggery खजूर या ताड़ के रस को गाढ़ा कर के बनाई हुई बट्टी।

GUR गुर m. पु. formula, way of doing

a thing कार्य साधने की युक्ति या उपाय।

GURDA गुर्दा m. पु. a kidney शरीर में स्थित रक्त साफ़ करने वाले दो अंग, जो विकारों को पेशाब के रूप में मूत्राशय में भेजते हैं।

GURGURĪ गुडगुड़ी f. स्त्री. a small hookah काठ की निगाली वाला छोटा हुक्का।

GŪṚH गूढ़ (S. सं.) adj. वि. hidden, mysterious छिपा हुआ, समझने में कठिन, ~ लेख, cypher गुप्त लिपि।

GUṚIĀ गुड़िया f. स्त्री. a doll कपड़े की बनी पुतली (अब प्लास्टिक तथा अन्य वस्तुओं की पुतलियां भी मिलती हैं), ~ का खेल, a child's play, an easy matter बहुत आसान काम।

GURRĀNĀ गुर्राना v.i. अ.क्रि. to growl, to snarl (किसी पशु का) क्रोध में आकर भारी आवाज़ निकालना, क्रोधसूचक आवाज़ में बोलना।

GURU गुरु (S. सं.) adj. वि. heavy-weight, 2. venerable, m. a teacher भारी, 2. पूज्य, पु. पूज्य पुरुष, शिक्षक।

GURUBHAĪ गुरुभाई m. पु. fellow-disciple एक ही गुरु से शिक्षा पाने वाला।

GURUJAN गुरुजन (S. सं.) m. पु. eminent person बड़ा, बुज़ुर्ग, पूज्य पुरुष।

GURUTVĂ गुरुत्व (S. सं.) m. पु. gravity (gravitational pull) पृथ्वी की ओर खिंचाव, गुरुत्वाकर्षण।

GURUVĀR गुरुवार (S. सं.) m. वि. Thursday बृहस्पतिवार।

GUSSĀ गुस्सा m. पु. anger, rage क्रोध, रोष, कोप, ~ आना/करना, to grow/be angry ~ थूक देना, to suppress anger गुस्सा छोड़ देना, ~ दिलाना, to provoke क्रोधित होने पर मजबूर करना।

GUSSAIL ग़ुस्सैल adj. वि. quick-tempered, short-tempered क्रोधी, गुस्सावर, जल्द नाराज़ होने वाला।

GUSTAKH गुस्ताख़ adj. वि. rude, arrogant ढीठ, बेअदब, अविनीत।

GUSTAKHĪ गुस्ताख़ी f. स्त्री. arrogance ढिठाई, बेअदबी।

GUTHLI गुठली stone of a fruit फल का कड़ा भाग, बीच।

GUTKĀ गुटका m. पु. a small ball, a pill, 2. a small book गोली, 2. जेबी आकार की पुस्तक।

GUTTHAM GUTTHĀ गुत्थम-गुत्था m. पु. a browl, a struggle भिड़न्त, गुंथ जाने का भाव।

GUZAR गुज़र (P. फ़ा.) m. पु. passing, 2. the passage of time/life रास्ता, निर्वाह, गुज़ारा, ~ करना, v.i. अ.क्रि. to get by निर्वाह करना, ~ जाना, to pass away to die मर जाना, मृत्यु हो जाना।

GUZĀRĀ गुज़ारा (P. फ़ा.) m. पु. the spending of time, 2. the means of existence निर्वाह करना, जीवन बिताना।

GUZĀRIS गुज़ारिश (P. फ़ा.) f. स्त्री. a petition, request निवेदन, विनती, अर्ज़।

GUZARNĀ गुज़रना (P. फ़ा.) v.i. अ.क्रि. to pass, to elapse बीतना, जाना, कटना।

GVĀLĀ ग्वाला m. पु. a cowherd गोप, अहीर, छंद।

GVĀLIN ग्वालिन f. स्त्री. a milkmaid, a cow-girl अहीरिन।

♦♦♦

H

HABSĪ हब्शी m. पु. a black African हबश का रहने वाला हब्शी जाति का, वि. काला-कलूटा (स्त्री. हबशिन)।

HACKOLĀ हचकोला m. पु. a jolt हचक, हचका।

HAD हद (A. अ.) f. स्त्री. boundry, limit, extent सीमा, किनारा अंत, ~ करना (कर देना), to go as fasr as the limit (of tolerance) अति करना, ~ से ज्यादा, adj. & adv. वि. और अ. unlimited, extremely अत्यधिक।

HAFTĀ हफ़्ता (P. फ़ा.) m. पु. a week एक सप्ताह, ~ वार, weekly साप्ताहिक।

HAIRĀN हैरान (A. अ.) adj. वि. harrassed, plagued, worried, perplexed चकित, हत्बुद्धि।

HAIRĀNI हैरानी (A. अ.) f. स्त्री. perplexity विस्मय, परेशानी।

HAIRAT हैरत (A. अ.) f. स्त्री. amazement, wonder अचंभा, विस्मय।

HAISIYAT हैसियत (A. अ.) f. स्त्री. ability, capacity, 2. means, resources औकात, सामर्थ्य।

HAIVĀN हैवान (A. अ.) m. पु. an animal, beast पशु, जंगली।

HAIVĀNIYAT हैवानियत (A. अ.) f. स्त्री. beastiality, brutality पशुता, जंगलीपन।

HAIZA हैज़ा (A. अ.) m. पु. cholera विशूचिका।

HAJĪ हाजी (A. अ.) m. पु. a pilgrim, one who has been to Meeca on pilgrimage जो हज कर चुका हो (मक्का जा कर)।

HAKBAKANA हकबकाना v.i. अ.क्रि. to be aghast, to be confused स्तंभित होना, भौंचक रह जाना।

HĀKIM हाकिम (A. अ.) m. पु. a ruler governor, 2. an official of status, 3. magistrate, judge हुक्म करने वाला, शासक, मालिक।

HAKĪM हकीम (A. अ.) m. पु. a doctor, a wise man, a doctor of yunani (Greek) medicine यूनानी चिकित्सा-शास्त्र का पंडित।

HAKKA-BAKKA हक्का-बक्का adj. वि. taken aback, aghast चकित, स्तंभित, भौंचक।

HAKLA हकला adj. वि. one who stammers/stutters रुक-रुक (अटक-अटक) कर बोलने वाला, ~ हट, the act of stuttering हकलाने की क्रिया, ~ लाना, to stammer अटक कर बोलना।

HAL हल (S. सं.) m. पु. a plough खेत जोतने का यंत्र।

HAL हल (A. अ.) m. पु. solution (of a problem) प्रश्न का उत्तर, 2. गणित की प्रक्रिया।

HĀL हाल (A. अ.) m. पु. condition, state, 2. situation, present and immediately, preceding time स्थिति, दशा, वर्तमान काल में या उससे ठीक पहले।

HĀLĀ हाला (S. सं.) f. स्त्री. wine, alcohol मद्य, शराब।

HALAF हलफ़ (A. अ.) m. पु. swearing शपथ, कसम, ~ नामा,

sworn statement लिखा हुआ हलफ़ी, बयान।

HALAHAL हलाहल (S. सं.) m. पु. pison विष, ज़हर।

HALAQ हलक़ (A. अ.) m. पु. the throat, gullet गले की नली, ~ के नीचे उतरना, to be accepted स्वीकार हो जाना।

HALĀL हलाल (A. अ.) adj. वि. lawful, allowable हराम का उल्टा, ~ करना, slaughter according to Islamic law शरई तरीके से पशुवध।

HĀLAṄKI हालांकि (P. फ़ा.) although, nonetheless यद्यपि, गोकि।

HĀLAT हालत (A. अ.) f. स्त्री. condition, state of affairs दशा, अवस्था, आर्थिक स्थिति।

HĀLĀT हालात (A. अ.) f. स्त्री. conditions परिस्थितियां।

HALLĀ हल्ला m. पु. noise, din. uproar शोरगुल, ललकार।

HĀLI हाली m. पु. ploughman, farm worker हलवाहा, हल चलाने वाला।

HALKA हलका adj. वि. light, 2. of reduced quality, quantity or effect कम वज़न वाला, गुण, मात्रा आदि में कम।

HALQA हलक़ा (A. अ.) m. पु. a circle, 2. an area delimited by a boundary line घेरा, मंडल, मंडली।

HALVĀH हलवाह see HĀLI हाली देखो।

HALVĀHA हलवाहा see HĀLI हाली देखो।

HALVĀĪ हलवाई m. पु. sweet-maker, sweet-seller मिठाई बनाने-बेचने वाला।

HAM हम pron. सर्व. we (plural of I) मैं का बहुवचन।

HAM हम (P. फ़ा.) pref. सर्व. equal, similar, 2. together समान, संग, आपस में, ~ उम्र, of the same age समवयस्क, ~ दर्द, one who shares the pains सहानुभूति रखने वाला, ~ बिस्तर, sleeping together साथ सोना, ~ सफ़र/राह, fellow traveller साथ चलने वाला।

HAMĀRĀ हमारा adj. वि. our, ours हम का संबंधकारक रूप।

HAMEṠA हमेशा (P. फ़ा.) adv. अ. alays सदा, सदैव।

HĀMĪ हामी f. स्त्री. assent, confirmation स्वीकृति, वि. हिमायत करने वाला, ~ भरना, to confirm स्वीकार करना।

HAMLĀ हमला (A. अ.) m. पु. assault, attack आक्रमण, ~ बोलना, to launch an attack धावा करना।

HAMMĀM हम्माम (A. अ.) m. पु. bathing place with provision for hot water स्नान का स्थान, गर्म स्नानागार।

HAṄ हां adv. अ. yes, ya, but of course स्वीकृति-सूचक शब्द, स्त्री, स्वीकृति।

HANAN हनन (S. सं.) m. पु. killing, 2. destruction, 3. striking कत्ल करना, जान से मारना।

HANGĀMĀ हंगामा m. स्त्री. commotion मार-पीट, हल्ला-गुल्ला, उपद्रव।

HĀNI LĀBH हानि-लाभ (S. सं.) m. पु. profit & loss नफ़ा-नुकसान।

HAṄS हंस (S. सं.) m. पु. swan, goose, 2. Brahma, soul एक सफ़ेद जलपक्षी, 2. ब्रह्म, 3. आत्मा।

HAṄSĪ हंसी v.t. स.क्रि. laughter हंसने की क्रिया, दिल्लगी, ~ ठट्ठा, joking मज़ाक करना, ~ उड़ाना, to make fun किसी को बनाना।

HAṄSNĀ हंसना v.i. अ.क्रि. to laugh हंसने की क्रिया करना।

HAṄSĀNĀ हंसाना v.t. अ.क्रि. to cause to laugh खुश करना, हंसने में प्रवृत्त करना।

HAṄSOṚ हंसोड़ adj. वि. jovial, fond of joking विनोदी, विनोद-प्रिय, दिल्लगीबाज़।

HAQ हक़ (A.अ.) m. पु. right अधिकार, adj. just, proper सत्य, उचित पथ।

HAQIQAT हक़ीक़त (A. अ.) f. स्त्री. reality, truth असलियत, वस्तु का स्वरूप, सच बात, 2. वृत्तांत।

HAR हर (P. फ़ा.) adj. वि. each, every प्रत्येक।

HĀR हार f. स्त्री. defeat पराजय, असफलता, थकान।

HĀR हार m. पु. a necklace, a garland माला।

HARĀ हरा adj. वि. green, 2. fresh, 3. unripe हरित, 2. अधपका, 3. ताज़ा, पु. हरा रंग।

HARĀM हराम (A. अ.) adj. वि. forbidden (by Islamic law), an immoral act निषिद्ध, हलाल का उल्टा, नापाककर्म, ~ कर देना, to make difficult मुश्किल, दुखद बना देना।

HARĀMĪ हरामी (A. अ.) adj. वि. wicked, base हराम का, दुष्ट, पाजी।

HARĀMKHOR हरामख़ोर adj. वि. a parasite मुफ्तखोर।

HARĀMZĀDA हरामज़ादा adj. वि. bastard हराम पैदाइश वाला, दोग़ला।

HARĀNĀ हराना v.t. स.क्रि. to defeat, to beat (in a game) परास्त/पराजित करना, पछाड़ना, थकाना।

HAṚAPNĀ हड़पना v.t. स.क्रि. to gobble, 2. to appropriate (as land etc.) जल्दी खाना, निगलना, 2. किसी चीज़ को ज़बर्दस्ती छीन लेना/ले लेना।

HAṚAPPĀ हड़ापा m. पु. an ancient township in Sindh सिंध प्रदेश में एक पुराना शहर।

HARĀVAL हरावल (P. फ़ा.) vanguard (of an army) सेना का अग्रभाग, 2. ठगों का मुखिया।

HAṚBAṚ हड़बड़ f. स्त्री. haste, flurry, 2. confusion जल्दबाज़ी, उतावली।

HAṚBAṚĪ हड़बड़ी f. स्त्री. haste, flurry, 2. confusion जल्दबाज़ी, उतावली।

HARDAM हरदम adv. अ. all the time, constantly हमेशा।

HĀRDIK हार्दिक (S. सं.) adj. वि. hearty, cordial आंतरिक, दिली।

HAREK हरेक adj. वि. everyone, everybody, 2. each प्रत्येक, हर व्यक्ति।

HARFAN-MAULA हरफ़न-मौला m. पु. jack of all trades हरेक फ़न या गुर जानने वाला।

HARGIZ हर्गिज़ (P. फ़ा.) m. पु. in every case कभी, किसी हालत में।

HARI हरि (S. सं.) Vishnu, Shiv, God विष्णु, शिव, ईश्वर।

HARIJAN हरिजन (S. सं.) m. पु. a devotee of God, 2. a name given by Mahatma Gandhi to the untouchables of India भगवान का सेवक, 2. महात्मा गांधी द्वारा अछूतों को दिया गया नाम।

HARIKĪRTAN हरिकीर्तन (S. सं.) m. पु. devotional songs in praise of God Vishnu भगवान का भजन।

HARIṆ हरिण (S. सं.) m. पु. a deer, 2. an antelope, 3. a stag हिरन या उसी जाति के बारहसिंघा आदि।

HARIPUR हरिपुर (S. सं.) m. पु. heaven वैकुंठ स्वर्ग।

HARĪT हरित (S. सं.) adj. वि. green हरा।

HARJĀNĀ हर्जाना (P. फ़ा.) m. पु. compensation क्षतिपूर्ति।

HARKAHIṄ हरकहीं adv. अ. everywhere हरजगह, चारों ओर।

HARKAT हरकत (A. अ.) f. स्त्री. movement, motion, 2. bad action, misdemeanour गति, 2. शरारत, 3. हिलना-डोलना, ~ करना, to move, to act चलना-फिरना, हिलना-डोलना।

HĀRNĀ हारना v.i. अ.क्रि. to be defeated, 2. to be tired पराजित होना, 2. थकना, v.t. स.क्रि. to lose खोना, देना।

HARROZ हररोज़ adv. अ. everyday प्रतिदिन।

HARṢ हर्ष (S. सं.) m. पु. pleasure, joy, rapture, delight आनंद, ख़ुशी, एक संचारी भाव।

HARṢIT हर्षित (S. सं.) adj. वि. delighted, cheerful आनंदित, प्रसन्न किया हुआ।

HARṢVIHVAL हर्षविह्वल (S. सं.) adj. वि. over-delighted आनंदविभोर।

HARṬĀL हड़ताल f. स्त्री. strike काम बंद कर देना।

HARTĀL हरताल f. स्त्री. arsenic sulphate गंधक और संखिया के मेल से बना एक पीला पदार्थ।

HARĪTIMA हरीतिमा (S. सं.) f. स्त्री. green-ness हरियाली, हरा रंग।

HĀSIL हासिल (A. अ.) m. पु. result, gain, 2. total (maths.) 3. obtained जो हाथ लगे, पु. नतीजा, ~ करना, to acquire प्राप्त करना, पा लेना, ~ होना, to be acquired प्राप्त होना।

HASĪN हसीन (A. अ.) adj. वि. pretty, beautiful सुन्दर, ख़ूबसूरत।

HASĪNĀ हसीना (A. अ.) f. स्त्री. pretty woman सुन्दर औरत।

HASRAT हसरत (A. अ.) f. स्त्री. desire, wish अरमान, लालसा।

HAST हस्त (S. सं.) m. पु. hand हाथ, ~ कला, handicraft हाथ की कारीगरी।

HASTĀKṢAR हस्ताक्षर (S. सं.) m. पु. signature सही, दस्तख़त, ~ कर्ता, signatory दस्तख़त करने वाला।

HASTLIPI हस्तलिपि (S. सं.) f. स्त्री. hand-writing हाथ की लिखावट।

HASTMAITHUN हस्तमैथुन (S. सं.) m. पु. masturbation हाथ से शिश्न या योनि का संचालन कर यौन सुख पाना।

HASTĀṄTAR हस्तांतर (S. सं.) m. पु. transference, the act of transfer दूसरे के हाथ में जाना या जाने की क्रिया।

HASTĀṄTARAN हस्तांतरण (S. सं.) m. पु. transference, the act of transfer दूसरे के हाथ में जाना या जाने की क्रिया।

HASTĀṄTARIT हस्तांतरित (S. सं.) adj. वि. transferred दूसरे के हाथ में दिया गया।

HASTPUSTIKĀ हस्तपुस्तिका (S. सं.) f. स्त्री. manual लंबे-चौड़े विषय पर छोटी पुस्तिका।

HASTGAT हस्तगत (S. सं.) adj. वि. obtained, acquired हाथ में आया हुआ।

HASTI हस्ति (S. सं.) m. पु. elephant हाथी।

HASTĪ हस्ती (P. फ़ा.) f. स्त्री. existence, life, 2. worth, merit हैसियत, क्षमता, धन-संपत्ति।

HASTREKHĀ हस्तरेखा (S. सं.) f. स्त्री. lines on the palm of the hand हाथ की लकीरें, हथेली की लकीरें, हथेली पर की रेखाएं।

HĀSYĂ हास्य (S. सं.) m. पु. laughter हंसी, दिल्लगी, adj. laughable, ridiculous वि. हास्यजनक, हास्यास्पद।

HĀT हाट f. स्त्री. market बाज़ार।

HATĀHAT हताहत (S. सं.) adj. वि. dead and injured मारे गए और घायल।

HAṬĀNĀ हटाना v.t. स.क्रि. to remove, n. removal किसी वस्तु, व्यक्ति को एक स्थान से दूसरे स्थान पर रखना।

HATĀṠ हताश (S. सं.) adj. वि. dejected, disappointed निराश, मायूस।

HĀTH हाथ m. पु. hand, the wrist, the arm हस्त. कर, ~ आना, to come to hand वश में होना, ~ कट जाना, to become helpless विवश हो जाना, ~ गरम करना, bribe घूस या रिश्वत देना, ~ डालना, to interfere हस्तक्षेप करना, ~ ख़ाली जाना, to be un-successful असफल होना, ~ पसारना, to beg याचना करना, भीख मांगना, ~ बंटाना, to share work काम में मदद करना ~ रोकना, to refrain from मदद न करना, ~ में हुनर होना, to be skilled निपुणता होना।

HAṬH हठ (S. सं.) m. पु. stubbornness, insistence, 2. sulks (of a child) ज़िद, दुराग्रह।

HAṬHĀT हठात (S. सं.) adv. अ. suddenly अचानक।

HATHELĪ हथेली f. स्त्री. palm (of the hand) करतल, कलाई के आगे का चौड़ा और चिकना भाग।

HĀTHĪ हाथी m. पु. an elephant, 2. the castle (in chess) हाथी, 2. शतरंज का एक मोहरा।

HAṬHĪ हठी adj. वि. stubborn ज़िद्दी।

HAṬHĪLA हठीला adj. वि. of firm determination दृढ़ संकल्प।

HATHINĪ हथिनी f. स्त्री. she elephant हाथी की मादा।

HATHIYĀNĀ हथियाना v.t. स.क्रि. to seize, to pocket, to appropriate, to obtain by fraud ज़बर्दस्ती किसी की चीज़ ले लेना।

HATHIYAR हथियार m. पु. arms, 2. an implement, a weapon अस्त्र-शस्त्र, 2. औज़ार, ~ उठाना, to take up arms युद्ध के लिए प्रस्तुत होना, ~ बंद, armed सशस्त्र, ~ डालना, to accept defeat हार कर लड़ाई बन्द करना।

HATHKANḌA हथकंडा m. पु. cunning, wiles षडयंत्र, धूर्तता।

HATHKAṚĪ हथकड़ी f. स्त्री. handcuff कैदी को पहनाया जाने वाला लोहे का कड़ा, ~ पहनाना, handcuff हथकड़ी से हाथों को बांधना।

HAṬNA हटना v.i. अ.क्रि. to move away किसी स्थान से दूसरी जगह जाना।

HATOTSĀH हतोत्साह (S. सं.) adj. वि. dejected जिसका उत्साह भंग हो गया हो।

HATPRABH हतप्रभ (S. सं.) adj. वि. without splendour जिसकी कांति क्षीण हो गई हो।

HAṬṬĀKAṬṬĀ हट्टा-कट्टा adj. वि. sturdy, robust हृष्ट-पुष्ट, मोटा-ताज़ा, बलवान।

HATTHĀ हत्था m. पु. a handle, 2. arm-rest मूठ, हाथ रखने की जगह (कुर्सी में), ~ त्थे चढ़ना, to come into clutches दुश्मन का हाथ में (वश में) आ जाना।

HATYĀ हत्या (S. सं.) f. स्त्री. murder वध, ~ करना, to kill ~ कांड, an act of murder कत्ल की घटना।

HATYĀRĀ हत्यारा (S. सं.) adj. वि. murderer हत्या करने वाला।

HAULE-HAULE हौले-हौले adv. अ. slowly, softly धीरे-धीरे, आहिस्ता-आहिस्ता, आहिस्ते से।

HAUSLĀ हौसला (A. अ.) m. पु. ambition, 2. courage, 3. morale

सामर्थ्य, 2. साहस, 3. उत्साह, –अफ़ज़ाई, encouragement जोश बढ़ाना।

HAUẒ हौज़ (A. अ.) m. पु. a tank, 2. trough चहबच्चा, नांद।

HAVĀ हवा f. स्त्री. air, wind वायु, सांस, ~ उड़ना, news to spread मुंह फ़क होना, ~ उड़ाना, to spread a rumour अफ़वाह फैलाना, ~ के घोड़े पर सवार होना, to make great haste बहुत तेज़ आना (जाना) ~ खाकर (पीकर) रहना, to remain without food भूखा, निराहार रहना, ~ बांधना, to boast डींग हांकना, रोब जमाना, ~ से बातें करना, to be swift हवा की तरह तेज़ दौड़ना, ~ हो जाना, to vanish ग़ायब हो जाना, ~ पानी, climate जलवायु।

HAVĀBĀZ हवाबाज़ m. पु. a pilot वायुयान का चालक।

HAVĀĪ हवाई adj. वि. aerial, 2. pertaining to flying or to an aircraft हवा से या उड़ान से संबद्ध, ~ अड्डा, airport हवाई जहाज़ उतरने, रुकने, उड़ने का स्थान, ~ डाक, airmail वायुयान से जाने वाली डाक, ~ बन्दूक, airgun नकली बन्दूक, ~ हमला, aerial attack वायुयानों से हमला, ~ मार्ग, aerial route वायुयान का मार्ग।

HAVĀLDĀR हवालदार (P. फ़ा.) m. पु. sergeant (army, police) फ़ौज या पुलिस का एक पदधारी।

HAVELĪ हवेली (A. अ.) f. स्त्री. an imposing house बड़ा मकान, महल।

HAYĀ हया (A. अ.) f. स्त्री. modesty, shame शर्म, लज्जा, ~ दार, modest लज्जाशील।

HAZAM हज़्म (A. अ.) m. पु. digest, digesting पचना, पाचन, ~ करना, to embezzle ग़बन, चोरी।

HAZAMAT हज़ामत (A. अ.) f. स्त्री. shaving दाढ़ी या सिर मूड़ना, ~ बनाना, to rob to fleece किसी का सब कुछ छीन लेना।

HĀZIR हाज़िर (A. अ.) present, ready उपस्थित, वर्तमान ~ जवाब, adj. quick-witted वि. जो बात का तुरंत जवाब दे।

HAZMĀ हाज़मा (A. अ.) m. पु. digestion पचाने की तकात।

HEKṚĪ हेकड़ी f. स्त्री. bravado अशिष्टता, उजड्डपन।

HERAPHERI हेराफेरी f. स्त्री. alteration, 2. cheating उलट-पुलट करना, ठगना, चालबाज़ी।

HEṬHI हेठी f. स्त्री. dishonour, humiliation हीनता, मान-हानि।

HETU हेतु (S. सं.) m. पु. motive purpose, object, 2. reason, 3. meaning कारण, लक्ष्य, 2. दलील।

HETVĀBHĀS हेत्वाभास (S. सं.) m. पु. fallacy, an apparent but unreal reason कुतर्क, वह हेतु जो कारण न हो पर उसका आभास दे, हेतुदोष।

HICAK हिचक f. स्त्री. hesitation, reluetance झिझक, सफलता में संदेह, ~ ना, to hesitate झिझकना।

HIDAYAT हिदायत (A. अ.) f. स्त्री. instruction, guidance आदेश, रहनुमाई।

HIFAZAT हिफ़ाज़त (A. अ.) f. स्त्री. care, protection, safety, defence रक्षा, निगरानी, बचाव।

HIJJE हिज्जे (P. फ़ा.) f. स्त्री. spelling वर्तनी।

HIKMAT हिकमत (P. फ़ा.) f. स्त्री. wisdom, 2. ingenuity, 3. function of a Yunani or Ayurvedic doctor बुद्धिमानी, 2. हकीमी।

HILKOR हिलकोर m. पु. a wave लहर, जल की तरंग, हिल्लोल।

HILKORĀ हिलकोरा m. पु. a wave लहर, जल की तरंग, हिल्लोल।

HILKORNĀ हिलकोरना v.t. स.क्रि. to agitate (water into waves) v.i. to ripple पानी में लहरें उठाना।

HILAGNĀ हिलगना v.i. अ.क्रि. to be attached, to be involved परचना, मेल-जोल होना।

HILNĀ हिलना v.i. अ.क्रि. to shake, 2. to swing, 3. to move अस्थिर होना, डोलना, कांपना, ~ डोलना, to wander चलना-फिरना।

HIM हिम (S. सं.) m. पु. snow, frost, ice. adj. cold ठंडा, शीतल, बर्फ़, 2. शीत।

HIMĀNK हिमांक (S. सं.) m. पु. freezing point (0ºC) बर्फ जमने लायक तापमान (0ºC सेल्सियस)।

HIMĀYAT हिमायत (P. फ़ा.) f. स्त्री. defence, 2. support मदद तरफ़दारी, 2. रखवाली।

HIMMAT हिम्मत (P. फ़ा.) f. स्त्री. courage साहस, पौरुष, बहादुरी।

HIMMATĪ हिम्मती adj. वि. brave, courageous साहसी, वीर।

HIMṚTU हिमऋतु (S. सं.) f. स्त्री. the winter season जाड़े का मौसम।

HĪN हीन (S. सं.) adj. वि. deprived, 2. deficient, inferior, low अधम, निंदायोग्य, वर्जित, क्षीण।

HINA हिना (A. अ.) f. स्त्री. the henna plant (used for dying) मेहंदी।

HIND हिन्द (P. फ़ा.) India भारतवर्ष, हिन्दुस्तान।

HINDĪ हिन्दी (P. फ़ा.) f. स्त्री. the Hindi language हिन्दू, हिन्दुस्तान से संबद्ध, भारत की राष्ट्रभाषा, ~ तर, non-hindi अहिन्दी।

HIṄDOL हिंडोल (S. सं.) m. पु. a cradle, a swing, 2. name of a Rag झूला, एक शास्त्रीय राग का नाम।

HIṄDOLA हिंडोला See HIṄDOL हिंडोल देखो।

HIṄDU हिंदू (P. फ़ा.) m. पु. an Indian, 2. a Hindu, follower of the Hindu Socio-cultural system भारतीय प्रत्यक्षत: या परोक्षत: वेदोक्त सामाजिक-सांस्कृतिक विचारों पर आचरण करने वाला, 2. हिन्दू, जो हिंदू परिवार में पैदा हुआ हो और जिसने अपना धर्म-परिवर्तन न किया हो।

HIṄDUSTAN हिंदुस्तान (P. फ़ा.) m. स्त्री. India भारत, भारतवर्ष।

HIṄDUSTANI हिंदुस्तानी (P. फ़ा.) adj. वि. Indian भारतीय, भारत-वासी।

HIṄDUTV हिंदुत्व (S. सं.) m. पु. Hinduism हिन्दू धर्म का भाव, हिन्दू राष्ट्र का भाव।

HIṄSA हिंसा (S. सं.) f. स्त्री. violence, injury, hurt, harm, 2. ill-will घात, नाश, क्षति, बुराई, किसी को दुख पहुंचाना।

HIṄSAK हिंसक (S. सं.) adj. वि. violent, murderous हिंसा करने वाला।

HIṄSĀLU हिंसालु (S. सं.) adj. वि. See HINSAK हिंसक देखो।

HIṄSĀTMAK हिंसात्मक (S. सं.) adj. वि. violent, which involves voilence जिसमें हिंसा हो।

HIṄSR हिंस्र (S. सं.) adj. वि. beast of pray घातक, खूंखार, शिकारी जन्तु।

HIṄSRAK हिंस्रक (S. सं.) adj. वि. beast of pray घातक, खूंखार, शिकारी जन्तु।

HĪRA हीरा m. पु. diamond एक बहुमूल्य रत्न, ~ आदमी, treasure of a man बहुत अच्छा आदमी,

भलामानुस।

HIRAṆ हिरण m. पु. a deer, an antelope हरिण, मृग, ~ हो जाना, to take to flight, to vanish चंपत हो जाना, भाग जाना।

HIRĀSAT हिरासत (A. अ.) f. स्त्री. custody, detention निगरानी, नज़र-बन्दी, हिरासत।

HISĀB हिसाब (A. अ.) m. पु. counting, calculation, 2. an account, accounts, 3. arithmetic गिनती, जोड़, गणित, गणित-विद्या, ~ करना, to settle an account देना-पावना जोड़ना, ~ देना, to render an account हिसाब सौंपना।

HISĀBĪ हिसाबी (A. अ.) adj. वि. having to do with accounts, 2. accountable, prudent, m. accountant हिसाब करने वाला, हिसाब से चलने वाला।

HISĀB KITAB हिसाब-किताब m. पु. accounts, account books आर्थिक व्यवहार का ब्योरा।

HISSĀ हिस्सा (A. अ.) m. पु. part, section, division, 2. share portion, dividend भाग, बांट, खंड, विभाग, ~ लेना, to share भाग लेना, ~ दार, partner, share-holder भागीदार।

HIT हित (S. सं.) m. पु. good, beneficial, 2. kind, 3. proper उचित, शुभ, 2. भलाई।

HITĀDHIKĀRI हिताधिकारी (S. सं.) beneficiary जिसे लाभ, लाभांश मिल रहा हो (किसी वस्तु से)।

HITAIṢI हितैषी (S. सं.) adj. वि. a well-wisher भला चाहने वाला।

HITOPDEŚ हितोपदेश (S. सं.) m. पु. profitable advice, name of a collection of fables by Vishnu Sharma हितकारी उपदेश, विष्णु शर्मा (चाणक्य) द्वारा प्रणीत नीतिशास्त्र की एक पुस्तक, पंचतंत्र।

HOLĪ होली f. स्त्री. a Hindu spring festival held on the day of the full moon of phalgun, 2. the song sung on this occasion होली का त्योहार (फाल्गुन पूर्णिमा को मनाया जाता है) इस अवसर पर गाया जाने वाला गाना।

HOLIKA होलिका (S. सं.) f. स्त्री. name of a demoness who is burned on the occasion of Holi festival होली का त्योहार, 2. प्रहलाद की बुआ जो उसे गोद में लेकर अग्नि पर बैठी और जल मरी जबकि प्रहलाद बच गया था।

HOM होम (S. सं.) m. पु. a fire offering हवन, देवयज्ञ, ~ करते हाथ जलना, to suffer a loss while doing good for another person किसी पर उपकार करने अपना नुकसान होना।

HONĀ होना v.i. अ.क्रि. to be, to exist, to be present, 2. to become कायम, मौजूद, विद्यमान रहना।

HONHĀR होनहार adj. वि. promising, 2. impending, 3. destiny होनेवाला, भविष्य में होने वाला, 2. जिसका भविष्य उज्जवल लगता हो, भवितव्यता।

HOṆTH होंठ m. पु. the lip ओष्ठ, अधर, ~ सी लेना, to keep mum चुप हो जाना।

HOṚ होड़ f. स्त्री. a contest, 2. a wager, bet, 3. competition शर्त, प्रतिस्पर्धा।

HOŚ होश (P. फ़ा.) m. पु. the senses, consciousness सुध-बुध, जीव की संज्ञा, ~ आना, to come to one's senses समझ आना, अक्ल आना, ~ उड़ना, to lose one's wits घबड़ा जाना, बदहोश होना।

HOŚIYAR होशियार (P. फ़ा.) adj. वि. intelligent, knowledgable, 2. skill-ful, 3. alert, 4. sensible चतुर, अक्लमंद, अनुभवी, ख़बरदार, चौकस।

HOSIYARI होशियारी (P. फ़ा.) f. स्त्री. intellegence, skill, sense सावधानी, समझदारी, चालाकी, बुद्धिमानी।

HṚDAY हृदय (S. सं.) m. पु. the heart, 2. mind, 3. breast, bosom, 4. affection, 5. heart core दिल, छाती, मन।

HṚṢṬ हृष्ट (S. सं.) adj. वि. delighted प्रसन्न, रोमांचित, ~ पुष्ट, strong, robust हट्टा-कट्टा।

HUKM हुक्म (A. अ.) m. पु. order, command, instruction आज्ञा, 2. फैसला, 3. आदेश, ~ चलाना, to order about आज्ञा प्रचारित करना, ~ की तामील, to obey order आज्ञापालन, ~ बजा लाना, same as ~ की तामील।

HUKŪMAT हुकूमत (A. अ.) f. स्त्री. authority, rule, government शासन, अधिकार, प्रभुत्व, सरकार।

HULASNA हुलसना v.i. अ.क्रि. to be delighted, to rejoice उल्लसित होना, ख़ुश होना।

HULIĀ हुलिया (A. सं.) m. स्त्री. appearance, features, 2. description (of a wanted person) चेहरा, शक्ल, नख-शिख, 2. खोए आदमी की पहचान।

HULLAṚ हुल्लड़ m. पु. an uproar, row शोरगुल, उत्पात।

HUNAR हुनर (P. फ़ा.) m. पु. skill, merit, accomplishment फ़न, हाथ की कारीगरी।

HUNDĪ हुन्डी f. स्त्री. a bill of exchange महाजनी चेक, a promissory note वायदापत्र।

HUQQA हुक़्क़ा (A. अ.) m. पु. a hookah तंबाकू पीने की गुड़गुड़ी, ~पानी बंद करना, to outcast समाज-निकाला देना।

HUSN हुस्न (A. अ.) m. पु. beauty (esp. of a woman) सौंदर्य, सुन्दरता (विशे. नारी सौन्दर्य)।

HUSNPARASTĪ हुस्नपरस्ती f. स्त्री. to admire the beauty सौंदर्य प्रेम।

HUTĀGNI हुताग्नि (S. सं.) f. स्त्री. the holy fire used for religious rituals हवन की अग्नि।

HUZŪR हुज़ुर (A.सं.) m. पु. sir श्रीमान।

◆◆◆

I

IBĀDAT इबादत (A. अ.) f. स्त्री. divine worship उपासना, पूजा।

ICCHĀ इच्छा (S. सं.) f. स्त्री. wish, desire चाह, कामना, ~ शक्ति, will-power.

ĪD ईद (A. अ.) f. स्त्री. festival, 1. one of the breaking fast of Ramzan, 2. Sacrificial festival held in the month of Gul-hijja मुसलमानों का एक प्रमुख त्योहार (रमज़ान का उपवास समाप्त करने का दिन), ~ का चांद, someone rarely seen कभी-कभी शायद ही दिखने वाला, जिसके दर्शन दुर्लभ हों।

ĪDGĀH ईदगाह (P. फ़ा.) f. स्त्री. a site where id and other muslim festivals are held ईद की नमाज़ पढ़ने की जगह।

ĪDUJJUHĀ ईदुज्जुहा (A. अ.) Baqrid बक़रीद, दसवीं जिलहिज को मनाई जाने वाली ईद।

ĪDULFITR ईदुलफ़ित्र (A. अ.) f. स्त्री. See ĪD ईद देखो।

IFRĀT इफ़रात (A. अ.) f. स्त्री. abundant, abundance प्रचुर, प्रचुरता, बहुतायत।

ĪHA ईहा (S. सं.) f. स्त्री. desire, wish इच्छा, चाह।

ĪJAD ईजाद (A. अ.) m. पु. an invention आविष्कार।

IJARA इजारा (A. अ.) m. पु. renting, 2. contract of lease or rental ठेका, पट्टा।

IJAZAT इजाज़त (A. अ.) f. स्त्री. permission, leave, 2. sanction अनुमति, आज्ञा।

IJLĀS इजलास (A. अ.) m. पु. a court, 2. session (of a court) कचहरी, बैठक।

IKAĪ इकाई f. स्त्री. a unit, a single group गणना में प्रथम अंक या उसका स्थान।

IKAṬṬHA इकट्ठा adj. वि. collected, together एकत्र, एक साथ।

ILAJ इलाज (A. अ.) m. पु. medical treatment, cure चिकित्सा, उपचार।

ILĀQĀ इलाक़ा (A. अ.) m. पु. region, 2. estate, holding ज़मीन्दारी, रियासत।

ILHĀM इल्हाम (A. अ.) m. पु. divine words दैवज्ञान, दैववाणी।

ILLAT इल्लत (A. अ.) f. स्त्री. defect, fault कारण, रोग, दोष, दुर्दशा।

ILM इल्म (A. अ.) m. पु. knowledge, 2. science ज्ञान, विद्या, जानकारी, शास्त्र।

ILZĀM इल्ज़ाम (A. अ.) m. पु. charge, accusation आरोप, अभियोग, दोष लगाना।

ĪMAN ईमान (A. अ.) m. पु. faith, creed ईमान (धर्म पर, ईश्वर पर विश्वास)।

IMDĀD इमदाद (A. अ.) help, assistance मदद, सहायता।

IMTIHAN इम्तिहान (A. अ.) m. पु. test, examination परीक्षा, परख।

INĀM इनाम (A. अ.) m. पु. prize, reward, gift पुरस्कार, बख़्शीश।

INAYAT इनायत (A. अ.) f. स्त्री. kindness, favour कृपा, अनुग्रह।

IṄDRĂ इन्द्र (S. सं.) m. पु. king of gods देवराज, ~की परी, dancing girl in the court of Indra अप्सरा, अति-रूपवती, नृत्यांगना, ~धनुष, rainbow.

IṄDRIYA इन्द्रिय (S. सं.) f. स्त्री. organ, 2. sense organ, 3. organ of work शरीर के ज्ञान और कर्म के साधनरूप अंग।

IṄDU इन्दु (S. सं.) m. पु. the moon चन्द्रमा, शशि।

IṄGIT इंगित (S. सं.) m. पु. suggestion, hint, 2. gesture इशारा, अभिप्राय, संकेत।

ĪṄGUR ईंगुर m. पु. vermillion सिन्दूर।

INJĪL इंजील f. स्त्री. the Bible बाइबल, ईसाइयों की धर्मपुस्तक।

INKĀR इन्कार (A. अ.) m. पु. denial, refusal, 2. rejection अस्वीकृति, मुकरना।

INQALĀB इन्क़लाब (A. अ.) m. पु. revolution क्रांति, ~ज़िन्दाबाद, long live revolution क्रांति अमर हो।

INSĀN इन्सान (A. अ.) m. पु. human being मनुष्य, मानव।

INSĀNIYAT इन्सानियत (A. अ.) f. स्त्री. humanity मानवता, मनुष्यता।

INTIKHĀB इन्तिख़ाब (A. अ.) m. पु. selection, election चुनाव, निर्वाचन।

INTIZĀM इन्तिज़ाम (A. अ.) m. पु. management ~करना, to manage प्रबंध, प्रबंध करना।

IQBĀL इक़बाल (A. अ.) m. पु. confession, 2. acceptance, 3. prosperity सौभाग्य, समृद्धि, 2. स्वीकार।

IQRĀR इक़रार (A. अ.) m. पु. consent, 2. promise स्वीकृति, वचन।

IRĀDĀ इरादा (A. अ.) m. पु. desire, 2. intention संकल्प, इच्छा।

IRDGIRD इर्दगिर्द (P. फ़ा.) adv. अ. around, all around, in the vicinity चारों-ओर, आस-पास।

ĪRṢYĀ ईर्ष्या (S. सं.) f. स्त्री. jealousy, envy डाह, जलन, ~लु, jealous, envious ईर्ष्या करने वाला।

ĪSĀ ईसा (A. अ.) m. पु. Jesus Christ ईसाई धर्म के प्रवर्तक मसीह, जीज़स-क्राइस्ट।

ĪSĀĪ ईसाई (A. अ.) adj. वि. christain क्रिश्चियन, ईसाई धर्म मानने वाला।

IṠĀRĀ इशारा (A. अ.) m. पु. sign, wink, 2. indication, hint संकेत, सैन, गुप्त प्रेरणा।

ISLĀM इस्लाम (A. अ.) m. पु. the muslim religion मुसलमानों का धर्म।

IṠQ इश्क़ (A. अ.) m. पु. love प्रेम, अनुराग, मुहब्बत।

IṢṬ इष्ट (S. सं.) adj. वि. desired, wanted चाहा हुआ, अभिलाषित, प्रिय, वांछनीय।

ISTEMĀL इस्तेमाल (A. अ.) m. पु. use, utilise उपयोग, व्यवहार, काम में लाना।

ISTĪF̣A इस्तीफ़ा (A. अ.) m. पु. resignation त्यागपत्र, ~देना, to resign काम छोड़ना, त्यागपत्र देना।

ISTIG̣ĀSĀ इस्तिग़ासा (A. अ.) m. पु. petition, prayer for justice न्याय की प्रार्थना, फ़रियाद, नालिश।

IṠTIHAR इश्तिहार (A. अ.) m. पु. advertisement विज्ञापन।

ISTIQBĀL इस्तिक़बाल (A. अ.) m. पु. welcome, reception अगवानी, स्वागत।

ĪṠVAR ईश्वर (S. सं.) m. पु. god, 2. Lord master परमेश्वर, स्वामी, राजा।

ĪSVĪ ईस्वी (A. अ.) adj. वि. christion

era/year ईसा से संबंध रखने वाला (युग/वर्ष)।

ITI इति (S. सं.) adv. अ. this much, thus, 2. the end, conclusion समाप्ति सूचक शब्द।

ITMĪNĀN इत्मिनान (A. अ.) m. पु. content, repose, calm, 2. assurance, reliance भरोसा, विश्वास।

ITR इत्र (A. अ.) m. पु. essence, attar, perfume सुगंध, सार।

ITRĀNĀ इतराना v.i. अ.क्रि. to behave with arrogance, pride or affection इठलाना, गर्व से ऐंठना।

ITTIHĀD इत्तिहाद (A. अ.) m. पु. unity, union एका, मेल।

ITYĀDI इत्यादि (S. सं.) adv. अ. etcetra इसी तरह और वगैरह।

IZAFA इज़ाफ़ा (A. अ.) m. पु. increase, additional amount, 2. excess, surplus बढ़ोतरी, बढ़ती, वृद्धि।

IZHAR इज़हार (A. अ.) m. पु. to accept, to show acceptance ज़ाहिर करना, क़बूल करना।

IZZAT इज़्ज़त (A. अ.) f. स्त्री. prestige, respect प्रतिष्ठा, मान।

♦♦♦

J

JAB जब adv. अ. when, at the time when, while, whereas जिस समय, यदा, ~कभी, adv. अ. whenever जिस समय भी, ~ कातब, adv. अ. at the proper moment ठीक समय पर, ~ तब, adv. अ. sometimes कभी-कभी, ~ तक, conj. whenever कभी भी।

JĀDŪ जादू (P. फ़ा.) m. पु. magic, a spell जंतर-मंतर, टोना, ~ गर, m. पु. a magician, wizard, conjurer तंत्र-मंत्र करने वाला, ~टोना, m. पु. the practice of magic तंत्र-मंत्र करना, ~ गरी, f. स्त्री. the act of magic जादू का काम।

JAG जग (S. सं.) m. पु. the world, the universe जगत, संसार, दुनिया।

JAGADGURU जगद्‌गुरु (S. सं.) m. पु. the title of masters of shankara-charya's monastries शंकराचार्य की गद्दी पर बैठने वालों की उपाधि।

JĀGĪR जागीर (P. फ़ा.) f. स्त्री. estate, a free hold पुरस्काररुप दी गई जमीन ~ दार, m. पु. the holder of a jagir जिसे जागीर मिली हो।

JAGMAG जगमग f. स्त्री. dazzling, light चमकीला, जगमगाता हुआ, रोशनी।

JAGMAGĀHAṬ जगमगाहट f. स्त्री. flash, dazzling, light, glitter चमक।

JAGNĀ जगना v.i. अ.क्रि. to wake up, 2. to be awake नींद से उठना, जागना।

JĀGNĀ जागना v.i. अ.क्रि. जगना।

JĀGRAṆ जागरण (S. सं.) m. पु. vigil, 2. wakefulness, 3. to remain awake जागना, जगा हुआ होना, जगे रहने की क्रिया।

JĀGRIT जागरित (S. सं.) adj. वि. one who in awake जाग्रत, जगा हुआ।

JĀGRŪK जागरुक (S. सं.) adj. वि. alert, aware अपने कर्तव्य के संबंध में सावधान।

JĀGTĀ जागता adj. वि. waking, 2. watchful तेजस्वी, प्रकट।

JAGZĀHIR जगज़ाहिर adj. वि. self evident सर्वविदित, जगतप्रसिद्ध।

JAHĀLAT जहालत (A. अ.) f. स्त्री. ignorance, illiteracy अज्ञान, अशिक्षा।

JAHĀN जहान (P. फ़ा.) m. पु. the world दुनिया, लोक, संसार, ~ आरा, adj. वि. world adoring संसार, जिसे प्यार करे, जगतप्रिया, ~ गीर, adj. वि. m. पु. conquering the world जगतजीत, ~ पनाह, m. पु. one who protects the world, title given to a powerful king संसार रक्षक।

JAHANNUM जहन्नुम (A. अ.) m. पु. hell नरक, ~ में जाना, to go to hell नरक में जाना, बर्बाद होना, नष्ट होना।

JAHĀZ जहाज़ (A. अ.) m. पु. a ship a craft पोत, जलयान, हवाई जहाज, m. पु. air craft वायुयान।

JĀHIL जाहिल (A. अ.) adj. वि.

illiterate, ignorant, foolish गंवार, अनपढ़, मूर्ख, बेवकूफ़।

JAISĀ जैसा adj. वि. of such a sort, like, similar to जिस तरह का, समान।

JAISE जैसे adv. अ. just as, 2. for instance, as if जिस तरह, ~ तैसे, somehow or other, with difficulty किसी भी भांति, ~ को तैसा, as one deserves, as one does so he gets जो जैसा है उसके साथ वैसा ही व्यवहार।

JAL जल (S. सं.) m. पु. water पानी, ~ थल, m. पु. water and land पानी और ज़मीन, ~ थल एक होना, torrential rain घोर वृष्टि होना।

JĀL जाल m. पु. a net, 2. mesh, network, 3. a tangle फंदा, ~ डालना, to cast a net फंदा फेंकना, ~ में फंसाना, to ensnare अपने वश में कर लेना।

JĀL जाल (A. अ.) m. पु. a fal sification, forgery फंसाने की युक्ति, नक़ली दस्तख़त आदि बनाना, ~ साज़, m. पु. a forger नकली दस्तख़त आदि बनाने वाला, धोखेबाज़, ~ साज़ी, f. स्त्री. forgery जालसाज़ी करने का काम।

JALĀNĀ जलाना v.t. स.क्रि. to burn to kindle, to light (a lamp) क़िसी चीज़ को (कैसे लैंप आदि) को आग पकड़ाना, 2. to excite jealousy (in) ईर्ष्या भड़काना, to anger क्रोध दिलाना।

JALD जल्द (A. अ.) adj. वि. quick swift तेज़, फुर्तीला, f. स्त्री. speed, swiftness शीघ्रता, तेज़ी।

JALDĪ जल्दी (A. अ.) f. स्त्री. adv. अ. speed, swiftness, 2. haste शीघ्रता, तेज़ी।

JALKAL VIBHĀG जलकल विभाग m. पु. water works department नगरपालिका का जलप्रंबधक विभाग।

JALKRĪṚĀ जलक्रीड़ा f. स्त्री. water-games पानी में विहार करना, क्रीड़ा के लिए पानी में तैरना।

JALLĀD जल्लाद (A. अ.) m. पु. an executioner फांसी चढ़ाने वाला, adj. वि. extremely cruel बेरहम, निर्दय।

JALNĀ जलना v.i. अ.क्रि. to burn, to be burnt, to be lit (a lamp) to be on fire किसी चीज़ का आग पकड़ना।

JALNIKAS YOJNĀ जलनिकास योजना f. स्त्री. drainage system गंदा पानी बाहर करने की योजना।

JALPĀN जलपान (S. सं.) m. पु. breakfast, refreshment नाश्ता, अल्पहार, उपाहार, कलेवा।

JALRAṄG जलरंग m. पु. water colour वाटर कलर।

JALSĀ जल्सा (A. अ.) m. पु. session meeting, 2. a gathering, function (formal or social) बैठक, अधिवेशन, सभा, महफ़िल।

JĀLSĀZ जालसाज़ m. पु. a forger जाल करने वाला।

JALSENĀ जलसेना (S. सं.) f. स्त्री. a fleet, navy जंगी जहाज़ों का बेड़ा।

JALSENAPATI जलसेनापति (S. सं.) m. पु. admiral नौसेनाध्यक्ष।

JALTI ĀG MEṄ KŪDNĀ जलती आग में कूदना to dare knowingly जान बूझकर आफ़त में फंसना।

JĀM जाम (P. फ़ा.) m. पु. a goblet drinking vessel प्याला, शराब का प्याला, ~ चलना, round of drinks शराब का चलना।

JĀMĀ जामा (P. फ़ा.) m. पु. a garment a long gown कपड़,ा पहनावा, we-dding robe of a bridegroom नौशे की पोशाक, ~ (मे) से बाहर होना, to be beside oneself (with anger) आपे में न रहना, बेहद गुस्सा करना।

JAMĀĪ जमाई m. पु. a son-in-law दामाद।

JAMĀ-KHARC जमा-ख़र्च (P. फ़ा.) m. पु. income and expenditure आमदनी और ख़र्च।

JĀMĀTĀ जामाता (S. सं.) m. पु. son-in-law दामाद, कन्या का पति।

JAMĀV जमाव m. पु. consolidation गाढ़ा होने की क्रिया, 2. a gathering mass भीड़, मजमा।

JĀMDĀNĪ जामदानी (P. फ़ा.) f. स्त्री. a box, a trunk बक्सा, ट्रंक, 2. a type of embroidered cloth (usually muslim) in which the flowers are woven rather than stitched एक बूटीदार कपड़ा, बूटीदार अद्धी।

JAMNĀ जमना v.i. अ.क्रि. to become firm or fixed, to be frozen पतली चीज़ का गाढ़ी होना, to curdle (as milk, blood) दही या रक्त की तरह गाढ़ा बन जाना, to sprout अंकुर फूटना, to seat firmly देर तक बैठना।

JAN जन (S. सं.) m. पु. people, a man, person मनुष्य, आदमी, व्यक्ति, ~ गणना, f. स्त्री. census ~ जागरण, m. पु. general awakening or awareness आम ज्ञान होना, ~ जाति, f. स्त्री. tribe ~ तंत्र, m. पु. democracy लोकतंत्र, ~ मत, m. पु. people's opinion आम लोगों की राय, plebicite लोकमत, ~ शक्ति, f. स्त्री. manpower लोगों की ताक़त, ~ साधारण, m. पु. the average man आम जनता।

JĀN जान (P. फ़ा.) f. स्त्री. life, spirit प्राण, बल, सार, ~ के लाले पड़ना, to come into moral peril प्राण सांसतमें पड़ना, ~ देना, to love, to be devoted प्यार करना, प्रेम करना, ~ लेवा, adj. वि. mortal deadly प्राण घातक, ~ पर खेलना, to risk life प्राण खतरे में डालना, ~ बचाना, to save (one's) life प्राण रक्षा करना, ~ निकलना, to die मरना, ~ मारना, to kill हत्या करना, ~ से जाना, to die मरना, ~ से जाना, to lose life प्राण देना, मौत होना, ~ बची लाखों पाए, to be safe is a great thing ~ में जान आना, relieved to be alive ढाढ़स बंधना, ~ लड़ाना, try one's utmost जीतोड़ कोशिश करना, ~ सूखना, to be extremely frightened डर से होश गुम होना, ~ से हाथ धोना to lose life जान गंवाना।

JANANDOLAN जनांदोलन (S. सं.) m. पु. peoples' revolution जनता का आन्दोलन।

JĀNĀ जाना v.i. अ.क्रि. to go, to depart रवाना होना, गमन करना।

JANĀB जनाब (A. अ.) m. पु. your honour, his honour, his excellency, श्रीमान, महोदय, महाशय।

JANAK जनक (S. सं.) m. पु. father, parent, progenitor जन्म देने वाला, पिता।

JANAN जनन (S. सं.) m. पु. propogation, reproduction, birth जन्म, उत्पत्ति।

JANANĀ जनना v.i. स.क्रि. to give birth (to a child) to produce, to beget जन्म देना, (बच्चे का)।

JANĀZĀ जनाज़ा (A. अ.) m. पु. coffin, a bier अर्थी, ~ उठना, the bier to be raised अर्थी का उठाया जाना, ~ निकलना, funeral to take place मृतक संस्कार होना।

JAṄCNĀ जंचना v.i. अ.क्रि. to be examined, to be investigated जांचा जाना, to seem good अच्छा मालूम होना।

JAṄCNĀ जांचना v.t. स.क्रि. to test, to examine, to evaluate परीक्षा करना।

JAṄCPAṚTĀL जांच-पड़ताल f. स्त्री. any process of appraising छान-बीन।

JANEŪ जनेऊ m. पु. a sacred thread worn from adolescence by males of the three upper Hindu community groups यज्ञोपवीत।

JAṄG जंग (P. फ़ा.) f. स्त्री. war, battle लड़ाई, युद्ध, रण, संग्राम।

JAṄGAL जंगल m. पु. forest वन, adj. वि. wild उजाड़ (स्थान)।

JAṄGĪ जंगी (P. फ़ा.) adj. वि. military, naval सेना संबंधी, ~ जहाज़, m. पु. warship लड़ाकू जलयान, युद्धपोत।

JAṄGLĪ जंगली adj. वि. wild, 2. uncivilized बनैला, असभ्य।

JANHITAIṢĪ RAJYĂ जनहितैषी राज्य (S. सं.) m. पु. welfare state कल्याणकारी राज्य।

JĀNĪ जानी (P. फ़ा.) adj. वि. cordial, beloved, intimate प्राणप्रिय, घनिष्ठ।

JĀNĪ DUṠMAN जानी दुश्मन m. पु. mortal enemy कट्टर शत्रु।

JĀN JOKHIM जानजोख़िम m. पु. martal fear जान जाने का डर।

JĀNKĀR जानकार adj. वि. familiar, informed जानने वाला, m. पु. an informed person, expert प्रवीण, विशेषज्ञ।

JĀNKĀRĪ जानकारी f. स्त्री. information, knowledge सूचना, 2. acquaintance परिचय।

JĀNKĪ जानकी f. स्त्री. daughter of King Janak, Sita जनकनन्दिनी, सीता।

JANM जन्म (S. सं.) m. पु. birth उत्पत्ति, पैदा होना।

JANMĀṄDH जन्मांध (S. सं.) adj. वि. blind from birth जन्म का अंधा।

JANMĀṄTAR जन्मांतर (S. सं.) m. पु. the next life, another birth दूसरा जन्म, पिछला जन्म, ~ वाद, m. पु. theory of tranmigration पुनर्जन्म का सिद्धान्त।

JANMĀṢṬMĪ जन्माष्टमी (S. सं.) f. स्त्री. the eight day of the dark half of the month of Bhadra, the birth day of Krishna, the festival held on that day कृष्ण की जन्मतिथि, भाद्रपद की अष्टमी जब कृष्ण का जन्म हुआ था।

JANMBHŪMĪ जन्मभूमि (S. सं.) f. स्त्री. motherland, land of birth वह जगह जहाँ किसी का जन्म हो, मातृभूमि।

JANMASTHĀN जन्मस्थान (S. सं.) m. पु. motherland जन्मभूमि।

JANMTITHI जन्मतिथि (S. सं.) f. स्त्री. date of birth जन्म की तारीख, birthday वर्षगांठ।

JANNAT जन्नत (A. अ.) f. स्त्री. paradise स्वर्ग, वहिश्त।

JANANENDRIYĂ जननेन्द्रिय (S. सं.) f. स्त्री. reproductive organs संतान उत्पन्न करने कराने वाली इन्द्रिय, ~लिंग और योनि, penis शिश्न, vagina योनि, भग।

JANNIRDEṠ जननिर्देश (S.सं.) m. पु. referendum संसद में किसी महत्वपूर्ण विवादग्रस्त विषय का जनमत के लिए उपस्थित करना।

JĀṄ-PAHCĀN जान-पहचान f. स्त्री. acquaintance परिचय।

JANSAṀPARKĀDHIKĀRI जन-सम्पर्काधिकारी (S. सं.) m. पु. public relations officer (P.R.O.) जनता से संपर्क बनाए रखने वाला अधिकारी।

JANTĀ जनता (S. सं.) f. स्त्री. people, the public लोक, जनसमूह।

JANTAṄTR जनतंत्र (S. सं.) m. पु. democracy, a republic लोकतंत्र।

JANTU जंतु (S. सं.) m. पु. creature, animal जानवर, प्राणी, जीव, ~ विज्ञान, m. पु. zoology पशु-पक्षियों आदि का विश्लेषण करने वाला विज्ञान।

JANŪN जनून (A. अ.) m. पु. craze, 2. insanity, madness उन्माद, पागलपन।

JANŪNĪ जनूनी (A. अ.) adj. वि. in same, mentally disturbed पागल।

JAP जप (S. सं.) m. पु. counting silently the beads of a rosary repeating the name of some diety, repeating in a low tone of an incantation or name of a diety किसी मंत्र आदि को धीमे स्वर में दुहराना।

JĀP जाप m. पु. जप।

JAPNĀ जपना v.t. स.क्रि. to do jap repeating the name of a diety जाप करना।

JĀR जार (S. सं.) m. पु. paramour (male) a lover (adulterous) पर-स्त्री से प्रेम करने वाला, उपपति।

JAṚ जड़ adj. वि. lifeless, inert अचेतन, 2. material भौतिक, 3. stupid मूर्ख, m. पु. lifeless matter अचेतन पदार्थ, 2. a stupid person मूर्ख व्यक्ति।

JAṚ जड़ f. स्त्री. root मूल, 2. basis, foundation आधार, 3. origin मूल, ~ उखाड़ना, v.t. स.क्रि. to uproot समूल नाश करना, ~ काटना, v.t. स.क्रि. to cut the root, to distroy utterly समूल नाश करना, ~ पकड़ना, v.i. अ.क्रि. to take root जमना।

JARĀ जरा (S. सं.) f. स्त्री. old age वृद्धावस्था, बुढ़ापा, ~ ग्रस्त, adj. वि. assailed by old age बुढ़ाने के कारण लाचार।

JAṚŪĀ जड़ाऊ adj. वि. studded with jewels or precious metal inlaid जिस पर नग जड़ा हो।

JARRĀH जर्राह (A. अ.) m. पु. a surgeon चीर फाड़ का इलाज करने वाला।

JARRĀHĪ जर्राही f. स्त्री. surgery चीर-फाड़ का काम।

JAŚN जश्न (P. फ़ा.) m. पु. a celebration, festival समारोह, जलसा, उत्सव।

JASTĀ जस्ता m. पु. zinc ख़ाकी रंग की एक धातु।

JĀSŪS जासूस (A. अ.) m. पु. a spy. a detective छिपकर भेद लेने वाला।

JĀSŪSĪ जासूसी (A. अ.) f. स्त्री. detection जासूस का काम, adj. वि. having to do with espionage or detective work.

JAṬA जटा (S. सं.) f. स्त्री. matted hair (as worn by sadhus) उलझे और चिपके हुए बाल।

JĀTAK जातक (S. सं.) m. पु. a newborn child बच्चा, 2. a story dealing with an episode from a former life of the Buddha बुद्ध के पूर्वजन्मों की कथा।

JĀTI जाति (S. सं.) f. स्त्री. birth जन्म, caste वर्ण, गोत्र, 2. species, genus जीव श्रेणी, 3. nationality राष्ट्रीयता, 4. community, tribe गोत्र, ~ च्युत, adj. वि. outcaste जाति से निष्कासित, ~ वाचक, संज्ञा, f. स्त्री. common noun ~ हीन, adj. वि. outcaste जाति से निकाला हुआ।

JAṬIL जटिल (S. सं.) adj. वि. complicated, difficult उलझा हुआ, कठिन।

JĀTI PĀNTI जांत-पांति f. स्त्री. family, lineage, caste, community जाति-उपजाति।

JĀTĪYĂ जातीय (S. सं.) adj. वि. having to do with community, nation or race जाति या राष्ट्रीयता

संबंधी, ~ ता, f. स्त्री. national, communal or racial identity racialism जाति संबंधी।

JAUHAR जौहर (A. अ.) m. पु. worth essential quality, excellence सार, रत्न, 2. burning on pyre of women to save their chastity अपनी सम्मान रक्षा हेतु स्त्रियों का चिता में जल मरना।

JAUHARĪ जौहरी (A. अ.) m. पु. a jeweller रत्नों का व्यापारी, 2. an expert connoisseur पारखी।

JAVĀB जवाब (A. अ.) m. पु. an answer उत्तर, सवाल का हल, 2. dismissal नौकरी से निकालना, 3. a compliment प्रशंसा, ~ तलब करना, to request or demand an answer or account हिसाब मांगना, कैफ़ियत मांगना, ~ देना, to answer उत्तर देना, to dismiss from service नौकरी से निकालना, ~ देह, adj वि. accountable उत्तरदायी।

JAVĀBĪ जवाबी (A. अ.) adj. वि. having to do with an answer जिसका उत्तर चाहिए वह, 2. reply-paid (telegram etc.) जिसका शुल्क दिया हुआ हो ऐसा (तार वगैरह)।

JAVĀHAR जवाहर (A. अ.) m. पु. Jewels, precious stones रत्न, मणि।

JAVĀHIR जवाहिर (A. अ.) jewels जवाहर।

JAVĀN जवान (P. फ़ा.) m. पु. a young adult, a youth युवक, 2. a soldier सैनिक।

JAVĀNĪ जवानी (P. फ़ा.) f. स्त्री. youth, early adulthood यौवन, युवावस्था।

JAY जय (S. सं.) f. स्त्री. victory, triumph शत्रु या विपक्षी को हराना, जीत, 2. interj. long live! hail! (to) जयकार करना, ~ पाना, ~ करना, to defeat, to obtain victory जीतना, विजय पाना।

JAYĀ जया (S. सं.) f. स्त्री. the victorious one, a title of some dieties, including Durga and Parvati जो जीत गई है, दुर्गा, पार्वती, 2. hemp भांग, सिद्धि, 3. flag झंडा, पताका।

JĀYĀ जाया adj. वि. born जन्मा हुआ, उत्पन्न हुआ हुआ, m. पु. a son पुत्र, लड़का।

JĀYAZ जायज़ (A. अ.) adj. वि. lawful, legal, right, valid कानून सम्मत, उचित, सही।

JĀYAZĀ जायज़ा m. पु. scrutiny, 2. verification, checking परख, ~ लेना, to check परखना।

JĀYDĀD जायदाद f. स्त्री. estate, property जगह-ज़मीन, सम्पत्ति, assets, wealth सम्पत्ति, धन।

JAYJAYVANTĪ जयजयवंती (S. सं.) f. स्त्री. the name of a ragini एक रागिनी का नाम

JAZB जज़्ब (A. अ.) m. पु. absorption सोखना, ~ करना, to absorb सोखना, to expropriate सब कुछ ले लेना।

JEB जेब (A. अ.) m. पु. pocket पाकिट, थैली, पॉकेट।

JEBĪ जेबी adj. वि. that can be kept in the pocket, small जो जेब में रखा जा सके, छोटा ~ किताब, f. स्त्री. pocket book पाकेट में रखने योग्य पुस्तक।

JEBKHARC जेबख़र्च m. पु. money for out-of-pocket expenses हाथखर्च, निजी खर्च।

JEL जेल (A. अ.) m. पु. jail, gaol क़ैदख़ाना, कारागृह, कारागार, ~ काटना, to undergo prison sentence कैद भुगतना, ~ ख़ाना, m. पु. prison क़ैदख़ाना, कारागार।

JELAR जेलर (E. अ.) m. पु. jailor जेल की देखभाल करने वाला, जेल का अफसर।

JEVNĀR जेवनार f. स्त्री. feast, banquet दावत, प्रीतिभोज।

JHĀG झाग f. स्त्री. m. पु. foam, broth फेन।

JHAGṚĀ झगड़ा m. पु. a quarrel dispute, fight तकरार, लड़ाई, बखेड़ा, ~झंझट, ~टंटा, m. पु. wrangle लड़ाई-भिड़ाई, ~मोल लेना, to take a quarrel upon one self जान-बूझकर बखेड़े में पड़ना।

JHAGṚĀLŪ झगड़ालू adj. वि. quarrel some झगड़ा करने वाला, m. पु. a quarelsome person झगड़ा करने वाला व्यक्ति।

JHAK झक f. स्त्री. obsession, craze whim सनक, ख़ब्त, धुन, ~ झक, adj वि. shinning, glittering चमकदार, 2. quarrelling झगड़ा करना।

JHAKJHORNĀ झकझोरना v.t. स.क्रि. to shake violently ज़ोर से झटकना, झकझोरा मारना, झटका देना।

JHAKH झख f. स्त्री. incoherent speech, babble बड़बड़ाना, ~ मारना, to babble, to chatter बड़बड़ करना, 2. to work uselessly व्यर्थ काम करना।

JHAKJHORNĀ झकझोरना v.t. स.क्रि. to shake violently झटका देना, झकोरा मारना।

JHAKH झख f. स्त्री. incoherent speech, babble अंडबंड बकना, बड़बड़ाना, ~ मारना, to babble, to chather बड़बड़ाना, 2. to work uselessly व्यर्थ के काम करना।

JHAKKAṚ झक्कड़ adj. वि. perverse, stubborn ज़िद्दी, m. पु. a squall, violent storm अंधड़ा, तेज़ हवा।

JHAKORĀ झकोरा m. पु. a gust, a blast (of wind) हवा का तेज़ झोंका, झटका।

JHALAK झलक f. स्त्री. brightness, radiance चमक, 2. a glimpse एक छोटा-सा दर्शन, 3. aura आभा।

JHALNĀ झलना v.i. अ.क्रि. to be soldered रांगा आदि से जोड़ना, 2. to move to and fro (as a fan), to flap (पंखा आदि) हिलाकर हवा करना।

JHAMELĀ झमेला m. पु. entanglement, mess, trouble बखेड़ा, झगड़ा, मुसीबत, आफ़त।

JHAṄḌĀ झंडा m. पु. a flag, banner, standard पताका, निशान, ~ गाड़ना, to plant a flag, to occupy कब्ज़ा करना, ~भिवादन, m. पु saluting the flag झंडे की वन्दना करना।

JHAṄḌĪ झंडी f. स्त्री. a small flag, signal flag छोटा झंडा।

JHAṄJHĀ झंझा (S. सं.) f. स्त्री. storm, squall, wind and heavy rain तेज़ हवा, अंधड़, ~वात, m. पु. violent wind and rain आंधी।

JHAṄJHAṬ झंझट f. स्त्री. trouble, difficulty झमेला, झगड़ा, बखेड़ा।

JHAṄKĀR झंकार f. स्त्री. a ringing sound, resonance झनझनाहट, सितार आदि की ध्वनि।

JHAṄKHĀṚ झंखाड़ m. पु. a dense thicket, thorny undergrowth कांटेदार पौधों का समूह।

JHĀṄKĪ झांकी f. स्त्री. a view, a glimpse दर्शन, दीख जाना, 2. a sight दृश्य, 3. a brief account (of a topic) कोई छोटा-सा अंश (किसी विषय का)।

JHAṄKNĀ झांकना v.t. स.क्रि. to pecp. to spy. to glance इधर-उधर देखना।

JHAṄKṚT झंकृत (S. सं.) adj. वि. resounding झंकारयुक्त, ~ करना, to cause to resound झंकार पैदा करना।

JHAṄSĀ झांसा m. पु. bluff, hoax धोखा, बुत्ता, जुल, 2. cajoling फुसलाना, 3. deception छल, ~देना, to cajole, to deceive धोखा देना, ठगना।

JHAPAK झपक f. स्त्री. a lowering of the eyelids पलकों का गिरना, 2. a nod सर हिलाना, 3. a blink of the eye, twinkling of the eye, a moment क्षण, पल।

JHAPKNĀ झपकना v.i. अ.क्रि. to close (the eyes) to doze पलक गिरना, to blink पलकों का गिराया जाना।

JHĀPAṚ झापड़ m. पु. a blow with the open hand थप्पड़, तमाचा।

JHAPAṬNĀ झपटना v.i. अ.क्रि. to spring, to pounce or to swoop (at or on) टूट पड़ना, लपकना, 2. to go quickly तेज़ी से जाना, 3. to seize and carry off छीन कर ले जाना।

JHAPAṬṬĀ झपट्टा m. पु. झपट, 2. violent effect (of an attack, a calamity etc.) झपटने का भाव, ~ मारना, v.t. स.क्रि. to spring or rush (upon) उछल कर चढ़ जाना।

JHĀṚ झाड़ m./f. पु./स्त्री. a bush, 2. under growth, brambles कंटीले पेड़-पौधे, 2. chiding फटकार, ~ फ़ानूस, m. पु. a chandelier शीशे का बना रोशनी और सजावट का सामान जो छत से लटकाया जाता है।

JHĀṚĪ झाड़ी f. स्त्री. bushes, under growth, a shrub कंटीले पौधों का समूह।

JHARNĀ झरना m. पु. waterfall cascade, a spring निर्झर।

JHĀṚNĀ झाड़ना v.t. स.क्रि. to shake off, to knock down फटकारना, 2. to brush, to dust धूल निकालना, फटकारना।

JHAROKHĀ झरोखा m. पु. a small window, laltice window छोटी खिड़की।

JHĀṚ-PHŪṄK झाड़-फूंक f. स्त्री. casting out by means of charms or incantations (a sickness etc.) जंतर-मंतर।

JHĀR-POṄCH झाड़-पोंछ m. पु. sweeping, cleaning सफाई।

JHĀṚŪ झाड़ू m. पु. a broom सफाई का एक साधन, ~ फेरना, v.t. स.क्रि. to go over with a broorn झाड़ू से पूरी तरह साफ कर देना, मारना, to belabour with a broom, to chase, to insult तिरस्कार करना, झाड़ू से पीटना।

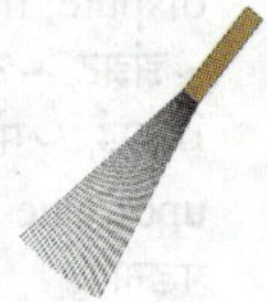

JHAṬ झट m. पु. quickness जल्दी, adj. वि. quick जल्दी का, adv. अ. this very moment अभी, तुरंत, बहुत जल्द।

JHELNĀ झेलना v.t. स.क्रि. to endure, to tolerate, to bear सहना, 2. to undergo, to experience मानना, अनुभव करना।

JHIJHAK झिझक f. स्त्री. hesitation, shyness, reserve हिचक, संकोच।

JHIJHAKNĀ झिकना v.i. अ.क्रि. to be shy, to be timid ठिठकना, भड़कना।

JHĪL झील f.स्त्री. a lake प्राकृतिक सरोवर।

JHILMIL झिलमिल f. स्त्री. sparkling, shimmering, flashing झिलमिलाने का भाव, 2. twinkling.

JHILMILĀNĀ झिलमिलाना v.i. स्त्री. to sparkle, to twinkle टिमटिमाना।

JHILMILĀHAṬ झिलमिलाहट f. स्त्री. झिलमिल।

JHIRKT झिड़की f. स्त्री. rebuke scolding डांट, फटकार, ~ खाना, suffer a scolding डांटा या फटकारा जाना।

JHOLĀ झोला m. पु. a bag थैला।

JHOṄKĀ झोंका m. पु. a blast (of wind) a gust तेज़ हवा का धक्का।

JHOṄPAṚ झोंपड़ m. पु. a but कुटिया।

JHON PAṚĀ झोंपड़ा m. पु. a hut कुटिया।

JHANṬĀ झोंटा m. पु. bunch (of a woman's hair) बिखरे हुए बाल, 2. a pig tail चोटी।

JHUKĀV झुकाव m. पु. inclination प्रवृत्ति, चाह, 2. the property or state for being bent down, 3. stoop झुकने का भाव।

JHUKNĀ झुकना v.i. अ.क्रि. to be bent down, to bent, to droop टेढ़ा होना, 2. दबना, 3. नमित होना।

JHŪLĀ झूला m. पु. a swing हिंडोला, 2. a type of song sung by women while swinging झूला झूलते हुए स्त्रियों द्वारा गाया जाने वाला एक प्रकार का गीत।

JHULASNĀ झुलसना v.i. अ.क्रि. to be scorched, to be charred अधजला होना।

JHŪLNĀ झूलना v.i. अ.क्रि. to swing हिंडोला चलाना।

JHŪMNĀ झूमना v.i. अ.क्रि. to sway नशे में लड़खड़ाना, 2. to be delighted खुश होना।

JHUṄḌ झुंड m. पु. a flock (of animals, birds, 2. crowd समूह।

JHURRĪ झुर्री f. स्त्री. wrinkle चेहरे पर पड़ने वाली शिकन।

JHŪṬH झूठ m. पु. a lie, falsehood जो सच न हो, झूठी बात, असत्य, adj. वि. false जो सच न हो।

JHŪṬHĀ झूठा m. पु. a lier झूठ बोलने वाला, असत्यवक्ता, adj. वि. false, forged, spurious, insincere जो सच न हो, नकली, बेईमान।

JĪ जी adv. अ. a word of respect आदर सूचक शब्द, m. पु. life, spirit, mind जान, ~ उचटना, to be weary (of) दिल न लगना, ~ करना, to desire, to rumain unfulfilled इच्छा होना, ~ चुराना, to neglect (work etc.) (काम में) मन न लगाना, ~ खोल कर, adv. अ. frankly साफ दिल से, ~ छोटा करना, to be discouraged निरुत्साहित होना, ~ जलना, to be hurt, to feel envy बुरा लगना, ईर्ष्या होना, ~ डूबना, to tremble, to shudder कमज़ोरी महसूस करना, ~ धड़कना, the heart to palpitate कलेजा कांपना, ~ पर खेलना, to risk life जान खतरे में डालना, ~ बहलाना, to amuse मनोरंजन करना, ~ ललचाना, to hanker (after) लालच होना (किसी चीज़ के लिए) ~ जान से, adv. अ. with all one's might पूरी लगन से ~ तोड़, adj. वि. heart breaking (of effort or struggle) पूरी शक्ति के साथ,~की जी में रहना, to keep within one self चाही-सोची बात का न होना, अपने ही मन में रखना, -का रोग लगना, to worry (about something or some one) किसी बात की फिक्र करना, ~ खट्टा करना, to feel bitter (about some one or something) घृणा का भाव कर देना,~बहलना, to feel delighted प्रसन्नता अनुभव करना, ~में आना, to desire इच्छा होना, ~ में बसना, to remember always सदा याद रहना।

JIBAH जिबह (A. अ.) m. पु. slaughtering (an animal) in accordance with Muslim law मुस्लिम प्रथा के अनुसार (हलाल करना)।

JĪBH जीभ f. स्त्री. the tongue जिह्वा, जबान, tongue of a shoe जीभी (जूते की)।

JIDHAR जिधर adv. अ. in whichever direction जिस ओर, 2. in which place जहां।

JIGAR जिगर (P. फ़ा.) m. पु. the liver कलेजा, गुर्दा वृक्क, 2. the heart हृदय,

3. courage साहस, हिम्मत, ~ का, टुकड़ा, a dear one, beloved प्यारा, प्रियतम, प्रियतमा।

JIGRĀ जिगरा m. पु. strangth, vitality pluck, courage जीवट, साहस।

JIGRĪ जिगरी adj. वि. having to do with liver गुर्दा संबंधी, 2. intimate close घनिष्ठ।

JIHĀD जिहाद m. पु. a religious war धर्मयुद्ध, a war fought by Muslims against unbelilvers काफ़िरों के ख़िलाफ मुसलमानों द्वारा चलाया जाने वाला युद्ध।

JIHVĀ जिह्वा (S. सं.) f. स्त्री. the tongue जीभ।

JIJÑĀSĀ जिज्ञासा (S. सं.) f. स्त्री. curiosity, desire to know कुतूहल, जानने की इच्छा।

JIJÑĀSU जिज्ञासु (S. सं.) adj. वि. curious, inquisitive जानने का इच्छुक, 2. an enquirer जो जानना चाहता हो।

JILĀNĀ जिलाना v.t. स.क्रि. to revive, to give life to मरे हुए को ज़िन्दा करना।

JILD जिल्द (A. अ.) f. स्त्री. the skin खाल, 2. cover or binding (of a book) पुस्तक पर चिपकाई हुई दस्ती, ~ चढ़ाना, to bind (a book) पुस्तक पर दस्ती चढ़ाना।

JIN, JINN जिन, जिन्न (A. अ.) m. पु. a jinn, demon भूत-प्रेत, ~ चढ़ना, to be angry गुस्से में पागल होना।

JINS जिंस (A. अ.) f. स्त्री. species, kind वर्ग, प्रकार, 2. merchandise goods व्यापार की चीज़ें, 3. grain गल्ला, ~ वार, adv. अ. according to kind or species वर्ग के अनुसार, श्रेणी के अनुसार।

JIRṆODDHĀR जीर्णोद्धार (S. सं.) m. पु. restoration (as of a building) पुरानी, टूटी-फूटी चीज़ों, इमारतों आदि की मरम्मत।

JISM जिस्म (A. अ.) m. पु. the body शरीर, देह।

JISMĀNĪ जिस्मानी (A. अ.) adj. वि. pertaining to the body, bodily, physical शारीरिक, दैहिक।

JĪT जीत f. स्त्री. victory, triumph सफलता, जय।

JĪṬĀ जीता adj. वि. living, alive ज़िन्दा, जीता हुआ, ~ जागता, adj. वि. flourishing, living and healthy स्वस्थ और जीवित, ~ (ते) जी मर जाना, dead though alive निरुत्साह हो जाना।

JITĀNĀ जिताना v.t. स.क्रि. to cause to win जीतने में समर्थ करना।

JITNĀ जितना adj. वि. as much as, as many as जिस मात्रा का।

JĪTNĀ जीतना v.t. स.क्रि. to win, to conquer, to overcome, to beat जय लाभ करना, वश में लाना।

JĪV जीव (S. सं.) m. पु. the soul, life, the individual soul प्राण, जीवन, जान, 2. a living creature प्राणी, ~ कोष, m. पु. a cell सैल, ~ दया, f. स्त्री. tenderness for animal life पशुओं पर दयाभाव, ~ हत्या, f. स्त्री. the taking of life प्राण लेना, ~ वैज्ञानिक, m. पु. a biologist प्राणि-विज्ञानी, ~ जगत, m. पु. animal kingdom प्राणियों का संसार, ~ जन्तु, m. पु. living beings प्राणी।

JIVAN जीवन (S. सं.) m. पु. life existance, lifetime जिन्दगी, ~ चरित्र, m. पु. a biography जीवनी, ~ पर्यत, adv. अ. until death मरने तक, ~ मरण, m. पु. life and death ~ रक्षी, adj. वि. life saving जिन्दगी की रक्षा करने वाला, ~ मुक्त, adj. वि. released while living from future birth वह जो जीवित होते भी मोक्ष पा चुका हो, ~

वृत्त, m. पु. biography जीवनी।

JIVANĪ जीवनी f. स्त्री. a biography जीवन-कथा, जीवन चरित्र।

JIVAṄT जीवंत (S. सं.) adj. वि. alive जीता-जागता।

JIVĀṆU जीवाणु (S. सं.) m. पु. bacteria क्षुद्रतम जीव, ~ नाशक, adj. वि. antibacterial, anti-biotic (medicine) जीवाणु को नाश करने वाली (दवा), ~ विद्, adj. + m. वि. एवम् पु. Bacteriologist जीव विज्ञानी, ~ विज्ञान, m. पु. Bacteriology प्राणिविद्या।

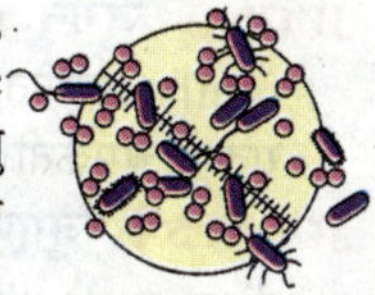

JĪVĀŚEṢ जीवाशेष (S. सं.) m. पु. a fossil धरती के भीतरी स्तरों से निकले हुए प्राचीन काल के जीवों, वनस्पतियों आदि के अवशिष्ट अंश।

JĪVHIṄSĀ जीवहिंसा (S. सं.) f. स्त्री. killing of living beings प्राणिवध।

JĪVIKĀ जीविका (S. सं.) f. स्त्री. livelihood, occupation रोज़ी, वृत्ति।

JĪVIT जीवित (S. सं.) adj. वि. living, alive जीता हुआ, ज़िन्दा, जीवंत।

JIVVIJÑĀN जीव विज्ञान (S. सं.) m. पु. zoology जीव-जन्तुओं की विद्या।

JÑAN ज्ञान (S. सं.) m. पु. knowledge जानना, बोध, ~ चक्षु, m. पु. eyes of knowledge, a learned person अंत दृष्टि, विद्वान् व्यक्ति, ~ कोश, m. पु. an encyclopedia विश्वकोश, ~ पीठ, f. स्त्री. educational institution शिक्षा-संस्था।

JÑĀNĪ ज्ञानी (S. सं.) adj. वि. learned, wise ज्ञानवान, विद्वान, 2. wise समझदार, बुद्धिमान, m. पु. a wise man, a sage बुद्धिमान व्यक्ति, 3. a sikh who is an authority on Guru Granth Sahib गुरुग्रंथ साहब का पंडित सिख।

JÑAPAN ज्ञापन (S. सं.) m. पु. notification, announcement जताना, सूचना।

JÑAT ज्ञात (S. सं.) adj. वि. known जाना हुआ।

JÑĀTĀ ज्ञाता (S. सं.) adj. वि. learned, versed (in) जानने वाला, m. पु. a knowledgeable person जानने वाला व्यक्ति, चतुर व्यक्ति।

JÑATVYĂ ज्ञातव्य (S. सं.) adj. वि. comprehensible, requiring to be known जानने योग्य।

JÑEYĂ ज्ञेय (S. सं.) adj. वि. knowable जानने योग्य।

JOBAN जोबन m. पु. youth, youthful vigour जवानी, 2. a young woman's breasts औरत की छातियां।

JOGĪ जोगी m. पु. an ascetic योगी, तपस्वी, (f. स्त्री. जोगिन)।

JOKHIM जोख़िम f. स्त्री. risk, danger अनिष्ट, हानि, ख़तरा, ~ उठाना, to run the risk of ख़तरा लेने को तैयार होना, ~ का, adj. वि. dangerous, risky खतरनाक, ~ में, डालना, to endanger ~ में पड़ना, to run a risk ख़तरा लेने को तैयार होना।

JOṚ जोड़ m. पु. join, union, joint, patch जोड़ने की जगह, जोड़ने की क्रिया, गांठ, 2. joint (of the body) शरीर के जोड़ का स्थान, 3. total जमा, योगफल।

JOṚĀ जोड़ा m. पु. a pair, a couple युग्म, एक-सी दो चीज़ें, 2. an equal, a match बराबर, समान, एक-सा।

JOṚĪDĀR जोड़ीदार m. पु. a mate, partner, an equal बराबरी का (व्यक्ति) जोड़का (व्यक्ति), समान।

JOṚNĀ जोड़ना v.t. स.क्रि. to join, to unite, to connect, to attach दो टुकड़ो को एक साथ मिलाना, 2. to solder रांगा से मिलाना, 2. to set (bone) बिठाना (हड्डी)।

JORŪ जोरू f. स्त्री. a wife पत्नी, भार्या, ~ का ग़ुलाम, a henpecked husband पत्नीभक्त पति।

JOŚ जोश m. पु. passion, excitement, ardour, enthusiasm उत्साह, उफान, आवेश, ~ में आना, passion to be aroused क्रुद्ध होना, अत्युत्साह में आना।

JOŚĀṄDĀ जोशांदा (P. फ़ा.) m. पु. a brew of medicinal herbs काढ़ा।

JOŚĪLĀ जोशीला adj. वि. passionate, ardent, zealous जोश से भरा हुआ।

JOT जोत f. स्त्री. light रोशनी, 2. ploughing काश्त, 3. tenure of a cultivator काश्त की ज़मीन।

JOTNĀ जोतना v.t. स.क्रि. to yoke (animals to a plough, cart etc.) हल, गाड़ी आदि में बैल आदि को लगाना, खींचने के लिए, to cultivate हल से ज़मीन को चीरना।

JUĀ जुआ m. पु. a yoke हल, बैलगाड़ी आदि में जोते जाने वाले बैलों के कंधों पर रखी जाने वाली लकड़ी, 2. gambling, a gamble बाज़ी लगा कर खेला जाने वाला (ताश, चौपड़ आदि का) खेल, to gamble बाज़ी लगाकर ताश, कौड़ी आदि के खेल खेलना, ~ जीतना, to win a gamble जुआ में विजय पाना, ~ ख़ाना, a gambling house वह घर जहां जुआ खेला जाता है।

JUĀṚĪ जुआड़ी m. पु. gambler जुआ खेलने वाला (व्यक्ति)।

JUARĪ जुआरी m. पु. gambler जुआ खेलने वाला (व्यक्ति)।

JUDĀ जुदा (P. फ़ा.) adj. वि. separate, apart, separated भिन्न, अलग, निराला, 2. different, distinct और तरह का।

JUDĀĪ जुदाई (P. फ़ा.) f. स्त्री. separation, parting वियोग, बिलगाव।

JUG जुग m. पु. one of the four ages of the world (satya, treta, dwapar and kali, the present one) युग, (सत्य, त्रेता, द्वापर और कलिकाल)।

JUGĀLĪ जुगाली f. स्त्री. chewing the curd चर्वित, चर्वण, ~ करना, to chew the curd.

JUGAT जुगत f. स्त्री. policy, skill, means, device उपाय, युक्ति।

JUGNŪ जुगनू m. पु. glow-worm, firefly खद्योत, एक कीड़ा जिसकी दुम रात में चमकती है।

JUGUPSĀ जुगुप्सा (S. सं.) f. स्त्री. disgust, loathing घृणा।

JUJHĀR जुझार m. पु. a warrior वीर, लड़ाकू।

JŪJHNĀ जूझना v.i. अ.क्रि. to fight लड़ना, to struggle संघर्ष करना, to contend, to die fighting लड़ते हुए मर जाना।

JULĀB जुलाब (A. अ.) m. पु. a purgative रेचक, दस्त लगने वाली दवा।

JULĀHĀ जुलाहा (P. फ़ा.) m. पु. a weaver कपड़ा बुनने वाला।

JULŪS जुलूस (A. अ.) m. पु. a procession लोगों का इकट्ठे होकर जाना, शोभा-यात्रा।

JUMĀ जुमा (P. फ़ा.) m. पु. Friday शुक्रवार, 2. a day of muslim congregation नमाज़ का हफ्ते का विशेष दिन, ~ जुमा, जुमा आठ दिन, hardly a few days मुश्किल से कुछ दिन, चंद रोज़।

JUMLĀ जुमला (A. अ.) m. पु. a sentence, a clause वाक्य, तमाम, जोड़।

JŪṚĪ जूड़ी f. स्त्री. a fever, an ague, a shivering fever जडैया बुख़ार।

JURMĀNĀ जुर्माना (P. फ़ा.) m. पु. a fine, penalty अर्थ दंड, ~ करना, to impose a fine अर्थ दंड की सज़ा देना, ~ भरना, to pay a fine दंड की रकम भुगतान करना।

JURVĀṄ जुड़वां adj. वि. twin यमन, एक साथ पैदा हुए दो बच्चे, m. पु. a twin युग्म।

JŪṬ जूट (E. अं.) m. पु. jute पटसन।

JŪTĀ जूता m. पू. shoes, a shoe पापोश, उपानह, पैर में पहनने का चमड़े आदि का पहनावा, ~पैज़ार, m. पु. fighting with shoes जूतों के साथ लड़ना ~ खोर, adj. वि. shameless निर्लज्ज।

JUTĀĪ जुताई f. स्त्री. ploughing, cultivation खेत जोतने की क्रिया, 2. cost of or wage for ploughing ज़मीन जोतने की उजरत।

JŪṬHAN जूठन f. स्त्री. remnants of food खाने के बाद बचा भोजन, उच्छिष्ट, 2. an object previously used by another (and so made inpure for use) किसी और द्वारा इस्तेमाल की हुई चीज़।

JŪTĪ जूती f. स्त्री. a small (specially woman's) shoe, slipper, Sandal ज़नाना जूता, चप्पल।

JUṬNĀ जुटना v.i. अ.क्रि. to adhere, to gather, to be adjacent गुथना, जमा होना, इकट्ठा होना।

JUZ जुज़ m. पु. a part, a piece अंश, टुकड़ा, ~बंदी, f. स्त्री. a way of book binding किताब बांधने की एक विधि।

JVĀLĀ ज्वाला (S. सं.) f. स्त्री. flame, blaze आग की लपट, ~ मुखी, m. पु. volcano आग उगलने वाला पहाड़।

JVAR ज्वर (S. सं.) m. पु. fever बुख़ार, 2. excitement उत्तेजना, (जैसे कामज्वर, extreme sexual excitement).

JYONĀR ज्योनार f. स्त्री. feast भोज, रसोई।

JYOTI ज्योति (S. सं.) f. स्त्री. light radiance प्रकाश।

JYOTIṢ ज्योतिष (S. सं.) m. पु. astrology फलित ज्योतिष (भूत-भविष्य आदि का हाल बतलाने वाली विद्या), 2. astronomy ज्योतिष शास्त्र (ग्रह-नक्षत्र आदि संबंधी विज्ञान)।

JYOTIṢĪ ज्योतिषी (S. सं.) m. पु. an astrologer ज्योतिष शास्त्री।

JYOTSNĀ ज्योत्सना (S. सं.) f. स्त्री. moonlight चांदनी।

♦♦♦

K

KABĀB कबाब (P. फ़ा.) m. पु. roasted meat, pieces of meat roasted on burning coal कोयले की आग पर भुना हुआ मांस, 2. कूटे हुए मांस का एक व्यंजन, ~ होना, to be roasted, to burn with anger or envy जलना, भुना जाना, गुस्से या ईर्ष्या से जलना।

KABHĪ कभी adv. अ. sometimes, at any time, from time to time किसी समय, ~ कभार, adv. अ. from time to time समय समय पर, ~ का, of sometime किसी समय का।

KABĪR कबीर (A. अ.) adj. वि. noble great सम्मानित, महान्, श्रेष्ठ, 2. a femous Hindi poet and saint of the late 15th century पंद्रहवीं सदी के एक महान् संत और कवि., ~ पंथी, m. पु. the followers of Kabir कबीर मत का मानने वाला।

KĀBUL काबुल m. पु. capital city of Afghanistan अफ़ग़ानिस्तान की राजधानी।

KĀBULĪ काबुली adj. वि. belonging to Kabul or Afghanistan काबुल अथवा अफ़ग़ानिस्तान का, inhabitant of Kabul वहां का रहने वाला।

KABŪTAR कबूतर (P. फ़ा.) m. पु. pegeon परेवा, कपोत, एक प्रसिद्ध पक्षी।

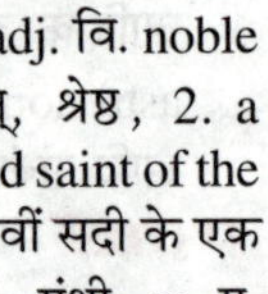

KAC कच (S. सं.) m. पु. the hair (of the head) सिर के बाल, केश।

KACHARĪ कचहरी f. स्त्री. a court इजलास, अदालत, न्यायालय, ~ करना, to hold a court अदालत बैठाना, अदालत का काम करना या होना।

KACĀLŪ कचालू m. पु. a kind of arvi एक तरह की अरवी, 2. आलू का चटपटा व्यंजन, a salad.

KACCĀ कच्चा adj. वि. uncooked raw, unripe (fruint etc.) अनपका, अधपका, अपक्क, हरा (फल), 2. untreated (as brick) जो पका न हो (जैसे ईंट) ~ चिट्ठा खोलना, to tell a whole (discredited) story पूरा विवरण, सच्चा हाल (बदनामी का), अनाड़ी होना, ~ (च्ची) उमर, f. स्त्री. immature age अवयस्क आयु, ~ माल, m. पु. raw material (as cotton for cloth) कच्चा माल (जैसे कपड़े के लिए रुई)।

KACCĪ KALĪ कच्ची कली f. स्त्री. a young bud मुंह बंधी कली, 2. a young girl अप्राप्त यौवना, कन्या।

KACHUĀ कछुआ m. पु. a tortoise, turtle कच्छप, एक जलजन्तु जो ज़मीन पर भी रहता है और जिस की चाल बहुत धीमी होती है।

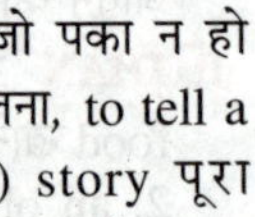

KACNĀR कचनार m. पु. a moderate sized, deciduous tree, Banhinia tomentosa एक सुन्दर फूलवाला पेड़।

KACRA कचरा m. पु. rubbish, sweepings कूड़ा-करकट, बुहारन।

KACŪMAR कचूमर m. पु. sliced

mango or other fruit कुचली हुई चीज़ (जैसे कुचला आम या कोई दूसरा फल), भुर्ता, ~ निकालना, to beat to a pulp, to make mincemeat (of) बुरी तरह पीटना।

KADĀCĀR **कदाचार** (S. सं.) m. पु. bad behaviour बुरा आचरण, कुत्सित व्यवहार।

KADĀCIT **कदाचित** (S. सं.) adv. अ. perhaps, hardly ever शायद कभी।

KADAMBARĪ **कादंबरी** (S. सं.) f. स्त्री. wine शराब, कदंब के फूलों की शराब, मदिरा, 2. the title of a noval in Sanskrit by Banbhatt and the name of its heroine वाणभट्ट रचित प्रसिद्ध गद्यकाव्य और उसकी नायिका।

KADĀPI **कदापि** (S. सं.) adv. अ. sometimes कभी-कभी, on any account, (in negative context) हर्गिज़।

KADDĀVAR **कद्दावर** adj. वि. large-bodied लंबा-चौड़ा, बड़े डील-डौल वाला।

KAF **कफ़** (P. फ़ा.) m. पु. mucus phlegm श्लेष्मा, (गले से निकलने वाली), one of the humors of the body (Ayurveda) आयुर्वेद के अनुसार शरीर के चार तत्वों में एक (अन्य तीन हैं, रक्त, पित्त, वायु)। 2. cuff (of a shirt or coat) कमीज या कोट का कफ़।

KAFAN **कफ़न** (A. अ.) m. पु. a shroud मुर्दे पर लपेटा जाने वाला कपड़ा, adj. ~ खसोट वि. a shameless thief बेशर्म, चोर, कंजूस, सिर से, ~ बांधना, to risk life, to court death जान जोख़म में डालना, ~ फाड़ कर उठना, to appear suddenly अचानक उठ बैठना।

KĀFĪ **काफ़ी** (A. अ.) adj. वि. enough, sufficient पर्याप्त, बहुत, 2. coffee कहवा (एक पेय)।

KAHALVĀNĀ **कहलवाना** v.t. स.क्रि. to cause to be called, to cause to tell दूसरे के द्वारा कुछ कहना, कहवाना।

KAHĀN **कहां** adv. अ. where, 2. in what (possible) case किस जगह, किस प्रकार।

KAHĀNĪ **कहानी** f. स्त्री. tale, story, a short story गल्प, क़िस्सा, कथा, आख्ययिका।

KAHĀVAT **कहावत** f. स्त्री. a proverb, saying मसल, लोकोक्ति, उक्ति, कथन।

KĀHIL **काहिल** (A. अ.) adj. वि. lazy, indolent सुस्त, कामचोर, आलसी।

KĀHILĪ **काहिली** (A. अ.) f. स्त्री. indolance, laziness, slackness सुस्ती, आलस्य, ढिलाई।

KAHNĀ **कहना** v.t. स.क्रि. to speak tell, to relate बोलना, शब्दों द्वारा भाव प्रकट करना।

KAIYAN **काइयां** adj. वि. clever, deceitful धूर्त, चालाक।

KĀJ **काज** m. पु. task, work काम, कार्य, occupation धंधा।

KĀJAL **काजल** m. पु. lampblack (applied as a cosmetic to the eyes) आंख में लगाई जाने वाली कालिख जो दीए के धुएं से बनाई जाती है।

KĀK **काक** m. पु. a crow कौआ, ~ चेष्टा, f. स्त्री. being alert as a crow कौए की तरह सावधान रहना।

KAKṚĪ **ककड़ी** f. स्त्री. a type of cucumber खीरे जैसा एक फल।

KĀKĀTUĀ **काकातुआ** m. पु. cockatoo वह तोता जिसके सर पर चोटी होती है।

KĀKODAR **काकोदर** (S. सं.) m. पु. serpent सांप।

KAKṢ **कक्ष** (S. सं.) m. पु. the armpit

कांख, 2. a private room छोटा कमरा,

KAKṢĀ कक्षा (S. सं.) f. स्त्री. orbit (of a heavily body) परिधि (किसी ग्रह की), 2. a class (of a school or college) वर्ग (स्कूल या कॉलेज का)।

KĀKUL काकुल (P. फ़ा.) m. पु. lock (of hair) ज़ुल्फ़, कनपटी पर लटकते हुए बाल।

KAL कल (S. सं.) adj. वि. soft low, sweet मधुर, सुहावना, 2. yesturday, to morrow पिछला या अगला आने वाला दिन, 3. peace चैन, शान्ति, आराम, 3. a machine, a watertap, a device, an instrument यंत्र, 4. a water tap नलका, ~ कीकल पर, leave tomorrow's on tomorrow ~ कल, m. पु. a continouss, indistinct noise, murmer झरना, सोता की धीमी आवाज़, ~कलरव, m. पु. sweet sound (as of birds) चिड़ियों की मधुर आवाज़।

KALĀ कला (S. सं.) f. स्त्री. an art, a skill or accomplishment हुनर, गुण, 2. a small part of any thing अंश, छोटा भाग, 2. a sixtenth part, a digit of the moon चांद का टुकड़ा, ~ कृति, f. स्त्री., an artistic creation कोई चित्र, मूर्ति आदि, ~ वान, adj. वि. artistic कला का कर्ता, ~कार, m. पु. an artist चित्रकार, मूर्तिकार आदि कला कृति बनाने वाला।

KĀLĀ काला adj. वि. black स्याह, कोयले के रंग का।

KĀLĀCOR कालाचोर m. पु. a great thief भारी चोर।

KALAF कलफ़ m. पु. starch धुले कपड़े में लगाई गई मांड़ी।

KALAH कलह f. स्त्री. quarrel झगड़ा, लड़ाई।

KALĀĪ कलाई f. स्त्री. wrist गट्टा।

KALAKTAR कलकटर m. पु. a collector जिले में माल का सबसे बड़ा अफसर।

KALĀM कलाम (A. अ.) m. पु. word, speech, proposition वचन, बातचीत, रचना, तकिया ~ a word or phrase repeated by or habitually used in speech (as "I mean" or "actually" etc.) बात के बीच में बार-बार दुहराया गया शब्द या पद (जैसे "यानी कि", "है कि नहीं" आदि)।

KALANK कलंक (S. सं.) m. पु. a mark, spot दाग, धब्बा, 2. disgrace, blemish लांछन।

KĀLĀNTAR कालांतर (S. सं.) m. पु. another age or time, interval अन्य काल, दूसरा समय।

KĀLĀPĀNĪ कालापानी m. पु. deportation to penal servitude (in the British times to the Andamans) आजीवन कैद की सज़ा (अंग्रेज़ों के ज़माने में अंडामीन द्वीप में निष्कासन)।

KALAŚ कलश (S. सं.) m. पु. a waterpot, pitcher घड़ा, 2. a ball or a rounded pinnacle on the top of a dome मंदिर आदि का शिखर।

KALEJĀ कलेजा m. पु. the liver वृक्क, गुर्दा, 2. the heart हृदय, 3. courage साहस, 4. a dear one अति प्रिय व्यक्ति, ~ उछलना, the heart to palpitate ~ ठंडा होना, the heart to be assuaged मन को शान्ति मिलना, (जे) में ठंडक पहुंचना, to feel relieved etc. जी हल्का होना, मन में शान्ति आना, ~ (जे) से लगाना, to embrace आलिंगन में लेना, ~ (जे) पर सांप लोटना, to suffer jealousy ईर्ष्या से जलना, ~ (जे) का टुकड़ा, a piece of the heart, very dear one अति प्यारा, जैसे लड़का।

KALEVR कलेवर m. पु. the body frame देह, चोला, 2. size आकार, डील।

KALĪ कली f. स्त्री. a flower bud मुंह बंधा फूल जो खिलने पर हो, 2. an unopened bud, a dilicate innocent looking girl अप्राप्त-यौवना (बाला या कन्या)।

KĀLĪ काली (S. सं.) f. स्त्री. goddess Kalika, Durga, Parvati कालिका, दुर्गा, पार्वती, adj. वि. black काले रंग की।

KĀLIDĀS कालिदास (S. सं.) m. पु. the famous Sanskrit poet and playwright who wrote अभिज्ञान शाकुन्तलम्, संस्कृत के एक श्रेष्ठतम कवि और नाटककार जिन्होंने "अभितान शाकुन्तम्" की रचना की थी।

KALIKĀ कलिका (S. सं.) f. स्त्री. See कली, (KALI).

KĀLIKĀ कालिका (S. सं.) f. स्त्री. See काली, (KĀLĪ).

KALINDĪ कालिंदी (S. सं.) f. स्त्री. a name of the river yamuna (jumna) यमुना नदी।

KĀLKRAM कालक्रम (S. सं.) m. पु. lapse, sequence of time, chronology समय की गति।

KĀLKṢEP कालक्षेप (S. सं.) m. पु. spending time, allowing time to pass दिन काटना, समय बिताना।

KALMĀ कलमा (A.P. अ.फा.) f. स्त्री. a word, speech सार्थक शब्द, 2. the Muslim confession of faith (i.e., Muhammad rasool lilah-there is no god but God & Muhammad is his prophet मुस्लिम धर्म-विश्वास का मूल मंत्र (लाइला इल्लिलाह, मुहम्मद-सूल्लिलारह-ईश्वर के सिवा और कोई पूजनीय नहीं है और मुहम्मद उनके रसूल हैं)।

KALMAṢ कल्मष (S. सं.) m. पु. stain, sin मल, मैल, पाप।

KALPNĀ कल्पना (S. सं.) f. स्त्री. imagination, conjecture मन की उपज, कोई नई बात सोचना, ~ शील, adj. वि. imaginative कल्पना करने में कुशल, ~ तीत, adj. वि. beyond imagination जो ख़यालों में आने के भी ऊपर हो।

KALPIT कल्पित (S. सं.) adj. वि. imagined, supposed मन से गढ़ा हुआ।

KALRAV कलरव (S. सं.) m. पु. sweet sound कोमल, मधुर ध्वनि।

KALUṢ कलुष (S. सं.) m. पु. dirt, impurity, sin मैल, गंदगी, पाप।

KĀLVACAK कालवाचक (S. सं.) adj. वि. denoting time (gram.) जिसमें समय का बोध हो (व्या.)।

KALYĀṆ कल्याण (S. सं.) m. पु. welfare, prosperity, good fortune मंगल, भलाई, सुख-सौभाग्य।

KAM कम (P. फ़ा.) adj. वि. little, few scanty less (than) थोड़ा, adj. स्त्री. little seldom क्वचित।

KĀM काम m. पु. work, action, act, task जो कुछ किया जाय, 2. occupation व्यवसाय, 3. purpose उद्देश्य, 4. use ज़रूरत, 5. need आवश्यकता, ~ आना, to be of use उपयोगी होना, ~ का, useful उपयोगी, ~ काज, profession पेशा, ~ तमाम करना, to finish काम पूरा करना, to kill मार डालना।

KĀM काम (S. सं.) m. पु. desire, lust passion इच्छा, चाह, कामना, 2. sex यौन, sexual desire संभोग की इच्छा,

~देव, m. पु. the god of sex यौन का देवता, ~ धेनु, f. स्त्री. the cow of plenty (capable of giving everything one desires-mythological) बैकुंठ की वह गाय जो हर किसी की हर इच्छा की पूर्ति कर देती है (पौराणिक मान्याता)।

KAMĀĪ कमाई f. स्त्री. earning, income परिश्रम से पैदा किया हुआ पैसा या धन।

KAMAL कमल (S. सं.) m. पु. lotus (flower) पद्य, पानी में पैदा होने वाला एक पौधा और उसका फूल, ~ नयन, m. पु. a person of lotus-eyes कमल की तरह आंखों वाला व्यक्ति, ~नाल, m. पु. a lotus leaf & its shaft कमल की डंडी।

KAMĀL कमाल (A. अ.) m. पु. perfection, excellence पूर्णता, पराकाष्ठा, निपुणता, 2. something wonderful आश्चर्यजनक, 3. a great achievement बड़ा काम, ~ करना, to do something wonderful आश्चर्यजनक काम कर डालना।

KAMALVĀYU कमलवायु (S. सं.) f. स्त्री. jaundice पीलिया, पीतरोग।

KAMĀN कमान f. स्त्री. a command हुक्म, 2. a particular force or command फौज़ी, टुकड़ी।

KAMĀNĀ कमाना v.t. स.क्रि. to earn, to work श्रम-उद्यम से पैसे उपार्जन करना।

KĀMĀṄDH कामांध (S. सं.) adj. वि. blind with sexual passion कामातुर, यौनेच्छा से अंधा हुआ।

KAMAQL कमअक्ल adj. वि. foolish stupid मूर्ख, निर्बुद्धि।

KAMAR कमर (P. फ़ा.) f. स्त्री. the waist, the loins शरीर का मध्य भाग, ~टूटना, to be exhausted with work हिम्मत पस्त होना, ~ बांधना, to get ready किसी काम के लिए तैयार होना, ~सीधी करना, to lie down to stretch, to rest थकावट मिटाना, ~ बंद, m. पु. a waistband कमर बांधने की पेटी।

KĀMCALĀŪ कामचलाऊ adj. वि. with which somehow something can be done जिससे किसी तरह काम निकल जाए।

KAMĪ कमी f. स्त्री. deficiency, want shortage कम होना, अभाव।

KĀMĪ कामी (S.सं.) adj.वि. amorous, 2. lustful विषयी, कामना युक्त, m. पु. a lascivious man विषयी पुरुष।

KĀMINĪ कामिनी (S. सं.) f. स्त्री. an amourous woman कामवती, स्त्री जिसे रति में रुचि हो, 2. an attractive woman सुंदर स्त्री।

KAMĪŚAN कमीशन (E. अं.) m. पु. payment for work done, brokerage दलाली, दस्तूरी, 2. committee for a particular work or purpose किसी विषय की जांच के लिए गठित समिति।

KAMIŚNARĪ कमिश्नरी f. स्त्री. कमिश्नर की कचहरी, the court of a commissioner the area under a commissioner कमिश्नर की कचहरी, कमिश्नर का अधिकार-क्षेत्र।

KĀMNĀ कामना (S. सं.) f. स्त्री. lust वासना, 2. desire इच्छा, ख़्वाहिश, आरज़ू, अरमान, चाह।

KAMNAZAR कमनज़र (P. फ़ा.) adj. वि. weak-sighted अदूरदर्शी, जिसे कम दूर तक दिखाई देता है।

KAMNĪYĀ कमनीय (S. सं.) adj. वि. attractive, beautiful, lovely आकर्षक, चाहने योग्य, सुंदर, मोहक।

KAMONṀĀD कामोन्माद (S. सं.) m.

पु. nymphomanik (in women) स्त्री की प्रचंड कामेच्छा, Satyriasys (in men) पुरुष की प्रचंड कामेच्छा।

KAMSIN कमसिन (A. अ.) adj. वि. of tender age, young युवा, कम उम्र का या की।

KAṆ कण (S. सं.) m. पु. a particle, small fragment रवा थोड़ा टुकड़ा, बालू, a grain अनाज का एक दाना।

KĀN क़ान m. पु. the ear कर्ण, सुनने वाला अवयव, शब्दबोध की इन्द्रिय, ~ का पर्दा, m. पु. the eardrum कर्णपटल, ~ देना, to listen ध्यान से सुनना, ~ में डालना, to whisper in the ear, to tell धीरे से कहना, कह देना, ~ भरना, to poison the ear भड़काना, ~ पर जूंन रेंगना, no heed to be taken परवाह न करना, ~ का कच्चा, ~ भरना, to poison the ear चुगली करना, किसी के ख़िलाफ़ भड़काना।

KAṆĀD कणाद (S. सं.) m. पु. the name of the ascetic who was founder of vaisheshik philosophy वैशेषिक दर्शन के प्रवर्तकउलूक मूनि।

KANAIR कनैर m. पु. oleander Nerium odonun एक पौधा जिसमें सफेद, पीले और लाल रंग के फूल लगते हैं।

KANER कनेर m. पु. oleander Nerium odonun एक पौधा जिसमें सफेद, पीले और लाल रंग के फूल लगते हैं।

KANAK कनक (S. सं.) m. पु. gold सोना, 2. the thorn-apple धतूरा, 3. wheat गेहूं।

KĀNAN कानन (S. सं.) m. पु. forest, grove वन, जंगल।

KANAUJIĀ कनौजिया adj. वि. resident of kannauj कन्नौज निवासी, m. पु. kanya-kubj Brahman कान्य कुब्ज ब्राह्मण।

KĀṄC कांच m. पु. glass, crystal शीशा, 2. prolapse of the rectun बवासीर का मस्सा।

KAṄCAN कंचन (S. सं.) m. पु. gold सोना।

KAṄCUKĪ कंचुकी (S. सं.) f. स्त्री. brassiere, bra, a bodice चोली, ब्रेज़िअर, ब्रा, अंगिया।

KĀṄḌ कांड (S. सं.) m. पु. incident घटना, 2. section of a book ग्रंथ का विभाग या परिच्छेद।

KAṄDHĀ कंधा m. पु. shoulder गर्दन और बाहुमूल का भाग, ~ देना, to take (a corpse on its bier) अर्थी ढोने में कंधा लगाना, 2 to help मदद करना, ~ (धे) से कंधा छिलना, to be very crowdy भारी भीड़ होना।

KAṄDHĀR कंधार (S. सं.) m. पु. a township and state of Afghanistan अफ़गानिस्तान का एक नगर और प्रदेश।

KAṄGĀL कंगाल adj. वि. poor, wretched निर्धन, ग़रीब, मुहताज।

KAṄGAN कंगन m. पु. a bangle, bracelet कंकण कलाई में पहनने का एक गहना, 2. an iron bangle (worn by Sikhs) कड़ा।

KAṄGHĀ कंघा m. पु. a comb बाल झाड़ने का आला।

KAṄGHĪ कंघी f. स्त्री. a small comb छोटा कंघा।

KĀNGRES कांग्रेस (E. अं.) m. पु. congress (applied generally to the Indian National Congress) भारतीय कांग्रेस (पार्टी), 2. congress सम्मेलन, 3. coitus मैथुन।

KĀNGRESSĪ कांग्रेसी adj. वि. belonging to the congress भारतीय कांग्रेस संबंधी, m. पु. member of the congress party कांग्रेस का सदस्य।

KANHAIYĀ कन्हैया m. पु. Sri Krishna श्रीकृष्ण।

KANIṢṬH कनिष्ठ (S. सं.) adj. वि. younger (brother) junior उम्र में सबसे छोटा (भाई) छोटा।

KANIṢṬHĀ कनिष्ठा (S. सं.) f. स्त्री. the little finger छोटी अंगुली।

KAṄJAṚ कंजड़ m. पु. scattered itinerant community, the members of which make and sell string, metal goods etc. एक ख़ानाबदोश जाति, adj. वि. gypsy जिप्सी।

KAṄJAR कंजर m. पु. scattered itinerant community, the members of which make and sell string, metal goods etc. एक ख़ानाबदोश जाति, adj. वि. gypsy जिप्सी।

KĀṄJĪ कांजी f. स्त्री. rice-water-a sort of vinegar made from rice or mastard seeds एक पेय, ~होस, cattle pond आवारा पशुओं को रखने का स्थान।

KAṄJŪS कंजूस adj. वि. miserly कंजूस, m. पु. a miser कंजूस व्यक्ति।

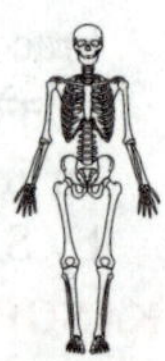

KAṄKĀL कंकाल (S. सं.) m. पु. skeleton ठठरी, हड्डियों का ढांचा।

KANKAṚ कंकड़ m. पु. a small stone gravel गिट्टी, पत्थर का छोटा टुकड़ा।

KANKAUĀ कनकौआ m. पु. a large paper kite पतंग, गुड्डी।

KANNĪ कन्नी f. स्त्री. hem (of a garment) किनारा, outer edge हाशिया, कोर, ~काटना, to avoid (a person) कतराना, किनारे से निकल जाना।

KĀṄPNĀ कांपना v.i. अ.क्रि. to tremble, to shiver हिलना-डोलना, डर से हिलना, थर्राना।

KĀṄSYĂ कांस्य (S. सं.) m. पु. an alloy of copper and tin and zin, bell metal, bronze तांबे और जस्ते के मिश्रण से बनी एक धातु।

KĀṄT कांत (S. सं.) m. पु. lover, husband प्रिय, पति, adj. वि. lovely, pleasing मनोरम, शोभन।

KAṄṬAK कंटक (S. सं.) m. पु. a thorn कांटा, adj. वि. thorny बाधक।

KAṄṬKĀKIRṆ कंटकाकीर्ण (S. सं.) adj. वि. full of thorns कांटों भरा।

KAṄṬH कंठ (S. सं.) m. पु. the neck, the throat हलक़, गला, 2. the voice स्वर, ~स्थ, adj. वि. learned by heart पूरी तरह याद।

KAṄTHĀ कंथा (S. सं.) f. स्त्री. a patched cloth or garment (associated with ascetics) कथरी, गुदड़ी।

KAṄṬHĀGR कंठाग्र (S. सं.) adj. वि. learned by heart कंठस्थ, ज़बानी याद होना।

KĀṄTI कांति (S. सं.) f. स्त्री. lustre, loveliness, splendour (of a woman) चमक, दीप्ति, सौन्दर्य।

KANYĀ कन्या (S. सं.) f. स्त्री. an unmarried girl or woman लड़की अविवाहित लड़की, क्वांरी लड़की, 2. a daughter बेटी, पुत्री, ~कुमारी, f. स्त्री. cape comorin भारत का एकदम दक्षिण का अन्तरीप, ~दान, m. पु. the giving of (one's) daughter in marriage बेटी ब्याहना।

KANYAKUBJ कान्यकुब्ज (S. सं.) m. पु. name of a community of Brahmins कनौजिया (ब्राह्मण)।

KAPĀL कपाल (S. सं.) m. पु. the skull, head खोपड़ी, मस्तक, 2. luck, fortune, destiny भाग्य, भाग्यरेखा, ~क्रिया, f. स्त्री. ceremonial brea-king of the skull of a corpse at cremation शवदाह में मुर्दे की खोपड़ी को बांस से फोड़ने की क्रिया।

KAPĀS कपास f. स्त्री. the cotton plant एक प्रसिद्ध पौधा जिसके डोंडे से रूई निकलती है, 2. cotton (uncarded) सादा रूई।

KAPĀṬ कपाट (S. सं.) m. पु. a door, the leaf of a door दरवाज़ा, किवाड़, 2. a valve वाल्व।

KAPAṬ कपट (S. सं.) m. पु. deceit छल, धोखा, 2. trick बनावटी व्यवहार, ~ करना, to decive धोखा देना।

KAPAṬĪ कपटी (S. सं.) adj. वि. deceitful फ़रेबी, धोखेबाज़।

KAPI कपि (S. सं.) m. पु. a monkey बंदर।

KĀPĪ कापी f. स्त्री. a copy नकल, प्रतिलिपि, 2. exercise book काग़ज़ की बही।

KAPILĀ कपिला (S. सं.) f. स्त्री. white or gray coloured cow सफेद या भूरे रंग की गाय, adj. वि. gray coloured बादामी या भूरे रंग वाली।

KAPOT कपोत (S. सं.) m. पु. a pigeon कबूतर।

KAPTĀN कप्तान m. पु. a captain सेना का एक अफसर।

KAPŪR कपूर (S. सं.) m. पु. camphor स्फटिक के रंग रूप का एक गंध-द्रव्य।

KĀPURUṢ कापुरुष (S. सं.) m. पु. coward कायर।

KAR कर (S. सं.) m. पु. hand हाथ, 2. tax महसूल, 3. beam किरण।

KAṚĀ कड़ा adj. वि. hard, stiff, harsh, tough, severe, difficult सख़्त, कठोर, कठिन, मुश्किल।

KĀRĀ कारा (S. सं.) f. स्त्री. prison जेल, क़ैदखाना, बन्दीगृह, ~ वास, m. पु. a prison बन्दीगृह, 2. living in a prison जेल में रहना।

KARĀH कराह f. स्त्री. a moan, groan आह, दर्द या पीड़ा की आवाज़।

KAṚĀH कड़ांह m. पु. a cauldron (for boiling or frying) बड़ी कड़ाही या कढ़ाई।

KAṚĀHĪ कड़ाही f. स्त्री. a small pan or frying pan छोटा कड़ाह, भुनने या पकाने का छोटा बर्तन।

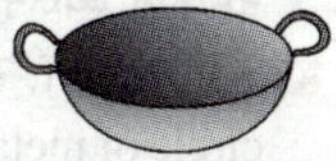

KĀRAK कारक (S. सं.) adj. वि. causing करने वाला, m. पु. case (gram.) संज्ञा या सर्वनाम का वह रूप जिससे वाक्य में दूसरे शब्दों के साथ उसका संबंध प्रकट होता है।

KARĀMĀT करामात (A. अ.) f. स्त्री. a miracle चमत्कार, सिद्धि, अचरज की बात।

KARAṆ करण (S. सं.) m. पु. doing, making करना, बनाना, 2. an action काम, 3. the instrumental case (gram.) किसी बात के होने का हेतु (व्या.)

KĀRAṆ कारण (S. सं.) m. पु. cause, means हेतु, वजह, 2. motive reason उद्देश्य, adv. अ. because (of) for the sake of लिए।

KARANAHŪL करनफूल m. पु. ear ring कान में पहनने का एक गहना।

KARBLĀ कर्बला (A. अ.) m. पु. the place where Tazias are buried ताज़िए दफ़नाने की जगह।

KĀRBĀR कारबार (P. फ़ा.) m. पु. trade, business व्यवसाय, रोज़गार, व्यवसाय, 2. occupation पेशा, काम-काज।

KARDAM कर्दम (S. सं.) m. पु. mud, mire कीचड़।

KARGHĀ कर्घा m. पु. a loom कपड़ा बुनने का यंत्र।

KARHĀĪ कढ़ाई f. स्त्री. small pan or frying pan छोटा कड़ाह, 2. embroidery बेलबूटे बनाने का काम, 3. payment for embroidery बेलबूटे बनाने की उजरत।

KARHĪ कढ़ी f. स्त्री. pulse meal with spices and sour milk लपसी जैसा एक नमकीन व्यंजन।

KARĪ कड़ी f. स्त्री. a beam, a ring or circle of metal link (of chain) ज़ंजीर का एक छल्ला, 2. connection, sequence (as of events) हिस्सा (किसी कहानी का)।

KĀRĪGAR कारीगर (P. फ़ा.) m. पु. craftsman शिल्पी, दस्तकार।

KĀRĪGARĪ कारीगरी f. स्त्री. workmanship craftsmanship शिल्प, दस्तकारी, 2. artistic work शिल्प।

KARĪM करीम (A. अ.) adj. वि. generous gracious, merciful उदार, दयालु, नेक, m. पु. 2. god ईश्वर।

KARIṄDĀ कारिन्दा (P. फ़ा.) m. पु. a manager, agent कर्मचारी, गुमाश्ता, काम करने वाला।

KARIŚMĀ करिश्मा (P. फ़ा.) m. पु. a wonder, wonderful deed चमत्कार पूर्ण काम।

KARKAŚ कर्कश (S. सं.) adj. वि. harsh, hard, unfeeling कठोर, खुरदरा, कर्णकटु, m. पु. a harsh person कठोर व्यक्ति।

KĀRKHĀNĀ कारख़ाना m. पु. workshop, factory फैक्टरी।

KARM कर्म (S. सं.) m. पु. action (with its fruit and implications of merit) काम (अच्छा या बुरा जिसका फल अगले जन्म में मिलता है), 2. an act. deed काम, क्रिया, 3. duty कर्तव्य, 4. fate भाग्य, 5. an object जिस पर काम होता है, ~ चारी, m. पु. worker, employee नौकर, ~ हीन, adj. वि. unfortunate अभागा, ~ कारक, m. पु. accusative case ~ फल, m. पु. the fruits of actions (especially with regard to reincarnation of the soul) एक जन्म का काम जिसका फल अगले जन्म में मिलता है, ~ शील, adj. वि. dutiful काम करने वाला, ~ क्षेत्र, m. पु. sphere of functions काम करने का स्थान।

KARMAṬH कर्मठ (S. सं.) adj. वि. industrious, assiduous कर्मनिष्ठ, काम में कुशल और परिश्रमी।

KARMVĀCYĂ कर्मवाच्य (S. सं.) adj. वि. m. पु. passive tense (gram.) कर्मप्रधान क्रया (व्या.)।

KARṆ कर्ण (S. सं.) m. पु. the ear, the organ of hearing कान, 2. hypotenuse (of a triangle) त्रिभुज के सामने की भुजा, 3. helm नाव की पतवार, ~ कटु, adj. वि. harsh to hear सुनने में तीखा और अप्रिय, ~ धार, m. पु. steersman, boatman नाविक, ~ फूल, m. पु. an ear pendant कान में पहनने का एक गहना, ~ गोचर, adj. वि. perceptible to the ear जो कान से सुना जा सके।

KARNĪ करनी f. स्त्री. an action, deed काम, करतूत, कर्म, 2. a bricklayer's trowel राजमिस्त्री का ईंट जोड़ने का एक औज़ार।

KARNIRDHĀRAṆ करनिर्धारण (S. सं.) m. पु. assessment of tax मूल्य या लाभादि की मात्रा के आधार पर निश्चित कर लगवाना।

KARORỊ करोड़ m. पु. a crore, ten millions सौ लाख की संख्या, adj. वि. tenmillions सौ लाख, ~ पति, adj. वि. a millionaire करोड़ों का स्वामी।

KARTĀ कर्ता (S. सं.) m. पु. doer,

performer करने वाला, बनाने वाला, 2. composer रचयिता, 3. creator निर्माता, 4. husband पति, 5. master of the household गृहपति, संयुक्त परिवार में मालिक, 6. nominative case (gram.) क्रिया में करने वाले का बोधक कारक (व्या.), ~ धर्ता, m. पु. the head of a household गृहपति।

KARTAB **करतब** m. पु. feat, 2. art, skill हुनर, काम, कर्म।

KARTABĪ **करतबी** adj. वि. performing feats हुनरमंद, गुणी, करतब दिखलाने वाला पुरुषार्थी।

KARTAL **करतल** (S. सं.) m. पु. palm of the hand हथेली।

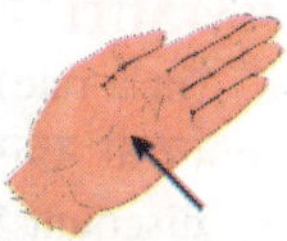

KARTĀL **करताल** m. पु. a musical repercusion instrument एक बाजा।

KĀRTŪS **कारतूस** m. पु. a cartridge गोली (बंदूककी)।

KARTŪT **करतूत** f. स्त्री. deed action काम, करनी, 2. bad action निंद्य, कर्म।

KARTAVYĂ **कर्तव्य** (S. सं.) m. पु. duty फ़र्ज, जिसे करना उचित हो, ~ परायणा, adj. वि. dutiful, conscientionu ~ विमूढ़, adj. वि. uncertain as to what to do क्या करें न करें संबंध में अनिश्चित, "यथौ न तिष्ठौ" मानसिकता वाला।

KARUṆĀ **करुणा** (S. सं.) f. स्त्री. pity, compassion, mercy अनुकंपा, दया, दयालुता, ~ मय, adj. वि. full of compassion compassionate दयामय ~ निधि, adj. वि. compassionate करुणा या दया का सागर, 2. one of the literary rasas काव्य का एक रस।

KĀRUṆIK **कारुणिक** (S. सं.) adj. वि. kind, compassionate दयाशील, करुणा करने वाला।

KARVĀ **करवा** m. पु. an eurthen pot with a spout टोटी लगा धातु या मिट्टी के लोहे की तरह का एक जलपात्र, ~ चौथ, m. पु. a festival in the month of Kartik at which married women observe a fast and worship the Karva with water etc. कार्तिक कृष्णा चतुर्थी (जिसमें सुहागिनें अपने पति की मंगलकामना के लिए व्रत रखनी हैं)।

KĀRVAṄ **कारवां** (P. फ़ा.) m. पु. a caravan convoy काफ़िला, ~ सराय, m. पु. an inn एक तरह की सराय जहां कारवां टिका करते थे।

KARVAṬ **करवट** f. स्त्री. the side (of the body) on which one rests, the position of lying on one side दांए बांए बाजू लेटने की स्थिति, पहलू, बाजू।

KĀRYĂ **कार्य** (S. सं.) m. पु. act, action activity, work काम, 2. occupation, business धंधा, व्यवसाय, 3. duty कर्तव्य, ~ काल, m. पु. tenure, period of office किसी पद पर रहने का काल या अवधि, ~ समिति, f. स्त्री. working committee काम करने वाली समिति, ~ वाहक, adj. वि. acting, officiating काम चलाऊ।

कार्यालय (S. सं.) m. पु. office दफ्तर, काम करने का स्थान।

KĀRYASTHAGAN PRASTĀV **कार्यस्थगन प्रस्ताव** (S. सं.) m. पु. bill to suspend work due to some other important matter for consideration coming up किसी अत्यंत आवश्यक और सार्वजनिक महत्व के प्रश्न पर विचार करने के लिए विधान सभा, संसद आदि में रखा गया प्रस्ताव जिसमें प्रार्थना की जाती है कि पहले इसी पर विचार किया जाय।

KASAK **कसक** f. स्त्री. an ache, a

nagging pain, pang रह-रह कर होने वाली पीड़ा।

KASAR कसर (A. अ.) f. स्त्री. short-coming कमी, न्यूनता।

KASRAT कसरत (A. अ.) f. स्त्री. axcess abundance अधिक्य, अधिकता, प्रचुरता, 2. exercise व्यायाम।

KASRATĪ कसरती (A. अ.) adj. वि. taking exercise, 2. developed by exercising व्यायाम द्वारा अर्जित, व्यायाम द्वारा विकसित।

KASAUṬĪ कसौटी f. स्त्री. a touch stone निकर्ष, सोना परखने का पत्थर, a proof प्रमाण।

KASĪDĀ कसीदा (P. फ़ा.) m. पु. embroidery गुलकारी, बेलबूटा, ~ काढ़ना, to embroider कशीदे का काम करना, बेल-बूटे काढ़ना।

KAṠIṠ कशिश (P. फ़ा.) f. स्त्री. charm attraction खिंचाव आकर्षण।

KASMASĀNĀ कसमसाना v.i. स.क्रि. to stir, to be agitated, to fidget कुलबुलाना, रगड़ खाते हुए हिलना, हिलना-डुलना (जैसे छातियों का ब्रा के नीचे से)।

KASNĀ कसना v.t. स.क्रि. to tighten बंधन या तनाव को कड़ा करना।

KAṢṬ कष्ट (S. सं.) m. पु. difficulty, trouble, inconvenience कठिनाई, व्यथा, पीड़ा, असुविधा, 2. hardship, 3. pain, affliction पीड़ा, कठिनाई।

KĀṠT काश्त (P. फ़ा.) m. पु. ploughing, cultivation खेती, जोत, 2. cultivated land जोता हुआ खेत, 3. tenure of land खेत, ~कार, m. पु. cultivater खेतिहर।

KASTŪRĪ कस्तूरी f. स्त्री. musk नर हिरण की नाभि के पास की थैली में पाया जाने वाला एक सुगंधित पदार्थ, ज़ाफ़रान, ~ मृग, m. पु. the musk deer वह हिरण जिसकी नाभि में कस्तूरी होती है।

KAṬĀKṢ कटाक्ष (S. सं.) m. पु. a side long glance तिर्छी निगाह, 2. an aspersion आक्षेप।

KAṬĀR कटार f. स्त्री. a dagger खंजर, एक दुधारा हथियार।

KATARBYOṆT कतरब्योंत f. स्त्री. cutting out (clothes) काट-छांट (कपड़े), 2. retrenchment economics किफ़ायतशारी।

KAṬĀRĪ कटारी f. स्त्री. a small dagger छोटी कटार।

KAṬAUTĪ कटौती f. स्त्री. a reduction (in a rate) a cut (in any amount) किसी रकम में कुछ काट लेना, 2. discount छूट।

KAṬAV कटाव m. पु. cutting, reaping काट, (फसल) काटना, erosion, beach (भूमि का) क्षरण, मेड़ ढहना।

KATHĀ कथा f. स्त्री. something said कथन, 2. story कहानी, गप, आख्यायिका, 3. narration वर्णन, ~नक, plot (of a story or novel) कहानी या उपन्यास की कहानी का सार, ~ वस्तु, f. स्त्री. subject matter of a narrative कहानी का विषय, ~ वार्ता, f. स्त्री. conversation बातचीत।

KĀṬHĪ काठी f. स्त्री. frame, the body देह की गठन, 2. wooden saddle for a horse or camel घोड़े या ऊंट की अंग्रेजी ढंग की ज़ीन।

KAṬHIN कठिन (S. सं.) adj. वि. difficult मुश्किल, सख़्त, दुस्साध्य।

KAṬHINĀĪ कठिनाई f. स्त्री. difficulty मुश्किल, कठिन होना, दुस्साध्य होना।

KATHOPKATHAN कथोपकथन (S. सं.) m. पु. diaglogue संवाद, बातचीत।

KAṬHOR कठोर (S. सं.) adj. वि. hard

सख़्त, कड़ा, harsh (of manner) निष्ठुर, 3. arduous (toil) (परिश्रम में) कड़ा।

KAṬHORTĀ कठोरता (S. सं.) f. स्त्री. hardness, harshness सख़्ती, कड़ापन, निर्दयता।

KAṬI कटि (S. सं.) f. स्त्री. the waist, कमर, ~बद्ध, adj. वि. prepared तैयार, प्रस्तुत।

KATIB कातिब (A. अ.) m. पु. writer, scribe दस्तावेज़ आदि लिखने वाला, ऐसा लिखने का व्यवसाय करने वाला।

KAṬĪLĀ कटीला adj. वि. sharpedged नुकीला, तीक्ष्ण, thorny कांटेदार, prickly तीखा, पैना।

KATIPAY कतिपय (S. सं.) adj. वि. some a few कुछ, कई।

KAṬNĀ कटना v.t. स.क्रि. to be cut दो या अधिक टुकड़े होना, 2. to be harvested (फसल का काटा जाना), 3. to be cut off काट दिया जाना, 4. to be killed मारा जाना।

KĀṬNĀ काटना v.t. स.क्रि. to cut, to carve छुरी आदि से किसी चीज़ के टुकड़े करना, 2. to erase (लिखे को) मिटाना, 3. to bite दांत से काटना, ~ (ने) दौड़ना, to be angry गुस्से में बोलना।

KAṬORĀ कटोरा m. पु. a bowl, a metal cup फूल, कांसे आदि का चौड़े पेंदे का पात्र।

KAṬORĪ कटोरी f. स्त्री. a small bowl छोटा कटोरा।

KATRAN कतरन f. स्त्री. trimming, cutting कपड़े, काग़ज़ आदि के रद्दी टुकड़े।

KATRĀNĀ कतराना v.t. स.क्रि. to cause to be cut काटने को प्रेरित करना, 2. to avoid to shun (a person) हट कर निकल जाना।

KAṬṬAR कट्टर adj. वि. unyielding दुराग्रही, दृढ़, 2. bigoted, 3. inveterate (as enmity) असहिष्णु न डिगने वाला, ~ता, f. स्त्री. bigotry, fanaticism कट्टर बने रहने का भाव।

KATTHAĪ कत्थई adj. वि. dark, red in colour कत्थे के रंग का, खैरा, m. पु. dark red colour कत्थई रंग।

KATTHAK कत्थक (S. सं.) m. पु. narrator कहानी कहने वाला, 2. name of a dance-style एक नृत्य शैली।

KAṬU कटु (S. सं.) adj. वि. pungent, 2. bitter कड़ा, 3. cutting (criticism) कटु।

KAUMUDĪ कौमुदी (S. सं.) f. स्त्री. moonlight चांदनी, 2. the day of full moon in the month of Kartik कार्तिक मास की पूर्णिमा, 3. commentary, guide (to some text) टीका (किसी पुस्तक की)।

KAUN कौन pron. सर्व. who प्रश्नवाचक, सर्वनाम, adj. वि. which.

KAUṚĪ कौड़ी f. स्त्री. a small shell a cowrie घोंघे, शंख आदि के वर्ग का एक कीड़ा, कीड़े का अस्थिकोश।

KAUŚAL कौशल (S. सं.) m. पु. dexterity, skill कुशलता, दक्षता, 2. a craft, handicraft दस्तकारी।

KAUŚALYĀ कौशल्या (S. सं.) f. स्त्री. name of the wife of King Dashrath and mother of Rama राजा दशरथ की पत्नी और राम की माता।

KAUŚĀMBĪ कौशांबी (S. सं.) f. स्त्री. the old capital of Vatsa Kingdom, modern Kosam वत्स देश की प्राचीन राजधानी, आधुनिक कोसम।

KAUṬILYĂ कौटिल्य (S. सं.) m. पु. craftiness कुटिलता, 2. the name of

Chankya, the author of Arthashastra चाणक्य जिन्होंने अर्थशास्त्र की रचना की थी।

KAUTŪHAL कौतूहल (S. सं.) m. पु. curiosity, eager interest उत्सुकता, कुतूहल।

KAUTUK कौतुक (S. सं.) m. पु. eager, curiosity कुतूहल, उत्सुकता, 2. ány event arousing curiosity कुतूहल जनक घटना, 3. a show, spectacle तमाशा, 4. trick हाथ की सफाई, 5. play खेल।

KAUĀ कौआ m. पु. crow काक, काले रंग का एक प्रसिद्ध पक्षी।

KAVAC कवच (S. सं.) m. पु. armour बख़्तर।

KAVI कवि (S. सं.) m. पु. poet शायर, कविता करने वाला।

KAVITA कविता (S.सं.) f. स्त्री. poetry शायरी, रसात्मक छन्दोबद्ध रचना, 2. a poem पद्यरचना।

KAVITV कवित्व (S. सं.) m. पु. poetic quality काव्यरचना की शक्ति।

KAVITRĪ कवित्री (S. सं.) f. स्त्री. poetess कविता करने वाली स्त्री।

KĀVYĂ काव्य (S. सं.) m. पु. a poem, a literary composition in verse कविता, रसात्मक वाक्य-रचना, 2. a book in verse कविता-ग्रंथ, ~ गत, adj. वि. poetic कविता संबंधी।

KĀY काय (S. सं.) m. पु. the body शरीर।

KĀYĀ काया (S. सं.) f. स्त्री. the body शरीर, देह,--कल्प, m.पु. rejuvenation फिर से जवानी लाना।

KĀYAR कायर (S. सं.) adj. वि. cowardly बुज़दिल, m. पु. coward डरपोक व्यक्ति।

KAZĪ काज़ी (A. अ.) m. पु. judge or magistrate मुसलमान न्यायाधीश।

KEDĀRĀ केदारा (S. सं.) m. पु. name of a raga एक राग।

KELI केलि (S. सं.) f. स्त्री. amourous play कामक्रीड़ा, क्रीड़ा, 2. sexual inter course coitus मैथुन, रति।

KEṅDR केंद्र (S. सं.) m. पु. centre, middle part मरकज़, वृत्त का मध्य बिंदु, ~ बिन्दु, m. पु. centre point मध्य का बिन्दु।

KEṅDRIT केंद्रित (S. सं.) adj. वि. centred केंद्र में स्थित एकत्रित।

KEṅDRĪYĂ केन्द्रीय (S. सं.) adj. वि. central केन्द्र संबंधी।

KEŚ केश (S. सं.) m. पु. hair (of the head) सिर के बाल।

KESAR केसर m. पु. saffron ज़ाफ़रान, कुमकुम, 2. the pistil of a flower फूल के बीच का रेशा।

KESARIĀ केसरिया adj. वि. saffron-coloured केसर के रंग का।

KEŚAV केशव (S. सं.) m. पु. a title of Vishnu विष्णु, परमेश्वर, 2. a famous Hindi poet एक महाकवि।

KETKĪ केतकी f. स्त्री. screw-pine-pandanous adoratissimus, and its flower केवड़ा एक फूल।

KHABAR ख़बर (A. अ.) f. स्त्री. news report, information, message समाचार, सूचना, ~ करना, to inform सूचित करना, सूचना देना, ~ दार, adj. वि. cautions सावधान।

KHABĪS ख़बीस (A. अ.) adj. वि. wicked, bad, foul दुष्ट, नापाक, m. पु. wretch अभागा, बदमाश।

KHABT ख़ब्त (A.अ.) m. पु. madness craze, whim सनक, धुन।

KHABTĪ ख़ब्ती (P. फ़ा.) adj. वि. crazy, mad सनकी, पागल।

KHACĀKHAC खचाखच adj. वि.

packed, tightly crowded उसाठस, बिल्कुल भरा हुआ।

KHACCAR खच्चर m. पु. a mule घोड़े से मिलता-जुलता एक जानवर (यह घोड़े और गधे के मेल से बनता है)।

KHACIT खचित (S. सं.) adj. वि. inlaid set (into) अंकित जड़ा हुआ।

KHĀD खाद f. स्त्री. manure ज़मीन की उर्बरता बढ़ाने की वस्तु।

KHADDAR खद्दर m. पु. home-spun and wovan cloth हाथ का बुना हुआ कपड़ा।

KHADERṚNĀ खदेड़ना v.t. स.क्रि. to drive away, to chase भगाना, हटाना, पीछा करना।

KHĀDIM ख़ादिम (A. अ.) m. पु. a servant, 2. attendant सेवक, नौकर, खिदमतगार।

KHADYĂ खाद्य (S. सं.) m. पु. food stuff भोजन खाने की चीज़, adj. वि. eatable, edible खाने के योग्य, भोज्य।

KHAFĀ ख़फा (P. फ़ा.) adj. वि. angry, displeased क्रोधित, रुष्ट, नाराज।

KHAFGĪ ख़फ़गी (P. फ़ा.) f. स्त्री. anger, displeasure नाराज़गी, कोष, रोष।

KHAGOL खगोल (S. सं.) m. पु. the sphere of the heavens आकाश मंडल, ~ ग्रास, m. पु. full eclipse पूर्ण ग्रहण।

KHĀĪ खाई f. स्त्री. a ditch, trench किले आदि के चारों ओर खोदी गई नहर, खंदक, 2. gulf खाड़ी, 3. distance दूरी।

KHAIR खैर m. पु. the tree acacia, catechu कत्था का पेड़, 2. catchu extract कत्था।

KHAIR ख़ैर (A. अ.) f. स्त्री. welfare, wellbeing भलाई, 2. indeed, really in that case सच में, वास्तव में।

KHAIRĀT ख़ैरात (A. अ.) f. स्त्री. alms, 2. donation (for a good cause) पुण्य-कर्म, दान-पुण्य।

KHAIRĀTĪ ख़ैराती (A. अ.) adj. वि. charitable ख़ैरात का, धर्मार्थ संचालित, दातव्य, 2. donation (for a good cause) (अच्छे काम के लिए दिया जाने वाला) दान, **अस्पताल** m. पु. charitable hospital दातव्य अस्पताल, ~ दवाख़ाना, m पु. a charitable dispensary नि:शुल्क औषधालय।

KHAIRIAT ख़ैरियत (A. अ.) f. स्त्री. wellbeing, good fortune नेकी, कुशल, भलाई।

KHAIRKHĀH ख़ैरख़ाह (A. अ.) adj. वि. well-wisher भलाई चाहने वाला, 2. flatterer ख़ुशामदी।

KHĀJ खाज f. स्त्री. the itch खुजली, ख़ारिश, 2. eczema एक्ज़िमा, कोढ़ में ~ trouble on top of another मुसीबत पर मुसीबत।

KHAJŪR खजूर m. पु. the date-palm, date ताड़ की जाति का एक पेड़, 2. a sweet made of wheat flour and jaggery आटे-गुड़ की बनी एक मिठाई।

KHAK ख़ाक (P. फ़ा.) f. स्त्री. dust धूल, 2. ashes राख, ~ छानना, to roam about (aimlessly) किसी चीज़ की तलाश में इधर-उधर मारे फिरना, ~ में मिलना, to be ruined बर्बाद या नष्ट होना।

KHĀKĀ ख़ाका (P. फ़ा.) m. पु. outline, 2. plan, draft कच्चा नक़्शा।

KHAKHĀRANĀ खखारना v.i. अ.क्रि. to clear the throat खखार निकालना, गला साफ करना, 2. to spil out mucus थूकना।

KHĀKĪ खाकी (P. फ़ा.) adj. वि. dust coloured मिट्टी के रंग का, f. स्त्री. the colour of dust or earth मिट्टी के रंग

का कपड़ा, m. स्त्री. khaki cloth खाकी कपड़ा।

KHAL खल (S. सं.) adj. वि. wicked vile दुष्ट, दुर्जन, ~नायक, m. पु. villain (as in a story or film) विलेन (नाटक, कहानी अथवा फ़िल्म का)।

KHĀL खाल f. स्त्री. hide skin चमड़ा, छिलका, --उधेड़ना, to flay, to thrash बहुत पीटना।

KHĀLĀ ख़ाला (A. अ.) f. स्त्री. maternal aunt मौसी, मां की बहन, ~ का घर, m. पु. a place of comfort and security बहुत आसान काम या स्थान, ~ ज़ाद, adj. वि. maternal (brother or sister) मौसेरा भाई या मौसेरी बहन।

KHALAL ख़लल (A. अ.) m. पु. breach, interruption, confusion बाधा, अड़चन, विघ्न, ~ डालना, to obstruct बाधा डालना।

KHALĀSĪ ख़लासी m. पु. a helper in a car, bus or ship मोटर, जहाज़ आदि में छोटे-मोटे काम करने वाला मज़दूर।

KHALBALĪ खलबली f. स्त्री. disturbance बेचैनी, हलचल, घबड़ाहट।

KHĀLĪ ख़ाली (A. अ.) adj. वि. empty, blank रीता, शून्य, adv. अ. केवल, ~बैठना, to sit idle बेकार बैठना, ~ हाथ, adj. वि. empty handed ~ पेट, adj. वि. empty stomach भूखे पेट, ~हाथ लौटना, to return empty handed विफल वापस आना, ~ दिन, adj. वि. inauspicious day शुभकाम या नए काम के लिए अनुपयुक्त दिन।

KHALĪFA ख़लीफ़ा (A. अ.) m. पु. a caliph (पैग़म्बर) मुहम्मद साहब का उत्तराधिकारी, उत्तराधिकारी।

KHĀLIQ ख़ालिक़ (A. अ.) m. पु. the creator बनाने वाला, सृष्टि कर्ता।

KHĀLIS ख़ालिस (A. अ.) adj. वि. pure, unadulterated शुद्ध, खरा, अनमिला, genuine सच्चा।

KHALIYĀN खलियान m. पु. threshing floor वह स्थान जहां फसल काट कर रखी और माड़ी जाय, store of unthreshed corn.

KHĀLSĀ ख़ालसा (A. अ.) adj. वि. ख़ालिस, pure शुद्ध, बगैर मिलावट का, m. पु. the Sikh order or brotherhood established by Guru Govind Singh सिखों का एक संप्रदाय जिसकी स्थापना गुरु गोविन्द सिंह ने की थी, ~ पंथ, m. पु. the Khalsa community ~ दीवान, religious body of the Sikhs सिखों की धर्मसभा।

KHĀLŪ ख़ालू (A. अ.) m. पु. maternal uncle (mother's brother) mother's brother-in-law) मौसा, मामूं।

KHALVĀṬ खल्वाट (S. सं.) adj. वि. bald टखला, टखलू, गंगा, गंजे सर वाला (जिसके सर पर बाल न हों)।

KHAM ख़म (P. फ़ा.) m. पु. curved, bend, curl, coil झुका हुआ, टेढ़ा, वक्र।

KHAṀBHĀ खंभा m. पु. a pillar, pole, post स्तम्भ, पत्थर आदि का बना आधार।

KHAMMĀC खम्माच f. स्त्री. name of a ragini (attached to rag Malkosh) रात में गाई जाने वाली एक रागिनी।

KHAMMĀJ खम्माज f. स्त्री. name of a ragini (attached to rag Malkosh) रात में गाई जाने वाली एक रागिनी।

KHĀMOṠ ख़ामोश (P. फ़ा.) f. स्त्री. silent, quiet चुप, मौन।

KHĀMOṠĪ ख़मोशी (P. फ़ा.) f. स्त्री. silence, quietness चुप्पी

KHĀN ख़ान (T. तु.) m. पु. lord, a title of muslim nobles स्वामी, सरदार, पठान, ~ बहादुर, m. पु. a title given by the English rulers of India अंग्रेजों द्वारा दी जाने वाली उपाधि, ~सामा, cook butler रसोइया, बावर्ची, खाना, बनाने वाला, ~काह, m. पु. (m. पु.) f. स्त्री. monastry, sufi residential establishement मठ, दरगाह।

KHĀN खान f. स्त्री. mine, a quarry वह जगह जहां से धातु, कोयला आदि खोद कर निकाले जाएं।

KHĀNĀ खाना v.t. स.क्रि. consume, to eat ठोस आहार को चबाकर निगलना, ~ कमाना, to earn one's living मेहनत-मज़दूरी से गुज़र-बसर करना, ~ पीना, m. पु. food and drink भोजन-पान।

KHĀNĀ ख़ाना (P. फ़ा.) m. पु. place, dwelling स्थान, घर, ~ख़राबी, f. स्त्री. ruin of a family परिवार का विनाश, ~ तलाशी, f. स्त्री. search of a place घर की तलाशी लेना, ~ बदोश, adj. वि. nomadic यायावरी, m. पु. nomad यायावर, ~जंगी, f. स्त्री. civil war गृह युद्ध।

KHAṄJAN खंजन (S. सं.) m. पु. a wagtail खंडरिच, एक प्रसिद्ध छोटी चिड़िया जिसकी तुलना खूबसूरत आखों से की जाती है, ~ नयन, adj. वि. (a woman) with eyes like khanjan खंजन की तरह आंखों वाली (स्त्री.)।

KHAṄJRĪ खंजरी f. स्त्री. a small tembourine डफली की तरह का एक छोटा बाजा।

KHAṄJṚĪ खंजड़ी f. स्त्री. a small tembourine डफली की तरह का एक छोटा बाजा।

KHANAK खनक f. स्त्री. a clinking, ringing or jungling sound खनकने की आवाज़, खनकने की क्रिया, चूड़ियां आदि बजने की आवाज़।

KHANKĀNĀ खनकाना v.t. स.क्रि. to cause to clink खनखन आवाज़ कराना।

KHANAKNĀ खनकना v.i. अ.क्रि. to jungle, to clink खनखनाना, खन-खन करके बजना।

KHĀNĀTALAŚĪ ख़ानातलाशी f. स्त्री. search (of a house etc.) घर आदि की तलाशी लेना।

KHAṄḌ खंड (S. सं.) m. पु. a piece, part, section भाग, टुकड़ा, ~ कथा, an episodic narrative कहानी का भाग, ~ काव्य, m. पु. a narrative poem not dealing with a heroic or sacred subject वह काव्य जिसमें काव्य के पूरे गुण न हों।

KHAṄḌAN खंडन (S. सं.) m. पु. refuting, contradicting, revoking काटना, तोड़ना, किसी बात को ग़लत बताना।

KHĀNDĀN ख़ान्दान m. पु. dynasty, family line वंशगत।

KHĀNDĀNĪ ख़ान्दानी adj. वि. dynastic, familial वांशिक, वंशगत।

KHAṄḌNĪYĂ खंडनीय (S. सं.) adj. वि. to be refuted or rejected खंडन करने के योग्य।

KHĀNGĪ ख़ानगी (P. फ़ा.) adj. वि. domestic घरेलू, private निजी, f. स्त्री. a kept woman रखैल, रखनी (स्त्री.)।

KHAṄDAQ खंदक़ (A. अ.) m. पु. ditch, moat गहरा गड्ढा।

KHĀN-PĀN खान-पान (S. सं.) m. पु. eating and drinking खाना-पीना।

KHĀNĀPURĪ ख़ानापुरी f. स्त्री. filling in section (of a form) किसी नक़्शे, सारणी आदि के ख़ानों को पूरा करना।

KHAṄṚ खांड़ f. स्त्री. course, sugar राब, शक्कर, कच्ची चीनी, ~ सारी, f. स्त्री. a refined sugar 2. a refiner of sugar साफ चीनी, चीनी साफ करने वाला।

KHĀṄSĪ खांसी f. स्त्री. a cough खांसने की क्रिया, ~ आना, to cough खांसना, काली, ~ f. स्त्री. whooping cough कुकर-खांसी, पुरानी, f. स्त्री. a chronic cough जीर्ण खांसी।

KHĀṄSNĀ खांसना i.v. अ.क्रि. to cough गले से बलगम आदि निकालने के लिए फेफड़े से झटके और आवाज़ के साथ हवा बाहर निकालना।

KHĀṄJAR खंजर (A. अ.) m. पु. a curved, dagger कटार, एक तरह का बड़ा छुरा।

KHAPĀNĀ खपाना v.t. स.क्रि. to exhaust, to cause to be exhausted, to use up, to absorb खत्म कर/करा देना, सिर ~ v.t. स.क्रि. to try to be a trial माथा मारना।

KHAPĀT खपत f. स्त्री. consumption खपने की क्रिया, खर्च, 2. demand मांग, 3. sale बिक्री।

KHAPNĀ खपना v.i. अ.क्रि. to be consumed, to be sold-out, to be absorbed समाप्त होना, बिक जाना, खर्च हो जाना लग जाना।

KHAPṚĀ खपड़ा m. पु. a tile (especially for roofing) मिट्टी का पकाया हुआ टुकड़ा जिससे मकान का छप्पर छाते हैं।

KHAPṚAIL खपड़ैल m. पु. a tiled roof खपड़े की छाजन, खपड़े से छाया हुआ घर।

KHAPRAIL खपरैल m. पु. a tiled roof खपड़े की छाजन, खपड़े से छाया हुआ घर।

KHARĀ खरा adj. वि. pure, true, real genuine विशुद्ध, सच्चा, निष्कपट, ईमान्दार, ~ खोटा, m. स्त्री. good and bad अच्छा-बुरा।

KHAṚĀ खड़ा adj. वि. m. पु. standing erect, steep सीधा ऊपर को उठा हुआ, ~ खेत, m. पु. a standing and ripe crop खड़ी फसल, पककर तैयार फसल।

KHĀRĀ खारा adj. वि. saline, salty नमकीन, जिसमें खारापन हो, 2. hard (water) खारा (पानी) जिसमें जल्दी साबुन न घुले।

KHARĀB ख़राब (A. अ.) adj. वि. bad, inferior, worthless spoiled बुरा, बर्बाद, नष्ट, बेकार, उजड़ा हुआ, ~ करना, to spoil, to ruin बर्बाद करना।

KHARĀBĪ ख़राबी (P. फ़ा.) f. स्त्री. defect, deficiency, vice, ruin, distruction, trouble दोष, बुराई, तबाही, बर्बादी।

KHARĀD ख़राद (P. फ़ा.) m. पु. a lathe ख़रादने का यंत्र, 2. work of turning on a lathe खरादने का काम।

KHARAL खरल m. पु. a mortar दवाएं घोंटने की पत्थर या लोहे की कुंडी।

KHAṚAṄJĀ खड़ंजा m. पु. row of bricks ईंटों की खड़ी जोड़ाई।

KHAṚBAṚ खड़बड़ f. स्त्री. noise, confusion बेतरतीबी, घबराहट, शोर।

KHAṚBAṚĪ खड़बड़ी f. स्त्री. noise confusion बेतरतीबी, घबराहट, शोर।

KHARBUZĀ ख़रबूज़ा (P. फ़ा.) m. पु. the sweet melon गर्मी के दिनों में होने वाला एक प्रसिद्ध फल, ~ (ज़े) को देखकर ख़रबूज़ा रंग पकड़ता है, to imitate someone आदमी जैसे का साथ करे वैसाही हो जाता है।

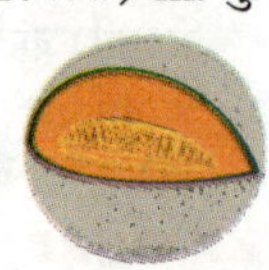

KHARC ख़र्च (P. फ़ा.) m. पु. expense expenditure पैसे या चीज़ का किसी काम में लगना, ~ करना, to spend पैसे काम में लाना।

KHARCA ख़र्चा (P. फ़ा.) m. पु. expense expenditure पैसे या चीज़ का किसी काम में लगना, ~ करना, to spend पैसे काम में लगाना।

KHĀṚIĀ खड़िया f.स्त्री. white clay, chalk एक सफेद मिट्टी, चाक (लिखने का)।

KHAṚĪ BOLĪ खड़ी बोली f. स्त्री. the present day spoken and written Hindi दिल्ली-मेरठ प्रदेश की बोली जो आधुनिक हिन्दी का मान्य रूप है।

KHĀṚĪ खाड़ी f. स्त्री. a bay, gulf (especially the Persian Gulf) समुद्र का वह भाग जो तीन ओर ख़ुश्की से घिरा हो, खलीज, (विशेष कर पर्शियन गल्फ़)।

KHARĪD ख़रीद f. स्त्री. buying, purchase क्रय, खरीदने की क्रिया या भाव, ~फ़रोख़्त, f. स्त्री. buying and selling खरीदना-बेचना, ~ ना, v.t. स.क्रि. purchase क्रय करना।

KHARĪF ख़रीफ़ (A. अ.) f. स्त्री. the autumn harvest, autumn crops धान आदि की फ़सल।

KHĀRIJ ख़ारिज (A. अ.) adj. वि. rejected, excluded बाहर किया हुआ, बाहर, ~करना, to dismiss, to reject निकाल देना, हटा देना।

KHĀRIJĪ ख़ारिजी (A. अ.) adj. वि. out-caste, relating to foreign affairs बाहरी, बाहर किया हुआ, वाह्य, परराष्ट्र संबंधी।

KHAṚKHAṚANA खड़खड़ाना v.i. सं.क्रि. to rattle, to knock खड़-खड़ आवाज़ होना, v.t. स.क्रि. to knock, to rattle खड़-खड़ आवाज़ करना, खटखटाना।

KHARRĀ खर्रा m. पु. memorandum, schedule विवरण, लंबा लेख, मसौदा, 2. a skin disease एक चर्म रोग।

KHARRĀṬĀ खर्राटा m. पु. snoring सोते में नाक से निकलने वाली खर्र-खर्र आवाज़।

KHĀS ख़ास (A. अ.) adj. वि. special particular, distinct विशिष्ट, 2. private निजी, अपना, ~कर, adv. अ. especially विशेष कर, विशेषतया।

KHĀSĀ ख़ासा (A. अ.) adj. वि. quite good काफ़ी अच्छा।

KHASAM ख़सम (A. अ.) m. पु. husband पति।

KHĀSIYAT ख़ासियत (A. अ.) f. स्त्री. quality, special property गुण, विशेषता।

KHASLAT ख़सलत (A. अ.) f. स्त्री. habit, nature आदत, स्वभाव, 2. quality गुण।

KHASOṬ खसोट m. पु. a plucking or tearing out खसोटने की क्रिया या भाव, कफ़न ~adj. वि. shamelss, wretch बेशर्म लुटेरा, गंदा आदमी।

KHASOṬNĀ खसोटना v.t. स.क्रि. to pluck, to tear नोचना, छीनना, उखाड़ना।

KHASRĀ ख़सरा m. पु. a skin complaint, ringworm एक तरह की खुजली, 2. patwari's book पटवारी की बट्टी।

KHASTA ख़स्ता (P. फ़ा.) adj. वि. bad, dire दुर्दशाग्रस्त, 2. brittle, fragile आसानी से टूटने वाला, ~हाल, m. पु. bad circumstances दुर्दशा।

KHAT ख़त (A. अ.) m. पु. line, mark लिखावट, 2. letter पत्र, चिट्ठी।

KHĀṬ खाट f. स्त्री. a bedstead, bed चारपाई, खटिया, ~ पकड़ना, to take to bed, to be ill बीमार पड़ना, ~ से लगना, to be extremely weak रोग के कारण उठने-बैठने में अशक्त होना।

KHĀTĀ खाता m. पु. a ledger, account-book वह बही जिसमें हर ग्राहक आदि का अलग-अलग हिसाब लिखा जाता है।

KHATĀ ख़ता (A. अ.) f. स्त्री. a fault, a mistake दोष, चूक, अपराध, ~करना, to err भूल करना, अपराध करना।

KHAṬĀĪ खटाई f. स्त्री. sourness acidity, an acid substance ख़टास, खट्टी चीज़ (कच्चा आम, इमली आदि), ~ में डालना, to lay aside लटकाए रखना।

KHAṬAK खटक m. पु. the sound of knocking, rattling खटकरने का भाव, खटकने की आवाज़, टीस, चुभन, आशंका।

KHAṬKĀ खटका m. पु. the sound of knocking, rattling खटकरने का भाव, खटकने की आवाज़, टीस, चुभन, आशंका।

KHAṬAKNĀ खटकना v.i. अ.क्रि. to sound, to rattle आवाज़ होना, चुभना, गड़ना, to feel bad, to be a cause of measure or hesitation बुरा लगना, अंदेशा होना।

KHATARNĀK ख़तरनाक (P. फ़ा.) adj. वि. dangerous, risky ख़तरे वाला, ख़तरे से भरा हुआ।

KHAṬAS खटास m. पु. acidity, sourness खट्टापन, तुर्शी।

KHAṬIYĀ खटिया f. स्त्री. a small bedstead or bed छोटी चारपाई।

KHAṬIK खटिक m. पु. a seller of fruit and vegetables फल, सब्ज़ी आदि बेचने वाली हिन्दुओं की एक जाति, a member of the Khatik community खटिक जाति का आदमी।

KHĀTIR ख़ातिर (A. अ.) f. स्त्री. respect, regard आदर, मान, hospitality सत्कार, adv.अ. out of consi-deration (for) वास्ते, ~ दारी, f. स्त्री. to show consideration (for) सम्मान करना, सत्कार करना, आवभगत।

KHATIYĀNĀ खतियाना v.t. स.क्रि. to enter in an account book or ledger खाते में चढ़ाना।

KHAṬKĀNĀ खटकाना v.t. स.क्रि. to make a sound of knocking to knock खटखटाना।

KHṬKHAṬĀNĀ खटखटाना v.t. स.क्रि. to knock खटखट की आवाज़ करना।

KHĀTMĀ ख़ात्मा (A. अ.) m. पु. the end अंत, 2. death मृत्यु।

KHATNĀ ख़तना (A. अ.) m. पु. circumcision मुसलमान बच्चे के लिंग के अग्रचर्म को काटने की धार्मिक रस्म, सुन्नत।

KHATRĀ ख़तरा (A. अ.) m. पु. danger, risk डर, आशंका, जोखिम।

KHĀTŪN ख़ातून (T. तु.) f. स्त्री. lady कुलीन, भद्र महिला, (plural बहु, ख़वातीन)।

KHAUF ख़ौफ़ (A. अ.) m. पु. fear ~ नाक, adj. वि. fearsome terry fying डरावना।

KHAULĀNĀ खौलाना v.t. स.क्रि. to cause to boil, to boil औटाना, उबालना।

KHAULNĀ खौलना v.i. अ.क्रि. to boil उबलना।

KHVĀB ख़्वाब (P. फ़ा.) m. पु. dream, vision स्वप्न, सपना, ~ गाह, m. पु. bed room शयनकक्ष, सोने का कमरा।

KHĀVIND ख़ाविन्द (P फ़ा.) m. पु. husband पति-स्वामी।

KHAYĀL ख़याल (A. अ.) m. पु. thought, idea विचार, 2. opinion राय (pl. ख़यालात)।

KHAYĀLĪ ख़याली (A. अ.) adj. वि. imaginary fanciful, illusory काल्पनिक, कल्पित, सोया हुआ, -पुलाव, पकाना, to indulge in imagination कल्पना के महल खड़ा करना।

KHAZĀNĀ ख़ज़ाना (A. अ.) m. पु. treasury कोष, धनागार, 2. tax राजस्व, 4. a treasure धन का भंडार।

KHAZĀNCĪ ख़ज़ाची (P. फ़ा.) m. पु. treasurer, cashier कोषाध्यक्ष, ख़ज़ाने का अधिकारी।

KHED खेद (S. सं.) m. पु. regret अफसोस, दुख, grief, distress रंज़, ग्लानि, ~ करना, to regret अफ़सोस करना, ~ जनक, regrettable अफ़सोसनाक, शोचनीय।

KHEL खेल m. पु. play, sport, a game क्रीड़ा, करतब, मन बहलाव के लिए किया जाने वाला काम, a trifle मामूली बात।

KHELĀNĀ खेलाना v.t. स.क्रि. to cause to play (specialy, children) खेलने का अवसर देना (विशेषकर बच्चों को) बहलाना।

KHELNĀ खेलना v.i. अ.क्रि. to play मन-बहलाव के लिए क्रीड़ा करना, v.t. स.क्रि. to play (some special game) कोई विशेष खेल खेलना, 2. to act अभिनय करना, जान पर ~ to risk one's life ख़तरा मोल लेना।

KHELVĀṚ खेलवाड़ m. पु. an easy, trivial matter, child's play क्रीड़ा, खेल, मामूली काम।

KHILVĀṚ खिलवाड़ m. पु. an easy, trivial matter child's play क्रीड़ा, खेल, मामूली काम।

KHET खेत m. पु. a field, land ज़मीन का टुकड़ा जो जोता-बोया जाय, ~ रहना, to be killed in a battle लड़ाई में मारा जाना, ~ छोड़ना, to desert a battle पीठ दिखाना।

KHETĪ खेती f. स्त्री. tillage, cultivation, farming, agriculture किसानी, खेत जोतने-बोने का काम, 2. farming agriculture कृषि कर्म, a cornfield sown land जिस खेत में अनाज बोया हुआ हो, ~ करना, to be a farmer किसान का काम करना, ~ बारी, f. स्त्री. agriculture farming कृषि।

KHETIHAR खेतिहर m. पु. a farmer cultivator, agriculturist किसान।

KHEVĀ खेवा m. पु. a boat नाव, 2. a boatman नाविक, मल्लाह, 3. fare for a river crossing नदी पर नाव से ले जाने की मजदूरी, नाव का भाड़ा।

KHEVAIYĀ खेवैया m. पु. boatman, rower नाविक, नाव लेकर पार ले जाने वाला व्यक्ति।

KHICṚĪ खिचड़ी f. स्त्री. a dish of rice and pulse boiled together मिला हुआ या मिलाकर पकाया हुआ चावल-दाल, 2. a mixture, hotch-potch चीज़ों की मिलावट, ~ भाषा, f. स्त्री. mixed language मिली-जुली बोली, ~ पकाना, to hatch a plot षड़यंत्र करना, साज़िश करना।

KHIDMAT ख़िदमत (A. अ.) f. स्त्री. service नौकरी, चाकरी, सेवा, टहल, ~ गार, m. पु. a servant नौकर, टहलुआ, सेवक।

KHĪJ खीज f. स्त्री. irritation, vexation झुंझलाहट, खीजने का भाव।

KHĪJH खीझ f. स्त्री. irritation, vexation झुंझलाहट, खीजने का भाव।

KHĪJNĀ खीजना v.i. स.क्रि. to be irritated or vexed, to be teased झुंझलाना, क्रुद्ध होना, तंग किया जाना।

KHĪJHNĀ खीझना v.i. स.क्रि. to be irritated or vexed, to be teased झुंझलाना, क्रुद्ध होना, तंग किया जाना।

KHIJĀNĀ खिजाना v.t. स.क्रि. to irritate to vex. चिढ़ाना।

KHIJHĀNĀ खिझाना v.t. स.क्रि. to irritate to vex. चिढ़ाना।

KHILĀF ख़िलाफ़ (A. अ.) adj. वि. opposed, contrary विरुद्ध, प्रतिकूल, ~ के, in opposition (to) against, contrary (to) विरुद्ध।

KHILĀFAT ख़िलाफ़त (P. फ़ा.) f. स्त्री. succession (to post of a Khalifa) Califate ख़लीफ़ा का पद, title or office of a Caliph.

KHILĀĪ खिलाई f. स्त्री. feeding खिलाने का काम, 2. the charge for feeding खिलाने का दाम।

KHILAT ख़िलअत (A. अ.) f. स्त्री. a role of honour (presented to office-bearers as a mark of distinction) जोड़ा, वह पोशाक जो बादशाह किसी को प्रदान करे।

KHILAUNĀ खिलौना m. पु. toy, a plaything खेलने की चीज़।

KHILKHILĀHAṬ खिलखिलाहट f. स्त्री. peal of laughter खिलखिला कर हंसने की आवाज़।

KHILKHILĀNĀ खिलखिलाना v.i. अ.क्रि. to laugh aloud, to burst out laughing आवाज़ के साथ खुलकर हंसना।

KHILLĪ खिल्ली f. स्त्री. fun हंसी, मज़ाक, ~ उड़ाना, to make fun (of) हंसी उड़ाना (किसी की)।

KHILNĀ खिलना v.i. अ.क्रि. to open, to bloom किसी कली का फूल बनना, 2. to be delighted प्रसन्न होना, 3. to look pretty फबना।

KHILQAT ख़िलक़त (A. अ.) f. स्त्री. the creation सृष्टि, the world जगत, nature प्रकृति।

KHILVĀNĀ खिलवाना v.t. स.क्रि. to have (one) fed by another दूसरे से परसवा कर, दूसरे के द्वारा किसी को भोजन करवाना।

KHIṄCNĀ खिंचना v.i. अ.क्रि. to be pulled to be stretched खींचा जाना, तनना।

KHIṄCVĀNĀ खिंचवाना v.t. स.क्रि. to cause to be pulled खींचने का काम किसी और से करवाना।

KHINN खिन्न (S. सं.) adj. वि. distressed uneasy दुखी, उदास।

KHĪR खीर f. स्त्री. rice cooked with milk and sugar दूध में पकाया हुआ चावल।

KHĪRĀ खीरा m. पु. a cucumbar, cucumis sativus ककड़ी की जाति का एक फल।

KHIRĀJ ख़िराज (A. अ.) m. पु. a tax, tribute अधीन राज्य की ओर से प्रभुराज्य को दिया जाने वाला कर।

KHIṚKĪ खिड़की f. स्त्री. a window झरोखा, वातायन।

KHĪS खीस f. स्त्री. a grin or grimace लज्जा, खिसियाने का भाव।

KHISIYĀHAṬ खिसियाहट f. स्त्री. mortification खिसियाने का भाव।

KHISIYĀNĀ सिसियाना v.i. अ.क्रि. to be ashamed or mortified लज्जित होना, बेवकूफ़ बन कर खीझना।

KHISAKNĀ खिसकना v.i. अ.क्रि. to go away (silently) चुपके से चल देना, to move away सरकना, to slip हट जाना, to sink धंसना।

KHITĀB ख़िताब (A. अ.) m. पु. title (of rank) पदवी।

KHITTĀ ख़ित्ता (A.अ.) m. पु. a piece of land, a province भूखंड, प्रदेश।

KHIZĀB ख़िज़ाब (A. अ.) m. पु. a hair dye सफेद बालों को काला करने की दवा।

KHODNĀ खोदना v.t. स.क्रि. to dig, to excavate गड्ढा करना, to carve, to engrave खुरचना।

KHOD-KHOD KAR PŪCHNA खोद-खोद कर पूछना v.t. स.क्रि. to question closely पूरी बात जानने के लिए जिरह करना।

KHOH खौह f. स्त्री. a cave, den गुफा, दर्रा, कंदरा।

KHOJ खोज f. स्त्री. search, investigation ढूंढ़ना, खोजने की क्रिया, अन्वेषण, ~ करना, to search पता लगाना, तलाश करना।

KHOKHLĀ खोखला adj. वि. hollow अंदर से खाली, पोला, empty खाली, m. पु. something hollow or empty खाली जगह।

KHOL खोल m. पु. an outer covering, shell, a case or cover आवरण, गिलाफ़।

KHOLNĀ खोलना v.t. स.क्रि. to open, to loosen, to untie, to unlock, to unmoor, to uncover आवरण हटाना, अवरोध हटाना, बंधन हटाना।

KHONĀ खोना v.t. स.क्रि. to lose गंवाना, छोड़ आना।

KHOṄCĀ खोंचा m. पु. a hawker's tray बड़ा थाल जिसमें फेरी वाले मिठाइयां आदि रखकर बेचते हैं।

KHOPRĀ खोपरा m. पु. coconut shell नारियल।

KHOPṚĪ खोपड़ी f. स्त्री. the skull कपाल, सिर, ~ खाना, or ~ चाटना, to plague, to worry (one) बहुत बकवास करके कष्ट पहुंचाना।

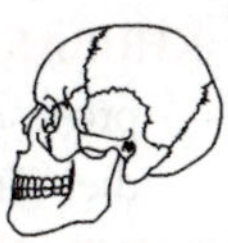

KHOṬ खोट f. स्त्री. falsehood, fault, defect, adulteration ख़ता, दोष, बुराई।

KHOṬĀ खोटा adj. वि. false, fraudulent, defective counterfeit जिसमें खोट हो, ~ सिक्का, counterfeit coin जाली सिक्का।

KHOYĀ खोया m. पु. thickened milk खोआ, adj. वि. lost जो गुम हो गया हो, ~ खोया रहना, deeply worried lost in thought किसी चिन्ता, विचार में गुमसुम रहना।

KHŪB ख़ूब (P. फ़ा.) adj. वि. fine, splindid, lovely, charming अच्छा, बहुत अच्छा, adv. अ. very much, lots (of), fine very well अच्छी तरह, वाह, ~ सूरत, adj. वि. beautiful, handsome सुन्दर, आकर्षक, मोहक, हसीन, ~ सूरती, f. स्त्री. beauty सुन्दरता, सौन्दर्य, रूप, हुस्न।

KHUBHNĀ खुभना v.t. स.क्रि. to prick, to pierce चुभना, गड़ना।

KHŪBĪ ख़ूबी (P. फ़ा.) f. स्त्री. beauty, excellence, virtue गुण, अच्छाई, विशेषता, ब ~ adv. अ. splendidly अच्छी तरह से।

KHUD ख़ुद (P. फ़ा.) pron. सर्व. self (myself, himself, it self etc.) स्वयं, आप, ~ कुशी, f. स्त्री. suicide आत्महत्या, ~ काश्त, m. पु. land cultivated by its owner खेत मालिक द्वारा स्वयं खेती करना, ~ मुख़्तार, adj. वि. independent in action अपने काम का स्वयं मालिक, ~ परस्त, ~ ग़र्ज़, adj. वि. selfish स्वार्थी।

KHUDĀ ख़ुदा (P. फ़ा.) m. पु. God, the Supreme being ईश्वर, भगवान, ~ परस्त, adj. वि. भक्त, ~ के घर जाना, to die मौत होना ~ हाफ़िज God be your protector भगवान भला करे।

KHUDĀĪ ख़ुदाई f. स्त्री. divinity ईश्वरत्व, 2. creation सृष्टि, the world संसार, adj. वि. divine, belonging to God ईश्वरीय।

KHUDĪ ख़ुदी (P. फ़ा.) f. स्त्री. pride, egoism अहम् भाव, गर्व।

KHUDNĀ खुदना v.i. अ.क्रि. to be dug, 2. to be engraved खोदा जाना।

KHUDVĀNĀ खुदवाना v.t. स.क्रि. to cause to be dug or excavated, to cause to be carved खोदने का काम किसी और से करवाना।

KHUFIĀ ख़ुफ़िया (A. अ.) adj. वि. secret गुप्त, छिपा हुआ, ~ पुलिस, secret police जासूसी पुलिस,--विभाग, m. पु. secret branch गुप्तचर विभाग।

KHUJLĪ खुजली f. स्त्री. mange, 2. itchiness itch खाज।

KHUJLĀNĀ खुजलाना v.t. स.क्रि. to scratch (an itchy place) त्वचा को खुजाना।

KHUKHṚĪ खुखड़ी f. स्त्री. a Kukri Gurkha's knife नेपाली कटार, करौली।

KHULĀ खुला adj. वि. open जो बंधा या बंद न हो, ~ (ले) मैदान, openly डंके की चोट, ~ (ले) आम, ~ (ले), बाज़ार, ~ (ले) ख़ज़ाने, infront of everybody सबके सामने।

KHULLĀ खुल्ला (A. अ.) m. पु. divorce of husband by muslim wife मुस्लिम औरत द्वारा पति का तलाक़।

KHULLAMKHULLĀ खुल्लमखुल्ला adv.अ. openly खुले आम, प्रकाश्य रूप में।

KHULNĀ खुलना v.i. अ.क्रि. to be open, to come loose, to unravel, to be untied, to be uncovered प्रकट होना, रोक हटना।

KHULVĀNĀ खुलवाना v.t. स.क्रि. to cause to get open खोलने का काम किसी और से करवाना।

KHUMĀR ख़ुमार (P. फ़ा.) m. पु. intoxication नशा, 2. hangover मद (पीने की सुबह वाला बचा-खुचा नशा)।

KHŪN ख़ून (P. फ़ा.) m. पु. blood रक्त, 2. murder, killing हत्या, कत्ल, ~ करना, v.t. स.क्रि. to murder, to kill हत्या करना, कत्ल करना, ~ का प्यासा, adj. वि. blood thirsty किसी की हत्या का इच्छुक होना, ~ सफ़ेद करना, to act unkindly निष्ठुरता का व्यवहार करना, ~ सफ़ेद होना, to lack natural feeling करुणाहीन होना, ~ सर पर चढ़ना, to be blood-thirsty हत्या पर उतारू होना, ~ ख़राबी, f. स्त्री. blood shed हत्या करना, ~ रेज़, adj. वि. murderous हत्याकामी, ~ आंखों में उतरना, eyes to redden in anger गुस्से से आंखें लाल हो आना, ~ का दौरा, m. पु. blood circulation ~ का प्यासा, adj. वि. murderous enemy जानी दुश्मन, ~ के आंसू रोना, to be extremely unhappy अत्यंत व्यथित होना, ~ के घूंट पीना, to endure सह लेना, ~ खौलना, to be very angry अत्यंत क्रुद्ध होना, ~ बहाना, to shed blood रक्तपात करना।

KHŪNĪ ख़ूनी (P. फ़ा.) adj. वि. bloody रक्तिम, m. पु. murderer assassin हत्यारा-क़ातिल।

KHURĀFĀT ख़ुराफ़ात (A. अ.) f. स्त्री. non sense बकवास, 2. abuse बेहूदी बात, 3. an outrageous matter or incident बखेड़ा।

KHURĀFĀTĪ ख़ुराफ़ाती (P. फ़ा.) adj. वि. mischinevous, a trouble maker बखेड़िया, खुराफ़ात करने वाला।

KHURĀK ख़ुराक (P. फ़ा.) f. स्त्री. food provisions खाना, भोजन-सामग्री, 2. diet आहार, 3. dose दवा की मात्रा।

KHURĀKĪ ख़ुराकी (P. फ़ा.) f. स्त्री. daily allowance (to purchase food) subsistance allowance भोजन खर्च, adj. वि. glutton अधिक खाने वाला।

KHURD ख़ुर्द (P. फ़ा.) adj. वि. little छोटा, 2. young उम्र में छोटा, ~ बीन, f. स्त्री. microscope अणु-वीक्षण यंत्र।

KHURDARĀ खुरदारा adj. वि. rough, uneven दानेदार खुरखुरा, जो चिकना न हो।

KHUS̀ ख़ुश (P. फ़ा.) adj. वि. glad, pleased, happy, cheerful, pleasing प्रसन्न, सुखी, ~ ख़त, m. पु. good handwriting अच्छी लिखावट, ~

ख़बरी, f. स्त्री. good news अच्छा समाचार, ~गवार, adj. वि. agreeable सुखद, ~दिल, adj. वि. happy सुखी, ~नुमा, adj. वि. attractive आकर्षक, ~बू, f. स्त्री. fragrance सुगंधि, ~हाल, adj. वि. fortunate सौभाग्यशाली।

KHUṠĀMAD ख़शामद (P. फ़ा.) f. स्त्री. flattery चाटुकारिता, चापलूसी।

KHUṠĀMADĪ ख़ुशामदी (P. फ़ा.) adj. वि. flatterer चापलूस, चाटुकार।

KHŪSAT खूसट adj. वि. dry, decrepit, old, worn-out (a person), मनहूस, जरा-जीर्ण, अरसिक, m. पु. a dry old person मनहूस बुड़्ढा।

KHUṠK ख़ुश्क (P. फ़ा.) adj. वि. dry, parched सूखा, रुखा अरसिक।

KHUṠNASĪB ख़ुशनसीब (P. फ़ा.) adj. वि. fortunate भाग्यशाली।

KHUSNUMĀ ख़ुशनुमा adj. वि. attractive, beautiful आकर्षक, सुन्दर।

KHUSŪSIYAT ख़ुसूसियत (A. अ.) f. स्त्री. characteristic, particular features विशेषता।

KHUTBĀ ख़ुतबा (A. अ.) m. पु. recitation, a public prayer सार्वजनिक प्रार्थना या प्रशंसा या सूचना।

KHVĀB ख़्वाब (P. फ़ा.) m. पु. dream सपना, स्वप्न, ~गाह, m. पु. bedroom शयनकक्ष, सोने का कमरा।

KHVĀHIṠ ख़्वाहिश (P. फ़ा.) f. स्त्री. wish desire चाह, इच्छा, कामना, अरमान, आरज़ू, ~ मंद, adj. वि. desirous solicitous इच्छुक।

KHUĀJA ख़्वाजा (P. फ़ा.) m. पु. man of rank सरदार, 2. a venerable ascetic सन्त पुरुष।

KHYĀTI ख्याति (S. सं.) f. स्त्री. fame, renown नाम, यश, प्रसिद्धि, शोहरत।

KIFĀYAT किफ़ायत (A. अ.) f. स्त्री. thrift, economical कमख़र्ची।

KĪMIYĀ कीमिया (A. अ.) m. पु. chemistry रसायनविद्या, alchemy घटिया धातु को सोना में बदलने की विद्या।

KINĀRĀ किनारा (P. फ़ा.) m. पु. edge, margin छोर, हाशिया, 2. shore, bank, beach तीर, ~ करना, to hold (one self) aloof अपने को अलग रखना।

KIṄKARTVAVIMŪṚH किंकर्तव्यविमूढ़ (S. सं.) adj. वि. uncertain what to do भौंचक्का।

KĪṚĀ कीड़ा m. पु. an insect, a worm रेंगने या उड़ने वाले क्षुद्र जन्तु।

KIRAṆ किरण (S. सं.) f. स्त्री. a ray, beam, a sun-beam, moon-beam, moon-ray ज्योति से प्रवाह रूप में निकलने वाली रेखा (जैसे सूरज या चंद्रमा की)।

KIRĀNĪ किरानी m. पु. a clerk क्लर्क, लिपिक।

KIRĀSIN किरासिन m. पु. kerosine paraffin किरासिन, मिट्टी का तेल।

KIRĀYĀ किराया m. पु. rent, fare, freight charge भाड़ा।

KIRMIC किरमिच m. पु. canvas एक तरह का चिकना, मोटा कपड़ा जिसके पर्दे, जूते आदि बनते हैं।

KĪRTAN कीर्तन (S. सं.) m. पु. devotional song भजन, praise कीर्ति-वर्णन।

KĪRTI कीर्ति (S. सं.) f. स्त्री. fame, glory यश, ख्याति, ~ स्तंभ, m. पु. movement कीर्ति फैलाने के विचार से गाड़ा गया स्तंभ।

KISĀN किसान m. पु. farmer काश्तकार, खेतिहर।

KIṠMIṠ किशमिश (P. फ़ा.) f. स्त्री. a small dried grape, raisin currant

सुखाया हुआ छोटा अंगूर।

KIŚOR किशोर (S. सं.) m. पु. a youth, a tenager 11 से 15 वर्ष तक की आयु वाला लड़का, 2. son पुत्र, बेटा।

KIŚORĪ किशोरी (S. सं.) f. स्त्री. a young girl तरुणी, 9 से 14 वर्ष की आयु की कन्या।

KĪṬ कीट (S. सं.) m. पु. an insect कीड़ा।

KITĀB किताब (A. अ.) f. स्त्री. a book पुस्तक, पोथी, बही।

KITĀBĪ किताबी adj. वि. concerning a book पुस्तक संबंधी, किताब से संबंद्ध, पुस्तकीय।

KĪṬĀṆU कीटाणु (S. सं.) m. पु. germ, microbe अत्यंत छोटे कीड़े जो रोगों के कारण माने जाते हैं।

KITNĀ कितना adj. स्त्री. how many, how much किस मात्रा या गिनती का (f. स्त्री. कितनी)।

KIVĀṚ किवाड़ f. स्त्री. leaf of a door, door कपाट, दरवाज़ा।

KLEŚ क्लेश (S. सं.) m. पु. suffering, anguish पीड़ा, दुख, व्यथा, ~ मय, ~ पूर्ण, adj. वि. full of suffering दुखमय, दुखद।

KLIṢṬ क्लिष्ट (S. सं.) adj. वि. difficult to grasp (as the meaning or word or a style of language) मुश्किल या कठिन (भाषा के शब्द आदि), ~ ता, f. स्त्री. difficulty, unintelligibility समझने में कठिनाई।

KOĪ कोई pron. & adj. सर्व. और वि. someone, anyone, certain चाहे जो एक अज्ञात, अनिर्दिष्ट वस्तु या व्यक्ति।

KOKEN कोकेन (E. अं.) m. पु. cocaine कोका की पत्तियों से बना नशीला पदार्थ।

KOKIL कोकिल (S. सं.) m. पु. the black cuckoo कोयल (f. स्त्री. कोकिला)।

KOLĀHAL कोलाहल (S. सं.) m. पु. uproar, din बहुत-से लोगों के बोलने से होने वाला शोर।

KOMAL कोमल (S. सं.) adj. वि. soft, tander, delicate, supple, mild, gentle नरम, मुलायम, सुकुमार, ~ ता, f. स्त्री. softness, tanderness सुकुमारता, नरमी।

KOṆ कोण (S. सं.) m. पु. an angle कोना।

KONĀ कोना m. पु. a corner, an angle गोशा, कोण।

KOP कोप (S. सं.) m. पु. anger, rage क्रोध, रोष।

KOPAL कोपल (S. सं.) f. स्त्री. a new leaf sprout, shoot नया पत्ता, अंकुर।

KORĀ कोरा adj. वि. new, unused नया, न बरता हुआ, unbleached बिना सफेद किया हुआ (जैसे कपड़ा या कागज़), blank (paper) सादा, 2. unversed unskilled अनिपुण, अकुशल।

KOṚH कोढ़ m. पु. leprosy कुष्ट (रोग)।

KOṚHĪ कोढ़ी m. पु. leper कुष्ट रोगी, adj. वि. leprous कुष्ट-रोग पीड़ित।

KOS कोस m. पु. a measure of distance (apply, two miles) दूरी की एक नाप (जो दो मील के बराबर होती है), ~ (सों), दूर, miles away बहुत दूर काले, ~ m. पु. a long, hard distance लंबी दूरी।

KOŚ कोश (S. सं.) m. पु. treasury, treasure, store ख़ज़ाना, 2. a dictionary शब्द-कोश, ~ कार, m. पु. lexicographer शब्द कोश का निर्माता।

KOŚĀDHYAKṢ कोशाध्यक्ष (S. सं.) m. पु. treasurer खज़ांची।

KOŚIS कोशिश (P. फ़ा.) f. स्त्री. effort, attempt यत्न, उद्योग, चेष्टा, ~ करना, to try प्रयत्न करना।

KOSNĀ कोसना v.t. स.क्रि. to abuse, to curse बुरा-भला कहना, निन्दा करना।

KOṬHĀ कोठा m. पु. granary, storeroom, a room built on a roof अन्न भंडार, भंडारघर, अटारी, 2. brothel वेश्यालय।

KOṬHĀR कोठार m. पु. storeroom भंडार, बखार।

KOṬHĪ कोठी f. स्त्री. a big house पक्का और काफी ऊंचा बड़ा मकान।

KOṬHRĪ कोठरी f. स्त्री. a room कमरा।

KOṬI कोटि f. स्त्री. category श्रेणी, 2. ten millions करोड़ की संख्या।

KOṬIŚAH कोटिशः (S. सं.) adj. वि. millions of times करोड़ों, अनगिनत बार या तरह से।

KOTVĀL कोतवाल (P. फ़ा.) m. पु. officer in charge of a police station जिले के मुख्य नगर के थाने का बड़ा अफसर।

KOTVĀLĪ कोतवाली f. स्त्री. position and duties of a Kotwal कोतवाल का पद और उसके कर्तव्य, 2. police station कोतवाल का दफ्तर या थाना।

KOYLĀ कोयला m. पु. charcoal, coal लकड़ी का जला हुआ टुकड़ा, एक काला खनिज पदार्थ जो ईंधन के रूप में प्रयोग किया जाता है।

KRAM क्रम (S. सं.) m. पु. degree, position in a series, order, sequence सिलसिला, नियमित, व्यवस्था।

KRAMĀGAT क्रमागत (S. सं.) adj. वि. according to order descended from forefathers क्रमप्राप्त, बापदादों से चला आता।

KRAMĀNUSĀR क्रमानुसार (S. सं.) adv. अ. according to order, in this order सिलसिले से, यथाक्रम।

KRAMAŚAH क्रमशः (S. सं.) adv. अ. gradually यथाक्रम, सिलसिले से।

KRĀNTI क्रांति (S. सं.) f. स्त्री. revolution पूर्ण परिवर्तन।

KRAY क्रय (S. सं.) m. पु. purchasing to purchase, buying खरीद, मोल लेना, खरीदना, ~विक्रय, m. पु. selling and buying खरीद-बिक्री, व्यापार, ~शक्ति, f. स्त्री. purchasing power खरीदने की क्षमता।

KRIṚĀ क्रीड़ा (S. सं.) f. स्त्री. play, sport, amusement, sport for pleasure खेल, किल्लोल।

KRIYĀ क्रिया (S. सं.) f. स्त्री. an action, act, deed चेष्टा, कुछ किया जाना, 2. a verb (gram.) कर्म (वाच्य, व्या.)।

KṚMI कृमि (S. सं.) m. पु. a worm, worms (nud.) कीड़ा।

KRODH क्रोध (S. सं.) m. पु. anger, rage रोष, गुस्सा।

KRODHĪ क्रोधी (S. सं.) adj. वि. hot-tempered गुस्सैल, क्रोध करने वाला, m. पु. a man prone to anger आदतन क्रोधी स्वभाव का व्यक्ति।

KṚPĀ कृपा (S. सं.) f. स्त्री. favour, grace दया, अनुग्रह।

KṚPALU कृपालु (S. सं.) adj. वि. kindhearted दयामय, कृपायुक्त।

KṚPAṆ कृपण (S. सं.) adj. वि. miserly कंजूस, ~ता, f. स्त्री. miserly कंजूसी।

KṚPĀṆ कृपाण (S. सं.) m. पु. a dagger, sword कटार, तलवार।

KṚPYĀ कृपया (S. सं.) adv. अ. kindly कृपा करके, मेहरबानी करके।

KṚṢ कृश (S. सं.) adj. वि. weak, feeble कमज़ोर, दुबला-पतला, ~काय, adj वि. very thin अत्यंत दुबला।

KṚṢI कृषि (S. सं.) f. स्त्री. agriculture खेती, जोतना-बोना, ~ यंत्र, m. पु. agritultural implements खेती के औज़ार।

KṚṢṆ कृष्ण (S. सं.) m. पु. Shree Krishna श्री कृष्ण, कन्हैया, 2. the eighth incarnation of Vishnu विष्णु का आठवां अवतार।

KṚT कृत (S. सं.) adj. वि. done, performed किया हुआ, बनाया हुआ, ~ कार्य, adj. वि. successful सफल मनोरथ, ~ कृत्य, adj. वि. who has attained his objective काम में सफल, ~ ज्ञ., adj. वि. grateful आभारी, ~ घ्न., adj. वि. ungrateful एहसान-फ़रामोश, ~ संकल्प, adj. वि. resolved determined दृढ़-निश्चयी।

KṚTI कृति (S. सं.) f. स्त्री. a work of art, a work कलारचना, काम, क्रिया।

KṚTRIM कृत्रिम (S. सं.) adj. वि. artificial, manmade, artificial, synthetic बनावटी, बनाया हुआ, ~ ता, f. स्त्री. artificiality artificial quality बनावटीपन, ~ गर्भ, m. पु. artificial insinuation कृत्रिम उपायों से गर्भाधान कराना।

KRŪR क्रूर (S. सं.) adj. वि. cruel terrible निर्दय संगदिल, परपीड़क, ~ ता, f. स्त्री. cruelty निर्दयता।

KṢAMĀ क्षमा (S. सं.) f. स्त्री. pardon forgiveness absolution मा.फ़ी, याचना, f. स्त्री. entreaty for forgiveness माफ़ी मांगना, ~ शील, adj. वि. of forgiving disposition माफ़ी देने वाला, ~ वान adj. वि. forgiving माफ़ी देने का आदी।

KṢAMTĀ क्षमता (S. सं.) f. स्त्री. capability, ability सामर्थ्य, शक्ति, योग्यता।

KṢAṆ क्षण (S. सं.) m. पु. a moment, an instant छण, लमहा, the moment of an event एक घटना का पल, ~ भर, adv. अ. (for) just a moment पल भर (के लिए), ~ भंगुर, adj. वि. ephemeral थोड़ी ही देर में नष्ट हो जाने वाला।

KṢAṆIK क्षणिक (S. सं.) adj. वि. momentary, temporary, transitory क्षणस्थायी, थोड़ी ही देर रहने वाला।

KṢAṄTVYĂ क्षंतव्य (S. सं.) adj. वि. worthy of being forgiven क्षमा करने योग्य।

KṢAT क्षत (S. सं.) adj. वि. hurt, wounded घायल, 2. damaged कटा-फटा हुआ, ~ विक्षत, adj. वि. extensively, wounded जगह-जगह से ज़ख़्मी।

KṢATI क्षति (S. सं.) f. स्त्री. loss, damage हानि, नुकसान, घाटा, 2. injury ज़ख़्म 3. destruction विनाश, ह्रस।

KṢATYONI क्षतयोनि (S. सं.) f. स्त्री. a girl who has experiened coitus संभोग के अनुभव वाली लड़की।

KṢAUR क्षौर (S. सं.) m. पु. shaving of the head (or heard) सिर के बाल मूंड़ना, दाढ़ी बनाना, हजामत बनाना, ~ कर्म, m. पु. the ceremony of shaving the head मुंडन-संस्कार।

KṢAY क्षय (S. सं.) m. पु. decline, loss, decrease नाश, ह्वास, 2. destruction विनाश, 3. tuberculosis यक्ष्मा, तपेदिक़।

KṢEM क्षेम (S. सं.) m. पु. comfortable, state, well-being, heppiness, safety कुशल।

KṢEPAK क्षेपक (S. सं.) m. पु. interpolation, (in the text of a book etc.) मिलाया हुआ (किसी ग्रंथ आदि में), 2. thrower फेंकने वाला।

KṢETR क्षेत्र (S. सं.) m. पु. an area, region कार्य विशेष का स्थान, 2. an enclosed plot of land, land खेत, ~ फल, m. पु. area रक़बा।

KṢETRĀDHIKĀR क्षेत्राधिकार (S. सं.) m. पु. jurisdiction किसी विशेष क्षेत्र या विशेष प्रकार के मुकद्रमें सुनने का अधिकार।

KṢUDHĀ क्षुधा (S. सं.) f. स्त्री. hunger भूख।

KṢUDHIT क्षुधित (S. सं.) adj. वि. hungry भूखा।

KṢUDR क्षुद्र (S. सं.) adj. वि. mean, base नीच, तुच्छ, 2. small, trifling छोटा, ~ता, f. स्त्री. pettiness छोटाई, छोटापन, कमीनगी, ओछापन।

KŪBAṚ कूबड़ m. पु. a hump, humched back पीठ पर निकली हुई हड्डी, पीठ पर उभरा हुआ टेढ़ापन।

KUBER कुबेर (S. सं.) m. पु. the god of wealth धन संपत्ति के देवता, यक्षराज।

KUC कुच (S. सं.) m. पु. the breast (of a moman) वक्ष (स्त्री की) छाती, स्तन, उरोज, breasts.

KŪC कूच m. पु. departure एक से दूसरी जगह जाना, ~ करना, to depart, to march जाना।

KŪCĀ कूचा m. पु. street, lane गली, संकुरा रास्ता।

KUCĀGR कुचाग्र (S. सं.) m. पु. nipple चूंची, चुच्चुक (स्तन का)।

KUCALNĀ कुचलना v.t. स.क्रि. to crush, to trample मसलना, रौंदना, 2. to pound, to be crushed कुचला जाना।

KUCH कुछ pron. सर्व. anything, some thing थोड़ा, adj. वि. few, any थोड़ा-सा, adv. अ. a little, some what ज़रा-सा।

KŪD कूद f. स्त्री. jumping कूदने की क्रिया, 2. a jump कुदान, spring उछाल, f. स्त्री. gambolling उछलना-कूदना।

KUFR कुफ़्र (A. अ.) m. पु. unbelief (especially in the Qurarn, one God and Muhammad) ईश्वर, कुरान और मुहम्मद साहब पर अविश्वास (जो मुसलमानों के लिए सबसे बड़ा पाप माना जाता है और जिसकी सज़ा मौत है)।

KUHAK कुहक (S. सं.) m. पु. deception माया, 2. song of the cuckoo or peacock मोर या कोयल का बोल।

KUHRĀM कुहराम m. पु. lamentation रोना-पीटना, बावेला, कोलाहल।

KŪK कूक f. स्त्री. calling (of the cuckoo), song of the cuckoo कोयल का गाना या उसकी बोली।

KUL कुल (S. सं.) m. पु. a tribe, community वंश, (A. अ.) adj. वि. all entire सारा, सब कुछ, adv. अ. altogether हरकुछ।

KULBADHŪ कुलबधू (S. सं.) f. स्त्री. a woman of good or noble family ऊंचे खान्दान की महिला, भले घर की स्त्री।

KULDHARM कुलधर्म (S. सं.) m. पु. duties of the family वंशगत कर्तव्य, कुल की रीति।

KULHAṚ कुल्हड़ m. पु. an earth-enware cup मिट्टी का छोटा जलपात्र।

KULĪ कुली m. पु. a porter, a labourer मज़दूर, बोझ ढोने वाला (व्यक्ति)।

KULĪN कुलीन (S. सं.) adj. वि. of good or noble descent ऊंचे कुल में जन्मा हुआ, 2. a person of good family ऊंचे वंश का व्यक्ति, ~ता, f. स्त्री. rank of descent, respectability अभिजात्य, ~ तंत्र, m. पु. oligarchy उच्च कुल के लोगों का शासन तंत्र।

KULṬĀ कुल्टा f. स्त्री. a promiseuous woman व्यभिचारिणी (स्त्री)।

KUMAK कुमक (P. फ़ा.) f. स्त्री. reinforcements सहायता के लिए भेजी गई सेना।

KUMĀR कुमार (S. सं.) m. पु. a youth, a young unmarried man नवयुवक, कुआंरा, लड़का, 2. son पुत्र, बेटा, लड़का, 3. a prince राजकुमार।

KUMĀRĪ कुमारी (S. सं.) f. स्त्री. a girl between the age of ten to twelve 10 से 12 वर्ष तक की उम्र की कन्या, 2. a virgin girl अक्षतयोनि लड़की "miss".

KUMKUM कुमकुम m. पु. saffron (crocus sativus) केसर, 2. a red preparation used in making the cosmetic mark, the bindi तिलक, बिन्दी।

KUMUD कुमुद (S. सं.) m. पु. a water-lily rottlera tinctoria the lotus especially, the white lotus कुई, लाल कमल, श्वेत कमल।

KUMUDINI कुमुदिनी (S. सं.) f. स्त्री. a lotus कमल।

KUNBĀ कुनबा m. पु. family परिवार, कुटुंब।

KŪNCĪ कूंची f. स्त्री. a brush, artist's brush तूलिका, ब्रुश।

KUṄJ कुंज (S. सं.) m. पु. an arbour, bower, grove लता आदि से ढंका स्थान।

KUṄTHIT कुंठित (S. सं.) adj. वि. blunt कुंद या भोथरा किया हुआ, 2. frustrated कुंठाग्रस्त।

KUṄVAR कुंवर m. पु. youth, boy तरुण, लड़का, कुमार, 2. prince राजकुमार, 3. a son बेटा, पुत्र।

KUṄVARĪ कुंवारी f. स्त्री. young girl, 2. unmarried girl तरुणी बाला, अविवाहित कन्या, 2. princess राजकुमारी।

KŪP कूप (S. सं.) m. पु. a well कुआं, ~मंडूक, m. पु. a frog in the well, a person of very limited experience and knowledge कम ज्ञान रखने वाला व्यक्ति।

KUŚAL कुशल (S. सं.) adj. वि. skillful, expert निपुण, होशियार, 2. happy सुखी, f. स्त्री. health well-being good fortune, prosperity क्षेम, मंगल, सौभाग्य, ~पूर्वक, adj. वि. safely मंगलपूर्वक, अच्छी तरह, ~समाचार, m. पु. news of a person's well being व्यक्ति के अच्छे समाचार।

KUŚĪNAGAR कुशीनगर (S. सं.) m. पु. the village where Buddha acheeved Nirvana नगर जहां भगवान बुद्ध को निर्वाण-प्राप्ति हुई थी।

KUŚTĀ कुश्ता (P. फ़ा.) m. पु. a mercury compound धातु या औषध-द्रव्य का भस्म।

KUṢṬH कुष्ठ (S. सं.) m. पु. leprosy कोढ (रोग)।

KUŚTĪ कुश्ती (P. फ़ा.) f. स्त्री. wrestling मल्लयुद्ध, दो आदमियों का गुंथ कर लड़ना, दंगल।

KUSUM कुसुम (S. सं.) m. & f. पु. और स्त्री. a flower फूल, 2. safflower, carthamus, tinctorius, 3. red or reddish yellow dye of safflower लाल-पीले रंग का एक रंग।

KUSUMĀKAR कुसुमाकर (S. सं.) m. पु. abundence of flowers फूलों की राशि, 2. the spring वसंत, 3. flower garden बागीचा, फुलवारी।

KUSUMIT कुसुमित (S. सं.) adj. वि. in flower पुष्पित फूला हुआ।

KŪT कूत m. पु. valuation, appraisal तख़मीना, अन्दाज़ा, अनुमान।

KŪṬ कूट (S. सं.) m. पु. Summit, peak शिखर, 2. an enigma छल-कपट, व्यंग्य, जटिल, प्रश्न, ~ नीति, f. स्त्री. diplomacy छिपी हुआ चाल, --नीतिज्ञ, adj. वि. diplomat कूटनीति में पारगत कूटनीति संबंधी।

KŪṬYOJNĀ कूटयोजना (S. सं.) f. स्त्री. a plot कुचक्र, षड्यंत्र।

KŪṬARTH कूटार्थ (S. सं.) m. पु. obscure meaning जल्दी समझ में न आने वाला गूढ़ अर्थ।

KUṬHĀR कुठार (S. सं.) m. पु. an axe कुल्हाड़ी।

KUṬHĀRĀGHAT कुठाराघात (S. सं.) m. पु. a wound inflicted with an axe कुल्हाड़ी का घाव, 2. mortal attack घातक हमला या चोट।

KUṬĪ कुटी (S. सं.) f. स्त्री. cottage, hut कुटिया, झोंपड़ी, ~ उद्योग, m. पु. cottage industry ऐसा धन्धा जो झोंपड़ी में भी चलाया जा सके।

KŪṬNĀ कूटना v.t. स.क्रि. to pound, to crush किसी चीज़ को लगातार पीटना या कुचलना।

KŪTNĀ कूतना v.t. स.क्रि. to calculate, to estimate अनुमान लगाना।

KUṬNĪ कुटनी f. स्त्री. a lewd, a woman who entices girls in prostitution लड़की या स्त्री को बहला-फुसला कर पर पुरुष से मिलाने वाली स्त्री।

KUTSĀ कुत्सा (S. सं.) f. स्त्री. contempt, calumny निन्दा।

KUTUB कुतुब (A. अ.) f. स्त्री. books पुस्तकें (किताब का बहुवचन), ~ नुमा, m. पु. acompass एक यंत्र जिसकी सुई का एक हिस्सा हमेशा उत्तरी ध्रुव की ओर रहता है।

KUTUBKHĀNĀ कुतुबख़ाना (A. अ.) m. पु. library पुस्तकालय।

KUTUHAL कुतूहल (S. सं.) m. पु. curiosity, eager, interest उत्सुकता-जानने की उत्कट इच्छा।

KYĀ क्या pron. & adj. सर्व. और वि. what? 2. (mark of interrogation) is it that ....? प्रश्नवाचक सर्वनाम।

◆◆◆

L

LĀ ला (A. अ.) pref. सर्व. not, there is not नहीं के अर्थ में प्रयुक्त उपसर्ग, 2. without (e.g. जैसे लाइलाज, adj. वि. incurable अचिकित्सासाध्य)।

LĀ ला v.t. स.क्रि. bring, give लेने या देने की क्रिया।

LAB लब (P. फ़ा.) m. पु. lip होंठ, ओष्ठ, अधर, 2. brim किनारा, ~पर आना, to be on the lips होठों पर आना, कहा जाना,

LABĀDĀ लबादा (A. अ.) m. पु. a quilted cloak, overcoat रुईदार चोंगा, चोंगा, ऊपर पहना जाने वाला कोट।

LABALAB लबालब (P. फ़ा.) adj. वि. full to the brim, lip to lip मुंह या किनारे तक (भरा हुआ)।

LABDHI लब्धि (S. सं.) f. स्त्री. gain attainment लाभ, 2. quotient (arith.) भागफल (गणित)।

LĀBH लाभ (S. सं.) m. पु. profit, advantage, use, benefit नफ़ा, प्राप्ति।

LĀBHĀṄŚ लाभांश (S. सं.) m. पु. dividend कारखाने आदि में लगी हुई पूंजीपर हिस्सेदारों को मिलने वाले ब्याज या लाभ की रकम।

LĀBHDĀYAK लाभदायक (S. सं.) adj. वि. profitable जिससे नफ़ा हो।

LĀBHKAR JOT लाभकर जोत f. स्त्री. profitable farming or cultivation, economic holding भरण-पोषण के लिए पर्याप्त जोत।

LACAK लचक f. स्त्री. bending, flexing, suppleness लचकने का भाव या क्रिया।

LACKAN लचकन f. स्त्री. bending, flexing, suppleness लचकने का भाव या क्रिया।

LACAR लचर adj. वि. pliant, fielding कमज़ोर, 2. poor (in quality) गुण में छोटा।

LĀCĀR लाचार adj. वि. helpless कमज़ोर, मजबूर।

LACĪLĀ लचीला adj. वि. flexible, elastic, supple लचने वाला, जो आसानी से मुड़ सके।

LACKĀNĀ लचकाना v.t. स.क्रि. to bend, to sprain झुकाना, लचाना।

LACKNĀ लचकना v.i. अ.क्रि. to bend लंबी चीज़ का दबाव आदि से झुकना।

LAFAṄGĀ लफ़ंगा (P. फ़ा.) m. पु. a depraved person, an undesirable character शोहदा, बदमाश।

LAFZ लफ़्ज़ (A. अ.) m. पु. a word शब्द, बात ~बलफ़्ज़ (P. फ़ा.) adv. अ. word by word शब्दश:।

LĀG लाग f. स्त्री. connection, relation संबंध, 2. attachment, affection प्रेम, लगावट, धुन~डांट ~ लपेट, emotional, involvement भावात्मक संबंध।

LAGĀM लगाम (P. फ़ा.) f. स्त्री. bridle, bit and reins रास, बाग ~ कड़ी करना, to keep a tight rein (on) काम का नियंत्रण करना ~ढीली

करना, to soften rein काम का नियंत्रण न रखना।

LAGAN लगन (S. सं.) f. स्त्री. attachment, affection प्रेम, longing, desire, craze चाह, प्यार, m. पु. auspicious time for marriage विवाह का मुहूर्त, लग्न ~ धरना to fix a date for wedding विवाह का मुहूर्त ठहराना।

LAGĀN लगान f. स्त्री. rent payable on land ज़मीन का जमा ~ पर देना, to rent or to lease (land) पैसे पर ज़मीन किसी को जोतने-बोने के लिए देना।

LAGĀNĀ लगाना v.t. स.क्रि. to attach, to join to fix जोड़ना, साटना, टांकना, 2. to appoint नियुक्त करना।

LĀGAT लागत f. स्त्री. cost किसी चीज़ को बनाने में लगने वाला ख़र्च, 2. investment पूंजी (जो व्यापार में लगाई जाए)।

LAGHU लघु (S. सं.) adj. वि. light, nimble, slight, small, younger short हल्का, छोटा, क्षुद्र, ह्रस्व ~ तम, adj. वि. smallest सबसे छोटा।

LAGTĪBĀT लगती बात f. स्त्री. offending speech चुभने वाली बात।

LĀGŪ लागू adj. वि. current चरितार्थ होने वाला।

LAGHUKARAṆ लघुकरण (S. सं.) m. पु. commutating दंडादेश को कुछ हल्का कर देना।

LAGHUNYĀYĀLAY लघुन्यायालय (S. सं.) m. पु. small causes court छोटे वादों पर विचार करने वाली अदालत।

LAHAR लहर f. स्त्री. a wave हिलोरा, 2. access of emotion उमंग, मौज, 3. vibration of voice स्वरकंप, 4. wafted fragrance सुगंधि ~ आना, delight to be felt मौज उठना।

LAHJĀ लहजा (A. अ.) m. पु. acccnt, intonation, modulation of voice उच्चारण का ख़ास ढंग, बोलचाल।

LAHLAHĀNĀ लहलहाना v.t. अ.क्रि. to flourish, to thrive, to grow green, to bloom हर-भरा, सर-सब्ज़ होना, खिलना।

LAHNĀ लहना m. पु. a outstanding debt उधार, 2. to get पाना ~ चुकाना, to clear a debt उधार अदा करना।

LAHRĀNĀ लहराना v.i. अ.क्रि. to rise in waves, to ripple हवा के झोंके से हिलना-डुलना, v.t. स.क्रि. to cause, to flutter or to wave हवा में उड़ने को बाध्य करना।

LAHŪ लहू m. पु. blood रक्त, ख़ून, रुधिर ~ का घूंट पीना, to repress anger or frustration गुस्सा पी जाना ~ लुहान, adj. वि. soaked with blood ख़ून से तर।

LĀJ लाज f. स्त्री. Shame, modesty, bashfulness शर्म, संकोचपूर्ण अवस्था ~ आना to feel shame शर्माना।

LAJĀNĀ लजाना v.i. अ.क्रि. to be ashamed, to be modest शर्माना, v.t. स.क्रि. to cause to feel shame किसी को लज्जित करना।

LĀJAVĀB लाजवाब adj. वि. unanswerable, unequalled निरुत्तर, सबसे अच्छा।

LAJĪLĀ लजीला adj. वि. bashful शर्मीला, लज्जाशील।

LAJJĀ लज्जा (S. सं.) f. स्त्री. shame sense of modesty or decency शर्म, 2. shyness संकोचपूर्ण अवस्था, 3. sense of honour आत्मसम्मान की अनुभूति ~ शील, adj. वि. modest, shy शर्मीला ~ लु, adj. वि. modest bashful शर्मीला ~ शून्य, adj. वि. shameless बेहया, बेशर्म।

LAJJIT लज्जित (S. सं.) adj. वि. ashamed शर्मिन्दा।

LAJVĀNĀ **लजवाना** v.t. स.क्रि. to cause to feel ashamed लज्जित करना, शर्मिन्दा करना।

LAKAṚBAGGHĀ **लकड़बग्घा** m. पु. shyena भेड़िए की जाति का एक जंगली जानवर।

LAKAṚDĀDĀ **लकड़दादा** m. पु. a distant ancestor परदादा का पिता, एक दूर का पूर्वज।

LAKAṚHĀRĀ **लकड़हारा** m. पु. woodcutter लकड़ियां तोड़कर बेचने वाला।

LAKHPATI **लखपति** (S. सं.) adj. वि. millionaire, m. a millionaire बहुत अमीर आदमी।

LAKĪR **लकीर** f. स्त्री. line रेखा, 2. rut पंक्ति, क़तार ~ खींचना, v.t. स.क्रि. to draw a line रेखा खींचना ~ का फ़कीर, m. पु. one of set-outlook पुरानी रीतियों पर चलने वाला ~ पीटना, to follow in the tracks (of ancestors etc.) पुरानी प्रथाओं पर चलना।

LAKṢAṆ **लक्षण** (S. सं.) m. पु. indication, a characteristic चिन्ह, 2. रोग सूचक चिन्ह, 3. परिभाषा।

LAKṢMAṆ **लक्ष्मण** (S. सं.) m. पु. name of younger brother of Rama राम के एक छोटे भाई, सुमित्रा से उत्पन्न दशरथ के पुत्र।

LAKṢMĪ **लक्ष्मी** (S. सं.) f. स्त्री. the godess Lakshmi, wife of Vishnu and godess of wealth and prosperity विष्णु की पत्नी और धन की अधिष्टात्री देवी ~ वान, adj. वि. rich, wealthy धनवान, अमीर, संपत्तिशाली।

LĀKṢṆIK **लाक्षणिक** (S. सं.) adj. वि. characteristic लक्षण संबंधी, परिभाषिक।

LAKSYĂ **लक्ष्य** (S. सं.) m. पु. aim, object of aim, goal निशाना, उद्देश्य ~ हीन, adj. वि. aimless निरुद्देश्य ~ सिद्धि, f. स्त्री. achievement of aim उद्देश्य की प्राप्ति।

LĀL **लाल** (P. फ़ा.) adj. वि. red, reddish सुर्ख़, 2. a precious stone माणिक नामक एक रत्न, 3. dear, darling प्यारा, प्रिय, m. पु. an infant boy, dear son छोटा, प्यारा बच्चा, प्यारा बेटा ~ पड़ना या होना, to be angry क्रोध करना ~ पीला होना, to be angry गुस्सा करना ~ बुझक्कड़, m. पु. one having pretensions of knowledge अटकल से प्रश्नों के जवाब बूझने वाला मूर्ख व्यक्ति ~ परी, f. स्त्री. ruby, fairy लाल रंग की अप्सरा ~ होना, to flush लज्जा से सुर्ख होना।

LĀLAC **लालच** m. पु. greed, covetousness लोभ।

LALAK **ललक** f. स्त्री. eager desire, zeal बलवती इच्छा, गहरी लालसा।

LALĀṬ **ललाट** (S. सं.) m. पु. the brow माथा, 2. fate भाग्य, तक़दीर ~ का लिखा, that which is fated भाग्य का लेख ~ की रेखा, f. स्त्री. line on the brow, line of fate भाग्य-लेख।

LĀLCĪ **लालची** adj. वि. greedy, covetous लोभी।

LĀL FITĀŚĀHĪ **लाल फ़ीताशाही** f. स्त्री. bureaucracy, redtapism दफ्तरशाही, नौकरशाही, दीर्घसूत्रता, जल्दी काम नहीं करने का सरकारी तंत्र।

LĀLĪ **लाली** f. स्त्री. redness, flush ललिमा, सुर्ख़ी।

LALIT **ललित** (S. सं.) adj. वि. lovely

beautiful, graceful सुन्दर, प्रिय, मनोहर, कोमल, श्रृंगाररस का एक कायिक भाव ~ कला, f. स्त्री. fine arts सौन्दर्य के आश्रय से व्यक्त होने वाली कला (संगीत चित्रांकन, मूर्तिनिर्माण आदि)।

LALKĀR ललकार f. स्त्री. a challenge, a call चुनौती।

LALKNĀ ललकना v.i. अ.क्रि. to crave, to covet गहरी लालसा होना,

LĀLSĀ लालसा (S. सं.) f. स्त्री. craving, desire, longing इच्छा, अभिलाषा।

LĀL SENĀ लाल सेना f. स्त्री. the Russian Red Army रूस की साम्यवादी सेना।

LĀLṬEN लालटेन m. पु. lantern चिमनीदार लैंप।

LĀM लाम m. पु. front, line of battle लड़ाई का मोर्चा, 2. brigade फौज़ी दस्ता ~ पर जाना, to go to the front लड़ाई पर जाना ~ पर भेजना, to send to the front मोर्चे पर भेजना।

LAṀBĀ लंबा adj. वि. long जिसका विस्तार चौड़ाई से अधिक हो, दीर्घ, 2. tall ऊंचा, 3. longlasting, prolonged दीर्घ कालीन ~ (बी) सांस लेना, to breathe hard, to heave a deep sigh आहें भरना।

LAṀPAṬ लंपट adj. वि. depraved, licentious कामी (पुरुष), विषयी, m. पु. a licentious man कामी पुरुष।

LĀNĀ लाना v.t. स.क्रि. to bring, to fetch ले आना, सामने रखना, 2. to introduce (a bill) (प्रस्ताव) रखना।

LĀNAT लानत (A. अ.) f. स्त्री. a curse फटकार, धिक्कार ~ भेजना, to call down a curse (on) धिक्कारना ~ मलामत, f. स्त्री. curses and reproaches बुरा-भला (कहना)।

LĀṄCHIT लांछित (S. सं.) adj. वि. insulted, stigmatised अपमानित, कलंकित।

LAṄGAR लंगर (P. फ़ा.) f. स्त्री. an anchor जहाज़ का मोटा रस्सा या ज़ंजीर (जो उसे एक स्थान पर रोके रखने के लिए डाली जाती है), 2. a public Kitchen, food distributed to the needy पके खाने का सार्वजनिक सत्र ~ गाह, f. स्त्री. an anchorage लंगर डालने का स्थान, जहाज़ों के ठहरने का स्थान ~ डालना, to drop anchor जहाज़ को एक जगह खड़ा करना ~ उठाना, to weigh anchor रुके हुए जहाज़ का रवाना होना।

LAṄGHĀNĀ लंघाना v.t. स.क्रि. to cause to cross over लांघने में प्रवृत्त करना।

LĀṄGHNĀ लांघना v.i. अ.क्रि. to jump over कूद कर पार करना।

LAṄGHNIYĂ लंघनीय (S. सं.) adj. वि. crossable लांघने के योग्य, traversible पार करने के योग्य।

LAṄGHYĂ लंघ्य (S. सं.) adj. वि. crossable लांघने के योग्य, traversible पार करने के योग्य।

LAṄGŪR लंगूर m. पु. longtailed, black-faced monkey काले मुंह का बंदर।

LAṄKĀ लंका (S. सं.) f. स्त्री. Sri Lanka of today, an island in the south of India भारत के दक्षिण का एक प्रसिद्ध द्वीप श्रीलंका।

LAṄTARĀNĪ लंतरानी f. स्त्री. self-praise डींग, आत्मप्रशंसा।

LAPAṬ लपट f. स्त्री. hot blast (of flame), tongue of flame आंच, glow आग की लौ।

LAPEṬ लपेट f. स्त्री. wrapping coating, coil, bandage, entanglement उलझन, चक्कर, लपेटने की क्रिया।

LAPEṬNĀ लपेटना v.t. स.क्रि. to wrap, to pack, to wrap or to roll, to twist, to involve, to implieate, to enfold समेटना, बांधना।

LAPAKNĀ लपकना v.i. अ.क्रि. to leap (upon), to spring, to rush (at), to snatch (at) उछलना, झटपट चल देना, हाथ बढ़ाना।

LAPLAPĀNĀ लपलपाना v. क्रि. to be switched or brandished (a sword or cave) to flash (a sword) तलवार आदि चमकाना, हिलना-डुलना।

LAPṬNĀ लपटना v.i. अ.क्रि. to stick (to) to cling (to), to be enfolded, to be embraced आलिंगन करना, लिपटना।

LIPṬNĀ लिपटना v.i. अ.क्रि. to stick (to) to cling (to), to be enfolded, to be embraced आलिंगन करना, लिपटना।

LAQVĀ लक़वा (A. अ.) m. स्त्री. paralysis पक्षाघात, फ़ालिज़।

LĀR लार f. स्त्री. saliva थूक, लुआब ~ आना, to salivate थूक आना।

LĀṚ लाड़ f. स्त्री. affection, 2. caress दुलार, प्यार ~ करना, to caress दुलार करना।

LAṚĀI लड़ाई f. स्त्री. quarreling झगड़ा, fighting, a fight, a battle, war युद्ध, रण, hostility enmity शत्रुता, अनबन ~बंदी, cessation of war युद्ध बंद होना या करना।

LAṚĀKĀ लड़ाका adj. वि. warlike, belligerant, quarrel some लड़ने-वाला, सैनिक, m. पु. a fighter योद्धा।

LAṚĀNĀ लड़ाना v.t. स.क्रि. to cause to fight or to clash together, to cause a fight between (persons etc.) एक दूसरे से लड़ाई करवाना।

LAṚĪ लड़ी f. स्त्री. a string (of flowers or pearls etc.) गुच्छा, row, series, chain क़तार।

LAṚKĀ लड़का m. पु. a boy, a son बालक, पुत्र, बेटा।

LAṚKHAṚĀNĀ लड़खड़ाना v.i. अ.क्रि. to stagger, to wobble, to sway डगमगाना, चूक जाना।

LAṚKĪ लड़की f. स्त्री. a girl बालिका, कन्या, a daughter बेटी, पुत्री ~ वाला, m. पु. father of the bridge कन्या का पिता।

LAṚĀNĀ लड़ाना v.t. स.क्रि. to cause, to fight, to set against दूसरों में लड़ाई कराना।

LAṚVĀNĀ लड़वाना v.t. स.क्रि. to cause, to fight, to set against दूसरों में लड़ाई कराना।

LAṚNĀ लड़ना v.i. अ.क्रि. to fight झगड़ना, युद्ध करना।

LĀSĀ लासा m. पु. anything sticking gum चिपचिपी चीज़, गोंद ~ लगाना, to set a suare फांसना, झगड़ा लगाना।

LAŚKAR लश्कर (P. फ़ा.) m. पु. army सेना, 2. encampment छावनी ~ गाह,

m. पु. military camp शिविर, छावनी।

LAST लस्ट adj. वि. fired, weak थका हुआ, ढीला, अशक्त, कमज़ोर।

LASTAMPASTAM लस्टमपस्टम adv. अ. somehow or other, any how किसी-किसी तरह, ज्यों-त्यों करके।

LĀSYĂ लास्य (S. सं.) m. पु. a dance

illustrating the emotions of love प्रेमचित्रण का नृत्य, a woman's dance स्त्री-नृत्य।

LAT लत f. स्त्री. habit आदत, bad habit बुरी आदत।

LĀT लात f. स्त्री. foot पांव, पैर, 2. a kick पांव की मार ~ खाना, to be kicked मार खाना।

LAṬ लट (S. सं.) f. स्त्री. a lock of hair, locks, hair ज़ुल्फ़, उलझे हुए सर के बाल।

LATĀ लता (S. सं.) f. स्त्री. a vine, creeper बेल, कोमल शाखा।

LATĀRNĀ लताड़ना v.t. स.क्रि. to spurn, to treat with contempt फटकारना, रौंदना, नफ़रत का व्यवहार करना।

LAṬHAIT लठैत adj. वि. carrying (or armed with) a stick or club लठबाज़, लाठी चलाने में कुशल, m. पु. a person carrying a club लाठी चलाने वाला व्यक्ति।

LATHPATH लथपथ adj. वि. drenched soaked तर, भीगा हुआ।

LATĪF लतीफ़ (A. अ.) m. पु. delicate सुकोमल, बढ़िया, 2. savoury, tasty ज़ायकेदार, 3. agree-able मनपसन्द।

LATĪFĀ लतीफ़ा (A. अ.) m. पु. a witty remark, joke चुटकुला ~ (फ़े) बाज़, a witty person चुटकुले सुनानेवाला, विनोदी।

LATIYĀNĀ लतियाना v.t. स.क्रि. to kick लात से खूब मारना रौंदना।

LAṬKĀNĀ लटकाना v.t. स.क्रि. to make to wait, to suspend इंतज़ार कराना, काम पूरा न होने देना।

LAṬKNĀ लटकना v.i. अ.क्रि. to dangle, to swing, to hang टंगना, 2. to be kept in suspense, to be kept pending काम पूरा न होना, to linger उलझे रहना।

LAṬṬH लट्ठ m. पु. a staff, a club मोटी लाठी ~ मारना, to beat with a club लाठी से पीटना ~ मार, adj. वि. crude, isolent अशिष्ट, अभद्र।

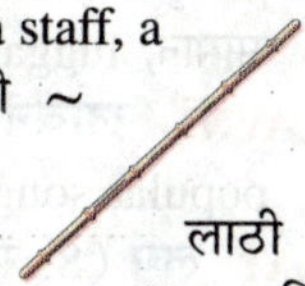

LAṬṬŪ लट्टू m. पु. a top (toy) लकड़ी का गोल बट्टा जिसे ज़मीन पर फेंक कर नचाते हैं, 2. बल्ब (बिजली का) ~ होना, to be fascinated आसक्त होना, मोहित होना।

LAUH लौह (S. सं.) adj. वि. made of iron लोहे का बना हुआ, m. पु. iron लोहा, m. पु. hard ware लोहे के सामान ~ आवरण, m. पु. armour plating लोहा चढ़ा सामान, 2. iron-curtain ऐसा आवरण या प्रतिबंध-व्यवस्था जिसकी आड़ में होने वाली बातें दूसरों पर प्रकट न होने पाएं ~(हे) तर, adj. वि. non-ferrous (वह धातु) जिसमें लोहे का मेल न हो।

LAUKIK लौकिक (S. सं.) adj. वि. worldly, of this world सांसारिक, secular, temporal लोकसंबंधी, व्यावहारिक।

LAUṬĀNĀ लौटाना v.t. स.क्रि. to return (to) to cause to return or go back वापस करना, वापस भेजना।

LAUṬNĀ लौटना v.i. अ.क्रि. to go back, to return वापस आना, 2. to turn over उलटना-पलटना।

LAVAṆ लवण (S. सं.) m. पु. salt नमक, adj. वि. salty नमकीन।

LĀVAṆYĂ लावण्य (S. सं.) m. पु. charm, beauty सुन्दरता, मोहकता, 2. saltiness नमकीनी।

LAVĀZIMĀ लवाज़िमा (A. अ.) m.

pl. पु. बहुव. necessary things ज़रूरी सामान, luggage बिस्तर आदि।

LĀVNĪ लावनी f. स्त्री. a type of popular song एक गीत-छंद।

LAY लय (S. सं.) m. पु. rhythm (in music and dancing) गाने की धुन, शैली, स्वर के आरोह-अवरोह का ढंग, singing in time ताल पर गाना, 3. melody धुन, सुर, merging, destruction विलीन होना।

LĀYAK लायक (A. अ.) adj. वि. capable, suitable (for) worthy योग्य, उपयुक्त, 2. deserving सुयोग्य।

LĀZIM लाज़िम (A. अ.) adj. वि. necessary, obligatory, inevitable आवश्यक, फ़र्ज़, अवश्य कर्तव्य।

LEKH लेख (S. सं.) m. पु. writing, an article, piece of writing रचना।

LEKHĀ लेखा m. पु. an account (financial) हिसाब, आय-व्यय का ब्योरा ~कार, m. पु. an accountant हिसाब करने वाला ~परीक्षण, m. पु. auditing हिसाब-किताब की जांच करना ~बही, f. स्त्री. ledger खाता ~कर्म, m. पु. accountancy हिसाब-किताब करना ~पाल, m. पु. accountant हिसाब रखने वाला, मुन्शी।

LEKHAK लेखक (S. सं.) m. पु. an author, a writer ग्रंथ-रचयिता, साहित्यिक, साहित्यकार, रचनाकार।

LEKHAN लेखन (S. सं.) m. पु. writing रचना करना, लिखना m. स्त्री. सामग्री, f. स्त्री. stationary कागज़, पेन्सिल आदि लिखने के सामान।

LEKHIKĀ लेखिका (S. सं.) f. स्त्री. an authoress रचना-कर्त्री, महिला-लेखक।

LEKHNĪ लेखनी (S. सं.) f. स्त्री. pen कलम, artists, brush तूलिका।

LEKHYĂ लेख्य (S. सं.) adj. वि. to be written, documentary लिखने योग्य, दस्तावेज़ी, प्रामाणिक, m. पु. document दस्तावेज़।

LEN लेन m. पु. taking लेना, लेने की क्रिया, 2. a sum due पावना ~दार, adj. वि. a creditor जिसे पावना लेना है, जिसने दिया है ~देन, m. पु. taking and giving लेने देने की क्रिया।

LENĀ लेना v.t. स.क्रि. to take, to receive प्राप्त करना, 2. to buy खरीदना, 3. to have sexual intercourse संभोग करना।

LEP लेप m. पु. smearing पोतना, लगाना, 2. an ointment embrocation उबटन, मरहम, पोतने के काम आने वाली वस्तु, 4. plaster पलस्तर।

LIBĀS लिबास (A. अ.) m. पु. clothes, attire पहनावा, पोशाक, पहनने के कपड़े।

LIFĀFĀ लिफ़ाफ़ा (A. अ.) m. पु. a cover, wrapper खोल, काग़ज़ का थैला, 2. an envelope खोल जिसमें रख कर चिट्ठी आदि भेजी जाती है, 3. outward show दिखावा।

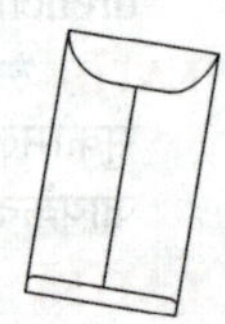

LĪG लीग (E. अं.) f. स्त्री. league लीग संघ, सभा।

LĪK लीक f. स्त्री. track, line, rut, path लंबी रेखा, पगडंडी, 2. custom लोकरीति मर्यादा ~पीटना, to follow the beaten path पुरानी रस्म पर चलना।

LIKHĀ-PAṚHĪ लिखा-पढ़ी f. स्त्री. putting (something) in writing काग़ज पर लिखकर (शर्त को) पक्का करना, 2. correspondence पत्र-व्यवहार, चिट्ठी-पत्री।

LIKHĀĪ लिखाई f. स्त्री. writing लिखावट, लिखने का काम, 2. payment for writing लिखने की उजरत ~ पढ़ाई, f. स्त्री. education शिक्षा।

LIKHĀVAṬ लिखावट f. स्त्री. handwriting हस्तलिपि, लिखने का ढंग, लिपि, लेख।

LIKHIT लिखित (S. सं.) adj. वि. written लिखा हुआ।

LIKHNĀ लिखना v.t. स.क्रि. to write लिपिबद्ध करना ~ पढ़ना, v.t. स.क्रि. to study पढ़ाई करना, शिक्षा प्राप्त करना।

LĪLĀ लीला (S. सं.) f. स्त्री. play, sport खेल, केलि, विहार, श्रृंगार चेष्टा, 2. the acts of a deity, as performed at pleasure (as those of Rama and Krishna) देवताओं के खेल, the ways of god in the world ईश्वर के जगत् में किए गए खेल, 2. a dramatic representation especially of the acts of a deity देवता के कामों की नाट्य रूप में प्रस्तुति ~ करना, to play a part ~ मय, adj. वि. sportive खेल युक्त ~ कलह, m. पु. love-play प्रणय-कलह ~ स्थल, m. पु. play-field, the place of playing क्रीड़ा का स्थान, वह जगह जहां लीला या खेल किया जाय।

LĪN लीन (S. सं.) adj. वि. immersed (in) engrossed डूबा हुआ, तन्मय, तत्पर, विलीन।

LIṄG लिंग (S. सं.) m. पु. sign चिन्ह, लक्षण, 2. sex जाति-भेद (पुरुष या स्त्री अथवा नर या मादा), 3. penis शिश्न, पुरुष जननेन्द्रिय, 4. phallus, lingam (in which form Shiva is worshipped) शिवलिंग (जिस रूप में साधारणत: शिव की पूजा होती है), 5. gender (gram.) व्याकरण के शब्दों का पुलिंग, स्त्रीलिंग आदि का भेद ~ भेद, m. पु. difference of sex स्त्री या पुरुष का फर्क ~ वाचक, adj. वि. indicating sex लिंग ~ निर्धारक।

LIPI लिपि (S. सं.) f. स्त्री. script, writing, handwriting लिखावट, 2. alphabet लघुतम ध्वनि का सूचक अक्षर (जैसे क्, ख्, ग् आदि), 3. something written लेख ~ बद्ध, adj. वि. written लिखा हुआ।

LIPIK लिपिक (S. सं.) m. पु. a clerk किरानी, कलर्क।

LIPSĀ लिप्सा (S. सं.) f. स्त्री. desire, wish इच्छा, अभिलाषा पाने की इच्छा।

LĪPṬĀNĀ लिपटाना v.t. स.क्रि. to embrace, to cause to adhere (to) गले लगाना, सटाना।

LIPṬNĀ लिपटना v.i. अ.क्रि. to be embraced (by), to embrece सट जाना, गले लगना।

LIṬĀNĀ लिटाना v.t. स.क्रि. to cause to lie, to lay (one) down पौढ़ाना, किसी को लेटने में प्रवृत्त करना।

LIYE लिए adv. अ. holding, taking, with one, ppn. because of adv. for this reason निमित्त, वास्ते, किस ~ ? why? क्यों ?

LOBH लोभ (S. सं.) m. पु. intense desire, avarice, temptation greed लालच।

LOBHNIYĂ लोभनीय (S. सं.) adj. वि. tempting आकर्षक, लुभावना।

LOHĀ लोहा m. पु. iron, steel लौह, एक प्रसिद्ध धातु, इस्पात, 2. an iron (for pressing clothes) धोबी की इस्तरी।

LOK लोक (S. सं.) m. पु. the world, the universe संसार, भू-भाग, 2. people, folk प्रजा, जनता ~ कथा, f. स्त्री. folk-tale ग्राम्य कहानी ~ गीत, m. पु. folk-song ग्राम्यगीत ~ तंत्र, m. पु. democracy जनतंत्र ~ तांत्रिक, adj. वि.

democratic जनतांत्रिक ~ पाल, m. पु. Ombads-man मंत्रियों-अफसरों आदि के भ्रष्टाचार संबंधी मामलों की जांच करने का सर्वोच्च अधिकारी ~ प्रिय, adj. वि. popular, जनप्रिय ~ मत, m. पु. popular opinion जनता की राय ~ सत्ता, f. स्त्री. democracy जनतंत्र ~ सभा, f. स्त्री. lower house of the Indian Parliament संसद का निचलासदन ~ हित, m. पु. public interest जनता की भलाई ~ नायक, m. पु. leader of the people, a name given to Jai Prakash Narain जनता का नेता जयप्रकाश नारायण को इसी नाम से पुकारा जाता है ~ नृत्य, m. पु. folk-dance ग्राम्य नृत्य।

LOKĀCĀR लोकाचार (S. सं.) m. पु. common practice or usage जनता में प्रचलित व्यवहार चलन।

LOKĀPVĀD लोकापवाद (S. सं.) m. पु. public scandal, public accusation बदनामी, लोकनिन्दा।

LOKKAṆṬAK लोककंटक (S. सं.) adj. वि. public nuisance सर्वसाधारण को तंग करने वाला।

LOKPIṚAK लोकपीड़क (S. सं.) adj. वि. public nuisance सर्वसाधारण को तंग करने वाला।

LOKOPKĀR लोकोपकार (S. सं.) m. पु. public beneficence जनता की भलाई।

LOKOPYOGĪ SEVA लोकोपयोगी (S. सं.) f. स्त्री. public utility service वह सेवा, कार्य या व्यवस्था जो जनता के लिए विशेष उपयोगी या काम की हो।

LOKSEVAK लोकसेवक (S. सं.) m. पु. public servant जनता के सेवा-संबंधी कार्यों में नियुक्त सरकारी कर्मचारी।

LOKSEVĀ AYOG लोकसेवा आयोग (S. सं.) m. पु. Public Service Commission उच्च श्रेणी के लोकसेवकों का चुनाव करने वाला आयोग।

LOK SVASTHYĂ लोक स्वास्थ्य (S. सं.) m. पु. public health जनता का स्वास्थ्य।

LOKVĀHAN लोकवाहन (S. सं.) m. पु. public carrier भाड़े की गाड़ी (ट्रक आदि)।

LOLUP लोलुप (S. सं.) adj. वि. greedy, covetous, avaricious लोभी, लालची, चटोर, m. पु. covetous man लोभी व्यक्ति।

LOMṚĪ लोमड़ी f. स्त्री. a fox गीदड़ की जाति का एक जानवर।

LOP लोप (S. सं.) m. पु. disappearance छिपना, नाश।

LORĪ लोरी f. स्त्री. lullaby बच्चे को सुलाने के लिए गाया जाने वाला गीत।

LŪ लू f. स्त्री. the hot wind which blows in May-June on the north Indian plains उत्तरी भारत की मई-जून में बहने वाली गर्म हवा या उसका झोंका ~ लगना ~ मारना, to suffer sun-stroke तप्त हवा लगने से ज्वर हो आना।

LUBDH लुब्ध (S. सं.) adj. वि. eagerly desirous, lustful, attracted आकृष्ट, मोहित, आसक्त, लुभाया हुआ।

LUCCĀ लुच्चा m. पु. scoundrel लंपट, दुराचारी, adj. वि. low, base कमीना, बदमाश ~ पन, m. पु. depravity कमीनगी, बदमाशी।

LUGĀĪ लुगाई f. स्त्री. a woman स्त्री, 2. wife पत्नी, बीवी।

LUGAT लुग़त (A. अ.) f. स्त्री. a word शब्द, 2. a language बोली, dialect बोली, dictionary शब्दकोश (pl. बहुव

लुग़ात)।

LUGDĪ लुगदी f. स्त्री. soft mass or lump (as of soil, dough) पीसी हुई, गीली वस्तु का पिंड, 2. papier mache पेपिअर मैशे।

LUK-CHHIP KAR लुक-छिप कर adv. अ. secretly गुप्त रूप से।

LUKNĀ लुकना v.i. अ.क्रि. to hide, to be hidden छिपना, आड़ में हो जाना।

LUMBINĪ लुम्बिनी (S. सं.) f. स्त्री. the birth-place of the Buddha भगवान बुद्ध की जन्म-स्थली।

LUPT लुप्त (S. सं.) adj. वि. lost missing, vanished छिपा हुआ, जिसका लोप हो गया हो, 2. obsolete जो अब प्रचलित न रहा हो।

LUṚKĀNĀ लुढ़काना v.t. स.क्रि. to spill, to cause to roll over कोई चीज़ इतनी तेजी से फेंकना या ढकेलना कि चक्कर खाती हुई बढ़े।

LUṚHKNĀ लुढ़कना v.t. अ.क्रि. to topple over, to tumble down नीचे-ऊपर होते हुए घिसटना।

LŪṬ लूट f. स्त्री. plunder, looting लूटने की क्रिया, डकैती।

LUṬĀNĀ लुटाना v.t. स.क्रि. to cause to be robbed, plundered लूटने देना, 2. squander (money) लूटा जाना, बर्बाद करना (धन)।

LUṬERĀ लुटेरा m. पु. a robber, dacoit डाकू, डकैत, लूटनेवाला।

LUTF लुत्फ़ (A. अ.) f. स्त्री. enjoyment, pleasure मज़ा, आनंद ~ उठाना, to take मज़ा लेना, आनंद प्राप्त करना।

LUṬIĀ लुटिया f. स्त्री. a small metal pot छोटा लोटा ~ डुबोना, to bring disgrace अपयश का काम करना।

LUṬNĀ लुटना v.i. अ.क्रि. to be plundered, to be robbed लूटा जाना, लूटने देना।

LŪṬNĀ लूटना v.t. स.क्रि. to rob, to plunder ज़बर्दस्ती छीनना, ज़बर्दस्ती ले लेना, 2. to attract वशीभूत करना ~ का माल, m. पु. exhorbitantly priced goods भारीदामी वस्तु, 2. to overcharge अधिक दाम लेना, to misappropriate (funds) माल मार लेना।

◆◆◆

M

MACALNĀ मचलना v.i. अ.क्रि. to be fractious, to be stubborn किसी चीज़ के लिए रोना-धोना।

MAD मद (S. सं.) m. पु. any toxicant wine शराब, नशे की चीज़, 2. intoxication नशा, 3. frenzy उन्माद, 4. lust वासना, मस्ती, 5. liquid oozing from a rutting elephant हाथी के यौन-उत्तेजना से सर से निकलने वाला द्रव, 6. pride गर्व ~ मत्त, adj. वि. intoxicated, frenzied नशे में चूर।

MADAD मदद (A. अ.) f. स्त्री. help, aid, support, relief सहायता ~ गार, adj. वि. helper सहायक।

MADAK मदक f. स्त्री. a narcotic, a mixture of hemp, or of opium with hetel or acacia leaves for smoking अफ़ीम के सत्त और पान के योग से बना एक नशीला पदार्थ, जो चिलम में रखकर पीया जाता है ~ ची, ~ बाज़, adj. वि. addict to madak m. पु. मदकची।

MĀDAK मादक (S. सं.) adj. वि. intoxicating, 2. exhilarating नशा पैदा करने वाला ~ ता, f. स्त्री. intoxicating quality नशा पैदा करने का गुण।

MADAN मदन (S. सं.) m. पु. title of the god of love कामदेव।

MADĀṄDH मदांध (S. सं.) adj. वि. blind with pride गर्व से अंधा।

MADANOTSAV मदनोत्सव (S. सं.) m. पु. a festival held in the month of Chaitra in honour of Kamdev Holi कामदेव के सम्मान में चैत्र में मनाया जाने वाला पर्व होली।

MADHOṠ मदहोश adj. वि. intoxicated मतवाला, बेहोश।

MADHU मधु m. पु. honey शहद, 2. मध, 3. पुष्परस, 4. spring वसंत ऋतु, adj. वि. sweet मीठा, 5. an intoxicating drink (wine, spirit) मदिरा, शराब ~ कर, m. पु. honeymaker मधुमक्खी, 2. a voluptuous person कामीपुरुष ~ बाला, a woman who serves drinks साक़ी (शराब पिलाने वाली सुन्दरी) ~ शाला, f. स्त्री. tervern wine-house शराबघर ~ मक्खी, f. स्त्री. bee शहद की मक्खी ~ मास, m. पु. spring the month of chait वसंतऋतु, चैत्रमास।

MADHUR मधुर (S. सं.) adj. वि. sweet मीठा, 2. charming प्रिय, सुन्दर, 3. melodious सुरीला ~ ता, f. स्त्री. sweetness मीठापन।

MĀDHURĪ माधुरी (S. सं.) f. स्त्री. sweetness, charm मिठास, मधुरता, 3. a type of jasmine, Jasminium zambac एक प्रकार की जूही।

MADHYĂ मध्य (S. सं.) adj. वि. middle, central बीच का, केन्द्रीय, 2. waist कमर, कटि, 3. the inside of anything किसी वस्तु का बीच का भाग, adv. अ. in the midst of बीच में ~ काल, m. पु. the medieval period, middle ages मध्य युग (इतिहास)।

MADHYAM मध्यम (S. सं.) adj. वि. middle, intermediate, medium बीच का, न बढ़िया, न घटिया, 2. mediocre सामान्य ~पुरुष, m. पु. second person (gram.) व्याकरण का मध्यम पुरुष (जैसे तुम, आप आदि) ~वर्ग, m. पु. middle class मध्यवर्गीय समाज।

MĀDHYAM माध्यम (S. सं.) adj. वि. mid, middle मध्य का, m. a means, medium पु. साधन, 2. language of instruction or education शिक्षा की भाषा।

MĀDHYAMIK माध्यमिक (S. सं.) adj. वि. intermediate, secondary बिचला, बीच का मध्य का ~शिक्षा, f. स्त्री. secondary education हाईस्कूल की पढ़ाई।

MĀDHYANTAR मध्यांतर (S. सं.) m. पु. interval, intermission नाटक, सिनेमा आदि में होने वाला मध्यावकाश ~रेखा, f. स्त्री. meridian वह कल्पित रेखा जो दोनों ध्रुवों से होती हुई पृथ्वी के चारों ओर गई हो।

MADHYASTH मध्यस्थ (S. सं.) m. पु. mediator बिचौलिया।

MADIRĀ मदिरा (S. सं.) f. स्त्री. an intoxicating drink, spirit wine मद्य, शराब ~लय, m. पु. wine-house मधुशाला, शाराबख़ाना, भट्ठी, ठेका (पंजाब में)।

MADRASĀ मदरसा (P. फ़ा.) m. पु. a school (esplly, urdu schools in India teaching mainly Quran etc.) पाठशाला, (विशेषत: वे उर्दू स्कूल जहाँ क़ुरान की पढ़ाई पर ज़्यादा ज़ोर दिया जाता है)।

MĀDRĪ माद्री (S. सं.) f. स्त्री. name of Pandu's second wife, mother of Nakul and Sahdeo पांडु की दूसरी पत्नी, नकुल और सहदेव की माता।

MĀDRĪ मादरी (P. फ़ा.) adj. वि. mother's, maternal मां की पैदाइशी ~ज़बान, f. स्त्री. mother tongue मातृभाषा।

MADYĀ मद्य (S. सं.) m. पु. alcoholic drink, wine, spirit सुरा, मदिरा, शराब ~निषेघ, m. पु. prohibition शराबबंदी नशाबंदी ~पान, m. पु. drinking of alcoholic drink शराब पीना।

MĀF माफ़ (A. अ.) adj. वि. forgiven excused, exempted क्षमा किया हुआ ~करो, ~कीजिए, excuse me, I beg your pardon क्षमा करो, क्षमा कीजिए, 2. leave me alone जान छोड़ो रास्ता लो।

MUĀF मुआफ़ (A. अ.) adj. वि. forgiven excused, exempted क्षमा किया हुआ ~करो, ~कीजिए, excuse me, I beg your pardon क्षमा करो, क्षमा कीजिए, 2. leave me alone जान छोड़ो रास्ता लो।

MĀFĪ माफ़ी (A. अ.) f. स्त्री. forgiveness remission, exemption क्षमा, वह ज़मीन जिसकी मालगुज़ारी माफ़ हो ~दार, m. पु. a holder of rentfree land जिस व्यक्ति के पास माफ़ी ज़मीन हो।

MAGRIB मग़रिब (A. अ.) m. पु. the west पश्चिम, पच्छिम, सूरज डूबने की दिशा, 2. the western world पश्चिमी देश ~की नमाज़, f. स्त्री. prayer offered at evening शाम की नमाज़।

MAGRIBĪ मग़रिबी (A. अ.) adj. वि. western पश्चिमी, m. पु. westerner पश्चिमी देश का निवासी।

MAGRŪR मग़रुर (A. अ.) adj. वि. proud presumptuous घमंडी, ग़रुरवाला।

MĀH माह (P. फ़ा.) m. पु. the moon

चांद, 2. a month महीना, मास ~ ताब, m. पु. the moon, moonlight चांद, चांदनी ~ वादी, adj. वि. monthly मासिक, f. स्त्री. menstruation मासिक धर्म।

MAHĀ महा (S. सं.) adj. वि. great, large, mighty बड़ा, श्रेष्ठ, भारी ~ काल, m. पु. a title of Shiva शिव की एक उपाधि ~ काली, f. स्त्री. a title of Durga दुर्गा ~ जन, m. पु. an eminent personage महापुरुष, 2. a money-lender सूद का काम करने वाला व्यक्ति ~ पुरुष, m. पु. a great man महान् आदमी ~ भारत, m. पु. the Sanskrit epic poem descriting the war of the Bharatas संस्कृत का व्यासरचित महाकाव्य ~ यान, m. पु. the great vehicle, one of the two schools of Buddhism बौद्ध धर्म के दो में से एक मत ~ अभियोग, m. पु. impeachment राज्य के किसी बड़े अधिकारी पर चलाया गया अभियोग ~ देव, m. पु. Shiva शिव ~ बलाधिकारी, m. पु. field martial सेना का सबसे बड़ा अधिकारी ~ द्वीप, m. पु. continent पृथ्वी का वह बड़ा भाग जिसमें कई देश हों ~ गणानाध्यक्ष, m. पु. accountant general महालेखापाल ~ देव, m. पु. Lord Shiva शिव।

MAHADHIKĀR PATR महाधिकार पत्र (S. सं.) m. पु. Magnacarta वैयक्तिक तथा राजनीतिक स्वतंत्रता प्रदान करने वाला अधिकार पत्र जो ब्रिटेन के राजा जॉन से सन् 1215 ई० में लिखवाया गया था।

MAHAK महक (A. अ.) f. स्त्री. smell fragrance गंध, वास।

MAHAKAVI महाकवि (S. सं.) m. पु. great poet बहुत बड़ा कवि।

MAHAKĀVYĂ महाकाव्य (S. सं.) m. पु. epic poem of eight or more cantos आठ या इससे अधिक सर्गों वाला वह प्रबंध काव्य जिसमें विविध ऋतुओं, दृश्यों आदि का वर्णन हो और जिसमें सभी रसों और विविध छंदों का समावेश हुआ हो।

MAHAL महल (A. अ.) m. पु. a palace प्रासाद, राजा-रईस का मकान, 2. women's quarters of a house ज़नानख़ाना।

MAHALLĀ महल्ला (A. अ.) m. पु. suburb टोला, 2. people residing in a suburb टोले के लोग।

MUHALLĀ मुहल्ला (A. अ.) m. पु. suburbe टोला, 2. people residing in a suburb टोले के लोग।

MAHĀMAHIM महामहिम (S. सं.) m. पु. His Excellency राज्यपाल आदि के सम्मानार्थ प्रयुक्त शब्द।

MAHĀMĀNYĂ महामान्य (S. सं.) m. पु. His Majesty अत्यत माननीय (राजा के लिए प्रयुक्त शब्द)।

MAHANT महन्त (S. सं.) m. पु. superior of a monastry मठाधीश, साधु-संघ का मुखिया।

MĀHĀPATRPĀL महापत्रपाल (S. सं.) m. पु. Postmaster general डाक विभाग का सबसे बड़ा अधिकारी।

MAHA PRA BHIKARTA महाप्राभिकर्ता (S. सं.) m. पु. attorney general वह विधिक अधिकारी जो राज्य संबंधी मामलों-मुकदमों में सरकार की ओर से व्यवस्थादि करने के लिए प्राधिकृत किया गया हो।

MAHĀPRAJVALAN महाप्रज्वलन (S.

सं.) m. पु. conflagration विशाल और भयावह अग्निकांड।

MAHĀPRALAY महाप्रलय (S. सं.) m. पु. annihilation of the universe at the end of a Kalpa संपूर्ण सृष्टि का विनाश।

MAHĀPRASTHĀN महाप्रस्थान (S. सं.) m. पु. death मृत्यु, महायात्रा।

MAHĀRĀṢṬR महाराष्ट्र (S. सं.) m. पु. a state of India situated in South-West दक्षिण-पश्चिम भारत का एक राज्य।

MAHĀTMĀ महात्मा (S. सं.) m. पु. a great soul सिद्ध पुरुष, संत~गांधी, m. पु. Mahatma Gandhi, the father of the Indian Nation भारत के राष्ट्रपिता।

MAHATTV महत्व (S. सं.) m. पु. greatness, importance, significance गुरुता, श्रेष्ठता, बड़प्पन ~पूर्ण, adj. वि. important गुरुत्वपूर्ण।

MAHĀVĀṆIJYADŪT महावाणिज्यदूत (S. सं.) m. पु. counsel general किसी देश का वह वाणिज्य दूत जो किसी अन्य देश में नियुक्त किया गया हो और उस देश में स्थित अपने देश के इतर वाणिज्य दूतों का प्रधान हो।

MAHĀVIDYĀLAY महाविद्यालय (S. सं.) m. पु. a college उच्च शिक्षा देने वाला विद्यालय।

MĀHAVĪRCAKR महावीरचक्र (S. सं.) m. पु. name of an Indian military decoration स्वतंत्र भारत में सेना के किसी वीर को रणभूमि में असामान्य वीरता दिखाने पर दिया जाने वाला एक विशेष पदक जो परमवीर चक्र के बाद (छोटा) माना जाता है।

MAHĀYUDDHPOT महायुद्धपोत (S. सं.) m. पु. a capital ship भारी, रणपोत।

MAHBŪB महबूब (A. अ.) m. पु. dear, darling, love object, loved one प्यारा, प्रेमपात्र, प्रियतम (मां)।

MAHDŪD महदूद (A. अ.) adj. वि. limited, restricted सीमित, नियत।

MAHFIL महफ़िल (A. अ.) f. स्त्री. gathering, assembly सभा, 2. an entertainment with dancing नाच-रंग का जलसा।

MAHILĀ महिला (S. सं.) f. स्त्री. a lady, a woman भद्र, स्त्री, स्त्री ~ दीर्घा, f. स्त्री. ladies gallery महिलाओं के बैठने का लंबोतरा स्थान।

MAHIMĀ महिमा (S. सं.) f. स्त्री. glory, grandeur, greatness बड़ाई, महत्ता, बड़प्पन ~ मंडित, adj. वि. glorious महत्वपूर्ण।

MAHĪN महीन (P. फ़ा.) adj. वि. fine, delicate, thin बारीक, पतला।

MAHĪNĀ महीना (P. फ़ा.) m. पु. a month मास, 2. monthly wage मासिक वेतन, 3. menstruation मासिक धर्म ~ चढ़ना, a due monthly date (as for a woman's period) ऋतुस्राव हुए एक महीना बीत जाना (एक महीने का गर्भ होना) ~ (ने) वार, adj. वि. taking place monthly मासिक, महीने-महीने होने वाला।

MAHKAMĀ महकमा (A. अ.) m. पु. any administrative department कचहरी, सरकारी विभाग।

MAHAKNĀ महकना v.i. अ.क्रि. to be fragrant महक देना, वास आना, गंध निकलना।

MAHODAY महोदय (S. सं.) m. पु. sir महाशय, जनाब।

MAHOTSAV महोत्सव (S. सं.) m. पु. great festival समारोह, बड़ा उत्सव।

MAHSŪL महसूल (A. अ.) m. पु. revenue tax, duty, excise customs, toll charge कर, राजस्व, मालगुज़ारी, किराया।

MAHSŪS महसूस (A. अ.) adj. वि. felt, perceived, experienced अनुभूत ~ करना, ~ होना, to feel, to realise अनुभव होना।

MĀHVĀR माहवार (P. अ.) adj. वि. monthly मासिक, हर महीने का, m. पु. montly wage महीने की तनख़्वा है।

MAIDĀN मैदान (P. फ़ा.) m. पु. open flat field चौड़ी चकरी समतल ज़मीन, large area, battle field युद्धक्षेत्र ~ छोड़ना, to leave the field, to take flight रणक्षेत्र या खेल के मैदान से भागना ~ जीतना, ~ मारना, to win a field, to win the day लड़ाई जीतना ~ में उतरना, to enter a fight, a quarrel or a war मुकाबले के लिए सामने आना ~ हाथ रहना, to win war लड़ाई जीतना।

MAITHIL मैथिल (S. सं.) adj. वि. of or belonging to Mithila मिथिला का, m.पु. inhabitant of Mithila मिथिला-निवासी।

MAITHILĪ मैथिली (S. सं.) f. स्त्री. the language of the Mithila (North Bihar) मिथला की भाषा, 2. a title of Sita सीता का एक ओर नाम।

MAITHUN मैथुन (S. सं.) m. पु. copulation, coition, sexual intercourse संभोग, रतिक्रिया, सहवास, हमबिस्तर होना।

MAITHUNIK मैथुनिक (S. सं.) adj. वि. sexual यौन।

MAITRĪ मैत्री (S. सं.) f. स्त्री. friendship दोस्ती, बंधुत्व, मित्रता ~ पूर्ण, adj. वि. friendly दोस्ताना।

MAJĀL मजाल (A. अ.) f. स्त्री. strength, power, courage, right सामर्थ्य, शक्ति।

MAJĀZ मजाज़ (A. अ.) adj. वि. unreal, artificial अवास्तविक, बनावटी।

MAJBŪR मजबूर (A. अ.) adj. वि. compelled, helpless, having no option लाचार, विवश।

MAJHLĀ मझला adj. वि. middle, middling, average बीचका, दरमियानी।

MAJNŪN मजनूं (A. अ.) adj. वि. crazy, crazy with love पागल, सिड़ी, प्यार में पागल, आशिक, m. पु. 2. name of the lover of Laila लैला के प्रेमी क़ैस का दूसरा नाम।

MAKĀN मकान (A. अ.) m. पु. a house, dwelling घर, रहने का स्थान।

MAKHAUL मखौल m. पु. a joke मज़ाक, ठट्ठा।

MAKKĀR मक्कार (A. अ.) adj. वि. crafty, deceitful छली, धूर्त, m. पु. a hypocrite पाखंडी, a deceiver छली।

MAKKĀRĪ मक्कारी (A. अ.) f. स्त्री. deceitfulness धूर्तता।

MAKKHAN मक्खन m. पु. butter नवनीत, कच्चा घी।

MAKKHĪ मक्खी f. स्त्री. a fly मक्षिका ~ मारना, to sit idle बेकार बैठा रहना ~ चूस, adj. वि. miser कंजूस।

MAKR मक्र (A. अ.) m. पु. deceit, trick धोखा, छल, pretense बनावट।

MAL मल (S. सं.) m. पु. dirt, excrement मैल, विकार, विष्ठा, waste matter गंदा सामान ~ त्याग, m. पु. defecation पाख़ाना करना ~ द्वार, m. anus गुदाद्वार।

MĀL माल (A. अ.) m. पु. goods luggage असबाब, 2. wealth धन-दौलत, 3. materials सामान, 4. land revenue राजस्व।

MALĀL मलाल (A. अ.) m. पु.

dejection grief दुख, विषाद, निराशा, नाउम्मीदी।

MĀLĀMĀL मालामाल adj. वि. abundant धन-धान्य से भरा हुआ।

MALBĀ मलबा m. पु. rubble (as of a fallen wall) debris कूड़ा-कर्कट, कचरा।

MALERIA मलेरिया (E. अं.) m. पु. kind of fever जूड़ी बुख़ार, मलेरिया, जाड़ा देकर आने वाला बुख़ार।

MĀLGĀṚĪ मालगाड़ी f. स्त्री. goods train, freight wagon माल ढोने के काम आने वाली रेलगाड़ी।

MĀLGODĀM मालगोदाम m. पु. ware house माल रखने का स्थान।

MĀLĪ माली (A. अ.) adj. वि. financial, economic माल का, माल-संबंधी, आर्थिक, 2. gardener बागवान, फुलवारी का काम करने वाला व्यक्ति।

MĀLIK मालिक (A. अ.) m. पु. master, owner स्वामी, पति।

MALIK मलिक (A. अ.) m. पु. king राजा, बादशाह, सुल्तान।

MALIKĀ मलिका (A. अ.) f. स्त्री. a queen महारानी।

MALIN मलिन (S. सं.) adj. वि. dirty, foul मैला, धूमिल, 2. sad, dejected उदास।

MĀLIS मालिश (P. फ़ा.) f. स्त्री. massage मर्दन, मलने का भाव या काम।

MALLĀH मल्लाह (A. अ.) m. पु. sailor, boatman केवट, माझी।

MALLĀHIN मल्लाहिन f. स्त्री. a boatwoman, a boatman's माझी की पत्नी, माझिन।

MĀLMANTRĪ मालमंत्री m. पु. revenue minister राजस्व मंत्री।

MĀMLĀ मामला (A. अ.) m. पु. matter affair लेन-देन काम-काज, घटना, 2. case suit (in law) मुकदमा।

MAMTĀ ममता (S. सं.) f. स्त्री. affection, attachment, tenderness ममत्व, स्नेह, अपनापन।

MAN मन (S. सं.) m. पु. mind (a seat of perception and feeling) चित्त, 2. wish, desire, purpose इच्छा, उद्देश्य, 3. the soul, the heart हृदय, 4. temperament ~कच्चा करना, to lose heart दिल छोटा करना ~ का मैल, enmity वैर, दुर्भावना, ~की मौज़, to build castles in the air मन की लहर ~ भाना, to like (something or someone) अच्छा लगना, ~मारना, to crush (one's) desire इच्छाओं को दबाना, ~मिलना, hearts to meet (in love) temperaments to be congenial प्रीति होना ~ रखना, to gratify, to carry out a wish (of) (किसी की) इच्छा पूरी करना।

MAN मन (A. अ.) m. पु. a measure of weight, a maund (about 40 kg.) एक तौल जो लगभग 40 किलोग्राम के बराबर होता है।

MĀN मान (S. सं.) m. पु. good opinion of self, respect, self respect, honour, pride, respect, status caprice प्रतिष्ठा, 2. standard मापदंड, 3. scale for comparison प्रमाण।

MANĀHĪ मनाही (A. अ.) f. स्त्री. prohibition निषेध, मुमानियत।

MANAN मनन (S. सं.) m. पु. reflection विचार करना, चिन्तन, 2. careful study ध्यान से पढ़ना ~ शील, adj. वि. reflective चिन्तनशील।

MANĀNĀ मनाना v.t. स.क्रि. to cause to agree, to persuade, to reason with, to propitiate मनुहार करना, राज़ी

करना।

MĀNAV मानव (S. सं.) m. पु. man a human being मनुष्य, adj. वि. human मनुष्योचित ~ कृत, adj. वि. man-made आदमी के द्वारा निर्मित ~ द्रोही, adj. वि. misanthropic मनुष्यता का शत्रु, m. पु. misanthropist मनुष्यशत्रु ~ वाद, m. पु. humanism मनुष्य होने का भाव ~ ता, f. स्त्री. humanity आदमियत।

MAṄC मंच (S. सं.) m. पु. stage, platform, dais रंगभूमि, स्टेज।

MANCALĀ मनचला adj. वि. crazy after beauty सुन्दरता के पीछे भागने वाला, मनमौजी।

MAṄCAN मंचन (S. सं.) m. पु. staging (a play) नाकट खेलना।

MAṆḌAP मंडप (S. सं.) m. पु. a pavilion, arbour छाया हुआ, चारों ओर से खुला हुआ स्थान, मंडवा, 2. temple मंदिर, 3. a temporary shed एक अस्थायी छाजन।

MAṆḌĪ मंडी f. स्त्री. market, a whole sale market बाज़ार, थोक बिक्री का बाज़ार।

MAṆḌIR मंदिर (S. सं.) m. पु. a temple देवालय, 2. dwelling घर।

MAṆḌIRĀ मंदिरा (S. सं.) f. स्त्री. a stable घुड़साल।

MAṆḌIT मंडित (S. सं.) adj. वि. adorned, overlaid सजाया हुआ, भूषित।

MAṆḌLĪ मंडली f. स्त्री. a small circle party छोटा मंडल, जमात।

MAṆḌLĀNĀ मंडलाना v.i. अ.क्रि. to fly around, to hover around, to float, above (as clouds) चक्कर देते हुए उड़ना, चक्कर काटना।

MAṆḌRĀNĀ मंडराना v.i. अ.क्रि. to fly around, to hover around, to float, above (as clouds) चक्कर देते हुए उड़ना, चक्कर काटना।

MĀNE माने (A. अ.) m. पु. meaning, purport अर्थ, आशय।

MAṄG मांग f. स्त्री. parting (of the hair) बालों को संवार कर बनाई गई रेखा, ~ उजड़ना, ~ सूना होना, to be widowed विधवा होना।

MĀṄG मांग f. स्त्री. a request अनुरोध, demand ज़रूरत होना या ज़रूरत जताना, to make a request याचना।

MAṄGAL मंगल (S. सं.) m. पु. good fortune, auspiciousness, well-being शुभ, सौभाग्य ~ वार, m. पु. Tuesday मंगल का दिन (सोमवार के बाद और बुधवार के पहले वाला दिन) ~ ग्रह, m. पु. the planet mars मंगल नामक ग्रह ~ मय, adj. वि. lucky, auspicious शुभ, मंगलरूप, कल्याणमय, ~ सूत्र, m. पु. lucky thread (worn by married woman) सौभाग्य सूचक धागा जो सुहागिनें गले में पहनती हैं।

MAṄGĀNĀ मंगाना v.t. स.क्रि. to send for, to order (as books etc.) किसी को कोई चीज़ लाने या भेजने के लिए कहना।

MAṄGVĀNĀ मंगवाना v.t. स.क्रि. to send for, to order (as books etc.) किसी को कोई चीज़ लाने या भेजने के लिए कहना।

MĀṄGNĀ मांगना v.t. स.क्रि. to ask for, to request, to beg, to demand, to borrow याचना करना।

MAṄGETAR मंगेतर f. स्त्री. fiancee जिस लड़की की मंगनी या सगाई हो गई हो, जिस लड़की का ब्याह निश्चित हो चुका है।

MĀNHĀNI मानहानि (S. सं.) f. स्त्री. defamation insult अपमान, बेइज़्ज़ती।

MANHŪS मनहूस (A. अ.) adj. वि. wretched, ill-omened अभागा, अशुभसूचक।

MĀNĪ मानी adj. वि. proud, sulky स्वाभिमानी, मान करनेवाला।

MĀNĪ मानी (P. फ़ा.) f. स्त्री. meaning अर्थ।

MĀṄJNĀ मांजना v.t. स.क्रि. to rub, to cleanse रगड़ कर साफ करना।

MAṄJU मंजु (S. सं.) adj. वि. lovely, charming मनोहर, सुंदर।

MAṄJUL मंजुल (S. सं.) adj. वि. lovely, charming मनोहर, सुंदर।

MANMĀNĀ मनमाना adj. वि. agreeable to heart or mind जो मन को भाए, 2. arbitrary अपनी मर्ज़ी का।

MANMUṬĀV मनमुटाव m. पु. aversion, ill-will अनबन, वैमनस्य।

MĀNNĀ मानना v.t. स.क्रि. to agree, to accept, to admit स्वीकार करना, मंजूर करना, 2. to hold in respect आदर करना, 3. to suppose, to believe समझ लेना, विश्वास करना, 4. to obey आज्ञा पालन करना।

MĀNNIYĂ माननीय (S. सं.) adj. वि. esteemed, deserving of honour, honourable आदरणीय।

MĀNO मानो conj. स. as if समझो कि, जैसे, गोया।

MĀNOṄ मानों conj. स. as if समझो कि, जैसे, गोया।

MANOHAR मनोहर (S. सं.) adj. वि. pleasing, charming सुंदर-आकर्षक।

MANOKĀMNĀ मनोकामना (S. सं.) f. स्त्री. heart's desire मन की इच्छा, मन की कामना।

MANORANJAN मनोरंजन (S. सं.) m. पु. entertainment मनबहलाव ~ कर, m. पु. entertainment tax प्रमोदकर।

MANOROG मनोरोग (S. सं.) m. पु. mental disease or disorder मानसिक व्याधि ~ चिकित्सक, m. पु. psychotherapist psychiatrist मानसिक रोगों का चिकित्सक।

MANOVAIJÑĀNIK मनोवैज्ञानिक (S. सं.) adj. वि. psychological मनोविज्ञान संबंधी, m. पु. psychologist मनोविज्ञान का ज्ञाता।

MANOVIJÑĀN मनोविज्ञान (S. सं.) m. पु. psychology मानस शास्त्र, मन का विज्ञान।

MANOVIŚLEṢAṆ मनोविश्लेषण (S. सं.) m. पु. psychoanalysis (of Dr. Sigmund Freud) फ्रॉयड द्वारा प्रवर्तित मनोवैज्ञानिक चिकित्सा।

MĀNPATR मानपत्र (S. सं.) m. पु. honorary address अभिनंदन पत्र।

MĀṄS मांस m. पु. meat, flesh गोश्त, आमिष।

MANSAB मनसब (A. अ.) m. पु. post office पद, अधिकार, दर्ज़ा, सेवा।

MĀNSĀHĀRĪ मांसाहारी (S. सं.) adj. वि. non-vegetarian सामिष भोजनकर्ता, मांस खाने वाला।

MĀṄSAL मांसल (S. सं.) adj. वि. fleshy muscular, well-nourished पुष्ट, स्थूल, बलवान।

MĀNSIK मानसिक (S. सं.) adj. वि. mental, psychological मनसंबंधी।

MANSŪBĀ मनसूबा (A. अ.) m. पु. intention इरादा, 2. ambition अभिलाषा, 3. plan, scheme योजना, युक्ति।

MANSŪKH मनसूख़ (A. अ.) adj. वि. cancelled, revoked काटा हुआ, रद

किया हुआ।

MANTHAN मंथन (S. सं.) m. पु. churning मथना, 2. delving into सोचना।

MANTR मंत्र (S. सं.) m. पु. a sacred text or verse पवित्र छंद, 2. a magical formula, incantation, spell, spiritual counsel कार्यसिद्धि का गुर, वेद का संहिता भाग।

MANTRĀLAY मंत्रालय (S. सं.) m. पु. ministry राज्य के किसी मंत्री तथा उसके विभाग का कार्यालय।

MANTRAṆĀ-PARIṢAD मंत्रणा-परिषद (S. सं.) f. स्त्री. advisory council सलाह देनेवाली परिषद।

MANTRAṆĀKĀR मंत्रणाकार (S. सं.) m. पु. advisor मंत्रणा देने वाला, सलाह देने वाला।

MANTRĪ मंत्री (S. सं.) m. पु. minister मिनिस्टर, सरकार का चुना हुआ प्रतिनिधि ~ मंडल, m. पु. cabinet (of ministers) राज्य के मंत्रियों का समूह, ~परिषद, f. स्त्री. cabinet council राज्य के मंत्रियों की सभा।

MANTRṆĀ मंत्रणा (S. सं.) f. स्त्री. consultation, deliberation, counsel, advice सलाह।

MANTVYĂ मंतव्य (S. सं.) m. पु. advice, opinion मत, राय, adj. वि. acceptable मानने योग्य।

MANUHĀR मनुहार f. स्त्री. request, entreaty, something intended to please मानने का यत्न, अनुरोध ख़ुशामद।

MĀNUṢIK मानुषिक (S. सं.) adj. वि. human, having to do with man मनुष्य संबंधी।

MANUṢYĂ मनुष्य (S. सं.) m. पु. human being man, mankind आदमी।

MĀNYATĀ मान्यता (S. सं.) f. स्त्री. belief, opinion, acceptance, recognition स्वीकृति, प्रामाणिक मान लेना, विश्वास, धारणा, राय, ~प्राप्त, adj. वि. authoritative आधिकारिक रूप में माना हुआ।

MANZAR मंज़र (A. अ.) m. पु. a view sight नज़्ज़ारा, दृश्य, a landscape प्राकृतिक दृश्य।

MANZIL मंज़िल (A. अ.) f. स्त्री. destination अंतिम पड़ाव, 2. stage, halting place पड़ाव, 3. storey मकान का तल्ला, ~ मारना, to get as far यात्रा पूरी करना, मुश्किल हल करना ~ मक़सूद, intended destination जहां पहुंचना था वह स्थान।

MANZŪR मंज़ूर (A. अ.) adj. वि. approved of, accepted, sanctioned स्वीकृत, पसंद किया हुआ।

MANZŪRĪ मंज़ूरी f. स्त्री. approval, acceptance, sanction स्वीकृति, मंज़ूर होना।

MĀP माप f. स्त्री. measuring, survey a measure, size scale नाप, परिमाण, आकार।

MĀPAK मापक (S. सं.) m. पु. measuring appliance, a scale measure बाट, पैमाना, 2. one who measures तौलने वाला।

MĀPNĀ मापना v.t. स.क्रि. to measure नापना-पैमाइश करना।

MAQBARĀ मक़बरा (A. अ.) m. पु. a tomb, mausoleum मज़ार, समाधि।

MAQSAD मक़सद (A. अ.) m. पु. intention, aim-purpose इरादा, अभीष्ट, उद्देश्य।

MĀQŪL माक़ूल (A. अ.) adj. वि. proper, appropriate, reasonable ठीक, उचित, सही, good शिष्ट।

MĀR मार f. स्त्री. beating पीटना, a blow आघात ~ खाना, to be given a beating पीटा जाना ~ पीट, f. स्त्री.

beating, fighting लड़ना-झगड़ना, मारा-मारी।

MĀR मार (S. सं.) m. पु. a title of the love-god Kamdev कामदेव।

MAR-KHAP JĀNĀ मर-खप जाना v.t. स.क्रि. be finished नष्ट हो जाना।

MAR MIṬNA मर मिटना v.i. अ.क्रि. to die out, to be ruined तबाह हो जाना।

MARAMMAT मरम्मत (A. अ.) f. स्त्री. repair, repairing टूटी-फूटी चीज़ को ठीक करना, ~ करना, to repair ठीक करना।

MARAṆ मरण (S. सं.) m. पु. death, dying मृत्यु, मरना ~ शील, adj. वि. mortal मर्त्य, जो अवश्य मरता है ~ गति, f. स्त्री. deathrate आबादी के प्रति सहस्त्र व्यक्तियों के पीछे होने वाली मृत्युओं की संख्या।

MĀRAṆ मारण (S. सं.) m. पु. killing प्राण लेने के उद्देश्य से किया गया तांत्रिक प्रयोग, 2. मार डालना।

MARAṆSULK मरणशुल्क (S. सं.) m. पु. death duty मृत्यु कर, किसी के मरने पर लगने वाला कर।

MARĀṬHĀ मराठा adj. वि. having to do with Maharashtra महाराष्ट्र प्रदेश संबंधी, m. पु. a Maharashtriyan महाराष्ट्र का निवासी।

MARĀṬHĪ मराठी f. स्त्री. the language of Maharashtra महाराष्ट्र की भाषा।

MARBHUKHĀ मरभूखा adj. वि. fanished कंगाल, पेटू।

MARD मर्द (P. फ़ा.) m. पु. male, a man पुरुष, 2. husband पति, 3. hero, a brave man वीर पुरुष ~ बच्चा, m. पु. a dauntless man वीर, बहादुर।

MARDĀNĀ मर्दाना (P. फ़ा.) adj. वि. manly, brave पुरुष संबंधी, बहादुर, जवांमर्द।

MARDĀNGĪ मर्दानगी (P. फ़ा.) f. स्त्री. manliness bravery बहादुरी।

MĀR-DHĀṚ मार-धाड़ f. स्त्री. attack, fighting, assault and battery एक दूसरे को मारना।

MĀR-PĪṬ मार-पीट f. स्त्री. attack, fighting assault and battery एक दूसरे को मारना।

MĀRFAT मार्फ़त (A. अ.) adv. अ. care of, through ज़रिए, द्वारा, 2. spiritual knowledge अध्यात्म ज्ञान।

MĀRG मार्ग (S. सं.) m. पु. way, road course रास्ता, राह, ~ दर्शी, adj. वि. guide रास्ता दिखाने वाला।

MARGHAṬ मरघट f. स्त्री. place of cremation श्मशान, मसान, मुर्दे जलाने का स्थान।

MARHAM मरहम m. पु. ointment घाव पर लगाने का लेप, ~ पट्टी, f. स्त्री. dressing (of wound etc.) ज़ख़्म का इलाज।

MARIZ मरीज़ (A. अ.) adj. वि. sick, ill रोगी, बीमार, m. पु. sick person, patient रोगी, बीमार व्यक्ति।

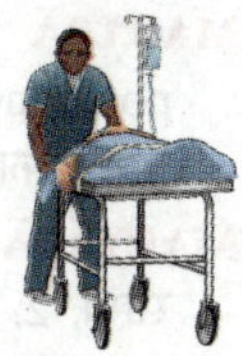

MARKAT मरकत (S. सं.) m. पु. an emerald पन्ना नामक रत्न।

MARKAṬ मर्कट (S. सं.) m. पु. a monkey बंदर।

MĀR-KĀṬ मार-काट f. स्त्री. carnage युद्ध, ख़ूरेंज़ी।

MARM मर्म (S. सं.) m. पु. vital or vulnerable spot, जीवन-स्थान, 2. core, heart हृदय, 3. essential nature, ultimate truth गूढ़ार्थ, तात्पर्य ~ ज्ञ, adj. वि. knowing the essential nature गूढ़ार्थ को जानने वाला ~ स्थल, ~ स्थान, a vital spot जीवन-स्थान, ~ स्पर्शी, adj. वि. touching the inner heart अंतर्हृदय को छू जाने वाला।

MĀRMIK मार्मिक (S. सं.) adj. वि. touching the inner heart मर्मस्पर्शी।

MARNĀ मरना v.i. अ.क्रि. to die जीता न रहना, 2. to fade, to cease, no longer to be felt (as hunger or an emotion) सूखना, अनुभव न होना (जैसे भूख या कोई आवेग), 3. to fall in love (with) (किसी पर) आसक्त होना, (किसी के) प्रेम में पड़ना।

MĀRNĀ मारना v.t. स.क्रि. to beat पीटना, प्रहार करना, to kill हत्या करना।

MARṆONMUKH मरणोन्मुख (S. सं.) adj. वि. near death जो मर रहा हो, आसन्न-मृत्यु।

MAROṚ मरोड़ f. स्त्री. contraction, pang, ache, colic ऐंठन, पेट दर्द, 2. bending, bend झुकना, झुकाव।

MAROṚNĀ मरोड़ना v.t. स.क्रि. to bend, to twist, to gripe ऐंठना, उमेठना, पीड़ा देना।

MARTBĀ मर्तबा (A. अ.) m. पु. a position दर्जा, पद, 2. time, occasion बार, दफ़ा, मौक़ा।

MARYĀDĀ मर्यादा (S.सं.) f. स्त्री. limit सीमा, 2. dignity, honour प्रतिष्ठा, 3. convention decorum सदाचार।

MARZ मर्ज़ (A. अ.) m. पु. desease, illness रोग, बीमारी, 2. bad habit, addiction लत, आदत।

MARZĪ मर्ज़ी (A. अ.) f. स्त्री. wish, desire इच्छा, कामना, 2. inclination अनुकूल, मनोभाव।

MĀŚĀ माशा (P. फ़ा.) m. पु. a jeweller's weight (= one twelfth of a tola) जौहरी की तौल, आठ रत्ती का वज़न, तोले का बारहवां भाग।

MAŚĀL मशाल (A. अ.) f. स्त्री. a torch, a flare ऐसी लकड़ी या लोहे की छड़ जिसके एक सिरे पर रोशनी के लिए कपड़ा लपेटा हुआ हो, ~ ची, m. पु. torch-bearer मशाल दिखाने वाला।

MASAL मसल (A. अ.) f. स्त्री. proverb लोकोक्ति, कहावत, 2. instance, example उदाहरण, मिसाल, 3. similar उपमा, 4. metaphor रूपक।

MASAUDĀ मसौदा (A. अ.) m. पु. draft of a letter, document etc.) कच्चा लेख (चिट्ठी, पट्टा आदि का), 2. original (of a book) पुस्तक आदि का मूल लेख, 2. proposed scheme मनसूबा, प्रस्तावित योजना, (बहुब plu. मसव्वदा)।

MAŚHŪR मशहूर (A. अ.) adj. वि. famous, well-known प्रख्यात, विख्यात, प्रसिद्ध।

MASI मसि (S. सं.) f. स्त्री. ink स्याही, ~ पात्र, m. पु. inkpot दवात, ~ जीवी, m. पु. writer लेखक।

MASĪH मसीह (A. अ.) m. पु. the Messiah, Jesus Christ ईसाई धर्म के प्रवर्तक यीशु मसीह।

MASĪHĀ मसीहा (A. अ.) m. पु. the Messiah, Jesus Christ ईसाई धर्म के प्रवर्तक यीशु मसीह।

MĀSIK मासिक (S. सं.) adj. वि. monthly माहवारी, 2. a monthly publication माहवारी पत्रिका, पुस्तक आदि, ~ धर्म, m. पु. menstruation ऋतु, रजोधर्म।

MASJID मस्जिद (A. अ.) f. स्त्री. a mosque मुसलमानों का उपासना-स्थान।

MASKHARĀ मसख़रा (A. अ.) adj. वि. amusing, facetious हसोड़, m. पु. a joker, clown, buffoon विदूषक, जोकर।

MASLĀ मसला (A. अ.) m. पु. a problem समस्या-सवाल, ~ हल होना, a problem to be solved कठिनाई दूर

होना।

MASLAN मसलन (A. अ.) adv. अ. for example उदाहरण के लिए, मिसाल के तौर पर।

MASNAVĪ मसनवी (A. अ.) f. स्त्री. a narrative poem in couplets उर्दू-फ़ारसी का वह प्रबंध-काव्य जिस के हर शेर के दोनों मिसरों का क़ाफ़िया एक, पर हर शेर का काफ़िया जुदा हो, 2. heroic or epic verse काव्य।

MAŚQ मश्क़ (A. अ.) m. पु. practice अभ्यास, रियाज़।

MAŚRIQ मशरिक़ (A. अ.) m. पु. the east पूरब, पूर्व दिशा।

MAST मस्त (P. फ़ा.) adj. वि. exhilarated, passionate, engrossed (in), carefree, intoxicated अत्यंत उल्लसित, बेफ़िक्र, नशे में चूर, कामवश।

MASTAK मस्तक (S. सं.) m. पु. the forehead, the head माथा, सिर, top, summit शिखर।

MASTĪ मस्ती (P. फ़ा.) f. स्त्री. intoxication नशा, 2. unrestrained delight अत्यंत प्रसन्नता, 3. passion मस्त होने का भाव, वासना।

MASTIṢK मस्तिष्क (S. सं.) m. पु. the brain दिमाग़, भेजा।

MSTŪL मस्तूल m. पु. mast नाव, जहाज़ के बीच में गाड़ा हुआ लट्ठा जिसमें पाल बांधा जाता है।

MĀSŪM मासूम (A. अ.) adj. वि. simple, innocent भोला, निर्दोष, निष्पाप।

MĀŚŪQ माशूक़ (A. अ.) adj. वि. beloved प्रेमपात्र, m. पु. loved person प्रियतम।

MĀŚŪQA माशूक़ा (A. अ.) f. स्त्री. sweet-heart, mistress प्रेमिका, प्रेयसी।

MĀŚŪQĀNĀ माशूक़ाना (P. फ़ा.) adj. वि. charming, like a mashooq or mashooqa माशूक़ों जैसा।

MASŪR मसूर f. स्त्री. a small grained pulse, lens esculenta दाल के काम आने वाला अन्न।

MAT मत adv. अ. not, do not नहीं।

MAT मत (S. सं.) m. पु. opinion, view अभिप्रेत, राय, 2. doctrine सिद्धान्त, 3. sect संप्रदाय, 4. thought विचार, 5. advice सलाह, 6. vote वोट, ~ देना, to cast vote, वोट देना, ~ गणना, f. स्त्री. counting of votes मतों, वोटों की गिनती ~ दाता सूची, f. स्त्री. voter's list मत देने योग्य व्यक्तियों की सूची ~ दान, m. पु. voting वोट देना, ~ दान केन्द्र, m. पु. polling station निर्वाचकों द्वारा मतदान की व्यवस्था वाला स्थान ~ दान पत्र, m. पु. ballot paper बैलट पेपर ~ दान पेटी, f. स्त्री. ballot box बैलट बॉक्स, मतदाताओं द्वारा मतपत्र डाले जाने वाली पेटी ~ भेद, m. पु. difference of opinion विचारों की भिन्नता।

MĀTĀ माता (S. सं.) f. स्त्री. mother मां, अम्मां, 2. small pox बड़ी चेचक।

MĀTĀ माता adj. वि. intoxicated नशे में चूर।

MATĀDHIKĀR मताधिकार (S. सं.) m. पु. franchise चुनाव में भाग लेने का अधिकार।

MATĀDHIKĀRĪ मताधिकारी (S. सं.) adj. वि. voter वोटर, मत देने का अधिकारी।

MATAIKYĂ मतैक्य (S. सं.) m. पु. unity of opinion, agreement in view लोगों का एक-राय होना।

MĀTAM मातम (A. अ.) m. पु. mourning, grief, bereavement मृत्यु-शोक, स्यापा, शोक, ग़मी ~ करना, ~ मनाना, to mourn, to lament शोक करना ~ पुर्सी, f. स्त्री. condolences (at a death) मृतव्यक्ति के घर जाकर समवेदना प्रकाश।

MATĀNUYĀYĪ मतानुयायी (S. सं.) adj. वि. follower of a sect मतविशेष का अनुगमन करने वाला।

MATĀRTHĪ मतार्थी (S. सं.) m. पु. candidate (in an election) (चुनाव में) उम्मीदवार, ~ घटक, m. पु. polling agent मतदान केन्द्र पर मतार्थी की ओर से काम करने वाला व्यक्ति।

MATĀVLAMBĪ मतावलंबी (S. सं.) adj. वि. follower of a seet मतविशेष का अनुगमन करने वाला।

MATBHED मतभेद (S. सं.) m. पु. difference of opinion विचार-भिन्नता।

MAṬH मठ (S. सं.) m. पु. monastry साधु-संन्यासियों के रहने का स्थान।

MĀTHĀ माथा m. पु. the forehead पेशानी, ललाट, head मस्तक, सर, सिर, ~ खपाना, to rack the brain दिमाग लड़ाना,

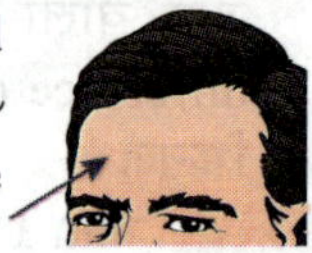

~ खाना, to plague तंग करना, परेशान करना, ~ टेकना, to salute by placing the head on the ground ज़मीन पर सर रखकर अभिनंदन करना ~ ठनकना, to have a premonition किसी अनिष्ट की आशंका होना, ~ पच्ची, f. स्त्री. racking of the brain मस्तिस्क लड़ाना सिर खपाना।

MĀTHAT मातहत (A. अ.) adj. वि. what is under, subordinate आज्ञाधीन, m. पु. a subordinate अधीन कर्मचारी।

MĀTHATĪ मातहती f. स्त्री. subordination, subjection अधीनता।

MATLAB मतलब (A. अ.) m. पु. intention, desire अभिप्राय, 2. meaning, sense अर्थ, 3. interest स्वार्थ, सरोकार ~ का यार, m. पु. a time-serving friend ख़ुदगर्ज़, स्वार्थी।

MATLABĪ मतलबी adj. वि. self-seeking स्वार्थी, m. पु. self seeking person स्वार्थी व्यक्ति।

MĀTR मात्र (S. सं.) adj. वि. mere, sole इतने से अधिक नहीं, adv. अ. merely, only just, solely इतना ही बस।

MĀTRĀ मात्रा (S. सं.) f. स्त्री. measure, quantity परिमाण, 2. metrical instant, the length of a short syllable स्वर का स्थिति काल, अक्षर में लगाई जाने वाली स्वरसूचक रेखा, 3. dose ख़ूराक।

MĀTṚ मातृ (S. सं.) adj. वि. mother's maternal मां का, माता संबंधी, (माता का समास में व्यवहृत रूप), ~ भूमि, f. स्त्री. motherland जन्मभूमि ~ तंत्र, m. पु. matriarchy ऐसा शासनतंत्र जहां माता प्रधान होती है, ~ भाषा, f. स्त्री. mother tongue अपनी भाषा घर में बोली जाने वाली भाषा, जो बचपन से चली आती है ~ कल्याण गृह, m. पु. maternity welfare centre of home शिशु-जन्म का अस्पताल, ~ सत्तात्मक, adj. वि. matriarchal (वह प्रथा या पद्धति) जिसमें माता या गृहस्वामिनी की सत्ता ही सर्वोपरि मानी जाती रही हो।

MĀTṚTVĂ मातृत्व (S. सं.) m. पु. motherhood सन्तानवती होना, माता का पद।

MATTHĀ मत्था m. पु. head, forehead सिर, कपाल ~ टेकना, to salute by placing the head on the ground ज़मीन पर सर रखकर नमस्कार करना।

MAṬṬHĀ मट्ठा m. पु. buttermilk पानी मिलाकर मथा हुआ दही लस्सी।

MĀTUL मातुल (S. सं.) m. पु. maternal uncle मामा।

MAUDRIK मौद्रिक (S. सं.) adj. वि. monetary, financial, fiscal मुद्रा-

संबंधी।

MAUJ मौज (A. अ.) f. स्त्री. a wave लहर, तरंग, 2. surge (of emotion), ecstasy. मन की लहर, 3. delight आनंद, 4. whim सनक ~ में आना, to be excited or ecstatic मन में लहर उठना।

MAUJŪD मौजूद (A. अ.) adj. वि. present, ready, available उपस्थित, विद्यमान, उपलब्ध।

MAUKHIK मौखिक (S. सं.) adj. वि. vocal, spoken, given by word of mouth ज़बानी, मुख संबंधी, ~ परीक्षा, f. स्त्री. viva voce ज़बानी ली गई परीक्षा।

MAULĀNĀ मौलाना (A. अ.) m. पु. a title of learned Muslims अरबी का बहुत बड़ा विद्वान।

MAULIK मौलिक (S. सं.) adj. वि. original मूलगत, मूल-संबंधी, ~ ता, f. स्त्री. originality मौलिक होने का भाव।

MAUN मौन (S. सं.) adj. वि. silent चुप, m. पु. silence चुप्पी, न बोलना।

MAUQA मौक़ा (A. अ.) m. पु. occasion, opportunity अवसर, उपयुक्त समय, 2. site of occurrence घटना-स्थल, 3. fit time or place सही समय या स्थान।

MAUSAM मौसम (A. अ.) m. पु. time, season, the weather समय ऋतुकाल, ऋतु।

MAUSIM मौसिम (A. अ.) m. पु. time, season, the weather समय ऋतुकाल, ऋतु।

MAUSAMĪ मौसमी (A. अ.) adj. वि. seasonal ऋतुका।

MAUSERĀ मौसेरा adj. वि. related to a maternal aunt मौसी के नाते वाला, मौसी से संबद्ध, (f. स्त्री. मौसेरी)।

MAUT मौत (P. फ़ा.) f. स्त्री. death, mortality मृत्यु ~ के घाट उतारना, to put to death मार डालना ~ का सामना, a great peril भारी ख़तरा।

MAVĀD मवाद (A. अ.) m. पु. pus पीब।

MAVEŚĪ मवेशी (A. अ.) f. स्त्री. cattle ढोर, डंगर ~ ख़ाना, m. पु. Den for cattle जानवर रखने का बाड़ा।

MĀYĀ माया (S. सं.) f. स्त्री. illusion धोखा, अविद्या, लीला, जादू, 2. the world as perceived by the senses (considered to be illusory) संसार जिसे कुछ हिन्दू दर्शन धोखा या भ्रम मानते हैं, ~ जाल, m. पु. the snares of this illusory world घर-गृहस्थी का जंजाल, ~ वाद, m. पु. theory of the illusory nature of all things except the ultimate being (Vedant theory) संसार को मिथ्या मानने का सिद्धान्त (वेदान्त)।

MĀYĀVĪ मायावी (S. सं.) adj. वि. magical जादू का, m. पु. deceiver, magician जादूगर, फ़रेबी, छलने वाला।

MAYŪR मयूर (S. सं.) m. पु. a peacock (f. स्त्री. मयूरी) मोरनी।

MAZĀ मज़ा (P. फ़ा.) m. पु. taste, relish स्वाद, चस्का, 2. pleasure enjoyment सुख, लुत्फ़, 2. fun joke मज़ाक, ~ चखाना, to give (one) a taste (of) किए का फल देना, to give pleasure आनंद देना।

MAZAQ मज़ाक़ (A. अ.) m. पु. a joke humour, wit हंसी, दिल्लगी ~ उड़ाना, to make fun (of) परिहास करना ~ करना, to joke हंसी करना, दिल्लगी करना ~ से, adv. अ. in fun हंसी-हंसी में।

MAZĀR मज़ार (A. अ.) m. पु. grave क़ब्र, 2. tomb दरगाह।

MAZBŪT मज़बूत (A. अ.) adj. वि. strong (esp. of things as also of persons) पुष्ट, बलवान, 2. firm दृढ़।

MAZDŪR मज़दूर (P. फ़ा.) m. पु. labourer, workman, poster मज़दूरी पर काम करने वाला श्रमिक, ~ संघ m. पु. labour union, trade union श्रमिकों के व्यवसाय विशेष के मज़दूरों का संघ।

MAZDŪRĪ मज़दूरी (P. फ़ा.) f. स्त्री. physical labour, work as a labourer शरीर-श्रम, 2. day wages, wages उजरत, परिश्रमिक।

MAZHAB मज़हब (A. अ.) m. पु. religion पंथ, संप्रदाय, दीन धर्म।

MAZMŪN मज़मून (A. अ.) m. पु. subject matter विषय, 2. an essay or article लेख, आलेख, निबंध, (pl. बहु. मज़ामीन)।

MEDHĀVĪ मेधावी (S. सं.) adj. वि. intelligent, wise पंडित, मेधायुक्त, बुद्धिमान।

MEGH मेघ (S. सं.) m. पु. a cloud बादल।

MEHMĀN मेहमान (P. फ़ा.) m. पु. a guest अतिथि, 2. a son-in-law दामाद।

MEHNAT मेहनत (A. अ.) f. स्त्री. labour toil, work श्रम, कोशिश, कष्ट, ~ मज़दूरी, f. स्त्री. work and wages, day-labour शारीरिक श्रम और उसकी उजरत।

MEHNATĀNĀ मेहनताना f. स्त्री. wages, fee, fees (for services) पारिश्रमिक।

MEHNATĪ मेहनती (A. अ.) adj. वि. industrious, hard-working परिश्रमी, मेहनत करने वाला।

MEHRĀB मेहराब (A. अ.) m. पु. an arch दरवाज़े के ऊपर बनाया गया अर्ध मंडलाकार भाग।

MEHRĀBĪ मेहराबी adj. वि. having an arch मेहराबदार।

MEL मेल m. पु. concord, harmony समता, मिलाप,प्रेम व्यवहार, friendly terms मित्रता, familiarity, proportion, consistency, friendship दोस्ती, मिलाप, प्रीति संबंध ~ जोल, ~ मिलाप, friendly terms, familiarity प्रेम-संबंध।

MELĀ मेला m. पु. a large crowd of people, a fair उत्सव, काफी लोगों का जमाव, ~ लगना, a large crowd to assemble भीड़ जमा होना ~ ठेला, m. पु. festive crowd मेला, सैर-तमाशा।

MEVĀ मेवा (P. फ़ा.) m. पु. fruit especially dry fruit सुखाया हुआ फल, सूखा फल।

MEZ मेज़ (P. फ़ा.) f. स्त्री. a table टेबुल ~ पोश, m. पु. table-cloth टेबुल क्लॉथ, ~ बान, m. पु. host आतिथेय ~ बानी, f. स्त्री. hospitality अतिथि-सत्कार।

MIL मिल (E. अं.) f. स्त्री. a mill कल या कारखाना, (जैसे आटामिल, तेलमिल, आदि)।

MILAN मिलन (S. सं.) m. पु. meeting, joining (with) contact, union, mixing, harmony मिलाप, भेंट मिलने की क्रिया ~ बिंदु, m. पु. meeting point मिलन-स्थल, ~ सार, adj. वि. sociable friendly मिलने के स्वभाववाल, मिलाप करने का स्वभाव वाला।

MILĀNĀ मिलाना v.t. स.क्रि. to bring together, to join इकट्ठा करना, जोड़ना, to mix, to attach, to unite (with) कई चीज़ों को एक साथ करना, to compare तुलना करना, to adulterate शुद्ध वस्तु में घटिया वस्तु की मिलावट

करना।

MILĀP मिलाप (S. सं.) m. पु. meeting भेंट, 2. mixing मेल, union, reconciliation दोस्ती, प्रेम।

MILĀVAṬ मिलावट f. स्त्री. adulteration बढ़िया चीज़ में घटिया, चीज़ का मेल।

MILKIYAT मिल्कियत (P. फ़ा.) f. स्त्री. property, possession, ownership जायदाद, संपत्ति।

MILNĀ मिलना v.i. अ.क्रि. to meet, to be united, to be mixed, joined etc. मिलना, एक होना।

MILVĀNĀ मिलवाना v.t. स.क्रि. to cause to be mixed, joined मिलन कराना।

MĪMANṄSĀ मीमांसा (S. सं.) f. स्त्री. investigation, consideration विचार पूर्वक, तत्त्वनिर्णय, 2. name of one of the six Hindu philosophical systems भारतीय छः दर्शनों में से एक ~कार, m. पु. originator of the Mimansa philosophy ~ Maharshi Jaimini मीमांसा-सूत्र के रचयिता महर्षि जैमिनी।

MINĀR मीनार f. स्त्री. minaret, tall tower स्तंभ-रूप ऊंची इमारत।

MĪR मीर (P. फ़ा.) m. पु. leader, chief head सरदार, मुखिया, नैता, 2. title of the Saiyyads सैयदों की उपाधि।

MISĀL मिसाल (A. अ.) f. स्त्री. example precedent दृष्टांत, नमूना, नज़ीर।

MIŚAN मिशन (E. अं.) m. पु. mission प्रतिनिधि मंडल, धर्मोपदेशकों का मंडल, 2. जीवन लक्ष्य।

MISTRĪ मिस्त्री m. पु. mechanic a skilled, tradesman कुशल कारीगर।

MIṬĀNĀ मिटाना v.t. स.क्रि. to erase, to obliterate, to cancel साफ कर देना, रद्द करना, to destroy नष्ट करना, to eliminate हटा देना, खत्म कर देना, to allay (as pangs of hunger etc.) कम करना (जैसे भूख आदि)।

MĪṬHĀ मीठा adj. वि. sweet जिसमें मिठास हो, pleasant प्रिय, मज़ेदार, soft, gentle हल्का, मुलायम (जैसे दर्द आदि)।

MITHYĀ मिथ्या (S. सं.) adj. वि. false, untrue झूठ, असत्य, 2. useless व्यर्थ, ~ ज्ञान, m. पु. false knowledge, illusion भ्रम, ~ नाम, m. पु. misnomer ऐसा नाम या शब्द जो किसी व्यक्ति, कार्य, वस्तु आदि के लिए उपयुक्त न हो, ~ चार, m. पु. deceitful behaviour असद् व्यवहार, बुरा आचरण ~ वादी, m. पु. a liear झूठा (व्यक्ति) ~ रोप, m. पु. vilification गलत दोष लगाना, आधारहीन या झूठे आरोप लगाकर बदनाम करना।

MITĪ मिती f. स्त्री. a date तारीख, a day दिन।

MIṬNĀ मिटना v.i. अ.क्रि. to be obliterated लुप्त होना, 2. to be destroyed नष्ट होना।

MITR मित्र (S. सं.) m. पु. a friend an ally दोस्त, सखा, साथी, ~ ता, f. स्त्री. friendship दोस्ती, ~ द्रोही, adj. वि. treacherous to a friend दुश्मन, शत्रु, ~ वत्, adv. अ. in a friendly manner दोस्ताना।

MIṬṬĪ मिट्टी f. स्त्री. earth, soil, clay ज़मीन, धूल, 2. the body शरीर, 3. a dead body लाश, ~ उठना, a dead body to be disposed off. जनाज़ा उठना ~ के मोल, dirt cheap बहुत सस्ते दामों (बिकना), ~ पलीद करना, to be razed, to be mined or disgraced

दुर्दशा होना ~ में मिलना, to be destroyed बर्बाद होना, ~ का तेल, m. पु. kerosene oil किरासिन तेल।

MIYĀD मियाद (A. अ.) f. स्त्री. period, a fixed time अवधि, नियत काल, ~ पूरी होना, a term to be complete समय पूरा होना, अवधि समाप्त होना।

MIZĀJ मिज़ाज (A. अ.) m. पु. temperament, nature स्वभाव, तबीअत, प्रकृति, 2. mood, humour चित्तवृति, 3. pride गर्व, ~ वाला, adj. वि. proud घमंडी, ~ शरीफ़? how are you? तबीअत ठीक तो है? कैसे हैं?

MLĀN म्लान (S. सं.) adj. वि. faded withered, languid मुर्झाया हुआ, कुम्हलाया हुआ, शिथिल।

MLECCH म्लेच्छ (S. सं.) adj. वि. non-Aryan अनार्य।

MOH मोह (S. सं.) m. पु. charm, allurement, infatuation ममता, चाहत, 2. disillusion (as to the reality of the world) संसार संबंधी भ्रम-भ्रान्ति।

MOHAN मोहन (S. सं.) adj. वि. charming मोहने वाला, आकर्षित करने वाला, m. पु. enchanter लुभावन, 2. a title of Srikrishna श्रीकृष्ण का एक नाम, 2. enchantment आकर्षण ~ भोग, m. पु. a kind of sweet एक तरह का हल्वा।

MOHINĪ मोहिनी (S. सं.) f. स्त्री. spell, fascination माया, मोहक प्रभाव, वशीकरण, adj. वि. charming fascinating मन लुभाने वाली।

MOKṢ मोक्ष (S. सं.) m. पु. release from rebirth in the world emancipation, salvation मुक्ति, आवागमन से छुटकारा, बंधन से छूटना।

MOL मोल m. पु. price, value दाम, मूल्य, ~ करना, to bargain, to settle a price or value चीज़ के दाम तय करना।

MOM मोम (P. फ़ा.) m. पु. wax जमाया हुआ मिट्टी का तेल जो आंच पाकर पिघल जाता है ~ बत्ती, f. स्त्री. wax candle शमा, क़ंदील ~ दिल, adj. वि. kind hearted नर्म दिल वाला।

MOR मोर m. पु. a peacock मयूर (f. स्त्री. मोरनी)।

MORCĀ मोर्चा (P. फ़ा.) m. पु. entrenchment fortification किले के रक्षार्थ खोदी गई खाई, 2. front (line) ज़ंग ~ लेना, to oppose, to gain ground सामना करना, जीत हासिल करना, ~ बंदी, f. स्त्री. fortification लड़ने का प्रंबध करना।

MOṚNĀ मोड़ना v.t. स.क्रि. to turn, to bend, to twist घुमाना, 2. to turn away दिशा बदलना।

MOṬĀ मोटा adj. वि. fat, stout स्थूल काय, heavy भारी, ~ आसमी, m. पु. a wealthy person मालदार आदमी ~ ताज़ा, adj. वि. plump, well-fed तगड़ा, हृष्ट-पुष्ट ~ मोटी, adv. अ. roughly अन्दाज़न, अनुमानतः लगभग।

MOTĪ मोती m. पु. a pearl मुक्ता, समुद्री सीपी से निकलने वाला एक क़ीमती रत्न।

MṚDU मृदु (S. सं.) adj. वि. soft, gentle, tender (of emotions) mild कोमल, मधुर।

MṚDUL मृदुल (S. सं.) adj. वि. soft, gentle, tender (of emotions) mild कोमल, मधुर।

MṚG मृग (S. सं.) m. पु. a deer antelope हिरन ~ मद, m. पु. musk कस्तूरी, ~ जल, m. पु. mirage मृगकृष्णा, मिथ्या प्रतीति ~ छौना, m. पु. a fawn हिरण का बच्चा, ~ नयना, ~ नयनी, adj. वि. deer-eyed, doe-eyed हिरण की तरह आंखों वाली ~ राज, m.

पु. a lion सिंह।

MṚGYĀ मृगया (S. सं.) f. स्त्री. hunting शिकार, आखेट।

MṚT मृत (S. सं.) adj. वि. dead मरा हुआ ~ लेखा, m. पु. dead account लेखा जिसमें लंबे अरसे से कोई रक़म न जमा की गई हो और न निकाली गई हो जिस कारण यह चालू नहीं रह गया हो।

MṚTU मृत्यु (S. सं.) f. स्त्री. death मौत, मरण ~ कर, m. पु. death duty किसी की मृत्यु होने पर उसकी संपत्ति के संबंध में लगने वाला कर ~ पत्र, m. पु. will वसीयतनामा।

MUATTAL मुअत्तल (A. अ.) adj. वि. suspended निलंबित, अस्थायी तौर पर पदच्युत ~ करना, to suspend निलंबित करना।

MUATTALĪ मुअत्तली (A. अ.) f. स्त्री. suspension निलंबन।

MUĀVZĀ मुआवज़ा (A. अ.) m. पु. compensation तावान, हर्जाना।

MUBĀRAK मुबारक (A. अ.) adj. वि. fortunate, blessed शुभ ~ बाद, m. पु. blessings, congratulations बधाई, शुभकामनाएं।

MUCALKĀ मुचलका (T. कु.) m. पु. bond, undertaking कोई ख़ास काम न करने या नियत तिथि पर हाज़िर होने का प्रतिज्ञापत्र जिसका पालन न होने से प्रतिज्ञा करने वाला निर्धारित अर्थदंड देना स्वीकार करता है।

MUDARRIS मुदर्रिस (A. अ.) m. पु. a school-teacher शिक्षक, अध्यापक।

MUDARRISĪ मुदर्रिसी f. स्त्री. school-teacher's post अध्यापकी, मुदर्रिस का काम।

MUDDAĪ मुद्दई (A. अ.) m. पु. plaintiff वादी, दावा करने वाला।

MUDDĀLEH मुद्दालेह (A. अ.) m. पु. defendent प्रतिवादी, जिस पर दावा किया गया हो।

MUDDAT मुद्दत (A. अ.) f. स्त्री. a period of time अरसा, अवधि, मीयाद, 2. a lengthy period लंबा अर्सा।

MUDRĀ मुद्रा (S. सं.) f. स्त्री. facial expression मुख-चेष्टा, 2. a coin, currency सिक्का, 3. a stamp seal मुहर, 4. a stylised position (in dance or meditation) ध्यान या नृत्य में विशेष भाव-भंगी ~ कोष, m. पु. monetary fund धन ~ स्फीति, f. स्त्री. inflation चीज़ों की क़ीमत बढ़ना, सिक्के की दर कम होना, किसी राज्य में कागज़ी मुद्रा का चलन असाधारण रूप से बढ़ जाना जिससे वस्तुओं के दाम बहुत बढ़ जाते हैं ~ विस्फीति, f. स्त्री. defletion of currency मुद्रा संकोच।

MUDRAK मुद्रक (S. सं.) m. पु. printer छापने वाला।

MUDRAṆ मुद्रण (S. सं.) m. पु. printing छापना।

MUDRAṆALAY मुद्रणालय (S. सं.) m. पु. printing press छापाख़ाना।

MUDRIKĀ मुद्रिका (S. सं.) f. स्त्री. a ring अंगूठी।

MUDRIT मुद्रित (S. सं.) adj. वि. printed छापा हुआ।

MUFASSAL मुफ़स्सल (A. अ.) m. पु. subordinate and outlying divisions of a district, 2. the country (as distinguished from the town) केन्द्रस्थ नगर के इर्द-गिर्द स्थान।

MUFĪD मुफ़ीद (A. अ.) adj. वि. beneficial, profitable लाभकारी।

MUFLIS मुफ़लिस (A. अ.) adj. वि. poor ग़रीब, कंगाल, निर्धन।

MUFLISĪ मुफ़लिसी (A. अ.) f. स्त्री. poverty ग़रीबी, निर्धनता।

MUFT मुफ़्त (P. फ़ा.) adj. वि. free, gratis.

MUFTĪ मुफ़्ती m. पु. an expounder of Muslim law फ़तवा देने वाला।

MUGAL मुग़ल (P. फ़ा.) m. पु. Mughal एक प्रसिद्ध तातारी लड़ाकू जाति।

MUGĀLTA मुग़ालता (A. अ.) m. पु. error delusion भ्रम, ग़लती, धोखा।

MUGDH मुग्ध (S. सं.) adj. वि. fascinated, infatuated, enchanted मोहित।

MUHABBAT मुहब्बत (A. अ.) f. स्त्री. love प्रेम, इश्क़ चाह।

MUHĀFIZ मुहाफ़िज़ (A. अ.) adj. वि. defending, keeping हिफ़ाज़त करने वाला, m. पु. custodian संरक्षक ~ दफ़्तर, m. पु. record keeper हिसाब रखने वाला।

MUHĀL मुहाल (A. अ.) adj. वि. absurd impossible, very difficult अनहोनी, कठिन।

MUHAMMAD मुहम्मद (A. अ.) m. पु. name of the prophet and founder of Islam अतिप्रशंसित, इस्लाम के प्रवर्तक।

MUHAR मुहर (P. फ़ा.) m. पु. a seal, stamp छाप, 2. signet, ring अंगूठी, 3. a gold coin अशर्फी,~लगाना, to seal, to set the seal पक्का करना~बंद, adj. वि. sealed मुहर लगाकर बंद किया हुआ।

MUHARRAM मुहर्रम (A. अ.) m. पु. forbidden हराम ठहराया हुआ, name of the first month of the Muslim year (when the killing of Hussain in mourved) मुस्लमानी साल का पहला महीना जब हुसैन की हत्या का मातम मनाया जाता है, 2. mourning मातम।

MUHARRAMĪ मुहर्रमी (A. अ.) adj. वि. of Muharram मुहर्रम का, रोनी सूरत वाला, 2. sad, mournful उदास, ग़मगीन।

MUHARRIR मुहर्रिर (A. अ.) m. पु. a clerk, writer लिखने वाला मुन्शी।

MUHARRIRĪ मुहर्रिरी (A. अ.) f. स्त्री. a clerk's work or post मुंशी का काम, मुंशी का काम या पेशा।

MUHĀVRĀ मुहावरा (A. अ.) m. पु. an idiom बोलचाल।

MUHIM मुहिम (A. अ.) f. स्त्री. a campaign युद्ध, चढ़ाई, 2. an enterprise, an exploit कठिन या भारी काम, ~ सर करना, to win a war, to do a difficult work कठिन काम करना।

MUHLAT मुहलत (A. अ.) f. स्त्री. a delay deferment granted for an appointed period, time अवकाश, फ़ुर्सत, कोई काम करने के लिए दिया गया समय ~देना, to allow time समय देना।

MUHRĀ मुहरा (P. फ़ा.) m. पु. a piece (in a board game as of chess गोटी (जैसे शतरंज या चौसर की), 2. pawn गोटी, 3. front part सामना, van (of an army) सेना का अगला दस्ता, 4. कौड़ी, मनका।

MUHTĀJ मुहताज (A. अ.) adj. वि. needy, in want विवश, ग़रीब, m. पु. a pauper निर्धन व्यक्ति।

MUHURT मुहूर्त (S. सं.) m. पु. a moment एक क्षण का समय, 2. an auspricious time शुभाशुभ काल।

MUJĀVIR मुजाविर (A. अ.) m. पु. a neighbour पड़ोसी, 2. a dweller in a mosque मस्जिद में रहने वाला (व्यक्ति)।

MUJRA मुजरा (A. अ.) m. पु. musical performance by a dancing girl वेश्या का महफ़िल में बैठ कर गाना, 2. payment of respect आदर जताना,

3. allowance, deduction (against a total due) कटौती।

MUKADMĀ मुकदमा (A.अ.) m. पु. a law suit, case, prosecution अदालत में गया हुआ मामला।

MUKARNĀ मुकरना v.i. अ.क्रि. to go back on one's own words इन्कार करना।

MUKH मुख (S. सं.) m. पु. mouth मुंह, 2. face चेहरा, 3. front सामना।

MUKHĀKṚTI मुखाकृति (S. सं.) f. स्त्री. features (of a face) चेहरा।

MUKHĀLIF मुख़ालिफ़ (A. अ.) adj. वि. opposed, opposite, an opponent विरोधी।

MUKHBIR मुख़बिर (A. अ.) m. पु. an informer, a spy. वह मुलज़िम जो सरकारी गवाह बन जाए।

MUKHBIRĪ मुख़बिरी (A. अ.) f. स्त्री. secret information, spying जासूसी।

MUKHCITR मुखचित्र (S. सं.) m. पु. frontispiece मुखपृष्ठ पर छपा हुआ चित्र।

MUKHIĀ मुखिया adj. वि. chief, leader head, village head man अग़ुआ, प्रधान व्यक्ति।

MUKHRIT मुखरित (S. सं.) adj. वि. uttered, voiced ध्वनित, शब्दायमान, 2. ringing गूंजता हुआ।

MUKHTĀR मुख़्तार (A. अ.) adj. वि. an agent, representative एजेन्ट, प्रतिनिधि, 2. an attorney, solicitor सॉलिसिटर ~नामा, power of attorney मुख़्तार का अधिकार-पत्र।

MUKHTASAR मुख़्तसर (A. अ.) adj. वि. abridged, substance संक्षिप्त, संक्षेप, सार रूप, छोटा।

MUKHYĂ मुख्य (S. सं.) adj. वि. principal, chief primary प्रधान, श्रेष्ठ ~तः adv. अ. chiefly प्रधान रूप ~ से ~ निर्वाचन आयुक्त, m. पु. chief election commissioner देश का सबसे बड़ा निर्वाचन अधिकारी ~ मंत्री, chief minister सबसे बड़ा मंत्री, ~न्यायाधीश, m. पु. chief justice प्रधान न्यायाधीश।

MUKHYĀLAY मुख्यालय (S. सं.) m. पु. head quartors प्रधान कार्यालय।

MUKKEBĀZĪ मुक्केबाज़ी f. स्त्री. boxing घूंसों की लड़ाई, घूंसे बाज़ी।

MUKHPATR मुखपत्र (S. सं.) m. पु. organ (of some society, organi-sation etc.) किसी दल या संस्था द्वारा प्रकाशित पत्र जिसमें उसके सिद्धान्तों, उद्देश्यों आदि की चर्चा होती है।

MUKT मुक्त (S. सं.) adj. वि. emancipated, free, uninhibited मोक्षप्राप्त, बंधन या वर्जना रहित, आज़ाद, m. पु. one set free आज़ाद (व्यक्ति), ~ कंठ से, adv. अ. openly, frankly खुले रूप में ~ वाणिज्य, ~ व्यापार, m. पु. free trade निर्बन्ध व्यापार, खुला व्यापार, आयात-निर्यात संबंधी बाधाओं या करों से मुक्त व्यापार।

MUKTA मुक्ता (S. सं.) m. पु. a pearl मोती।

MUKTI मुक्ति (S. सं.) f. स्त्री. deliverence, release, freedom, emancipation, release of the soul from the body and further rebirth, salvation आज़ादी, छुटकारा, मोक्ष, आवागमन से छुटकारा, ~ युद्ध, m. पु. war of liberation आज़ादी की लड़ाई, स्वतंत्रता संघर्ष।

MUKUṬ मुकुट (S. सं.) m. पु. crown, crest ताज, किरीट।

MŪL मूल (S. सं.) m. पु. root, source, origin, cause, basis आदि कारण, 2. original मौलिक रचना, 3. principal capital मूलधन, root जड़, कंद।

MULĀHZĀ मुलाहज़ा (A. अ.) m. पु. inspection, examination देखना, निरखना, 2. favour, attention लिहाज़।

MULAMMĀ मुलम्मा (A. अ.) m. पु. gilding, plating क़लई, adj. वि. gilded, plated चमकाया हुआ।

MULĀQAT मुलाक़ात (A. अ.) f. स्त्री. meeting, 2. interview, a meeting acquaintanceship भेंट, मुलाक़ात, परिचय।

MULĀQĀTĪ मुलाक़ाती adj. वि. met often मिलने वाला, m. पु. acquaintance परिचित।

MULĀYAM मुलायम (A. अ.) adj. वि. soft नरम, delicate कोमल, mild सुकुमार।

MULĀZMAT मुलाज़मत (A.अ.) f. स्त्री. service सेवा, नौकरी, 2. to work in government service सरकारी नौकरी।

MŪLDHAN मूलधन (S. सं.) m. पु. capital (invested in business or industry) व्यापार आदि में लगाई गई पूंजी।

MŪLGRANTH मूलग्रंथ (S. सं.) m. पु. original book मूल ग्रंथकार की रचना।

MULK मुल्क (A. अ.) m. पु. country वतन, देश, 2. home territory अपना देश।

MULLĀ मुल्ला (A. अ.) m. पु. Muslim priest a Muslim jurist मौलवी।

MŪLMANTR मूलमंत्र (S. सं.) m. पु. a primary recourse (to some end) मूलतत्त्व।

MŪLPAṬH मूलपाठ (S. सं.) m. पु. original text किसी विधायक या प्रस्तावक का मूलशब्द।

MULTAVĪ मुल्तवी (A. अ.) adj. वि. diferred, postponed देर करने वाला, स्थगित।

MŪLYĂ मूल्य (S. सं.) m. पु. price, value दाम, कीमत, पारिश्रमिक, उपयोगिता ~ ह्वास कोष, m. पु. depreciation fund यंत्र, सामान, उपकरणों आदि के घिस जाने, पुराने तथा बेकाम हो जाने के कारण उनके मूल्य में क्रमशः होने वाली घटी पूरी करने के उद्देश्य से स्थापित कोष या निधि ~ नियंत्रण, m. पु. price control मूल्यों में अनुचित वृद्धि पर रोक ~ निरूपण, m. पु. valuation किसी वस्तु, सम्पत्ति या किसी की योग्यता आदि का मूल्य निश्चित करना ~ सूचकांक, m. पु. index number खाद्यान्न, वस्त्रों तथा अन्य वस्तुओं का मूल्य बताने वाला अंक।

MULYĂ DEYĂ VASTUAIṄ मूल्यदेय वस्तुएं (S. सं.) f. स्त्री. value payable articles डाकख़ाने द्वारा भेजी गई वस्तुएं, रसीदें, विल्टियां आदि जो पाने वाले के हाथ उन पर अंकित मूल्य लेकर ही अर्पित की जा सकती हैं।

MŪLYAN मूल्यन (S. सं.) m. पु. valuation देखिए "मूल्य निरुपण"।

MŪLYĀNUPĀTĪ KAR मूल्यानुपाती कर (S. सं.) m. पु. advalorimduty किसी वस्तु पर उसके मूल्य के अनुसार लगने वाला कर या शुल्क।

MŪLYĀPKARS मूल्यापकर्ष (S. सं.) m. पु. depreciation मूल्यह्वास।

MŪLYAPĀT मूल्यपात (S. सं.) m. पु. slump सस्ती।

MŪLYOTKARṢ मूल्योत्कर्ष (S. सं.) m. पु. appreciation मुद्रा, सरकारी, ऋण पत्रो आदि के सापेक्ष मूल्य में वृद्धि होना।

MULZIM मुल्ज़िम (A. अ.) adj. वि. accused जिस पर दोष लगाया गया हो, m. पु. an accused person अभियुक्त।

MUMKIN मुमकिन (A. अ.) adj. वि. possible, probable संभाव्य, होने लायक।

MUMUKṢU मुमुक्षु (S. सं.) adj. वि. one desirous of salvation मोक्ष चाहने वाला, मोक्ष का अभिलाषी।

MUNĀDĪ मुनादी (A. अ.) f. स्त्री. proelamation by drum ढिंढोरा, m. पु. one who proclaims by beating a drum ढ़िढोरा पीटने वाला।

MUNĀFĀ मुनाफ़ा (A. अ.) m. पु. profits, gains benefits, benefit लाभ, नफ़ा।

MUNĀSIB मुनासिब (A. अ.) adj. वि. proper, suitable, appropriate right वाजिब, उचित, ठीक।

MUṄCH मूंछ f. स्त्री. moustache ऊपर के होंठ पर उगे हुए बाल ~ उखाड़ना, to teach a painful lesson गर्व नष्ट करना, ~ का बाल, an intimate (of) जिसका किसी के यहां बहुत मान हो ~ नीची होना, to be disgraced लज्जित होना, बेइज़्ज़त होना।

MŪṄDNĀ मूंदना v.t. स.क्रि. to close, to cover बंद करना, ढकना।

MŪṄṚNĀ मूंड़ना v.t. स.क्रि. to shave हजामत बनाना, 2. to make a disciple of चेला बनाना, 3. to fleece, to cheat ठगना।

MUṄH मुंह m. पु. mouth मुख, 2. face चेहरा, 3. opening सूराख़, 4. a capacity लियाक़त, ~ काला करना, to incur disgrace बुरे कर्म करना (जैसे किसी लड़की का ज़बर्दस्ती शील-हरण करना) ~ काला होना, to suffer a severe reverse बेइज़्ज़त होना ~ चुराना, ~ छिपाना, to be bashful शर्मिन्दा होना, लज्जित होना ~ की खाना, to be defeated badly बुरी तरह हारना ~ चूम लेना, to appreciate some one's ability किसी की योग्यता का क़ायल होना ~ दिखाना, to show one's face, to appear in public with confidence जनता के सामने सम्मान सहित उपस्थित होना ~ देख कर बात करना, to flatter, to speak with an eye to the reaction चापलूसी की बातें करना ~ न देखना, to shun, to dislike (a per son) (किसी को) पसंद न करना, ~ पर, adv. अ. in the presence सामने-सामने ~ पर थूकना, to insult अपमानित करना ~ पर हवाइयां उड़ना, to be astonished आश्चर्य चकित होना ~ फ़क़ हो जाना, to turn pale (from fear) डर जाना ~ फुलाना, to be wilfully angry क्रोध करना ~ बंद करना, to bribe to secrecy घूस देकर चुप कराना ~ में पानी भर आना, the mouth to water, to feel desire or temptation लोभ होना ~ सूखना, the mouth to be dry (from fear or thirst) प्यास या डर से प्रभावित होना ~ मांगी मुराद, heart felt wish चाही हुई इच्छा ~ बोला, adopted अपना बनाया हुआ (बेटा या भाई आदि), ~ पर हवाइयां उड़ना, to be flabbergasted परेशान होना ~ मे ज़बान न रखना, to speak sparely कम बोलना।

MUHAṄSĀ मुहांसा m. पु. pimples on the face चेहरे पर की फुंसियां।

MUNĪM मुनीम (A. अ.) m. पु. accountant, work-keeper हिसाब-किताब रखने वाला कर्मचारी।

MUṄŚĪ मुंशी (A. अ.) m. पु. a clerk मुहर्रिर, लिखने वाला, लिपिक।

MUṄSIF मुंसिफ़ (A. अ.) m. पु. a subordinate judge इंसाफ़ करने वाला न्यायविभाग का एक अधिकारी, adj. वि.

just, fair न्यायी, न्यायप्रिय।

MUNṠIYĀNĀ मुंशियाना (P. फ़ा.) adj. वि. clerklike मुंशी जैसा, मुशियों के उपयुक्त।

MUQĀBLĀ मुक़ाबला (A. अ.) m. पु. challenge confrontation बराबरी करना, मुठभेड, opposition विरोध, comparison मिलान करना, ~ करना, to confront सामना करना।

MUQĀM मुक़ाम (A. अ.) halt, stopping place, camping place वासस्थान, ठहरने की जगह, पड़ाव, position, an objective मौक़ा, उद्देश्य।

MURĀD मुराद (A. अ.) f. स्त्री. cherished wish मनोरथ, a boon आशीष, intention, object उद्देश्य, purport, sense मतलब ~ पाना, to obtain (one's) wish कामना पूरी होना, बर आना।

MUṚĀNĀ मुड़ाना v.t. स.क्रि. to have one's head shaved सर के बाल उस्तरे से उतरवाना।

MURCCHĀ मूर्च्छा (S. सं.) f. स्त्री. a faint swoon बेहोशी।

MURDĀ मुर्दा (P. फ़ा.) m. पु. a dead body मरा हुआ, शव, मृतक, adj. वि. faded मुर्झाया हुआ ~ उठाना, to lift a corpse or bier जनाज़ा या अर्थी उठाना ~ दिल, adj. वि. lifeless मृतक समान, निरुत्साह ~ बाद, down with मर जाओ।

MURGĀ मुर्ग़ा (P. फ़ा.) m. पु. a cock नर-मुर्गी, कुक्कुट (pl. बहु. मुर्गे)।

MURGĪ मुर्ग़ी (P. फ़ा.) f. स्त्री. hen fowl मादा-मुर्ग़ा (pl. बहु. मुर्गियां)।

MŪṚH मूढ़ adj. वि. stufied जड़ बुद्धि, मूर्ख, m. पु. stupid बेवकूफ़।

MURĪD मुरीद (A. अ.) m/f. पु./स्त्री. a follower चेला (चेली) शिष्य (शिष्या)।

MURJHĀNĀ मुर्झाना v.i. अ.क्रि. to wither, to fade कुम्हलाना, सूखने लगना, 2. to feel faint कमज़ोरी महसूस करना।

MŪRKH मूर्ख (S. सं.) adj. वि. foolish, stupid मूढ़, नासमझ, m. पु. a fool, an ignorant person बेवक़ूफ़ व्यक्ति।

MURKHTĀ मूर्खता (S. सं.) f. स्त्री. foolishness, stupidity नासमझी, मूढ़ता।

MURṠID मुर्शिद (A. अ.) m. पु. a spiritual guide गुरु, पीर।

MŪRTI मूर्ति (S. सं.) f. स्त्री. idol, statue प्रतिमा, 2. embodiment शरीर ~ कला, f. स्त्री. the art of sculpture मूर्ति बनाने की कला ~ कार, m. पु. a seulptor मूर्ति बनाने वाला ~ पूजा, f. स्त्री. idol worship प्रतिमा की पूजा-अर्चना करना ~ भंजक, m. पु. an iconoclast ~ मान, adj. वि. personified मानवीकृत।

MUSĀFIR मुसाफ़िर (A. अ.) m. पु. a traveller, a passenger यात्री, परदेशी ~ खाना, m. पु. an inn यात्री निवास ~ गाड़ी, f. स्त्री. passenger train पैसेंजर ट्रेन, सवारी गाड़ी।

MUSĀHIB मुसाहिब (A. अ.) m. पु. companion associate साथ उठने-बैठने वाला।

MUSĀHIBĪ मुसाहिबी (A. अ.) f. स्त्री. comapanion ship मुसाहिब का पद या काम।

MUṠĀYRĀ मुशायरा (A. अ.) m. पु. a gathering at which poets recite their poems कविता-पाठ की महफ़िल।

MUSALLĀ मुसल्ला (A. अ.) m. पु. a prayermat नमाज़ पढ़ने की दरी, चटाई आदि।

MUSALLAM मुसल्लम (A. अ.) adj. वि. whole, entire अखंडित, पूरा।

MUSALMĀN मुसलमान (A. अ.) m. पु. a Muslim इस्लाम धर्म को मानने वाला।

MUSAVVIR मुसव्विर (A. अ.) m. वि. an artist, a painter चित्रकार।

MUSIBAT मुसीबत (A. अ.) f. स्त्री. a misfortune, trouble, adversity संकट, आफ़त ~ का मारा ~ ज़दा, adj. वि. unfortunate दुखी, विपद्ग्रस्त।

MUŚK मुश्क (P. फ़ा.) m. पु. 2. the upper arm बांह।

MUŚKIL मुश्किल (A. अ.) adj. वि. difficult कठिन, f. स्त्री. difficulty trouble कठिनाई, कष्ट, ~ आ पड़ना, a difficulty to arise कठिनाई आना ~ करना, to make difficult कठिन बना देना ~ में पड़ना, to be at a loss कठिनाई पैदा होना ~ आसान होना, difficulty to disappear कठिनाई दूर होना ~ से, adv. अ. with difficulty कठिनाई के साथ।

MUSKURĀHAṬ मुस्कुराहट f. स्त्री. a smile, grin मंद हास, मुस्कान।

MUSKURĀNĀ मुस्कुराना v.i. अ.क्रि. to smile, to grin मंद-मंद हंसना।

MUSLIM मुस्लिम (A. अ.) adj. वि. causing, to be safe, Muslim मुसलमान, m. पु a Mohammedan मुसलमान ~ league मुस्लिम लीग, f. स्त्री. a communal league established in 1906 A.D. 1906 ईस्वी में स्थापित मुसलमानों की एक संस्था।

MUSTAID मुस्तैद (A. अ.) adj. वि. ready, alert तत्पर, तैयार, चुस्त।

MUSTAQBIL मुस्तक़बिल (A. अ.) adj. वि. future भावी, m. पु. the future भविष्यत् काल।

MUSTNAD मुस्तनद (A. अ.) adj. वि. supported, authenticated, to be relied upon प्रामाणिक, विश्वसनीय।

MUSTQIL मुस्तक़िल (A. अ.) adj. वि. firm, fixed, permanent पक्का, दृढ़, स्थिर।

MUTABIQ मुताबिक़ (A. अ.) adj. वि. corresponding, similar अनुसार, सदृश, adv. अ. in accordance (with), according (to) के अनुसार।

MUTĀH मुताह (A. अ.) m. पु. a form of Muslim temporary marriage मुसलमानों में प्रचलित एक प्रकार का अस्थायी विवाह।

MUTĀLBĀ मुतालबा (A. अ.) m. पु. demand मांग, 2. claim दावा, पावना, a sum demanded, or in arrear पावना, मांगी जाने वाली रक़म।

MUTFANNĪ मुतफ़न्नी (A. अ.) adj. वि. crafty चालबाज़, फ़रेबी, फ़सादी।

MUṬHBHEṚ मुठभेड़ f. स्त्री. clash, encounter भिड़ंत, सामना।

MUTLAQ मुतलक़ (A. अ.) adj. वि. absolutely निपट, निरा, adv. अ. fully बिल्कुल।

MUṬṬHĪ मुट्ठी f. स्त्री. the fist, grasp, handful बंधी हुई हथेली, पकड़, कब्ज़ा ~ गरम करना, to give a bribe घूस देना ~ भर, a handful अंजली भर ~ में होना, to be in one's posession कब्ज़े में आना।

MUTTLĀ मुत्तला (A. अ.) adj. वि. informed, warned आगाह, सूचित।

MUVAKKIL मुवक्किल (A. अ.) m. पु. client वकील करने वाला।

MUYASSAR मुयस्सर (A. अ.) adj. वि. available, obtainable आसानी से मिलने वाला, 2. obtained जो मिला है।

MYĀN म्यान (P. फ़ा.) m. पु. scabbard खड़गकोश, तलवार रखने का खोल।

◆◆◆

N

NĀBĀLIG नाबालिग़ (P. फ़ा.) adj. वि. minor अवस्यक क़ानून द्वारा मान्य वयस्कता (जो अभी लड़के के लिए 21 साल और लड़की के लिए 18 साल है) की उम्र से कम।

NĀBDĀN नाबदान m. पु. drain गंदे पानी आदि की बहने वाली नाली।

NABZ नब्ज़ (A. अ.) f. स्त्री. the pulse नाड़ी, ~ पहचानना, to know someone fully किसी को पूरी तरह जानना ~ छूटना, pulse to stop नाड़ी की गति बंद होना, मौत होना।

NĀC नाच m. पु. dancing, a dance (performance) नृत्य, ~ नचाना, to make a person dance (to one's tune), to harass परेशान करना।

NĀCĪZ नाचीज़ adj. वि. negligible तुच्छ, नगण्य।

NĀCNĀ नाचना v.i. अ.क्रि. to dance नृत्य करना।

NAD नद (S. सं.) m. पु. a river with a masculine name eg. Sone, Brahmaputra पुल्लिंग नाम वाली बड़ी नदियां जैसे सोन, ब्रह्मपुत्र।

NĀD नाद (S. सं.) m. पु. sound, resonance शब्द, अव्यक्त शब्द, 2. singing, song संगीत, गायन।

NĀDHNĀ नाधना v.t. स.क्रि. to yoke, to attach जोतना, नाथना, जोड़ना।

NADĪ नदी (S. सं.) f. स्त्री. a river दरिया, किसी तरल पदार्थ की बड़ी धारा ~ घाटी योजना, f. स्त्री. river valley project वह योजना जिसके अनुसार उपयुक्त स्थानों में नदी पर बांध आदि बनाकर नहरों द्वारा सिंचाई, बिजली आदि की व्यवस्था की जाए, ~ नाव संयोग, m. पु. a chance meeting संयोग से थोड़ी देर के लिए होने वाली भेंट ~ प्रवाह विज्ञान, m. पु. Hydrodynamics नदी प्रवाह के या जलादि के प्रवाह के नियंत्रण या उससे उत्पन्न शक्ति संबंधी विज्ञान।

NAFĀ नफ़ा m. पु. profit, gain फायदा, लाभ, हासिल।

NAFRAT नफ़रत (A. अ.) f. स्त्री. hatred, aversion घृणा ~ करना, to hate घृणा करना।

NAG नग (S. सं.) m. पु. a mountain पहाड़, 2. a precious stone नगीना, बहुमूल्य पत्थर, 3. a word denoting number संख्यासूचक एक शब्द।

NĀG नाग (S. सं.) m. पु. a snake, a cobra सांप।

NĀGĀ नागा m. पु. the Nagatribe (of Nagaland) आसाम (अब नगालैंड) में बसने वाली एक आदिम जाति, 2. a naked ascetic नागा साधु जो नंगा रहता है, 3. absent अनुपस्थित।

NAGAR नगर (S. सं.) m. पु. a town, a city शहर ~ निगम, m. पु. corporation म्युनिसिपल कॉर्पोरेशन ~ पालिका, f. स्त्री. municipality म्युनिसिपैलिटी ~ पिता, m. पु. a municipal commissioner नगरपालिका का सदस्य ~ प्रमुख, m. पु. municipal member नगरपालिका का सदस्य ~ भवन, m. पु. town hall टाउन

हाँल ~ भाग, m. पु. ward वार्ड ~ वृद्ध, m. पु. alderman नगर-निगम के मेयर से छोटा अधिकारी।

NĀGAR नागर (S. सं.) m. पु. a citizen, a citybred person नगर संबंधी, चतुर, नगर-निवासी, सभ्य पुरुष (या महिला), 2. name of a Brahmin community of Gujrat 2. गुजराती ब्राह्मणों की एक उपजाति।

NAGN नग्न (S. सं.) adj. वि. naked नंगा ~ तावाद, m. पु. nudism पश्चिम में प्रचलित सिद्धान्त जिसके अनुयायी धूप और खुली हवा के समुचित सेवन की दृष्टि से सर्वथा नंगा रहते हैं।

NAGṆYĂ नगण्य (S. सं.) adj. वि. negligible तुच्छ, निकृष्ट।

NĀGPAṄCMĪ नागपंचमी (S. सं.) f. स्त्री. the fifth day of the lunar light month when the Hindus worship the cobra श्रावण शुल्का पंचमी, जिस दिन हिन्दुओं में नाग की पूजा होती है।

NĀGRIK नागरिक (S. सं.) adj. वि. citybred, urban नगर का, m. पु. a townsman नगरनिवासी, पौर ~ ता, f. स्त्री. citizenship शहर में रहना, ~ उड़यन विभाग, m. पु. civil aviation department नागरिकों की हवाईयात्रा आदि की देखभाल करने वाला विभाग, ~ शास्त्र, m. पु. civies वह शास्त्र जिसमें व्यक्ति और देश के हित की दृष्टि से उत्तम नागरिक जीवन बिताने आदि का विवेचन किया जाता है, ~ ता, f. स्त्री. being citylised, rights of a citizen नागरिक होने के भाव, नागरिक जीवन और नागरिक के अधिकार।

NAHĀNĀ नहाना v.i. अ.क्रि. to bathe स्नान करना।

NAHAR नहर f. स्त्री. a canal, an irrigation channel यातायात या सिंचाई के लिए किसी नदी से निकाला गया जल मार्ग।

NĀHAR नाहर (S. सं.) m. पु. a lion tiger सिंह, शेर।

NAHŪSAT नहूसत (A. अ.) f. स्त्री. evil, a bad omen मनहूसी।

NĀĪ नाई m. पु. barber हज्जाम, नौआ।

NĀINSĀFĪ नाइन्साफ़ी f. स्त्री. injustice अन्याय, अत्याचार।

NAIRĀŚYĂ नैराश्य (S. सं.) m. पु. despair, disappointment निराशा, नाउम्मेदी, ~ वाद, m. पु. pessimism निराशा का सिद्धान्त।

NAISARGIK नैसर्गिक (S. सं.) adj. वि. natural प्राकृतिक, स्वाभाविक, सहज।

NAITIK नैतिक (S. सं.) adj. वि. moral, ethical नीति का, नीति संबंधी, नैतिकता-पूर्ण, नैतिकतासम्मव ~ ता, f. स्त्री. morality नीति सम्मतता, नैतिक होने का भाव, नीतिशास्त्र के नियमों के अनुसार किया जाने वाला आचरण।

NĀK नाक f. स्त्री. nose सांस लेने का अवयव, 2. prestige प्रतिष्ठा, इज़्ज़त, ~ ऊंची होना, prestige to increase इज़्ज़त बढ़ना, ~ कटना, to be dishonoured ~ का बाल, a right hand man काम का आदमी ~ काटना, to disgrace अपमानित करना ~ की सीध में, as the crow flies एक दम सामने, ~ पर गुस्सा रहना, to have a short temper अत्यंत क्रोधी होना, ~ पर मक्खी न बैठने देना, meticulous in habits and conduct बहुत सतर्क रहना ~ में दम करना, to harass परेशान करना।

NĀKĀ नाका m. पु. beginning or end

(of a road) प्रवेश द्वार, boundry सीमा, 2. junction (of roads) मार्गों का संगम ~ बंदी, f. स्त्री. closing of a road or a frontier सड़क या सीमा को बंद कर देना।

NAKĀR नकार m. पु. denial, refusal इन्कार, अस्वीकृति, ~ ना, v.t. स.क्रि. refuse अस्वीकार करना, मना करना, to deny इन्कार करना।

NAKĀRĀTMAK नकारात्मक (S. सं.) adj. वि. negative ना-संबंधी, इन्कार का।

NAKCAṚHĀ नकचढ़ा adj. वि. haughty, hadtempered तुनुकमिज़ाज, चिड़चिड़ा।

NAKEL नकेल f. स्त्री. halter-pin (fixed in an animal's nose) ऊंट, भालू आदि की नाक में पहनाई जाने वाली रस्सी।

NAKHRĀ नख़रा (P. फ़ा.) m. पु. flirtations, mannerisms, airs, affectation विलास-चेष्टा ~ करना, to put on a sham दिखावटी इन्कार करना।

NĀKHUŚ नाख़ुश adj. वि. displeasure अप्रसन्न, रुष्ट।

NAKKAṬĀ नककटा adj. वि. shameless निर्लज्ज, m. पु. a man whose nose has been cut off व्यक्ति जिसकी नाक कट गई है, (f. स्त्री. नककटी)।

NAKKŪ नक्कू adj. वि. having a big nose बदनाम, haughty, headstrong, notorious, (person) दोषभाजन।

NAKHPHŪL नकफूल m. पु. an ornament worn in the nose नाक में पहनने का एक गहना।

NAKṢTR नक्षत्र (S. सं.) m. पु. a star, a planet तारा ~ विद्या, f. स्त्री. astronomy, astrology ज्योतिष शास्त्र, ~ पथ, m. पु. planetary way नक्षत्र के भ्रमण का मार्ग ~ लोक, m. पु. world of the stars लोक जिसमें नक्षत्र स्थित हैं।

NAL नल m. पु. a pipe, tube, spout नल-कल की टोटी, धातु, काठ आदि का पोला, लंबोतरा टुकड़ा, ~ कूप, m. पु. tubewell ट्यूबवेल।

NAL नल (S. सं.) m. पु. name of the husband of Damyanti, daughter of the king of Vidarbha विदर्भ देश के राजा की पुत्री दमयंती का पति, 2. a soldier of Rama राम का एक सैनिक।

NALĪ नली f. स्त्री. a hollow reed, a tube pipe छोटा और पतला नल, 2. barrel (of a firearm) बंदूक का पतला नल जिससे होकर गोली छूटती है।

NAM नम (P. फ़ा.) adj. वि. damp, moist गीला, आर्द्र।

NĀM नाम (S. सं.) m. पु. name वह शब्द जिससे किसी व्यक्ति, वस्तु या समूह का बोध हो, अभिधान, संज्ञा शब्द, 2. reputation प्रसिद्धि, ख्याति, धाक, यादगार ~ उछालना, to disgrace बदनाम करना ~ चलना, to be remembered याद रखना ~ को बट्टा लगाना, to disgrace (one's) name बदनाम करना ~ डुबाना, to destroy one's reputation बदनाम करना ~ रोशन होना, to become celebrated प्रख्यात होना ~लेना, to mention, to name (a person) प्रसिद्ध होना ~ लेवा, m. पु. one to bear the name वंश में किसी का मौजूद रहना ~ वाचक, adj. वि. expressive of a name नाम जतलाने वाला ~ वाचक, f. स्त्री. a proper name संज्ञा ~ पटल, m. पु. signboard नाम की तख्ती, साइन बोर्ड।

NAMAK नमक (P. फ़ा.) m. पु. salt लवण, 2. charm सलोनापन ~ अदा करना, to discharge obligations मालिक की यथोचित सेवा करना ~ हराम, adj वि. disloyal, m. an ungrateful ·wretch कृतघ्न ~ हलाल, adj. वि. grateful कृतज्ञ।

NĀMĀṄKAṆ PATR नामांकण पत्र (S. सं.) m. पु. nomination paper चुनाव का पर्चा।

NĀMĀṄKIT नामांकित (S. सं.) adj. वि. nominated जिस पर नाम लिखा या खुदा हो।

NAMĀZ नमाज़ (P. फ़ा.) m. पु. prayer (especially the prayer prescribed by Islamic law to be said five times a day) मुसलमानों की ईश्वरोपासना, (जो दिन भर में पांच बार की जाती है) ~ गाह, f. स्त्री. the place of a mosque where prayers are offered मस्जिम में नमाज़ पढ़ने की जगह।

NAMBAR नंबर (E. अं.) m. पु. number संख्या, particular number गिनती, अंक।

NAMBARĪ नंबरी adj. वि. numbered मशहूर, 2. notorious नंबर वाला, कुख्यात।

NĀMĪ नामी adj. वि. famous मशहूर नाम वाला, adj. वि. famous, well-known मशहूर, प्रसिद्ध।

NAMKĪN नमकीन (P. फ़ा.) adj. वि. salty, salted, saline नमक के स्वाद वाला, 2. charming सलोना, सुंदर, 3. salty food नमकीन व्यंजन या पकवान।

NAMŪNĀ नमूना (P. फ़ा.) m. पु. sample, specimen, pattern, model बानगी, आदर्श, ख़ाका।

NĀN नान (P. फ़ा.) f. स्त्री. a bread, a cake of bread रोटी, चपाती, मोटी ख़मीरी रोटी, ~ ख़ताई, f. स्त्री. मीठा ख़स्ता, मीठी ख़स्ती रोटी ~ बाई, m. पु. a baker नान बनाने-बेचने वाला व्यक्ति।

NĀNĀ नाना m. पु. maternal grand-father माता का पिता, adj. वि. different, various अनेक प्रकार के, कई तरह के ~ प्रकार से, adj. वि. in various ways कई प्रकार से,~ त्व, m. पु. variety अनेकत्व।

NĀNAK नानक m. पु. name of the founder of the Sikhfaith सिक्खों के आदि गुरु जिनका जन्म संवत् 1526 तथा परलोकगमन 1597 में हुआ था~पंथ, m. पु. the community or religion of Nanak गुरु नानक द्वारा प्रवर्तित पंथ या धर्म~पंथी, adj. वि. a sikh, a follower of Nanak नानक पंथ का मानने वाला।

NAṄDAN नंदन (S. सं.) adj. वि. delighting आनंददायक, m. पु. a son पुत्र ~ कानन, m. पु. name of a garden in paradise of Indra इंद्र के उद्यान का नाम।

NAṄG नंग adj. वि. naked नंगा ~ धड़ंग, adj. वि. stark naked पूरी तरह नंगा, निर्वस्त्र, वस्त्रहीन, विवस्त्र।

NANHĀ नन्हा adj. वि. tiny, small, little, young छोटा (बच्चा)।

NĀP नाप f. स्त्री. measure, scale, proportion परिमाण, माप, मानदंड, survey, measuring नापना ~ जोख, ~ तौल, f. स्त्री. measuring, weighing, assessing नापने और तौलने की क्रिया।

NĀPĀK नापाक adj. वि. impure, polluted अपवित्र।

NĀPNĀ नापना v.t. स.क्रि. to measure विस्तार आदि का निर्धारण करना।

NAPUṀSAK नपुंसक (S. सं.) adj. वि. impotent कामशक्तिविहीन, नामर्द कायर, m. पु. नामर्द, ~ ता. f. स्त्री. impotency नामर्दी, कामशक्तिहीनता।

NAQĀB नक़ाब (A. अ.) a veil, hood, mask घूंघट, मुखौटा ~ पोश, adj. वि. masked घूंघट वाली (वाला)।

NAQAD नक़द (A. अ.) adj. वि. cash नगद, m. पु. ready money साथ-के-साथ दिया जाने वाला धन ~ भुगतान, m. पु. to pay in cash साथ-साथ पैसा दे देना।

NAQAL नक़ल (A.अ.) f.स्त्री. copying, a copy स्वांग, अनुकरण, अनुकृति, प्रतिलिपि, an imitation mimicry हूबहू उतारी हुई चीज़, ~ ची, m. पु. an imitator नकल उतारने वाला।

NAQLĪ नक़ली (A. अ.) adj. वि. artificial, synthetic, imitated spurious जाली, झूठा, बना या बनाया हुआ, जो असली नहीं है।

NAQQAL नक्क़ाल (A. अ.) m. पु. an imitator नक़ल करने वाला, स्वांग-बनाने वाला।

NAQQĀRĀ नक्क़ारा (P. फ़ा.) m. पु. a Kettledrum नगाड़ा, डुगडुगी।

NAQQĀRCĪ नक्क़ारची (P. फ़ा.) m. पु. a drummer नगाड़ा बजाने वाला।

NAQQĀRKHĀNĀ नक्क़ारख़ाना (P. फ़ा.) m. पु. place where drums are beaten नौबत ख़ाना ~ (ने) में तूती की आवाज़, who cares for a small man before a big man बड़े के सामने छोटे की क्या बिसात?

NAQQĀŚ नक्क़ाश (A. अ.) m. पु. painter, designer, sculptor, gilder लकड़ी आदि पर बेल-बूटे आदि बनाने वाला मूर्तिकार।

NAQQĀŚĪ नक्क़ाशी (P. फ़ा.) f. स्त्री. carving, engraving, saulpture, embroidery चित्रकारी, मूर्तिकारी, रंगसाज़ी।

NAQŚ नक़्श (A. अ.) m. पु. a painting, a carving, an impression चित्र, निशान, footprint चरणचिन्ह।

NAQŚA नक़्शा (A. अ.) m. पु. a map, picture, plan, draft, features मानचित्र, बनावट, शक्ल।

NAR नर (S. सं.) m. पु. male, a man पुरुष, adj. वि. पुरुष जाति का।

NĀRĀ नारा (A. अ.) m. पु. a slogan किसी मांग या शिकायत की ओर ध्यान दिलाने के लिए बार-बार बुलंद की जाने वाली आवाज़।

NARAK नरक (S. सं.) m. पु. hell दोज़ख़, जहन्नम।

NARGIS नर्गिस (P. फ़ा.) f. स्त्री. the narcissus हल्के पीले रंग का एक प्रसिद्ध फूल जो साहित्य में आंख का उपमान है।

NĀRĪ नारी (S. सं.) f. स्त्री. a woman स्त्री, औरत, ~ त्व, m. पु. womanliness, femininity स्त्रीत्व।

NĀṚĪ नाड़ी f. स्त्री. the pulse नली, रक्त-वाहिनी शिराएं।

NARM नर्म (P. फ़ा.) adj. वि. soft, mild, gentle, moderate गुदगुदा, आसान, धीमा, विनम्र ~ गर्म, adj. वि. of varying quality (varying an price, quality) सस्ता-महंगा।

NARMĪ नर्मी (P. फ़ा.) f. स्त्री. softness, mildness, easiness नर्म होने का भाव।

NARPIŚĀC नरपिशाच (S. सं.) m. पु. extremely cruel person पिशाच की

तरह क्रूर मनुष्य।

NARTAK नर्तक (S. सं.) m. पु. a dancer नाचने वाला।

NARTAKĪ नर्तकी (S. सं.) f. स्त्री. a female dancer, a dancing girl नाचने वाली स्त्री या लड़की।

NARTAN नर्तव (S. सं.) m. वि. dancing नाच, नृत्य।

NARVADH नरवध (S. सं.) m. पु. homicide मनुष्य हत्या, मानवहत्या।

NAS नस f. स्त्री. a vein, a sinew रुधिरवाहिनी नलिका ~ (से) ढीली होना, to be exhausted हौसला पस्त होना ~ कटा, m. पु. an ennuch नामर्द, हिजड़ा।

NĀṠ नाश (S. सं.) m. पु. destruction, ruin, annihilation संहार, बर्बादी, लोप।

NAṠĀ नशा (P. फ़ा.) m. पु. intoxication शराब आदि पीने के बाद की दशा, 2. intoxicant मादक द्रव्य ~ चढ़ना, to be intoxicated मात जाना, नशीली चीज़ का असर होना ~ पानी, m. पु. alcohol, drugs नशीली चीज़ें ~ बंदी, f. स्त्री. prohibition on alcohol मद्यनिषेध।

NĀṠAK नाशक (S. सं.) adj. वि. destructive, ruinous नष्ट करने वाला।

NASĪB नसीब (A. अ.) m. पु. destiny, fortune भाग्य, किस्मत, अदृष्ट ~ खुलना, ~ चमकना, fortune to turn (one's way) भाग्य उदय होना ~ में लिखा होना, pre-destined क़िस्मत में बदा होना ~ फूटना, to have bad luck बदकिस्मती होना, ~ होना, to have the good luck (to gain something) क़िस्मत में बदा होना।

NĀSIKĀ नासिका (S. सं.) f. स्त्री. the nose, the nostil नाक।

NAṠĪLĀ नशीला adj. वि. intoxicating नशा लाने वाला, मादक, मदभरा, 2. dropping (eyes) नशे से झुकी हुई (आंखें)।

NASL नस्ल (A. अ.) f. स्त्री. descendants, offspring, family वंश, कुल, जाति।

NAṢṬ नष्ट (S. सं.) adj. वि. ruined, destroyed बर्बाद, चौपट, squandered भ्रष्ट।

NĀṠTĀ नाश्ता (P. फ़ा.) f.स्त्री. breakfast जलपान, उपाहार, कलेवा।

NAṠTAR नश्तर (P. फ़ा.) m. पु. a surgeon's knife छुरे जैसा चीर-फाड़ करने वाला आला ~ लगाना, surgical operation नश्तर से फोड़े या घाव का चीरना।

NĀSTIK नास्तिक (S. सं.) adj. वि. atheist अनीश्वरवादी, 2. one who does not have faith in the Vedas (like Jains and Buddhists) वेद पर अविश्वास करने वाले-जैसे जैनी या बौद्ध मत के लोग।

NĀSŪR नासूर (A. अ.) m. पु. a running wound, an ulcer पुराना घाव।

NAṬ नट (S. सं.) m. पु. an actor, a dancer, juggler अभिनेता, खेल-तमाशे दिखाकर जीवन यापन करने वाली एक जाति।

NAT नत (S. सं.) adj. वि. lowered, bowed, bent झुका हुआ, झुकाया हुआ ~ मस्तक, adj. वि. the head lowered (in deference) आदर से जिसका सर झुका हुआ हो।

NĀTĀ नाता m. पु. relationship, alliance रिश्ता, संबंध।

NĀṬAK नाटक (S. सं.) a drama रूपक, दृश्य काव्य, अभिनय ~ कार, m. पु. a dramatist नाटक लेखक ~ शाला, f.

स्त्री. a theatre रंगमंच, जहां नाटक खेला जाता हो।

NĀTEDĀR नातेदार adj. वि. related सगा-संबंधी, m. पु. a relative संबंधी सगा।

NATH नथ f. स्त्री. a large, nose-ring नाक में पहनने का बाली की शक्ल का एक गहना ~ उतारना, to have first sexual intercourse with a prostitute वेश्याबाला के साथ प्रथम संभोग।

NĀTH नाथ (S. सं.) m. पु. lord, master मालिक, स्वामी, 2. husband पति, ~ना, v.t. स.क्रि. to bore the nose (as of a bullock) and thread it with a nose-rope) बैल की नाक में छेद कर रस्सी डालना।

NAṬĪ नटी (S. सं.) f. स्त्री. wife of a nat, a female juggler नट की पत्नी, महिला नट।

NATĪJĀ नतीजा (A. अ.) m. पु. result, outcome, inference, sum फल, परिणाम, परीक्षाफल, जोड़।

NAṬKHAṬ नटखट adj. वि. naughty चंचल, शरीर, m. पु. a naughty child शरारती बालक।

NĀṬKIYĂ नाटकीय (S. सं.) adj. वि. dramatic नाटक जैसा, नाटक संबंधी।

NĀTSĪ नात्सी m. पु. a Nazi जर्मनी का एक राजनीतिक दल जिसका तानाशाह हिटलर था जिसने संसार में द्वितीय महायुद्ध कराके करोड़ों लोगों के प्राण लिए और संसार को तबाह किया।

NĀTYĂ नाट्य (S. सं.) m. पु. the dramatic arts (acting, dancing, music) नाटक आदि का अभिनय, नृत्य आदि संबंधी शास्त्र (भरत का नाट्य शास्त्र इसका सबसे आदि और प्रमुख ग्रंथ है) ~कार, dramatist, playwright नाटक-लेखक ~ कला, f. स्त्री. dramatic art नाटक की कला ~ शाला, stage रंगमंच।

NAU नौ (S. सं.) f. स्त्री. a boat, a ship नाव, जहाज़ ~ चलाना, m. पु. navigation जहाज़ चलाना ~ परिवहन, m. पु. navigation जहाज़ चलाना ~ सैनिक, adj. वि. naval जहाज़ संबंधी, m. पु. sailor जहाज़ चलाने वाला सैनिक ~ विज्ञान, m. पु. science of navigation जहाज़ चलाने का शास्त्र।

NAV नव (S. सं.) adj. वि. new, fresh नया, ताज़ा।

NAV नव (S. सं.) adj. वि. nine आठ से एक अधिक 9 की संख्या।

NAVJAVĀN नवजवान adj. वि. young युवा, m. पु. youngman जवान, युवा पुरुष ~ जवानी, f. स्त्री. youth युवावस्था।

NAUKAR नौकर m. पु. a servant, 2. a person in service (either government or private) भृत्य, खिदमतगार ~ शाही, f. स्त्री. beaurocracy दफ़्तरशाही।

NAUKARĪ नौकरी f. स्त्री. service, employment सेवा, मुलाज़मत ~ पेशा, m. पु. a servant (public or private) चाकरी, (सरकारी या ग़ैर-सरकारी)।

NAVPARIVAHAN नौपरिवहन (S. सं.) m. पु. navigation जल-मार्ग से यात्रा करना।

NAVPRABHĀR नौप्रभार (S. सं.) m. पु. tonnage जहाज पर लादे जा सकने वाले माल का कुल भार।

NAUSENĀ नौसेना (S. सं.) f. स्त्री. navy समुद्री-लड़ाई करने वाली सेना ~ पति, m. पु. commander of a fleet नौसेना का अध्यक्ष।

NAUSIKHIYA नौसिखिया adj. वि. novice जिसने अभी हाल में सीखा हो।

NAUTARṆĪYĂ नौतरणीय (S. सं.) adj. वि. navigable जिसमें जहाज़, नौका आदि चल सकते हों।

NAUVIJÑ ĀN नौविज्ञान (S. सं.) m.

पु. nautical science नौकायन संबंधी विज्ञान।

NAV नव (S. सं.) adj. वि. new, neo, fresh, recent नया, नूतन, नवीन, ~ जात, adj. वि. newborn तुरंत का पैदा हुआ ~ यौवना, f. स्त्री. young girl तरुणी बाला ~ जागरण, m. पु. renaissance ~ यौवन, m. पु. youth जवानी ~ युवक, m. पु. young man जवान।

NAV नव (S. सं.) adj. वि. nine आठ और एक की संख्या (9), ~ धा, adj. वि. of nine kinds (as nine kinds of devotion and worship) नौ प्रकार से ~ धा भक्ति, नौ प्रकार की भक्ति ~ श्रवण, कीर्तन, स्मरण, पाद-सेवन, अर्चन, वंदन, रास्य, सख्य और आत्म-निवेदन) ~ रस, m. पु. the nine Savours or pleasures (of aesthetic emotion) साहित्य के प्रसिद्ध नौ प्रकार के रस ~ श्रृंगार, हास्य, करुण, रौद्र, वीर, भयानक, वीभत्स, अद्‌भुत और शान्त) ~ रात्र, m. पु. the first nine days of the light half of the month of Ashvin, during which the Dasshara festival is celebrated and Durga wor-shipped आश्विन मास के प्रथम नौ दिन जब दुर्गा की पूजा की जाती है और दशहरा मनाया जाता है ~ रत्न, m. पु. the none jewels (viz, pearl, ruby, topaz, diamond, emerald, lapis lazuli, coral, supphire and gomeda) नव रत्न-मोती, मानिक, वैदूर्य, गोमेद, हीरा, मूंगा, पद्मराग, पन्ना और नीलम, also nine paragons (of literature of the court of Vikramaditya Dhanwan-tri, Kshapnak, Amar Singh, Shanku Vaitalbhatt, Ghatakharpur, Kalidas, Varahmihir and Varruichi) विक्रमादित्य के दरबार के दौ रत्न, धन्वन्तरि, क्षपणक, अमर सिंह, घटा कर्पर, कालिदास, वराहमिहिर और वर रुचि)।

NAV नाव f. स्त्री. a ship, a boat नौका तरणि ~ चलाना, to sail नौका खेना ~ कागज़ की नाव, paper boat, any frail thing कोई अस्थायी वस्तु ~ में धूल उड़ाना, to tell a white lie झूठ बोलना।

NAVĀB नवाब (A. अ.) m. पु. nabab, lord, prince नब्बाब, मुसलमान रईसों की एक उपाधि, 2. one who flaunts his wealth or power बड़े ठाट-बाट से रहने वाला।

NAVĀGAT नवागत (S. सं.) adj. वि. newcomer हाल का आया हुआ।

NAVAL नवल (S. सं.) adj. वि. novel, new नया, नवीन, नूतन।

NAVELĀ नवेला adj. वि. new, novel नवीन, नई उम्र का, m. पु. a handsome man सुदर्शन पुरुष।

NAVELĪ नवेली f. स्त्री. a beautiful young woman खूबसूरत जवान स्त्री।

NAVĪN नवीन (S. सं.) adj. वि. new, novel, fresh नया, मौलिक, नूतन।

NAVMĪ नवमी (S. सं.) adj. वि. the ninth day of a lunar month चांद्र मास का नवां दिन।

NAVOṚHĀ नवोढ़ा f. स्त्री. a newly married girl नवविवाहिता स्त्री।

NAVOTTHĀN नवोत्थान (S. सं.) m. पु. renaissance पुनर्उत्थान।

NAVYĂ नव्य (S. सं.) adj. वि. new, novel, modern नया, नवीन, आधुनिक।

NAYĀ नया adj. वि. new, recent, modern नूतन, नवीन, ताज़ा।

NĀYAK नायक (S. सं.) m. पु. principal, chief, leader, 2. hero or leading character of a drama, novel or film नाटक, उपन्यास या फ़िल्म

का नायक, हीरो, 3. a lover प्रेमी।

NAYAN नयन (S. सं.) m. पु. the eye आंख, दृष्टि ~पट, m. पु. eyelid पलक, 2. guiding, leading ले जाना या नेतृत्व करना।

NAYANĀBHIRĀM नयनभिराम (S. सं.) charming, attractive, beautiful आकर्षक, जो देखने में सुन्दर हो।

NĀZ नाज़ (P. फ़ा.) m. पु. flirtations behaviour, conceit, affect, actions, grace, delicacy नख़रा, हाव-भाव, घमंड।

NAZĀKAT नज़ाकत (P. फ़ा.) f. स्त्री. elegance, delicacy, softness सुकुमारता।

NAZAR नज़र (A. अ.) f. स्त्री. look, sight, glance, fewour दृष्टि, दया, होना, present भेंट ~ अंदाज करना, to ignore अनदेखा करना ~ बंद, adj. वि. detained रोका हुआ ~ बाज़, m. पु. an ogler आंख लड़ाने वाला ~ आना, to come into view दिखलाई पड़ना ~ बदलना, to be angry रुष्ट होना।

NAZĀRĀ नज़ारा (A. अ.) m. पु. look, glance, sight, scence, view दृश्य, नज़र, देखना।

NAZZĀRA नज़्ज़ारा (A. अ.) m. पु. look, glance, sight, scence, view दृश्य, नज़र, देखना।

NAZDĪK नज़दीक (P. फ़ा.) adv. अ. near, close निकट, क़रीब, समीप, पास।

NAZĪR नज़ीर (A. अ.) f. स्त्री. an example, instance उदाहरण, दृष्टांत, मिसाल।

NAZRĀNĀ नज़राना (P. फ़ा.) m. पु. gift भेंट में दी जाने वाली वस्तु।

NĀZUK नाज़ुक (P. फ़ा.) adj. वि. delicate सुकुमार, कोमल, बारीक, मार्मिक ~ मिज़ाज, adj. वि. of sensitive temperament कोमल स्वभाव वाला।

NEK नेक (P. फ़ा.) adj. वि. good, virtuous भला, उम्दा, अच्छा ~ चलन, adj. वि. good conduct सदाचारी ~ दिल, adj. वि. cordial अच्छी नीयत वाला।

NEKĪ नेकी (P. फ़ा.) f. स्त्री. virtue, goodness, kindness भलाई, उपकार, अच्छा काम ~ बदी, f. स्त्री. good & bad अच्छा-बुरा।

NETA नेता (S. सं.) m. पु. a leader अगुआ, अपने पीछे से चलने वाला।

NETR नेत्र (S. सं.) m. पु. the eye आंख, ~ हीन, adj. वि. blind अंधा ~ विज्ञान, m. पु. opthalmology दृष्टि विज्ञान।

NIBHĀNĀ निभाना v.t. स.क्रि. to carry on or through (as a task, a relation ship) निबाहना, निर्वात करना, to fulfill पूरा करना।

NIBAṄDH निबंध (S. सं.) m. पु. an essay, article, thesis लेख, आलेख, ग्रंथ, ~ कार, m. पु. an essayist ग्रंथकार, लेख लिखने वाला।

NIBṬĀNĀ निबटाना v.t. स.क्रि. to complete, to settle, to adjust पूरा करना, तय कर देना, छुटकारा दिलाना।

NIBĀṬNĀ निबटना v.i. अ.क्रि. to be completed, to be settled or adjusted निवृत्त होना, छुटकारा पाना तय होना, पूरा होना।

NĪC नीच adj. वि. low, base, mean निकृष्ट, खोटा, m. पु. a base or mean person नीच मनुष्य, ~ ता, f. स्त्री. baseness, meanness ओछापन, खोटाई।

NĪCĀ नीचा adj. वि. low जो ऊंचा न हो, base, mean, inferior बुरा, खोटा ~ दिखाना, to bring about the disgrace (of) अपमानित करना ~ होना, to be disgraced अपमानित होना, (f. स्त्री.

नीची)।

NĪCE नीचे adv. अ. low down, down wards नीचे की तरफ़, अधीनता में ~ गिरना, to fall पतित होना ~ से ऊपर तक, from foot to head सर से पांव तक।

NICHĀVAR निछावर f./m. स्त्री./पु. an offering नेग ~ करना, to offer up, to sacrifice बलि देना, उत्सर्ग करना, इनाम देना।

NICOṚ निचोड़ m. पु. gift, essence तत्त्व, साराश, सार, 2 liquid, wrong out निचोड़ा हुआ पदार्थ।

NICOṚNĀ निचोड़ना v.t. स.क्रि. to press or wring out (liquid) गारना, 2. to extort, to bleed किसी का सब कुछ ले लेना।

NIDĀN निदान (S. सं.) m. पु. cause of a disease, diagnosis आदि कारण, रोग की पहचान, 2. end, outcome अंत में, आख़िर, adv. अ. finally आख़िरकार ~ शास्त्र, m. पु. diagnostics रोग-पहचान की कला ~ शास्त्री, m. पु. pathologist रोगों का निदान करने वाला विशेषज्ञ।

NIḌAR निडर (S. सं.) adj. वि. fearless निर्भय, निर्भीक, साहसी।

NIDEŚ निदेश (S. सं.) m. पु. order, command आज्ञा, शासन, direction कथन, आदेश।

NIDEŚAK निदेशक (S. सं.) m. पु. director, guide निदेश करने वाला, निर्देशक।

NIDEŚIKĀ निदेशिका (S. सं.) f. स्त्री. directory किसी नगर, प्रदेश आदि के प्रमुख नागरिकों, व्यापारियों आदि के नाम, पते आदि बातों का ब्योरा देने वाली पुस्तक (Directory).

NIDHAN निधन (S. सं.) m. पु. end, death, decease नाश, मृत्यु, अंत ~ सूचना, f. स्त्री. obituary मृत्यु सूचना।

NIDHI निधि (S. सं.) f. स्त्री. treasury, treasure ख़ज़ाना, a fund दौलत, धन-संपत्ति, भविष्य ~ f. स्त्री. provident fund भविष्य के लिए संचित धन राशि।

NIDRĀ निद्रा (S. सं.) f. स्त्री. sleep नींद।

NIDRAHLU निद्रालु (S. सं.) adj. वि. sleepy, drowsy सोने वाला निद्राशील, जिसे नींद आ रही हो।

NIGĀH निगाह (P. फ़ा.) f. स्त्री. look, glance दृष्टि, care, attention दया, ध्यान, निरीक्षण ~ फेरना, to with draw (one's) favour दया दृष्टि कम करना ~ मिलाना, to catch the eye (of) आंखों की ओर देखना, ~ लड़ाना, to look flirtatiously वासना से (किसी की ओर) देखना।

NIGAM निगम (S. सं.) m. पु. scripture, the vedic text शास्त्र, वेद, 2. a corporation महापालिका ~ कर, m. पु. corporation tax कॉर्पोरेशन का कर ~ आगम, m. पु. the Vedas and Shastras वेद-शास्त्र।

NIGLNĀ निगलना v.t. स.क्रि. to swallow घोंट जाना, खा जाना।

NIGRAH निग्रह (S. सं.) m. पु. subduing, control, restraint रोकना, वश में करना, नियंत्रित करना, ~ करना, to control वश करना।

NIGRĀNĪ निगरानी (P. फ़ा.) f. स्त्री. watch, supervision, inspection निरीक्षण, देख-भाल ~ करना, to watch देख-भाल करना ~ में, under surveillance देख-रेख में।

NIGŪṚH निगूढ़ (S. सं.) adj. वि. profound, mysterious अति गुप्त, रहस्यपूर्ण।

NIGŪṚHĀRTH निगूढ़ार्थ (S. सं.) m.

पु. hidden sense छिपा हुआ माने।

NIHAT निहत (S. सं.) adj. वि. dead, destroyed मारा हुआ, नष्ट किया हुआ।

NIHATTHĀ निहत्था adj. वि. empty-handed, unarmed निशस्त्र, हथियार-रहित।

NIHIT निहित (S. सं.) adj. वि. latent, vested रखा हुआ, स्थापित, ~ स्वार्थ, m. पु. vested interest स्थिर, स्वार्थ।

NIHŚAṄK निःशंक (S. सं.) adj. वि. fearless, doubtless सन्देह रहित, निडर, adv. अ. without fear बिना डर के।

NIJ निज (S. सं.) adj. वि. one's own, personal अपना, खास, व्यक्तिगत।

NIJĪ निजी (S. सं.) adj. वि. own, personal अपना, व्यक्तिगत, ख़ास ~ सचिव, m. पु. private secretary प्राइवेट सेक्रेटरी।

NIKĀH निकाह (A. अ.) m. पु. marriage, a Muslim marriage मुस्लिम विवाह, मुसलमानों की विवाह-पद्धति ~ करना, to marry मुस्लिम रीति से शादी करना।

NIKALNĀ निकलना v.t. अ.क्रि. to come out, to emerge बाहर आना।

NIKĀLNĀ निकालना v.t. स.क्रि. to take out, to turn out, to pull out, to remove, to drive out, to expel बाहर लाना या करना।

NIKLVĀNĀ निकलवाना v.t. स.क्रि. to cause to be taken out or expelled निकालने का काम किसी और से कराना।

NIKĀS निकास m. पु. exit, place of exit बहिर्द्वार, 2. outlet, vent, source बाहर निकलने का मार्ग।

NIKĀSĪ निकासी f. स्त्री. extraction (of minerals) (खनिज पदार्थ) का बाहर लाना, 2. yield, output खपत।

NIKHĀR निखार m./f. पु./स्त्री. refinement, development, enchantment, beautifying सजावट, श्रृंगार।

NIKHĀRNĀ निखारना v.t. स.क्रि. to make clear or clean स्वच्छ करना।

NIKṚṢṬ निकृष्ट (S. सं.) adj. वि. vile, debased, wretched, crude हीन, नीच, अधम, तुच्छ।

NIKṢEP निक्षेप (S. सं.) m. पु. throwing out or down फेंकने और चलाने का भाव, abandoning त्याग देना।

NĪLĀ नीला adj. वि. blue आसमान के रंग का, नील के रंग का।

NĪLĀM नीलाम m. पु. an auction बोली बोल कर बेचना ~ पर चढ़ना, to be put-up for auction नीलाम किया जाना ~होना, to be sold by auction नीलामी से बेचा जाना।

NILĀMĪ नीलामी f. स्त्री. an auction जो नीलाम किया जाए, adj. वि. auctionable नीलाम किया जाने वाला जो हो।

NIMAṄTRAṆ निमंत्रण (S. सं.) m. पु. invitation दावत, बुलावा, न्योता।

NINDĀ निन्दा (S. सं.) f. स्त्री. reproach, blame, defamation slander, abuse बदनामी, किसी के दोष का वर्णन ~ प्रस्ताव, m. पु. vote of censure शासन संबंधी किसी नीति या कार्य के प्रति असंतोष प्रकट करने के लिए लाया गया प्रस्ताव।

NINDAK निन्दक (S. सं.) adj. वि. one who blames are censures slanderer निन्दा करने वाला, बदगोई करने वाला।

NINDIT निन्दित (S. सं.) adj. वि. reproached, blamed, scorned, slandered दूषित, गर्हित।

NIṄDNĪYĀ निंदनीय (S. सं.) adj. वि. reprehensible, blameworthy निंदा करने योग्य।

NINDYĂ निन्द्य (S. सं.) adj. वि. =

निदंनीय।

NIPAṬ निपट adv. अ. completely, quite एकदम, निरा, बिल्कुल, नितांत।

NIPUṆ निपुण (S. सं.) adj. वि. skilled clever, expert कुशल, चतुर, प्रवीण।

NIṚ नीड़ (S. सं.) m. पु. nest घोंसला, आशियाना।

NIRĀDHĀR निराधार (S. सं.) adj. वि. baseless बिना आश्रय का, बेबुनियाद।

NIRĀKARAṆ निराकरण (S.सं.) m. पु. removal (as of error), refutation, annulment, abrogation हटाना, विधि, अध्यादेश, संधि आदि का रद्द किया जाना।

NIRAKṢAR निरक्षर (S. सं.) adj. वि. illiterate, uneducated अनपढ़, गंवार।

NIRĀLĀ निराला adj. वि. unusual, distinct, rare अद्वितीय, अनोखा, अनूठा, m. पु. a loncly place निर्जन स्थान, 3. pen-name of Hindi poet Suryakant Tripathi हिन्दी के कवि सूर्यकान्त त्रिपाठी का उपनाम।

NIRAṄKUŚ निरंकुश (S. सं.) adj. वि. unbridled, autocratic स्वेच्छाचारी।

NIRPEKṢ निरपेक्ष (S. सं.) adj. वि. impartial, indifferent उदासीन, विरक्त, किसी और की अपेक्षा न रखने वाला।

NIRAPRĀDH निरपराध (S. सं.) adj. वि. innocent, not at fault बेक़सूर, adv. अ. innocently बिना अपराध किए।

NIRARTHAK निरर्थक (S. सं.) adj. वि. meaningless, pointless व्यर्थ, निष्फल, बेमतलब।

NIRĀŚ निराश (S. सं.) adj. वि. hopeless, disappointed हताश, जिसमें आशा न हो।

NĪRAS नीरस (S. सं.) adj. वि. dry, without taste or flavour सूखा, रसहीन, insensitive भावनाशून्य ~ता, f. स्त्री. dryness, dullness सूखापन, रसहीनता।

NIRAŚĀA निराशा (S. सं.) f. स्त्री. despair, disappointment, hopeless ness नउम्मीदी।

NIRASTR निरस्त्र (S. सं.) adj. वि. unarmed निहत्या।

NIRASTRĪKARAṆ निरस्त्रीकरण (S. सं.) m. पु. disarmament अस्त्रविहीन करना।

NIRASTRIKṚT निरस्त्रीकृत (S. सं.) adj. वि. disarmed जो अस्त्रहीन कर दिया गया हो।

NIRBUDDHI निर्बुद्धि (S. सं.) adj. वि. ignorant foolish बेवक़ूफ़, मूर्ख, बुद्धिहीन।

NIRDAL निर्दल (S. सं.) adj. वि. non-party (person), independent (candidate or member of a legistature) स्वतंत्र, जो किसी दल में न हो (ऐसा सभासद)।

NIRDALĪYA निर्दलीय (S. सं.) adj. वि. non-party (person), independent (candidate or member of a legistature) स्वतंत्र, जो किसी दल में न हो (ऐसा सभासद)।

NIRDAY निर्दय (S. सं.) adj. वि. pitiless, merciless, cruel क्रूर, कठोर, हृदयहीन ~ता, f. स्त्री. crualty कठोरता, क्रूरता।

NIRDEŚ निर्देश (S. सं.) m. पु. direction, instruction, guidance आदेश, हिदायत, बतलाना, reference जानकारी, हवाला ~ग्रंथ, m. पु. reference book वह पुस्तक जिसका उपयोग जानकारी प्राप्त करने के लिए किया जाए।

NIRDEŚAN निर्देशन (S. सं.) m. पु. direction संकेत करने की क्रिया या आदेश देना, नाटक, फ़िल्म आदि में अभिनेताओं को निर्देश देना।

NIRDHĀRIT निर्धारित (S. सं.) adj. वि. determined, prescribed, settled तय किया हुआ, निश्चित किया हुआ।

NIRDIṢṬ निर्दिष्ट (S. सं.) adj. वि. indicated, specified वर्णित, निर्णीत, बतलाया हुआ।

NIRDIṢṬI निर्दिष्टि (S. सं.) f. स्त्री. allotment आबंटन, निर्धारण।

NIRDOṢ निर्दोष (S. सं.) adj. वि. innocent, blameless निरपराध, दोषरहित।

NIRGAM निर्गम (S. सं.) m. पु. going out, issue, publication, exit निकासी, बाहर जाना, निकास मार्ग।

NIRGAMIT PŪNJĪ निर्गमित पूंजी f. स्त्री. issued cepital वह पूंजी जो कारख़ाने आदि की आवश्यकताएं पूरी करने के लिए बाहर निकाली गई हों।

NIRGUṆ निर्गुण (S. सं.) adj. & m. वि. और पु. unqualified (as the ultimate being) त्रिगुणातीत परमात्मा।

NIRIKṢAK निरीक्षक (S. सं.) m. पु. an inspector, a superintendent देख रेख करने वाला।

NIRJAN निर्जन (S. सं.) adj. वि. secluded, uninhabitated, desolate एकांत, सुनसान, N. deserted place सुनसान स्थान।

NIRJANIKARAṆ निर्जनीकरण (S. सं.) m. पु. depopulation किसी जगह का आबादी से रहित कर दिया जाना।

NIRJAL निर्जल (S. सं.) adj. वि. waterless, arid जिसमें पानी न हो, जहां पानी न हो, n. an arid region जलहीन स्थान।

NIRMĀN निर्माण (S. सं.) m. पु. construction, building, building works, development रचना, भवन विकास, ~ विद्या, f. स्त्री. the science of architecture वास्तुविद्या।

NIRMĀTĀ निर्माता (S. सं.) m. पु. creator, founder, maker, producer (as of film) बनाने वाला, रचना करने वाला, (जैसे फ़िल्म आदि का)।

NIRṆAY निर्णय (S. सं.) m. पु. decision, conclusion, judgement, verdict फ़ैसला, मत, निबटारा।

NIRṆĀYAK निर्णायक (S. सं.) adj. वि. decisive, deciding निर्णय करने वाला ~ मत, m. पु. casting (vote.) वह मत जो किसी समान मत वाले पक्ष–विपक्ष के विवाद के लिए निर्णायक होता है।

NIRODH निरोध (S. सं.) m. पु. stopping, checking, prohibition, prevention वश में लाना, नियंत्रित करना, रोकना, 2. a brand name of a condom manufactured by the Government of India भारत सरकार द्वारा प्रचारित कन्डम का एक ब्रैन्ड नाम।

NIRODHĀJÑĀ निरोधाज्ञा (S. सं.) f. स्त्री. injunction अन्यायपूर्ण कार्य रोकने के लिए न्यायालय द्वारा की गई आज्ञा।

NIRUDDEŚYĂ निरुद्देश्य (S. सं.) adj. वि. aimless, not having a purpose उद्देश्यरहित, बेमतलब।

NIRUPĀY निरुपाय (S. सं.) adj. वि. helpless, irremediable जिसका कोई उपाय न हो।

NIRUTTAR निरुत्तर (S. सं.) adj. वि. unanswerable, nonplussed silenced जो कोई उत्तर न दे सके।

NIRVĀCAK निर्वाचक (S. सं.) m. पु. voter, elector मतदाता ~ मंडल, m. पु. electoral college जनता द्वारा चुने गए प्रतिनिधियों का वह दल या समूह जो बाद में लोकसभा आदि के निर्दिष्ट संख्यक सदस्यों का अप्रत्यक्ष निर्वाचन करे, ~ सूची, f. स्त्री. electoral roll निर्वाचन में भाग लेने की अर्हता रखने वाले मतदाताओं के नाम, पेशे, उम्र आदि का

ब्योरा बताने वाली सूची ~ वर्ग, ~ गणा, ~ समूह, m. पु. electorate निर्वाचकों का वर्ग या समूह।

NIRVĀCAN निर्वाचन (S. सं.) m. पु. election, ballot चुनाव~केंद्राध्यक्ष, m. पु. presiding officer~पदाधिकारी, m. पु. presiding officer चुनाव-अधिकारी।

NIRVĀCIT निर्वाचित (S. सं.) adj. वि. elected वोट द्वारा चुना गया।

NIRVĀH निर्वाह (S. सं.) m. पु. carrying on or through, subsistence गुज़ारा ~ करना, to manage गुज़ारा करना ~ व्यय, m. पु. cost of living जीवन-निर्वाह का खर्च।

NIRVĀSIT निर्वासित (S. सं.) adj. वि. banished नगर या देश से निकाल हुआ।

NIRVIRODH निर्विरोध (S. सं.) adj. वि. without opposition विरोधरहित।

NIRVIVĀD निर्विवाद (S. सं.) adj. वि. indisputable बिना झगड़े-बखेड़े के।

NIRYĀT निर्यात (S. सं.) m. पु. export, exports बेचने के लिए (देश से) बाहर भेजा जाने वाला माल, ~ क, ~ कर्ता, m. पु. exporter विदेशों को व्यापारिक वस्तुएं भेजने वाला व्यापारी।

NIṠĀ निशा (S. सं.) f. स्त्री. night रात, रात्रि।

NIṠĀN निशान (P. फ़ा.) m. पु. sign. signal चिन्ह, 2. flag, standard झंडा।

NIṠĀNĀ निशाना (P. फ़ा.) m. पु. a target, bulls eye लक्ष्य।

NIṠCAL निश्चल (S. सं.) adj. वि. immovable, motionless, unwavering स्थिर, अचल।

NIṠCAY निश्चय (S. सं.) adv. अ. definitely, certainly अवश्य, m. पु. decision, determination, certainty, resolve दृढ़ विचार, फैसला।

NIṠCHAL निश्छल (S. सं.) adj. वि. not deceitful सच्चा, छलरहित।

NIṠCINT निश्चिंत (S. सं.) adj. वि. free from anxiety or care, at peace बेफ़िक्र, चिन्तारहित।

NIṠCIT निश्चित (S. सं.) adj. वि. firm पक्का, निश्चय किया हुआ।

NIṢEDH निषेध (S. सं.) m. पु. prohibition, ban, refusal, denial मनाही, इन्कार, प्रतिबंध।

NIṢEDHĀDHIKĀR निषेधाधिकार (S. सं.) m. पु. right of veto प्रतिषेध करने का अधिकार।

NIṢIDDH निषिद्ध (S. सं.) adj. वि. banned, prohibited, forbidden जिस पर रोक लगाई गई हो।

NIṢKAPṬ निष्कपट (S. सं.) adj. वि. sincere, honest, not deceitful सच्चा, शुद्ध।

NIṢKARṢ निष्कर्ष (S. सं.) m. पु. conclusion, essence, gist निचोड़, परिणाम, नतीजा।

NIṢKĪṬAN निष्कीटन (S. सं.) m. पु. sterilization रासायनिक प्रक्रिया आदि के द्वारा किसी वस्तु के जीवाणुओं या कीटाणुओं से रहित कर देना।

NIṢKĪṬIT निष्कीटित (S. सं.) adj. वि. sterilized किसी प्रक्रिया द्वारा जिसके कीटाणु नष्ट कर दिए गए हों।

NIṢKRĀṀT निष्क्रांत (S. सं.) adj. वि. gone out, released निकाला हुआ, ~ संपत्ति, f. स्त्री. evacuee property अपना पूर्वस्थान छोड़कर चले गए लोगों की संपत्ति।

NISṢKRIYĂ निष्क्रिय (S. सं.) adj. वि. inactive, passive, inert जो कुछ भी कर-धर न सके।

NIṢPAKṢ निष्पक्ष (S. सं.) adj. वि. neutral, impartial जिसमें पक्षपात न हो।

NISPṚH निस्पृह (S. सं.) adj. वि. without desire कामनारहित, वासनारहित, निर्लोभ।

NISSAṄDEH निस्संदेह (S. सं.) adj. वि. doubtless संदेहरहित, adv. अ. undoubtedly बेशक।

NISSAṄKOC निस्संकोच (S. सं.) adj. वि. without reserve बिना संकोच के।

NISSANTĀN निस्संतान (S. सं.) adj. वि. childless संतानहीन, जिसका कोई बाल-बच्चा न हो, लाऔलाद।

NISSVĀRTH निस्स्वार्थ (S. सं.) adj. वि. selfless बिना स्वार्थ का।

NISTABDH निस्तब्ध (S. सं.) adj. वि. still, motionless पूरी तरह स्तब्ध, गतिहीन, निष्चेष्ट, ~ता, f. स्त्री. stillness, motionlessness निष्चेष्टता, गतिहीनता।

NISTAR निस्तार (S. सं.) m. पु. crossing over, salvation पार जाना, मुक्ति, उद्धार।

NIṢṬHĀ निष्ठा (S. सं.) f. स्त्री. faith, belief श्रद्धा, विश्वास, निश्चय ~ वान, adj. वि. faithful श्रद्धालु।

NITAṀB नितंब (S. सं.) m. पु. buttocks चूतड़।

NITĀNT नितांत (S. सं.) adj. वि. excessive अत्यंत, adv. अ. utterly एकदम, बिल्कुल।

NIṬHURTĀ निठुरता (S. सं.) f. स्त्री. cruelty, heartlessness, obduracy निष्ठुरता, निर्दयता, बेरहमी।

NĪTI नीति (S. सं.) f. स्त्री. policy, polity, morality, right or moral conduct, political wisdom, statesmanship, ethics, manner of conducting oneself युक्ति, चाल, उचित आचरण, राजनीति, औचित्य, जो सही हो ~ ज्ञ, adj. वि. one who knows what is right, what is wrong or what is politic जो उचित-अनुचित या राजनीतिका ज्ञान रखता हो, ~ घोषणा, f. स्त्री. manifesto नीति संबंधी घोषणा।

NITYĂ नित्य (S. सं.) adj. वि. perpetual, eternal सदा बना रहने वाला, 2. deaily प्रतिदिन का, adv. अ. forever हमेशा।

NIVĀRAK निवारक (S. सं.) adj. वि. preventive रोकने वाला ~ निरोध अधिनियम, m. पु. preventive, detention act, नज़रबंदी क़ानून।

NIVĀRAṆ निवारण (S. सं.) m. पु. averting, prevention हटाना, दूर करना, 2. removal (of a fault) मिटाना (किसी दोष का), 3. cure (of a disease) चिकित्सा करना (रोग का)।

NIVĀS निवास (S. सं.) m. पु. residence रहना, रहने का स्थान, घर।

NIVĀSĪ निवासी (S. सं.) adj. वि. inhabiting वास करने वाला, m. पु. a resident रहने वाला, 2. a native-born citizen एक मूल निवासी।

NIVEDAK निवेदक (S. सं.) m. पु. a petitioner निवेदन करने वाला।

NIVEDAN निवेदन (S. सं.) m. पु. request, petition प्रार्थना, 2. समर्पण, ~ करना, to represent, to apply प्रार्थना करना, विनती करना।

NIV नीव f. स्त्री. foundation बुनियाद।

NIṄV नींव f. स्त्री. foundation बुनियाद।

NIVṚTT निवृत्त (S. सं.) adj. वि. free, detached मुक्त, विरत।

NIVṚTTI निवृत्ति (S.सं.) f.स्त्री. escape, release from rebirth प्रवृत्ति का अभाव, जन्ममरण से मुक्ति, 2. retirement अवकाश, सेवा से छुट्टी, 3. abstinence ब्रह्मचर्य, ~ वेतन, m. पु. pension पेंशन।

NIYAM नियम (S. सं.) m. पु. fixed rule, law दस्तूर, विधान या निश्चय के अनुकूल नियंत्रण, custom, principle

सिद्धान्त, self-imposed restraint or religious observance धार्मिक मान्यता।

NIYĀMAK नियामक (S. सं.) adj. वि. restrictive, determining व्यवस्था करने वाला, one who controls or restrains व्यवस्था रखने वाला।

NIYAMĀPATTI नियमापत्ति (S. सं.) f. स्त्री. point of order किसी सभा-समिति में कार्य-प्रणाली की मानी हुई परम्परा या स्वीकृत नियमों के विरुद्ध कोई बात होने पर उठाई गई या की गई आपत्ति।

NIYAMĀVALĪ नियमावली (S. सं.) f. स्त्री. body of rules (as of a society etc.) किसी संस्था के संचालन, अनुशासन, पथप्रदर्शन आदि सम्बधी नियम।

NIYAMIT नियमित (S. सं.) adj. वि. regulated, prescribed, regular (of occurrence) बाक़ायदा, नियमबद्ध।

NIYAṄTRAṆ नियंत्रण (S. सं.) m. पु. control प्रतिबंधन, स्वच्छंद न रहने देना।

NIYAṄTRIT नियंत्रित (S. सं.) adj. वि. controlled नियंत्रण में रखा हुआ।

NIYAT नियत (S. सं.) adj. वि. established, fixed, appointed, restrained निश्चित, मुक़र्रर, नियमबद्ध, ~ कालिक, adj. वि. predetermined, fixed as to time कालबद्ध ~ कालिक पलीता, m. पु. time fuse जो निर्धारित समय पर जल उठे ~ भागी, m. पु. allottee वह व्यक्ति जिसे कोई हिस्सा निर्दिष्ट किया गया हो।

NIYATI नियति (S. सं.) f. स्त्री. destiny, fate भाग्य, अदृष्ट, ~ वाद, deter-minism भाग्यवाद।

NIYUKT नियुक्त (S. सं.) adj. वि. appointed (as to a post) तैनात किया हुआ, मुक़र्रर किया हुआ ~ करना, to appoint तैनात करना, नौकरी पर लगाना।

NIYUKTI नियुक्ति (S. सं.) f. स्त्री. appointment तैनाती, मुक़र्ररी।

NOCNĀ नोचना v.t. स.क्रि. to scratch, to pluck out, to snatch नख, दांत आदि से किसी वस्तु के कुछ अंश को खींच कर अलग करना, छीनना।

NṚ नृ (S. सं.) m. पु. man, human, being मनुष्य, आदमी, नर।

NṚPĀL नृपाल (S. सं.) m. पु. king राजा।

NṚPATI नृपति (S. सं.) m. पु. king राजा।

NṚVANŚVIJÑĀN नृवंशविज्ञान (S. सं.) m. पु. anthropology मानवविज्ञान।

NṚTYĂ नृत्य (S. सं.) m. पु. dancing, dance नाच, ~ कार, m. पु. dancer नर्तक, नाचने वाला ~ शाला, f. स्त्री. dance hall नाचघर।

NUCVĀNĀ नुचवाना v.t. स.क्रि. cause to be scrateched, pinched etc. नोचने का काम किसी और से कराना।

NUMĀIṄDĀ नुमाइन्दा (P. फ़ा.) m. पु. a representative, delegate प्रतिनिधि।

NUMAĪṠ नुमाइश (P. फ़ा.) f. स्त्री. exhibition, show, display प्रदर्शन, प्रदर्शनी, ~ गाह, m. पु. exhibition site नुमाइश की जगह।

NŪPUR नूपुर (S. सं.) m. पु. hollow anklet containing tiny bells धुंधरु, पायल, पैर का एक गहना।

NUQSĀN नुक़सान (A. अ.) m. पु. loss, damage, harm हानि, कमी ~ उठाना, to suffer loss क्षतिग्रस्त होना, ~ पहुंचना, to suffer loss हानि उठाना ~ पहुंचाना, to inflict loss हानि करना ~ देह, adj. वि. harmful हानिकारक।

NŪR नूर (A. अ.) m. पु. light, brilliance ज्योति, कांति, छवि, ~

बरसना, to be radiant with beauty सुन्दर दीखना।

NUSKHĀ नुस़्खा (A. अ.) m. पु. prescription वह काग़ज़ जिस पर दवा और उसके प्रयोग की विधि लिखी हो, 2. a recipe रोग विशेष के लिए निकाली गई औषधि।

NŪTAN नूतन (S. सं.) adj. वि. new, fresh, modern, novel नया, नवीन, अभिनव।

NUTFĀ नुत़्फ़ा (A. अ.) m. पु. semen वीर्य, शुक्र।

NYĀY न्याय (S. सं.) m. पु. justice इन्साफ़, फैसला, adj. वि. ठीक उचित, m. पु. the Nyaya System of Indian philosophy भारतीय दर्शन का एक अंग ~करना, to act justly, to administer justice इन्साफ़ से काम करना, इन्साफ़ करना ~कर्ता, m. पु. judge न्यायाधीश ~पालिका, f. स्त्री. judiciary न्यायालय, कचहरी ~शास्त्र, m. पु. jurisprudence ~संगत, adj. वि. just न्यायोचित, जो बाइन्साफ़ हो ~शुल्क, m. पु. court free कोर्ट की अदालत का शुल्क।

NYĀYĀDHIKARAṆ न्यायाधिकरण (S. सं.) m.पु. tribunal विशेष न्यायालय।

NYĀYĀDHIPATI न्यायधिपति (S. सं.) m. पु. judge, justice न्यायमूर्ति।

NYAYADHĪŚ न्यायाधीश (S. सं.) m. पु. judge, justice न्यायकर्ता।

NYĀYĀLAY न्यायालय (S. सं.) m. पु. court अदालत, कचहरी।

NYĀYIK NIRṆAY न्यायिक निर्णय (S. सं.) m. पु. adjudication न्यायासन पर बैठकर किसी मामले के संबंध में निर्णय देना या इस तरह दिया गया निर्णय।

NYĀYVIBHRAṂŚ न्यायविभ्रंश (S. सं.) m. पु. miscarriage of justice न्याय का उचित मार्ग से भ्रष्ट हो जाना।

NYOTĀ न्योता m. पु. invitation निमंत्रण दावत।

NYŪN न्यून (S. सं.) adj. वि. less, low, dificient, inferior कम, जो घट कर हो ~तम, adj. वि. कम-से-कम, ~ता, f. स्त्री. dificiency कमी।

♦♦♦

O

OCHĀ **ओछा** m. पु. vain, shallow, frivolous mean छिछोरा, गंभीरतारहित, हल्का।

OJ **ओज** (S. सं.) m. पु. light, lustre, splendour तेज, प्रकाश, ~ पूर्ण, adj. वि. brilliant जोश से भरा हुआ ~ स्वी. ओजपूर्ण, ~ स्विता, f. स्त्री. brilliance प्रकाशपूर्णता, तेज, दीप्ति, प्रताप।

OJHAL **ओझल** m. पु. concealment आड़, ओट, adj. वि. concealed, hidden, vanished छिपा हुआ, जो सामने न हो।

OKHLĪ **ओखली** f. स्त्री. mortar (for husking grain in) धान कूटने की कुंडी, अनाज कूटने का पत्थर या काठ का पात्र, ~ में सिर डालना, to invite disaster जानबूझ कर आफ़त मोल लेना।

OLA **ओला** m. पु. hail, hailstone जल कणों का बर्फीला गोला।

OM **ओम्** (S. सं.) m. पु. a sacred, syllable uttered in various contexts (as at the beginning and end of a reading of the Veda, before prayer, at the beginning of a text), Omkar किसी मंत्र या वेदपाठ के पहले और पीछे कहा जाने वाला शब्द, ओंकार।

OR **ओर** f. स्त्री. direction, side तरफ़, पक्ष, दिशा, m. पु. end छोर।

OṚHNĀ **ओढ़ना** v.t. स.क्रि. to cover with, to wrap round किसी कपड़े, खाल आदि से बदन को ढंकना, 2. to take upon oneself (a duty) ज़िम्मे लेना, m. पु. a covering ओढ़ने की चीज़।

OS **ओस** f. स्त्री. dew शबनम ~ का मोती, m. पु. a dew drop क्षण-भंगुर (क्षण-स्थायी वस्तु)।

OṢADHI **ओषधि** (S. सं.) f. स्त्री. medicine दवा, वनस्पति, जड़ी-बूटी (जो दवा के काम आये)।

OṢṬH **ओष्ठ** m. पु. the lip होंठ।

OṬ **ओट** f. स्त्री. covering screen पर्दा, रुकावट।

OṬH **ओठ** m. पु. the lip होंठ।

◆◆◆

P

PACĀNĀ पचाना v.t. स.क्रि. to digest हज़म करना, 2. to embezzle हड़प जाना।

PACHĀṚNĀ पछाड़ना v.t. स.क्रि. to throw flat on the back, to defeat, to overpower परास्त करना, हराना।

PACHTĀVĀ पछतावा m. पु. repentence, regret पश्चाताप।

PAD पद (S. सं.) m. पु. step, foot, pace क़दम, 2. place, position, post ओहदा, 3. a word वाक्य आदि का कोई अंश, 4. couplet दोहा आदि।

PĀD पाद (S. सं.) m. पु. foot चरण, पैर, pace क़दम ~टीका, f. स्त्री. footnote पादटिप्पणी।

PADĀDHIKĀRĪ पदाधिकारी (S. सं.) m. पु. officer अफसर, ओहदेदार।

PADAK पदक (S. सं.) m. पु. a medal उपहार स्वरूप मेडल, सिक्के जैसा टुकड़ा, तमगा।

PADĀKRĀṄT पदाक्रान्त (S. सं.) adj. वि. trampled under foot पावों से कुचला हुआ।

PĀDAKRĀṄT पादाक्रांत (S. सं.) adj. वि. trampled under foot रौंदा हुआ।

PADĀRPAṆ पदार्पण (S. सं.) m. पु. arrival (of a respected or prominent person) आगमन (आदरसूचक)।

PADĀRTH पदार्थ (S. सं.) m. पु. a substance, material, matter, aim वस्तु, पद या शब्द का अर्थ,~चार, m. पु. the four goals of life (viz. dharma, arth, kam, moksha) ~ विज्ञान, m. पु. physics भौतिकशास्त्र।

PADĀSĪN पदासीन (S. सं.) adj. वि. incumbent, holding a post पद पर आरूढ़।

PADĀTIK पदातिक (S. सं.) m. पु. pawn, infantry प्यादा, पैदल, सिपाही।

PADĀVDHI पदावधि (S. सं.) f. स्त्री. tenure, term of post किसी पद पर काम करते रहने की अवधि।

PADĀVALĪ पदावली (S. सं.) f. स्त्री. collection of verses भजनों का संग्रह, कविता-संग्रह।

PADĀVĀS पदावास (S. सं.) m. पु. official residence सरकारी निवास स्थान।

PADCYUT पदच्युत (S. सं.) adj. वि. dismissed from a post, deposed जिसका पद छीन लिया गया हो।

PADDHĀRAṆ SURAKṢĀ पदधारण सुरक्षा (S. सं.) f. स्त्री. security of tenuere नौकरी आदि के बने रहने की पक्की आशा।

PADEN पदेन (S. सं.) adv. अ. ex officio पद की हैसियत से।

PADHĀRNĀ पधारना v.i. अ.क्रि. to arrive, to take a seat पदार्पण करना।

PADMOCAN पदमोचन (S. सं.) m. पु. relief छुट्टी पा जाना।

PADMUKT पदमुक्त (S. सं.) adj. वि. outgoing अपना पद या स्थान छोड़ कर अन्यत्र जाने वाला।

PADONNATI पदोन्नति (S. सं.) f. स्त्री. promotion तरक्की, पदवृद्धि।

PĀDRĪ पादरी m. पु. a christian priest or minister, Chaplain ईसाई धर्म का पुरोहित या आचार्य।

PADŚKṢĀRTHĪ पदशिक्षार्थी (S. सं.) m. पु. an apprentice उम्मीदवार।

PADSŪCAK CINHĂ पदसूचक चिन्ह (S. सं.) m. पु. in signia राजा या किसी बड़े अधिकारी आदि के पद की पहचान कराने वाला विशेष चिन्ह (मुकुट, पट्टा आदि)।

PADTYĀG पदत्याग (S. सं.) m. पु. resignation, retirement ओहदे से अलग होना।

PADVĪ पदवी (S. सं.) f. स्त्री. a rank, status, title, post स्थान, ख़िताब, उपाधि।

PADYĀ पद्य (S. सं.) m. पु. verse, poetry छंदोंबद्ध रचना, कविता।

PAG पग (S. सं.) m. पु. a step डग, the foot पैर ~ धरना, to step out पांव निकालना ~ डंडी, f. स्त्री. track पैदल रास्ता।

PĀG पाग m. पु. syrup, fruit, cooked in syrup चाशनी, 2. a turban पगड़ी।

PĀGAL पागल adj. वि. mad, in same विक्षिप्त, सनकी, m. पागल आदमी, (f. स्त्री. पगली) ~ ख़ाना, m. पु. insane asylun पागलों का चिकित्सालय ~ पन, m. पु. insanity, madness उन्माद।

PAGĀR पगार m. पु. wages वेतन।

PAGṚĪ पगड़ी f. स्त्री. a turban मुरेठा, साफ़ा, 2. प्रतिष्ठा, 3. अवैध रूप से दिया जाने वाला धन~उछालना, to dishonour, to disgrace बेइज़्ज़त करना ~ उछलना, to be disgraced बेइज़्ज़त होना।

PAHALVĀN पहलवान (P. फ़ा.) m. पु. a wrestler कुश्तीबाज़, 2. a sturdy built man हृष्ट-पुष्ट (व्यक्ति)।

PAHALVĀNĪ पहलवानी (P. फ़ा.) f. स्त्री. calling of a wrestler कुश्ती लड़ने का भाव या इसका पेशा।

PAHAR पहर m. पु. a watch of the day, three hours' period तीन घंटे का समय, आठों ~ all the twenty four hours of the day दिन के चौबीसों घंटे।

PAHĀṚ पहाड़ m. पु. mountain, hill पर्वत, गिरि, 2. a difficult work दुष्कर कार्य ~ उठाना, to lift a weight भारी काम हाथ में लेना ~ सा, burdensome भारी काम।

PAHĀṚĀ पहाड़ा m. पु. a multiplication table (जिसे बच्चे रटकर याद करते हैं)।

PAHĀṚĪ पहाड़ी adj. वि. belonging to the mountains पहाड़ संबंधी, पहाड़ का, 2. hill dwelling पहाड़ का निवासी, hilly, mountainous पहाड़ का, f. स्त्री. hillock छोटा पहाड़।

PAHARVĀ पहरवा m. पु. a night-guard पहरुआ, पहरेदार।

PAHCĀN पहचान f. स्त्री. recognition पहचानने का भाव या क्रिया, acquaintance परिचय, distruction चिन्ह।

PAHELĪ पहेली f. स्त्री. a riddle, puzzle बुझौवल।

PAHLĀ पहला adj. वि. first प्रथम, (f. पहली)।

PAHLŪ पहलू (P. फ़ा.) m. पु. side (of an object) पार्श्व, बग़ल, करवट, aspect पक्ष ~ गरम करना, to sit close (to a loved person) प्रेयसी या प्रेमी का सट कर बैठना~में बैठना, to sit near (one) सट कर बैठना, गोद में बैठना~बचाना, to avoid (किसी से) अलग रहना।

PAHNĀNĀ पहनना v.t. स.क्रि. to cause to put on, to clothe in (garments) किसी और को पकड़े आदि पहनने में प्रवृत्त करना।

PAHNĀVĀ पहनावा m. पु. dress, clothing, a garment, a uniform or attire पोशाक, कपड़े पहनने का ढंग।

PAHNNĀ पहनना v.t. स.क्रि. to wear, to put on (clothes, jewellery etc,) (कपड़े, गहने आदि) शरीर या अंग विशेष पर धारण करना।

PAHRĀ पहरा m. पु. a watch, guard चौकी, निगरानी ~ देना, to guard रखवाली करना ~ बैठाना, to place a guard (over) पहरेदार नियुक्त करना।

PAHARUĀ पहरुआ m. पु. a watch-man पहरेदार।

PAHUṄC पहुंच f. स्त्री. arrival, access, reach पहुंचने की क्रिया या भाव, प्रवेश, 2. scope of Knowledge or intelligence जानकारी।

PAHUṄCĀ पहुंचा m. पु. forearm, wrist कलाई के ऊपर और कुहनी के नीचे का भाग ~ पकड़ना, to seize by the arm, to detain by force ज़बर्दस्ती रोकना।

PAHUṄCĀNĀ पहुंचाना v.t. स.क्रि. to cause to arrive, to convey, to deliver, to escort ले जाना, to inflict (चोट) देना।

PAHUṄCNĀ पहुंचना v.i. अ.क्रि. to reach, to arrive एक स्थान से चल कर दूसरे स्थान पर जाना।

PAIDĀ पैदा (P. फ़ा.) adj. वि. born, produced उत्पन्न ~ करना, to produce उत्पन्न करना ~ to breed (animals etc.) (जानवर आदि) उत्पन्न करना ~ होना, to be born जन्म लेना।

PAIDĀIŚ पैदाइश (P. फ़ा.) f. स्त्री. birth, origin उत्पत्ति, प्रादुमति।

PAIDĀIŚĪ पैदाइशी (P. फ़ा.) adj. वि. inborn, innate, natural जन्मजात, सहज।

PAIDAL पैदल adv. अ. on foot, walking, adj. वि. who walks on foot पांव-पांव चलने वाला, m. पु. an infantry man पैदल सैनिक।

PAIDĀVĀR पैदावार (P. फ़ा.) f. स्त्री. produce, producton खेती की उपज।

PAIG̣AṀBAR पैग़ंबर (P. फ़ा.) m. पु. prophet, messanger नबी, ईश्वर का दूत।

PAIMAIŚ पैमाइश (P. फ़ा.) f. स्त्री. measuring, survey माप, मापने की क्रिया।

PAIMĀNĀ पैमाना (P. फ़ा.) m. पु. a scale (of measurement), 2. cup प्याला, (measure of wine etc.) शराब की नाप)।

PAINĀ पैना adj. वि. sharp, 2. pointed जिसकी धार बहुत तेज़ हो, ~ करना, to sharpen धार तेज़ करना।

PAIR पैर m. पु. the foot चरण, पांव, footstep कदम ~ जमना, to firmly establish ठीक से गड़ जाना या स्थापित होना, ~ फंसाना, to place (oneself) in trouble अपने को आफ़त में डालना, ~ भारी होना, to be pregnant गर्भ धारण करना ~ गाड़ी, f. स्त्री. bicycle साइकिल।

PAIRNĀ पैरना v.i. अ.क्रि. to swim तैरना।

PAIROL पैरोल (E. अं.) m. पु. parsole राज बंदी की विशेष परिस्थिति में अवधि से पूर्व मुक्ति।

PAIRVĪ पैरवी (P. फ़ा.) f. स्त्री. following (a course of action) मुकदमे की देखरेख, endeavour खुशामद ~

कार, m. पु. prosecutor, supporter पैरवी करने वाला।

PAISĀ पैसा m. पु. a copper coin तांबे का एक सिक्का, 2. a coin equal in value to one hundredth of a rupee रुपये के सौवें भाग का सिक्का, 3. money धन, द्रव्य।

PAIŚĀCIK पैशाचिक (S. सं.) adj. वि. diaholical पिशाचका, क्रूरतापूर्ण।

PAIṬH पैठ f. स्त्री. entry, penetration, infiltration प्रवेश, पहुंच, गति, 2. under-standing (of a topic) समझ (किसी विषय का)।

PAIṬHNĀ पैठना v.i. अ.क्रि. to penetrate (into) to enter प्रवेश करना।

PAITRĀ पैतरा m. पु. changing a stance (as in wrestling) dodge कुश्ती आदि में प्रयुक्त दांव-पेंच, ~ बदलना, to change stance नया हाथ दिखाना।

PAIṀTRĀ पैंतरा m. पु. changing a stance (as in wrestling) dodge कुश्ती आदि में प्रयुक्त दांव-पेंच, ~ बदलना, to change stance नया हाथ दिखाना।

PAJĀVĀ पजावा m. पु. a brick kiln ईंटों का भट्ठा।

PĀK पाक (S. सं.) m. पु. cooking, preparing food रसोई, पकाया हुआ भोजन ~ विज्ञान, m. पु. science of cookery रसोई बनाने का शास्त्र, ~ शाला, f. स्त्री. kitchen रसोईघर।

PĀK पाक (P. फ़ा.) adj. वि. pure, clean पवित्र, निर्मल, साफ़, स्वच्छ, ~ दामन, adj. वि. virtuous, innocent पवित्र, निर्दोष, ~ साफ़, adj. वि. pure, clean लाफ-सुथरा, शुद्ध।

PAKĀNĀ पकाना v.t. स.क्रि. to cook, to boil, to bake सिझाना, उबालना, 2. to ripen कच्चे फल को पक्का बनाना, 3. to fire (earthenware etc.) कच्ची मिट्टी के बर्तन वगैरह को आग से पक्का करना।

PAKAṚ पकड़ f. स्त्री. seizing, hold, clutch, capture ग्रहण, पकड़ने का तर्ज, to understand समझ ~ में आना, to fall into the hands or power (of) क़ाबू में आना।

PAKAṚNĀ पकड़ना v.t. स.क्रि. to seize, to catch, to capture, to grasp ग्रहण करना, धरना समझना।

PAKAṚVĀNĀ पकड़वाना v.t. स.क्रि. to cause to be caught पकड़ने में लगाना, to hand over to किसी को दे देना।

PĀKHANṢ पाखंड (S. सं.) m. पु. hypocrisy ढोंग, छल, वंचना।

PAKHĀVAJ पखावज m. पु. a side drum, small drum मृदंग।

PAKHERŪ पखेरु m. पु. a bird पक्षी, चिड़िया।

PAKHVĀRĀ पखवारा m. पु. a fort-night, half of a lunar month पक्ष, पंद्रह दिनों का समय।

PAKHVĀṚĀ पखवाड़ा m. पु. a fort-night, half of a lunar month पक्ष, पंद्रह दिनों का समय।

PAKKĀ पक्का adj. वि. cooked, boiled, baked पका हुआ, उबाला हुआ, fired आग में पका हुआ (जैसे ईंट आदि), ripe खाने लायक तैयार (जैसे फल), ganuine जो सही हो, (जैसे कागज़), fast (जैसे रंग),~गाना, m.पु. classical music शास्त्रीय संगीत ~ बाल, gray or white hair सफेद केश (जैसा अमूमन बुढ़ापे में हो जाता है)।

PAKNĀ पकना v.i. अ.क्रि. to be cooked खाने को आग पर तैयार होना, 2. to ripe तैयार होना (फल का खाने योग्य), to turn grey सफेद होना (बाल का)।

PAKṢ पक्ष (S. सं.) m. पु. side (of the body) बगल (शरीर का), 2. side (of an argument) पहलू (बहस का), either of the two halves चांद्र मास के दो में से एक पखवारा, party दल।

PAKṢĀGHĀT पक्षाघात (S. सं.) m. पु. paralysis लकवा।

PĀKŚĀLĀ पाकशाला (S. सं.) f. स्त्री. kitchen रसोईघर, बावर्चीख़ाना।

PAKṢPĀT पक्षपात (S. सं.) m. पु. partiality, favoritism तरफ़दारी।

PAKVĀN पकवान (S. सं.) m. पु. sweets मिठाई, 2. cooked food घी या तेल में तली हुई भोज्य वस्तु।

PAL पल (S. सं.) m. पु. a moment, an instant, a measure of time which is equal to 24 seconds समय का एक छोटा विभाग जो 24 सेंकड के बराबर होता है।

PĀL पाल m. पु. sail नाव के मस्तूल के सहारे ताना जाने वाला कपड़ा जिसमें हवा भरने से नाव चलती है।

PALAK पलक f. स्त्री. the eyclid आंख का वह पर्दा जिसमें गिरने और उठने से आंख क्रम से बंद होती और खुलती है, 2. the blinking of an eye पलक गिरने उठने का समय।

PĀLAK पालक (S. सं.) adj. वि. supporting, rearing पालन करने वाला, m. पु. protector, guardian पालन करने वाला, m. पु. a type of spinach एक तरह का साग।

PĀLAN पालन (S. सं.) m. पु. rearing, maintenance पालन करना, पोषण करना, 2. observing a command आज्ञा मानना, keeping as stock पशु-पक्षी रखना और उन्हें पोसना, support, to rear पोसना ~पोषण, m. पु. rearing, upbringing लालन-पालन करना।

PALNĀ पालना v.t. स.क्रि. to support, to rear, to keep (as stock), to keep (a promise or order) पालन-पोषण करना, वादा निभाना, भरण-पोषण करना, 2. a cradle हिंडोला, झूला (बच्चे का)।

PALAṄG पलंग m. पु. a bad बड़ी और उम्दा चारपाई ~ तोड़ना, to spend time in idleness ~ पोश, m. पु. bed-cover पलंग की चादर।

PALĀYAN पलायन (S. सं.) m. पु. escape, flight, desertion भागना ~ वाद, m. पु. escapism किसी बात से मुंह छिपाने की प्रवृत्ति ~वादी, adj. वि. escapist भागने वाला।

PĀLĪ पाली f. स्त्री. the Pali language पाली भाषा, 2. shift innings पारी।

PALLĀ पल्ला m. पु. edge (of a garment etc.) कपड़े की छोर, 2. side, single part, the pan of a scales तराजू का पलड़ा, 3. single leaf of a door दरवाज़े का एक पलड़ा, ~ छुड़ाना, to shake off. छुट्टी पा लेना, ~ पकड़ना, to cling for support सहारा लेना।

PALṬAN पलटन (E. अं.) f. स्त्री. battalion, regiment, platoon पैदल सैनिकों का वह विभाग जिसमें 200 सैनिक हों।

PALṬNA पलटना v.i. अ.क्रि. to turn over, to overturn उलट जाना, 2. to turn back एकदम बदल जाना, 3. to retreat वापस जाना।

PĀLTŪ पालतू adj. वि. domestic (an animal) पाला पोसा हुआ, (जैसे जानवर), जो पाला या पोसा जा सके।

PAMP पंप (E. अं.) m. पु. inflator ट्यूब आदि में हवा भरने की कल या पिचकारी।

PĀN पान (S. सं.) m. पु. drinking पीना,

2. a drink पीने की चीज़, ~ करना, to drink पीना, betel leaf ताम्बूल, एक लता जिसके पत्ते सुपारी, कत्था आदि के साथ मुखशुद्धि या शौकीनी के लिए खाए जाते हैं।

PĀNĀ पाना v.t. स.क्रि. to obtain, to get, to receive प्राप्त करना, ग्रहण करना, 2. to eat भोजन करना।

PANĀH पनाह (P. फ़ा.) f. स्त्री. refuge, shelter, protection शरण लेने की जगह ~ लेना, to take shelter शरण ग्रहण करना, ~ देना, to give refuge (to).

PANAPNĀ पनपना v.i. स.क्रि. to be revived, to be refreshed ताज़ा होना, फिर से स्वस्थ होना, 2. to flourish, to grow luxuriously, (vegetation) फिर से ताज़ा और स्वस्थ होना।

PANBIJLI ŚAKTI पनबिजली शक्ति f. स्त्री. hydroelectric power जलविधुत् शक्ति।

PANĊC पंच (S. सं.) m. पु. a council (originally of five persons), a jury, an arbitrator, umpire न्याय करने वाली सभा ~ निर्णय, m. पु. verdict by the Panch, arbitration ~ न्यायाधिकरण, m. पु. arbitral tribunal वह अदालत जिसमें मामलों का निपटारा पंचों द्वारा किया जाए।

PANĊC पंच (S. सं.) adj. वि. five पांच, ~ तत्त्व, m. पु. the five elements, earth, air, fire, water, akash ~ परमेश्वर, m. पु. a village tribunal ~ वर्षीय, adj. वि. five year (as a plan).

PANCAKKĪ पनचक्की f. स्त्री. a water, mill पानी से चलने वाली गेहूं आदि पीसने की चक्की।

PANCĀYAT पंचायत f. स्त्री. a village council, village court, village meeting, arbitrating body पंचों की ग्राम्य-मंडली या सभा (जहां मामलों की सुनवाई होती और फैसले सुनाए जाते हैं)।

PANĊCĀYATĪ पंचायती adj. वि. having to do with a panchayat पंचायत का, 2. public, common (as a building) जनता का और उन्हीं के द्वारा संचालित, (जैसे कोई भवन आदि) ~ राज, m. पु. system of local selfgovernment जनता के प्रतिनिधियों द्वारा संचालित राज्य।

PANĊCJANYĂ पंचजन्य (S. सं.) m. पु. name of Sri Krishna's couch shell श्रीकृष्ण के शंख का नाम।

PANĊCMĀNĊGĪ पंचमांगी (S. सं.) adj. वि. fifth columnist देशद्रोही।

PANĊḌĀL पंडाल m. पु. pavilion बहुत बड़ा मंडप।

PĀNĊḌAV पांडव (S. सं.) m. पु. Mahabharat's Pandu's five Sons, Yudhishthir, Bhim, Arjun, Nakul and Sahdev महाभारत के महाराज पांडु के पांचों पुत्र ~ युद्धिष्ठिर, भीम, अर्जुन, नकुल और सहदेव।

PANĊḌIT पंडित (S. सं.) m. पु. wise, learned, a scholar, a teacher a doctor विद्वान, शास्त्रों का ज्ञाता, शिक्षक, ज्ञानी।

PĀNĊḌITYĂ पांडित्य (S. सं.) m. पु. wisdom, learning विद्वत्ता, पंडिताई।

PĀNĊḌU पांडु (S. सं.) adj. वि. pale, yellowish-white सफेद-पीला रंग, jaundice पीलिया (रोग), 2. King Pandu of the Mahabharata महाराज पांडु ~ लिपि, f. स्त्री. manuscript पुस्तक की हस्तलिखित प्रति।

PANḌUBBĪ पनडुब्बी f. स्त्री. sub-marine पानी के भीतर चलने वाला जहाज़।

PANGHAṬ पनघट m. पु. a well, tank, handpump etc. from where water is taken पानी भरने का घाट।

PAṄGU पंगु (S. सं.) adj. वि. crippled, deformed जो चल न सके, गतिहीन, m.पु. a cripple चलने में अशक्त व्यक्ति।

PĀNĪ पानी m. पु. water जल, 2. lustre कांति, 3. reputation इज़्ज़त, ~ उतरना, to subside (a flood) (बाढ़ का) पानी कम होना ~ उतारना, to insult बेइज़्ज़ती करना ~ का बुलबुला, adj. वि. short lived क्षण भंगुर वस्तु ~ होना, to melt away, to dissolve, to be ashamed लज्जित होना ~ फेरना, to spoil चौपट करना ~ में आग लगाना, to revive an old quarrel असंभव होते हुए भी झगड़ा लगा देना ~ लेना, to insult बेइज़्ज़त करना ~ दार, adj. वि. tempered (steel) तेज़ किया हुआ (लोहा), 2. honoured, respected सम्मानित, स्वाभिमानी।

PĀṆI पाणि (S. सं.) m. पु. the hand हाथ, कर ~ ग्रहण, m. पु. marriage विवाह।

PĀṆINI पाणिनि (S. सं.) m. पु. a famous sage who authored the grammar book named Ashtadhyayi एक विख्यात् मुनि जिन्होंने "अष्टाध्यायी" नामक व्याकरण सूत्र-ग्रंथ की रचना की।

PANĪR पनीर (P. फ़ा.) m. पु. cheese छेना, फाड़े हुए दूध का थक्का।

PAṄJĀBĪ पंजाबी adj. वि. having to do with the Punjab पंजाब का, m. पु. a Punjabi पंजाब राज्य का निवासी, f. स्त्री. the Punjabi language पंजाब की भाषा।

PAṄJĀBIN पंजाबिन f. स्त्री. a Punjabi woman पंजाब की महिला।

PAṄJĪ पंजी (S. सं.) f. स्त्री. list, register बही, रजिस्टर ~ कार, m. पु. keeper of any register बही लिखने/रखने वाला, ~ करण, m. पु. registration वही में लिखा जाना ~ कृत, adj. वि. registered जिसका नाम रजिस्टर मे चढ़ा लिया गया हो ~ यन, m. पु. registration रजिस्टर में नाम चढ़ाना, ~ बद्ध, adj. वि. परजिस्टर पर नाम चढ़ाया हुआ।

PAṄK पंक (S. सं.) m. पु. mud कीचड़, दलदल, ~ ज, m. पु. a lotus कमल।

PAṄKH पंख m. पु. wing पर, डैना।

PAṄKHĀ पंखा m. पु. a fan वह वस्तु जिससे हवा की जाती है।

PAṄKTI पंक्ति (S. सं.) f. स्त्री. a row, line, quene क़तार, पांत, पंगत, ~ बद्ध, adj. वि. arranged in a line or lines कतार में लगा हुआ ~ च्युल, adj. वि. dislodged from a line, dislodged क़तार से निकाला हुआ।

PANNĀ पन्ना m. पु. leaf (of a book) किताब का पृष्ठ, 2. an emerald ज़र्मुरद, हरे रंग का एक प्रसिद्ध रत्न।

PANNĪ पन्नी f. स्त्री. metalfoil, tinsel रांगे आदि का पत्तर।

PANPĀNĀ पनपाना v.t. स.क्रि. to revive, to refresh, to cause to flourish पनपने में सहायता करना।

PANPNĀ पनपना v.i. अ.क्रि. to flourish हरा-भरा होना।

PĀNPHŪL पानफूल m. पु. an humble gift तुच्छ भेंट, पत्रं-पुष्पम्।

PAṄSĀRĪ पंसारी m. पु. a grocer नमक, हल्दी, मसाले आदि बेचने वाला बनिया।

PAṄTH पंथ m. पु. path, way, street

रास्ता, मार्ग, संप्रदाय।

PANṾ पांव m. पु. foot, leg पैर ~ अड़ाना, to meddle किसी बात में दखल देना ~ उखड़ना, to take, to flight भाग जाना, ~ की जूती, an humble servant तुच्छ सेवक, ~ उखाड़ना, to dislodge (from a position) काम से हटाना ~ जमाना, to stand firmly अपनी स्थिति दृढ़ करना, ~ पकड़ना, to beseech (one) खुशामद करना ~ पड़ना, to entreat प्रार्थना करना, ~ पसारना, to encroach अधिक लोभ करना ~ भारी होना, to be pregnant गर्भवती होना, ~ पांव, adv. अ. पैदल, ~ डिगना, not to be firm स्थिर न रहना।

PAṆYĀ पण्य (S. सं.) adj. वि. saleable व्यापार के योग्य, m. पु. commodity, goods for sale विक्रेय वस्तु ~ वाहक नौका, f. स्त्री. cargo boat माल ढोने वाली नाव।

PĀP पाप (S. सं.) m. पु. sin, evil, moral guilt कुकृत्य, जुर्म ~ उदय होना, to reap the reward of sins com-mitted in an earlier birth पूर्वजन्म कृत पाप का फल मिलने वाला।

PĀPAṚ पापड़ m. पु. a thin crisp cake made of pulse eaten after frying मूंग या उड़द की मसालेदार बारीक चपाती जिसे भून या तलकर खाया जाता है।

PAPĪHĀ पपीहा m. पु. the nightingale चातक, बुलबुल।

PAPITĀ पपीता m. पु. the papaya tree and its fruit एक फलदार वृक्ष और इसका फल, एंरडमेवा।

PAR पर ppn. अ. on, upon, over बाद, उपरांत, निरंतर, लगातार, adj. वि. other's ~ जीवी, m. पु. parasite दूसरे जीवों को आहार बनाकर जीवित रहने वाला पौधा एवम् प्राणी ~ तंत्र, adj. वि. dependent (on others) पराधीन, जो दूसरे के वश में हो ~ देश, m. पु. foreign country दूसरे देश ~ देशी, adj. वि. foreigner अन्य देश का, अन्य देश का वासी ~ पीड़न, m. पु. sadism दूसरे को पीड़ित कर यौन सुख पाना ~ पुरुष, m. पु. not one's husband अपने पति के अलावा अन्य पुरुष ~ स्त्री, f. स्त्री. not one's wife अपनी पत्नी के अलावा अन्य स्त्री ~ गामी, adj. वि. adulterer अपनी पत्नी को छोड़ किसी और की पत्नी के साथ संभोग करने वाला ~ गमन, m. पु. अपने पति या पत्नी को छोड़ किसी अन्य स्त्री या पुरुष के साथ संभोग ~ हित, m. पु. beneficence दूसरे का कल्याण ~ वश, adj. वि. dependent दूसरे पर निर्भर।

PAR पार m. पु. the far bank or side (of a river or ocean) नदी, समुद्र आदि का दूसरा किनारा, ~ उतरना, to get across उस पार जाना, छुट्टी पाना, मुक्त होना ~ पाना, to get the better (of) किसी चीज़ के अंत तक पहुंचना ~ होना, to finish a thing ~ दर्शक, adj. वि. transparent जिसके आर-पार दिखलाई पड़े ~ पत्र, passport पासपोर्ट।

PARĀDHĪN पराधीन (S. सं.) adj. वि. dependent परतंत्र, जो दूसरे के अधीन हो।

PARĀG पराग (S. सं.) m. पु. pollen फूल के अंदर की धूल।

PARĀJAY पराजय (S. सं.) m. पु. defeat विजय का उल्टा, हार।

PARĀJIT पराजित (S. सं.) adj. वि. conquered हराया हुआ, हारा हुआ।

PARĀKĀṢṬHĀ पराकाष्ठा f. स्त्री. climax peak अंतिम सीमा।

PARAKH परख f. स्त्री. inspection, test, discrimination गुण-दोष का पता लगाने की शक्ति।

PARAKHNĀ परखना v.t. स.क्रि. to inspect, to assay, to assess गुण-दोष जान लेना।

PARĀKRAM पराक्रम (S. सं.) m. पु. might, vigour, valour पुरुषार्थ, सामर्थ्य।

PARĀKRAMĪ पराक्रमी (S. सं.) adj. वि. mighty, vigourous पुरुषार्थी, सामर्थ्य वान।

PARAM परम (S. सं.) adj. वि. highest, best, chief हद दर्जे का, सर्वोत्कृष्ट।

PARAMSATTA परमसत्ता (S. सं.) m. पु. the supreme being, the absolute power परमेश्वर।

PARĀMARŚ परामर्श (S. सं.) m. पु. advice, counsel सलाह, राय, युक्ति ~ करना, to discuss, to consult सलाह करना ~ राय करना ~ दाता, m. पु. counsellor राय देने वाला।

PARĀMARŚĀLAY परामर्शालय (S. सं.) m. पु. counsulting room परामर्श करने का स्थान।

PARAMGATI परमगति (S. सं.) f. स्त्री. deliverance, emancipation मुक्ति।

PARAMPARĀ परंपरा (S. सं.) f. स्त्री. tradition अविच्छिन्नक्रम ~ गत, adj. वि. traditional पहले से चला आता हुआ।

PARAMPURUṢ परमपुरुष (S. सं.) m. पु. God परमात्मा।

PARAMVĪR CAKR परमवीर चक्र (S. सं.) m. पु. the highest, honour given to an Indian soldier for bravery भारतीय गणतंत्र में सेना के किसी वीर को दिया जाने वाला सर्वोच्चय उपहार।

PARANTU परंतु (S. सं.) adv. अ. but, however, never the less लेकिन, किन्तु।

PARANTUK परंतुक (S. सं.) m. पु. proviso किसी अधिनियम, प्रलेखादि की धारत के साथ लगाई गई कोई शर्त।

PĀRAS पारस m. पु. philosopher's stone स्पर्शमणि, एक पत्थर जिसके छूने से लोहा सोना हो जाता है (ऐसी मान्यता है)।

PARĀST परास्त (S. सं.) adj. वि. defeated हारा हुआ, हराया हुआ।

PARAT परत f. स्त्री. layer, stratum तह, स्तर, पुट।

PAṚĀV पड़ाव m. पु. haltingplace, 2. camp. stopping place मंज़िल, टिकान ~ डालना, to encamp खेमा डालना।

PARCĀ पर्चा (P. फ़ा.) m. पु. a piece of paper काग़ज का टुकड़ा, 2. an examination paper प्रश्न-पत्र, 3. a pamphlet पैम्फलेट।

PANCHHĀĪṄ परछाईं f. स्त्री. reflection प्रतिच्छाया।

PARCŪN परचून m. पु. groceries, provisions आटा-चावल आदि सामग्री।

PARDĀ पर्दा (P. फ़ा.) m. पु. curtain, screen ओट करने वाली वस्तु, 2. veil घूंघट, 3. secret भेद ~ उठाना या खोलना, to unvail, to raise the curtain रहस्य की बात खोलना ~ फ़ाश करना, to reveal the secrets (of) रहस्य की बात प्रकट करना ~ डालना, to conceal (some-thing) बात छिपाना, ~ नशीन, adj. वि. kept in purdah (a woman) पर्दे में रखी हुई (औरत), जो पर्दे में रहे।

PĀRDARŚĪ पारदर्शी (S. सं.) adj. वि. transparent जिसके आर-पार देखा जा सके।

PĀRDARŚITĀ पारदर्शिता (S. सं.) f. स्त्री. transparency आर-पार दिखाई देने का गुण।

PARDEŚ परदेश (S. सं.) m. पु. foreign country पराया देश।

PARDEŚĪ परदेशी (S. सं.) adj. वि.

foreigner विदेशी, पराए देश का, m. पु. a foreigner विदेशी (व्यक्ति)।

PAREŚĀN परेशान adj. वि. troubled, distressed, worried, perplexed हैरान, उद्विग्न, व्याकुल।

PAREŚĀNĪ परेशानी f. स्त्री. distress, trouble, embarrassment उद्विग्नता, व्याकुलता।

PAṚHĀNĀ पढ़ाना v.t. स.क्रि. to teach, to educate सिखाना, शिक्षा देना।

PARHEZ परहेज़ (P. फ़ा.) m. पु. abstention, moderation दोष-पाप से बचना, कुपथ्य से बचना ~ गार, adj. वि. abstemious संयम बरतने वाला।

PAṚHNĀ पढ़ना v.t. स.क्रि. to read, to study सीखना, शब्दों का उच्चारण करना, शिक्षा पाना।

PARĪ परी (P. फ़ा.) f. स्त्री. a fairy, a beautiful woman अप्सरा, सुन्दर स्त्री, ~ ज़ाद, adj. वि. born of a fairy परीकी सन्तान, ~ स्तान, fairyland अप्सरालोक।

PĀRĪ पारी f. स्त्री. turn, shift, innings बारी, अवसर, पाली।

PARIBHĀṢĀ परिभाषा (S. सं.) f. स्त्री. definition (of a word) व्याख्या, technical language तकनीकी भाषा।

PARICĀLAK परिचालक (S. सं.) m. पु. a conductor कंडक्टर।

PARICĀLAN परिचालन (S. सं.) m. पु. conducting, guiding, conduction चलाना, निर्देशित करना।

PARICĀRIT KARNĀ परिचारित करना v.t. स.क्रि. to circulate परिपत्रित करना, प्रसारित करना।

PARICAY परिचय (S. सं.) m. पु. acquaintance, knowledge, introduction जान-पहचान, ज्ञान ~ पत्र, m. पु. letter of introduction वह पत्र जिसे कोई व्यक्ति अपना परिचय देने के लिए दिखलाता है।

PARICCHED परिच्छेद (S. सं.) m. पु. chapter, section (of a book) किसी ग्रंथ या पुस्तक का अध्याय।

PARICIT परिचित (S. सं.) adj. वि. known, an acquaintance जिससे जान-पहचान हो, m. पु. an acquaintance जान-पहचानी (व्यक्ति)।

PARIDHI परिधि (S. सं.) f. स्त्री. circumference वृत्त बनाने वाली गोल रेखा।

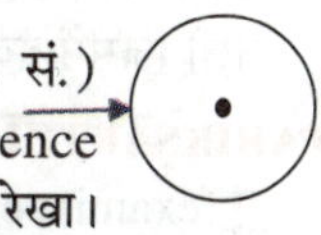

PARIDUTT PŪNJĪ परिदत्त पूंजी f. स्त्री. paid-up capital प्रार्थित पूंजी का वह भाग जो संचालकों द्वारा मांगे जाने पर हिस्सेदारों द्वारा जमा कर दिया गया हो।

PARIGAṆIT परिगणित (S. सं.) adj. वि. scheduled जिसका परिगणान किया गया हो ~ जाति f. स्त्री. scheduled caste अनुसूचित जाति।

PARIGRAH परिग्रह (S. सं.) m. पु. taking, accepting लेना, धारण करना, संग्रह करना, property, acquairing, property धन आदि का संग्रह करना।

PARIHĀR परिहार (S. सं.) m. पु. repelling, eliminating, remission ऋण या दंड आदि में की गई कमी।

PARIHĀS परिहास (S. सं.) m. पु. laughter, banter, ridicule हंसी, मज़ाक।

PARIKATHĀ परिकथा (S. सं.) f. स्त्री. a story, a tale, a story incorporated in another अनुकथा बड़ी कहानी के अंदर आई हुई छोटी कथा।

PARIKRAMĀ परिक्रमा (S. सं.) f. स्त्री. circumambulation फेरी, चारों ओर घूमना, covered path round a temple मंदिर के चारों ओर घूमने का मार्ग।

PARIKṢĀ परीक्षा (S.सं.) f. स्त्री. examination, investigation, test, experiment इम्तहान, परख, जांच ~ भवन, m. पु. examination hall परीक्षा देने का स्थान या घर।

PARIKṢAK परीक्षक (S. सं.) m. पु. examiner, investigator परीक्षा करने या लेने वाला।

PARIKṢAṆ परीक्षण (S. सं.) m. पु. experiment, test, inspection जांच, परख ~ नलिका, f. स्त्री. test tube वह नली जिसमें द्रव की परीक्षा की जाती है।

PARIKṢĀRTHĪ परीक्षार्थी (S. सं.) m. पु. examinee इम्तहान देने वाला।

PARIKṢIT परीक्षित (S. सं.) adj. वि. investigated, examined जांचा हुआ।

PARILĀBH परिलाभ (S. सं.) m. पु. emolument किसी पद पर काम करने या सेवा आदि के निमित्त वेतन।

PARIMAL परिमल (S. सं.) m. पु. fragrance, perfume सुवास, सुगंध।

PARIMĀṆ परिमाण (S. सं.) m. पु. measure, amount, quantity, dimension, extent, scope नाप, तौल, मात्रा, आकार।

PARIMĀRJAN परिमार्जन (S. सं.) m. पु. purifying, refining त्रुटियां या दोष दूर करना।

PARIMIT परिमित (S. सं.) adj. वि. measured, limited मापा हुआ, सीमित।

PARIṆĀM परिणाम (S. सं.) m. पु. result, effect, deduction नतीजा, फल।

PARIṆAT परिणत (S. सं.) adj. वि. transformed परिणाम या रूपान्तर को प्राप्त।

PARIṆATI परिणति (S. सं.) f. स्त्री. transformation रूपान्तरण को प्राप्त होना, अवसान।

PARIṆAY परिणय (S. सं.) m. पु. marriage विवाह।

PARIṆDĀ परिन्दा (P. फ़ा.) m. पु. a bird चिड़िया, पक्षी।

PARINIRṆAY परिनिर्णय (S. सं.) m. पु. award अन्तिम निर्णय।

PARIṆĪTĀ परिणीता (S. सं.) f. स्त्री. a married woman विवाहिता स्त्री।

PARIPĀK परिपाक (S. सं.) m. पु. fully cooked state पकाया जाना, 2. assimilation digestion, maturity समाप्त होने की अवधि ~ तिथि, f. स्त्री. date of maturity हुंडी या बीमा की पाँलिसी में निर्धारित अवधि (मियाद) समाप्त होने की तिथि।

PARIPATR परिपत्र (S. सं.) m. पु. circular गश्ती चिट्ठी।

PARIPURṆ परिपूर्ण (S. सं.) adj. वि. quite full अच्छी तरह भरा हुआ।

PARIRAKṢAK परिरक्षक (S. सं.) m. पु. curator किसी संग्रहालय की देख रेख करने वाला अधिकारी।

PARIRŪP परिरूप (S. सं.) m. पु. design पहले से सोची हुई रूपरेखा।

PARIṢAD परिषद (S. सं.) f. स्त्री. council सदस्यों की सभा मंडली।

PARISAMĀPAK परिसमापक (S. सं.) m. पु. liquidator किसी प्रमंडल, व्यापारिक संस्था आदि का देना-पावना दे-लेकर उसका कारबार समाप्त करने वाला अधिकारी।

PARISAMĀPAN परिसमापन (S. सं.) m. पु. liquidation ऋण आदि पूरी तरह चुका देना।

PARISAMĀPTI परिसमाप्ति (S. सं.) f. स्त्री. किसी चलते हुए काम, छुट्टी, रेलपथ आदि की समाप्ति या अंत हो जाना।

PARISAṀPAD परिसंपद (S. सं.) f. स्त्री. assets वह संपत्ति तथा पावना आदि जिससे (उसका) देय ऋण चुकाया जा सके।

PARISAṄGH परिसंघ (S. सं.) m. पु. confederation कई राष्ट्रों या संधों का संगठन।

PARISĪMAN परिसीमन (S. सं.) m. पु. delimitation किसी स्थान क्षेत्र, प्रदेश आदि की सीमा स्थिर करना।

PARIŚIṢṬ परिशिष्ट (S. सं.) adj. वि. remaining, m. पु. पुस्तक या लेख का पूरक अंश।

PARIŚRAM परिश्रम (S. सं.) m. पु. work, effort मेहनत ~करना, to work hard मेहनत करना।

PARIŚRAMĪ परिश्रमी (S. सं.) adj. वि. industrious, hardworking मेहनत करने वाला, परिश्रम करने वाला।

PARISTHITI परिस्थिति (S. सं.) f. स्त्री. circumstance अवस्था, चारों और की स्थिति।

PĀRIT पारित (S. सं.) adj. वि. passed (as bill etc.) (प्रस्ताव विधेयक आदि) जो किसी सभा, विधानसभा आदि में विधिपूर्वक स्वीकृत हो चुका हो।

PARITĀP परिताप (S. सं.) m. पु. remorse अत्यधिक ताप, suffering अति शोक।

PARITOṢ परितोष (S. सं.) m. पु. full satisfaction सन्तोष, तृप्ति।

PARITYĀG परित्याग (S. सं.) m. पु. abandonment, desertion पूरी तरह छोड़ देना।

PARITYAJAN परिव्यजन (S. सं.) m. पु. परित्याग।

PARIVĀD परिवाद (S. सं.) m. पु. complaint शिकायत।

PARIVĀDAK परिवादक (S. सं.) m. पु. complainant वादी, मुद्दई।

PARIVAHAN परिवहन (S. सं.) m. पु. transport, transportation कोई वस्तु ढोकर ले जाना, पहुंचाना ~बाधा, f. स्त्री. bottleneck माल इत्यादि के एक स्थान से दूसरे स्थान तक पहुंचाए जाने में रेल के डिब्बों इत्यादि की कमी के कारण पड़ने वाली बाधा, ~ व्यवस्थापक, m. पु. traffic manager परिवहन की व्यवस्था करने वाला अधिकारी।

PARIVĀR परिवार (S. सं.) m. पु. family, relatives कुटुम्ब, कुनबा, 2. समूह ~ नियोजन, m. पु. family planning सन्तति निग्रह।

PARIVEŚ परिवेश (S. सं.) m. पु. surroundings, environment परिधि, वेष्टन, घेरा, पड़ोस।

PARIYOJNĀ परियोजना (S. सं.) f. स्त्री. project योजना या परिकल्पना।

PARK पार्क (E. अं.) m. पु. a public place for recreation सार्वजनिक उपवन, पार्क।

PARKĀR परकार (P. फ़ा.) m. पु. a pair of compassess, Dividers वृत्त की परिधि बनाने, नापने आदि का दो भुजाओं वाला एक आला।

PARKĪYĀ परकीया (S. सं.) f. स्त्री. wife of another person (than her lover) पर पुरुष से प्रेम करने वाली नायिका।

PĀRLAUKIK पारलौकिक (S. सं.) adj. वि. having to do with the next world दूसरी दुनिया, परलोक संबंधी, परलोक का।

PARLOK परलोक (S. सं.) m. पु. the other world दूसरी दुनिया, स्वर्ग आदि दूसरे लोक ~सिधारना, to die ~गमन, m. पु. decease मृत्यु, ~वास, m. पु. death मौत।

PARMĀDHIKĀR परमाधिकार (S. सं.) m. पु. prerogative विशिष्ट अधिकार।

PARMĀṆU परमाणु (S. सं.) m. पु. an atom पृथ्वी, जल, तेज और वायु

का वह सबसे छोटा भाग जिसके और टुकड़े न हो सकें ~ बम, m. पु. atom bomb महाविध्वंसक।

PARMĀTMĀ परमात्मा (S. सं.) m. पु. God ईश्वर, परमेश्वर, भगवान।

PARMĀVŚYAK SEVĀEṀ परमरवश्यक सेवाएं (S. सं.) f. स्त्री. essential services सर्वसाधारण को पानी, बिजली आदि देने तथा सार्वजनिक सफाई आदि संबंधी कार्य।

PAṚNĀ पड़ना v.i. अ.क्रि. to fall, to lie, 2. to lie idle गिरना, असर होना, 2. आलस करना।

PARNĀLĀ परनाला m. पु. drain, gutter नाबदान, मोरी।

PAROKṢ परोक्ष (S. सं.) adj. वि. indirect, hidden, not visible, absent जो आंखों के सामने न हो ~ निर्वाचन, m. पु. indirect, election निर्वाचन-मंडलों नगरपालिकाओं आदि द्वारा किया जाने वाला चुनाव।

PAROPJĪVĪ परोपजीवी (S. सं.) adj. वि. parasite दूसरों पर आश्रित।

PAROPKĀR परोपकार (S. सं.) m. पु. beneficence, kindness, help दूसरे की भलाई।

PAROPKĀRĪ परोपकारी (S. सं.) adj. वि. beneficent दूसरों की भलाई करने वाला, m. पु. a benefactor परोपकार करने वाला।

PAṚOS पड़ोस m. पु. neighbourhood परिवेश, किसी के आप पास की जगह।

PAṚOSĪ पड़ोसी m. पु. neighbour पड़ोस में रहने वाला, प्रतिवेशी।

PARPAKṢ परपक्ष (S. सं.) m. पु. enemy's part शत्रुपक्ष ~ ग्राही, adj. वि. turncoat अपना दल या पक्ष छोड़ कर दूसरा या शत्रु का पक्ष ग्रहण करने वाला।

PĀRPATR पारपत्र m. पु. passport विदेश जाने का अनुज्ञापत्र, पासपोर्ट।

PARPURUṢ परपुरुष (S. सं.) m. पु. paramour पति के सिवा पत्नी का ग़ैर मर्द।

PARRĀṢTRA-MANṀTRĪ परराष्ट्र-मंत्री (S. सं.) m. पु. foreign minister, minister of foreign affairs विदेश-मंत्री।

PARSOṀ परसों adv. अ. the day before yesterday, the day after tomorrow पिछले दिन से एक दिन पहले, अगले दिन से एक दिन बाद।

PARASPAR परस्पर (S. सं.) adj. वि. mutual, reciprocal आपस में, एक दूसरे के साथ, adv. अ. mutually, among one another आपस में।

PĀRŚV पार्श्व (S. सं.) m. पु. side (of the body) flank, edge, adjacent, position, vicinity बगल, अगल-बगल की जगह ~ बर्ती, adj. वि. adjacent बगल की, बगल का ~ टिप्पणी, f. स्त्री. marginal note हाशिए पर लिखी गई टिप्पणी ~ भूमि, f. स्त्री. attendant आप-पास की ज़मीन ~ संगीत, m. पु. background music पृष्ठभूमि में चलने वाला संगीत (नाटक या फ़िल्म में) ~ नायक, m. पु. wing commander वायुसेना के दो-तीन दस्तों की बनी टुकड़ी का नायक ~ रक्षक-सेना, f. स्त्री. flank guard पार्श्व की रक्षा करने वाली सेना, ~ शूल, m. पु. Pleurisy 6ºC आदि लग जाने से पार्श्व देश में होने वाली सूजन।

PAṚTĀL पड़ताल f.स्त्री. testing, examining, check, review, investigation जांच, निरीक्षण।

PARTANṀTR परतंत्र adj. वि. dependent on other, not independent पराधीन, दूसरे के वश में जो हो।

PĀRTHIV DŪRBĪN पार्थिव दूरबीन f. स्त्री. terrestrial telescope पृथ्वी पर रखी हुई दूर की वस्तुओं को देखने के काम आने वाली दूरबीन।

PARV पर्व (S. सं.) m. पु. festival त्यौहार, उत्सव, 2. section (of a book) अध्याय (पुस्तक का)।

PARVĀNĀ परवाना (P. फ़ा.) m. पु. a moth पतिंगा, 2. warrant लिखित आज्ञा (जैसे गिरफ्तारी का), बंदी बनाने का आज्ञापत्र, 3. licence आज्ञापत्र, मौत का~ m. पु. death sentence मौत की सज़ा।

PARVĀNGĪ परवानगी f. स्त्री. order इजाज़त, आज्ञा, फ़रमान।

PARVARIŚ परवरिश (P. फ़ा.) f. स्त्री. support, maintenance, nurture पालन-पोषण।

PARVAŚ परवश (S. सं.) adj. वि. one dependent on others जो दूसरे के अधीन हो ~ता, f. स्त्री. dependence on another औरों पर निर्भर होना।

PARVAT पर्वत (S. सं.) m. पु. a hill, a mountain पहाड़।

PĀRVATĪ पार्वती (S. सं.) f. स्त्री. name of the daughter of Himalaya and wife of Shiva हिमालय की पुत्री और शिव की पत्नी।

PARUATRĀJ पर्वतराज (S. सं.) m. पु. Himalaya हिमालय।

PARVATĪYĂ पर्वतीय (S. सं.) adj. वि. hilly पर्वत-संबंधी, m. पु. a hill dweller पहाड़ पर रहने वाला, पहाड़ी।

PARYĀPT पर्याप्त (S. सं.) adj. वि. enough, sufficient, considerable काफी, पूरा।

PARYAṬAK पर्यटक (S. सं.) m. पु. tourist भ्रमण करने वाला।

PARYAṬAN पर्यटन (S. सं.) m. पु. tourism, travelling भ्रमण, भ्रमण करना।

PARYAVEKṢAK पर्यवेक्षक (S. सं.) m. पु. supervisor, scrutineer देख-भाल करने वाला।

PARYAVEKṢAṆ पर्यवेक्षण (S. सं.) m. पु. supervision देखभाल।

PARYĀY पर्याय (S. सं.) m. पु. synonym समानार्थक शब्द।

PĀS पास adv. अ. nearly समीप, अधिकार में, m. पु. side ओर, तरफ़, ppn. beside, near नज़दीक, 2. owned by कब्ज़े में ~ तक न फटकना, to keep clean नज़दीक न आना, दूर रहना।

PĀS पास (A. अ.) m. पु. pass, ticket आज्ञा-पत्र, अनुमति पत्र, ~port पार पत्र, पासपोर्ट (विदेश जाने का सरकारी अनुमति पत्र) ~बुक, f. स्त्री. बैंक से मिलने वाली वह किताब जिसमें रुपया जमा करने या निकालने आदि का हिसाब रहता है।

PĀSĀ पासा m. पु. die, dice, throw of dice, a dice game चौपड़, चौसर ~ पड़ना, to have a stroke of luck भाग्य खुलना ~ पलटना, things to go wrong बुरे दिन आना, ~ फेंकना, to try one's luck क़िस्मत की आज़माइश करना।

PASĀN पाषाण m. पु. a stone पत्थर, शिला ~ युग, m. पु. stone age प्रस्तर युग, वह युग जब मानव पत्थर के हथियारों से काम लेता था।

PASAND पसंद (P. फ़ा.) adj. वि. liked जो मन को जंचे, f. स्त्री. liking, choice, approval, preference रुचि।

PAŚCĀT पश्चात (S. सं.) adv. अ. afterwards बाद में, behind पीछे से।

PAŚCĀTĀP पश्चाताप (S. सं.) m. पु. repentance, remorse पछतावा।

PAŚCĀTYĂ पाश्चात्य (S. सं.) adj. वि. western, of the west पश्चिमी, पच्छिम का।

PASĪNĀ पसीना m. पु. sweat, perspiration स्वेद, श्रमजल ~ होना, to be alarmed, to be covered in sweat पसीने से तरबतर होना ~ आना, to perspire, to sweat पसीना बहना।

PASLĪ पसली f. स्त्री. rib पंजरक्की हड्डी।

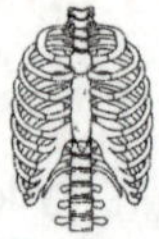

PAŚMĪNĀ पशमीना (P. फ़ा.) m. पु. woollen material, woollen shawl मुलायम ऊन का कपड़ा।

PAST पस्त (P. फ़ा.) adj. वि. inferior, low, base, without energy or spirit तुच्छ, नीच, हारा हुआ ~ होना, to be defeated or humiliated हार जाना- हिम्मत, adj. वि. discouraged निरुत्साहित, जिसकी हिम्मत टूट गई हो।

PAŚU पशु (S. सं.) m. पु. an animal cattle, a beast, brute जानवर, चौपाया ~ चिकित्सालय, m. पु. veterinary hospital ~ चिकित्सक, m. पु. livestock surgeon ~ धन, m. पु. livestock मनुष्य परिवार के साथ रहने और उसके काम आने वाले पशु ~ पालन, m. पु. cattle farming जीविका के लिए पशु पालने का काम~वत, adj. वि. like an animal, brutal जानवर की तरह।

PAŚUTA पशुता (S. सं.) f. स्त्री. brutality पशुत्व, जानवरपन, दरिन्दगी।

PAṬ पट (S. सं.) m. पु. cloth, garment वस्त्र, कपड़ा, पोशाक, ~ कथा, f. स्त्री. screenplay फ़िल्म, टी.वी. आदि के लिए लिखी गई कहानी ~ परिवर्तन, m. पु. ~ परिवर्तन, m. पु. change of scene पर्दा बदलना, दृश्य बदलना (नाटक में)।

PAṬ पट m. पु. flat surface चिपटा और चौरस तल, adj. वि. flat औंधा।

PATA पता m. पु. trace, track, information, address, whereabouts ठिकाना, चिट्ठी आदि की पीठ पर लिखा जाने वाला पाने वाले का नाम आदि जिससे वह सही स्थान पर पहुंच सके, जानकारी।

PĀTAK पातक (S. सं.) m. पु. sin पाप, अध।

PATĀKĀ पताका (S. सं.) m. पु. flag, banner झंडा, ध्वज, निशान ~ शीर्षक, m. पु. banner headline समाचार पत्र पर दिया गया सर्वप्रधान शीर्षक।

PAṬĀKHĀ पटाख़ा m. पु. fire cracker एक तरह की आतिशबाज़ी।

PAṬAL पटल (S. सं.) m. पु. veil, screen परदा, 2. roof, thatch छत, 3. layer तह, परत।

PĀTĀL पाताल (S. सं.) m. पु. one of the seven subterranean regions, the underworld, hell पृथ्वी के नीचे के सात लोकों में सबसे नीचे का लोक, अधो लोक, नरक।

PATAN पतन (S. सं.) m. पु. falling, decline ऊपर से नीचे आना, नाश, पतित होना।

PAṬĀNĀ पटाना v.t. स.क्रि. to irrigate सींचना, 2. to settle an account ऋण चुकाना, हिसाब चुकता करना, 3. to obtain the agreement (of) अपनी ओर करना।

PATAṄG पतंग (S. सं.) m. पु. a moth शलभ, फतिंगा, 2. a paper kite गुड्डी, कनकौवा, ~ बाज़ी, f. स्त्री. kite flying पतंग उड़ाना।

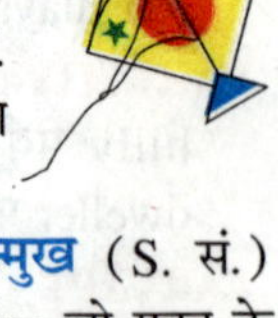

PATNONMUKH पतनोन्मुख (S. सं.) adj. वि. facing decline जो पतन के निकट हो।

PAṬEL पटेल m. पु. village-elder गांव का मुखिया, गांव का नंबरदार, 2. Gujrati trading community गुजरात की एक वणिक जाति।

PATH **पथ** (S. सं.) m. पु. way, road मार्ग, 2. course कार्य या व्यवहार की पद्धति ~ प्रदर्शक, ~ दर्शक, m. पु. guide, leader राह दिखाने वाला ~ प्रदर्शिका, f. स्त्री. guide, guide book सूची पुस्तिका, ~ प्रदर्शन, m. पु. guidance राह दिखाना ~ भ्रष्ट, adj. वि. strayed from the path राह भूल जाने वाला।

PAṬH **पाठ** (S. सं.) m. पु. reading, study सबक, पढ़ना, पढ़ने की क्रिया या भाव, recitation, text, version, lesson~ करना, to read, to recite, to study ~ शाला, f. स्त्री. a school स्कूल।

PAṬHAN **पठन** (S. सं.) m. पु. reading, reciting पढ़ना, पढ़ने की क्रिया ~ पाठन, m. पु. reading and teaching पढ़ना और पढ़ाना।

PAṬHĀR **पठार** m. पु. a plateau दूर तक फैली हुई ऊंची और चौरस ज़मीन।

PĀTHEYĂ **पाथेय** (S. सं.) adj. वि. having, to do with a journey, m. provision for a journey राहखर्च, संबल।

PATHIK **पथिक** (S. सं.) m. पु. a traveller राही, बटोही, राह चलने वाला।

PAṬHNĪYĂ **पठनीय** (S. सं.) adj. वि. deserving to be read पढ़ने योग्य।

PATHRĪLĀ **पथरीला** adj. वि. rocky, stony जिसमें पत्थर के टुकड़े मिले हों, जहां पत्थर के टुकड़े पड़े हों।

PĀṬHYAKRAM **पाठ्यक्रम** (S. सं.) m. पु. syllabus कोर्स की पुस्तकों की नामा –वली।

PĀṬHYAPUSTAK **पाठ्य पुस्तक** (S. सं.) f. स्त्री. textbook कोर्स की किताब।

PATI **पति** (S. सं.) m. पु. master, lord मालिक, स्वामी, 2. husband शौहर, ~ व्रत, f. स्त्री. fidelity to a husband पति के प्रति निष्ठा ~ व्रता, f. स्त्री. a wife faithful to her husband पति के प्रति एक निष्ठ पत्नी।

PATIT **पतित** (S. सं.) adj. वि. fallen, degraded गिरा हुआ, नीच, m. पु. a fallen person गिरा हुआ व्यक्ति ~ पावन, m. पु. purifying the sinful, a title of God जो पतितों का उद्धार करे, ईश्वर।

PATJHAṚ **पतझड़** m. पु. autumn, fall of leaves पत्तियां झड़ने का मौसम।

PATLA **पतला** adj. वि. thin, lean, frail दुबला, 2. जो गाढ़ा न हो, narrow संकरा।

PATLŪN **पतलून** m. पु. trousers, pantaloon अंग्रेज़ी ढंग का पायजामा।

PĀṬNĀ **पाटना** v.t. स.क्रि. to fill in, to fill up भर देना, ढेर लगाना।

PATNĪ **पत्नी** (S. सं.) f. स्त्री. wife बीवी, भार्या, स्त्री।

PATR **पत्र** (S. सं.) m. पु. leaf पत्ता, 2. letter चिट्ठी, 3. newspaper समाचार पत्र, magazine पत्रिका, ~ कार, m. पु. journalist ~ पाल, m. पु. post master पोस्टमास्टर, ~ पेटिका, f. स्त्री. letter-box ~ व्यवहार, m. पु. correspon-dence ~ सूचना विभाग, m. पु. press information bureau समाचार पत्रों के लिए सूचना और समाचार देने वाला सरकारी विभाग।

PATRĀCĀR **पत्राचार** (S. सं.) m. पु. correspondence चिट्ठी-पत्री, पत्र-व्यवहार।

PATRĀLAY **पत्रालय** (S. सं.) m. पु. post office डाकघर।

PATRIKĀ **पत्रिका** (S. सं.) f. स्त्री.

magazine साप्ताहिक, पाक्षिक आदि पत्र।

PAṬṬĀ पट्टा m. पु. a deed, contract, lease सनद, स्थायी सम्पत्ति के उपयोग का अधिकार-पत्र।

PAṬṬA पट्टा m. पु. strap, belt, collar of an animal, shoulder strap, badge (of a waiter etc.) चमड़े का कमरबंद, पालतू कुत्ते आदि के गले में बांधी जाने वाली पट्टी)।

PATTA पत्ता m. पु. leaf पत्र, पत्तर, 2. playing card ताश (का पत्ता)।

PATTHAR पत्थर m. पु. stone, hailstone पाषाण, पृथ्वी का कड़ा स्तर ~ की लकीर, unalterable न मिटने वाली वस्तु ~ होना, to petrify, to become hard, rigid सख़्त होना।

PAṬU पटु (S. सं.) adj. वि. clever, expert दक्ष, चालाक, ~ ता, f. स्त्री. skill, cleverness दक्षता, कुशलता।

PATVAR पतवार f. स्त्री. a rudder oar नाव में पीछे की ओर लगी वह तिकोन लकड़ी जिससे नाव को इधर-उधर घुमाते हैं।

PAṬVĀRĪ पटवारी m. पु. registrar of a village's land accounts.

PAU पौ f. स्त्री. down प्रातःकाल का प्रकाश ~ फटना, down to break तड़का होना ~ बारह होना, to have good luck लाभ ही लाभ होना।

PAUDHĀ पौधा m. पु. a young plant, seedling, sapling पौद, छोटा पेड़, नया पेड़।

PAURUṢ पौरुष (S. सं.) m. पु. vigour, manliness, virility पुरुष का भाव, मर्दानगी, पुरुष की शक्ति, adj. वि. manly, human पुरुषसुलभ, मर्दाना।

PĀV पाव m. पु. fourth part, quarter चौथा भाग, एक चौथाई, 2. a quarter seer (half a pound), a weight of a quarter seer सेर की एक चौथाई की तौल, ~ रोटी, f. स्त्री. a loaf of bread डबल रोटी।

PAVAN पवन (S. सं.) m. पु. wind वायु, हवा ~ चक्की, f. स्त्री. windmill हवा से चलने वाली चक्की, ~ सुत, m. पु. a son of the wind हवा का पुत्र, a title of Hanuman हनुमान का एक नाम जिन्हें पवन से अंजनि का पुत्र माना जाता है।

PĀVAN पावन (S. सं.) adj. वि. purifying, pure, holy पवित्र, शुद्ध करने वाला, शुद्ध।

PAVAṄṚĀ पवांड़ा m. पु. a long or boring tale बहुत बढ़ाकर कही हुई बात, 2. a kind of song एक तरह का गीत।

PAVITR पवित्र (S. सं.) adj. वि. pure, holy sacred शुद्ध, पुनीत।

PENŚAN पेंशन (E. अं.) f. स्त्री. pension कार्यमुक्त होने पर प्राप्त वृत्ति ~ याफ़्ता, adj. वि. pensioner जिसे पेंशन मिलती हो।

PERNA पेरना v.t. स.क्रि. to crush (sugar cane etc.) to press, to afflict रस निचोड़ना, 2. सताना।

PEŚ पेश (P. फ़ा.) adv. अ. infront, forward, previously सामने, पहले ~ आना, to come forward, to happen सलूक करना ~ करना, to put forward ~ कश, submission request प्रस्तुति।

PEŚA पेशा (P. फ़ा.) m. पु. occupation profession, trade, business पेट का धंधा, व्यवसाय, काम ~ करना, (of a woman) to earn one's living as a prostitute वेश्यावृत्ति करना।

PEŚĀB पेशाब (P. फ़ा.) m. पु. urine

मूत्र, मूत ~ करना to urinate.

PEŚĀNĪ पेशानी (P. फ़ा.) f. स्त्री. the brow भौंह, 2. destiny भाग्य।

PEŚGĪ पेशगी (P. फ़ा.) f. स्त्री. an advance (of money) अग्रिम।

PEŚĪ पेशी (P. फ़ा.) f. स्त्री. hearing (of a case) मुकदमे की सुनवाई, appearance (in court) (कचहरी में) उपस्थित होना।

PEŚVĀ पेशवा (P. फ़ा.) m. पु. guide, leader सरदार, नेता, 2. prime minister of the Marathas मराठों के प्रधानमंत्री की एक उपधि।

PEŚVĀZ पेशवाज़ (P. फ़ा.) m. पु. skirt with zari work घाघरा जिस पर ज़रीका काम किया होता है।

PET पेट m. पु. the stomach, the belly उदर, 2. womb गर्भ ~ होना, to be pregnant ~ काटना, to deprive (one) of the means of existance कंजूसी करना ~ गिराना, to have abortion गर्भ गिराना, ~ में चूहे कूदना, to be hungry भूख लगना ~ का धंधा, livelihood जीविका।

PEṬU पेटू adj. वि. gluttonous मरभुक्खा जिसे सदा खाने की भूख लगी रहे, m. पु. a glutton भुक्खड़।

PEYĂ पेय (S. सं.) adj. वि. drinkable पीने योग्य, m. पु. any drink पीया जाने वाला पदार्थ।

PHABNĀ फबना v.t. अ.क्रि. to be fit, to suit, to adorn शोभा देना।

PHABTĪ फब्ती f. स्त्री. witticism, an apt remark चुटीली बात ~ उड़ाना, ~ कसना, to make fun चुटीली बात कहना।

PHĀG फाग m. पु. the Holi festival होली, 2. the month of falgun फाल्गुन महीना, 3. song sung at the Holi festival होली में गाया जाने वाला गीत।

PHĀGUN फागुन m. पु. the twelfth lunar month of the Hindu calendar फाल्गुन (फरवरी-मार्च)।

PHAGUNAHAṬ फगुनहट f. स्त्री. the dusty wind of phalgun फागुन की धूल भरी हवा।

PHAHRĀNĀ फहराना v.t. स.क्रि. to fly (a flag) हवा में उड़ाना (जैसे झंडा आदि), v.i. अ.क्रि. to flap, to fly (a flag) हवा में उड़ना।

PHAILNĀ फैलना v.i. अ.क्रि. to spread, to be spread or extended, to be spread out, to increase in size पसरना, अधिक स्थान घेरना, to become current (as a view, rumour, a disease etc.) पसरना, अधिक स्थान घेरना, अधिक स्थानों तक पहुंचना।

PHAKKAṚ फक्कड़ adj. वि. carefree, happy-go-lucky अकिंचन होते हुए भी मस्त।

PHAL फल m. पु. fruit पेड़-पौधों का गूदेदार बीज कोश (जैसे आम का फल), 2. result नतीजा, परिणाम, 3. produce उपज, result (math.) गणित क्रिया में प्राप्त अंक ~ परिरक्षण, m. पु. fruit preservation फलों को क्षतिग्रस्त होने से बचाना ~ आना, to bear fruit पेड़ में फल लगना।

PHALAK फलक (S. सं.) m. पु. a board तख़्ता, layer सतह, पटल, canvas (for painting) चित्राधार।

PHALIT फलित (S. सं.) adj. वि. yielding fruit फलीभूत, having produced fruit जिसने फल दिया हो ~ ज्योतिष, m. पु. astrology ज्योतिष का वह अंग जो ग्रह-नक्षत्रों की गति से शुभाशुभ बताता है।

PHALNĀ फलना v.i. अ.क्रि. to bear fruit, to thrive फलयुक्त होना ~

फूलना, to flourish सुख-सौभाग्य युक्त होना।

PHALPṚĀPTI फलप्राप्ति (S. सं.) f. स्त्री. getting of good result अभीष्ट-सिद्धि।

PHAṆḌĀ फंदा m. पु. snare, noose, trap फांस, जाल, धोखा ~ छुड़ाना, to be free क़ैद से रिहा होना।

PHĀṄK फांक f. स्त्री. slice (of orange etc.) फल आदि का टुकड़ा (जैसे सेब की फांक), 2. crack दरार।

PHĀṄKNĀ फांकना v.t. स.क्रि. to toss (any dry food) into the mouth from the palm of the hand हाथ से चूर्णादि लेकर मुंह में फंका मारना, धूल ~ to live in dire poverty गरीबी में दिन गुज़ारना।

PHAṄSĀNĀ फंसाना v.t. स.क्रि. to snare, to trick, to entangle फांसना, 2. to catch (as a fish) मछली मारना।

PHĀṄSNĀ फांसना v.t. स.क्रि. -फंसाना।

PHĀṄSĪ फांसी f. स्त्री. death by hanging, noose रस्सी का जानलेवा फंदा, ~का तख़्ता, m. पु. scaffold फांसी देने की तख़्ती।

PHAPHŪṄD फफूंद f. स्त्री. fungus, mould, mildew भुंकड़ी।

PHAPHŪṄDĪ फफूंदी f. स्त्री. fungus, mould, mildew भुंकड़ी।

PHAPHOLA फफोला m. पु. a blister छाला।

PHAṚAKNĀ फड़कना v.i. अ.क्रि. to flutter स्फुरित होना, to quiver, to twitch (as the eyelids), to throb फड़फड़ाना।

PHAṚAK UṬHNĀ फड़क उठना v.i. अ.क्रि. to be extremely happy अति प्रसन्न होना।

PHARHARĀ फरहरा m. पु. banner, flag पताका, झंडा, 2. half-dry अध-सूखा।

PHAṚVĀNĀ फड़वाना v.t. स.क्रि. to cause to be torn, split etc. फाड़ने का काम कराना।

PHĀṬAK फाटक m. पु. gate बड़ा दरवाज़ा, सिंहद्वार।

PHATIṄGĀ फतिंगा m. पु. moth, a flying insect पतंगा, परवाना।

PHAṬKĀR फटकार f. स्त्री. severe scolding लानत-मलामत, 2. sound of a whip चाबुक की आवाज़।

PHAṬKĀRNĀ फटकारना v.t. स.क्रि. to scold severly लानत-मलामत करना, 2. to crack (a whip) (चाबुक) झटकारना।

PHAṬNĀ फटना v.i. अ.क्रि. to be torn, to split, to crack विदीर्ण होना, दरार पड़ना।

PHER फेर m. पु. turn round, change घुमाव, भ्रम, परिवर्तन, अंतर ~ में पड़ना, to fall into difficulties नुकसान उठाना,~बदल, m. पु. change तब्दीली।

PHERI फेरी f. स्त्री. going round, circumambulation गश्त लगाना, गश्त, फेरा, 2. hawking फेरा लगाना, (फेरी लगाकर सामान बेचना)।

PHĪKĀ फीका adj. वि. tasteless, insipid, unsalted बेमज़ा, बगैर, ज़ायका, बिना काम का, weak, faded, pale हल्का, रंग उड़ा हुआ।

PHIR फिर adv. अ. again, anew, there after, afterwards, next, then, in that-case पीछे, अंतर।

PHIRĀNĀ फिराना v.t. स.क्रि. to cause, to be returned वापस करना, to turn around इधर-उधर चलाना, to walk (a horse) (घोड़े को) इधर-उधर टहलाना, to return (something taken) (कुछ लिया हुआ) वापस देना।

PHIRNĀ फिरना v.i. अ.क्रि. to turn मुड़ना, to revolve घूमना, to turn in a circle चक्कर लगाना, फेरा या चलाया जाना।

PHISAḌḌĪ फिसड्डी adj. वि. lagging, of no use पीछे रह जाने वाला।

PHISLAN फिसलन f./m. स्त्री./पु. slipping फिसलने की क्रिया, 2. slipping spot फिसलने की जगह।

PHISALNĀ फिसलना v.i. अ.क्रि. to slip, to make a slip or an error सरकना, गलती करना।

PHONOGRAPH फोनोग्राफ (E. अं.) m. पु. gramophone ग्रामोफोन।

PHORṆĀ फोड़ना v.t. स.क्रि. to break, to crack तोड़ना, टुकड़े करना।

PHOṬO फोटो (E. अं.) m. पु. photograph छायाचित्र, फोटोग्राफ।

PHOTOGRĀPHER फोटोग्राफर (E. अं.) m. पु. photographer छायाचित्रकार।

PHUDKNĀ फुदकना v.i. अ.क्रि. to skip, to hop, to jump कूदना, उछलते हुए चलना, छलांग लगाना।

PHŪL फूल m. पु. a flower पुष्प, खिली हुई कली, embroidery बेल-बूटा, 2. bell-metal एक मिश्रित धातु ~ आना, flowers to appear फूल लगना, फूल फूलना ~सा, delicate (like a flower) सुकुमार (फूल-सा)।

PHULĀNĀ फुलाना v.t. सं.क्रि. to cause to swell, to inflate हवा भर कर फैलाना।

PHULNĀ फूलना v.i. अ.क्रि. to flower पुष्पित होना, कली से फूल बन जाना, 2. to swell सूजना, to bloom फूल हो जाना, to flourish उत्फुल्ल होना।

PHŪLE NA SAMĀNĀ फूले न समाना v.i. अ.क्रि. to be unable to contain one self (for joy) खुशी में आपे से बाहर हो जाना।

PHŪṄKNĀ फूंकना v.t. स.क्रि. to blow फूंक मारना, to infuse (new life into) (किसी में नई जान) डाल देना, to puff (a cigarette) (सिगरेट का धुआं) उड़ाना।

PHUṄSĪ फुंसी f. स्त्री. a small boil छोटी फुड़िया, छोटा फोड़ा।

PHŪṬ फूट f. स्त्री. rift, fend, split, break बिगाड़, विरोध ~फाडना, to sow discord (between or among) बिगाड़ पैदा करना ~ फूट कर रोना, to burst into tears बिलख-बिलख कर रोना।

PHUṬKAR फुटकर adj. वि. retail (purchase price) खुदरा (दाम आदि), miscellaneous विविध।

PHŪṬNA फूटना v.i. अ.क्रि. to burst open फटना, to crash (as a glass) भग्न होना (जैसे कांच), to burst out उगना (जैसे अंकुर)।

PICAKNĀ पिचकना v.i. अ.क्रि. to be pressed flat, to be dented चिपटा होना।

PĪCHĀ पीछा m. पु. back or rear part पीठ को ओर, पिछला हिस्सा, pursuit पीछे पड़ना, persecution परेशान करना ~छुड़ाना, to get rid (of) पिंड छुड़ाना, ~ छूटना, to be got rid of छुटकारा मिलना ~ दिखाना, to fly away भाग खड़ा होना, ~करना, to pursue जान न छोड़ना ~ छुड़ाना, to shake off (as pursuit) अलग हो जाना ~छोड़ना, to give up pursuit छोड़ देना।

PĪCHE पीछे adv. अ. behind, at the rear, afterwards, later पीठ की ओर अंनतर, वजह से।

PICHLĀ पिछला adj. वि. rear, back जो पीछे की ओर हो, late, last, previous व्यतीत, पहले का, पृष्ठ भाग।

PICHAṚNĀ पिछड़ना v.i. अ.क्रि. to be backward, to lag, to be late पीछे रह जाना।

PICKĀNĀ पिचकाना v.t. स.क्रि. to press flat, to squeeze उभरे हुए तल को नीचा करना, निचोड़ना।

PICKNĀ पिचकना v.i. अ.क्रि. to be pressed flat, to be dented, to be squeezed फूले या उभरे तल का भीतर की ओर दबना।

PIDDĪ पिद्दी f. स्त्री. a robin एक छोटी चिड़िया, 2. an insignificant person अति तुच्छ प्राणी, क्या ~ क्या ~ काशोरबा, worthless (person) बेकार का व्यक्ति।

PIGHLĀNĀ पिघलाना v.t. स.क्रि. to melt, to smelt, to be cast (metal) ठोस पदार्थ को तरल बनाना।

PIGHALNĀ पिघलना v.t. स.क्रि. to melt, to dissolve पसीजना, ताप से द्रवीभूत होना।

PĪK पीक f. स्त्री. juice of chewed betel पान का थूक ~ दान, m. पु. spitoon उगालदान, थूकने का बर्तन।

PĪLĀ पीला adj. वि. yellow, pale हल्दी के रंग का, ज़र्द, 2. निष्प्रभ ~ पड़ना, to turn pale तेज़ या आभार से रहित होना।

PILĀNĀ पिलाना v.t. स.क्रि. to cause to drink, to give (one) something to drink पान कराना।

PĪLIYĀ पीलिया m.पु. Jaundice पांडुरोग।

PILPILĀ पिलपिला adj. वि. slippery, soft, flabby बहुत नरम, पिचपिचा, ~ ना, v.i. अ.क्रि. to become soft पिलपिला होना, v.t. स.क्रि. to make soft पिलपिला करना।

PĪLVĀN पीलवान m. पु. mahaut महावत, हाथीवान, फीलवान।

PILVĀNĀ पिलवाना v.t. स.क्रि. to cause drink to be given पिलाने का काम कराना।

PĪNĀ पीना v.t. स.क्रि. to drink, to smoke (a cigarette etc.) पान करना, (सिगरेट आदि) पीना, 2. to suppress (emotion) किसी बात को सह लेना।

PIṆḌ पिंड (S. सं.) m. पु. a lump, a ball गोला, ठोस वस्तु, समूह, ~ छूटना, to be free (of) छुटकारा मिलना।

PINKĪ पिनकी adj. वि. intoxicated, drowsy पीनक लेने वाला, अफ़ीमची।

PĪP पीप m. पु. pus. घाव या फोड़े का मवाद, पीब।

PIPĀSĀ पिपासा (S. सं.) f. स्त्री. thirst प्यास, 2 greed लालच, लोभ।

PIPĀSU पिपासु (S. सं.) adj. वि. greedy, thirsty प्यासा, लालची।

PĪR पीर (P. फ़ा.) m. पु. a venerable old man सिद्ध (पुरुष), a Muslim saint मुस्लिम सिद्ध पुरुष, ~ ज़ादा, m. पु. son of a pir पीर का पुत्र, 2. pain दर्द।

PIṚĀ पीड़ा (S. सं.) f. स्त्री. pain, suffering, affliction दर्द, व्यथा, रोग।

PIṚHĪ पीढ़ी f. स्त्री. generation, genology किसी कुल, जाति या व्यक्ति के किसी वंश घर की गणना और पद के अनुसार विशिष्ट स्थान, 2. a small stool छोटा बैठने का पीढा।

PĪṚIT पीड़ित (S. सं.) adj. वि. suffering (from) oppressed सताया हुआ, दबाया हुआ।

PIRONĀ पिरोना v.t. स.क्रि. to string (as pearl), to run a thread or string (through), to thread सुई के छेद में धागा डालना।

PIŚĀC पिशाच (S. सं.) m. पु. demon प्रेत, दुष्ट मनुष्य (f. स्त्री. पिशाचिनी) ~ बाधा, f. स्त्री. troubled by a demon पिशाच द्वारा आविष्ट होना।

PISNĀ पिसना v.i. अ.क्रि. to be ground, to be crushed पीसा जाना।

PĪSNĀ पीसना v.t. स.क्रि. to grind, to crush चूर्ण करना, कुचल देना, to labour hard घोर परिश्रम करना।

PISSŪ पिस्सू m. पु. a flea काटने वाला एक छोटा कीड़ा।

PISTĀ पिस्ता m. पु. pistachio एक प्रसिद्ध मेवा, इसका पेड़।

PISVĀNĀ पिसवाना v.t. स.क्रि. to cause to be ground or crushed पीसने में प्रवृत्त करना।

PITĀ पिता (S. सं.) m. पु. father बाप, जनक, ~ मह, m. पु. grandfather दादा ~ मही, f. स्त्री. grandmother दादी।

PIṬĀĪ पिटाई f. स्त्री. the act of beating पीटने की क्रिया, the wage of beating पीटने की उजरत।

PĪTAL पीतल m. पु. brass तांबे और जस्ते के मेल से तैयार एक उपधातु।

PĪTĀMBAR पीतांबर (S. सं.) m. पु. a yellow silk garment पीला वस्त्र, 2. a title of Srikrishna श्रीकृष्ण का एक नाम।

PIṬĀRĪ पिटारी f. स्त्री. a small basket or box छोटा पिटारा।

PĪṬH पीठ f. स्त्री. the back, back-part पृष्ठ, पृष्ठ भाग ~ ठोंकना, to encourage शाबाशी देना, ~ दिखाना, to turn tail खड़ा होना ~ पर हाथ फेरना, to encourage बढ़ावा देना, ~ पीछे, adv. अ. at the back (of) अनुपस्थिति में।

PĪṬH पीठ (S. सं.) m. पु. seat, place, abode आसना सभापति, न्यायाधीश, आदि का आसन, विद्या ~ college of higher learning, university उच्च शिक्षा का विद्यालय, विश्वविद्यालय।

PĪṬHĀSĪN पीठासीन (S. सं.) adj. वि. in the chair, presiding जो अध्यक्ष के आसन पर आसीन हो।

PIṬNĀ पिटना v.i. अ.क्रि. to be beaten पीटा जाना, मारा जाना।

PĪṬNĀ पीटना v.t. स.क्रि. to beat किसी चीज़ पर आघात करना।

PITṚ पितृ (S. सं.) m. पु. father पिता, paternal ancestor पितृकुल के वंशज ~ तंत्र, m. पु. patriarchy वह कुल जहां पिता का शासन चलता है ~ ऋण, m. पु. debt (of one's father) पुत्रादि पर मृत पिता द्वारा छोड़ा गया ऋण, ~ गृह, m. पु. paternal home पिता का घर ~ दाय, paternal property मौरुसी जायदाद।

PITT पित्त m. पु. bile शरीर के तीन प्रसिद्ध दोषों में से एक।

PITTA पित्ता m. पु. bile, the gall-bladder पित्ताशय, 2. courage साहस, position रुतबा।

PIṬṬHŪ पिट्ठू m. पु. a follower खुशामदी, खेल का साथी।

PIṬVĀNĀ पिटवाना v.t. स.क्रि. to cause to be beaten किसी को पीटने में प्रवृत्त करना।

PĪYŪṢ पीयूष (S. सं.) m. पु. nectar अमृत, 2. milk दूध।

PLĀVAN प्लावन (S. सं.) m. पु. flood बाढ़।

PLAVNIK प्लावनिक (S. सं.) adj. वि. diluvial महाप्लावन या प्रलय से संबंध रखने वाला।

POL पोल f. स्त्री. hollowness, emptiness खाली जगह, खोखलापन, ~ खुलना, pretensions to be revealed किसी का छिपा हुआ भेद-प्रकट होना।

POṄGĀ पोंगा adj. वि. hollow बांस की नली, 2. stupid अज्ञ, मूर्ख।

POR पोर f. स्त्री. a joint of the body or of bamboo, sugarcane etc. बांस, ईख आदि की गांठ, 2. space between two joints उंगली की गांठ।

POŚĀK **पोशाक** (P. फ़ा.) f. स्त्री. dress, clothing पहनावा, लिबास, परिधान।

POṢAK **पोषक** (S. सं.) adj. वि. nourishing पोषण करने वाला, 2. one who rears, nurtures जो पालता है ~ तत्त्व, m. पु. nourishing food विटामिन जैसी वस्तु।

POṢAṆ **पोषण** (S.सं.) m. पु. nurturing, bringing up, maintenance पालन-पोसने की क्रिया, वर्द्धन।

POT **पोत** (S. सं.) m. पु. a ship नाव, जहाज़, ~ निर्माण उद्योग, m. पु. ship building industry जहाज़ बनाने का उद्योग ~ संतरण, m. पु. launching of a ship नये जहाज़ को पानी में उतारना।

POTĀDHIRODH **पोताधिरोध** (S. सं.) m. पु. embargo जहाज़ों के आने-जाने पर प्रतिरोध।

POTHĀ **पोथा** m. पु. a large book काग़ज की बड़ी गड्डी, बड़ी पोथी, बड़ी किताब।

PRABAṅDH **प्रबंध** (S. सं.) m. पु. arrangement, organisation, management, administration आयोजन, व्यवस्था, 2. a literary composition, dessertation निबंध ~ काव्य, m. पु. a long narrative poem वह काव्य जिसमें जीवन की विशेष घटनाओं का क्रमबद्ध चित्रण हो ~ संपादक, managing editor ~ अभिकर्ता, m. पु. managing agent ~ क, ~ कर्ता, m. पु. manager, organiser प्रबंधक, व्यवस्थापक।

PRABHĀR **प्रभार** (S. सं.) m. पु. charge कार्य का भार, कार्य का उत्तर-दायित्व।

PRABHĀRĪ **प्रभारी** (S. सं.) adj. वि. in-charge जिसके जिम्मे काम हो ~ राजदूत, ambassador-in-charge उप-राजदूत ~ सदस्य, m. पु. member-in-charge मेम्बर-इन-चार्ज।

PRABHĀT **प्रभात** (S. सं.) m. पु. dawn, morning प्रात:काल ~ कालीन, occurring at dawn सुबह होने वाला ~ फेरी, f. स्त्री. morning precession सुबह गाते हुए घूमना।

PRĀBHIKARTA **प्राभिकर्ता** (S. सं.) m. पु. attorney मुख़्तार।

PRĀBHIYOJAN **प्राभियोजन** m. पु. prosecution किसी के विरुद्ध कोई अभियोग या मामला चलाना।

PRĀBHIYOKTĀ **प्राभियोक्ता** m. पु. prosecutor किसी के विरुद्ध कोई मामला चलाने वाला ~ पक्ष, m. पु. prosecution वह पक्ष जिसकी ओर से मामला न्यायालय में चलाया गया हो।

PRABHUSATTA **प्रभुसत्ता** (S. सं.) f. स्त्री. sovereignty पूर्णसत्ता।

PRACAṆḌ **प्रचंड** (S. सं.) adj. वि. vehement, raging, terrible अतितीव्र, अतितेजस्वी, बड़ा।

PRACĀR **प्रचार** (S. सं.) m. पु. spreading, propoganda फैलाने का कार्य ~ कार्य, m. पु. propoganda प्रचार का काम, ~ क, m./पु./वि. propogandist प्रचार करने वाला (व्यक्ति)।

PRĀCĪN **प्राचीन** (S. सं.) adj. वि. ancient, old, primeval पुरातन, पुराना।

PRADARŚAN **प्रदर्शन** (S. सं.) m. पु. exhibition, showing, demonstration दिखलाना, 2. जुलूस आदि के द्वारा असंतोष प्रकट करना।

PRADARŚNĪ **प्रदर्शनी** (S. सं.) f. स्त्री. an exhibition नुमाइश।

PRADEŚ **प्रदेश** (S. सं.) m. पु. region, 2. state, province प्रान्त, सूबा, स्थान, राज्य।

PRĀDEŚIK **प्रादेशिक** (S. सं.) adj. वि. regional, provincial, having to do with a state प्रदेश का ~ सेना, f. स्त्री.

territorial army किसी प्रदेश विशेष या क्षेत्र में (नागरिकों की) सेना।

PRADHĀN प्रधान (S. सं.) adj. वि. chief, principal मुख्य, सबसे बड़ा ~ कार्यालय, m. पु. head office मुख्य दफ्तर, ~ मंत्री, m. पु. prime minister किसी देश या राज्य का सबसे बड़ा मंत्री, ~ सैन्यावास व्यवस्थापक, m. पु. Quarter-master-general क्वार्टर मास्टर-जनरल।

PRADHĀNĀDHYĀPAK प्रधानाध्यापक (S. सं.) m. पु. principal (of a school) head-master किसी विद्यालय का प्रधान अध्यापक।

PRĀDHIKĀR प्राधिकार (S. सं.) m. पु. an authority कोई काम करने, आदेश देने आदि का अधिकार।

PRĀDHIKARAṆ प्राधिकरण m. पु. an authority (administrative) board अधिकार प्राप्त सत्ता, authorisation m. पु. अधिकार देना।

PRĀDHIKĀRĪ प्राधिकारी (S. सं.) m. पु. authority वह जिसे अधिकार प्राप्त हो, ~ वर्ग, m. पु. authorities प्राधिकार प्राप्त व्यक्तियों का समूह।

PRADHIKṚT प्राधिकृत (S. सं.) adj. वि. one authorised जिसे विधि-विहित अधिकार प्राप्त हो, ~ अभिकर्ता, m. पु. authorised officer विधि-विहित अधिकार प्राप्त प्रबंधक ~ पूंजी, f. स्त्री. authorised capital पूंजी जिसकी स्वीकृति विशेष प्राधिकारी से ली गई हो।

PRĀDHYĀPAK प्राध्यापक (S. सं.) m. पु. a professor, lecturer किसी महाविद्यालय आदि का उच्च श्रेणी का अध्यापक, प्रोफेसर।

PRAGATI प्रगति (S. सं.) f. स्त्री. progress उन्नति, आगे बढ़ना ~ रोध, m. पु. set back प्रगति का रुक जाना ~ वाद, m. पु. progresivism समाज, साहित्य आदि की निरंतर उन्नति पर जोर देने का सिद्धान्त, ~ शील, adj. वि. progressive जो आगे की ओर बढ़ता रहे।

PRĀGAITIHĀSIK प्रागैतिहासिक (S. सं.) adj. वि. prehistoric इतिहास में वर्णित काल के पूर्व का।

PRAHASAN प्रहसन (S. सं.) m. पु. a farce (drama) हास्य-रस प्रधान रूपक, 2. loud laughter ज़ोर की हंसी।

PRAJA प्रजा (S. सं.) f. स्त्री. people (of a state) subjects (of a king) किसी राज्य या राष्ट्र की जनता, 2. tanants (of a landlord) ~ तंत्र, m. पु. democracy, republic प्रजा के प्रतिनिधियों द्वारा परिचालित व्यवस्था ~ सत्तात्मक, adj. वि. democratic जिसमें शासन-सूत्र, प्रजा या उसके प्रतिनिधियों के हाथ में हो ~ पति, m. पु. lord of createres, the creator ब्रह्मा।

PRAJĀTI प्रजाति (S. सं.) f. स्त्री. species प्रजा ~ संहार, m. पु. genocide लोकहत्या, जनहत्या।

PRAJÑA प्रज्ञा (S. सं.) f. स्त्री. intelligence, knowledge, wisdom विवेक, बुद्धि, 2. saraswati, the goddness of knowledge सरस्वती।

PRĀK प्राक् (S. सं.) adj. वि. former, preceding अगला, पहले का, 2. eastern पूर्वी, ~ कथन, m. पु. foreword, introduction प्रस्तावना, भूमिका ~कलन, m. पु. preliminary estimate पूर्वानुमान।

PRAKĀṆḌ प्रकांड (S. सं.) adj. वि. great, vast, mighty, superlative सर्वश्रेष्ठ, विस्तृत, उत्तम ~ पंडित, m. पु. a man of vast learning अत्यंत विद्वान।

PRAKĀR प्रकार (S. सं.) m. पु. type, kind, sort, method, manner भेद, ढंग, सादृश्य, विशेषता।

PRAKĀŚ प्रकाश (S. सं.) m. पु. brightness उजाला ~ स्तंभ, m. पु. light-house आकाशदीप (जो समुद्र में जहाजों को खतरे के पहाड़ बताने को लगाए जाते हैं)।

PRĀKAŚAK प्रकाशक (S. सं.) adj. वि. illuminating चमकीला, m. पु. light-giver चमक देने वाला, 2. publisher पुस्तक आदि को छपवा कर प्रकट करने वाला।

PRĀKAŚAN प्रकाशन (S. सं.) m. पु. publishing, publication प्रकट करना, पुस्तक, पत्रिका आदि जो छपवा कर प्रकाशित की गई हो, 2. a published work प्रकाशित रचना (पुस्तक आदि)।

PRĀKAŚIT प्रकाशित (S. सं.) adj. वि. illuminated आलोकित, 2. published जो छपकर बाज़ार में आ गई हो, छपवा कर प्रकट किया हुआ।

PRAKĀŚPARĀVARTAK प्रकाश-परावर्तक (S. सं.) m. पु. a reflector प्रकाशप्रतिफलक।

PRAKAṬ प्रकट (S. सं.) adj. वि. clear, evident, obvious, revealed, appeared स्पष्ट, व्यक्त।

PRAKHYĀPIT प्रख्यापित (S. सं.) adj. वि. promulgated जिसकी घोषणा कर दी गई हो।

PRAKHYĀT प्रख्यात (S. सं.) adj. वि. renowned, famous बहुत प्रसिद्ध।

PRAKHYĀTI प्रख्याति (S. सं.) f. स्त्री. fame प्रसिद्धि।

PRAKĪRṆ प्रकीर्ण (S. सं.) adj. वि. dispersed, scattered फैलाया हुआ, 2. miscellaneous फुटकर ~ लेखा, m. पु. miscellaneous account फुटकर आय-व्यय का हिसाब।

PRAKOṢṬH प्रकोष्ठ (S. सं.) m. पु. lobby इमारतों से घिरा हुआ सहन, विधान-सभा आदि का बाहर का कमरा ~ वार्ता, f. स्त्री. lobby talk संसद या विधानसभा के बाहर किसी स्थान पर की जाने वाली बातचीत।

PRĀKṚT प्राकृत (S. सं.) adj. वि. natural प्रकृतिका, नैसर्गिक, f. स्त्री. Prakrit language संस्कृत के नाटकों में प्रयुक्त उस काल की लोक भाषा।

PRĀKṚTIK प्राकृतिक (S. सं.) adj. वि. natural स्वाभाविक, नैसर्गिक, कुदरती, लौकिक ~ चिकित्सा, f. स्त्री. naturopathy प्राकृतिक उपायों, जैसे पानी आदि पर आधारित चिकित्सा पद्धति।

PRAKIYĀ प्रक्रिया (S. सं.) f. स्त्री. method, technique, process, procedure क्रिया अमल।

PRALAY प्रलय (S. सं.) m. पु. catastrophe, destruction of the world at the end नष्ट होना, सृष्टि का सर्वनाश।

PRALEKH प्रलेख (S. सं.) m. पु. a document मसौदा।

PRALOBHAN प्रलोभन (S. सं.) m. पु. tempting, temptation लालच, लालच देना।

PRAMĀD प्रमाद (S. सं.) m. पु. frenzy, intoxication, lust नशा, उन्माद।

PRAMAṆ प्रमाण (S. सं.) m. पु. standard, evidence, proof सबूत, यथार्थता, ~ पत्र, m. पु. certificate सर्टिफिकेट।

PRAMĀṆAAK प्रमाणक (S. सं.) m. पु. certificate, voucher प्रमाण पत्र।

PRAMĀṆAN प्रमाणन (S. सं.) m. पु. certification लिखकर स्वीकार करना, प्रामाणिक होना।

PRĀMĀṆIK प्रामाणिक (S. सं.) adj. वि. authoritative, 2. standard (of a work), 2. authentic प्रमाण संबंधी, मानक, प्रमाण रूप।

PRAMANḌAL प्रमंडल (S. सं.) m. पु. a company व्यक्तियों का समूह या संघ।

PRAMĀṆĪKARAṆ प्रमाणीकरण (S. सं.) m. पु. certification, authentication बात की सत्यता प्रमाणित करना।

PRAMĀṆPATR प्रमाणपत्र (S. सं.) m. पु. certificate वह पत्र या लेख जो किसी बात का प्रमाण माना जाए।

PRAMĀP प्रमाप (S. सं.) m. पु. standard मानदंड।

PRAMOD प्रमोद (S. सं.) m.पु. delight, happiness ख़ुशी, हर्ष, प्रसन्नता, सुख, ~ कर, m. पु. entertainment tax मनोरंजन कर, ~ गोष्ठी, f. स्त्री. picnic party पिकनिक पार्टी।

PRĀṆ प्राण (S. सं.) m. पु. vital breath जीवन, जान, वायु, 2. beloved person प्रियतम/प्रियतमा, ~ डालना, to revive सजीव करना, देना, to die, to love (one) more than life itself, अपने प्राणों से भी अधिक (किसी को) प्यार करना, 2. मरना, ~ लेना, to kill मारना ~ पर बीतना, ~ पर आ बनना, to be a matter of life and death प्राण संकट में पड़ना, ~ त्याग, m. पु. suicide मृत्यु, आत्महत्या, dying ~ दंड, m. पु. death sentence मौत की सज़ा ~ हीन, adj. वि. dead, lifeless मृत, मरा हुआ, निर्जीव।

PRAṆĀLĪ प्रणाली (S. सं.) f. स्त्री. system, particular way रीति, ढंग।

PRAṆĀM प्रणाम (S. सं.) m. पु. respectful greetings नमस्कार, नत होना ~ करना, to great respectfully आदरपूर्वक नमस्कार करना।

PRAṆAY प्रणय (S. सं.) m. पु. love प्रेम, प्यार, इश्क, मुहब्बत।

PRĀṆĀYĀM प्राणायाम (S. सं.) m. पु. breath control (in yoga) श्वास-प्रश्वास की वायुओं का नियमन (एक यौगिक क्रिया)।

PRAṆAYĪ प्रणयी (S. सं.) m. पु. a lover प्रेमी, प्रेमिक।

PRAṆAYINI प्रणयिनी (S. सं.) f. स्त्री. a beloved (girl or woman) प्रेमिका, माशूका।

PRĀṆĪ प्राणी (S. सं.) adj. वि. animate जानदार, प्राणवान, m. पु. a living creature, an animal जीव-जन्तु, जानवर।

PRĀNIŚASTR प्राणिशास्त्र (S. सं.) m. पु. biology जीव विज्ञान।

PRĀNTĪYATĀ प्रांतीयता (S. सं.) f. स्त्री. provincialism अपने प्रांत के प्रति प्रेम, मोह या पक्षपात।

PRĀNUMATIPATR प्रानुमतिपत्र (S. सं.) m. पु. permit परमिट।

PRĀPAK प्रापक (S. सं.) m. पु. payee पाने वाला।

PRAPANJĪ प्रपंजी (S. सं.) f. स्त्री. ledger खाता-बही।

PRAPATR प्रपत्र (S. सं.) m. पु. form फ़ॉर्म।

PRĀPT प्राप्त (S. सं.) adj. वि. acquired, obtained, found पाया हुआ, लब्ध, ~ करना, obtain पाना।

PRĀPTĀDHIKĀR प्राप्ताधिकार (S. सं.) m. पु. privilege सहूलियत या विशेष अधिकार।

PRĀPTI प्राप्ति (S. सं.) f. स्त्री. acquisition, obtaining, gain, income पाया जाना, फलागम, receipt (of a letter etc.) रसीद ~ कर्ता, adj. वि. receiver पाने वाला, वह जिसे कोई वस्तु प्राप्त हो।

PRĀRTHĪ प्रार्थी (S. सं.) adj. वि. an applicant, petitioner प्रार्थना करने वाला।

PRĀRTHNĀ प्रार्थना (S. सं.) f. स्त्री. prayer, request, entreaty प्रार्थना करना, किसी से कुछ मांगना, अर्ज़ी, विनती, ~ पत्र, m. पु. petition application अर्ज़ी।

PRĀRŪP प्रारूप (S. सं.) m. पु. a draft मसौदा ~ कार, m. पु. a draftsman प्रारूप या मसौदा बनाने वाला।

PRASAD प्रसाद (S. सं.) m. पु. blessing अनुग्रह, कृपा, 2. food offered to an idol देवता को चढ़ाई गई वस्तु।

PASĀDAN प्रसादन (S. सं.) m. पु. gratifying, soothing प्रसन्न रखना, संतुष्ट कर अपने अनुकूल बनाना।

PRASĀDHAN प्रसाधन (S. सं.) m. पु. accomplishing, effecting, adorning श्रृंगार, श्रृंगार सामग्री, Toilet श्रृंगार के काम में आने वाली वस्तुएं।

PRASAṄG प्रसंग (S. सं.) m. पु. subject, topic, section of a book, context, occasion प्रकरण, विषय, 2. sexual intercourse, coition, coitus संभोग, समागम।

PRASANN प्रसन्न (S. सं.) adj. वि. pleased, delighted, cheerful खुश, संतुष्ट, 2. propitiated (as a diety), well-disposed कृपालु दयालु।

PRAŚAṄSAK प्रशंसक (S. सं.) adj. वि. admirer, speaking well of प्रशंसा करने वाला, तारीफ़ करने वाला।

PRAŚAṄSNĪYĂ प्रशंसनीय (S. सं.) adj. वि. praiseworthy स्तुत्य, प्रशंसा या तारीफ़ करने योग्य।

PRASĀRAṆ प्रसारण (S. सं.) m. पु. spreading, broadcasting फैलाने की क्रिया, आकाशवाणी या दूरदर्शन से कार्यक्रम फैलाना।

PRASĀRIT प्रसारित (S. सं.) adj. वि. diffused, broadcast फैलाया हुआ।

PRAŚĀSAK प्रशासक (S. सं.) m. पु. administrator शासन करने वाला।

PRAŚASTI प्रशस्ति (S. सं.) f. स्त्री. praise, eulogy, expression of compliments (at the beginning of a letter) प्रशंसा, सरनामा, 2. royal edict राजाज्ञापत्र, लेखपत्र।

PRASAV प्रसव (S. सं.) m. पु. labour बच्चा जनना ~ गृह, m. पु. labour room ज़च्चा-ख़ाना, बच्चा जनने का घर।

PRASĀVIKĀ प्रसाविका (S. सं.) f. स्त्री. a midwife धाई, प्रसव कराने वाली स्त्री।

PRAKIYĀPRASVĀKĀŚ प्रसवाकाश (S. सं.) m. पु. maternity leave प्रसूति के लिए दिया गया अवकाश।

PRASAVOTTAR KĀL प्रसवोत्तर काल (S. सं.) m. पु. post-natal period शिशु को जन्म देने के बाद की जननी की स्थिति।

PRASIDDH प्रसिद्ध (S. सं.) adj. वि. famous, well-known मशहूर, ख्यात।

PRASIDDHI प्रसिद्धि (S. सं.) f. स्त्री. fame नाम, ख्याति।

PRAŚIKṢAṆ प्रशिक्षण (S. सं.) m. पु. training विद्या, m. स्त्री. training college ~ विद्यालय, m. पु. training school.

PRAŚIKṢAṆĀRTHĪ प्रशिक्षणार्थी (S. सं.) m. पु. trainee वह जो प्रशिक्षण प्राप्त कर रहा हो।

PRAŚIKSIT प्रशिक्षित (S. सं.) adj. वि. trained जिसने किसी व्यवसाय, कला आदि की क्रियात्मक शिक्षा पाई हो।

PRAŚN प्रश्न (S. सं.) m. पु. question, enquiry, problem, matter सवाल, समस्या।

PRAŚNĀVALĪ प्रश्नावली (S. सं.) f. स्त्री. set of questions प्रश्नसूची, ~ पत्रक, m. स्त्री. लिखित पत्रों का समूह।

PRASTAR प्रस्तर (S. सं.) m. पु. stone, rock पत्थर ~ युग, m. पु. stone age पाषाणयुग ~ मुद्रण, m. पु. lithograph

लिथोग्राफ।

PRASTĀV प्रस्ताव (S. सं.) m. पु. proposal motion पेशकश, सभा के लिए विचार के लिए रखी गई बात।

PRASTĀVAK प्रस्तावक (S. सं.) m. पु. proposer प्रस्ताव रखने वाला, प्रस्ताव पेश करने वाला।

PRASTĀVNĀ प्रस्तावना (S. सं.) f. स्त्री. preface, introduction आरंभ, प्रारंभिक भाग, प्राक्कथन, भूमिका।

PRASTHĀN प्रस्थान (S. सं.) m. पु. setting forth, departure कूच, रवानगी ~ करना, to depart रवाना होना।

PRASTHĀPAK प्रस्थापक (S. सं.) adj. वि. proposer प्रस्ताव रखने या सामने लाने वाला।

PRASTHĀPIT प्रस्थापित (S. सं.) adj. वि. proposed प्रेषित, आगे बढ़ा हुआ ~ करना, to propose (विधान सभा आदि में) कोई प्रस्ताव रखना।

PRASTHĀPNĀ प्रस्थापना (S. सं.) f. स्त्री. proposal कोई प्रस्ताव लाना।

PRASTUT प्रस्तुत (S. सं.) adj. वि. proposed उपस्थित relevant प्रासंगिक, present तैयार, submitted छिड़ा हुआ विषय।

PRAŚULK प्रशुल्क (S. सं.) m. पु. tariff आयात-निर्यात कर, ~ मंडल, tariff board आयात-निर्यात की सलाहकार समिति।

PRASŪTI प्रसूति (S. सं.) f. स्त्री. labour, child-birth प्रसव, बच्चा होना।

PRASVEDAN प्रस्वेदन (S. सं.) m. पु. fomentation वाष्पतापन, भांप की गर्मी देना।

PRASVIKṚT प्रस्वीकृत (S. सं.) adj. वि. recognised जिसे अधिकृत रूप में मान लिया गया हो।

PRASVIKṚTI प्रस्वीकृति (S. सं.) f. स्त्री. recognition मान्यता।

PRATAH प्रातः (S. सं.) m. पु. early morning, dawn सबेरा।

PRATHAM प्रथम (S. सं.) adj. वि. first पहला, primary प्राथमिक, ~ दृष्टया, adj. वि. prima facie.

PRĀTHMIK प्राथमिक (S. सं.) adj. वि. primary, elementary, initial, prelinimary पहली बार घटित होने वाला,~चिकित्सा, f.स्त्री. first aid डाक्टर के आने के पहले घायल की चिकित्सा।

PRĀTHMIKTĀ प्राथमिकता (S. सं.) f. स्त्री. priority प्राथमिक होने का भाव, ~ सूची, f. स्त्री. priority list विषयों आदि की सूची जिसमें सबसे महत्वपूर्ण तथा आवश्यक प्रश्नों को प्राथमिकता देने का विशेष ध्यान रखा गया हो।

PRATHMOPCĀR प्रथमोपचार (S. सं.) m. पु. - प्राथमिक चिकित्सा, first aid पहला उपचार।

PRATI प्रति (S. सं.) f. स्त्री. copy (of a book etc.) 2. copy (of an original) नक़ल, pre. उप. जो शब्दों के पहले आकर विरोध आदि का बोध कराता है, adv. अ. in respect to, against, towards ओर तरफ़, मुकाबले में, विषय में।

PRATIBADDH प्रतिबद्ध (S. सं.) adj. वि. committed बंधा हुआ ~ता, f. स्त्री. commitment बंधे होने का भाव।

PRATIBĀDHIT प्रतिबाधित (S. सं.) adj. वि. precluded जिसमें पहले से ही बाधा डाल दी गई हो।

PRATIBAṄDH प्रतिबंध (S. सं.) m. पु. embargo बाधा, अवरोध।

PRATIBHŪ प्रतिभू (S. सं.) m. पु. surety ज़ामिन।

PRATIBHŪTI प्रतिभूति (S. सं.) f. स्त्री. bail, surety जमानत।

PRATIBHŪMOCYĂ प्रतिभूमोच्य (S. सं.) adj. वि. bailable ज़मानत पर रिहाई के योग्य।

PRATIBHŪPATR प्रतिभूपत्र (S. सं.) m. पु. bond of surety ज़मानतनामा।

PRATIDVAṄDVĪ प्रतिद्वन्द्वी (S. सं.) m. पु. competitor, rival प्रतिपक्षी,

मुक़ाबला करने वाला।

PRATIGRĀHAK प्रतिग्राहक (S. सं.) m. पु. receiver झगड़े में पड़ी संपत्ति की निगरानी करने वाला अधिकारी।

PRATIGRĀHĪ प्रतिग्राही (S. सं.) m. पु. receiver झगड़े में पड़ी संपत्ति की निगरानी करने वाला अधिकारी।

PRATIHASTĀKṢRIT प्रतिहस्ताक्षरित (S. सं.) adj. वि. countersigned हस्ताक्षर के सामने दूसरा हस्ताक्षर किया हुआ।

PRATIHASTĀPAN प्रतिहस्तापन (S. सं.) m. पु. substitution एक आदमी या एक वस्तु के बदले में दूसरा आदमी या वस्तु रखना।

PRATIHINSĀ प्रतिहिंसा (S. सं.) f. स्त्री. revenge, retaliation हिंसा के बदले हिंसा।

PRATIJÑA प्रतिज्ञा (S. सं.) f. स्त्री. promise, vow दृढ़ संकल्प, ~ पत्र m. पु. promissory note वचनपत्र।

PRATĪK प्रतीक (S. सं.) m. पु. a symbol प्रतिरूप, प्रतिमा ~ वाद, m. पु. symbolism प्रतीक के रूप मे वर्णन करने या मानने का सिद्धान्त।

PRATIKRIYĀ प्रतिक्रिया (S. सं.) f. स्त्री. reaction, repercussion विरोध में होने वाला कार्य ~ वादी, adj. वि. reactionary वह जो प्रगति का विरोधी हो।

PRATIKRIYĀTMAK SAHYOG प्रतिक्रियात्मक सहयोग (S. सं.) m. पु. responsive co-operation प्रति-क्रियास्वरूप किया जाने वाला सहयोग।

PRATĪKṢĀ प्रतीक्षा (S. सं.) f. स्त्री. waiting for इन्तज़ार, ~ लय, m. पु. waiting room (at a station etc.) प्रतीक्षा करने का कमरा (रेलवे स्टेशन आदि में)।

PRATIKŪL प्रतिकूल (S. सं.) adj. वि. contrary, adverse, duplicate विपरीत, विरुद्ध।

PRATILIPI प्रतिलिपि (S. सं.) f. स्त्री. a copy, duplicate किसी लिखी हुई चीज़ की नक़ल।

PRATILOM प्रतिलोम (S. सं.) adj. वि. unnatural, contrary विपरीत, उल्टा, m. पु. marriage of high caste Hindu girl with a low caste boy उच्च वर्ण की स्त्री और निम्न वर्ग के पुरुष के साथ विवाह या संपर्क।

PRATIMĀN प्रतिमान (S. सं.) m. पु. counterpart, a specimen, a standard मानदंड, बाट।

PRATINIDHI प्रतिनिधि (S. सं.) m. पु. a representative, a delegate, a substitute किसी का स्थानापन्न व्यक्ति ~पत्र, m.पु. power of attorney मुख़्तार नामा।

PRATIPAKṢ प्रतिपक्ष (S. सं.) m. पु. opposite side or opinion, opposition मुद्दालेह, विरोधी का पक्ष ~ नेता, m. पु. leader of the opposition संसद या विधान सभा में सरकारी पक्ष का विरोध करने वाले मुख्य दल का नेता।

PRATIPĀLAK प्रतिपालक (S. सं.) adj. वि. protector, guardian पालन-पोषण करने वाला, पोषक, रक्षक, m. पु. protector रक्षक पोषक ~ अधिकरण, m. पु. court of wards अल्प-वस्यकों या अयोग्य व्यक्तियों की सम्मत्ति का प्रबंध तथा रक्षा करने वाला सरकारी विभाग।

PRATIPAKṢĀ प्रतिरक्षा (S. सं.) f. स्त्री. defence (of a country) आक्रमण से रक्षा या अभियोग से बचने का प्रयत्न ~ त्मक, adj. वि. defensive आत्मरक्षा संबंधी।

PRATIVEDAN प्रतिवेदन (S. सं.) m. पु. report, submission, representation जांच-पड़ताल के बाद की गई रपट या विवरण।

PRATIYOGITA प्रतियोगिता (S. सं.) m. पु. competition, contest, rivalry होड़, स्पर्धा, प्रतिद्वंद्विता, रक़ाबत।

PRATYUTTAR प्रत्युत्तर (S. सं.) m. पु. rejoinder उत्तर-स्वरूप उत्तर।

PRATYĀBHŪTĪ प्रत्याभूति (S. सं.) f. स्त्री. guarantee गारंटी।

PRATYĀHĀR प्रत्याहार (S. सं.) m. पु. withdrawal वापस ले लिया जाना।

PRATYĀROP प्रत्यारोप (S. सं.) m. पु. counter charge आरोप के जवाब में किया गया आरोप।

PRATYARPAṆ प्रत्यर्पण (S. सं.) m. पु. refund, 2. extradition गृहीत वस्तु का पुनर्दान, 2. किसी देश से भाग कर आए हुए अपराधी को पुनः उस देश के उपयुक्त अधिकारी को सौंप देना, 3. refund पहले ली हुई या वसूल की हुई रक़म लौटाना।

PRATYĀŚĀ प्रत्याशा (S. सं.) f. स्त्री. trust, confident, hope, anticipation पहले से ही पूर्ण निश्चित मान लेने की स्थिति या प्रतीक्षा।

PRATYĀŚIT प्रत्याशित (S. सं.) adj. वि. anticipated जिसकी पहले से आशा रही हो।

PRATYĀVEDAN प्रत्यावेदन (S. सं.) m. पु. counterstatement जवाब या विरोध में कही गई बात।

PRATYĀYOJAN प्रत्यायोजन (S. सं.) m. पु. act of delegation अपने कर्तव्य, शक्तियां आदि किसी और व्यक्ति को सौंप देना।

PRATYĀYUKT प्रत्यायुक्त (S. सं.) adj. वि. delegated जो प्रतिनिधि बना कर भेजा गया हो।

PRATYAYPATR प्रत्ययपत्र (S. सं.) f. स्त्री. letter of credit खाते में से या ऋण स्वरूप दिया गया धन।

PRAUDYOGIKĪ प्रौद्योगिकी (S.सं.) f. स्त्री. technology तकनीकी, तकनीक।

PRAUḌYOGIK ŚIKṢĀ प्रौद्योगिक शिक्षा (S. सं.) f. स्त्री. technical education तकनीकी शिक्षा, कला या व्यवसाय संबंधी शिक्षा।

PRAVACAN प्रवचन (S. सं.) m. पु. exposition (of a religious text or topic) धर्मोपदेश देना।

PRAVAKTĀ प्रवक्ता (S. सं.) m. पु. a spokesman, spokesperson बोलने वाला प्रतिनिधि।

PRAVAR प्रवर (S. सं.) adj. वि. chief, best, eminent अधिकार आदि में बड़ा ~ समिति, f. स्त्री. select committee विशेषज्ञ सदस्यों की समिति।

PRAVARG प्रवर्ग (S. सं.) m. पु. category श्रेणियों में से एक।

PRAVARTAK प्रवर्तक (S. सं.) m. पु. founder संस्थापक, प्रतिष्ठाता, चलाने वाला।

PRAVĀSĪ प्रवासी (S. सं.) m. पु. residing abroad, immigrant पर देश में रहने वाला।

PRAVEG प्रवेग (S. सं.) m. पु. tempo तीव्र गति, प्रबल वेग।

PRAVEŚ प्रवेश (S. सं.) m. पु. entry, penetration, admission घुसना, भीतर या अंदर जाना।

PRAVEŚIKĀ प्रवेशिका (S. सं.) f. स्त्री. entrance examination नाम लिखाने के लिए की गई परीक्षा, 2. entry ticket अंदर जाने के लिए लिया गया पत्र या शुल्क, 3. primer प्रारंभिक पुस्तक।

PRĀVIDHI प्राविधि (S. सं.) f. स्त्री. technique तकनीकी ~ क, adj. वि. technical तकनीकी।

PRĀVIDHIK ĀPATTĪ प्राविधिक आपत्ति (S. सं.) f. स्त्री. technical objection नियम, प्राविधि आदि के अनुपालन के आधार पर की गई आपत्ति।

PRAVIṢṬI प्रविष्टि (S. सं.) f. स्त्री. entry दर्ज करने की क्रिया, प्रवेश देने की क्रिया।

PRAVṚTTI प्रवृत्ति (S. सं.) f. स्त्री. instinct, 2. inclination बहाव, झुकाव, आसक्ति।

PRAYĀG प्रयाग (S. सं.) m. पु. Allahabad इलाहाबाद (अब प्रयाग),

हिन्दुओं का एक पवित्र तीर्थ।

PRAYĀṆ **प्रयाण** (S. सं.) m. पु. departure, (on a journey) प्रस्थान, यात्रा, चढ़ाई ~ काल, m. पु. time of journey महा ~ m. पु. death मृत्यु।

PRAYATN **प्रयत्न** (S. सं.) m. पु. effort कोशिश, प्रयास, ~ शील, adj. वि. industrious जो प्रयत्न कर रहा हो।

PRAYOG **प्रयोग** (S. सं.) m. पु. use, 2. experiment इस्तेमाल, व्यवहार, 2. जांच करने के लिए किया गया कार्य या प्रक्रिया ~ शाला, f. स्त्री. laboratory लेबोरेटरी, प्रयोग करने का स्थान।

PRAYOJAN **प्रयोजन** (S. सं.) m. पु. need (of) use (for), concern (with), motive अभिप्राय, काम, हेतु।

PRAYUKT **प्रयुक्त** (S. सं.) adj. वि. used जिसका प्रयोग किया गया हो।

PREM **प्रेम** (S. सं.) m. पु. love, affection प्यार, इश्क, मुहब्बत, ~ पात्र, m. पु. love-object प्रियतम/प्रियतमा/प्रेमिका, वह जिसके प्रति प्रेम हो।

PREMĀLĀP **प्रेमालाप** (S. सं.) m. पु. love-talk प्रेम–प्यार की बातें।

PREMĀLIṄGAN **प्रेमालिंगन** (S. सं.) m. पु. embracing प्यार में गले लगाना।

PRERṆĀ **प्रेरणा** (S. सं.) f. स्त्री. inspiration, impetus, encouragement, stimulus प्रवृत्त करने की क्रिया।

PRESS **प्रेस** (E. सं.) m. पु. printing press छापाखाना, 2 iron इस्त्री, ~ सम्मेलन, m. पु. press conference पत्रकारों की गोष्ठी ~ गैलरी, f. स्त्री. अख़बारों के रिपोर्टरों के बैठने की जगह।

PREṢAK **प्रेषक** (S. सं.) adj. वि. despatcher, sender भेजने वाला।

PREṢAṆ **प्रेषण** (S. सं.) m. पु. despatch, sending भेजना, ~ कर्मी, m. पु. despatcher डाक भेजने वाला।

PREṢITĪ **प्रेषिती** (S. सं.) m. पु. addressee पाने वाला।

PRET **प्रेत** (S. सं.) m. पु. a ghot, evil spirit मृत, मृतात्मा, भूत।

PRĪTI **प्रीति** (S. सं.) f. स्त्री. affection, regard, love प्यार, प्रसन्नता, कृपा ~ भोज, m. पु. banquet, formal dinner वह भोज जिसमें मित्र तथा सगे संबधी सम्मिलित हों।

PRIYĂ **प्रिय** (S. सं.) adj. वि. dear, beloved, agreeable प्यारा, मनोहर, m. पु. a dear one पति, प्रेमी।

PRIYĀ **प्रिया** (S. सं.) f. स्त्री. dear one, sweetheart प्यारी, प्रियतमा, प्रेमिका।

PRIYATAM **प्रियतम** (S. सं.) adj. वि. most beloved सबसे प्यारा, m. पु. प्रेमी, पति।

PRIYATAMĀ **प्रियतमा** (S. सं.) f. स्त्री. प्रेमिका, adj. वि. सबसे अधिक प्यारी।

PRKṚT **प्रकृत** (S. सं.) adj. वि. natural सहज वास्तविक, स्वाभाविक।

PRKṚTI **प्रकृति** (S. सं.) f. स्त्री. the natural world वह मूल तत्त्व जिसका परिणाम यह पृथ्वी है, character स्वभाव।

PROKT **प्रोक्त** (S. सं.) adj. वि. uttered कहा हुआ।

PROKTI **प्रोक्ति** (S. सं.) f. स्त्री. utterance उद्धरण।

PṚṢṬH **पृष्ठ** (S. सं.) m. पु. the back पीठ, 2. rear part पिछला हिस्सा, 3. page सफ़ा पन्ना, ~ पोषण, m. पु. support सहारा देना, ~ पोषक, adj. वि. supporter सहायक ~ भूमि, f. स्त्री. back-ground, context (of events) पहले की बातें।

PṚṢṬHĀṄKAN **पृष्ठांकन** (S. सं.) m. पु. endorsement (of a document) समर्थन आदि के रूप में लिखित आदेश।

PṚṢṬHĀṄKIT **पृष्ठांकित** (S. सं.) adj. वि. endorsed जिस पर कुछ लिख दिया गया हो।

PṚTHAK **पृथक** (S. सं.) adj. वि. separate, apart, aside भिन्न, अलग।

PṚTHAKTĀ पृथकता (S. सं.) f. स्त्री. diversity, separateness अलग होने का भाव ~ वाद, m. पु. isolationism अलग होने का सिद्धान्त, ~ वादी, adj. वि. separatist पृथक रहने वाला।

PṚTHVĪ पृथ्वी (S. सं.) f. स्त्री. earth, the wide world धरती, भूमि।

PUCKĀRNĀ पुचकारना v.i. अ.क्रि. to coax, to fondle चुम कारना, लाड़-लड़ाना।

PUCCHAL TĀRĀ पुच्छल तारा m. पु. a comet धूमकेतु।

PŪJĀ पूजा (S. सं.) f. स्त्री. worship, adoration, homage अर्चना, सत्कार।

PUJĀRĪ पुजारी (S. सं.) m. पु. a worshipper, the priest of a temple पूजा करने वाला।

PŪJNĀ पूजना v.t. स.क्रि. to worship, to adore आराधना करना, पूजा करना।

PŪJNĪYĂ पूजनीय (S. सं.) adj. वि. venerable, honoured आदरणीय, आदर के योग्य।

PŪJYĂ पूज्य adj. वि. adorable पूजनीय।

PUKĀR पुकार f. स्त्री. calling out, call बुलाना, 2. फ़रियाद, 3. आवाज़, ~ ना, to call किसी को नाम लेकर बुलाना।

PUKHRĀJ पुखराज m. पु. topaz पीले रंग का एक प्रसिद्ध रत्न।

PUKHTĀ पुख़्ता (P. फ़ा.) adj. वि. strong, firm टिकाऊ, मज़बूत, 2. difinite निश्चित, ~ करना, to make firm पक्का करना।

PUL पुल (P. फ़ा.) m. पु. a bridge सेड।

PULINḌĀ पुलिन्दा m. पु. a bundle, package लपेटे हुए काग़ज़ का बंडल।

PULIS पुलिस f. स्त्री. police आरक्षी ~ man, m. पु. पुलिस विभाग का कर्मचारी।

PUNAR पुनर (S. सं.) adv. अ. ever anew, even so फिर, एक बार और, दुबारा।

PUNARĀVEDAN पुनरावेदन (S. सं.) m. पु. appeal फिर से विचार करने के लिए प्रार्थना करना।

PUNARADHINIYAMAN पुनरधिनियमन (S. सं.) m .पु. reenactment पुनर्विधानन, विधान को फिर से नया रूप देना।

PUNARIKṢAṆ पुनरीक्षण (S. सं.) m. पु. revision भूल सुधार आदि की दृष्टि से मुकदमें की फ़ाइल फिर से देखना।

PUNARIKṢIT PĀṬH पुनरीक्षित (S. सं.) m. पु. revised version वह विवरण जो फिर से जांच लिया गया हो।

PUNARMUDRIT पुनर्मुद्रित (S. सं.) adj. वि. reprinted जो फिर से छापा गया हो।

PUNARMŪLYAN पुनर्मूल्यन (S. सं.) m. पु. revaluation फिर से मूल्य आंकना।

PUNARNIYUKTI पुनर्नियुक्ति (S. सं.) f. स्त्री. reinstatement किसी पद या काम पर फिर से नियुक्त कर दिया जाना।

PUNARSTRĪKARAṆ पुनरस्त्रीकरण (S. सं.) m. पु. rearmament पुनः अस्त्र-संभार बढ़ाना।

PUNARUJJIVAN पुनरुज्जीवन (S. सं.) m. पु. revival, regeneration पुनः जीवन-दान देना।

PUNARUTTHĀN पुनरुस्थान (S. सं.) m. पु. renaissance कला और सहित्य का पुनर्जन्म (रिनेसां)।

PUNARVĀS पुनर्वास (S. सं.) m. पु. rehabilitation, resettlement उद्वासितों को बसाना।

PUNARVICĀR पुनर्विचार (S. सं.) m. पु. recosideration छोटी या मातहत अदालतों में निर्णीत मामलों पर पुनः विचार ~ न्यायालय, m. पु. court of appeal उपर्युक्त मामलों पर फिर से विचार करने वाला उच्च न्यायालय ~ न्यायाधिकरण, m. पु. appelate tribunal मुकदमों पर पुनःविचार करने वाली अदालत।

PUNARVILOKAN पुनर्विलोकन (S. सं.) m. पु. review (of a case etc.)

मुकदमें में प्राप्त दंडादेश आदि पर फिर से विचार करना।

PUNARVIVĀH पुनर्विवाह (S. सं.) m. पु. remarriage दूसरा विवाह।

PŪṄCH पूंछ f. स्त्री. tail दुम, दुमछल्ला, ~ पकड़ कर चलना, to follow blindly आंख मूंद कर पीछे चलना।

PUṄJ पुंज (S. सं.) m. पु. mass, aggregate समूह, राशि।

PŪṄJĪ पूंजी f. स्त्री. capital मूलधन, 2. a fund जमा किया हुआ धन, wealth ~ गत, adj. वि. having to do with capital पूंजी संबंधी ~ पति, m. पु. a capitalist धनी व्यक्ति, कारख़ानेदार, ~ वाद, m. पु. capitalism वह व्यवस्था जिसमें धनियों का वर्ग उत्पादन के साधनों पर अधिकार कर श्रमिकं का शोषण करता है ~ वादी, adj. वि. capitalist पूंजीवाद के सिद्धान्तों पर चलने वाला।

PUṄSATVĂ पुंसत्व (S. सं.) m. पु. masculinity, virility पुरुषत्व, पुरुष की काम शक्ति या यौनक्षमता।

PUṆYĂ पुण्य (S. सं.) m. पु. virtue, virtuous act सुकृत, adj. वि. auspicious, virtuous शुभ, सद्गुण।

PUṆYĀTMĀ पुण्यात्मा (S. सं.) adj. वि. virtuous, pious धर्मात्मा।

PUR पुर (S. सं.) m. पु. a town शहर, नगर, 2. a fortified place क़िला।

PURĀ पुरा (S. सं.) m. पु. large village बस्ती, बड़ा गांव, adv. अ. प्राचीन काल में अब तक, ~ तन, adj. वि. ancient प्राचीन, ~ वशेष, m. पु. an ancient relic प्राचीन चिन्ह, ~ तत्त्व, m. पु. archaeology प्राचीन इमारतों संबंधी विज्ञान, पुरानी बातों के अध्ययन की विद्या, ~ लेखागार, m. पु. archives पुराने लेखों का संग्रहालय।

PŪRA पूरा adj. वि. full, complete पूर्ण, संपूर्ण, भरा हुआ, पक्का, ठीक।

PURĀṆ पुराण (S. सं.) m. पु. a purana (a class of voluminous work in Sanskrit dealing with aspects of ancient history, legend, mythology or theology) प्राचीन वृत्तांत, हिन्दुओं के विशिष्ट धर्मग्रंथ।

PURĀNĀ पुराना adj. वि. old, ancient, of long standing, not new बुहत दिनों का, बीता हुआ, जो नया नहीं हो।

PURASKĀR पुरस्कार (S. सं.) m. पु. prize, award इनाम, पारितोषिक।

PURĀTAN पुरातन (S. सं.) adj. वि. old, not new, ancient प्राचीन, पुराना, जो सबसे पहले हुआ हो।

PURṆ पूर्ण (S. सं.) adj. वि. fullfilled भरा हुआ, पूरा, a whole, enough पर्याप्त ~ काम, adj. वि. of fulfilled desire जिसकी कामना पूरी हो चुकी हो, सफल-मनोरथ ~ कालिक, adj. वि. full-time पूरे समय तक चलने वाला ~ तः, ~ रुपेण, adv. अ. entirely पूरी तौर पर।

PŪRṆIMĀ पूर्णिमा (S. सं.) f. स्त्री. the day or night of full moon शुक्लपक्ष की अंतिम तिथि, पूनो, पूर्णमासी।

PŪRṆAVIRĀM पूर्णविराम (S. सं.) m. पु. full stop वाक्य की समाप्ति का चिन्ह (। या.)।

PUROHIT पुरोहित (S. सं.) m. पु. a priest धार्मिक कृत्य कराने वाला।

PURUṢOTTAM पुरुषोत्तम (S. सं.) adj. वि. best of men श्रेष्ठ पुरुष, विष्णु।

PŪRTI पूर्ति (S. सं.) f. स्त्री. filling पूरा करना, 2. supply आपूर्ति करना, उपलब्ध कराना।

PURTYĀDHIKĀRĪ पूर्त्याधिकारी (S. सं.) m. पु. supply officer सप्लाई अफसर।

PURUṢ पुरुष (S. सं.) m. पु. a man, a male मर्द, 2. an individual व्यक्ति ~ त्व, m. पु manhood, virility, manliness पुंसत्व, मर्दानापन, पुरुष का भाव,

मर्दानगी।

PURUṢĀRTH पुरुषार्थ (S. सं.) m. पु. vigour, manliness उद्योग, उद्यम, पुरुषोचित गुण।

PŪRV पूर्व (S. सं.) m. पु. last पूरब, सूरज के निकलने की दिशा, मशरिक़, adj. वि. foremost, forward, initial पहले का, adv. अ. before पहले ~क., suf. प्रत्यय, (forms adverbs of manner from nouns eg. आदरपूर्वक, respectfully आदर के साथ)।

PŪRVĀBHINAY पूर्वाभिनय (S. सं.) m. पु. rehearsal नाटक आदि का पूर्वाभ्यास, रिहर्सल।

PŪRVĀNUMAN पूर्वाधिकार (S. सं.) m. पु. right of pre-emption हक़शुफ़ा।

PŪĀRUĀNUMĀN पूर्वानुमान (S. सं.) m. पु. forecast पहले से किया गया अनुमान।

PŪRVĀBHĀ पूर्वाभास (S. सं.) m. पु. premonition, foreboding पहले से पता चल जाना, पूर्वाशंका।

PŪRVOTTAR पूर्वोत्तर (S. सं.) adj. वि. north-east पूर्व और उत्तर की दिशा।

PŪRVVAT पूर्ववत् (S. सं.) adv. अ. as before पहले जैसा।

PURZĀ पुर्ज़ा (P. फ़ा.) m. पु part, component (of a mechanism) हिस्सा (किसी यंत्र का), 2. piece टुकड़ा।

PUṢP पुष्प (S. सं.) m. पु. a flower फूल, 2. menstruation स्त्री का रज, ~काल, m. पु. spring season वसंतऋतु, 2. menstrual period स्त्रियों का ऋतुकाल ~रेगु ~रज, m. पु. pollen पराग।

PUṢPĀNJALI पुष्पांजलि (S. सं.) f. स्त्री. offering of flowers अंजली भर फूल।

PUṢṬ पुष्ट (S. सं.) adj. वि. nourished तगड़ा, 2. strong मज़बूत, 3. confirmed पक्का।

PUṠT पुश्त (P. फ़ा.) f. स्त्री. back पीठ, 2. generation discent पीढ़ी।

PUṠTAINĪ पुश्तैनी adj. वि. hereditary जो कई पीढ़ियों तक चला जाए।

PUSTAK पुस्तक (S. सं.) f. स्त्री. a book, a manuscript किताब, ग्रंथ।

PUSTAKĀDHYAKṢ पुस्तकाध्यक्ष (S. सं.) m. पु. librarian ग्रंथागारिक।

PUSTAKĀKĀR पुस्तकाकार (S. सं.) adj. वि. in bookform, as a book किताब के आकार का, किताब के रूप में।

PUSTAKĀLAY पुस्तकालय (S. सं.) m. पु. library लाइब्रेरी।

PUSTAKĀGĀR पुस्तकागार (S. सं.) m. पु. library लाइब्रेरी।

PUSTIKĀ पुस्तिका (S. सं.) f. स्त्री. a small book छोटी पुस्तक।

PUṢṬĪ KARAṆ पुष्टीकरण (S. सं.) m. पु. ratification अनुसमर्थन।

PUṬ पुट m. पु. sprinkling, tinge, admixture हल्का मेल, थोड़ी-सी मिलावट।

PUTR पुत्र (S. सं.) m. पु. a son बेटा, ~वधू f. स्त्री. daughter-in-law पतोहू, पुत्र की पत्नी।

PYĀDĀ प्यादा (P. फ़ा.) m. पु. messenger, peon संदेशवाहक, पैदल, सिपाही, 2. pawn (in chess) (शतरंज में) पैदल।

PYĀLĀ प्याला (P. फ़ा.) m. पु. cup जाम, पीने का बर्तन।

PYĀR प्यार m. पु. love प्रेम, इश्क़, मुहब्बत, affection लाड़, चाव, ~करना, to love (a person), to make love (संभोग करना)।

PYĀS प्यास f. स्त्री. thirst तृष्णा, पानी पीने की इच्छा, 2. longing, desire, craving तृष्णा, लालसा।

PYĀSĀ प्यासा adj. वि. thirsty तृषित, जिसे पानी या किसी चीज़ की प्यास लगी हो, desirous वह जिसके अंदर इच्छा हो।

◆◆◆

Q

QABĀHAT क़बाहत (A. अ.) f. स्त्री. difficulty, inconverience कठिनाई, दोष, झंझट।

QĀBIL क़ाबिल (A. अ.) f. स्त्री. capable, fit, worthy, suitable योग्य, लायक़, विद्वान।

QĀBIZ क़ाबिज़ (A. अ.) adj. वि. possessing, occupying क़ब्ज़ा रखने वाला, क़ब्ज़ा करने वाला।

QABL क़ब्ल (A. अ.) adv. अ. before पहले, पेश्तर, आगे।

QABR क़ब्र (A. अ.) f. स्त्री. grave गढ़ा जिसमें मुर्दा गाड़ा जाए, 2. tomb मक़बरा।

QABRISTĀN क़ब्रिस्तान (A. अ.) m. पु. graveyard वह स्थान जहां मुर्दे गाड़े जाएं।

QABZ कब्ज़ (A. अ.) f. स्त्री. taking possession पकड़, 2. constipation पेट साफ न होना ~ होना, to be constipated.

QABZĀ क़ब्ज़ा (A. अ.) m. पु. grasp, clutch, possession दख़ल, अधिकार, 2. a hinge लोहे या पीतल आदि का वह पुरजा जिससे दरवाजे आदि चौखट से जोड़ने पर घूम सकते हैं।

QAD क़द (A. अ.) m. पु. stature, height डील, देह की ऊंचाई, लंबाई।

QADAM क़दम (A. अ.) m. पु. the foot पांव, 2. a foot's length, a pace, step डग, footprint पदचिन्ह ~ उठाना, to step out, to take measures आगे बढ़ना, ~ बोसी, f. स्त्री. kissing the foot (of, in homage or respect) पांव चूमना (इज़्ज़त या सम्मान में) ~ पर क़दम रखना, to follow in footsteps पीछे-पीछे चलना, अनुसरण करना।

QADĪM क़दीम (A. अ.) adj. वि. former, ancient प्राचीन, पुराना।

QADR क़द्र (A. अ.) f. स्त्री. merit, worth, value, estimation, degree इज़्ज़त, दर्जा, मरतबा, बड़ाई, ~ दान, adj. वि. appreciating क़द्र समझने वाला, ~ दानी, f. स्त्री. appreciation क़द्र समझना।

QAFIĀ क़ाफ़िया (A. अ.) m. पु. rhyme, rhyming syllable तुक, अंत्यानुप्रास, ~ तंग होना, to be hard-pressed for a rhyme तुक मिलाना, मुश्किल होना, में पड़ना, 2. to be faced with difficulties कठिनाई में पड़ना।

QAFILA क़ाफ़िला (A. अ.) m. पु.

convoy, caravan यात्रियों, माल ले जाने वालों का समूह।

QAFIR क़ाफ़िर (A. अ.) adj. वि. not believing (especially in Islam) इस्लाम धर्म न मानने वाला, m. पु. an unbeliever, infidel कुफ़्र करने वाला, अल्लाह और पैग़ंबर मुहमद पर विश्वास न रखने वाला।

QAHAT क़हत (A. अ.) m. पु. famine अवर्षण अकाल।

QAHVĀ क़हवा (A. अ.) m. पु. coffee कॉफ़ी ~ ख़ाना, m. पु. coffee-house कॉफीघर।

QAID क़ैद (A. अ.) f. स्त्री. confinement, imprisonment कारावास, बंधन ~ करना, to imprison जेल देना ~ ख़ाना, m. पु. jail कारागार ~ तन्हाई,. f. स्त्री. solitary confinement जेल में डालना (ऐसी जेल में डालना जहां जगह बेहद कम हो और कैदी बिल्कुल अकेला रहे)।

QAIFIYAT क़ैफ़ियत (A. अ.) f. स्त्री. condition हाल, details, particulars विवरण ~ देना, to give an account विवरण देना।

QAINĪ क़ैंची f. स्त्री. scissors, shears कतरनी।

QAISAR क़ैसर (A. अ.) m. पु. Caesor, an emperor सम्राट, जर्मनी के पूर्व सम्राटों की उपाधि।

QALAĪ क़लई (A. अ.) f. स्त्री. tinplate, gilding रांगा, white washing दीवारों की पुताई।

QALAM क़लम (A. अ.) f. स्त्री. a pen लेखनी, a painter's brush चित्रकार की कूंची या तूलिका, a cutting (for planting or grafting) किसी पेड़-पौधे की टहनी जो नया पेड़ तैयार करने के लिए काटी जाए, ऐसी टहनी से लगाया गया पौधा, a sideback गलमुच्छा ~ कार, m. पु. a writer, a painter लेखक, चित्रकार, ~ कारी, f. स्त्री. painting, writing ~ जीवी, adj. वि. a literary man लेखक।

QALANDAR क़लंदर (P. फ़ा.) m. पु. an itinerant, Muslim ascctic मुसलमान साधुओं का एक समुदाय।

QALIĀ क़लिया (A. अ.) m. पु. boiled or fried meat, a meat curry पकाया हुआ रसादार मांस।

QĀLĪN क़ालीन (P. फ़ा.) f. स्त्री. a carpet गलीचा, बड़ा गलीचा।

QAMIZ क़मीज़ (A. अ.) f. स्त्री. a shirt कफ़ और कालरदार कुर्ता।

QANĀT क़नात (T. तु.) f. स्त्री. a canvas screen कपड़े की दीवार जो ख़ेमे या किसी खुले स्थान के चारों ओर खड़ी करते हैं।

QANDĪL क़ंदील (A. अ.) f. स्त्री. a candle, a light with protecting paper shade काग़ज, मिट्टी या अबरक का लैंप, shade, chandelier.

QĀNŪN क़ानून (A. अ.) m. पु. a law, regulation राजनियम ~ न, adv. अ. according to law क़ानून के मुताबिक़, नियमतः ~ दां, m. पु. law-knower jurist क़ानून जानने वाला।

QARĀR क़रार (A. अ.) m. पु. stability (of mind), 2. settlement, agreement इक़रार, प्रतिज्ञा, rest, peace ठहराव, चैन।

QARĪB क़रीब (A. अ.) adj. वि. near समीपी, adv. अ. approximately पास, लगभग।

QARĪNA क़रीना (A. अ.) m. पु. manner, system, proper way, arrangement, order मेल, ढंग, समानता, तरीका।

QARZ क़र्ज़ (A. अ.) m. पु. a debt, a loan ऋण, उधार।

QASĀI क़साई (A. अ.) m. पु. a buteher बूचड़, मांस-विक्रेता, a merciless person, a brute क्रूर व्यक्ति।

QASBĀ क़स्बा (A. अ.) m. पु. a small town, a large village छोटा शहर, उपनगर।

QASĪDA क़सीदा (A. अ.) m. पु. a lengthy Urdu or Persian gazal (especially in praise of someone) प्रशंसात्मक (या कभी-कभी निन्दात्मक) उर्दू या फ़ारसी शायरी।

QATAĪ क़तई (A. अ.) adj. वि. final पक्का, एकदम, निश्चित, adv. अ. absolutely पूरी तरह से।

QATĀR क़तार (A. अ.) f. स्त्री. a row, line पांत, पंक्ति, 2. seriesक्रम।

QATIL क़ातिल (A. अ.) adj. वि. killing, cruel (a lover) हत्यारा, क़त्ल करने वाला (प्रियतमा या प्रियतम), m. पु. a murderer ख़ूनी।

QATL क़त्ल (A. अ.) m. पु. slaughtering, killing, murder, execution वध, हत्या, जान से मार डालना ~ करना, to kill हत्या करना ~ (ले), आम, indiscriminate killing, a massacre अंधाधुंध हत्या।

QAUL क़ौल (A. अ.) m. पु. word, promise वचन, उक्ति, प्रतिज्ञा, इक़रार ~ का पक्का, true to one's word वादे का निभाने वाला।

QAUM क़ौम (A. अ.) f. स्त्री. a nation, a people, race राष्ट्र, मनुष्य समूह, जाति।

QAUMĪ क़ौमी (A. अ.) adj. वि. national राष्ट्रीय, क़ौम से संबंध रखने वाला।

QAUVĀL क़ौवाल (A. अ.) m. पु. a musician (usually a Muslim) who sings religious songs क़ौवाली गाने वाला, गवैया।

QAVĀYAD क़वायद (A. अ.) f. स्त्री. rules नियमावली, कार्यविधि, 2. drill, parade ड्रिल, परेड।

QĀYAL क़ायल (A. अ.) adj. वि. convinced मानने वाला।

QĀYAM क़ायम (A. अ.) adj. वि. fixed, established, set up, steadfast ठहरा हुआ, खड़ा हुआ, निश्चित।

QAYĀM क़याम (A. अ.) m. पु. stoppage ठहराव, ठिकाना।

QAYĀMAT क़यामत (A. अ.) f. स्त्री. doomsday, the resurrection, calamity प्रलय, आफ़त, हंगामा।

QAYDĀ क़ायदा (A. अ.) m. पु. regulation, rule, law, custom, way, etiquette नियम, ढंग, विधान, क्रम, 2. a primer, reader बच्चों की पहली किताब, प्राइमर।

QAZĀ क़ज़ा (A. अ.) m. पु. fate नियति भाग्य, 2. death मृत्यु।

QAZZĀK क़ज़्ज़ाक (T. तु.) m. पु. cossack, a robber एशियाई रूस की एक तुर्क जाति।

QILA क़िला (A. अ.) m. पु. a fort, a castle दुर्ग, गढ़।

QILLAT क़िल्लत (A. अ.) f. स्त्री. scarcity, want, poverty कमी, तंगी, दुर्लभता।

QĪMĀ क़ीमा (A. अ.) m. पु. minced meat, a meat curry छोटे-छोटे टुकड़ों में कटा मांस, मांस का शोरबा।

QĪMAT क़ीमत (A. अ.) f. स्त्री. price, value, worth, cost मूल्य, दाम, गुण, योग्यता।

QĪMATĪ क़ीमती (A. अ.) adj. वि. precious, valueable बहुमूल्य।

QISMAT क़िस्मत (A. अ.) f. स्त्री. destiny, luck, fate नियति, भाग्य, तक़दीर।

QISSĀ क़िस्सा (A. अ.) m. पु. a story, tale, account कहानी, कथा, वृत्तान्त, ज़िक्र।

QIST क़िस्त (A. अ.) f. स्त्री. an instalment अंश, लगान या बकाया का देय भाग, 2. episode भाग, अध्याय (टी.वी. आदि पर)।

QUDRAT क़ुदरत (A. अ.) f. स्त्री. nature, creation प्रकृति, सृष्टि, divine power ईश्वरीय शक्ति।

QURBĀNĪ क़ुर्बानी (A. अ.) f. स्त्री. a sacrifice आत्मत्याग, बलिदान, बक़रीद के दिन पशुबलि।

QURKĪ क़ुर्की (P. फ़ा.) f. स्त्री. attachment (of property) वसूली के लिए माल या जायदाद का ज़ब्त किया जाना।

QUSŪR क़ुसूर (A. अ.) m. पु. fault, error जुर्म, अपराध, भूल-चूक।

◆◆◆

R

RAB रब (A. अ.) m. पु. God, lord ईश्वर, मालिक।

RABAṚ रबड़ m. पु. rubber एक वृक्ष से बनने वाला एक लचीला पदार्थ।

RACĀNĀ रचाना v.t. स.क्रि. to arrange आयोजित करना।

RACAYITĀ रचयिता (S. सं.) m. पु. maker, creator रचने वाला, स्रष्टा (जैसे ईश्वर), 2. author, composer रचने वाला, ग्रंथकार, लेखक, संगीत रचने वाला, (f. स्त्री. रचयित्री)।

RACNĀ रचना (S. सं.) f. स्त्री. creation निर्माण, नवसृष्टि, a literary or creative work साहित्यिक या नई बनाई गई वस्तु, v.t. स.क्रि. to create सिरजना, ग्रंथ आदि लिखना, उत्पन्न करना।

RADD रद्द (A. अ.) adj. वि. rejected, rejecting, rejection ख़राब, निकम्मा, m. पु. फेर देना, न मनाना।

RADDĪ रद्दी f. स्त्री. waste, scrap बेकार काग़ज आदि फ़ालतू चीज़ें, adj. वि. waste, worthless बेकार, व्यर्थ।

RAFĀ रफ़ा (A. अ.) m. पु. removing, ending (a difficulty, a need or a quarrel) दूर करना, हटाना, (जैसे कोई झगड़ा आदि) ~दफ़ा करना, to remove, to end समाप्त करना।

RAFŪ रफ़ू (P. फ़ा.) m. पु. darning फटे, पुराने कपड़े की मरम्मत करना।

RAG रग (P. फ़ा.) f. स्त्री. a blood vessel, artery, vein नस, नाड़ी, ~ पहचानना, to know (a person) रहस्य जानना, ~ रेशा, m. पु. entire or essential nature पूरी प्रकृति या रहस्य ~रग में, in the whole body सारे शरीर में।

RĀG राग (S. सं.) m. पु. love, passion प्रीति, रंजन, desire कामना, 2. colour रंग, 3. a musical mode, musical note, harmony melody विशिष्ट, ताल-लय युक्त ध्वनि।

RAGAṚ रगड़ f. स्त्री. friction, wearing घर्षण ~ खाना, to be rubbed धक्के खाना।

RĀGINĪ रागिनी (S. सं.) f. स्त्री. wife of a Raga, a modification of a main musical raga (there are 36 raginis, supposed to be wives of the Ragas) राग की पत्नी (कुल छत्तीत रागिनियां मानी जाती हैं, संगीत)।

RĀH राह f. स्त्री. way, manner, method रास्ता, रीति रिवाज़, प्रथा ~ देखना, ~ तकना, to wait (for) प्रतीक्षा करना, ~ गीर, m. पु. traveller यात्री, ~ खर्च, m. पु. travel expense.

RAHAM रहम (A. अ.) m. पु. pity, compassion करुणा, दया, कृपा।

RAHĀ-SAHĀ रहा-सहा adj. वि. left-over बचा-खुचा, बचा-बचाया।

RAHASYĂ रहस्य (S. सं.) m. पु. a mystery, secret गुप्त भेद, मर्म, दुर्बोध तत्त्व, adj. वि. mysterious भेद भरा ~ वाद, m. पु. mysticism चिंतन-मनन द्वारा ईश्वर से प्रत्यक्ष संपर्क-स्थापन की प्रवृत्ति ~ मय, adj. वि. mystical, mysterious जिसे जाना नहीं गया है ~

वादी, m. पु. mystic रहस्यवाद को मानने वाला।

RAHĪM रहीम (A. अ.) adj. वि. merciful रहम या दया करने वाला, m. पु. pen-name of the poet Abdul Rahim Khan Khana अब्दुल रहीम ख़ान ख़ाना का काव्य नाम, 2. God परमात्मा।

RAHIT रहित (S. सं.) adj. वि. deprived (of) 2. without हीन, शून्य।

RAHNĀ रहना v.i. अ.क्रि. to remain, to reside, to live, to be ठहरना, बसना, रुकना, अवस्थित रहना।

RĀHU राहु (S. सं.) m. पु. name of a demon supposed to seize the sun and moon in his mouth and so cause eclipses नौ ग्रहों में से एक जिसके बारे में कहा जाता है कि उस के मुंह में ले लेने से सूर्य और चंद्र ग्रहण होते हैं ~ग्रास, m. पु. eclipse (सूर्य या चंद्र) ग्रहण।

RĀĪ राई f. स्त्री. a mustard seed एक छोटी सरसों ~से पर्वत करना, to make a mountain of a molehill जरा-सी बात को बहुत बढ़ा देना ~भर, adv. अ. very little बहुत थोड़ा।

RAĪS रईस (A. अ.) m. पु. a person of status प्रतिष्ठित मनुष्य, 2. a substantial land owner ताल्लुक़ेदार, 3. a nobleman अमीर।

RAĪSĪ रईसी f. स्त्री. status of a rais अमीरी, संपन्नता।

RAJ रज (S. सं.) m. पु. dust धूल, 2. pollen पराग, 3. menstrial flow or discharge स्त्रियों का मासिक रक्त-स्त्राव।

RĀJ राज m. पु. kingdom, realm, state empire राज्य, rule government शासन राजा का समास में व्यवहृत रूप, a mason मिस्त्री, (मकान बनाने वाला) ~कर, m. पु. revenue ख़िराज, राजस्व, ~कुमार, m. पु. prince राजा का लड़का, राजपुत्र ~कुमारी ~कन्या, f. स्त्री. princess राजा की बेटी ~कुल, m. पु. dynasty राजा का वंश, ~कोष, m. पु. exchequer राजा का ख़ज़ाना ~तंत्र, m. पु. monarchy राजा के शासन का सिद्धान्त ~नीति, f. स्त्री. diplomacy, politics राज्य चलाने के सिद्धान्त ~धानी, f. स्त्री. capital राजा का प्रधान नगर जहां से शासन चलता है।

RĀJĀ राजा (S. सं.) m. पु. King सम्राट, राजा का मालिक, नरेश, भूप, नृपति, स्वामी, प्रियतम को पुकारने का एक नाम।

RAJĀDHIDEYǍ राजाधिदेय (S. सं.) m. पु. privy purse राजा या शासक को निजी खर्च के लिए सरकारी खज़ाने से दी जाने वाली बंधी हुई रकम (अब भारत में यह उठा दिया गया है)।

RĀJĀDHIRĀJ राजाधिराज (S. सं.) m. पु. emperor, King of Kings सम्राट, राजाओं का राजा।

RĀJĀSAN राजासन (S. सं.) m. पु. throne सिंहासन, तख़्त।

RAJASVALĀ रजस्वला (S. सं.) f. स्त्री. a menstruating woman वह स्त्री जिसका रज प्रवाहित हो रहा हो, जो मासिक धर्म से हो।

RAJAT रजत (S. सं.) m. पु. silver चांदी ~ जयंती, f. स्त्री. silver jubilee 25 वर्ष समाप्त होने पर मनाए जाने वाला उत्सव ~ पट, m. पु. silver screen, the screen on which films are projected पर्दा जिस पर चलचित्र दिखाए जाते हैं।

RĀJBHĀṢĀ राजभाषा (S. सं.) f. स्त्री. national language, state language देश की वह भाषा जो राज कार्यों तथा न्यायालयों आदि में प्रयुक्त हो (जैसे हिन्दी भारत की राजभाषा है)।

RĀJBHAVAN राजभवन (S. सं.) m. पु. Government House राज्यपाल का निवास।

RĀJCINH राजचिन्ह (S. सं.) m. पु. insignia सरकार का अधिकारसूचक चिन्ह।

RĀJDAYĀ राजदया (S. सं.) f. स्त्री. clemency प्राणदंड आदि की सज़ा पाए हुए बंदी के प्रति प्रधान शासक द्वारा क्षमा-प्रदान।

RĀJDHĀNĪ राजधानी (S. सं.) f. स्त्री. capital राज्य का शासन-केन्द्र।

RĀJDROH राजद्रोह (S. सं.) m. पु. treason बग़ावत, विद्रोह।

RĀJDŪT राजदूत (S. सं.) m. पु. ambassador किसी अन्य देश की राजधानी में अपने देश का प्रतिनिधि।

RĀJDŪTĀVĀS राजदूतावास (S. सं.) m. पु. embassy राजदूत का निवास स्थान।

RAJGĪR राजगीर m. पु. a mason मकान बनाने वाला मिस्त्री।

RAJISṬRĀR रजिस्ट्रार (E. अं.) m. पु. registrar पंजीयक।

RĀJKĪ YĀPAKS राजकीय पक्ष (S. सं.) m. पु. official party सरकारी दल।

RĀJKĪ YĀ NĪTI राजकीय नीति (S. सं.) f. स्त्री. fiscal policy सरकारी कोष या आय संबंधी नीति।

RĀJKUMĀR राजकुमार (S. सं.) m. पु. prince राजा का बेटा या पुत्र।

RAJNĪ रजनी (S. सं.) f. स्त्री. night रात।

RĀJNĪTI राजनीति (S. सं.) f. स्त्री. politics, diplomacy राज्य की रक्षा और शासन को दृढ़ करने का उपाय बताने की नीति ~ क, adj. वि. diplomatic राजनीति संबंधी।

RĀJPADDHATI राजपद्धति (S. सं.) f स्त्री. polity राजशासन की प्रणाली।

RĀJPATH राजपथ (S. सं.) m. पु. highway, main road मुख्य मार्ग, बड़ी सड़क।

RĀJPATRIT राजपत्रित (S. सं.) adj. वि. gazetted जिसकी नियुक्ति आदि की सूचना सरकारी गजट में छपती हो।

RĀJPURUṢ राजपुरुष (S. सं.) m. पु. statesman राष्ट्रनायक।

RĀJROG राजरोग (S. सं.) m. पु. tuberculosis T.B. राजयक्ष्मा, क्षयरोग, तपेदिक़।

RĀJSV राजस्व (S. सं.) m. पु. revenue सरकार की कर आदि से होने वाली आमदनी ~ मंत्री, m. पु. revenue minister माल-मंत्री।

RAJVĀṚA रजवाड़ा m. पु. princely state देशीरियासत, राज्य, राजा।

RĀJYA राज्य (S. सं.) m.पु. Kingdom, state राष्ट्र, देश, rule, government शासन ~ पाल, m. पु. governor ~ भाषा, f. स्त्री. state language ~ संघ, m. पु. federation राज्यों का दल, ~ सभा, f. स्त्री. council of states (upper house of the Indian Parliament) ~ पाल, m. पु. governor of a state राज्य का गवर्नर ~ परिषद, f. स्त्री. council of state राज्यों में चुने हुए प्रतिनिधियों की वह उच्च परिषद् जो निम्न सदन के निर्णयों पर पुनर्विचार करती है, राजसभा।

RAJYĀBHIṢEK राज्याभिषेक (S. सं.) m. पु. coronation राजगद्दी पर बिठाने की रीति।

RĀKHĪ राखी (S. सं.) f. स्त्री. a piece of thread, with a rosette, tied ceremonially round a

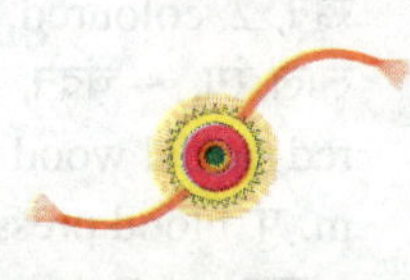

brother's wrist by a sister on the full moon of the month of Shravan

रक्षा बंधन, रक्षा बंधन की डोरी।

RAKHNĀ रखना v.t.स.क्रि. to place, to put, to pledge, to keep धरना, थोपना।

RAKHVĀLĀ रखवाला m. पु. watchman, guard पहरेदार, चौकीदार।

RAKHVĀLĪ रखवाली f. स्त्री. watch, care, tending (animals) हिफ़ाज़त, सुरक्षा, रक्षा कार्य (पशुओं आदि का), 2. wages of a watchman रखवाले की उजरत।

RAKHVĀNĀ रखवाना v.t. स.क्रि. to cause to be kept, placed, put etc. रखने का काम किसी और से करवाना।

RAKṢĀ रक्षा (S. सं.) f. स्त्री. protection, preservation, defence बचाव, सुरक्षा, रखवाली ~बंधन, m. पु. - राखी, ~ त्मक, adj. वि. defensive रक्षा संबंधी, बचाव संबंधी ~दल, m. पु. home-guard रक्षा करने के लिए नागरिकों का दल।

RAKṢAK रक्षक (S. सं.) adj. वि. protecting, defending रक्षा करने वाला, पालन करने वाला, पहरा देने वाला, m. पु. पालक, जो रक्षा करता है वह व्यक्ति ~पोत, m. पु. escort vessel व्यापारिक बेड़े आदि की रक्षा के लिए उसके साथ-साथ चलने वाला जहाज़।

RAKṢṆĪYĂ रक्षणीय (S. सं.) adj. वि. defendable रक्षा करने योग्य।

RĀKṢAS राक्षस (S. सं.) m. पु. a demon दैत्य, 2. a fiendishly wicked person महादुष्ट व्यक्ति।

RAKT रक्त (S. सं.) m. पु. blood लहू, ख़ून, 2. coloured, dyed, red colour लाल रंग, ~ चंदन, m. पु. red wood, red sandal wood लाल चंदन, ~चाप, m. पु. blood pressure ख़ून का दबाव, ~दान, m. पु. blood donation अपना ख़ून किसी और के लिए देना, ~ दान बैंक, m. पु. blood bank रक्त संयम करने वाला बैंक ~ पात, m. पु. blood shed ख़ूनख़राबा ~ स्त्राव, m. पु. haemorrhage ख़ून बहना, रक्त-प्रवाह, ~ हीन, adj. स्त्री. anaemic जिसे रक्ताल्पता हो।

RAKTIM रक्तिम (S. सं.) adj. वि. blood-coloured, red-coloured ख़ून के रंग का, लाल रंग का।

RĀM राम (S. सं.) m. पु. name of Ramchandra (the seventh Avtar of Vishnu) son of Dashrath, King of Ayodhya

दशरथ के पुत्र रामचंद्र जो विष्णु के सातवें अवतार माने जाते हैं ~ नवमी, f. स्त्री. Ram's birth day~चरित मानस, m. पु. Tulsidas's version of Ramayana ~ लीला, f. स्त्री. the deeds of Rama, a dramatic presentation of the deeds of Rama.

RAMAṆ रमण (S. सं.) m. पु. a lover, husband, 2. delight, 3. sexual inter course प्रेमी, पति, प्रिय, रमने वाला, संभोग।

RĀMĀYAṆ रामायण (S. सं.) f. स्त्री. name of the epic poem in Sanskrit by Mahakavi Valmiki महर्षि बाल्मीकि द्वारा रचित रामकथा महाकाव्य।

RAMNĀ रमना v.i. स.क्रि. to wander happily, to stroll, to take pleasure or delight विहार करना, भोग-विलास करना।

RAMṆĪ रमणी (S.सं.) f. स्त्री. a beautiful woman, a young woman सुन्दर स्त्री, युवती।

RAMṆĪK रमणीक (S. सं.) adj. वि. lovely, charming मनोहर, सुंदर, मनोरम, रुचिर।

RAMṆĪYĂ रमणीय (S. सं.) adj. वि. lovely, charming मनोहर, सुंदर, मनोरम, रुचिर।

RAMYĂ रम्य (S. सं.) adj. वि. lovely, charming मनोहर, सुंदर, मनोरम, रुचिर।

RAṆ रण (S. सं.) m. पु. battle, war संग्राम, युद्ध, जंग, लड़ाई ~ क्षेत्र, m. पु. battle-field युद्ध का मैदान ~ पोत, m. पु. battle ship लड़ाई का जहाज़, ~ बंदी, m. पु. prisoner of war लड़ाई में पकड़ा गया सैनिक।

RAṄBHĀNĀ रंभाना v.t. स.क्रि. to low, to bellow (as cattle) गाय का बोलना।

RAṄDHNĀ रांधना v.t. स.क्रि. to cook (food), to prepare food (भोजन) पकाना, पाक करना।

RAṄDĪ रंडी f. स्त्री. a propstitute वेश्या, ~ ख़ाना, m. पु. a brothel वेश्यालय ~ बाज़, m. पु. a whoremonger वेश्यागामी, ~ बाज़ी, f. स्त्री. fornication वेश्यागमन।

RAṄḌVĀ रंडवा m. पु. a widower विधुर वह पुरुष जिसकी पत्नी मर चुकी हो।

RAṄG रंग m. पु. colour वर्ण (जैसे लाल, पीला आदि), 2. stage नाट्य मंच, complexion शरीर का वर्ण, ~ उड़ना, to grow pale, to fade फीका पड़ना, पीला पड़ना, ~ निखरना, to be bright चमक आना (चेहरे आदि पर), ~ बदलना, to change colour बुरा बनना, ~ आना, to feel pleasure आनंद आना, ~ में भंग पड़ना, something spoiling happiness or contentment बना-बनाया खेल बिगड़ना।

RAṄGĀĪ रंगाई f. स्त्री. colouring, dyeing रंगने का काम, 2. price paid for painting, colouring etc रंगने की मज़दूरी।

RAṄGAVAṬ रंगावट f. स्त्री. dycing, thc business of dyeing रंगसाज़ी का काम।

RAṄGBHŪMI रंगभूमि (S. सं.) f. स्त्री. stage (for dramatic performances) नाट्यशाला, place for festivals उत्सव का स्थान।

RAṄGBIRAṄGĀ रंगबिरंगा adj. वि. multicoloured अनेक रंगों वाला, भांति-भांति का।

RAṄGĪ रंगी adj. वि. devoted, impassioned विनोदी, अनुरक्त।

RAṄGĪLĀ रंगीला adj. वि. showy, bright, lively, merry, flirtatious pleasure loving मौजी, प्रेमी, सुन्दर, मस्त।

RAṄGĪN रंगीन adj. वि. painted, coloured, multi coloured, ornate, lively, picturesque रंगा हुआ, ऐशपसन्द, सुखद, कल्पनायुक्त।

RAṄGĪNĪ रंगीनी f. स्त्री. state of being coloured, showiness, elegence, liveliness रंगीन होना, श्रृंगार, विलास प्रियता।

RAṄGMAṄCH रंगमंच m. पु. the stage, theatre वह स्थान जहां नाटक आदि का अभिनय हो।

RAṄGREZ रंगरेज़ (P. फ़ा.) m. पु. a dyer कपड़ा रंगने का काम करने वाला।

RAṄGRŪP रंगरूप m. पु. beauty and form nature सूरत-शक्ल।

RAṄGRŪT रंगरूट m. पु. a recruit नौसिखिया, नया सिपाही।

RAṄGŚĀLĀ रंगशाला (S. सं.) f. स्त्री. the stage, theatre नाटकघर, नाट्य-शाला, घर जहां नाटक खेले जाते हैं।

RAṄGSĀZ रंगसाज़ (P. फ़ा.) m. पु. a painter, dyer, colour-manufacturer कपड़े वगैरह रंगने वाला, रंग बनाने वाला।

RANIVĀS रनिवास m. पु. women's quarters (of a palace) अंत:पुर, रानियों का महल।

RANJ रंज (P. फ़ा.) m. पु. suffering,

grief, distress, displeasure annoyance दुख, शोक, पछतावा, दर्द, खीझ।

RAṄJAN रंजन (S. सं.) m. पु. colouring रंगने का काम, pleasing, causing emotion मन प्रसन्न करने वाला, ~ कारी साहित्य, m. पु. light literature मन-बहलाव का साहित्य।

RAṄJIT रंजित (S. सं.) adj. वि. coloured, delighted रंगा हुआ, हर्षित, अनुरक्त।

RAṄK रंक adj. वि. poor ग़रीब, m. पु. a panper दरिद्र व्यक्ति, निर्धन व्यक्ति।

RAPAṬ रपट f. स्त्री. slip, slipping फिसलन, 2. report विवरण (थाने आदि में देना)।

RAPAṬNĀ रपटना v.i. अ.क्रि. to slip फिसलना, to walk rapidly तेज़ी से चलना।

RAS रस (S. सं.) m. पु. juice सार, taste (which consists of six kinds) स्वाद (रसनेन्द्रिय का ज्ञान, ये छः प्रकार के होते हैं), pleaure, joy सुख, आनंद, any of several tastes or sentiments characterising a literary work, which are supposed to be nine in number नव रस, sensation संवेदन (जैसे गन्ने के रस का संवेदन) ~ दार, adj. वि. juiey रसभरा।

RASĀ रसा (S. सं.) f. स्त्री. the earth, 2. tongue जिह्वा, 3. river नदी।

RASAD रसद (P. फा.) m. पु. supplies, provisions, grains अनाज, राशन।

RASĀĪ रसाई f. स्त्री. entrance, a cess, reach दाख़िला, पहुंच।

RĀŚAN राशन (E. अं.) m. पु. ration रसद, रसद की नियमित व्यवस्था, राशन।

RASĀV रसाव m. पु. seepage रसने की क्रिया या भाव।

RASĀYAN रसायन (S. सं.) m. पु. chemistry पदार्थों का तत्त्वगत ज्ञान, 2. जरा, व्याधिनाशक औषधि ~ शास्त्र, ~ विज्ञान, m. पु. chamistry पदार्थों में मिलने वाले तत्त्वों का विवेचन करने वाला और तत्त्वगत परमाणुओं में परिवर्तन होने पर पदार्थों की नई स्थिति का निरूपण करने वाला शास्त्र।

RĀSĀYYNIK रासायनिक (S. सं.) adj. वि. chemical रसायन शास्त्र या तत्त्व संबंधी, m. पु. a chemist रसायन-शास्त्री, ~ परीक्षक, m. पु. chemical examiner रासायनिक तत्त्वों का विश्लेषण कर मिलावट आदि का पता लगाने वाला।

RASGOLLĀ रसगुल्ला m. पु. a Bengali Sweet एक प्रसिद्ध बंगाली मिठाई।

RĀŚI राशि (S. सं.) f. स्त्री. mass, heap, sum ढेर, a sign of the zodiac क्रांतिवृत्त में आने वाला तारा समूह।

RASIK रसिक (S. सं.) adj. वि. elegant, voluptuous आनंदी, रसयुक्त, m. पु. a connoisseur, discriminating person सहृदय, पारखी, विलासी, प्रेमी।

RASĪLA रसीला adj. वि. juicy, tasty, charming रसयुक्त, मज़ेदार, बांका छैला।

RASĪD रसीद (P. फ़ा.) f. स्त्री. receipt, acknowledgement of receipt पहुंच-प्राप्ति, प्रमाणपत्र।

RASIYĀ रसिया m. पु. a pleasure-seeker, a man of passion रसिक, रस लेने वाला, व्यसनी।

RASM रस्म (A. अ.) f. स्त्री. custom, tradition, a customary practice प्रथा, रिवाज़, बर्ताव, मेल-जोल।

RAŚMI रश्मि (S. सं.) f. स्त्री. a ray of light किरण।

RASOĪ रसोई f. स्त्री. Kitchen, food

भोजनकक्ष, भोजन ~ दार, m. पु. cook भोजन बनाने वाला।

RASOIYĀ रसोइया m. पु. a cook भोजन बनाने वाला।

RASSA रस्सा m. पु. a heavy rope मोटी, रस्सी।

RASSĪ रस्सी f. स्त्री. cord, string, rope डोरी, रज्जु।

RĀSTĀ रास्ता (P. फ़ा.) m. पु. road, way, manner राह, सड़क, उपाय, प्रथा, ~ देखना, to await प्रतीक्षा करना, बाट जोहना।

RĀṢṬR राष्ट्र (S. सं.) m. पु. nation, state, country देश, राज्य ~ पति, m. पु. president, chief of a nation गणतंत्र का प्रधान ~ भाषा, f. स्त्री. national language राष्ट्र की वह मुख्य प्रचलित भाषा जिसका प्रयोग सार्वजनिक कामों में हो ~ मंडल, f. स्त्री. common wealth of nations राष्ट्र कुल ~ वाद, m. पु. nationalalism अपने राष्ट्र को सर्वाधिक महत्व देने का सिद्धान्त ~ वादी, nationalist राष्ट्रवाद को मानने वाला, ~ संघ, m. पु. League of Nations विश्व के राष्ट्रों का संघ।

RAṢṬRĪYĂ राष्ट्रीय (S. सं.) adj. वि. national राष्ट्र का, राष्ट्र संबंधी ~ करण, m. पु. nationalisation देश के उद्योग-धन्धों, भूमि आदि पर राष्ट्रहित में सरकार का अधिकार ~ ता, f. स्त्री. nationality, national quality किसी राष्ट्र का नागरिक होने का भाव, राष्ट्र-प्रेम, देश-भक्ति।

RAT रत (S. सं.) adj. वि. attracted to, in love (with), engrossed (in) लीन, अनुरक्त, m. पु. coitus, sexual intercourse मैथुन, प्रेम, संभोग।

RĀT रात f. स्त्री. night निशा, रात्रि, ~ की रानी, f. स्त्री. name of a flower opening at night, queen of night हेना, रजनीगंधा।

RATAUṄDHI रतौंधी f. स्त्री. night-blindness एक नेत्र-रोग जिसमें रोगी को रात के समय नहीं सूझता।

RATH रथ (S. सं.) m. पु. chariot, vehicle वाहन, गाड़ी यान ~ यात्रा, f. स्त्री. chariot procession (especially that of Jagannath at Puri and Ranchi occurring in the month of Asharh) आषाढ़ शुल्का द्वितीया को पुरी और रांची में होने वाला पर्व।

RATI रति (S. सं.) f. स्त्री. enjoyment, love, sexual intercourse आसक्ति, प्यार, प्रेम, संभोग, श्रृंगार-रस का स्थायी भाव, 2. name of the wife of the god of love Kamdeo कामदेव की पत्नी ~ जन्य, adj. वि. sexually produced, venereal रतिज, संभोग से प्राप्त (रोगादि) ~ जरोग, m. पु. venereal disease यौन रोग ~ कलह, m. पु. love play or quarrel प्यार की लड़ाई, मैथुन, संभोग।

RĀTRI रात्रि (S. सं.) f. स्त्री. night रात, निशा।

RATN रत्न (S. सं.) m. पु. jewel, precious stone हीरा, पन्ना, मोती, माणिक, लाल, जवाहर आदि ~ गर्भा, f. स्त्री. the earth पृथ्वी।

RATNĀKAR रत्नाकर (S. सं.) m. पु. the sea समुद्र।

RATTI रत्ती f. स्त्री. a jeweller's weight जौहरी की तौल, the seed to the shrub crab's eye (abrus precatorius) ढाई जौ या आठ चावल या माशे के आठवें

अंश की एक तौल, इस तौल का बटखरा ~ भर भी नहीं, not even a drop ज़रा-सा भी नहीं।

RAUNAQ रौनक़ (A. अ.) f. स्त्री. radiance, brightness, Lustre, atmosphere of excitement चमक, ख़ूबी, चहल-पहल, बहार।

RAUṄDNA रौंदना to trample on, to crush पैरों से कुचलना, तहस-नहस करना।

RAV रव (S. सं.) m. पु. noise, din, cry (of creatures) शोर, शब्द, ध्वनि।

RAVĀZ रवाज़ (P. फ़ा.) m. पु. custom, usage चलन, प्रथा, परिपाटी।

RĀVAṆ रावण (S. सं.) m. पु. name of the ruler of Lanka defeated and killed by Rama लंका का राजा जो राम के हाथों मारा गया था।

RAVAIYĀ रवैया (P. फ़ा.) m. पु. behaviour, conduct, manner, attitude चलन, रुख़, तौर, रस्म।

RAVĀNGĪ रवानगी (A. अ.) f. स्त्री. departure प्रयाण, प्रस्थान।

RAVĀYAT रवायत (A. अ.) f. स्त्री. tradition परम्परा।

RAVI रवि (S. सं.) m. पु. the sun सूर्य, सूरज, भास्कर ~ वार, m. पु. sunday एतवार, इतवार।

RAVIŚ रविश (P. फ़ा.) f. स्त्री. gait, motion, custom, conduct, path पतला रास्ता, रफ़्तार, तौर, रस्म।

RAZĀ रज़ा (A. अ.) f. स्त्री. pleasure, will, approval, assent मर्ज़ी, अनुमति, स्वीकृति ~ मंद, adj. वि. willing, consenting राज़ी, सहमत, ~ मंदी, f. स्त्री. consent स्वीकृति, मंज़ूरी।

ṚCĀ ऋचा (S. सं.) f. स्त्री. a verse, a sacred verse of the Rigveda वेदमंत्र, ऋग्वेद का मंत्र।

ṚDDHI ऋद्धि (S. सं.) f. स्त्री. success, prosperity संपन्नता, वृद्धि, बढ़ती, उत्कर्ष ~ सिद्धि, prosperity and wealth सफलता और धन-दौलत।

REGISTĀN रेगिस्तान m. पु. desert बालू का मैदान, मरुभूमि, मरुस्थल।

REKH रेख f. स्त्री. a line रेखा, 2. the moustache (newly appeared in adolescence) निकलती हुई मूंछें।

REKHĀ रेखा (S. सं.) f. स्त्री. a line लकीर ~ चित्र, m. पु. sketch, outline केवल रेखाओं से बना चित्र, गणित, m. पु. geometry ज्यामिति।

REL रेल (E. अं.) f. स्त्री. a rail, 2. railway, 3. train रेलगाड़ी, रेल-लाइन, 4. crowed भीड़।

RELĀ रेला m. पु. rush, shoving धक्का, धावा, 2. a rushing stream जल का बहाव।

RELMANTRĪ रेलमंत्री m. पु. railway minister मंत्रिमंडल का वह सदस्य जिसके जिम्मे रेल का महकमा हो।

REṄGNĀ रेंगना v.i. अ.क्रि. to creep, to crawl, to plod कीड़ों का चलना, धीरे-धीरे चलना।

REṆU रेणु (S. सं.) f. स्त्री. dust, particle, pollen धूल, बालू, कणिका, पराग।

REŚA रेशा (P. फ़ा.) m. पु. a fibre, filament सुतड़ा।

REŚAM रेशम (P. फ़ा.) m. पु. silk सिल्क, रेशमी कपड़ा।

REŚMĪ रेशमी adj. वि. silky, made of silk रेशम का, बहुत मुलायम।

RET रेत f. स्त्री. sand, sandy area बालू, बलुई भूमि।

RETĪLĀ रेतीला adj. वि. sandy, gravelly बलुआ, बालु कामय।

ṚGVED ऋग्वेद (S. सं.) m. पु. one of

the four principal Vedas चारों वेदों में प्रथम और प्रधान वेद।

RIHĀ रिहा (P. फ़ा.) adj. वि. set free, released मुक्त (बंधन, कारा आदि से)।

RIJHĀNĀ रिझाना v.t. स.क्रि. to attract, to charm मोहित करना, मुग्ध करना।

RIJHNĀ रीझना v.t. स.क्रि. to be charmed, to be pleased, to be attracted मोहित होना,

RIKT रिक्त (S. सं.) adj. वि. empty, vacant ख़ाली, शून्य, ~ स्थान, m. पु. vacancy ख़ाली जगह ?

RIMJHIM रिमझिम adv. अ. pitter-patter (as rain), 2. pattering sound (of rain) फुहार पड़ना, छोटी-छोटी बूंदें पड़ना।

RIPORT रिपोर्ट (E. अं.) m. पु. report प्रतिवेदन, ज्ञातव्य बातों का विवरण।

RIŚVAT रिश्वत (A. अ.) f. स्त्री. a bribe घूस, ~ ख़ोर, m. पु. one who takes bribes घूसख़ोर. ~ खोरी, f. स्त्री. bribery, acceptance of bribe घूस खाना।

RĪTĀ रीता adj. वि. empty रिक्त, शून्य, ख़ाली।

RĪTI रीति (S. सं.) f. स्त्री. way, manner, style रिवाज़, चलन, नियम, प्रकार ~ काल, m. पु. the period dominated by mannerism in Ḥindi literature in the 16th-19th centuries (when female beauty & love-poems predominaled) हिन्दी साहित्य का वह काल जब रीति-ग्रंथ (स्त्री-सौन्दर्य और श्रृंगार काव्य का अत्यधिक प्रचलन था) रचने की प्रवृत्ति थी-16वीं से 19वीं सदी तक।

RIVĀZ रिवाज़ (A. अ.) m. पु. custom, practice प्रथा, चलन।

RIYĀSAT रियासत (A. अ.) f. स्त्री. a state, an Indian princely state रईस की हुकूमत में रहने वाला इलाक़ा, 2. rule शासन।

ṚJU ऋजु (S. सं.) adj. वि. straight, honest सरल, सीधा, सच्चा, ~ ता, f. स्त्री. directness (of manner) सच्चाई।

ṚṆ ऋण (S. सं.) m. पु. a debt क़र्ज़, उधार ली गई रक़म।

ṚṆĪ ऋणी (S. सं.) adj. वि. indebted, under obligation, a debtor क़र्ज़दार, उपकृत।

ROCAK रोचक (S. सं.) adj. वि. interesting रुचने वाला, प्रिय, मनोरंजक।

RODAN रोदन (S. सं.) m. पु. weeping रोना, विलाप करना।

RODH रोध (S. सं.) m. पु. an obstruction, a blockade रोक, निषेध, a veto वीटो।

ROG रोग (S. सं.) m. पु. illness, disease बीमारी ~ ग्रस्त, adj. वि. ill, sick, ailing बीमार, ~ नाशक, adj. वि. curative बीमारी दूर करने वाला, ~ निरोधक द्रव्य, m. पु. prophylactic drug रोगों की उत्पत्ति तथा प्रसार रोकने वाली दवा।

ROGĪ रोगी adj. वि. ill, ailing बीमार, m. पु. a patient बीमार व्यक्ति।

ROHŪ रोहू m. पु. a species of fish cyprinus rohita अच्छे किस्म की एक मछली।

ROKAṚ रोकड़ m. पु. a cash, ready, money नक़द रक़म जमा-पूंजी, ~ मिलाना, to draw up a cash balance आय-व्यय का हिसाब लगाकर रक़म के घटने-बढ़ने का पता लगाना, ~ बही, f. स्त्री. cash book वह बही जिसमें नक़द रुपयों के लेन-देन का हिसाब हो।

ROKAṚIĀ रोकड़िया m. पु. cashier रोकड़ रखने वाला मुनीम, ख़ज़ांची।

ROKNĀ रोकना v.t. स.क्रि. to stop, to

check, to block, to restrain, to detain चाल बंद करना, अड़चन डालना।

ROKTHĀM **रोकथाम** f. स्त्री. stopping, check, restrain रोक-टोक, अवरोध।

ROM **रोम** (S. सं.) m. पु. body hair शरीर का नरम बाल, रोयां, रोआं, 2. Rome (the city) रोम देश, रोम शहर।

ROMĀNC **रोमांच** (S. सं.) m. पु. curl or thrill of the body hairs रोमों या रोओं का उभरना, पुलक।

ROMĀNĪ **रोमानी** adj. वि. romantic जिसमें शारीरिक और आवेशात्मक प्रेम का वर्णन हो।

RONĀ **रोना** v.i. अ.क्रि. to weep, to cry, to lament चिल्लाना और आंसू बहाना, ~ पीटना, ~ धोना, to weep and wail, to shed tears चिल्ला कर, छाती पीटकर रोना।

RONGṬĀ **रोंगटा** m. पु. body hair रोयां, लोम ~ (टे), खड़े होना, body hairs to stand on end (from fear, delight, thrill or from cold) रोमांच होना।

ROPNĀ **रोपना** v.t. स.क्रि. to plant, to sow, to transplant लगाना, बीज बोना, पौधा लगाना।

ROṚĀ **रोड़ा** m. पु. a brickbat, a piece of stone or brick ईंट-पत्थर के टुकड़े, 2. obstruction बाधा ~ अटकाना, v.t. स.क्रि. to obstruct बाधा डालना।

ROṢ **रोष** (S. सं.) m. पु. anger, rage क्रोध, विद्वेष, चिढ़।

ROŚAN **रोशन** (P. फ़ा.) adj. वि. bright, lighted, illuminated जलता हुआ, प्रकाशित, प्रसिद्ध, ~ दान, m. पु. a skylight झरोखा, खिड़की।

ROŚNĪ **रोशनी** (P. फ़ा.) f. स्त्री. light, illumination, brightness (of the eye) enlightenment प्रकाश, ज्ञान।

ROṬĪ **रोटी** f. स्त्री. bread रोटी, चपाती, 2. livelihood जीविका, भोजन ~ कमाना, to earn (one's) bread रोज़ी चलाना, ~ कपड़ा, m. पु. food and clothing, maintenance गुज़र-बसर की सामग्री, खाना-कपड़ा।

ROZ **रोज़** (P. फ़ा.) m. पु. a day दिन, वक्त, adv. अ. daily प्रतिदिन, ~ गार, m. पु. employment, livelihood जीविका, कारबार।

ROZNĀMCĀ **रोज़नामचा** m. पु. daily account book हर दिन की हिसाब बही, 2. diary दैनन्दिनी, डायरी।

RṢI **ऋषि** (S. सं.) m. पु. a sage, a seer मुनि, मंत्रद्रष्टा, ~ पत्नी, f. स्त्री. a rishi's wife मुनि की भार्या।

ṚTU **ऋतु** (S. सं.) f. स्त्री. season, 2. weather मौसम, 3. menstruation औरत का मासिक धर्म, ~ पति, m. पु. spring, king of seasons ऋतुराज वसन्त, ~ मती, adj. वि. menstruating (woman) (औरत) जो मासिक से ही, ~ विज्ञान, m. पु. meteorology वायुमंडल में होने वाले परिवर्तनों का विज्ञान।

RUCI **रुचि** (S. सं.) f. स्त्री. interest, liking, inclination, taste, appetite इच्छा, पसंद, स्वाद, रुझान ~ कर, adj. वि. tasty, appetising, interesting स्वादिष्ट, अच्छा लगने वाला, रोचक।

RUCIR **रुचिर** (S. सं.) adj. वि. beautiful, attractive, agreeable मधुर, सुंदर, चमकीला।

RUDDH **रुद्ध** (S.सं.) adj. वि. checked, stopped, blocked, choked रुका हुआ, रोका हुआ, मुंदा हुआ।

RUDHIR **रुधिर** (S. सं.) m. पु. blood रक्त, ख़ून।

RUGṆĀVKĀŚ **रुग्णावकाश** (S. सं.) m. पु. sick leave, medical leave

बीमारी की छुट्टी।

RUJHĀN **रुझान** (A. अ.) m. पु. inclination झुकाव, प्रवृत्ति।

RUKĀVAṬ **रुकावट** f. स्त्री. obstacle, obstruction रोकें, बाधा, अड़चन, प्रतिबंध।

RUKH **रुख़** (P. फ़ा.) m. पु. face, cheek चेहरा, गाल, attitude, favour चेहरे का भाव, कृपादृष्टि, side, direction ओर दिशा, ~ बदलना, to change the aspect or direction, to change (one's) attitude) भाव परिवर्तन करना।

RŪKHĀ **रूखा** adj. वि. dry, plain (as food etc.), blant, harsh, indifferent नीरस, जिसमें चिकनापन न हो, जिसमें दिलचस्पी न हो।

RUKHAĪ **रुखाई** f. स्त्री. rough-ness, dryness रुखापन, बेमुरौवती।

RULĀĪ **रुलाई** f. स्त्री. weeping, desire to cry रोना, रोने की इच्छा या प्रवृत्ति।

RULĀNĀ **रुलाना** v.t. स.क्रि. to cause to weep or cry किसी को रोने में प्रवृत्त करना।

RŪMĀL **रूमाल** m. पु. a handkerchief बहुत छोटा तौलिया।

RŪP **रूप** (S. सं.) m. पु. form, shape, appearance, features, beauty, mode सूरत, सौंदर्य, सुन्दरता, ख़ूबसूरती, सूरत।

RŪPĀJĪVĀ **रूपाजीवा** (S. सं.) f. स्त्री. prostitute वेश्या।

RŪPAK **रूपक** (S.सं.) m.पु. a dramatic composition अभिनययुक्त दृश्यकाव्य, 2. a metaphor, an allegory एक अर्थालंकार।

RŪPĀṄKAK **रूपांकक** (S. सं.) m. पु. a designer रुपरेखा आदि निश्चित करने वाला।

RŪPĀṄKAN **रूपांकन** (S. सं.) m. पु. designing रुपरेखा बनाना।

RŪPĀṄTAR **रूपांतर** (S. सं.) m. पु. transformation किसी वस्तु का बदला हुआ रूप।

RŪPĀṄTARAṆ **रूपान्तरण** (S. सं.) m. पु. transformation किसी वस्तु के रूप, आकार आदि का बदल दिया जाना।

RŪPĀṄTARIT **रूपान्तरित** (S. सं.) adj. वि. transformed जिसका रूप, आकार आदि बदल गया हो।

RŪPBHED **रूपभेद** (S. सं.) m. पु. modification आंशिक परिवर्तन करना।

RŪPMAY **रूपमय** (S. सं.) adj. वि. beautiful सुन्दर, हसीन, खूबसूरत, परम सुन्दर।

RŪPREKHĀ **रूपरेखा** (S. सं.) f. स्त्री. outline, sketch किसी कार्य या योजना का स्थूल रूप।

RŪPSĪ **रूपसी** (S. सं.) adj. वि. a very beautiful woman अत्यंत सुन्दरी स्त्री।

RUPYA **रुपया** m. पु. a rupee भारत का मुख्य सिक्का, 2. money धन-संपदा, ~ उड़ाना, to squander money पैसे व्यर्थ खर्च करना, पैसा पानी में फेंकना, to waste money धन बर्बाद करना।

RUṢṬ **रुष्ट** (S. सं.) adj. वि. offended, enraged क्रुद्ध, नाराज़।

RUSTAM **रुस्तम** (P. फ़ा.) m. पु. name of a Persian hero, son of Sohrab फ़ारस का एक मशहूर पहलवान जो सोहराब का पुत्र था।

RŪṬHNĀ **रूठना** v.i. अ.क्रि. to sulk, to be offended अप्रसन्न होना, नाराज़ होना।

◆◆◆

S

ṠAB शब (P. फ़ा.) f. स्त्री. night रात।

SAB सब adj. वि. all, everybody कुल (जैसे सब आदमी) सारा, संपूर्ण।

ṠABĀB शबाब (A. अ.) m. पु. youth, youthfulness जवानी, यौवन काल।

SABAQ सबक़ (A. अ.) m. पु. lesson पाठ, सीख ~ पढ़ाना, to teach, to instruct शिक्षा देना, पट्टी पढ़ाना, बहकाना।

ṠĀBAṠ शाबाश (P. फ़ा.) well-done, splendid खुश रहो, वाहवा।

ṠABAṠĪ शाबाशी (P. फ़ा.) f. स्त्री. applause, praise सराहना, साधुवाद।

ṠABD शब्द (S. सं.) m. पु. noise, sound, 2. a word, a song (esp. among Sikhs) ध्वनि, 2. आप्तवचन, 3. शिक्षा की बातें, ~ कोष (कोश), dictionary वह ग्रंथ जिसमें शब्दों के सम्यक वर्ण विन्यास, अर्थ, प्रयोग, पर्याय आदि हों ~ शास्त्र, grammar व्याकरण।

ṠABDĀDAMBAR शब्दाडंबर (S. सं.) m. पु. highblown language शब्द-जाल, दिखावे वाली भाषा।

ṠABDĀRTH शब्दार्थ meaning of a word or words शब्द का अर्थ या अभिप्रिय।

SABHA सभा (S. सं.) f. स्त्री. meeting, assembly, gathering, 2. a society, 3. a council गोष्ठी, समिति, 2. सभा-स्थल ~ त्याग, walk out सभा छोड़कर चला जाना ~ पति, president सभा का अध्यक्ष ~ सचिव, parliamentary secretary संसत्सचिव, ~ सद, member of a society/council सदस्य।

SĀBHIPRAY̆ साभिप्राय (S. सं.) adj. वि. with intent अभिप्राय युक्त।

SABHYĂ सभ्य (S. सं.) adj. वि. civilised, cultured संस्कृत, शिष्ट।

SABHYATA सभ्यता (S. सं.) f. स्त्री. civilization, 2. cultivated or cultured manner शिष्टता, भद्रता, सभ्य होने का भाव।

SĀBIT साबित (A. अ.) adj. वि. proved, established, confirmed स्थिर, सिद्ध, समूचा, पूरा।

ṠABNAM शबनम (P. फ़ा.) f. स्त्री. dew, night-moisture ओस, तुषार।

SABR सब्र (A. अ.) m. पु. endurance, patience संतोष, सहन, धैर्य।

SABZ सब्ज़ (P. फ़ा.) adj. वि. green, 2. fresh हरा, कच्चा, हरा-भरा ~ बाग़ दिखाना, to hold out deceptive hopes झूठी आशा दिलाना।

SABZĀ सब्ज़ा (P. फ़ा.) m. पु. greenery हरियाली।

SABZĪ सब्ज़ी (P. फ़ा.) f. स्त्री. vege-

table, a vegetable dish साग-पात, तरकारी, हरा रंग।

SAC सच adj. वि. true, m. truth सत्य, पु. सच्ची बात।

SACĀĪ सचाई f. स्त्री. truth, 2. authenticity सत्यता, ईमानदारी, वास्तविकता।

SACAL सचल (S. सं.) adj. वि. mobile movable, जंगम, जंगम पदार्थ।

SACARĀCAR सचराचर (S. सं.) adj. वि. universal, including all moving and motionless things, 2. the whole world जिसमें स्थावर-जंगम सभी हों।

SACCA सच्चा adj. वि. true, 2. genuine, 3. honest, 4. fair, just, 5. truthful सच बोलने वाला, 2. विशुद्ध, 3. यथार्थ।

SACCĀĪ सच्चाई f. स्त्री. truthfulness, 2. faithfulness, 3. honesty सच्चापन, सत्यता, 2. ईमानदारी।

SACCARITRĂ सच्चरित्र (S. सं.) adj. वि. of good character अच्छे चरित्र का, पु. अच्छा आचरण।

SACEṢṬ सचेष्ट (S. सं.) adj. वि. intent, zealous, active चेष्टाशील, चेष्टा करने वाला।

SACETAN सचेतन (S. सं.) adj. वि. conscious, animate चेतनायुक्त, पु. सज्ञान प्राणी।

SACITR सचित्र (S. सं.) adj. वि. illustrated चित्रित, चित्रों से युक्त।

SACIV सचिव (S. सं.) m. पु. secretary मंत्री।

SACIVĀLAY सचिवालय (S. सं.) m. पु. Secretariat विभिन्न विभागों के प्रधान कार्यालय का समूह।

SACMUC सचमुच adv. अ. in very truth, undoubtedly वस्तुत: यथार्थ में, निस्सन्देह।

ṢAḌ षड् adj. वि. six "षष" का समासगत रूप ~ ऋतु, the six seasons स्त्री. छ: ऋतुएं ~ यंत्र, conspiracy साज़िश ~ राग, the six ragas, viz. Bhairvi, Malhar, Shree, Hindol, Malkos & Deepak भैरवी, मल्हार, श्री हिन्डोल, मालकोस और दीपक राग, ~ दर्शन, m. पु. the six Hindu philosophies छ: हिन्दू दर्शन~सांख्य, योग, न्याय, वैशेषिक, पूर्व-मीमांसा और ज्योतिष।

SADĀ सदा (S. सं.) adv. अ. always, continually नित्य, निरंतर।

SADĀ सदा (A. अ.) m. पु. voice, sound, 2. call, 3. invitation आवाज़, रट, ~ लगाना/देना, फ़कीर का आवज़ लगाना।

SADĀCĀR सदाचार (S. सं.) m. पु. good conduct अच्छा चाल-चलन, अच्छा व्यवहार।

SADAIV सदैव (S. सं.) adv. अ. always हमेशा, सर्वदा।

SADAN सदन (S. सं.) m. पु. house, residence घर, निवास स्थान।

SADĀQAT सदाक़त (A. अ.) f. स्त्री. candour, sincerity, 3. loyalty सचाई, खरापन।

SADAR सदर (A. अ.) f. स्त्री. chief, chairman, adj. principal मुख्य, प्रधान (जैसे-सदर बाज़ार), पु. सभापति।

SĀDAR सादर (S. सं.) adv. अ. with respect आदर के साथ।

SADĀRAT सदारत (A. अ.) f. स्त्री. presidentship, premiership सदर का पद, सभापतित्व।

SADĀŚAY सदाशय (S. सं.) adj. वि. good and noble intent उदार आशय का, ऊंचे विचार का।

SADĀSUHĀGAN सदासुहागन f. स्त्री. a woman whose husband is alive वि. जो हमेशा सुहागिन बनी रहे।

SADGATI सद्गति (S. सं.) f. स्त्री. good fortune, good behaviour, 2. salvation अच्छी दशा, 2. मोक्ष प्राप्ति।

SĀDGĪ सादगी (P. फ़ा.) f. स्त्री. simplicity, plainness सादापन, सरलता, भोलापन।

SADGUṆ सद्गुण (S. सं.) m. पु. having good qualities, virtuous अच्छा गुण, अच्छे गुणों से युक्त।

SĀDHAK साधक (S. सं.) m. पु. a devotee, a practioner साधना करने वाला, सिद्ध करने वाला, 2. तपस्वी।

SĀDHAN साधन (S. सं.) m. पु. means, expedient, resource ज़रिया, औज़ार, 2. पूरा करना।

SĀDHĀRAṆ साधारण (S. सं.) adj. वि. general, ordinary, common मामूली ~ त:, generally, commonly प्राय:, आम तौर पर ~ निर्वाचन, general election आम चुनाव।

SADHARM सधर्म (S. सं.) adj. वि. having similar nature and religious duties, m. co-religionist एक ही धर्म या स्वभाव वाला।

SADHARMA सधर्मा (S. सं.) adj. वि. having similar nature and religious duties, m. co-religionist एक ही धर्म या स्वभाव वाला।

SADHARMĪ सधर्मी (S. सं.) adj. वि. having similar nature and religious duties, m. co-religionist एक ही धर्म या स्वभाव वाला।

SĀDHNĀ साधना (S. सं.) f. स्त्री. achievement, accomplishment, devoted labour or striving (towards an end), .v.t to achieve, to accomplish काम पूरा करना, उपासना, सिद्ध करना, अभ्यास करना।

SADHU साधु (S. सं.) m. पु. a holy man, an ascetic उत्तम, ठीक, संत, मुनि, ~ वाद, applause शाबाशी देना।

SADHVĀ सधवा (S. सं.) f. स्त्री. a woman whose husband is alive सुहागिन, सौभाग्यवती, स्त्री जिसका पति जीवित हो।

SĀDHYA साध्य (S. सं.) adj. वि. feasible, curable (disease), something to be achieved सिद्ध होने योग्य, जिसे सिद्ध या प्राप्त किया जाए।

ŚĀDĪ शादी (P. फ़ा.) f. स्त्री. marriage, wedding, 2. glad occasion, delight विवाह, 2. खुशी, हर्षोत्सव।

SADĪ सदी (P. फ़ा.) f. स्त्री. a century शताब्दी, सैंकड़ा, फ़ी,~percent प्रतिशत।

SADMĀ सदमा (A. अ.) m. पु. shock, blow, 2. misfortune चोट, धक्का, हानि ~ पहुंचना, to suffer a shock चोट लगना, नुकसान पहुंचना।

SADOṢ सदोष (S. सं.) adj. वि. having faults, defective दोषयुक्त।

SADAŚYĂ सदस्य (S. सं.) m. पु. member (of a society) सभासद, ~ ता–सदस्य की स्थिति, भाव या पद।

SADUPDEŚ सदुपदेश (S. सं.) m. पु. sound advice अच्छी सलाह (सीख)।

SADUPYOG सदुपयोग (S. सं.) m. पु. good use (of) अच्छा उपयोग।

SADVṚTTI सद्वृत्ति (S. सं.) adj. वि. having good qualities, virtuous सदाचार, अच्छा व्यवहार, 2. सदाचारी।

SADAYAH सद्य: (S. सं.) adv. अ. now, at this moment आज ही, तत्क्षण, अभी–अभी।

SĀF साफ़ (A. अ.) adj. वि. clear, fair, 2. clean, innocent, 3. legible स्वच्छ, निर्दोष, दो टूक ~ करना, to clean, to wash धोना, चुकाना, मिटाना, ~ छूटना, to escape unscathed बेदाग़ बच निकलना ~ साफ़, openly खुले तौर पर।

ŚAFĀ शफ़ा (A. अ.) f. स्त्री. recovery (from illness) नीरोगता, स्वास्थ्य~ख़ाना, hospital अस्पताल, चिकित्सालय।

SĀFĀ साफ़ा m. पु. a turban मुरेठा, एक

तरह की पगड़ी।

SAFĀĪ सफ़ाई (P. फ़ा.) f. स्त्री. cleanliness, clearness, 2. tidying, 3. freedom from guilt, defence स्वच्छता, चमक, 2. अभियुक्त का बचाव।

SAFAR सफ़र (A. अ.) m. पु. travelling, 2. a journey यात्रा, कूच, ~ ख़र्च, travelling expenses मार्गव्यय।

SAFRĪ सफ़री (P. फ़ा.) m. पु. a traveller, 3. travel expenses, adj. related to journey सफ़र का, पु. मुसाफ़िर, स्त्री. राहख़र्च।

SAFĀYA सफ़ाया m. पु. removing, sweeping clear नाश, संहार।

SAFED सफ़ेद (P. फ़ा.) adj. वि. white, gray (hair) उजला, सादा (कागज़), कोरा।

SAGĀĪ सगाई f. स्त्री. engagement मंगनी, रिश्ता।

SĀGAR सागर (S. सं.) f. स्त्री. sea, ocean समुद्र।

SAGARBH सगर्भ (S. सं.) adj. वि. pregnant, uterine brother सगा, सहोदर (भाई), (F.सगर्भा-sister बहन)।

ṠĀGIRD शागिर्द (P. फ़ा.) m. पु. disciple, pupil शिष्य, चेला, विद्यार्थी।

ṠĀGIRDĪ शागिर्दी (P. फ़ा.) m. पु. pupilhood शागिर्द होना, शिष्यता।

SAGOTṘ सगुण (S. सं.) adj. वि. of the same gotra (a kinsman) related एक ही गोत्र का।

SAGUṆ सगोत्र (S. सं.) adj. वि. qualified, 2. having good qualities, virtuous गुणवान, 2. ईश्वर का सगुण रूप।

ṠAH शह (P. फ़ा.) check (in chess), 2. incitement, to incite (शतरंज में बादशाह को गई) किश्त, 2. उकसाना, भड़काना।

SAH सह (S. सं.) adj. वि. with, alongwith सहित, साथ-साथ, ~ कार, to act together साथ काम करना ~ कारी, colleague साथ काम करने वाला ~ कारिता, co-operation सहायक होने का भाव ~ गान, chorus समवेतगान।

ṠAHAD शहद (A. अ.) f. स्त्री. honey, adv. very sweet मधु, अति मधुर।

SAHAN सहन (S. सं.) m. पु. tolerance, endurance सहिष्णुता, आंगन, खुली समतल भूमि, inner courtyard ~ शील, tolerant सहिष्णु, धीर, संतोषी (स.पु.)।

SAHĀNUBHŪTI सहानुभूति (S. सं.) f. स्त्री. sympathy हमदर्दी।

ṠAHANṠĀH शहंशाह (P. फ़ा.) m. पु. emperor, King of Kings सम्राट, राजाओं का राजा।

ṠAHANṠĀHĪ शहंशाही (P. फ़ा.) adj. वि. imperial, royal शहंशाह का पद, राजसी।

ṠAHAR शहर (P. फ़ा.) m. पु. a town, city नगर।

SAHAR सहर (A. अ.) m. पु. dawn प्रात:काल, तड़का।

SAHĀRA सहारा m. पु. support, assistance, aid भरोसा, मदद, आश्रय।

SĀHAS साहस (S. सं.) m. पु. courage, boldness हिम्मत, जीवट।

SAHĀYAK सहायक (S. सं.) adj. वि. assistant, assisting, 2. auxiliary सहायता करने वाला, 2. साथ मिलने वाली (जैसे नदी) ~ संपादक, assistant editor संपादन में सहायता करने वाला।

SAHĀYTĀ सहायता (S. सं.) f. स्त्री. help, aid मदद।

SĀHCARYĂ साहचर्य (S. सं.) m. पु. company, association साथ, संगत, सहगमन।

SAHELĪ सहेली f. स्त्री. female friend (of a woman) सखी।

SAHĪ सही f. स्त्री. signature adj. sound, correct हस्ताक्षर वि. ठीक, निश्चयपूर्वक।

ṠAHĪD शहीद (A. अ.) adj. वि. a martyr बलिदान (हुआ व्यक्ति), बलिदानी।

SAHIṢṆU सहिष्णु (S. सं.) adj. वि. tolerant, forbearing सहनशील सहने वाला ~ ता, tolerance सहनशीलता।

SAHIT सहित adv. अ. with साथ, समेत।

SĀHITYĂ साहित्य (S. सं.) m. पु. literature गद्यात्मक या पद्यात्मक रचना।

SĀHITYIK साहित्यिक (S. सं.) adj. वि. literary, m. litterateur साहित्य-संबंधी पु. साहित्य निर्माता।

SAHKARITA सहकारिता (S. सं.) f. स्त्री. co-operation सहायक होने का भाव।

SAHLĀNĀ सहलाना v.t. स.क्रि. to caress सुहराना, गुदगुदाना।

SAHNĀ सहना v.t. स.क्रि. to tolerate, to endure झेलना, बर्दाश्त करना।

ṠAHNĀĪ शहनाई f. स्त्री. a large pipe नफ़ीरी।

SAHODAR सहोदर (S. सं.) adj. वि. born of the same parents, uterine सगा, (पु. सगा भाई), (स्त्री. सगी बहन)।

SAHPRATIVĀDĪ सहप्रतिवादी (S. सं.) m. पु. co-defendent मुख्य प्रतिवादी के साथ गौण प्रतिवादी।

SAHṚDAY सहृदय (S. सं.) adj. वि. kind, sympathetic दयालु, रसिक, m. पु. a discriminating person (in literature, art, music etc.).

ṢAHSĀ सहसा (S. सं.) adv. अ. suddenly अचानक।

ṠAHSAVĀR शहसवार m. पु. fine horse-man कुशल, घुड़सवार।

SĀHSĪ साहसी (S. सं.) adj. वि. bold, courageous दिलेर, हिम्मतवर, निर्भीक, ख़तरनाक आदमी।

SĀHSIK साहसिक (S. सं.) adj. वि. bold, courageous दिलेर, हिम्मतवर, निर्भीक, ख़तरनाक आदमी।

SAHSOPCĀR सहसोपचार (S. सं.) m. पु. shock-treatment चकित करने या झकझोर देने वाला उपाय जो सहसा काम में लाया जाए।

SĀHU साहु m. पु. merchant, a banker, 2. title given to merchants, bankers व्यापारी, बनिए को दिया गया आदरपूर्ण संबोधन और उपाधि ~ कार, SAHU साहु देखो।

SAHŪ साहू m. पु. merchant, a banker, 2. title given to merchants, bankers व्यापारी, बनिए को दिया गया आदरपूर्ण संबोधन और उपाधि ~ कार, SAHU साहु देखो।

SAHVĀS सहवास (S. सं.) m. पु. co-residence, 2. sexual intercourse साथ रहना, संभोग, मैथुन।

SAHYOGĪ सहयोगी (S. सं.) adj. वि. co-operative, one who helps (a coworker) सहयोग, सहायता करने वाला, मददगार।

ṠAHZĀDA शहज़ादा m. पु. a prince राजकुमार।

ṠAHZADĪ शहज़ादी f. स्त्री. a princess राजकुमारी।

SAIDHĀṄTIK सैद्धांतिक (S. सं.) adj. वि. theoretical सिद्धांत-संबंधी, सिद्धांत जानने वाला व्यक्ति।

SAIKRĀ सैकड़ा m. पु. one hundred (adv. percent) सौ।

100

SAIKRE सैकड़े adv. अ. percent प्रतिशत, सौ पीछे, फ़ीसदी।

ṠAIL शैल (S. सं.) m. पु. a mountain, a rock, adj. stony, rocky पर्वत, शिला,

वि. शिला-संबंधी।

SAILĀB सैलाब (P. फ़ा.) m. पु. flood बाढ़, पानी का चढ़ाव।

ŚAILĪ शैली (S. सं.) f. स्त्री. style, manner पद्धति, ढंग, अभिव्यक्ति की रीति।

SAINIK सैनिक (S. सं.) adj. वि. mili-tary, m. पु. soldier फ़ौजी, सिपाही।

SAINIKĪKARAṆ सैनिकीकरण (S. सं.) m. पु. militarisation लोगों को सैनिक बनाने तथा सैन्य सामग्री एकत्र करने का कार्य।

SAINYĂ सैन्य (S. सं.) adj. वि. military सेना-संबंधी ~ द्रोह, mutinee सैनिकों द्वारा विद्रोह ~ शिक्षार्थी, सैनिक विद्यालय का छात्र, cadet~विभागाध्यक्ष, adjutant general सेना के किसी विभाग का अध्यक्ष।

SAIR सैर f. स्त्री. a walk, stroll, 2. tour, trip भ्रमण, घूमना, 2. दृश्य।

SAĪS साईस (A. अ.) m. पु. groom (for horses) घोड़ों की देख भाल करने वाला नौकर।

ŚĀISTĀ शाइस्ता (P. फ़ा.) adj. वि. gentle, cultured शिष्ट, सुशील।

ŚAITĀN शैतान (A. अ.) m. पु. satan, the devil, 2. an evil person प्रेत, पिशाच, 2. दुष्ट व्यक्ति।

ŚAIV शैव (S. सं.) adj. वि. having to do with god Shiva, a devotee of Shiva शिव-संबंधी संप्रदाय, शिवभक्त।

SAJ सज f. स्त्री. decoration, 2. attire, 3. appearance सजना, आकृति, शोभा।

SAJAG सजग (S. सं.) adj. वि. vigilant सतर्क, सावधान, होशियार।

SAJAL सजल (S. सं.) adj. वि. containing water, moisture, 2. tearful अश्रुपूर्ण, चमकदार, जिसमें नमी हो।

SAJAN सजन m. पु. lover, husband प्रेमी, पति।

SĀJAN साजन m. पु. lover, husband प्रेमी, पति।

SAJĀVAT सजावट f. स्त्री. decoration, 2. arrangement शोभा, सज्जा, तैयारी।

SĀJHI साझी m. पु. a partner, associate, 2. shareholder सम्मिलित, 2. हिस्सेदार।

SAJĪLA सजीला adj. वि. graceful, elegant, handsome सज-धज वाला, सजीला।

SAJĪV सजीव (S. सं.) adj. वि. animate, living, 2. filled with life जीवित, सप्राण।

SAJJA सज्जा (S. सं.) f. स्त्री. decoration, ornamentation, 2. outfitting सजावट, पोशाक, 2. शय्या।

SAJJAN सज्जन (S. सं.) m. पु. gentleman, a good & virtuous man भद्रपुरुष, भला आदमी।

SAJJANTĀ सज्जनता (S. सं.) f. स्त्री. goodness सौजन्य, भलमंसी।

SAJJIT सज्जित (S. सं.) adj. वि. adorned, 2. equipped (with) सजा हुआ, अलंकृत (हथियारों से) लैस।

SAJNĀ सजना v.i. अ.क्रि. to be prepared, arranged, m. पु. lover, husband अलंकृत होना, स.क्रि. सजाना, पु. प्रेमी, पति।

SAJNĪ सजनी f. स्त्री. sweet-heart सखी, सहेली, प्रिया।

SAJONĀ सजाना v.t. स.क्रि. to arrange, to set in place, 2. to furnish ठीक से रखना, तैयारी करना।

ŚAK शक (A. अ.) m. पु. doubt, suspicion संदेह, शंका।

ŚAK शाक m. पु. vegetable, greens सब्ज़ी, हरी वस्तुएं (खाद्य)।

ŚAK SAMVAT शक सम्वत् (S. सं.) m. पु. name of the era of SAKA or

Salivahan (beginning in 78 A.D.) ईस्वी सन् के 78 वर्ष पश्चात् महाराज शालिवाहन द्वारा प्रवर्तित एक संवत्।

ṠAKĀBD शकाब्द-SAK SAMVAT शक सम्वत्।

ṠĀKĀHĀR शाकाहार (S. सं.) m. पु. vegetarianism निरामिष भोजन, मांस-मछली छोड़कर फल सब्ज़ी आदि खाना।

ṠAKAL शकल (A. अ.) f. स्त्री. features, appearance, 2. means manner रूप, चेहरा, 2. उपाय, 3. बनावट।

SAKĀM सकाम (S. सं.) adj. वि. sensual, lascivious, 2. desirous कामनायुक्त, प्रेमपूर्ण, प्रेमी।

SĀKĀR साकार (S. सं.) adj. वि. visible, having form, 2. incarnate स्थूल, मूर्त, पु. ईश्वर का सगुण रूप।

ṠAKAR शकर (P. फ़ा.) f. स्त्री. sugar चीनी।

SAKĀRĀTMAK सकारात्मक (S. सं.) adj. वि. positive सहमतिसूचक, स्वीकारात्मक।

SĀKET साकेत (S.सं.) m. पु. Ayodhya अयोध्या।

SĀKH साख f. स्त्री. credit, standing, reputation एतबार, दबदबा, ~ पत्र, securities साख पर लिए गए ऋण का सूचक पत्र।

SAKHĀ सखा (S. सं.) m. पु. friend, companion मित्र, सुहृद, दोस्त।

SAKHĪ सखी (S. सं.) f. स्त्री. a girl's/woman's female friend सहेली, नायिका की सहेली।

SAKHT सख़्त (P. फ़ा.) adj. वि. stiff, hard, tight कड़ा, कठिन, दृढ़ ~ दिल, a hardhearted man निर्दय, कठोर-हृदय।

SAKHTĪ सख़्ती (P. फ़ा.) f. स्त्री. hardness कठोरता, कड़ाई, कड़ापन, दृढ़ता।

ṠAKĪL शकील (A. अ.) adj. वि. handsome, good-looking सुन्दर, अच्छी शक्ल वाला।

SAKRIYĂ सक्रिय (S. सं.) adj. वि. active क्रियायुक्त, फुर्तीला, ~ सेवा, active service सैनिक द्वारा युद्धक्षेत्र में की गई सेवा।

SAKṢAM सक्षम (S. सं.) adj. वि. competent, capable समर्थ, शक्तिशाली।

SĀKṢAR साक्षर (S. सं.) adj. वि. literate, educated शिक्षित, पढ़ा-लिखा।

SĀKṢĀT साक्षात् (S. सं.) m. पु. before the eyes आंखों के सामने, प्रत्यक्ष ~ कार, interview भेंट-मुलाकात, 2. स्पष्ट ज्ञान।

SĀKṢĪ साक्षी (S. सं.) adj. वि. witnessing, m. eye-witness गवाही, गवाह का बयान, वि. आंखों देखने वाला।

SĀKṢYĂ साक्ष्य (S. सं.) m. पु. evidence, testimoney प्रमाण, गवाही, ~ विधि, law of evidence साक्ष्य-संबंधी कानून या विधि।

ṠĀKT शाक्त (S. सं.) m. पु. worshipper of Shakti or Shiva शक्ति का उपासक, वि. शक्ति-संबंधी।

ṠAKTI शक्ति (S. सं.) f. स्त्री. power, strength, 2. capacity, ability, 3. Durga ताकत, 2. क्षमता, 3. दुर्गा।

SAKUCĀNĀ सकुचाना v.t. स.क्रि. to feel embarrassment or shame संकोच करना, शर्माना, v.t. अ.क्रि. to be shy, to shrink सकुचना, लज्जा करना।

ṠAKVṄTALĀ शकुंतला (S. सं.) f. स्त्री. name of the wife of King Dushyant, title of one of Kalidas's dramas and its heroine कालिदास का एक प्रसिद्ध नाटक और उस नाटक की नायिका का नाम।

SĀL साल (P. फ़ा.) m. पु. a year वर्ष,

बरस, 12 महीने का काल ~ गिरह, birthday, anniversary वर्षगांठ।

SĀLĀ साला m. पु. wife's brother पत्नी का भाई।

ŚALA शाला (S. सं.) f. स्त्री. place, house गृह स्थान।

ŚALABH शलभ (S. सं.) m. पु. a moth पतंगा, फतिंगा।

SALĀD सलाद (P. फ़ा.) m. पु. a salad कच्चे मूल, पत्र आदि का खाद्य।

SALĀH सलाह (A. अ.) f. स्त्री. advice, 2. consultation राय, मशवरा, मंत्रणा, ~ कार, advisor सलाह देने वाला।

SALĀĪ सलाई f. स्त्री. a thin rod, a needle, 2. a matchstick छोटी तीली, 2. दिया सलाई, माचिस।

SALĀKH सलाख f. स्त्री. an iron bar सलाई, धातु की छड़।

SALĀM सलाम (A. अ.) m. पु. salutation, a low नमस्कार, प्रणाम, बदंगी ~ अलैकुम, peace be with you (a muslim salutation) तुम सलामत रहो।

SALĀMĪ सलामी (P. फ़ा.) f. स्त्री. act of salutation, 2. ceremonial salute (by a guard of honour or by cannon fire), 3. a complementary presentation सलाम करने की रस्म, 2. तोपों या बंदूकों की बाढ़ जो बड़े अधिकारियों के सम्मनार्थ दाग़ी जाए, 2. नज़राना।

SĀLĀNĀ सालाना adv. अ. every year, adj. yearly, annual (फ़ा) अ. हर साल, वि. वार्षिक।

SALIL सलिल (S. सं.) m. पु. water जल, पानी।

ŚĀLĪN शालीन (S. सं.) adj. वि. serene, noble, modest विनम्र, लज्जाशील, सुशील ~ ता, serenity, nobility लज्जा, विनम्रता।

SALONĀ सलोना adj. वि. attractive, salted सुन्दर, नमकीन, ~ पन, attractiveness सौन्दर्य, लावण्य।

SĀLSĀ सालसा m. पु. sarraparilla एक रक्तशोषक औषध।

SALVĀR सलवार (P. फ़ा.) m. पु. loose cotton trousers पंजाबी ढंग का ढीला-ढाला पाजामा (-शलवार)।

ŚALYĂ शल्य (S. सं.) m. पु. stake, 2. splinter, thorn, 3. surgery ~ क्रिया, चीर फाड़ द्वारा की जाने वाली चिकित्सा ~ चिकित्सक, surgeon चीर-फाड़ से इलाज करने वाला डाक्टर।

SAM सम (S. सं.) adj. वि. level, even, flat एक सा, बराबर, चौरस।

ŚĀM शाम (P. फ़ा.) f. स्त्री. evening संध्या।

ŚAMA शमा (A. अ.) f. स्त्री. a wax candle, 2. a lamp मोम, मोमबती, ~ दान, candelebra दीवट।

SAMĀCĀR समाचार (S. सं.) m. पु. news, information हाल, ख़बर, ~ पत्र, newspaper अख़बार, ~ सूचना, f. स्त्री. news despatch समाचार पत्रों के लिए सूचना।

SAMĀDAR समादर (S. सं.) m. पु. great respect सत्कार, प्रतिष्ठा।

SAMĀDHĀN समाधान (S. सं.) m. पु. solution, resolution निराकरण, मेल बैठाना।

SAMĀDHI समाधि (S. सं.) f. स्त्री. prefound meditation, 2. place of cremation, burial or entombment मनोयोग, योग की एक क्रिया, 2. क़ब्र।

SAMĀGAM समागम (S. सं.) m. पु. union, meeting, 2. sexual intercourse भेंट, योग, 2. सहवास, मैथुन।

SAMAGR समग्र (S. सं.) adj. वि. entire, all, total सब, पूरा।

SĀMAGRĪ सामग्री (S. सं.) f. स्त्री. material, materials सामान, उपकरण।

SAMĀJ समाज (S. सं.) m. पु. a society, association, 2. a meeting संघ, समूह, जनसमुदाय, ~ वाद, socialism यह सिद्धांत कि उत्पादन के साधनों पर समाज का अधिकार हो और उनसे उत्पन्न होने वाली संपत्ति का यथासंभव समान रूप से वितरण हो ~ शास्त्र, sociology समाज का विवेचन करने वाला शास्त्र।

SAMAJH समझ f. स्त्री. understanding, sense, intelligence बुद्धि, विचार, बुद्धिमानी, ~ दार, intelligent बुद्धिमान, ~ दारी, wisdom बुद्धिमत्ता।

SAMAJHĀNĀ समझाना v.t. स.क्रि. to explain, to cause, to understand जतलाना, बोध कराना।

SAMAJHNĀ समझना v.i. अ.क्रि. to understand, v.t. to grasp (a matter) जान लेना, स.क्रि. किसी बात को जान लेना (अर्थ समझ जाना)।

SĀMĀJIK सामाजिक (S. सं.) adj. वि. social समाज-संबंधी ~ सुरक्षा, social security बेकारी आदि से परित्राण की व्यवस्था।

SAMĀJIKARAṆ समाजीकरण (S. सं.) m. पु. socialization उद्योग-व्यवसाय आदि पर समाज का अधिकार होना।

SAMAKṢ समक्ष (S. सं.) adj. वि. before the eyes (of), in the presence (of) उपस्थित, सामने।

SAMĀLOCAK समालोचक (S. सं.) m. पु. critic, 2. reviewer सम्यक् परीक्षा करने वाला।

SAMĀLOCNĀ समालोचना (S. सं.) f. स्त्री. critical study, a review, criticism गुण दोष का विचार।

ŚAMAN शमन (S. सं.) m. पु. calming, 2. relieving (pain etc.), 3. end, destruction शांति, निवारण, दूर करने वाला।

SĀMĀN सामान (P. फ़ा.) m. पु. goods, things, materials असबाब, सामग्री।

SAMĀN समान (S. सं.) adj. वि. similar, equal बराबर, तुल्य, तुल्य परिमाण का।

SAMANĀṄTAR समानांतर (S. सं.) adj. वि. parallel जो नित्य समान दूरी पर रहे ~ रेखाएं, parallel lines वे रेखाएं जो साथ चल कर भी कभी एक दूसरे से न मिलें ~ चतुर्भुज, parallelogram वह चतुर्भुज जिसकी आमने सामने की रेखाएं/भुजाएं समानांतर हों।

SAMĀNĀRTHAK समानार्थक adj. वि. synonymous एक ही अर्थ रखने वाले (शब्द)।

SĀMAṄJASYĂ सामंजस्य (S. सं.) m. पु. co-ordination, harmony संगति, मेल, अनुकूलता।

SAMĀṄTAR समांतर (S. सं.) m. पु. – समानांतर।

SĀMANTVAD सामंतवाद (S. सं.) m. पु. feudalism वह शासन-व्यवस्था जिसमें राज्य की भूमि बड़े-बड़े सामंतों, सरदारों या ज़मीन्दारों के पास रहती है।

SAMANṄVAYĂ समन्वय (S. सं.) m. पु. co-ordination, 2. sequence, 3. union संयोग, मेल।

SAMANVEṢAṆ समन्वेषण (S. सं.) m. पु. exploration चारों तरफ़ की स्थिति का पता लगाना।

SĀMANYĂ सामान्य (S. सं.) adj. वि. common, ordinary साधारण, मामूली, औसत दर्जे का ~ ज्ञान, general knowledge साधारण बातों का ज्ञान।

SAMĀPAN समापन (S. सं.) m. पु. closure, winding up समाप्त करना।

SAMĀPT समाप्त (S. सं.) adj. वि. completed, finished, ended पूरा किया हुआ।

SAMĀPTI समाप्ति (S. सं.) f. स्त्री. completion, conclusion, 2. expiry (of a period), 3. extinction (of a species) अंत।

SAMĀPTPRĀY समाप्तप्राय (S. सं.) adj. वि. almost complete लगभग समाप्त।

SAMAR समर (S. सं.) m. पु. war, battle युद्ध, लड़ाई ~भूमि, battlefield युद्धभूमि।

SAMRAS समरस (S. सं.) adj. वि. even, harmonious एक सा, समान।

SAMĀROH समारोह (S. सं.) festival, ceremony धूम-धाम से होने वाला उत्सव।

SAMARPAṆ समर्पण (S. सं.) m. पु. surrender, 2. dedication, 3. handing over सौंपना, भेंट करना।

SAMARTH समर्थ (S. सं.) adj. वि. competent, capable, 2. powerful योग्य, उपयुक्त, 2. सशक्त।

SAMARTHAK समर्थक (S. सं.) adj. वि. supporter समर्थन करने वाला।

SAMARTHAN समर्थन (S. सं.) m. पु. support, confirmation पुष्टि करना, पक्ष ग्रहण करना।

SAMĀS समास (S. सं.) m. पु. composition (of words), compound word योग, संबंध, साथ रहना, दो या अधिक पदों को मिलाकर एक पद का रूप देना।

SAMAST समस्त (S. सं.) adj. वि. entire, whole सब, सम्पूर्ण।

SAMAṢTI समष्टि (S. सं.) f. स्त्री. an entire group, collectivity सम्पूर्णता, एक जैसे अंगों का समूह।

SAMASYĀ समस्या (S. सं.) f. स्त्री. a problem जटिल प्रश्न, कठिन विषय।

ŚĀMAT शामत (P. फ़ा.) f. स्त्री. disaster, 2. disgrace मुसीबत, दुर्भाग्य ~ आना, misfortune to befall बुरे दिन आना।

SAMĀVIṢT समाविष्ट (S. सं.) adj. वि. incorporated, included समाया हुआ।

SAMAY समय (S. सं.) m. पु. time, 3. period, 3. term, 4. leisure काल, अवसर, फ़ुर्सत ~ निष्ठ, punctual समय की पाबंदी रखने वाला ~ सारणी/सूची, time-table ट्रेन, जहाज़ आदि के आने-जाने के समय की सूची।

SAṀBADDH संबद्ध (S. सं.) adj. वि. connected, 2. related, 3. bound together, 4. affiliated संबंध रखने वाला, साथ लगा हुआ।

SAṀBAṀDH संबंध (S. सं.) m. पु. connection, relationship मेल, साथ, रिश्ता।

SAṀBAṀDHI संबंधी (S. सं.) adj. वि. concerning, connected (with) involved (in), m. a relative संबद्ध, रिश्ते का।

SAMBHĀG समभाग (S. सं.) m. पु. equal share बराबर हिस्सा।

SAṀBHĀLNĀ संभालना v.t. स.क्रि. to sustain, to support, to maintain स्थिति ठीक कर लेना, क़ाबू में करना, सहारा देना, पालन करना।

SAṀBHĀVNĀ संभावना (S. सं.) f. स्त्री. possibility, probability संभव होना, मुमकिन होना।

SAṀBHOG संभोग (S. सं.) m. पु. sexual intercourse, coitus मैथुन, रति।

SAṀHĀR संहार (S. सं.) m. पु. destruction or total rain नाश, प्रलय, अंत।

SAṀHITĀ संहिता (S. सं.) f. स्त्री. collection of hymns or other subject matter of Veda, 2. a code of law

अधिनियमों आदि का संग्रह।

SAMĪCĪN समीचीन (S. सं.) adj. वि. consistent, proper, just, right ठीक, संगत, न्याय्य।

SAMIDHĀ समिधा (S. सं.) f. स्त्री. firewood or kindling materials (specially for an oblation) यज्ञ में जलाने की लकड़ी या सामग्री।

SAMĪKṢA समीक्षा (S. सं.) f. स्त्री. a review, survey समालोचना, सम्यक परीक्षा।

SAMĪKṢAK समीक्षक (S. सं.) m. पु. critic, reviewer समालोचक, छान-बीन करने वाला।

ṠĀMIL शामिल (A. अ.) adj. वि. included (in), 2. involved (in) participating इकट्ठा, मिला हुआ।

SAMITI समिति (S. सं.) f. स्त्री. committee, 2. society, association सभा, कमेटी।

ṠĀMIYĀNĀ शामियाना (P. फ़ा.) m. पु. canopy, 2. a large tent, pavilion बड़ा और खुला हुआ तंबू।

SAMJĀTĪYĂ समजातीय (S. सं.) adj. वि. homogenous एक ही प्रकार का।

SAMJHĀNĀ समझाना v.t. स.क्रि. to explain, to cause to understand, 2. to advise, 3. to console जतलाना, बोध कराना, ज्ञान कराना।

SAMJHAUTĀ समझौता m. पु. an agreement, 2. a comprom.se, 3. conciliation, 4. treaty राज़ीनामा, मेल।

SAṀLAGN संलग्न (S. सं.) adj. वि. attached, united, 2. enclosed सटा, लगाया, चिपका हुआ, संबद्ध।

SAṀLEKH संलेख (S. सं.) m. पु. a document, deed प्रामाणिक ब्योरा देने वाला, लिखित पत्र।

SĀMNA सामना m. पु. confronting, meeting face-to-face, 2. resistance, opposition, 3. front, frontage मुकाबला, लड़ाई, सामने का भाग (मकान का)।

SAṀPĀDAK संपादक (S. सं.) m. पु. editor, 2. one who accomplishes पत्र का संपादन करने वाला।

SAṀPĀDAN संपादन (S. सं.) m. पु. editing, accomplishing प्रकाशन के योग्य बनाना।

SAṀPĀDKĪYĂ संपादकीय (S. सं.) adj. वि. editorial, lead article अग्रलेख।

SAṀPARK संपर्क (S. सं.) m. पु. contact, liason, 2. connection लगाव, स्पर्श।

SAṀPATTI संपत्ति (S. सं.) f. स्त्री. riches, wealth, property जायदाद, ऐश्वर्य, समृद्धि।

SAṀPRADĀN संप्रदान (S. सं.) m. पु. giving, bestowing, 2. donation, gift देना, प्रदान करना।

SAṀPRADĀY संप्रदाय (S. सं.) m. पु. a religious community, 2. a system of teaching विशेष धार्मिक मत, ~वाद, communalism अन्य संप्रदाय वालों से द्वेष करना।

SĀṀPRADĀYIK सांप्रदायिक (S. सं.) adj. वि. communal सांप्रदायिक होने का भाव, उससे उत्पन्न संकीर्णता।

SAṀPRESAṆ संप्रेषण (S. सं.) m. पु. transmission समाचारादि भेजना।

SAṀPDĀ संपदा (S. सं.) f. स्त्री. wealth ऐश्वर्य, धन-सम्पत्ति।

SĀMRĀJYĂ साम्राज्य (S. सं.) m. पु. empire किसी के अधीन अनेक देश।

SAṀRAKṢAK संरक्षक (S. सं.) m. पु. protector, 2. guardian, 3. defender रक्षा करने वाला, पालक, आश्रयदाता।

SAṀRAKṢAṆ संरक्षण (S. सं.) m. पु. protection हिफाज़त, निगरानी, प्रतिबंध।

SĀMRIK सामरिक (S. सं.) adj. वि.

military युद्ध-संबंधी, समर का।

SĀMARTHYĂ सामर्थ्य (S. सं.) f. स्त्री. capacity, ability, 2. power क्षमता, शक्ति की मात्रा।

SAMS सांस f. स्त्री. breath, a sigh श्वास, दम, नाक या मुंह से खींची या निकाली जाने वाली हवा, ~ चलना, to be alive जीते रहना/जिन्दा होना ~ फूलना, to be breathless हांफना, सांस चढ़ना, ~ लेना, to rest a bit दम लेना ~ रहते, until one's last breath अंतिम सांस तक जीते जी।

SAṀSAD संसद (S. सं.) m. पु. parliament, Indian parliament भारत में लोक सभा तथा राज्य सभा का सामूहिक नाम।

SĀṀSAD सांसद (S. सं.) m. पु. member of parliament संसद-सदस्य।

SAṀSĀR संसार (S. सं.) m. पु. the world, the universe दुनिया, मर्त्यलोक, 2. गृहस्थी।

SĀṀSĀRIK सांसारिक (S. सं.) adj. वि. worldly, secular संसार-संबंधी, लौकिक।

SAṀŚAY संशय (S. सं.) m. पु. doubt, suspicion, 2. hesitation, 3. apprehension संदेह, अनिश्चय।

SAṀŚAYĀLU संशयालु (S. सं.) adj. वि. sceptical, doubting संदेहशील।

ŚAṀŚER शमशेर (P. फ़ा.) f. स्त्री. a sword, a scimitar तलवार।

ŚAṀŚIR शमशीर (P. फ़ा.) f. स्त्री. a sword, a scimitar तलवार।

SAṀSKĀR संस्कार (S. सं.) m. पु. inborn power or faculty, instinct सुधारना, मन पर पड़ी छाप, जन्मजात गुण।

SAṀSKARAṆ संस्करण (S. सं.) m. पु. putting together, an edition पुस्तकादि का एक बार का मुद्रण, 2. आवृत्ति, 3. सुधारना, संस्कार करना।

SAṀSKRIT संस्कृत (S. सं.) adj. वि. perfected, well-formed, cultivated, the Sanskrit language परिष्कृत, स्त्री. भारतीय आर्यों की प्राचीन साहित्यिक भाषा।

SAṀSKRITIK सांस्कृतिक (S. सं.) adj. वि. cultural संस्कृति-संबंधी।

SAṀSMARAṆ संस्मरण (S. सं.) m. पु. memoirs महत्वपूर्ण घटनाओं, कृत्यों का उल्लेख, 2. याद करने की क्रिया।

SAṀSMARAṆIYA संस्मरणीय (S. सं.) adj. वि. memorable याद करने योग्य, महत्वपूर्ण।

SAṀŚODHAN संशोधन (S. सं.) m. पु. correction, amendment, 2. purifying दोष या त्रुटि ठीक करना। संशोधित, corrected ठीक किया हुआ।

SAṀSTHĀ संस्था (S. सं.) f. स्त्री. an association, society, institute सभा, समाज, मंडली, संघटित समाज या मंडल ~ पक, m. पु. founder स्थापित करने वाला ~ पित, adj. वि. established, founded स्थापित किया हुआ।

SAMUDĀY समुदाय (S. सं.) m. पु. community, group समाज, समूह।

SĀMUDĀYIK सामुदायिक (S. सं.) adj. वि. pertaining to community समुदाय संबंधी।

SĀMUDRIK सामुद्रिक (S. सं.) m. पु. the art of interpreting the marks (MUDRA) of the body, palmistry, fortunetelling देह, चिन्ह संबंधी, वह विद्या जिसके सहारे चिन्हों का ज्ञान हो, हस्तरेखा ज्ञानी भविष्य वक्ता, नाविक।

SAMŪH समूह (S. सं.) m. पु. a group, 2. multitude दल, अनेक व्यक्तियों या वस्तुओं का दल।

SĀMŪHIK सामूहिक (S. सं.) adj. वि. pertaining to a group समूह-संबंधी।

SAṀVĀD संवाद (S. सं.) m. पु. dialogue, 2. news report बातचीत वार्तालाप, संदेश ~ दाता, reporter खबर लाने वाला पत्रकार ~ विलोपन, news blackout जान बूझ कर छुपाया गया समाचार।

SAṀVAT संवत् (S. सं.) m. पु. a year, 2. an era, especially that of Vikramaditya (beginning shortly after 57 B.C.) सन, वर्ष, साल।

SAṀVEDAN संवेदन (S. सं.) m. पु. sensation ज्ञान, अनुभूति।

SAṀVEDNĀ संवेदना (S. सं.) m. पु. sensation ज्ञान, अनुभूति।

SAṀVET समवेत (S. सं.) adj. वि. collective, united संयुक्त, एकत्र ~ गान, chorus समूह-गान।

SAṀVIDA संविदा (S. सं.) f. स्त्री. contract करार, ठहराव।

SAṀVIDHĀN संविधान (S. सं.) m. पु. constitution वह विधान या मौलिक सिद्धांतों का समूह जिसके अनुसार देश/राज्य/संस्था का संघटन/संचालन होता है, ~ सभा, constituent assembly देश का संविधान तैयार करने वाली सभा।

SAṀVIDHI सविधि (S. सं.) f. स्त्री. statute स्थायी कानून।

SAMVITRAṆ समवितरण (S. सं.) m. पु. rationing खुराक-बंदी।

SAṀVLA सांवला adj. वि. dark-complexioned, attractive श्यामवर्ण का, आकर्षक।

SĀMYĂ साम्य (S. सं.) m. पु. similarity, sameness, 2. parity, equality समानता, सादृश्य, सामंजस्य ~ वाद, communism कम्यूनिज़्म, साम्यवाद का सिद्धांत मानना ~ वादी, communist साम्यवाद का सिद्धांत मानने वाला।

SAṀYAM संयम (S. सं.) m. पु. self-control, restraint निग्रह, दमन, रोक।

SAṀYAT संयत (S. सं.) m. पु. controlled, restrained, suppressed (emotions) संयमी, जितेन्द्रिय।

SĀMYIK सामयिक (S. सं.) adj. वि. timely, opportune, 2. periodical समय-संबंधी, समयोचित।

SAṀYOG संयोग (S. सं.) m. पु. coincidence, chance, 2. union (of a couple) इत्तफ़ाक, आकस्मिक घटना, 2. मेल, समागम, 3. रति, संभोग।

SAṀYOJAK संयोजक (S. सं.) adj. वि. linking, organiser, convener जोड़ने-वाला, 2. सभा-समिति आदि की बैठक आयोजित करने वाला।

SAṀYUKT संयुक्त (S. सं.) adj. वि. connected together, joint, united संबद्ध, सहित, समेत ~ परिवार, joint family अविभाजित परिवार, ~ निर्वाचक वर्ग, m. पु. joint electorate मतदाताओं (निर्वाचकों) का वह समूह जिसमें सभी वर्गों/सम्प्रदायों के लोग हों, ~ राष्ट्रसंघ, United Nations Organisation अन्तर्राष्ट्रीय समस्याओं पर विचार करने वाली विश्व के बहुसंख्यक देशों के आधिकारिक प्रतिनिधियों की संस्था ~ लेखा, joint account संयुक्त लेखा (हिसाब) ~ सरकार, coalition govern-ment दो या अधिक दलों की मिली-जुली सरकार, साझा-सरकार।

SAN सन् (A. अ.) m. पु. year (of a calendar), 2. era साल, संवत् ईस्वी सन्- ईसा के जन्मदिन से चलने वाला संवत्।

ṠĀN शान (A. अ.) f. स्त्री. pomp. grandeur, 2. glory, majesty गौरव, दबदबा, ठाट।

SANAD सनद (A.अ.) f. स्त्री. an authoritative document, 2. a diploma, certificate प्रमाण-पत्र।

ṠANAIH शनैः (S. सं.) adv. अ. slowly, gradually धीरे-धीरे, क्रमशः,

~ शनै, वही अर्थ।

ṠANAKHT शनाख़्त (P. फ़ा.) f. स्त्री. identification, recognition पहचान, परिचय।

SĀNAND सानंद (S. सं.) adj. वि. with pleasure, happy प्रसन्न, आनन्दपूर्वक।

SANĀTAN सनातन (S. सं.) adj. वि. eternal नित्य, अनादि, स्थायी, प्राचीन, ~ धर्म, immemorial dharma, Hinduism an involving acceptance of Shrati & Smriti, orthodox belief and practice परंपरागत/प्राचीन हिन्दू धर्म।

SANĀTANĪ सनातनी adj.वि. accepting Sanatan Dharma सनातन धर्म का अनुयायी।

SAṄCA सांचा m. पु. a mould, 2. form, outline छोटा नमूना, लकड़ी या धातु का ठप्पा।

SAṄCĀLAK संचालक (S. सं.) m. पु. manager, organiser प्रबंधक, चलाने वाला।

SAṄCĀLAN संचालन (S. सं.) m. पु. managing, organising चलाना, गति देना।

SAṄCĀR संचार (S. सं.) m. पु. communication गमन, भ्रमण, फैलना, ~ मंत्रालय, Ministry of Communication संचार-साधनों डाक-तार-फोन पर निगरानी रखने वाला मंत्रालय।

SAṄCAY संचय (S. सं.) m. पु. collection, accumulation जमा करना, इकट्ठा करना।

SAṄCIT सचित (S. सं.) adj. वि. amassed, collected जमा किया हुआ, इकट्ठा किया हुआ, ~ कोष, provident fund जमा किया हुआ धन।

SAṄDAL संदल (S. सं.) m. पु. sandalwood चंदन (की लकड़ी)।

ṠANDAR शानदार (P. फ़ा.) adj. वि. magnificent, splendid शान वाला, भव्य, भड़कीला।

SAṄDARBH संदर्भ (S. सं.) m. पु. context, reference प्रसंग।

SAṄDEH संदेह (S. सं.) m. पु. suspicion, doubt शक, ~ जनक, doubtful जिस पर शक हो ~ वाद, scepticism संशयवाद।

SANDEṢ संदेश (S. सं.) m. पु. message, 2. name of a Bangali sweet संवाद, समाचार, 2. एक बंगाली मिठाई।

SAṄDHĀN संधान (S. सं.) m. पु. fitting an arrow to a bow, 2. aim, 3. search, enquiry तीर कमान में लगाना, निशाना साधना, 2. अन्वेषण।

SAṄDHI संधि (S. सं.) f. स्त्री. treaty of peace, 2. a joint समझौता, सुलह, दोस्ती, 2. जोड़ (दो अंगों का)।

SAṄDŪQ संदूक़ (A. अ.) m. पु. a box, a chest बक्सा, ताबूत।

SAṄG संग m. पु. together, coming together साथ, सहित, (P. फ़ा.) stone पत्थर ~ तराश, stone-cutter पत्थर काटने वाला ~ दिल, stony-hearted कठोर हृदय।

SAṄGAM संगम (S. सं.) m. पु. meeting, confluence, 2. junction, 3. sexual, intercourse मिलना, मैथुन, दो नदियों का मिलन-स्थल।

SAṄGAṆNA संगणना (S. सं.) m. पु. computation हिसाब लगा कर देखना।

SAṄGAT संगत (S. सं.) adj. वि. collected, assembled, f. coming together युक्त, एकत्रीभूत, स्त्री. गाने के साथ बाजा बजाना।

SAṄGATI संगति (S. सं.) f. स्त्री. meeting, joining, 2. society मिलना-जुलना, का संग-साथ करना, समाज।

SAṄGH संघ (S. सं.) m. पु. group, 2.

society मंडली, समूह, समाज।

SAṄGHARṢ संघर्ष (S. सं.) m. पु. clash, conflict, struggle आन्दोलन, दो वस्तुओं का घर्षण (आपस में रगड़ खाना)।

SAṄGHAṬAN संघटन (S. सं.) m. पु. composition, structure संगठन, निर्माण, संग्रंथन।

SĀṄCHĀTIK सांघातिक (S. सं.) adj. वि. fatal घातक, हननकारक।

SAṄGHNYĀYĀLAY संघन्यायालय (S. सं.) Federal court संघ राज्य का सर्वोच्च न्यायालय।

SAṄGHSAMĀJVĀD संघसमाजवाद (S. सं.) m. पु. syndicalism वह क्रांतिकारी आंदोलन जो व्यवसाय संघों को ही सामाजिक क्रांति तथा भावी समाज का आधार मानता है।

SAṄGĪN संगीन (P. फ़ा.) adj. वि. stony, of stone, 2. grave, serious पत्थर का, भारी, भीषण।

SAṄGIT संगीत (S. सं.) m. पु. music नृत्य, वाद्य और गीत का समाहार, ~ ज्ञ, one skilled in music गायक, संगीत विद्या का ज्ञाता, ~ नाटिका, an opera संगीतमय नाटक ~ शास्त्र, musicology संगीत विद्या।

SAṄGRAH संग्रह (S. सं.) m. पु. a collection, compilation, anthology जमा करना, एकत्रित वस्तुएं।

SAṄGRAHĀLAY संग्रहालय m. पु. museum जहां विशेष वस्तुओं का जमाव हो, ~ अध्यक्ष, curator संग्रहालय का प्रधान अधिकारी।

SAṄGRĀM संग्राम (S. सं.) m. पु. struggle, fight, battle युद्ध, लड़ाई ~ भूमि, war-field युद्धभूमि।

SAṄJĪVANĪ संजीवनी (S. सं.) f. स्त्री. a life giving herb मृत को जिलाने वाली एक कल्पित बूटी (औषधि)।

SAṄJÑĀ संज्ञा (S. सं.) f. स्त्री. consciousness, sense, 2. name, 3. a noun ज्ञान, होश, प्रज्ञा, ~ हीन, unconscious बेहोश।

SAṄJONĀ संजोना v.t. स.क्रि. to arrange, to decorate सजाना, संचित करना।

ŚAṄGĀ शंका (S. सं.) f. स्त्री. doubt, misgiving संशय ~ समाधान, removal of doubt शंका का निराकरण।

SAṄKALAN संकलन (S. सं.) m. पु. collection, compilation अच्छे विषयों को चुन कर बना ग्रंथ, एकत्रीकरण।

SAṄKALIT संकलित (S. सं.) adj. वि. collected, compiled एकत्रीकृत संगृहीत।

SAṄKALP संकल्प (S. सं.) m. पु. definite intention, will, resolve इच्छा, निश्चय।

SAṄKAṬ संकट (S. सं.) m. पु. dire misfortune, 2. danger, an emergency, crisis कठिनाई, ख़तरा, मुसीबत, विपत्ति ~ काल, m. पु. emergency संकट का समय ~ संकेत, an S.O.S. भंयकर संकट की सूचना देना।

SAṄKET संकेत (S. सं.) m. पु. a sign, gesture, 2. indication, hint, 3. a signal इशारा चिन्ह।

SAṄKETĀKṢAR संकेताक्षर (S. सं.) m. पु. cypher, code गुप्तलिपि।

SAṄKHYĀ संख्या (S. सं.) f. स्त्री. a number, 2. a figure गिनती, अंक, तादाद ~ वाचक, adj. वि. gram, numerical जिससे संख्या का बोध हो।

SĀṄKHYA सांख्य (S. सं.) m. पु. having to do with number or calculation, 2. name of a Hindu philosophical system संख्या-संबंधी, एक प्रसिद्ध भारतीय दर्शन जिसके प्रणेता महर्षि कपिल थे।

SĀṄKHYIKĪ सांख्यिकी (S. सं.) adj. वि. statistics आंकड़े एकत्र करने, तैयार करने की विद्या।

SAṄKĪRṆ संकीर्ण (S. सं.) adj. वि. narrow, contracted, 2. parochial (view) संकरा, छोटा, संकुचित ~ ता, f. स्त्री. narrowness स्त्री. तंगी, क्षुद्रता।

SAṄKOC संकोच (S. सं.) m. पु. embarrassment, bashfulness, 2. contraction हल्की लज्जा, सिकुड़ना।

SAṄKOCAN संकोचन (S. सं.) m. पु. contraction, contracting सिकुड़ना।

SAṄKRĀMAK संक्रामक (S. सं.) adj. वि. infectious छूत से फैलने वाला।

SAṄKRAMAṆ संक्रमण (S. सं.) m. पु. moving, transition संक्राति, मृत्यु, हस्तातरण ~ काल, transition period एक स्थिति या युग से निकल कर पूर्ण रूप से दूसरी स्थिति या युग में प्रविष्ट हो जाने के बीच का समय।

SAṄKRAMIT संक्रमित (S. सं.) adj. वि. infected, 2. moved छूत लगा हुआ, 2. पहुंचाया, प्रवेश कराया हुआ।

SAṄKRAṄTI संक्रांति (S. सं.) f. स्त्री. proceeding, transition, 2. entry of a sun or planet) into a new sign of the zodiac संक्रमण, 2. सूर्य का एक राशि से दूसरी राशि में जाना।

SAṄKSEP संक्षेप (S. सं.) m. पु. abridgement, abstract, summary सारांश, छोटा रूप ~ ण, abridging, abridgement संक्षिप्त करना, छोटा करना।

SAṄKSIPT संक्षिप्त (S. सं.) adj. वि. concise, abridged, summarised छोटा (संक्षेप) किया हुआ।

SAṄKAṬĀPANN सकटापन्न (S. सं.) adj. वि. suffering, distressed कष्ट में पड़ा हुआ, चिपदग्रस्त।

SAṄKUCAN संकुचन (S. सं.) m. पु. contraction, narrowing सिकुड़ना।

SAṄKUCIT संकुचित (S. सं.) adj. वि. contracted, 2. shrivelled, shrunk सिकुड़ा हुआ, सूखा हुआ (अंग)।

SANMĀRG सन्मार्ग (S. सं.) good way, right path अच्छी राह।

SANNĀṬĀ सन्नाटा m. पु. stillness, dead silence नीरवता, चुप्पी, निर्जनता, वि. निर्जन।

SANNIDHYĂ सान्निध्य (S. सं.) m. पु. proximity, vicinity समीपता, निकटता।

SANNIPĀT सन्निपात m. पु. disorder of bodily humours ज्वर प्रकोप।

SANOVAR सनोवर (A. अ.) m. पु. a pine tree, conifer चीड़ का पेड़।

SĀNP सांप m. पु. a snake, serpent सर्प ~ उतारना, to treat a snake-bite successfully सांप का ज़हर दूर करना, ~ सूंघ जाना, snake-bite or to lose all senses (due to snake bite) सांप का काटना या सांप काटने से हतप्रभ हो जाना।

SANSANĀHAṬ सनसनाहट f. स्त्री. a whistling or whizzing sound सन-सन की आवाज (जैसी तेज़ हवा चलने से होती है)।

SANSANĪ सनसनी f. स्त्री. thrill, a ting-ling sensation खलबली, सनसनाहट।

SANT संत (S. सं.) m. पु. an ascetic, a virtuous person महात्मा, विरक्त, धर्मात्मा।

SĀṄT शांत (S. सं.) adj. वि. calm, peaceful शांतियुक्त, सुनसान, धीर।

SAṄTĀN संतान (S. सं.) f. स्त्री. offspring, children, descendants, 2. a son or a daughter वंश, औलाद, बच्चे।

SAṄTARAṆ संतरण (S. सं.) m. पु. crossing over तैराना, पार कराने की

क्रिया।

SAṄTATI संतति (S. सं.) f. स्त्री. – संतान देखो।

ŚANTI शांति (S. सं.) f. स्त्री. peace, quiet चैन, अमन, सूनापन, तसल्ली ~ प्रद/मय/प्रिय, peaceful, peace-loving शांति दायक, शांति पसंद करने/चाहने वाला।

SAṄTOṢ संतोष (S. सं.) m. पु. satisfaction, 2. contentment, 3. pleasure तृप्ति, प्रसन्नता, हर्ष, जो मिले उसी से प्रसन्न रहने का भाव।

SANTOṢĪ संतोषी (S. सं.) adj. वि. satisfied person संतुष्ट रहने वाला, संतोष करने वाला।

SAṄTARĪ संतरी m. पु. a sentry प्रहरी, द्वारपाल।

SAṄTUṢṬ संतुष्ट (S. सं.) adj. वि. satisfied, pleased जिसे संतोष हो गया हो।

SAṄNYASĪ संन्यासी (S. सं.) m. पु. one who has renounced the world जिसने सब कुछ त्याग दिया हो, संसार त्यागी, चतुर्थ (संन्यास) आश्रम में प्रविष्ट व्यक्ति।

ŚĀP शाप (S. सं.) m. पु. a curse बद्दुआ, जली-कटी सुनाना ~ देना, to curse.

SAPARIŚRAM KĀRĀVĀS सपरिश्रम कारावास (S. सं.) m. पु. rigourous imprisonment बामशक्कत क़ैद।

SAPARIVĀR सपरिवार (S. सं.) adj. वि. with faimly परिवार समेत।

ṢAPĀṬ सपाट adj. वि. level, flat चौरस, समतल।

ŚAPATH शपथ (S. सं.) f. स्त्री. an oath, a vow क़सम, प्रतिज्ञा, ~ पत्र, affidavit हलफ़नामा, प्रतिज्ञापत्र।

SAPATNĪ सपत्नी (S. सं.) f. स्त्री. husband's other wife सौत।

SAPHAL सफल (S. सं.) adj. वि. successful कामयाब, जिसका काम पूरा हो गया हो।

ŚĀPIT शापित (S. सं.) adj. वि. cursed, accursed अभिशप्त, शाप से पीड़ित।

SAPRAMĀN सप्रमाण (S. सं.) adj. वि. accompanied by proof, proven प्रामाणिक, प्रमाणयुक्त, ठीक, जिसका सबूत हो।

SAPTĀH सप्ताह (S. सं.) m. पु. a week (seven days) सात दिनों का समय, हफ़्ता।

SĀPTĀHIK साप्ताहिक (S. सं.) adj. वि. weekly प्रति सप्ताह, हफ़्तेवार, (as a magazine/paper हफ़्तेवार अखबार/पत्रिका)।

SAPTAK सप्तक (S. सं.) m. पु. a group of seven, 2. octave सात का संग्रह, 2. सात सुरों का समाहार।

SAPTAM सप्तम (S. सं.) adj. वि. seventh सातवां।

SAPTARṢI सप्तर्षि (S. सं.) m. पु. the seven stars of the Great Bear सात ऋषियों या सात तारों का एक मंडल।

SAPŪT सपूत m. पु. a good son अच्छा, कुल का नाम बढ़ाने वाला पुत्र।

ŚAR शर (S. सं.) m. पु. an arrow, 2. a reed तीर, वाण।

SAR सर (E. अं.) m. पु. Sir महाशय, जनाब, सर।

SĀR सार (S. सं.) m. पु. essence, core, 2. gist मूल भाग, सत ~ गर्भित, substantial तत्त्वपूर्ण ~ भूत, forming the essential or best part (of a thing) जो सर्वश्रेष्ठ हो, सर्वोत्तम।

SĀRĀ सारा adj. वि. entire, whole पूरा, सम्पूर्ण, समस्त।

ŚARAB शराब (P. फ़ा.) f. स्त्री. wine, alcohol मद्य, मदिरा, सुरा, ~ ख़ाना, wineshop, wine house मदिरालय, शराब की दुकान।

ŚARĀBĪ शराबी (P. फ़ा.) adj. वि.

drunkard, a heavy drinker मद्य का व्यसनी, शराब पीने वाला।

ṠARĀBOR शराबोर adj. वि. wet through, soaked भीगा हुआ, बिल्कुल गीला।

SARĀF सराफ़ (सर्राफ़) (A. अ.) m. पु. banker, money-changer, jeweller गहने बेचने वाला।

SARĀFĀ सराफ़ा (P. फ़ा.) m. पु. exchange, money-market, bank सराफ़ों का बाज़ार।

ṠARĀFAT शराफ़त (A. अ.) courtly or well-born manner, nobility भद्रता, कुलीनता, भलमनसी।

SARĀHNĀ सराहना v.t. स.क्रि. to praise, to admire प्रशंसा करना, f. स्त्री. admiration तारीफ़, बड़ाई, प्रशंसा।

SARĀHNIYĂ सराहनीय (S. सं.) adj. स्त्री. admirable, praiseworthy प्रशंसा योग्य, उत्तम, प्रशंसनीय।

SAṚAK सड़क f. स्त्री. road, highway रास्ता, मार्ग।

SARAL सरल (S. सं.) adj. वि. simple, honest, 2. straight, direct, 3. easy सीधा, आसान, ठीक ~ता, simplicity, ease सीधापन, आसानी, सादगी, ~रेखा, straight line सीधी रेखा, वह रेखा जिस की दिशा सर्वत्र एक ही रहती है।

ṠARAṆ शरण (S. सं.) m. पु. refugee, protection, shelter आश्रय, पनाह।

SAṚĀN सड़ान f. स्त्री. decay, rotting सड़ने की क्रिया, सड़ने की बू।

SAṚAN सड़न f. स्त्री. decay, rotting सड़ने की क्रिया, सड़ने की बू।

ṠARAṆĀGAT शरणागत (S. सं.) adj. वि. come for protection m. a refugee शरण में आया हुआ व्यक्ति।

SĀRANGĪ सारंगी f. स्त्री. a type of violin एक प्रसिद्ध तार वाद्य।

SĀRĀNṠ सारांश (S. सं.) m. पु. synopsis, abstract, summary सार, नतीजा, तात्पर्य।

ṠARĀRAT शरारत (A. अ.) f. स्त्री. naughtiness, mischief पाजीपन, शैतानी।

SARAS सरस (S. सं.) adj. वि. tasty, charming, interesting, lively रसयुक्त, स्वादिष्ट, मोहक।

SĀRAS सारस m. पु. the Sarus crane, grus antigone लंबे पैरों वाला एक बड़ा और सफ़ेद प्रसिद्ध पक्षी।

SARASVATĪ सरस्वती (S. सं.) f. स्त्री. name of the goddess of learning & speech and patroness of arts, daughter of Brahma वाग्देवी, ब्रह्मा की पुत्री जो विद्या और कला की देवी मानी जाती है।

SARĀY सराय (P. फ़ा.) m. पु. inn, temporary lodging place मुसाफ़िर ख़ाना, ~ का कुत्ता, a shameless opportunist अति लोभी व्यक्ति।

SARĀSAR सरासर (P. फ़ा.) adv. अ. throughout, totally, from end to end पूरी तरह, सोलहों आने।

ṠARBAT शर्बत (P. फ़ा.) any sweet drink, sherbet मीठा पेय।

SARD सर्द (P. फ़ा.) adj. वि. cool, cold, damp ठंडा, नम।

SARDĀR सरदार (P. फ़ा.) chief, leader, head, 2. chieftain, 3. honorific tittle of a Sikh मुखिया, 2. सिखों की उपाधि।

SARDARD सरदर्द m. पु. headache सिर का दर्द, व्यथा, कष्ट।

SARDĪ सर्दी (P. फ़ा.) f. स्त्री. cold, coldness, 2. a cold ठंडा, जाड़ा, जाड़े का मौसम, 2. जुकाम।

SARFAROṠ सरफ़रोश adj. वि. fearless, one who does not fear even death निडर, जान पर खेलने वाला।

SARG **सर्ग** (S. सं.) m. पु. a chapter (of a book) ग्रंथ का अध्याय।

SAṚĪ **साड़ी** f. स्त्री. a Sari स्त्रियों द्वारा पहनी जाने वाली धोती।

SARĪ **सारी** adj. वि. female form of सारा, सारा का स्त्रीलिंग रूप।

ṠARĪF **शरीफ़** (A. अ.) adj. वि. high-borne, noble भला, कुलीन, प्रतिष्ठित।

SARĪKHĀ **सरीखा** adj. वि. like, similar समान, सदृश।

ṠARĪR **शरीर** (S. सं.) m. पु. the body देह, बदन, ~ विज्ञान/शास्त्र, anatomy शरीर के अवयवों की रचना, क्रिया की विवेचना करने वाला शास्त्र, ~ त्याग, death मृत्यु।

SARITĀ **सरिता** (S. सं.) f. स्त्री. a river नदी।

SARJAN **सर्जन** (S. सं.) m. पु. creation निर्माण, सृष्टि।

SARJAN **सर्जन** (E. अं.) Surgeon शल्य-चिकित्सक।

SARLĪKARAṆ **सरलीकरण** (S. सं.) m. पु. simplification कठिन विषय को आसान बना देना।

ṠARM **शर्म** (P. फ़ा.) f. स्त्री. modesty, 2. shame, 3. embarrassment लज्जा, इज़्ज़त, 2. ख़याल, लिहाज, ~ नाक, shameful लज्जाजनक, लजाने लायक।

SARMĀYA **सरमाया** (P. फ़ा.) m. पु. capital, principal, 2. assets पूंजी, मूलधन, ~ दार, capitalist पूंजीपति, ~ दारी, capitalism पूंजीवाद।

ṠARMĪLA **शर्मीला** adj. वि. bashful, modest लज्जालु।

ṠARMINDĀ **शर्मिंदा** (P. फ़ा.) adj. वि. ashamed, embarrassed लज्जित, लजाया हुआ।

SARNĀM **सरनाम** adj. वि. celebrated, of famous name नामी, मशहूर।

ṠARṆĀRTHĪ **शरणार्थी** (S. सं.) adj. वि. a refugee शरण चाहने वाला, विस्थापित।

SAROD **सरोद** (P. फ़ा.) m. पु. a kind of guitar एक तार-यंत्र, (वाद्य/बाजा)।

SAROJ **सरोज** (S. सं.) m. पु. lotus कमल।

SAROJINI **सरोजिनी** (S. सं.) f. स्त्री. lotus कमल का पौधा।

SARORUH **सरोरुह** (S. सं.) m. पु. a lotus कमल।

SAROVAR **सरोवर** (S. सं.) m. पु. fine lake तालाब, ताल, झील।

SARP **सर्प** (S. सं.) m. पु. a snake सांप ~ गंधा, f. स्त्री. the herb serpentina augusta एक जड़ी जो उच्च रक्तचाप की दवा है।

SARPANC **सरपंच** m. पु. head of a panchayat प्रधान पंच, पंचों का मुखिया।

SARPARAST **सरपरस्त** adj. वि. patron, guardian संरक्षक, सहायक, बली।

SARPAṬ **सरपट** f. स्त्री. galloping hard, adv. at a gallop घोड़े की तेज़ चाल।

SARSARĀHAṬ **सरसराहट** f. स्त्री. rustling sound, 2. a tingling sensation हवा, सांप आदि के चलने का शब्द।

SARSARĀNĀ **सरसराना** v.i. अ.क्रि. to make a rustling sound "सर-सर" आवाज़ होना, हवा का तेज़ी से चलना।

SARSIJ **सरसिज** (S. सं.) m. पु. lotus कमल।

ṠART **शर्त** (A. अ.) f. स्त्री. a condition, terms, 2. an agreement, bargain, 3. a wager, bet बाज़ी, होड़ ~ बदना, to bet बाज़ी लगाना।

SĀRTHAK **सार्थक** (S. सं.) adj. वि. significant, meaningful अर्थपूर्ण, उपयोगी ~ ता, f. स्त्री. use, purpose

उपयोगिता, महत्त्व।

ṠARTIYA शर्तिया (A. अ.) adj. वि. reliable, adv. definitely, certainly अचूक (दवा), पक्का, अ. शर्त बद कर, अवश्यंभावी।

SARV सर्व (S. सं.) adj. वि. all, 2. entire, total, 3. general, universal सब, सगम्र, कुल ~ त्र, everywhere सब जगह ~ दा, always सदा, हमेशा, ~ नाश, complete ruin विध्वंस, पूर्णत:, नष्ट ~ प्रिय, popular वि. लोकप्रिय, ~ श्रेष्ठ, the best सर्वोत्तम, ~ व्यापक, omnipresent सब में रहने वाला ~ शक्तिमान, omnipotent सब कुछ करने की शक्ति से युक्त~साधारण, the people जनता, ~ सुलभ, adj. वि. available to all जो सबको आसानी से प्राप्त हो ~ स्व., the whole of (one's) possessions सब-कुछ ~ हारा, m. पु. proletariat समाज का अकिंचन वर्ग।

SĀRVBHAUM सार्वभौम (S. सं.) adj. वि. universal, worldwide, 2. sovereign, paramount सारी पृथ्वी-संबंधी, 2. सारी पृथ्वी पर राज्य करने वाला।

SĀRVBHAUMIK सार्वभौमिक (S. सं.) adj. वि. sovereign सारी पृथ्वी पर फैला हुआ।

SĀRVDEṠIK सार्वदेशिक (S. सं.) adj. वि. applying to all countries सब देशों से संबद्ध।

SĀRVJANIK सार्वजनिक (S. सं.) adj. वि. public (as meetings), 2. pertaining to all people, 3. general, popular सबसे संबंधित ~ निर्माण विभाग, m. पु. public works department लोक निर्माण निभाग।

SARVKṢAMA सर्वक्षमा (S. सं.) f. स्त्री. amnesty बहुत से बंदियों को एक साथ रिहा कर देना।

SARVOCC सर्वोच्च (S. सं.) adj. वि. highest, supreme सबसे बड़ा/ऊंचा ~ न्यायालय, supreme court उच्चतम न्यायालय, ~ सत्ता, f. स्त्री. paramount power देश की प्रधान सत्ता।

SARVODAY सर्वोदय (S. सं.) m. पु. general rise or progress, 2. name of a Gandhian movement aiming at the amelioration of life in all fields सब लोगों के आर्थिक, नैतिक, सामाजिक उत्थान के लिये विनोबा भावे द्वारा चलाया गया (गांधीवादी) आंदोलन।

SARVOPARĪ सर्वोपरि (S. सं.) adj. वि. above all, paramount सबसे ऊपर या बढ़कर।

SARVOTTAM सर्वोत्तम (S. सं.) adj. वि. best of all सबसे अच्छा, सर्वश्रेष्ठ।

SARVASVAYUDDH सर्वस्वयुद्ध (S. सं.) m. पु. total war सर्वांगिक युद्ध।

ṠAṠAK शशक (S. सं.) m. पु. a rabbit खरगोश।

ṠASAK शासक (S. सं.) adj. वि. governing, ruling, m. governor, ruler राजा, शासनकर्ता, हाकिम।

ṠASAN शासन (S. सं.) m. पु. ruling, governing, 2. instructing command हुकूमन का कार्य ~ प्रणाली, system of government शासन की विधि।

ṠAṠI शशि (S. सं.) m. पु. the moon चद्रमा।

ṠAṠĪ शशी (S. सं.) m. पु. the moon चद्रमा।

SASMIT सस्मित (S. सं.) adj. वि. with a smile मुस्कान के साथ।

ṠĀSANADEṠ शासनादेश (S. सं.) m. पु. a mandate किसी देश पर किसी अन्य देश को शासन करने का आदेश।

SASNEH सस्नेह (S. सं.) adj. वि. with love, affectionately प्यार से, स्नेह के साथ, प्रेमपूर्ण।

SASTĀ सस्ता adj. वि. cheap, 2. inferior कम दाम का, घटिया।

SĀṠTĀṄG साष्टांग (S. सं.) adj. वि. prostration of the body in greeting आठ अंगों से युक्त ~ प्रणाम, धरती पर पड़ कर प्रणाम।

ṢAṢTHĀNS षष्ठांश (S. सं.) adj. वि. sixth part पु. छठा भाग।

ṠAṠTR शास्त्र (S. सं.) m. पु. scripture, 2. science ज्ञान की कोई शाखा ~ कार, compiler of a shastra शास्त्रनिर्माता।

ṠASTR शस्त्र (S. सं.) m. पु. a weapon, arms, 2. any cutting implement हथियार, हाथ में रखकर प्रयोग में आने वाला हथियार ~ शाला, armoury शस्त्रागार ~ निर्माणशाला, f. स्त्री. ordnance factory शस्त्रादि तैयार करने का कारखाना।

ṠASTRĪ शास्त्री (S. सं.) adj. वि. versed in the Shastras, 2. a title शास्त्र जानने वाला, पु. पंडित, 2. एक उपाधि।

ṠASTROKĪ शास्त्रोक्त (S. सं.) adj. वि. enjoined by the Shartras शास्त्र द्वारा कहा गया, शास्त्रविहित।

SASUR ससुर m. पु. father in law पति या पत्नी का पिता, श्वसुर।

SASURĀL ससुराल f. स्त्री. father in law's house or family श्वसुर का घर या परिवार।

SAT सत् (S. सं.) adj. वि. existent, 2. real, true, 3. the ultimate being सत्य, यथार्थ, पु. सचाई, सत्त्व, अंतिम सत्य, ~ कार, hospitality आदर-सम्मान, ~ गुरु, a good teacher, 2. god अच्छा गुरु, परमात्मा।

ṠAT शत (S. सं.) a hundred सौ (की संख्या), वि. सौ ~दल, a lotus पु. कमल ~ रंज, chess एक मशहूर खेल, चतुरंग ~ वार्षिकी, a century सौ वर्षों में होने वाली।

SĀT सात adj. वि. seven सात की संख्या ~की नाक कटना, a whole family or group to be disgraced (by a member's action) एक के कारण सारे परिवार का बदनाम होना,~पर्दों में रखना, to hide away completely छिपा कर रखना, ~ समंदर पार, very very far बहुत दूर।

ṢAṬ षट् (S. सं.) adj. वि. six, hex छः ~ कोण, m. पु. a hexagon छः कोणों वाला ~ शास्त्र, the six scriptures वेद को प्रमाण मान कर चलने वाले छः शास्त्र।

SATAH सतह (A. अ.) f. स्त्री. surface, a flat surface तल, जल का ऊपरी भाग।

SATĀNĀ सताना v.t. स.क्रि. to oppress, to prosecute, to torment कष्ट देना, पीड़ित करना, परेशान करना।

ṠATĀṆṠ शतांश (S. सं.) m. पु. a hundredth part, a degree centigrade or celsius सौंवा भाग।

SATARK सतर्क (S. सं.) adj. वि. cautious, alert, 2. provided with arguements सचेत, सावधान, 2. तर्कयुक्त।

SATAT सतत (S. सं.) adj. वि. constant, uninterrupted हमेशा, सर्वदा।

ṠATĀYU शतायु (S. सं.) adj. वि. centenarian सौ वर्ष की आयु वाला।

SĀTH साथ m. पु. company, adv. with, along संग, अ. सहित ~ देना, to give company निबाहना, साथ यात्रा करना, ~ साथ, adv. अ. together एक साथ।

SĀTHĪ साथी m. पु. companion, friend, ally, accomplice मित्र, सखा, सहायक, (f. SĀTHIN ~ स्त्री. साथिन)।

SATĪ सती (S. सं.) f. स्त्री. a chaste woman पतिव्रता स्त्री ~ होना, to die for someone किसी के पीछे मर मिटना।

SATĪK सटीक (S. सं.) adj. वि. accompanied by a commentary apt. टीका के साथ, बिल्कुल ठीक।

ṠĀTIR शातिर (P. फ़ा.) adj. वि. cunning, rascally चालाक, पक्का चोर।

SATORIĀ सटोरिया m. पु. a speculator सट्टेबाज, अधिक लाभ की आशा से जोखिमवाले सौदे करने वाला।

ṠATRU शत्रु (S. सं.) m. पु. an enemy दुश्मन, बैरी, ~ ता, enmity दुश्मनी, वैर।

SATTĀ सट्टा m. पु. speculation (on commercial market) इक़रारनामा, फाटका, अटकल लगाना (बाज़ार की गतिविधियों पर)।

SATTĀ सत्ता (S. सं.) f. स्त्री. existence, being, 2. authority, power अस्तित्व, अधिकार, प्रभुत्व।

SATTV सत्त्व (S. सं.) m. पु. existence, 2. essence गुण, मूल तत्त्व।

SĀTTVIK सात्त्विक (S. सं.) adj. वि. true, virtuous, genuine नेक, सत्त्वगुण युक्त, सच्चा।

SATYĂ सत्य (S. सं.) m. पु. truth, reality सच्ची बात, adj. वि. true, real सच, यथातथ्य, ~ काम, truth-loving सत्य का प्रेमी, ~ प्रतिज्ञ, true to one's words वादे का पक्का, ~ युग, golden age कृत युग (चार युगों में से पहला)।

SATYĀGRAH सत्याग्रह (S. सं.) m. पु. non-violent protest, (a movement invented by Mahatma Gandhi) सत्य के लिए आग्रह (गांधीजी द्वारा चलाया गया आन्दोलन)।

SATYĀNĀṠ सत्यानाश (S. सं.) m. पु. total ruin सर्वनाश, बर्बादी।

SAU सौ adj. वि. a hundred सौ की संख्या, शत।

SAUBHĀGYĂ सौभाग्य (S. सं.) m. पु. good fortune खुशक़िस्मती, कल्याण, सुहाग ~ वती, a woman whose husband is alive स्त्री. सधवा, सुहागिन ~ शाली, fortunate भाग्यवान।

ṠAUC शौच (S. सं.) m. पु. purification, purificatory act, 2. defacation शुद्धि, शुद्धि की क्रिया, 2. मल त्याग के लिए जाना, पाख़ाने जाना, ~ लय, lavatory.

SAUDA सौदा (P. फ़ा.) m. पु. wares, goods, 2. shopping, trade, 3. transaction, purchase क्रय-विक्रय की वस्तु, व्यापार, क्रय या/और विक्रय ~ गर, trader, merchant व्यापारी।

SAUGANḊH सौगंध (P. फ़ा.) f. स्त्री. an oath शपथ, कसम।

SAUGĀT सौगात (P. फ़ा.) f. स्त्री. present, gift भेंट, उपहार, तोहफा।

ṠAUHAR शौहर (P. फ़ा.) m. पु. husband पति, स्वामी, ख़ाविन्द।

SAUHARD सौहार्द (S. सं.) m. पु. friendship, friendliness, affection सद्भाव, मैत्री, हृदय की सरलता।

SAUJANYĂ सौजन्य (S.सं.)m. पु. kind-ness, generousity, 2. magnanimity उदारता, उदाराशयता, भलमनसी, कृपा।

SAUKARYĂ सौकर्य (S. सं.) m. पु. ease (of accomplishment) साध्यता, आसानी, दक्षता।

SAUMYĂ सौम्य (S. सं.) adj. वि. mild, 2. having to do with the moon (Soma) प्रिय, नम्र और सुशील।

SAUNDARYĂ सौन्दर्य (S. सं.) m. पु. beauty सुन्दरता, ख़ूबसूरती, हुस्न ~ विज्ञान, aesthetics सौन्दर्य, सुरुचि, कला संबंधी विज्ञान।

SAUṄPNA सौंपना v.t. स.क्रि. to hand over, to trust सिपुर्द करना, ज़िम्मेदारी में देना।

ṠAUQ शौक़ (A. अ.) m. पु. fancy (for), yearning, desire, 2. a hobby चाह, रुचि, व्यसन।

SAUR सौर (S. सं.) adj. वि. solar सूर्य संबंधी, सूर्य-जनित, ~ मास, solar month सूर्य संक्रांति के अनुसार होने (चलने) वाला माह।

SAURABH सौरभ (S. सं.) m. पु. fragrance, 2. saffron सुगंध, केसर।

ṠAURYĂ शौर्य (S. सं.) m. पु. valour, heroism शूरता, वीरता, पराक्रम।

SĀVADHI सावधि (S. सं.) adj. वि. fixed term निश्चित अवधि के लिए।

SĀVADHIK **सावधिक** (S. सं.) adj. वि. periodical, which can be withdrawn after a fixed period जो निश्चित अवधि के बाद निकाला जा सके।

SAVĀK CITR **सवाक चित्र** (S. सं.) m. पु. talkie (film) बोलता चित्रपट, बोलता बायस्कोप।

SAVĀL **सवाल** (A. अ.) m. पु. asking, questioning, problem प्रश्न, मसला, निवेदन, ~ जवाब, discussion, debate प्रश्नोत्तर, बहस, जिरह।

SAVĀR **सवार** (P. फ़ा.) adj. वि. mounted (on), riding, 2. a rider आरोही, अश्वारोही, वि. सवारी पर बैठा हुआ।

SAVĀRĪ **सवारी** (P. फ़ा.) f. स्त्री. riding, 2. a vehicle, 3. a passenger सवार होने की क्रिया, 2. सवारी का साधन (गाड़ी, घोड़ा आदि), 3. सवारी करने वाला (पैसेंजर)।

SAVARṆ **सवर्ण** (S. सं.) adj. वि. of the same colour, 2. a higher caste Hindu समान रंग का, 2. उच्च वर्ग का हिन्दू।

SĀVDHĀN **सावधान** (S. सं.) adj. वि. careful, cautious, 2. attentive सचेत, सतर्क।

SĀVDHĀNĪ **सावधानी** (S. सं.) f. स्त्री. carefulness, caution सतर्कता, ख़बरदार होना।

SAVERA **सवेरा** m. पु. morning, early morning सुबह प्रात:काल।

SAVINAY **सविनय** (S. सं.) adj. वि. courteous विनम्र, विनययुक्त ~ अवज्ञा, civil disobedience मुल्की कानून की अवमानना।

SAVISTĀR **सविस्तार** (S. सं.) adj. वि. in detail, with details ब्योरे के साथ, विस्तारपूर्वक।

SĀVKAŚ **सावकाश** (S. सं.) adj. वि. having leisure, at (one's) convenience जिसे फ़ुर्सत हो, फ़ुर्सत से।

SĀYĀ **साया** (P. फ़ा.) m. पु. shadow, shade, 2. shelter, 3. petticoat छाया, परछाईं, 2. आश्रय, 3. पेटीकोट।

ŚĀYAD **शायद** (P. फ़ा.) adv. अ. perhaps, probably कदाचित, संभवत:।

SĀYAK **सायक** (S. सं.) m. पु. an arrow तीर, वाण।

SĀYAṄKĀL **सायंकाल** (S. सं.) m. पु. evening संध्याकाल, शाम का वक़्त।

ŚAYAN **शयन** (S. सं.) m. पु. sleep, sleeping, resting सोना, निद्रा, ~ कक्ष, bedroom सोने का कमरा।

ŚĀYAR **शायर** (A. अ.) m. पु. a poet कवि, शेर कहने वाला।

ŚĀYARĪ **शायरी** (A. अ.) f. स्त्री. the practice or art of poetry, 2. writing poetry शेर लिखने का काम, 2. शेर कहना, 3. कवि कर्म।

ŚAYYA **शय्या** (S. सं.) f. स्त्री. a bed सेज, पलंग, बिस्तर।

SĀZ **साज़** (P. फ़ा.) m. पु. a musical instrument, 2. apparatus, implements वाद्य-वृन्द, 2. सामान।

SAZĀ **सज़ा** (P. फ़ा.) f. स्त्री. punishment, retribution दंड, जुर्माना।

SĀZINDA **साज़िन्दा** (P. फ़ा.) m. पु. musician, instrumentalist, accompanist साज़ बजाने वाला, साज़ पर संगत करने वाला।

SĀZIŚ **साज़िश** (P. फ़ा.) f. स्त्री. conspiracy, a plot षडयंत्र, गुप्त मंत्रणा।

SEB **सेब** (P. फ़ा.) m. पु. an apple, an apple tree एक प्रसिद्ध फल और उसका पेड़।

SEJ **सेज** f. स्त्री. a bed, 2. bedding शय्या, बिस्तरा।

SEKAṄD **सेकन्ड** (E. अं.) m. पु. a second मिनट का साठवां भाग, adj.

वि. second द्वितीय, दूसरा।

ṠEKHĪ शेखी (P. फ़ा.) f. स्त्री. arrogance, 2. boast घमंड, डींग ~ मारना, (बघारना), to boast डींग हांकना (मारना)।

SENĀ सेना (S. सं.) f. स्त्री. an army, a force फ़ौज, पलटन, दल ~ पति, m. पु. general, commander सिपहसालार, सेनाध्यक्ष।

SENĀ सेना v.t. स.क्रि. to serve, to hatch सेवन करना, अंडो़ पर बैठना।

SEṄKNA सेंकना v.t. स.क्रि. to warm, to heat, to bake आग पर गरम करना या पकाना।

SER सेर m. पु. a measure of weight स़ोलह छंटाक की एक तौल।

ṠER शेर (P. फ़ा.) m. पु. a tiger, a lion बाघ, सिंह, वीर पुरुष।

ṠEṢ शेष (S. सं.) adj. वि. left over, remaining, 2. lost, final, 3. the rest, remainder बचा हुआ, अवशिष्ट, छोड़ा हुआ, बाक़ी।

SEṬH सेठ m. पु. prosperous merchant, 2. a banker, 3. title of respect given to merchants धनी आदमी, व्यापारी, महाजन, (f. SETHĀNI स्त्री. सेठानी)।

SETU सेतु (S. सं.) m. पु. a bridge पुल।

SEVĀ सेवा (S. सं.) f. स्त्री. service, 2. post, 3. worship, 4. care नौकरी, 2. पद, 3. पूजा, 4. परिचर्या।

SEVAK सेवक (S. सं.) m. पु. a servant नौकर, (f. SEVIKĀ स्त्री. सेविका)।

SEVOPHĀR सेवोपहार (S. सं.) m. पु. gratuity लंबे सेवाकाल के उपहार स्वरूप दिया गया धन।

ṠIDDAṬ शिद्दत (A. अ.) f. स्त्री. severity, rigour तीव्रता, अधिकता।

SIDDH सिद्ध (S. सं.) adj. वि. accomplished, realised, 2. obtained, 3. proved, a semi-divine person who has obtained Siddhi प्रमाणित, निर्णीत, दश, पु. संत जिसे सिद्धि प्राप्त हो, ~ हस्त, skilled, experienced दक्ष, कार्यकुशल।

SIDDHĀṄT सिद्धांत (S. सं.) m. पु. principle, theory, doctrine उसूल, पक्की राय।

SIDDHĀRTH सिद्धार्थ (S. सं.) adj. वि. one whose aim has been achieved, 2. a name of Gautam Buddha सफल मनोरथ, गौतम बुद्ध का नाम।

SIDDHI सिद्धि (S. सं.) f. स्त्री. accomplishment, attainment सफलता, निष्पत्ति।

SIDHĀ सीधा adj. वि. straight, direct, 2. upright, erect, 3. simple, easy सरल, भोला-भाला, आसान।

SIDHE सीधे adv. अ. straight ठीक सामने, सिधाई से।

SIFAR सिफ़र (A. अ.) m. पु. zero, cipher शून्य, बिन्दु, वि. मूल्यरहित।

SIFĀRIṠ सिफ़ारिश (P. फ़ा.) f. स्त्री. recommendation अनुशंसा, पैरवी।

SIFĀRIṠĪ सिफ़ारिशी (P. फ़ा.) adj. वि. containing a recommendation (a letter) सिफ़ारिश करने वाला/वाली।

ṠĪGHR शीघ्र (S. सं.) adj. वि. swift, quick, soon जल्द, झटपट, ~ गामी, prompt, quick जल्द पहुंचनेवाला ~ लिपि, shorthand आशुलिपि, त्वरालिपि।

SIHRAN सिहरन f. स्त्री. a thrill, shiver कंपन, सिहरने की क्रिया।

SIHARNA सिहरना v.i. अ.क्रि. to shudder, to shiver (with fear) कांपना ठंढ से कांपना, भयभीत होना, भय से कापना।

ṠIKAN शिकन (P. फ़ा.) f. स्त्री. wrinkle, furrow, 2. fold सिलवट, बुतशिकन, iconoclast मूर्ति तोड़ने वाला, मूर्ति भंजक।

ṠIKANJĀ शिकंजा (P. फ़ा.) m. पु. a clamp, press, 2. instrument to torture, 3. clutch, grasp पकड़, दबाव, यंत्रणा।

ṠIKĀR शिकार (P. फ़ा.) m. पु. hunting, 2. game, prey, 3. victim आखेट, शिकार का पशु ~ करना, to hunt, to prey आखेख करना, फंदे में फंसाना।

ṠIKARĪ शिकारी (P. फ़ा.) adj. वि. a hunter, having to do with hunting शिकार करने वाला।

ṠIKAST शिकस्त (P. फ़ा.) f. स्त्री. a defeat हार, मात।

SĪKH सीख f. स्त्री. instruction, a lesson शिक्षा, सलाह।

SIKHĀNĀ सिखाना v.t. स.क्रि. to teach, to train बतलाना, शिक्षा देना।

ṠIKHAR शिखर (S. सं.) m. पु. peak, summit पहाड़ की सबसे ऊंची चोटी।

SĪKHA-SIKHĀYĀ सीखा-सिखाया adj. वि. trained शिक्षित, हुनरमन्द।

SIKHLĀNĀ सिखलाना v.t. स.क्रि. to teach, to train बतलाना, शिक्षा देना।

SIKKĀ सिक्का (P. फ़ा.) m. पु. a stamp, a coining-die, 2. a coin currency मुद्रा, ठप्पा, रुपया, पदक।

SIKKH सिक्ख a follower of Guru Nanak, a Sikh गुरुनानक का चलाया एक संप्रदाय, इस संप्रदाय का अनुयायी-सिख।

SIKORṚNA सिकोड़ना v.t. स.क्रि. to contract, to squeeze संकुचित करना।

ṠIKṢĀ शिक्षा (S. सं.) f. स्त्री. teaching, 2. education, 3. precept, 4. doc-trine (of a sect) उपदेश, सबक़, विद्या (धर्म का), उपदेश या सिद्धांत ~ पद्धति, educational system शिक्षा देने का ढंग ~ मंत्री, education minister शिक्षा विभाग की देखरेख करने वाला मंत्री।

ṠIKṢAK शिक्षक (S. सं.) m. पु. a teacher, an instructor अध्यापक, शिक्षा देने वाला।

ṠIKṢAṆ शिक्षण (S. सं.) m. पु. instruction, teaching शिक्षा देने या लेने का काम।

ṠIKṢIT शिक्षित (S. सं.) adj. वि. educated पढ़ा-लिखा, शिक्षायुक्त, निपुण, विज्ञ।

SIKUṚAN सिकुड़न f. स्त्री. a wrinkle शिकन, सिकुड़ने की क्रिया।

SIKUṚNĀ सिकुड़ना v.t. अ.क्रि. to contract, to shrink, to shrivel शिकन पड़ना, सिमटना।

ṠIKVĀ शिकवा (P. फ़ा.) m. पु. com-plaint शिकायत।

SIL सिल f. स्त्री. a stone, a flat stone on which spices are ground शिला, पत्थर की चौकोर पटिया।

SĪL सील f. स्त्री. dampness ज़मीन की नमी, सीलन।

ṠĪL शील (S. सं.) m. पु. morality, 2. moral quality or principle, 3. character चरित्र, स्वभाव, सत्स्वभाव, मुरौवत, ~ वान, adj. वि. of virtuous character नेकचलन, सुशील।

ṠILĀ शिला (S. सं.) f. स्त्री. a rock चट्टान, पत्थर की पटिया ~ न्यास, laying a foundation stone नींव का पत्थर रखना।

SILĀĪ सिलाई f. स्त्री. sewing, 2. needlework, 3. a seam, 4. tailoring charges सीना, टांका, सीने का काम या उसकी मज़दूरी।

SILK सिल्क (E. अं.) m. पु. silk रेशम।

ṠILP शिल्प (S. सं.) m. पु. an art, a craft कलाकर्म, कारीगरी, ~ कार, a craftsman शिल्पी ~ विज्ञान, techno-logy ~ विद्यालय, technical college शिल्प/तकनीक सिखाने वाला विद्यालय।

SILSILĀ सिलसिला (A. अ.) m. पु. series, sequence, train, 2. order, 3. chain, 4. context तरतीब, संबंध, श्रृंखला।

SILVĀĪ सिलवाई देखो SILVĀĪ सिलाई।

SILVĀNĀ सिलवाना v.t. स.क्रि. to cause to be sewn किसी से सीने का काम करवाना।

SĪMĀ सीमा (S. सं.) f. स्त्री. boundry, limit, frontier हद, किनारा, चरमबिन्दु।

SĪMĀṄKAN सीमांकन (S. सं.) m. पु. demarcation of a boundry or frontier सीमा निश्चित करना, सीमा रेखा खींचना।

SĪMĀṄT सीमांत (S. सं.) m. पु. frontier, border सीमा, सीमावर्ती स्थान, ~ प्रदेश, frontier province सरहदी इलाका/प्रांत।

SIMATNĀ सिमटना v.t. अ.क्रि. to shrink, to shrivel, 2. to be drawn together सहमना, सिकुड़ना।

SIMENT सिमेन्ट (E. अं.) cement सीमेन्ट।

SIN सिन (A. अं.) m. पु. age उम्र, आयु।

ṠINAKHT शिनाख़्त (P. फ़ा.) f. स्त्री. identification, recognition पहचान, परख।

SIṄCĀĪ सिंचाई f. स्त्री. irrigation, 2. payment for irrigation सींचने का काम, सींचने की उजरत (मज़दूरी)।

SĪṄCNĀ सींचना f. स्त्री. to water, to irrigate सिंचाई करना, पानी पटाना।

SINDH सिंध m. पु. sind सिंधु का हिन्दी रूप, 2. पंजाब का एक प्रांत।

SINDHĪ सिंधी adj. वि. of sind, language of sind सिंध का, सिंध की भाषा।

SINDŪR सिंदूर m. पु. vermillion (applied by married women to the hair-parting) ईंगुर से बना लाल चूर्ण (जो स्त्रियां मांग में लगाती हैं) ~ दान, ceremonial application of vermillion to the bride's hair-parting by the bridegroom at marriage विवाह के समय वर का कन्या की मांग में सिन्दूर भरना।

SIṄHĀSAN सिंहासन (S. सं.) m. पु. throne राजा या देवता का आसन।

SIPĀHĪ सिपाही (P. फ़ा.) m. पु. soldier, sepoy, 2. police constable, 4. peon, 4. pawn (in chess) सैनिक, योद्धा, कान्सटेबल, पैदल (शतरंज में) या प्यादा।

ṠIPRĀ शिप्रा (S. सं.) f. स्त्री. a river originating from Shipra lake on whose bank Ujjain is situated शिप्र सरोवर से निकली एक नदी जिसके तट पर उज्जैन नगर बसा हुआ है।

SIPURD सिपुर्द (P. फ़ा.) adj. वि. surrendered, given in charge सौंपा हुआ, हवाले किया हुआ ~ करना, to hand over सौंपना।

SIR सिर m. पु. head, crown, top मस्तक, कपाल, चोटी, दिमाग, ~ आंखों पर बिठाना/रखना, to receive with all honour बड़ी आवभगत करना ~ उठाना, to rebel विद्रोह करना, ~ का बोझ उतारना, to free (oneself) of a burden किसी काम को समाप्त करना, ~ खाना, to pester परेशान करना, ~ चढ़ाना, to spoil (a person) ग़ुस्ताख़ बनाना।

ṠIR शिर (S. सं.) m. पु. the head, upper part सिर, शिखर।

SIRĀ सिरा m. पु. a blood vessel, vein, artery, 2. an end नाड़ी, रक्तनलिका, 2. सिरा, 3. अगला भाग।

ṠIRĀ शिरा m. पु. a blood vessel, vein, artery, 2. an end नाड़ी, रक्तनलिका, 2. सिरा, 3. अगला भाग।

SIRF सिर्फ़ (A. अ.) adv. अ. only, merely केवल, मात्र।

SIRHĀNĀ सिरहाना m. पु. head of a bed खाट (पलंग) का वह हिस्सा जिधर

सिर रहता है।

SIRKĪ सिरकी f. स्त्री. reed-grass, 2. a mat made of reed grass सरकंडा, 2. सरकंडे की बनी हुई टट्टी।

SIRNĀMĀ सिरनामा m. पु. a heading शीर्षक (जैसे लेख आदि का)।

ŚIRODHĀRYĂ शिरोधार्य (S. सं.) adj. वि. to be placed on the head, to carry out implicitly (a command) अतिशय मान्य, आज्ञा का पूर्णत: पालन।

ŚĪRṢ शीर्ष (S. सं.) m. पु. the head, 2. top part, 3. vertex (of a triangle) सिर, मस्तक, सिरा, 2. त्रिकोण का ऊपरी कोण (शीर्ष कोण)।

ŚĪRṢAK शीर्षक (S. सं.) m. पु. heading, headline (in a news-paper) किसी निबंध, ग्रंथ आदि के विषय का परिचायक शब्द, सुर्ख़ी।

ŚĪŚĀ शीशा (P. फ़ा.) m. पु. glass, glassware, 2. mirror कांच, आईना, बोतल।

SĪSA सीसा m. पु. lead सीसा (एक प्रसिद्ध मूल धातु)।

ŚIŚIR शिशिर (S. सं.) m. पु. the cold season, 2. dew, frost, 3. cold, coolness शीतकाल, जाड़ा, ठंढ का मौसम, वि. शीतल।

SISAKNĀ सिसकना v.i. अ.क्रि. to sob सिसकी भरना, सुबकना।

ŚIṢT शिष्ट (S. सं.) adj. वि. polite, cultivated, refined, good सभ्य, सुशील, शान्त, विनीत ~ मंडल, dele-gation अधिकृत प्रतिनिधियों का दल।

ŚIṢTĀCAR शिष्टाचार (S. सं.) m. पु. proper or good conduct, courtesy, 2. formality सदाचार, विनम्रता, तकल्लुफ।

ŚIŚU शिशु (S. सं.) m. पु. an infant (छोटा) बच्चा, शावक,~शाला, nursery, creche बच्चों को संभाल कर रखने का स्थान ~ कल्याण केन्द्र, child welfare centre बच्चों के स्वास्थ्य आदि की देखभाल का केन्द्र (स्थान)।

ŚIṢYĂ शिष्य (S. सं.) m. पु. a pupil, 2. disciple छात्र, विद्यार्थी, चेला।

SIT सित (S. सं.) adj. वि. white, bright उजला, श्वेत, स्वच्छ, m. पु. white colour सफ़ेद रंग।

ŚĪT शीत (S. सं.) m. पु. cold, coldness, the cold season शीतल, शीतकाल, जाड़े का मौसम।

ŚĪTAL शीतल (S. सं.) adj. वि. cool, cold, refreshing शांत, ठंडा, ठंडे दिमाग वाला।

SITĀR सितार (P. फ़ा.) m. पु. a musical string instrument एक प्रसिद्ध तंत्रवाद्य।

SITĀRĀ सितारा (P. फ़ा.) m. पु. a star, 2. fortune, 3. a gold or silver spangle तारा, नक्षत्र, 2. भाग्य ~ चमकना, to be prosperous भाग्य जगना, ~ बुलन्द होना, one's star to be in the ascendant, to be fortunate सौभाग्य काल होना।

ŚITHIL शिथिल (S. सं.) adj. वि. slack, loose, 2. lax, 3. relaxed ढीला, सुस्त, खुला हुआ, थका हुआ।

ŚĪTLAHAR शीतलहर f. स्त्री. cold wave कंपा देने वाली हवा या ठंढ।

ŚĪTOṢṆA शीतोष्ण (S. सं.) adj. वि. cold and hot ठंढा और गर्म।

ŚĪTYUDDH शीतयुद्ध (S. सं.) m. पु. cold war राष्ट्रों में परस्पर अमैत्रीपूर्ण भाव, एक दूसरे के विरुद्ध प्रचार कार्य और आर्थिक विध्वंस का द्योतक।

ŚIV शिव (S. सं.) auspicious कल्याण, मांगलिक, शुभ, m. पु. name of the third god, with Brahma & Vishnu] of the Hindu triad भगवान शिव; ब्रह्मा, विष्णु के साथ तीसरे भगवान

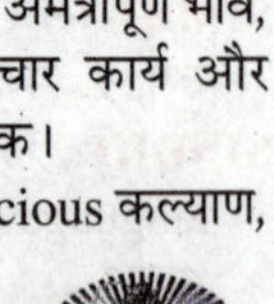

या त्रिमूर्ति में से तीसरी मूर्ति।

ṠIVĀ शिवा (S. सं.) f. स्त्री. title of Durga, 2. title of Parvati दुर्गा, पार्वती, गिरिजा, शिवपत्नी।

ṠIVALAY शिवालय (S. सं.) m. पु. a temple dedicated to lord Shiva शिवमंदिर, वह मंदिर जिसमें शिव की मूर्ति हो।

SĪVAN सीवन m. पु. sewing, 2. seam, stitch स्त्री. सिलाई, पु. टांका।

ṠIVLIṄG शिवलिंग (S. सं.) m. पु. the fallic idol of Shiva मिट्टी, पत्थर आदि की शिव की लिंगमूर्ति।

ṠIVRĀTRI शिवरात्रि (S. सं.) f. स्त्री. a festival in honour of Shiva on the fourteenth of Phalgun, dark half or moonless half of the month शिव का व्रत पर्व (यह फाल्गुन बदी चतुर्दशी को पड़ता है)।

SIYĀH सियाह (P. फ़ा.) adj. वि. black काला, अशुभ ~ पोश होना, to dress in black, in mourning काली पोशाक पहनना, मातम मनाना।

SIYĀHĪ सियाही (स्याही) (P. फ़ा.) f. स्त्री. blackness, darkness, 2. ink कालिख, कालापन, 2. रोशनाई।

SIYĀSAT सियासत (A. अ.) f. स्त्री. politics राजनीति, राज-काज।

SKAṄDH स्कन्ध (S. सं.) m. पु. the shoulder, 2. canto (part of a book) कंधा, 2. ग्रन्थ का भाग या खंड।

SKHALAN स्खलन (S. सं.) m. पु. a fall, stumbling पतन, क्षरण, लड़खड़ाना।

ṠLĪL श्लील (S. सं.) adj. वि. good, not obscene साफ़-सुथरा (जो अश्लील न हो)।

SMĀRAK स्मारक (S. सं.) m. पु. memorial, 2. a souvenir स्मृति में निर्मित भवन, स्तम्भ आदि, 2. याद दिलाने वाला।

SMARAṆ स्मरण (S. सं.) m. पु. memory, remembering स्मृति, याद, याददाश्त।

SMARAṆIYĂ स्मरणीय (S. सं.) adj. वि. memorable स्मरण करने योग्य।

ṠMAṠĀN श्मशान (S. सं.) m. पु. cremation or burial ground, 2. crematorium मरघट, मसान, क़ब्रिस्तान।

SAṀBHĀṢAṆ संभाषण (S. सं.) m. पु. talk, dialogue, conversation बातचीत, कथोकथन।

SMIT स्मित (S. सं.) m. पु. a smile, adj. smiling स्त्री, मुस्कान, मुस्कुराहट, हल्की हंसी, वि. खिला हुआ।

SMṚTI स्मृति (S. सं.) f. स्त्री. memory, recollection स्मरण, 2. एक धर्मशास्त्र।

SNĀN स्नान (S. सं.) m. पु. bathing नहाना, पानी से सारे शरीर को धोना ~ गृह/कक्ष, bathroom नहाने का कमरा।

SNĀTAK स्नातक (S. सं.) m. पु. a graduate विश्वविद्यालय की शिक्षा समाप्त कर उपधिप्राप्त व्यक्ति।

SNĀTKOTTAR स्नातकोत्तर (S. सं.) m. पु. postgraduate स्नातक हो जाने के बाद का।

SNĀYUMAṄDAL स्नायुमंडल (S. सं.) m. पु. the nervous system शरीर की नाड़ियों का समूह।

SNĀYUSAṄSTHAN स्नायुसंस्थान (S. सं.) m. पु. the nervour system शरीर की नाड़ियों का समूह।

SNEH स्नेह (S. सं.) m. पु. love, affection, 2. oil प्यार, कोमलता, दयालुता, 2. तेल, सनेह।

SNEHĪ स्नेही (S. सं.) adj. वि. affectionate, loving प्रेमयुक्त, प्रेम करने वाला।

SNIGDH स्निग्ध (S. सं.) adj. वि. dear, affectionate, 2. oily अनुरक्त, दयालु, सुन्दर, 2. चिकना, तेलयुक्त।

ṠOBHĀ शोभा (S. सं.) f. स्त्री. splendour, radiance, 2. beauty, grace कांति, चमक, 2. सुन्दरता, सजावट

~ यात्रा, a procession जुलूस।

ṠOBHAN शोभन (S. सं.) adj. वि. splendid, radiant, handsome, 2. auspicious शोभा बढ़ाने वाला, सुन्दर, सौन्दर्य, 2. शुभ।

ṠOBHAYMĀN शोभायमान (S. सं.) adj. वि. splendid, 2. adorning जो देखने में सुन्दर लगता हो, 2. शोभा बढ़ाने वाली वस्तु।

SOC सोच m. पु. thought, reflection, 2. concern, 3. grief चिंता, फ़िक्र, 2. सोचने की क्रिया, सोच विचार, 3. दुख।

SOCNĀ सोचना v.t. स.क्रि. to think, to reflect, 3. v.i. to grieve विचार करना, 2. दुख करना।

ṠOCNIYĂ शोचनीय (S. सं.) adj. वि. causing concern, 2. lamentable रंज करने लायक, चिंताजनक।

SADĀ सोडा (E. अं.) soda, पु. सज्जी, रासायनिक क्रिया द्वारा तैयार किया हुआ एक क्षार ~ वाटर, soda-water एक पाचक खारा जल।

ṢADAṠ षोडश (S. सं.) sixteenth सोलहवां।

SODH शोध (S. सं.) m. पु. research, 2. refine, 3. purification खोज, अनुसंधान, 2. शुद्धिकरण।

ṢOḌṠĪ षोडशी (S. सं.) f. स्त्री. a girl of sixteen (years of age) young woman सोलह वर्ष की लड़की, तरुणी।

ṠOHRAT शोहरत (A. अ.) f. स्त्री. fame, reputation प्रसिद्धि, धूम।

ṠOKĀKUL शोकाकुल (S. सं.) adj. वि. greatly distressed व्याकुल, शोकविह्वल।

ṠOKH शोख़ (P. फ़ा.) adj. वि. cheerful, pert, 2. mischievous, 3. flirtatious, 4. a bright colour नटखट, चपल, चंचल, 2. तेज़, चटकीला।

ṠOKHĪ शोख़ी (P. फ़ा.) f. स्त्री. playfulness, mischief, 2. brightness (of colour), 3. impertinence चंचलता, शरारत, 2. गहरापन (रंग का), 3. ढिठाई।

SOM सोम (S. सं.) m. पु. the moon शशी, चन्द्रमा ~ वार, monday चन्द्रवार, ~ रस, a plant-juice drunk at Vedic sacrifices and offered to gods अमृत, यज्ञ में तर्पण के काम आने वाली एक लता (या उसका रस), ~ नाथ, sun-temple of Gujrat एक प्रसिद्ध मंदिर।

SONA सोना a precious metal (gold) एक कीमती धातु, स्वर्ण, v.i. अ.क्रि. to sleep, to lie down निद्राग्रस्त होना, लेटना, ~ (ने) का पानी, gold plating सोने का मुलम्मा ~ (ने) में सुगंध, an extra virtue अच्छी वस्तु मे अतिरिक्त गुण होना।

SOPĀN सोपान (S. सं.) m. पु. stairs, stairway सीढ़ी।

ṠOR शोर (P. फ़ा.) m. पु. noise, uproar, tumult हल्ला, कोलाहल,~गुल, same as ṠOR शोर-शराबा, हल्ला-गुल्ला।

SORṬHĀ सोरठा m. पु. name of a Hindi metre (a couplet in which the first half-line contains eleven matras and the second half-line thirteen matras) अड़तालीस मात्राओं का छंद जिसमें पहले और तीसरे चरण में ग्यारह-ग्यारह तथा दूसरे और चौथे चरण में तेरह-तेरह मात्राएं होती हैं।

ṠOṠĀ शोशा (P. फ़ा.) m. पु. a hoax, a false report, 2. a tail (of an Arabic letter) छोटा टुकड़ा, 2. झगड़ा लगाने वाली बात, ~ छोड़ना, to spread rumours झगड़ा करने वाली बातें उठाना।

ṠOṢAK शोषक (S. सं.) adj. वि. one who exploits, 2. absorbent शोषण करने वाला (दबाने वाला/चूसने वाला)।

ṠOṢAṆ शोषण (S. सं.) m. पु. exploitation, 2. absorption किसी के श्रम से अनुचित लाभ उठाना।

ṠOṢIT शोषित (S. सं.) adj. वि. exploited जिसका शोषण हुआ हो।

SOTĀ सोता m. पु. a spring, a stream झरना, उद्गम-स्थान।

SPAṄDAN स्पंदन (S. सं.) m. पु. pulsation, vibration कंपन, विस्फुरण।

SPARDHĀ स्पर्धा (S. सं.) f. स्त्री. competition, rivalry, envy होड़, प्रतियोगिता, चुनौती।

SPARṠ स्पर्श (S. सं.) m. पु. touch, feel छूना, 2. संपर्क-ज्ञान, त्वचा का विषय ~जन्य, contagious छूत से होने वाला, ~रोग, contagious disease छूत से होने वाला रोग।

SPAṢṬ स्पष्ट (S. सं.) adj. वि. distinct, clear, 2. intelligible प्रत्यक्ष, व्यक्त, बोधगम्य, सरल।

SPAṢṬĪKARAṆ स्पष्टीकरण (S. सं.) m. पु. clarification स्पष्ट करना।

SPHAṬIK स्फटिक (S. सं.) m. पु. crystal बिल्लौर, adj. वि. crystaline बिल्लौरी, पीसने पर जिसके कण चमकीले और खुरदरे जान पड़ें।

SPHURAṆ स्फुरण (S. सं.) m. पु. trembling, verve कांपना, मन में एकाएक आना।

SPHŪRT स्फूर्त (S. सं.) adj. वि. arisen, flashing (into the mind) कंपित, जिसकी अचानक स्मृति हुई हो।

SPHŪRTI स्फूर्ति (S. सं.) f. स्त्री. energy, enthusiasm, 2. troubling, 3. flash (of thought) कंपन, उत्तेजना, उत्साह, फुर्ती।

ṠRĀDDH श्राद्ध (S. सं.) f. स्त्री. a ceremony in honour of and for the benefit of deceased relatives शास्त्रविहित पितृकर्म।

ṠRADDHĀ श्रद्धा (S. सं.) f. स्त्री. reverence, veneration प्रेम और भक्तियुक्त पूज्यभाव।

ṠRADDHĀLU श्रद्धालु (S. सं.) adj. वि. devoted, respectful श्रद्धावान।

ṠRADDHEYĂ श्रद्धेय (S. सं.) adj. वि. worthy of reverence श्रद्धास्पद, पूजनीय, श्रद्धाभाजन।

ṠRAM श्रम (S. सं.) m. पु. labour, exertion, 2. fatigue परिश्रम, मेहनत, 2. थकान, ~कार्यालय, labour bureau (office) श्रमिकों की संख्या, स्थिति आदि की जानकारी देने वाला कार्यालय, ~जीवी, adj. वि. living by manual labour or mental work शारीरिक या/तथा बौद्धिक मेहनत द्वारा जीविका चलाने वाला ~संघ, labour union मज़दूर संघ।

ṠRAMIK श्रमिक (S. सं.) m. पु. labourer, worker मज़दूर, मेहनतकश ~कल्याण, labour welfare श्रमिकों की भलाई के लिए किया जाने वाला कार्य, ~कल्याण, केन्द्र, labour welfare centre केन्द्र जहां श्रमिक कल्याण का काम किया जाता है ~क्षतिपूर्ति अधिनियम, workmen's compensation act, मज़दूरों का हानि पूरण अधिनियम ~दिन, mandays प्रतिदिन, प्रतिव्यक्ति एक पाली के काम को इकाई मान कर एक श्रमिक दिन बनता है।

ṠRAṄT श्रांत (S. सं.) adj. वि. exhausted, fatigued थका हुआ।

ṠRAṄTI श्रांति (S. सं.) f. स्त्री. exhaustion, fatigue थकान, थकावट।

SRAP श्राप (S. सं.) m. पु. a curse शाप बददुआ।

SRAṢṬĀ स्रष्टा (S. सं.) m. पु. a creator, 2. the creator (god) निर्माता बनाने वाला, 2. ब्रह्मा (भगवान)।

SRĀV स्राव (S. सं.) m. पु. dischrage, flow बहना, टपकना, रिसना।

ṠRAVAṆ श्रवण (S. सं.) m. पु. the act of hearing कान, 2. सुनने की क्रिया।

ṠRAVYĂ श्रव्य (S. सं.) adj. वि. worth hearing, 2. oral, to be read or heard (as poetry, drama etc.) सुनने योग्य।

ṠREṆĪ श्रेणी (S. सं.) f. स्त्री. line, row, series, 2. range (of mountains), 3. a class, a type, 4. a grade, rank (in examination) वर्ग, समूह,

श्रृंखला।

ŚREṢṬH श्रेष्ठ (S. सं.) adj. वि. excellent, best of all सबसे अच्छा, उत्तम, प्रधान, वय में सबसे बड़ा।

ŚRĪ श्री (S. सं.) prosperity, happiness, wealth, 2. beauty, lustre, 3. Lakshmi, 4. Saraswati, 5. honorific title to a name (of a male/deity) शोभा, विभूति, प्रभा, 2. लक्ष्मी, 3. सरस्वती, 4. ऐश्वर्य, 5. यश, नाम के पहले आदरसूचक संबोधन, f. स्त्री. ŚRĪMATĪ श्रीमती।

ŚṚṄG श्रृंग (S. सं.) m. पु. horn, 2. summit, peak सींग, 2. चोटी, शिखर, सिरा।

ŚṚṄGĀR श्रृंगार (S. सं.) m. पु. love, sexual passion, 2. adornment (especially of a woman) make up, toilette बनाव-सजाव, 2. शोभा की वस्तु, 3. साहित्य में नव रसों में प्रधान रस।

ŚṚNGĀRĪ श्रृंगारी (S. सं.) adj. वि. having to do with passionate love, amorous श्रृंगार से संबंध रखने वाला, कामुक, सुंदर वेश वाला व्यक्ति।

ŚṚNGĀRIK श्रृंगारिक (S. सं.) adj. वि. having to do with passionate love, amorous श्रृंगार से संबंध रखने वाला, कामुक सुंदर वेश वाला व्यक्ति।

ŚṚNKHLĀ श्रृंखला (S. सं.) f. स्त्री. a chain, 2. a mountain range, 3. a connected series or sequence (as of events), serial कड़ी, परंपरा, क्रम ~बद्ध, adj. वि. consecutive क्रमबद्ध।

SROT स्रोत (S. सं.) m. पु. stream, 2. spring, 3. source सोता, धारा, वेग, 2. वंश परंपरा।

ŚROTĀ श्रोता (S. सं.) m. पु. listener, audience सुनने वाला/वाले।

SṚṢṬI सृष्टि (S. सं.) f. स्त्री. creation, 2. invention, 3. the nature, the creation जगत, प्रकृति, 2. संसार के बनने/बनाने की क्रिया ~ शास्त्र/विज्ञान, cosmogony सृष्टि रचना का शास्त्र।

ŚRUTI श्रुति (S.सं.) f. स्त्री. hearing, the ear, sense of hearing कान, सुनने की क्रिया ~स्मृति, the Vedas & other religious texts वेद और अन्य धर्मशास्त्र।

STABDH स्तब्ध (S. सं.) adj. वि. brought to a stand still, inert संज्ञाहीन, जड़ीभूत, सुस्त, रुद्ध।

STAMBH स्तंभ (S. सं.) m. पु. a column, pillar खंभा, सहारा, 2. column कॉलम (of a newspaper अखबार का स्तंभ)।

STAN स्तन (S. सं.) m. पु. breast (of a woman) उरोज, वक्ष, स्त्री की छाती ~ पान कराना, to suckle दूध पिलाना।

STAR स्तर (S. सं.) m. पु. a level or grade तह, परत, मान, सतह।

STARĪBHŪT स्तरीभूत (S. सं.) adj. वि. stratified जो स्तर के रूप में परिणत हो गया हो।

STEŚAN स्टेशन (E. अ.) m. पु. Railway station रेलवे स्टेशन, या रेल गाड़ी के रुकने का स्थान।

STHAGIT स्थगित (S. सं.) adj. वि. postponed, deferred मुल्तवी किया हुआ, टाला गया।

STHAL स्थल (S. सं.) m. पु. place, 2. firm ground, 3. region धरती, स्थान।

STHĀN स्थान (S. सं.) m. पु. place, 2. particular place, 3. situation site, 4. position, rank जगह, रहने की जगह, घर, 2. ओहदा।

STHĀNĀNTARAṆ स्थानांतरण (S. सं.) m. पु. transfer तबादला, पदविस्थापन, स्थानान्तरित, transferred जिसका तबादला हुआ हो।

STHĀNIYĂ स्थानीय (S. सं.) adj. वि. local स्थान विशेष से संबंध रखने वाला।

STHĀPIT स्थापित (S. सं.) adj. वि. established जिसकी स्थापना की गई हो, जमा हुआ (एक स्थान या पद पर)।

STHĀPNĀ स्थापना (S. सं.) f. स्त्री. erection, establishing स्थापित करना, प्रतिपादन।

STHĀPATYĂ स्थापत्य (S. सं.) m. पु. architecture भवन-निर्माण ~ कला, the art of architecture वास्तुविद्या, भवन निर्माण-कला।

STHĀYĪ स्थायी (S. सं.) adj. वि. permanent, enduring, 2. constant टिकने वाला (टिकाऊ), स्थिर रहने वाला।

STHIR स्थिर (S. सं.) adj. वि. firm, fixed, stable दृढ़, अचल, स्थायी, शान्त, निश्चित।

STHIT स्थित (S. सं.) adj. वि. fixed, placed, 2. resting, 3. immovable टिका हुआ, ठहरा हुआ।

STHITI स्थिति (S. सं.) f. स्त्री. situation, circumstances, 2. condition रहना, ठहरना, 2. दशा, उपस्थिति।

STHŪL स्थूल (S. सं.) adj. वि. fat, 2. coarse, gross, bulky घना, मोटा, बड़ा, सुस्त।

STRĪ स्त्री (S. सं.) f. स्त्री. a woman, 2. a wife औरत, 2. पत्नी~गमन, going to a woman, sexual intercourse संभोग, रतिक्रिया।

STŪL स्टूल (E. अं.) m. पु. a stool तिपाई।

STUTI स्तुति (S. सं.) f. स्त्री. praise, eulogy, 2. a hymn or a song of praise प्रशंसा, स्तात्र, चाटुकारिता।

STUTYĂ सतुत्य (S. सं.) adj. वि. paiseworthy प्रशंसनीय।

SU सु (S. सं.) pref. उप. good, well उत्तम, अधिक, सहज ~ धार, reform पहले से बेहतर होना ~डौल, well-built सुन्दर/बलिष्ठ काया वाला, ~ प्रतिष्ठित, celebrated आदर प्राप्त, प्रख्यात ~ विकसित, well-developed जिसका विकास भली प्रकार हुआ हो, ~ लभ, easily available आसानी से प्राप्य/ उपलब्ध।

SUA सुआ m. पु. parrot, big (in size) needle सुग्गा, तोता, बड़ी सुई।

SUAVSAR सुअवसर (S. सं.) m. पु. convenient opportunity, right moment अच्छा मौका, उचित अवसर।

SUBAH सुबह (A. अ.) f. स्त्री. morning सबेरा, प्रात:काल ~ शाम करना, to put off टालमटोल करना ~ सुबह, early morning तड़के, बहुत सवेरे।

ṠUBH शुभ (S. सं.) adj. वि. auspicious, lucky मंगलमय, सुखद, अनुकूल।

ṠUBHĀ शुबहा (A. अ.) m. पु. suspicion, doubt भ्रम, धोखा, संदेह।

SUBHAG सुभग (S. सं.) adj. वि. beautiful, charming, 2. blessed, fortunate सुन्दर, नाज़ुक, भाग्यवान।

ṠUBHĀGAMAN शुभागमन (S. सं.) m. पु. welcome, auspicious arrival सुखद आगमन।

ṠUBHĀKĀNṠI शुभाकांक्षी (S. सं.) adj. वि. well-wisher, well wishing भला चाहने वाला, हितैषी।

ṠUBHĀṠIṢ शुभाशीष (S. सं.) m. पु. a blessing मंगलमयी आशीर्वचन, मंगलकारी, आशीर्वाद।

ṠUBHĀṠĪRVĀD शुभाशीर्वाद (S. सं.) m.पु. a blessing मंगलमय आशीर्वचन मंगलकारी, आशीर्वाद।

SUBHĀṢIT सुभाषित (S. सं.) adj. वि. well-spoken सुन्दर रूप से कहा गया, m. पु. an aphorism सूक्ति।

SUBODH सुबोध (S. सं.) adj. वि. easily understood आसानी से समझ में आने वाला, आसान।

SUBUDDHI सुबुद्धि (S. सं.) f. स्त्री. good sense सुन्दर बुद्धि, adj. वि. wise, intelligent बुद्धिमान।

SŪCAK सूचक (S. सं.) adj. वि. indicating, m. an indicator, 2. informer, spy. जताने वाला, सूचना देने वाला।

SUCĀLAK सुचालक (S. सं.) m. पु. good conductor (of electricity) सुसंवाहक (बिजली जिस पदार्थ में तेज़ दौड़ती हों)।

SUCARITR सुचरित्र (S. सं.) adj. वि. of good character सदाचारी अच्छे चरित्रवाला, चरित्रवान, m. पु. good conduct सदाचार।

SUCĀRU सुचारु (S. सं.) adj. वि. lovely, delightful, 2. agreeable, satisfactory सुंदर, मनोहर।

SŪCĪ सूची (S. सं.) f. स्त्री. needle, 2. list, index, 3. catalogue, table तालिका ~ पत्र, catalogue वह पुस्तक जिसमें चीज़ों की नामावली, मूल्य आदि हो।

SŪCIT सूचित (S. सं.) adj. वि. indicated, made known कहा हुआ, ज्ञापित ~ करना, to inform सूचना (जानकारी) देना।

SŪCNĀ सूचना (S. सं.) f. स्त्री. information, notice इत्तला, विज्ञापन, संकेत ~ पट्ट, notice-board वह तख़्ता जिस पर सूचनाएं टांगी जाती हैं ~ मंत्री, information minister सूचना-विभाग नियंत्रण करने वाला मंत्री, ~धिकारी, the information officer प्रामाणिक सूचना देने वाला अधिकारी।

SŪCNĀLAY सूचनालय (S. सं.) m. पु. information bureau आवश्यक जानकारी प्रसारित करने वाला दफ़्तर।

SŪD सूद (P. फ़ा.) m. पु. interest, (on money loaned) ब्याज, ~ ख़ोर, an userer, a money-lender सूद लेने वाला ~ दर सूद, compound interest चक्रवृद्धि ब्याज।

SUDARŚAN सुदर्शन (S. सं.) m. पु. handsome, good-looking सुन्दर, सुदृश्य।

ŚUDDH शुद्ध (S. सं.) adj. वि. pure, 2. unadulterated, 3. free from errors, 4. nett (profit) पवित्र, निर्दोष, निर्मल, असली (बगैर मिलावट), सही।

SUDH सुध f. स्त्री. attention, 2. consciousness, 3. notice, 4. intelligence याद, होश, चेत, ख़बर, ~दिलाना, to remind याद दिलाना, ~बिसरना, to forget याद न रहना, ~लेना, to enquire खोज-ख़बर लेना, याद करना, ~ बुध, understanding and consciousness होश-हवास, चेत।

SUDHI सुधि f. स्त्री. attention, 2. consciousness, 3. notice, 4. intelligence याद, होश, चेत, ख़बर, ~दिलाना, to remind याद दिलाना, ~बिसरना, to forget याद न रहना, ~लेना, to enquire खोज-ख़बर लेना, याद करना, ~ बुध, understanding and consciousness होश-हवास, चेत।

SUDHĀ सुधा f. स्त्री. nectar अमृत, रस, 2. पृथ्वी।

SUDHĀR सुधार (S. सं.) m. पु. a reform, 2. an improvement दोष दूर होने/करने का भाव, ~ क, reformer सुधार करने वाला।

SUDHĀRNĀ सुधारना v.t. स.क्रि. to reform, to correct दोष दूर करना, दुरुस्त करना, त्रुटि दूर करना।

SUDHĪ सुधी (S. सं.) adj. वि. intelligent, 2. learned पंडित, बुद्धिमान, m. पु. a learned person मेधावी व्यक्ति।

SUDHĪR सुधीर (S. सं.) adj. वि. patient, 2. steadfast धैर्यवान, दृढ़।

ŚŪDR शूद्र (S. सं.) m. पु. a member of the fourth & lowest division of early Indo-Aryan Society, Harijan हरिजन, अछूत, चार वर्णों में से एक वर्ण ~ यथा ब्राह्मण, क्षत्रिय, वैश्य तथा शूद्र।

SUDṚRH सुदृढ़ (S. सं.) adj. वि. very firm, strong, hard, 2. steadfast बहुत मज़बूत, सुरक्षित।

SUDŪR सुदूर (S. सं.) adv. अ. far away, adj. of great distance अति दूर, वि. बहुत दूर का।

SUDURLABH सुदुर्लभ (S. सं.) adj. वि. very rare, 2. very difficult of attainment अति दुर्लभ, बहुत नायाब।

SUDŪRPŪRV सुदूरपूर्व (S. सं.) m. पु. far east अति पूर्व का देश।

SŪFĪ सूफ़ी (A. अ.) m. पु. a Sufi, adj. having to do with Sufis सन्त, पु. सूफ़ी मत का अनुयायी।

SUGAM सुगम (S. सं.) adj. वि. easy, 2. easyily accessible, 3. intelligible सुबोध, आसान।

SUGAṄDH सुगंध (S. सं.) m. पु. fragrance, adj. fragrant, sweet-smelling ख़ुशबू, वि. अच्छी गंध वाला, मीठी महक वाला।

SUGANDHI सुगंधि (S. सं.) m. पु. fragrance, adj. fragrant, sweet-smelling ख़ुशबू, वि. अच्छी गंध वाला, मीठी महक वाला।

SUGANDHIT सुगंधित (S. सं.) adj. वि. fragrant, aromatic सुगंधयुक्त, ख़ुशबूदार।

SUGARHṚ सुगढ़ adj. वि. well-made, well-formed, 2. of attractive build सुडौल, जिसकी सुन्दर (आकर्षक) बनावट हो।

SUGHAṚ सुघड़ adj. वि. well-made, well-formed, 2. of attractive build सुडौल, जिसकी सुन्दर (आकर्षक) बनावट हो।

SUGAṬHIT सुगठित (S. सं.) adj. वि. well-built कसा हुआ, सुंदर गठन वाला।

SUHĀG सुहाग m. पु. wifehood, married happiness (for a woman), 2. love-making सौभाग्य, अहिवात, सौभाग्यसूचक, सिन्दूर, 2. प्रणय-चेष्टा ~ उजड़ना, to be widowed विधवा होना।

SUHĀG सुहाग f. स्त्री. a woman whose husband is alive सधवा, सौभाग्यवती।

SUHĀGAN सुहागन f. स्त्री. a woman whose husband is alive

सधवा, सौभाग्यवती।

SUHĀGRĀT सुहागरात the first night of love of newly married couple दुल्हा-दुल्हन के मिलन की पहली रात।

SUHĀS सुहास (S. सं.) m. पु. sweet laughter सुन्दर, मृदुहास (हंसी)।

SUHĀSINĪ सुहासिनी (S. सं.) f. स्त्री. a woman who laughs sweetly सुंदर हंसी हंसने वाली।

SUHĀVNĀ सुहावना adj. वि. pleasant, charming भला, सुन्दर लगने वाला।

SUHṚDAY सुहृदय (S. सं.) adj. वि. well-disposed, affectionate, friendly, a friend सुन्दर हृदय वाला, स्नेही।

SŪJAN सूजन f. स्त्री. inflammation, swelling शोथ, सूजने का भाव या स्थिति।

SŪJH सूझ f. स्त्री. understanding, perception, 2. notion निगाह, कल्पना।

SUJHĀNĀ सुझाना v.t. स.क्रि. to point out, to cause to perceive दिखाना, (उपाय) समझाना।

SŪJHNĀ सूझना v.t. अ.क्रि. to perceive दिखाई देना, ध्यान में आना।

SUJHĀV सुझाव m. पु. suggestion तज़वीज, सलाह (सुझाने की क्रिया)।

SŪJH-BUJH सूझ-बूझ f. स्त्री. common-sense बुद्धि, 2. सोचने-समझने की शक्ति।

SUKAṄṬH सुकंठ (S. सं.) adj. वि. having a sweet voice, 2. having a beautiful neck सुरीला, अच्छे कंठ वाला (या वाली)।

SUKEŚA सुकेशा (S. सं.) adj. वि. pretty haired (woman) सुन्दर बालों वाली (स्त्री)।

SUKEŚAĪ सुकेशी (S. सं.) adj. वि. pretty haired (woman) सुन्दर बालों

वाली (स्त्री)।

SUKH सुख (S. सं.) m. पु. happiness, pleasure, joy आनंद, आराम, चैन ~ की नींद सोना, to sleep an untroubled sleep आराम की नींद सोना, ~ कर, joyous आनंद दायक, ~ शांति (चैन), happiness and peace सुख-चैन।

SUKHĀ सूखा adj. वि. dry, dried up, withered, 2. drought सूखा हुआ, उदास, पानी न बरसना, अवर्षण ~ पड़ना, occurrence of drought अकाल पड़ना, पानी न बरसना।

SUKHĀNĀ सुखाना v.t. स.क्रि. to dry, 2. to drain (as a swamp) ख़श्क करना।

SUKHAṄḌĪ सुखंडी f. स्त्री. rickets सूखा रोग, वि. दुबला-क्षीण।

SUKHĀṄT सुखांत (S. सं.) adj. वि. having a happy ending, m. a comedy जिसका अंत सुखमय हो ~ नाटक, a comedy नाकट का एक प्रकार जिसका अंत सुखमय हो।

SUKHĪ सुखी (S. सं.) adj. वि. happy, contented प्रसन्न, खुशहाल।

SŪKHNĀ सूखना v.t. अ.क्रि. to dry up, to wither जलहीन होना, दुबला होना।

ŚUKR शुक्र (S. सं.) m. पु. the planet venus, 2. Friday, 3. semen शुक्र नामक एक ग्रह, 2. शुक्रवार, 3. वीर्य।

ŚUKR शुक्र (A. अ.) m. पु. gratitude, 2. thanks-giving कृतज्ञता, 2. धन्यवाद, ~ गुज़ार, adj. वि. grateful कृतज्ञ।

ŚUKRIYĀ शुक्रिया (A. अ.) thanks धन्यवाद, कृतज्ञता-प्रकाश।

SUKṚT सुकृत (S. सं.) adj. वि. well-done पुण्य, शुभ।

SUKṚTI सुकृति (S. सं.) f. स्त्री. a good deed सत्कर्म, पुण्य, वि. धर्मात्मा।

SŪKṢM सूक्ष्म (S. सं.) adj. वि. minute, 2. thin, fine, 3. subtle बहुत छोटा, 2. बहुत बारीक, 3. कठिनाई से समझ में आने वाला, ~ दर्शी (दृष्टि), of acute, mind कुशाग्र-बुद्धि।

SŪKTI सूक्ति (S. सं.) f. स्त्री. apt saying, good word सुन्दर उक्ति या कथन, चमत्कार पूर्ण वाक्य।

SUKUMĀR सुकुमार (S. सं.) adj. वि. tender, delicate, m. beautiful youth कोमल, सुन्दर।

SULABH सुलभ (S. सं.) adj. वि. easily obtained, easily available आसान, जो आसानी से मिले ~ मुद्रा, soft currency ऐसी मुद्रा जिसकी विदेशों में मांग कम हो।

SULABHYĀ सुलभ्य (S. सं.) adj. वि. easily obtainable जो आसानी से प्राप्त हो सके।

SULAH सुलह (A. अ.) f. स्त्री. peace, 2. treaty, truce मेल, समझौता, ~ नामा, peace agreement संधिपत्र, राज़ीनामा।

SULĀNĀ सुलाना v.t. स.क्रि. to put to sleep, to lull to sleep किसी को सोने या लेटने को प्रवृत्त करना।

SULEKH सुलेख (S. सं.) m. पु. good handwriting अच्छी लिखावट, सुंदर लिखाई।

SULGĀNĀ सुलगाना v.t. स.क्रि. to kindle (a fire), 2. to set alight, 3. to inflame आग जलाना।

SULAGNĀ सुलगना v.i. अ.क्रि. to be kindled (a fire), 2. to be inflamed (passions) आग पकड़ना, 2. कुढ़ना, ईर्ष्या से जलना।

SŪLĪ सूली f. स्त्री. gallows प्राण दंड देने का एक तरीका।

SULJHĀNĀ सुलझाना v.t. स.क्रि. to

unravel, to disentangle, to solve (a problem) उलझन दूर करना, गुत्थी खोलना।

SULJHNĀ सुलझना v.t. अ.क्रि. to get unravelled or disentangled, 2. to be solved मसला हल होना, गुत्थी खुलना।

ṠULK शुल्क (S. सं.) m. पु. fee, 2. tariff महसूल, फ़ीस।

SULŪK सुलूक (A. अ.) m. पु. behaviour, conduct (towards), 2. treatment व्यवहार, बर्ताव।

SUMADHUR सुमधुर (S. सं.) adj. वि. very sweet, very delicate अति मधुर, बहुत मीठा, बहुत नाजुक।

SUMERU सुमेरु (S. सं.) m. पु. the sacred mountain Meru स्वर्गगिरि, एक पर्वत।

SUMUKH सुमुख (S. सं.) adj. वि. lovely, handsome, m. beautiful face सुन्दर मुख वाला, सुन्दर, प्रसन्न।

SUMUKHI सुमुखी (S. सं.) f. स्त्री. beautiful woman सुन्दर स्त्री।

SŪNA सूना adj. वि. empty, deserted, desolate खाली, शून्य, एकान्त स्थान।

SUNĀM सुनाम (S. सं.) m. पु. good name, good reputation यश, कीर्ति।

SUNĀNĀ सुनाना v.t. स.क्रि. to tell (a story), to cause to hear जताना, दूसरे को श्रवण कराना।

SUNANĀ सुनना v.i. अ.क्रि. to hear कानों से आवाज़ मालूम करना, श्रवण करना।

SUNĀR सुनार m. पु. a goldsmith स्वर्णकार, सोने-चांदी के गहने गढ़ने वाला।

SUNĀ SUNĀYĀ सुना-सुनाया m. पु. hearsay जो सिर्फ सुना हुआ हो, देखा हुआ न हो।

SUṄDAR सुंदर (S. सं.) adj. वि. handsome, beautiful, attractive सुरूप, खूबसूरत, हसीन, अच्छा।

SUṄDARĪ सुन्दरी (S. सं.) f. स्त्री. a beautiful woman रुपवती, सुन्दर स्त्री।

SŪṄGHNĀ सुंघना v.t. स.क्रि. to smell नाक से गंध ग्रहण करना।

SUṄGHNĪ सुंघनी f. स्त्री. snuff सूंघने की चीज़, 2. नस्वार, नाक से सुंघा जाने वाला तम्बाकू।

SUNHALĀ सुनहला adj. वि. golden, gilded सोने के रंग का।

SUNHARĀ सुनहरा adj. वि. golden, gilded सोने के रंग का।

SUNĪTI सुनीति (S. सं.) f. स्त्री. prudence, good policy सुन्दर नीति।

SUNN सुन्न adj. वि. numb. paralysed शून्य, संवेदनारहित, निर्जीव।

SUNNĪ सुन्नी (A. अ.) m. पु. pertaining to the Sunni persuasion of Islam, a sunni muslim मुसलमानों का एक फ़िरका।

ṠŪNYĂ शून्य (S. सं.) adj. वि. void, empty, m. nothingness, vacuum, 2. zero (math) सुन्ना, ख़ाली, निर्जन, तुच्छ, सिफ़र, पु. बिंदु रिक्तता, ख़ालीपन ~ वाद, the Buddhist doctrine of non-existence of any spirit नास्तिकता, बौद्धदर्शन जिसके अनुसार कोई आत्मा नहीं होती।

SŪP सूप m. पु. a winnowing basket अनाज फटकने का एक पात्र, छाज, पकी हुई दाल, रसेदार (सब्ज़ी) तरकारी।

SUPAKV सुपक्व (S. सं.) adj. वि. well-cooked अच्छी तरह पका हुआ।

SUPATH सुपथ (S. सं.) m. पु. a good road, the right path, proper course उत्तम मार्ग, सन्मार्ग।

SUPAṄTH सुपंथ (S. सं.) m. पु. a

good road, the right path, proper course उत्तम मार्ग, सन्मार्ग।

SUPĀTR सुपात्र (S. सं.) m. पु. a worthy or discerning person, one suitable (for a purpose) योग्य व्यक्ति, सुंदर पात्र।

SUPHAL सुफल (S. सं.) adj. वि. good result, good fruit, 2. advantageous very profitable अच्छा नतीजा, सुन्दर फल, 2. लाभदायक।

SUPRASIDDH सुप्रसिद्ध (S. सं.) adj. वि. very famous नामी, ख़ूब मशहूर।

SUPT सुप्त (S. सं.) adj. वि. asleep, 2. numbed सोया हुआ, सुन्न।

SUPUTR सुपुत्र (S. सं.) m. पु. a good son लायक बेटा।

SUQRĀT सुक़रात (A. अ.) m. पु. Socrates, the famous greek philosopher सुक़रात, सुप्रसिद्ध यूनानी दार्शनिक।

SUR सुर m. पु. sound (of the voice of of music/musical instrument) tone, tune, 2. a god स्वर, आवाज, 2. देवता।

SŪR सूर adj. वि. blind, m. the poet Surdas अंधा, सूरदास (कवि)।

SURĀ सुरा (S. सं.) f. स्त्री. wine alcohol मद्य, शराब, ~ पान, the drinking of alcohol शराब पीना ~ पात्र, a vessel for keeping/storing alcohol शराब रखने का या पीने का पात्र।

SURABHĪ सुरभि (S. सं.) f. स्त्री. fragrance, 2. the earth, 3. a cow सुवास, अच्छी गंध, 2. पृथ्वी, 3. गाय ~ त, adj. वि. fragrant सुगंधित, प्रिय।

SŪRAJ सूरज m. पु. the sun सूर्य।

SURĀJ सुराज m. पु. own rule, independence अच्छा राज्य, प्रजातांत्रिक राज्य।

SURĀKH सूराख़ (P. फ़ा.) m. पु. a hole छिद्र, छेद।

SURAKṢA सुरक्षा (S. सं.) f. स्त्री. security, defence समुचित रक्षा (या उसका उपाय)।

SURAKṢIT सुरक्षित (S. सं.) adj. वि. safe, well-defended (protected) अच्छी तरह रक्षित ~ कोष्ठक, safety vault बैंक का वह कमरा जिसमें बहुमूल्य वस्तुएं रखी जाती हैं, (E. SAFE DEPOSTI VAULT).

SURAMYĂ सुरम्य (S. सं.) adj. वि. beautiful मनोहर, अति-स्मरणीय।

SURAṄG सुरंग f. स्त्री. a tunnel, under-ground passage ज़मीन के नीचे बना रास्ता।

SŪRAT सूरत (A. अ.) f. स्त्री. face, form, appearance रूप, शक्ल, 2. likelyhood संभावना।

SURAT सुरत f. स्त्री. lover's pleasure, sexual intercourse मैथुन, रतिक्रिया, विहार।

SURATI सुरति f. स्त्री. lover's pleasure, sexual intercourse मैथुन, रतिक्रिया, विहार।

SŪRDAS सूरदास m. पु. a blind man, 2. name of a sixteenth century Indian devotional poet.

SUṚAKNĀ सुड़कना v.i. अ.क्रि. to sniff in or up पी जाना, आवाज़ (सुड़-सुड़) कर के पीना।

SURMĀ सुरमा (P. फ़ा.) m. पु. powdered lead sulphide applied to the eyes (for cosmetic purpose) अंजन, बहुत बारीक (पिसा)।

SURMAĪ सुरमई (P. फ़ा.) adj. वि. dark grey (the colour of SURMĀ) a dark shade सुरमे के रंग का, गहरा

सलेटी या नीला।

SURSURĀHAṬ सुरसुराहट f. स्त्री. tingling or creeping sensation, 2. rusting sound (as of leaves) हल्की खुजली, सुरसुराने का भाव, 2. हवा में पत्तों की आवाज़-सुरसुराहट।

SURSURĀNĀ सुरसुराना v.i. अ.क्रि. to make a rustling sound, 2. to tingle खुजली होना, कीड़ों का रेंगना।

SUR-TĀL सुरताल m. पु. sound and rhythm स्वर और ताल।

SURTARU सुरतरू (S. सं.) m. पु. Kalpavriksha, the tree of Indra's garden कल्पवृक्ष।

ŚURŪ शुरु (A. अ.) m. पु. beginning आरंभ, उठान।

ŚURUĀT शुरुआत plural of ŚURU शुरु का बहुवचन।

ŚŪR शूर (S. सं.) adj. वि. brave बहादुर, वीर, ~ वीर, valiant, a hero योद्धा, वीर व्यक्ति।

SŪRYĂ सूर्य (S. सं.) m. पु. the sun सूरज, आफ़ताब ~ ग्रहण, solar eclipse सूर्य का भाग या पूर्ण सूरज का चन्द्रमा की छाया में छुप जाना ~ मंडल, halo of the sun सूर्य का घेरा या महिमामंडल।

SŪRYĀST सूर्यास्त (S. सं.) m. पु. sunset सूरज का डूबना, संध्या।

SŪRYODAY सूर्योदय (S. सं.) m. पु. sunrise सूरज का उगना, सुबह।

SUSAJJIT सुसज्जित (S. सं.) adj. वि. well-furnished अच्छी तरह सजा या सजाया हुआ।

SUŚĀSAN सुशासन (S. सं.) m. पु. good administration or governance उत्तम राज्य प्रबंध, सुन्दर शासन।

SUŚIKṢIT सुशिक्षित (S. सं.) adj. वि. well-educated पढ़ा-लिखा, जिसने अच्छी शिक्षा पाई हो।

SUŚĪL सुशील (S. सं.) adj. वि. good-natured, of good disposition अच्छे स्वभाव वाला, ~ ता, goodness of character, modesty विनम्रता, सीधापन।

ŚUṢK शुष्क (S. सं.) adj. वि. dry, arid, 2. withered, 3. dry (of manner) 4. dull (a topic) सूखा, नीरस, 2. हृदयहीन, 3. निस्सार।

SUṢMĀ सुषमा (S. सं.) f. स्त्री. beauty परम शोभा।

SUŚOBHIT सुशोभित (S. सं.) adj. वि. decorated, embellished अति शोभा-युक्त, विराजमान।

ŚUŚRUṢĀ शुश्रूषा (S. सं.) f. स्त्री. serving (esp, a sick person) सेवा-टहल।

SUŚRUT सुश्रुत (S. सं.) adj. वि. very famous, well-known, 2. one who knows the Vedas, 3. m. a teacher of Ayurveda बहुत प्रसिद्ध, 2. वेदज्ञ, 3. पु. आयुर्वेद का आचार्य।

SUST सुस्त (P. फा.) adj. वि. lazy, slow, 2. sluggish, 3. downcast ढीला, आलसी, 2. मन्दबुद्धि, 3. उदास।

SUSTĀNĀ सुस्ताना v.i. अ.क्रि. to rest आराम करना, थकावट दूर करना।

SUSTHIR सुस्थिर (S. सं.) adj. वि. steady, very firm, 2. resolute शांत, टिका हुआ, पक्का (इरादा)।

SUṢṬHU सुष्ठु (S. सं.) adj. वि. pretty उत्तम, सुंदर।

SUSTI सुस्ती f. स्त्री. laziness, slowness, hangover, 2. sluggishness ढिलाई, आलस्य।

SUSVĀD सुस्वाद adj. वि. delicious स्वादिष्ट, अच्छे स्वाद का।

SUSVAR सुस्वर adj. वि. of good voice (or sweet voiced) समधुर स्वर वाला।

SUT सुत (S. सं.) m. पु. son पुत्र, बेटा, लड़का।

SUTĀ सुता (S. सं.) f. स्त्री. daughter पुत्री, बेटी, लड़की।

SUTHRĀ सुथरा adj. वि. clean, neat, tidy साफ़, परिष्कृत।

SUTIKĀ सूतिका (S. सं.) f. स्त्री. a woman who has recently given birth ज़च्चा, नवप्रसूता ~गार, delivery room, lying-in room ज़च्चाख़ाना।

SUTIKṢN सुतीक्ष्ण (S. सं.) adj. वि. very sharp, 2. very subtle अत्यंत तीक्ष्ण।

SŪTR सूत्र (S. सं.) m. पु. thread, string, cord तागा, जनेऊ, 2. नियम, 3. अर्थभरा, वाक्य ~धार, stage manager, 2. a puppet-master नाट्यशाला का व्यवस्थापक, प्रधान नट, 2. कठपुतलियां नचाने वाला ~ पात, beginning कार्य का आरंभ।

ŚUTUR शुतुर (P. फ़ा.) m. पु. camel ऊंट ~ मुर्ग, ostrich एक विशालकाय पक्षी।

SUVARṆ सुवर्ण (S. सं.) adj. वि. of a good colour, golden, m. gold स्वर्ण, सोना, 2. अच्छे रंग वाला, अच्छा रंग, ~ मान, m. पु. gold standard वह मुद्रा प्रणाली जिसमें बैंक के नोटों का भुगतान सोने के रूप में किया जा सके।

SUVĀS सुवास (S. सं.) m. पु. fragrance, scent सुन्दर गंध, ख़ुशबू सुवासित, adj. वि. pleasant dwelling अच्छा घर।

SUVIDHĀ सुविधा (S. सं.) f. स्त्री. convenience आसानी, साधन ~ जनक, convenient आसान, (वि.)।

SUVIDHĀYAK KOṢ सुविधायक कोष (S. सं.) m. पु. provident fund संचित कोष, भविष्य निधि।

SUVIKHYĀT सुविख्यात (S. सं.) adj. वि. renowned, very famous अत्यंत प्रसिद्ध।

SUVYAVASTHA सुव्यवस्था (S. सं.) f. स्त्री. good arrangement अच्छा प्रबंध, सुप्रबंध, अच्छा इन्तज़ाम।

SUVYAVASTHIT सुव्यवस्थित (S. सं.) adj. वि. well-arranged सुंदर प्रबंध-युक्त।

SUYAŚ सुयश (S. सं.) m. पु. fame, renown सुकीर्ति, अच्छा यश।

SUYOG सुयोग (S. सं.) m. पु. good opportunity अच्छा अवसर, सुंदर मौका।

SUYOGYĂ सुयोग्य (S. सं.) adj. वि. fully capable बहुत लायक, अति योग्य।

SŪZĀK सूज़ाक (P. फ़ा.) m. पु. gonorrhoea एक यौन रोग (गनोरिया) जिसमें पेशाब में जलन या पीड़ा होती है।

SVA स्व (S. सं.) adj. वि. one's own, 2. auto, self अपना, निज का, 2. आप से आप होने वाला, 3. आत्मीय, पु. संबंधी, आत्मा, धन।

SVĀBHĀVIK स्वाभाविक (S. सं.) adj. वि. natural, innate पैदाइशी, स्वभाव से उत्पन्न।

SVĀBHIMĀN स्वाभिमान (S. सं.) m. पु. self respect आत्मसम्मान।

SVACCH स्वच्छ (S. सं.) adj. वि. clean, pure साफ़, निर्मल, स्पष्ट।

SVACCHAṄD स्वच्छंद (S. सं.) adj. वि. independent, free, 2. capricious, self-willed स्वाधीन, आज़ाद, अनियंत्रित।

SVACCHTĀ स्वच्छता (S. सं.) f. स्त्री. cleanliness निर्मलता, विशुद्धता, सफ़ाई ~ बर्द्धक, adj. वि. sanitary स्वच्छता बढ़ाने वाला।

SVĀD स्वाद (S. सं.) m. पु. taste, flavour, 2. relish ज़ायका, मज़ा।

SVADEŚ स्वदेश (S. सं.) m. पु. own country, native land अपना देश, जन्मभूमि, मातृभूमि ~ प्रेम (भक्ति),

patriotism देशप्रेम या जन्मभूमि का प्रेम ~ निस्सारण, expatriation देशनिकाला, किसी को देश से बाहर भेज देना।

SVADHARM स्वधर्म (S. सं.) m. पु. personal duty, 2. own religion अपना कर्तव्य, अपनी विशेषता।

SVĀDHĪN स्वाधीन (S. सं.) adj. वि. independent, free आज़ाद, स्वतंत्र, स्वछंद ~ ता, freedom आज़ादी, स्वतंत्रता।

SVĀDHYAY स्वाध्याय (S. सं.) m. पु. self-study, study स्वयं पढ़ना, अध्ययन।

SVĀDIṢṬ स्वादिष्ट (S. सं.) adj. वि. tasty, delicious ज़ायकेदार, अच्छे स्वाद वाला।

SVĀDU स्वादु tasty स्वादिष्ट।

SVAGAT स्वगत (S. सं.) adj. वि. spoken aside, 2. said to oneself, m. soliloquy आत्मीय, आप से आप ही बोलना, आप ही आप बोलना।

SVĀGAT स्वागत (S. सं.) m. पु. welcoming, receiving, 2. a welcome अगवानी ~ समिति (~ कारिण समिति), reception committee किसी सभा, सम्मेलन में आने वाले प्रतिनिधियों, दर्शकों को टिकाने, खिलाने-पिलाने का प्रबंध करने वाली स्थानीय समिति।

SVAHIT स्वहित (S. सं.) adj. वि. benefit to oneself, beneficial to oneself अपने लिए लाभदायक।

SVAJAN स्वजन (S. सं.) m. पु. own people, 2. own family, 3. a relative अपने लोग, 2. अपना परिवार, 3. रिश्तेदार।

SVALP स्वल्प (S. सं.) adj. वि. very little, trifling बहुत थोड़ा, सक्षिप्त।

SVĀMĪ स्वामी (S. सं.) m. पु. master, lord, 2. owner, proprietor, 3. husband, 4. head of a religious order मालिक, घर का मुखिया, 2. पति, 3. धार्मिक संस्था का प्रधान।

ŚVĀN श्वान (S. सं.) m. पु. dog कुत्ता।

SVĀṄG स्वांग m. पु. imitation, mimicry, 2. disguise, 3. a farce, 4. a folk drama नक़ल करना, (हाव-भाव एवं आवाज़ से), 2. हंसी-मज़ाक का खेल-तमाशा।

SVAPN स्वप्न (S. सं.) m. पु. a dream, 2. fantasy, reverie सपना, ख्वाब, ऊंची कल्पना।

SVAPNĀVASTHĀ स्वप्नावस्था (S. सं.) f. स्त्री. the dream state सपने की अवस्था, जब कोई सपना देख रहा हो।

SVAPNIL स्वप्निल (S. सं.) adj. वि. dreamy सपने का, सुप्त।

SVAR स्वर (S. सं.) m. पु. voice, sound, note (musical), vowel (grammar) ~ विज्ञान, phonetics कंठध्वनि, आवाज़ ~ सप्तक, an octave (music) scale सात सुरों का समूह।

SVARĀJYĂ स्वराज्य (S. सं.) m. पु. own rule, independence स्वाधीन राज्य।

SVARG स्वर्ग (S. सं.) m. पु. heaven देवलोक ~ वास, death मृत्यु, ~ सुख, heavenly pleasures स्वर्ग में प्राप्त होने वाले सुख, ~ आरोहण, death मृत्यु।

SVARGĪYĂ स्वर्गीय (S. सं.) adj. वि. deceased, late मृत, अलौकिक।

SVARṆ स्वर्ण (S. सं.) m. पु. gold सोना (नामक धातु) ~ कार, goldsmith सुनार, ~ युग, golden era सुख समृद्धि का समय।

SVĀRTH स्वार्थ (S. सं.) m. पु. selfishness, self-interest अपना मतलब, अपना हित साधने की उग्र भावना, ~ साधन, realisation of a selfish objective अपना मतलब निकालना।

SVĀRTHĪ स्वार्थी (S. सं.) adj. वि. selfish मतलबी, ख़ुदगर्ज।

SVARŪP स्वरूप (S. सं.) m. पु. own form or shape, essential nature अपनी आकृति, अ. (समासांत में) तौर पर, वि. तुल्य।

ŚVĀS श्वास (S. सं.) m. पु. breathing, 2. the breath सांस।

SVĀSTHYĂ स्वास्थ्य (S. सं.) m. पु. health सेहत, आरोग्य ~ निवास, sanatorium आरोग्यशाला ~ मंत्री, health minister स्वास्थ्य विभाग का मंत्री।

SVATAṄTR स्वतंत्र (S. सं.) adj. वि. independent, free स्वाधीन, आज़ाद ~ पत्रकार, a free-lance journalist स्वतंत्र लेखन से जीविका चलाने वाला पत्रकार।

SVATAṄTRTĀ स्वतंत्रता (S. सं.) m. पु. independence, freedom स्वाधीनता, आज़ादी।

SVATAṄTRYĂ स्वातंत्र्य (S. सं.) m. पु. independence, freedom स्वाधीनता, आज़ादी।

SVATV स्वत्व (S. सं.) m. पु. own, personal right, ownership अधिकार, स्वामित्व।

SVAVLAṀBAN स्वावलंबन (S. सं.) m. पु. depending on oneself अपना ही भरोसा करना।

SVĀVLAMBĪ स्वावलंबी (S. सं.) adj. वि. dependent on oneself अपने बल पर ही काम करने वाला।

SVAYAṀ स्वयं (S. सं.) adv. अ. by oneself, pron. self, adj. auto ख़ुद, अपने आप।

SVĀYATT स्वायत्त (S. सं.) adj. वि. autonomous जो अपने ही अधीन हो।

SVECCHĀ स्वेच्छा (S.सं.) f. स्त्री. one's own will (or wish) अपनी इच्छा, मर्ज़ी ~चार, arbitrary act मनमानी, निरंकुशता ~ सैनिक, voluntary corps अपनी इच्छा से सैन्य सेवा करने वाला दल।

SVED स्वेद (S. सं.) m. पु. sweat, perspiration पसीना।

ŚVET श्वेत (S. सं.) adj. वि. white उजला, सफेद, ~ कुष्ठ, leaukoderma पु. सफ़ेद कोढ़ ~ पत्र, m. white paper महत्त्वपूर्ण विषय पर सरकार द्वारा जारी (प्रकाशित) लिखित विवरण या वक्तव्य।

SVIKĀR स्वीकार (S. सं.) m. पु. acceptance, assent, approval अंगीकार, क़बूल, ~त्मक, adj. वि. affirmative "हां" सूचक, हामी में।

SVĪKARYĂ स्वीकार्य (S. सं.) adj. वि. acceptable स्वीकार करने योग्य।

SVĪKṚT स्वीकृत (S. सं.) adj. वि. accepted स्वीकार किया हुआ, अनुमति प्राप्त।

SVĪKṚTĪ स्वीकृति (S. सं.) f. स्त्री. accepted, approved सम्मति, मंज़ूरी, अनुमति।

SYĀH स्याह (P. फ़ा.) adj. वि. black काला।

SYĀHĪ स्याही (P. फ़ा.) f. स्त्री. blackness, darkness, 2. ink कालापन, अंधेरा, 2. रोशनाई, दाग़ ~ धोना, to wash a stigma दुर्भाग्य या दोष मिटाना (दूर करना)।

SYĀPĀ स्यापा (P. फ़ा.) m. पु. mourning, lamentation मृत्यु शोक के लिए होने वाला रोना-पीटना।

SYĀR स्यार m. पु. a jackal गीदड़, सियार।

◆◆◆

T

TAB तब adv. अ. then, at that time उस समय।

TABĀH तबाह (P. फ़ा.) adj. वि. ruined बर्बाद, नष्ट।

TABĀHĪ तबाही (P. फ़ा.) f. स्त्री. ruin, destruction बर्बादी, नाश।

TABDĪL तब्दील (A. अ.) f. स्त्री. change बदलना।

TABDĪLĪ तब्दीली (A. अ.) f. स्त्री. change, 2. transfer परिवर्तन।

TABELĀ तबेला m. पु. stable अस्तबल,

घुड़सार।

TABĪYAT तबीयत (A. अ.) f. स्त्री. mood, temperament, state of health मन, जी, स्वास्थ्य।

TABQĀ तबक़ा (A. अ.) m. पु. rank, order, class, 2. layer वर्ग।

TABLĀ तबला (A. अ.) m. पु. a small drum चमड़े से मढ़ा एक तालवाद्य।

TABALCĪ तबलची (A. अ.) m. पु. drummer, tabla-player तबला बजाने वाला।

TĀBŪT ताबूत (A. अ.) m. पु. a coffin (box) मुर्दा ले जाने का संदूक।

TĀDĀD तादाद (A. अ.) f. स्त्री. count, amount, quantity मात्रा, संख्या।

TADNANṪR तदनंतर (S. सं.) adv. अ. immediately after तुरंत बाद, उसके बाद।

TADNURŪP तदनुरूप (S. सं.) adj. वि. similar, of the same form उसी के रूप का, देखने में समान।

TADANUSĀR तदानुसार (S. सं.) adv. अ. accordingly उसके अनुसार।

TADARTH तदर्थ (S. सं.) adj. वि. having a particular purpose, ad-hoc किसी विशेष काम के लिए ~ समिति, ad-hoc committee विशेष कार्य के लिए बनी समिति।

TĀDĀTMYĂ तादात्म्य (S. सं.) m. पु. identity, similarity अभिन्नता, समानता।

TADBHAV तद्भव (S. सं.) adv. अ. of the nature of that, (m. gram) a word which has evolved organically from an early Sanskrit form उससे उत्पन्न।

TADUPARĀṄT तदुपरांत (S. सं.) adv. अ. after that उसके बाद।

TAFRĪH तफ़रीह (A.अ.) f.स्त्री. amusement, entertainment मनोरंजन, मन-बहलाव।

TAGṚA तगड़ा adj. वि. robust, sturdy, strong मज़बूत, ताकतवर।

TAJARBĀ तजरबा (A. अ.) m. पु. experience, 2. experiment अनुभव, 2. प्रयोग (वैज्ञानिक)।

TAH तह (P. फ़ा.) f. स्त्री. a fold, 2. a layer, 3. bottom परत, 2. तली।

ṬAHAL टहल f. स्त्री. service सेवा, चाकरी, ~ बजाना, to serve सेवा करना।

TAHLNĀ टहलना v.i. अ.क्रि. to walk, to go for a walk घूमना।

TAHRĪK तहरीक (A. अ.) f. स्त्री. movement, revolution आन्दोलन।

TAHSĪL तहसील (A. अ.) f. स्त्री. a revenue district मालगुज़ारी का इलाक़ा ~ दार, a sub-collector of revenue मालगुज़ारी वसूल करने वाला अधिकारी।

TAHSĪLNĀ तहसीलना (A. अ.) v.i. अ.क्रि. to collect revenue मालगुजारी वसूल करना।

TAIKS टैक्स (E. अ.) m. पु. tax कर, लगान, महसूल।

TAIKSI टैक्सी (E. अं.) f. स्त्री. taxi टैक्सी, किराए की मोटरगाड़ी।

TAIL तैल (S. सं.) m. पु. oil तेल ~ चित्र, oil painting तेल मिले रंगों से बनाया गया चित्र।

ṬAIM टाइम (E. अं.) m. पु. time समय।

TAINĀT तैनात (A. अ.) adj. वि. appointed, posted नियुक्त।

TAIRĀK तैराक m. पु. a swimmer तैरने में कुशल, पु. तैरने वाला।

TAIRNĀ तैरना v.i. अ.क्रि. to swim, to float पानी के ऊपर-ऊपर फिरना।

TAIYAR तैयार adj. वि. ready, prepared उद्यत, मुस्तैद।

TĀJ ताज (P. फ़ा.) m. पु. crown मुकुट (राजा का) ~ महल, tomb of the mughal empress Mumtaz Mahal at Agra ताजमहल का संक्षिप्त नाम, मुगल महारानी मुमताज़ महल की समाधि, जो आगरा में है।

TAK तक adv. अ. unto, as far as, as much as अवधि सूचक अव्यय, (जैसे घर तक, ऊपर तक, चार दिनों तक)।

TĀK ताक f. स्त्री. look, glance, 2. watch घात, खोज, टोह ~ में रहना, to be on watch (the look out) मौका देखते रहना, घात में रहना।

TAKA टका m. पु. a rupee चांदी का पुराना सिक्का या रुपया ~ सा जवाब देना, a blunt refusal साफ़ इन्कार करना।

TAKHALLUS तख़ल्लुस (A.अ.) m. पु. literary pseudonym उपनाम (कवि, लेखक अक्सर रखते हैं)।

TAKHT तख़्त (P. फ़ा.) m. पु. seat, 2. throne सिंहासन, राजगद्दी, ~ ताऊस, the peacock throne of Shahjahan शाहजहां का मयूर सिंहासन।

TAKHTĀ तख़्ता (P. फ़ा.) m. पु. a plank, board ऊंची चौकी, लकड़ी का चपटा लंबा टुकड़ा ~ उलटना/पलटना, to overthrow (as a ruler) शासक को गद्दी से उतार डालना, तबाह करना या होना।

TĀKI ताकि (P. फ़ा.) adv. अ. so that, in order that इसलिए कि।

TAKKAR टक्कर f. स्त्री. a collision, 2. conflict, 3. competition ठोकर, मुकाबला, प्रतिस्पर्धा।

TAKLĪ तकली f. स्त्री. a spindle धागा कातने की सुई (लंबी) सी जिसमें पीतल का चक्र लगा होता है)।

TAKLĪF तकलीफ़ (A. अ.) f. स्त्री. difficulty, trouble कष्ट, दुख, क्लेश।

TAKALLUF तकल्लुफ़ (A. अ.) f. स्त्री. formality (of behaviour) शिष्टाचार।

TAKNĀ तकना v.t. स.क्रि. to look, to stare देखना, घूरना।

TĀKNĀ ताकना v.t. स.क्रि. to look, to stare देखना, घूरना।

TAKRĀNĀ टकराना v.t. अ.क्रि. to collide, 2. to bring into conflict

ठोकर लगना, भिड़ जाना।

TAKRĀR तकरार (A. अ.) f. स्त्री. dispute, wrangle झगड़ा, लड़ाई।

ṬAKSĀL टकसाल f. स्त्री. a mint मुद्रा (सिक्के) ढालने की जगह।

ṬAKSĀLĪ टकसाली adj. वि. having to do with a mint, 2. genuine प्रामाणिक।

TAL तल (S. सं.) m. पु. bottom, 2. surface, 3. storey तला, पेंदा, 2. सतह, 3. मंजिल (मकान की जैसे प्रथम तल द्वितीय तल)।

TALAB तलब (A. अ.) f. स्त्री. search, 2. craving, 3. wages मांग, इच्छा, आवश्यकता, 2. बुलावा, 3. वेतन ~ करना, to summon बुलाना (आदेश के रूप में)।

TĀLĀB तालाब (P. फ़ा.) m. पु. a tank, a pond पोखर, पोखरा, सरोवर।

TĀLĀ ताला m. पु. lock, padlock चोरी से बचने के लिए कुंडी पर लगाया जाने वाली वस्तु (यानी ताला)।

TALAIYĀ तलैया f. स्त्री. a small pond छोटा तालाब।

TALĀQ तलाक़ (A. अ.) f. स्त्री. divorce विवाह संबंध-विच्छेद।

TALĀŚ तलाश (T. तु.) f. स्त्री. search, 2. want खोज, 2. चाह।

TALĀŚĪ तलाशी f. स्त्री. search (of a house or a person) खोई हुई या चोरी हुई वस्तु को ढूंढना (मकान या व्यक्ति का एक-एक भाग टटोल कर)।

TALHAṬĪ तलहटी f. स्त्री. low land beneath mountains पहाड़ के नीचे की भूमि।

TĀLIBILM तालिबइल्म (A. अ.) m. पु. a student, seeker of knowledge विद्यार्थी, ज्ञान प्राप्ति का इच्छुक।

TĀLIKĀ तालिका (S. सं.) f. स्त्री. a list, schedule, table.

TĀLĪM तालीम (A. अ.) f. स्त्री. Education, instruction शिक्षा।

TALLIN तल्लीन (S. सं.) adj. वि. engrossed मग्न, लगा हुआ।

ṬALNĀ टलना v.i. अ.क्रि. to be moved, 2. postponed, to withdraw हट जाना, 2. स्थगित होना, 3. चला जाना।

ṬĀLNĀ टालना v.t. स.क्रि. to send away, 2. to make an excuse भगाना (खिसकाना), 2. बहाना करना (बहानेबाज़ी) स्थगित करना।

TALNĀ तलना v.t. स.क्रि. to fry गर्म स्निग्ध वस्तु (घी-तेल आदि) में खाद्य वस्तु डाल कर पकाना।

TALVĀ तलवा m. पु. the sole of the foot पांव का नीचे का भाग (सफ़ेद चिकना भाग जो ज़मीन के संपर्क में आता है) ~ चाटना, to flatter abjectly अधिक ख़ुशामद करना।

TALVĀR तलवार f. स्त्री. a sword खड्ग, शमशेर ~ के घाट उतारना, to kill with a sword तलवार से मार डालना।

TAMIL तमिल m. पु. a region of south India; 2. the language दक्षिण भारत का एक प्रसिद्ध क्षेत्र, 2. तमिल-एक भाषा ~ नाडु, a southern state of India (formerly Madras) तमिलभाषी प्रदेश (पहले का मद्रास प्रांत)।

TĀMĪR तामीर (A. अ.) f. स्त्री. construction, building, 2. building a structure मकान बनाना, इमारत बनाना।

TĀMR ताम्र (S. सं.) m. पु. copper तांबा।

TANĀ तना m. पु. trunk of a tree, 2. stalk पेड़ का ज़मीन के ऊपर का मोटा भाग, धड़।

TĀNĀ ताना m. पु. ridicule, taunt व्यंग्य-चुटीली बात या टिप्पणी, ~ शाह, a dictator अनियंत्रित अधिनायक/शासक ~ शाही, despotism अधिनायकत्व/अधिनायकवाद।

TANĀV तनाव m. पु. tension मन या शरीर की नसों में बेजा खिंचाव।

TAṄBOLĪ तंबोली m. पु. seller of betel-leaves पान बेचने वाला।

TAṄBU तंबू (P. फ़ा.) m. पु. a tent शामियाना, ख़ेमा।

TĀṄBŪL तांबूल (S. सं.) m. पु. betel leaf, 2. a rolled betel leaf पान, पान का बीड़ा।

TAṄBŪRA तंबूरा m. पु. a stringed instrument used to accompany a singer (– तानपूरा) वाद्ययंत्र जो गाने वाले के साथ सुर देने के काम आता है।

TĀṄḌAV तांडव (S. सं.) m. पु. the famous dance of Shiva (as taking place at the end/dissolution of the world) शिव का प्रसिद्ध नृत्य (जो धरती की समाप्ति के समय किया जा रहा हो)।

TAṄDŪR तंदूर (P. फ़ा.) m. पु. a large earthen oven (prevalent in Punjab) रोटी पकाने का पंजाबी चूल्हा।

TAṄDURUST तन्दुरुस्त (P. फ़ा.) f. स्त्री. healthy स्वस्थ, नीरोग।

TANDURUSTĪ तन्दुरुस्ती good health, health स्वास्थ्य।

TAṄG तंग (P. फ़ा.) adj. वि. narrow, cramped, tight (clothing) संकीर्ण (पतला/पतली) जीन कसने की पेटी।

ṬĀṄG टांग f. स्त्री. the leg पैर-जांघ से लेकर एड़ी तक का भाग, ~ अड़ाना, to interfere बाधा डालना।

TANKHVĀH तनख़्वाह (P. फ़ा.) f. स्त्री. Wages, pay, salary वेतन, तलब, पगार।

ṬĀNKNĀ टांकना v.t. स.क्रि. to stitch, to join, to fasten, 2. to jot down सिलाई करके जोड़ना, सूई-धागे से सी कर लगाना, 2. बही पर उतारना।

TĀNPŪRĀ तानपूरा See TAṄBURA तंबूरा देखो।

TĀṄT तांत f. स्त्री. a sinew, 2. catgut, 3. loom पशु के चमड़े से (या नसों को) बंट कर बनाई गई डोरी, 2. लूम, हथकरघा।

TĀṄTĀ तांता m. पु. a row or line (of people), 2. a series (of things) पांत, क़तार, सिलसिला।

ṬAṄṬĀ टंटा m. पु. turmoil, 2. trouble, row झगड़ा, मुसीबत।

TAṄTR तंत्र (S. सं.) theory, chief doc-trine, 2. system, ritual, 3. a work teaching magical and mystical formulae, 4. spell, charm राज्य, शासन-प्रबंध, शासन प्रणाली, 2. शिव-शक्ति की पूजा एवं अभिचार आदि का विधान, 3. झाड़-फूंक, टोना।

TAṄTU तंतु (S. सं.) m. पु. thread, cord, fibre सूत, तागा, धागा।

TAP तप (S. सं.) m. पु. penance, auterity, 2. heat तपस्या, 2. ताप।

TĀP ताप (S. सं.) m. पु. heat, fever, 2. grief उष्णता, ज्वर, 2. दुख, ~ क्रम (या मान), temperature गर्मी का नाप या तापमान ~ नियंत्रण/नियंत्रित, air-conditioned/air-conditioning स्थान को कृत्रिम रूप से ठंढा करना और समस्थिति में क़ायम रखना।

TAREDIQ तपेदिक़ (P. फ़ा.) f. स्त्री. tuberculosis (T.B.) क्षयरोग, यक्ष्मा।

TAPNĀ तपना v.i. अ.क्रि. to be heated, to burn गर्म होना, धूप या आंच में गरम होना या जलना।

TĀPNĀ तापना v.i. अ.क्रि. to warm oneself शरीर को सेंकना या गर्म करना।

TAPOBAL तपोबल (S. सं.) m. पु. power derived from ascetic practices तप (तपस्या) द्वारा प्राप्त शक्ति।

TAPOVAN तपोवन (S. सं.) m. पु. a grove where ascetic practices are carried on तपस्या करने योग्य वन (जंगल)।

TAPASYĀ तपस्या (S. सं.) f. स्त्री. ascetic practice किसी सिद्धि के लिये उठाया जाने वाला कष्ट।

ṬĀPŪ टापू m. पु. an island द्वीप।

TĀQAT ताक़त (A.अ.) f. स्त्री. strength शक्ति ~ वर, powerful शक्तिशाली।

TAQĀZĀ तक़ाज़ा (A. अ.) m. पु. demand, claim, 2. need पावना मांगना, बक़ाया याद दिलाना, 2. आवश्यकता, ज़रुरत।

TAQDĪR तक़दीर (A. अ.) f. स्त्री. luck, fate, destiny भाग्य, क़िस्मत, प्रारब्ध।

TAQRIBAN तक़रीबन adv. अ. about, nearly, approximately लगभग।

TAQRĪR तक़रीर (A. अ.) f. स्त्री. a speech भाषण, बोलना।

TAQSĪM तक़सीम (A. अ.) f. स्त्री. division, partition बांटना, भाग करना।

TĀR तार wire, 2. a telegram धातु की पतली डोर, तार द्वारा भेजी गई खबर।

TĀRĀ तारा m. पु. a star, 2. pupil (of the eye) सितारा, आंख की पुतली।

TARḲĀ तड़का m. पु. daybreak प्रभात, सबेरा।

TĀRĪF तारीफ़ (A. अ.) f. स्त्री. praise, 2. introduction, 3. merit प्रशंसा, विश्लेषण, 2. परिचय (करना/कराना)।

TĀRIKH तारीख़ (A. अ.) f. स्त्री. date दिनांक, तिथि।

TAṚIT तड़ित (S. सं.) f. स्त्री. lightning बिजली।

TARJANĪ तर्जनी (S. सं.) f. स्त्री. the forefinger अंगूठे के पास वाली पहली अंगुलि या उंगली।

TARK तर्क (S.सं.) m. पु. logic, reason given in a discussion, arguement न्यायशास्त्र, 2. विवेचन, युक्ति।

TARKABHĀS तर्काभास (S. सं.) m. पु. semblance of reason हेत्वाभास, ग़लत तर्क (जो तर्क का आभास देता हो)।

TARNA तरना v.i. अ.क्रि. to crossover, to float पार होना (नाव या बेड़ा)।

TĀRNĀ तारना v.t. स.क्रि. to enable to cross, 2. to save from rebirth पार कराना, 2. पुनर्जन्म से मुक्ति दिलाना।

TĀṚNĀ ताड़ना v.t. स.क्रि. to perceive, to understand, 2. to beat, to punish भांपना, जान लेना, सज़ा देना।

TĀRPİN तारपीन m. पु. turpentine (oil) वारनिश, तारपीन का तेल।

ṬARRĀNĀ टर्राना v.i. अ.क्रि. to croak (like a frog) to chatter मेंढक जैसी आवज़ में बोलना, सीधे न बोलना।

TARU तरु (S. सं.) m. पु. a tree वृक्ष, पेड़।

TARUṆ तरुण (S. सं.) adj. वि. young, youthful युवा, जवान (नया-नया)।

TARUṆĪ तरुणी (S. सं.) adj. वि. young woman युवती।

TĀRUṆYĂ तारुण्य (S. सं.) m. पु. youth जवानी, युवावस्था।

TĀRUṆYAGAM तारुण्यागम (S. सं.) m. पु. puberty यौवनारंभ, नसें भीगने का काल।

TASALLĪ तसल्ली (A.अ.) f. स्त्री. consolation, comfort ढाढ़स, दिलासा।

TASDIQ तसदीक़ (A. अ.) verifying, attesting, confirming प्रमाणित करना।

TASLĪM तसलीम (A. अ.) f. स्त्री. salutation, acceptance अभिवादन स्वीकृति।

TAŚRĪF तशरीफ़ (A. अ.) f. स्त्री. your honour इज़्ज़त करना, बुज़ुर्गी ~ रखिए, please be seated कृपया बैठिए, बिराजिए ~ लाइए, please come in

पधारिए, कृपया आइए।

TAŚTARĪ तश्तरी (P. फ़ा.) f. स्त्री. a small plate छोटी कटोरी, रक़ाबी।

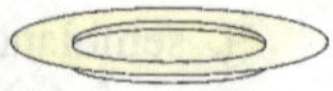

TASVĪR तस्वीर (A. अ.) f. स्त्री. a picture, painting चित्र।

TAṬ तट (S. सं.) m. पु. shore, bank (of a river) किनारा।

TĀT तात (S. सं.) m. पु. father, 2. affectionate term of address पिता, आदरणीय व्यक्ति, 2. गरम, तप्त।

TAT तत् (S. सं.) m. पु. He, Brahma, adj. that, adv. at the time concerned वह, ब्रह्म, ~ क्षण, now, immediately फ़ौरन, तत्काल, अभी-अभी, ~ पर, ready तैयार, ~ पश्चात्, thereafter उसके बाद।

ṬAṬSTH तटस्थ (S. सं.) adj. वि. neutral जो गुटबंदी से अलग हो।

TATHĀ तथा (S. सं.) adv. अ. and और।

TATHĀGAT तथागत (S. सं.) m. पु. title of the Buddha बुद्ध का एक नाम।

TATHĀKATHIT तथाकथित (S. सं.) adj. वि. so-called तथोक्त, जैसा कि कहा जाता है।

TATHĀPI तथापि (S. सं.) adv. वि. nevertheless, still फिर भी, तौ भी।

TATHĀSTU तथास्तु (S. सं.) so be it ऐसा ही हो, एवमस्तु।

TATHYĀ तथ्य (S. सं.) m. पु. reality, a fact, truth सच्ची बात, सत्य।

TATKĀL तत्काल (S. सं.) adj. वि. immediate उसी समय (इसी समय)।

TATKĀLIN तत्कालीन (S. सं.) adj. वि. of that time उस समय का।

TATOLNĀ टटोलना v.t. स.क्रि. to grope, to feel for, 2. to investigate छूकर पता लगाना, टोह लेना।

TĀTPARYĀ तात्पर्य (S. सं.) m. पु. meaning, 2. intention आशय, मंशा।

TATSAM तत्सम् (S. सं.) adj. वि. a loanword/used in the same written form as in Sanskrit उसके समान।

ṬAṬṬĪ टट्टी f.स्त्री. something woven, 2. a bamboo screen, 4. lavatory, 5. excrement टाट का पर्दा, पल्ले की दीवार, 2. पाख़ाना, 3. शौचालय।

TATTV तत्त्व (S. सं.) m. पु. essence, real state of the nature, the Supreme spirit यथार्थता, 2. परम आत्मा, ~ ज्ञ, a philosopher दार्शनिक ~ त:, really वास्तव में।

TATTVĀVDHAN तत्त्वावधान (S. सं.) m. पु. (under the) aegis, supervision (किसी व्यक्ति/संस्था की) देख रेख में।

TAUHĪN तौहीन (A. अ.) f. स्त्री. disgrace, dishonour अनादर, अपमान।

TAULIYĀ तौलिया (E. अ.) m. पु. a towel शरीर पोंछने का अंगोछा।

TAULNĀ तौलना v.t. स.क्रि. to weigh, to assess जोखना, वजन जांचना।

TĀŪN ताऊन (A. अ.) m. पु. plague प्लेग।

ṬAUN टाउन (E. अं.) m. पु. town शहर, क़स्बा।

TAUR TARIQĀ तौर-तरीक़ा (A. अ.) m. पु. way, manner, method, practice चाल-चलन।

TĀŪS ताऊस (A. अ.) m. पु. peacock मोर।

TĀV ताव m. पु. heat, 2. anger, 3. passion, 4. – दिखाना, to show anger आंच, क्रोध, आवेश, 4. अहंकार युक्त रोष दिखाना।

TAVĀLAT तवालत (P. फ़ा.) bother, 2. prolonging, 3. entanglement

लंबाई, झमेला, उलझाव।

TAVĀRĪKH तवारीख़ (A. अ.) f. स्त्री. dates, history इतिहास, तारीख, (दिनांक) का बहुवचन।

TAVĀYAF तवायफ़ (A. अ.) f. स्त्री. prostitute वेश्या।

TAZIĀ ताज़िया (A. अ.) m. पु. a representation of the shrines of Hasan & Husain (carried in procession during the month of Muharram) हसन-हुसैन के मक़बरों की आकृति का बना कागज़ी ढांचा जो मुहर्रम में दफ़नाया जाता है।

TĀZIRĀT ताज़ीरात (A. अ.) f. स्त्री. criminal code दंडविधान, ~ ए-हिन्द, Indian Criminal Procedure Code भारतीय दंड-विधान।

TEG तेग़ (P. फ़ा.) f. स्त्री. a sword तलवार।

TEJ तेज m. पु. brilliance, 2. energy, 3. majesty चमक, उत्साह, तीखापन।

TEL तेल m. पु. oil तेलहन के बीज से निकलने वाला चिकना द्रव्य-तेल।

TEZ तेज़ (P. फ़ा.) adj. वि. sharp, keen, loud, swift, alert, high उग्र, प्रबल, प्रचंड, वेगवान, द्रुतगामी,~निगाह, sharp-sighted पैनी दृष्टिवाला, ~ मिज़ाज, short-tempered ग़ुस्से वाला, ~ रफ़्तार, quick, fast, rapid शीघ्रगामी।

TEZAB तेज़ाब (P. फ़ा.) m. पु. an acid एसिड, क्षारपदार्थ का अम्ल।

ṬHAG ठग m. पु. a cheat, 2. a robber धोखा देकर लूटने वाला।

THĀH थाह f. स्त्री. bottom, 2. depth गहराई की सीमा।

THĀHNĀ थाहना v.t. स.क्रि. to gauge थाह (अन्दाज) लेना।

ṬHAHRĀNĀ ठहराना v.t. स.क्रि. to cause to stop or stay, 2. to provide accommodation रोकना, टिकाना, रुकने की जगह देना।

ṬHAHARNĀ ठहरना v.i. अ.क्रि. to stop, to pause, 2. to stay रुकना, टिकना।

THAILĪ थैली f. स्त्री. a small bag छोटा थैला, रुपयों की थैली।

THAKAN थकन f. स्त्री. fatigue, tiredness थके (या हारे) होने का अनुभव, श्रांति।

THAKĀN थकान f. स्त्री. fatigue, tiredness थके (या हारे) होने का अनुभव, श्रांति।

THAKNĀ थकना v.i. अ.क्रि. to tire, to be fatigued हारा महसूस करना, शिथिलता का भाव, क्लांत होना।

ṬHĀKUR ठाकुर m. पु. a deity, 2. an idol, 3. a chief, 4. a title, 5. a barber देवता, 2. देवप्रतिमा, 3. क्षत्रिय की उपाधि, 4. नाई की उपाधि।

THAL थल m. पु. land, dry ground धरती, पृथ्वी।

THĀL थाल m. पु. large metal plate बड़ी थाली, बड़ी तश्तरी (धातु की), f. स्त्री. small metal plate छोटी थाली, छोटी तश्तरी (धातु की)।

THĀLĪ थाली m. पु. large metal plate बड़ी थाली, बड़ी तश्तरी (धातु की), f. स्त्री. small metal plate छोटी थाली, छोटी तश्तरी (धातु की)।

THAMĀNĀ थमाना v.t. स.क्रि. to hand over पकड़ाना, टिकाना।

THĀMNĀ थामना v.t. स.क्रि. to check (or stop or restrain), 2. to support, 3. to seize पकड़ना, संभालना, उत्तरदायित्व लेना।

THAN थन m. पु. udder, 2. teat गाय-भैंस-बकरी (यानी पशु) का स्तन।

THĀN थान m. पु. place, 2. abode, 3. stable, manger, piece (of cloth)

स्थान, जगह, 2. अस्तबल या पशुओं का स्थान, 3. बंधी हुई लंबाई का कपड़े का लंबा टुकड़ा, 4. गहनों की संख्या।

THĀNĀ थाना m. पु. police station पुलिस चौकी।

THANḌ ठंड (ठंढ) f. स्त्री. cold, coolness जाड़ा, सर्दी।

THANDA ठंडा (ठंढा) adj. वि. cool, cold, chilled, 2. frozen, 3. impotent शीतल, सर्द, 2. श्रीहत, 3. कामेच्छा से हीन।

THANḌAK ठंडक — THANḌ ठंड (- ठंढक)।

THĀNEDĀR थानेदार m. पु. inspector of police दारोग़ा।

THĀP थाप f. स्त्री. a pat, slap, 2. sound of drum-beat थप्पड़, चपत, 2. हथेली का आघात (ढोल/तबले पर)।

THAPAKNĀ थपकना v.t. स.क्रि. to pat, to caress लाड़-प्यार से थपकी देना।

THAPEṚĀ थपेड़ा m. पु. buffet impact (as of waves, wind), a tap on the head (or body) लहरों या हवाओं का तट से टकराना, चपत, चपेटा।

THAPPAṚ थप्पड़ m. पु. a slap, a blow तमाचा, झापड़, चपेटा।

THARTHAR थर-थर m. पु. trembling कंपन ~ ाहट, trembling कंपकंपी ~ ाना, to tremble थर-थर कांपना, डर के मारे कांपना।

ṬHAṬHERĀ ठठेरा m. पु. a copper-smith धातु के बर्तन बनाने वाला।

ṬHAṬHOLĪ ठठोली f. स्त्री. joking, a joke हंसी, मज़ाक।

ṬHIṬHOLĪ ठिठोली f. स्त्री. joking, a joke हंसी, मज़ाक।

THĀTĪ थाती f. स्त्री. a pledge, 2. something given in trust धरोहर, अमानत।

ṬHENGĀ ठेंगा m. पु. a thumb ~ दिखाना, to refuse अंगूठा, डंडा, साफ़ इन्कार कर जाना।

ṬHĪK ठीक adj. वि. right, true, 2. fit, proper, appropriate, correct, exact सही, उपयुक्त, अच्छा।

ṬHIKĀNĀ ठिकाना m. पु. abode, site, living quarters स्थान, वास-स्थान, ~ (ने) आना, to come to one's senses ठीक रास्ते पर (या होश में) आना ~ (ने) लगाना, to kill, to dispose of मार डालना।

THOK थोक m. पु. mass, quantity, total amount, 2. wholesale goods राशि, माल की बड़ी राशि, बहुत सारे माल का (जैसे सौदा)।

ṬHOKĀR ठोकर f. स्त्री. striking with the foot पैर से किया गया आघात।

ṬHUKRĀNĀ ठुकराना v.t. स.क्रि. to kick away, to refuse, to denigrate ठोकर मारना, मना करना (जैसे मांगने पर), तिरस्कार करना।

TIHĀĪ तिहाई f. स्त्री. one third तीसरा भाग।

TIJĀRAT तिजारत (A. अ.) f. स्त्री. trade, commerce व्यापार, व्यवसाय।

TIJORĪ तिजोरी f. स्त्री. an iron safe धन के लिए मज़बूत लोहे की आल्मारी।

ṬĪKĀ टीका (S. सं.) f. स्त्री. an ornamental mark made on the forehead (usually a round mark), 2. commentary पु. तिलक, स्त्री. व्याख्या।

ṬIKĀŪ टिकाऊ adj. वि. durable, long-lasting बहुत दिन चलने वाला।

ṬIKNĀ टिकना v.i. अ.क्रि. to stop, to stay, to put up ठहरना, जमना।

TIKṚAM तिकड़म f. स्त्री. stratagem, manoeuvering चतुराई, युक्ति।

TĪKṢṆ तीक्ष्ण (S. सं.) adj. वि. sharp

तेज़, तीव्र, तीखा, चुभता हुआ, ~ बुद्धि, sharp-witted तीव्र बुद्धि।

TIL तिल m. पु. the sesame plant (or seed), 2. a mole काले या सफ़ेद रंग का एक तेलहन, 2. शरीर के किसी भी भाग पर काला बिन्दु (जो जन्मजात हो), 3. आंख के बीच का बिन्दु।

TILAK तिलक (S. सं.) m. पु. an ornamental mark made on the forehead चंदन, केसर या रोली का टीका।

TILISM तिलिस्म (A. अ.) m. पु. the work or creation of magic इन्द्रजाल, जादू।

TILMILĀNĀ तिलमिलाना v.i. अ.क्रि. to be dazzled, to become enraged suddenly बेचैन होना, अचानक क्रोधित (या उत्तोजित) होना।

TIMĀRDĀRĪ तीमारदारी f. स्त्री. nursing रोगी की सेवा।

TIMIR तिमिर (S. सं.) m. पु. darkness अंधकार।

TĪN तीन adj. वि. three संख्या 3 (तीन) ~ पांच करना, to prevaricate टाल-मटोल करना, ~ तेरह करना, to scatter अस्त-व्यस्त करना।

TINKĀ तिनका m. पु. grass, straw (a blade of) तृण, घास-फूस।

TĪR तीर m. पु. an arrow, 2. (river's) bank or share वाण, 2. नदी का किनारा ~न्दाज़, marksman archer तीर चलाने वाला, निशानेबाज़।

TIRCHĀ तिरछा adj. वि. slanting, oblique, crooked वक्र, टेढ़ा।

TIROHIT तिरोहित (S. सं.) adj. वि. concealed, vanished अंतर्हित, छिपा हुआ, ढंका हुआ।

TIRASKṚT तिरस्कृत (S. सं.) adj. वि. reproached, scorned अपमानित।

TĪRTH तीर्थ (S. सं.) m. पु. a place of pilgrimage पुण्यस्थान, ~ यात्रा, pilgrimage तीर्थाटन, तीर्थ-स्थानों में जाना ~ राज, king of pilgrimage places, Prayagraj, Allahabad प्रयाग राज (इलाहाबाद)।

TITHI तिथि (S. सं.) f. स्त्री. a date तारीख़, दिनांक।

TITLĪ तितली f. स्त्री. a butterfly सुंदर पंखों वाला कीड़ा, 2. a flirtations girl or woman सुन्दर, चंचल चित्त लड़की या औरत।

TĪVR तीव्र (S. सं.) adj. वि. swift, intense, fast, strong तेज़, तीक्ष्ण, कटु, अत्यंत।

TOBA तोबा (A. अ.) interj. good heavens, god forbid भगवान न करे, अफ़सोस, पश्चात्ताप।

TOHFĀ तोहफा (A. अ.) m. पु. a gift, a present उपहार, भेंट, सौग़ात।

ṬOKNĀ टोकना v.t. स.क्रि. to interrupt, to question, to interfere एतराज़ करना, बात काटना।

ṬOLĀ टोला m. पु. quarter (a small area or unit) of a town मोहल्ला।

TOLĀ तोला m. पु. a weight of one Tola (approx. 13 grammes) बारह माशा-एक तोला (लगभग 13 ग्राम वज़न)।

TORAṆ तोरण (S. सं.) m. पु. an arched gateway, 2. decoration of a gateway (foliage, garlands etc.) बंदनवार, फूलों, पत्तों, मालाओं से सजा मुख्य द्वार।

TORṆĀ तोड़ना v.t. स.क्रि. to break (into pieces-as glass etc.), 2. to pluck (as a flower) भंग करना, किसी

चीज़ के टुकड़े करना, चुनना (जैसे फूल)।

TOTĀ तोता m. पु. a parrot लाल चोंच वाला सुग्गा, ~ (ते) की तरह आंख फेर लेना, to be indifferent, to be faith-less एकदम बेमुख्वत होना।

ṬOṬA टोटा m. पु. damage, loss, 2. deficiency, 3. a cartridge घाटा, कमी, 2. बन्दूक की गोली।

TRĀHI त्राहि (S. सं.) excl. अ. help, save (me) रक्षा करो, बचाओ।

TRAIMĀSIK त्रैमासिक (S. सं.) adj. वि. trimonthly तीन महीनों का, तीन महीने में एक बार प्रकाशित (पत्र या पत्रिका)।

TRĀṆ त्राण (S. सं.) m. पु. defence, protection, 2. help रक्षा, बचाव।

TRAST त्रस्त (S. सं.) adj. वि. fearful, frightened, 3. distressed, perturbed डरा हुआ, भयभीत, 2. परेशान, 3. विचलित।

TRASIT त्रसित (S. सं.) adj. वि. fearful, frightened, 3. distressed perturbed डरा हुआ, भयभीत, 2. परेशान, 3. विचलित।

TRĀTĀ त्राता (S. सं.) adj. वि. protecting, rescuing, m. a protector a saviour रक्षक, बचाने वाला।

TRIDEV त्रिदेव (S.सं.) m. पु. Brahma, Vishnu, Mahesh, the three gods (triple deity) ब्रह्मा, विष्णु, महेश।

TRIKĀL त्रिकाल (S. सं.) m. पु. the three ages (periods); past, present & future तीनों काल भूत, वर्तमान और भविष्य, तीनों समय-प्रात:, मध्यान्ह, सायंकाल।

TRIKOṆ त्रिकोण (S. सं.) m. पु. a triangle त्रिभुज, तीन कोणों वाला क्षेत्र।

TRIPHALĀ त्रिफला m. पु. Har, Bahera, Amla हड़, बहेड़ा, आंवला, (the three fruits) (तीनों फलों का सम्मिश्रण)।

TRISŪL त्रिशूल (S. सं.) m. पु. a trident, (especially that of Lord Shiva) भगवान शिव का शस्त्र त्रिशूल।

TṚṆ तृण (S. सं.) m. पु. a blade of grass, grass तिनका, घास।

TṚPT तृप्त (S. सं.) f. स्त्री. satisfied संतुष्ट, अघाया हुआ।

TṚPTI तृप्ति (S. सं.) f. स्त्री. satisfaction, gratification संतुष्टि, तृप्त होने का भाव।

TṚṢĀ तृषा (S. सं.) f. स्त्री. thirst, desire प्यास तीव्र, इच्छा ~ लु. thirsty, desirous प्यासा।

TṚṢṆĀ तृष्णा (S. सं.) f. स्त्री. thirst, desire प्यास, तीव्र इच्छा ~ लु. thirsty, desirous प्यासा।

TṚTĪYĀ तृतीय (S. सं.) adj. वि. third तीसरा।

TŪFĀN तूफ़ान (A. अ.) m. पु. a storm (of rain or/& wind) आंधी, ज़ोर की बाढ़ ~ उठाना to raise a commotion हंगामा या बखेड़ा करना।

TŪFĀNĪ तूफ़ानी (A. अ.) adj. वि. stormy (weather), 2. boisterous (as a reception or tour) उपद्रवी, प्रचंड।

TUK तुक rhyme, rhyme and reason, logic. छंद के चरणों के अंतिम अक्षरों (की ध्वनि) का मेल, सामंजस्य, अत्यानुप्रास ~ बंदी, versificaton तुक मिलाने की क्रिया।

TUKṚĀ टुकड़ा m. पु. a piece, bit खंड, भाग (किसी वस्तु का)।

TUKṚĪ टुकड़ी f. स्त्री. a small piece, 2. a unit, a small group छोटा टुकड़ा, 2. एक छोटा दल (जैसे-सैनिकों का)।

TULĀ तुला (S. सं.) f. स्त्री. a pair of scales, weighing scale तराजू।

TULIKA तूलिका (S. सं.) f. स्त्री. paintbrush कूंची, चित्रकार की कूंची (ब्रश)।

TULNĀ तुलना (S. सं.) f. स्त्री. comparison, 2. to be weighted तौला जाना, दो वस्तुओं की समानताओं और असमानताओं को समझना।

TULSĪ तुलसी (S. सं.) f. स्त्री. the sacred basil plant एक प्रसिद्ध पौधा (हिन्दू जिसकी पूजा करते हैं) ~ दल, a basil leaf तुलसी की पत्ती ~ दास, the great Hindi poet who created the Ramcharit Manas भारत के प्रसिद्ध महाकवि-रामचरितमानस के रचयिता।

TULYĂ तुल्य (S. सं.) adj. वि. similar (to), equal, comparable समान, अभिन्न।

TUMUL तुमुल (S. सं.) m. पु. tumult, din, 2. confusion जिसमें शोर गुल हो, घोर।

TUNUKMIZĀJ तुनुकमिज़ाज (P. फ़ा.) adj. वि. of irritable temperament चिडचिड़ा, जल्दी चिढ़ने वाले स्वभाव का।

TUNG तुंग (S. सं.) adj. वि. high, lofty, 2. m. summit, peak ऊंचा (शिखर)।

TURANG तुरंग (S. सं.) m. पु. a horse घोड़ा, 2. मन।

TURANT तुरंत adv. अ. now, at once, quickly शीघ्र, चटपट, फ़ौरन।

TURK तुर्क (P. फ़ा.) m. पु. a Turk (inhabitant of Turkistan) तुर्की का रहने वाला ~ ी, Turkish language तुर्किस्तान की भाषा।

TUṢĀR तुषार (S. सं.) m. पु. snow, frost बर्फ़।

TUṢṬI तुष्टि (S. सं.) f. स्त्री. satisfacation संतोष, प्रसन्नता ~ करण, appeasement अनुनय-विनय द्वारा संतुष्ट करना।

TUTLĀNĀ तुतलाना v.i. अ.क्रि. to stammer, to stutter, to lisp अस्फुट रूप से बोलना (आमतौर पर बच्चों का)।

TŪTNĀ टूटना v.i. अ.क्रि. to be broken, to snap भग्न होना, भंग होना।

TŪT PAṚNĀ टूट पड़ना to appear suddenly, to attack अचानक आ जाना, हमला कर देना।

TUTPŪNJIYĀ टुटपूंजिया adj. वि. a trader of very small means बहुत छोटी पूंजी वाला व्यापारी, जिसकी पूंजी टूट चुकी हो।

TVACĀ त्वचा (S. सं.) f. स्त्री. skin चर्म, चमड़ी।

TYĀG त्याग (S. सं.) m. पु. relinquishing, 2. renouncing, 3. abandoning छोड़ देने की क्रिया उत्सर्ग।

TYĀGĪ त्यागी m. पु. an ascetic (who has renounced the world) विरक्त, निर्लिप्त (जिसने मोह-माया का त्याग कर दिया हो)।

TYĀGNĀ त्यागना v.t. स.क्रि. to give up, to renounce छोड़ना, त्याग करना।

TYOHĀR त्योहार m. पु. a festival पर्व, धार्मिक उत्सव।

TYORĪ त्योरी f. स्त्री. peculiar expression of the eyes (with brows going up), 2. brows भौं, भौं का ऊंचा होना, ~ चढ़ना, to scowl, to frown माथे पर बल पड़ना, भवों से क्रोध टपकना।

◆◆◆

U

UBĀL उबाल m. पु. boiling, 2. rage, fury खौल कर ऊपर उठना (जैसे दूध का),क्रोध भड़कना।

UBĀLNĀ उबालना v.t. स.क्रि. to boil (water etc.), 2. to cook by boiling खौलाना, 2. जोश दिलाना।

UBĀR उबार m. पु. deliverance, release बचाव, छुटकारा।

UBĀRNĀ उबारना v.t. स.क्रि. to deliver (from), to release छुटकारा दिलाना, बचाना, उद्धार करना।

UBHĀR उभार m. पु. swelling, fullness (of breasts) उभरने, बढ़ने की क्रिया, उठान, वृद्धि।

UBHAY उभय (S. सं.) adj. वि. both, each one of both दोनों, दो में से प्रत्येक।

UBKĀI उबकाई f. स्त्री. nausea मतली, कै. उल्टी आने जैसा लगना।

ŪBNĀ ऊबना v.i. अ.क्रि. to be bored उकताना, घबराना।

ŪBṬAN उबटन m. पु. a paste (made of turmeric, meal, oil and perfume) rubbed on the body just before having a bath हल्दी, सरसों, चिरौंजी आदि का लेप जो नहाने से पहले लगाया जाता है।

UCAKKĀ उचक्का m. पु. a pick-pocket, a swindler चाईं, उठाईगीरा।

UCAKNĀ उचकना v.i. अ.क्रि. to spring up, to stand on tip-toe to see पंजे के बल खड़े हो कर देखने का प्रयत्न, ऊपर उठना।

UCĀT उचाट m. पु. weary, indifferent विरक्ति, उदासी, जी न लगना।

UCATNA उचटना v.i. अ.क्रि. to be weary विरक्त होना, मन का हट जाना।

UCC उच्च (S. सं.) adj. वि. lofty, high, 2. superior ऊंचा, बड़ा, श्रेष्ठ, कुलीन।

UCCĀRAṆ उच्चारण (S. सं.) m. पु. pronunciation शब्दों को मुंह से बोलना, निकालना, उच्चारित करना।

UCCĀTAN उच्चाटन (S. सं.) m. पु. driving away (by magical means) हटाना, निकालना, उखाड़ना (किसी मंत्र द्वारा भगाना)।

UCCĀYUKT उच्चायुक्त (S. सं.) m. पु. high commissioner राष्ट्रमंडलीय देश का राजदूत।

UCCHED उच्छेद (S. सं.) m. पु. removal, extirpation उखाड़ना, काटना, उन्मूलन, नाश।

UCCHEDAN उच्छेदन (S. सं.) m. पु. removal, extirpation उखाड़ना, काटना, उन्मूलन, नाश।

UCCHIṢT उच्छिष्ट (S. सं.) adj. वि. left-overs जूठन, खाने से बचा हुआ।

UCCHVĀS उच्छवास (S. सं.) m. पु. a sigh आह भरना।

UCHĀH उछाह m. पु. enthusiasm उत्साह, हर्ष, हौसला।

UCHĀL उछाल f. स्त्री. leap, bound उछलने की क्रिया, कुदान।

UCHALKŪD उछलकूद f. स्त्री. leaping and jumping, gambolling

कूद-फांद, उछलना,कूदना।

UCHALNĀ उछलना v.i. अ.क्रि. to jump, to leap कूदना, उचकना।

UCIT उचित (S. सं.) adj. वि. right, proper, appropriate ठीक, मुनासिब, योग्य।

UDADHI उदधि (S. सं.) m. पु. the ocean समुद्र, महासागर।

UDĀHARAN उदाहरण (S. सं.) m. पु. an example दृष्टांत, मिसाल।

UDĀR उदार (S.सं.) adj. वि. generous, liberal उदार स्वभाव, दानशील, बड़े दिल वाला।

UDAR उदर (S. सं.) m. पु. stomach, abdomen, 2. womb पेट, वस्तु का भीतरी भाग।

UDĀRTA उदारता (S. सं.) f. स्त्री. generosity दानशीलता, बड़े दिल का होना।

UDĀS उदास (S. सं.) adj. वि. sad, sullen दुखी, खिन्न, उदासीन।

UDĀSĪ उदासी (S. सं.) f. स्त्री. dejection, 2. sadness, 3. dullness खिन्नता, रंज।

UDĀSĪ उदासीन (S. सं.) adj. वि. detached, indifferent विरक्त, तटस्थ।

UDĀSĪNTĀ उदासीनता (S. सं.) indifference, neutrality विरक्ति, तटस्थता, निरपेक्षता।

UDĀTT उदात्त (S. सं.) adj. वि. lofty, high, 2. great, illustrious ऊंचा, महान, श्रेष्ट, उदार।

UDAY उदय (S. सं.) m. पु. rise, rising, 2. advent प्रकट होना, सूर्य या चन्द्रमा का निकलना, बढ़ती।

UDBHAV उद्‌भव (S. सं.) m. पु. origin, birth, source उत्पत्ति, जन्म, मूल।

UDBODHAN उद्‌बोधन (S. सं.) m. पु. awakening, enlightenment जगना, जगाना, चेतावनी देना।

UDDĀM उद्दाम (S. सं.) adj. वि. unrestrained, self-willed निरंकुश, प्रचंड, उग्र, न दबने वाला।

UDDAṆḌ उद्दंड (S. सं.) adj. वि. insolent, arrogant निडर, अक्खड़।

UḌḌAYAN उड्डयन (S. सं.) m. पु. flying, aviation उड़ना, उड़ने-संबंधी, ~ विभाग, department of aviation हवाई जहाज़ों आदि की व्यवस्था करने वाला सरकारी विभाग।

UDDEŚYĀ उद्देश्य (S. सं.) m. पु. object, purpose, motive लक्ष्य, प्रयोजन, अभिप्राय।

UDDHĀR उद्धार (S. सं.) m. पु. salvation, deliverance मुक्ति (विपत्ति से) छुटकारा।

UDDHĀRAK उद्धारक (S. सं.) adj. वि. saviour उद्धार करने वाला।

UDDHARAṆ उद्धरण (S. सं.) m. पु. an extract, a quotation किसी उक्ति या लेख को ज्यों का त्यों रखना।

UDDHAT उद्धत (S. सं.) adj. वि. arrogant, haughty प्रचंड, उजड्ड।

UDDHṚT उद्धृत (S. सं.) adj. वि. quoted (from some other text) अन्य रचना से (अवतरण रूप में) लिया गया।

UDDIPAN उद्दीपन (S. सं.) m. पु. blazing, glowing, 2. stimulus (to an emotion) उत्तेजित करना, जगाना, भड़काना।

UDDIPT उद्दीप्त (S. सं.) adj. वि. inflamed (as with passion), 2. fired (as with zeal) उत्तेजित, जगाया, भड़काया हुआ।

UDGAM उद्‌गम (S. सं.) m. पु. origin, source स्रोत, उत्पत्ति-स्थान, निकास।

UDGĀR उद्‌गार (S. सं.) m. पु. an expression of strong feelings दिल की बात बाहर आना।

UDGHĀṬAN उद्‌घाटन (S. सं.) m. पु.

inauguration, opening खोलना, प्रकट करना, सम्मेलन आदि का आरंभ किया जाना।

UDHĀR उधार m. पु. a loan, 2. a debt कर्ज़, मंगनी।

UDHEṚNĀ उधेड़ना v.t. स.क्रि. to undo, to unravel, to pull to pieces टांका खोलना, तोड़ना, हटाना।

UDIT उदित (S. सं.) adj. वि. risen (as the sun), 2. conspicuous उगा हुआ, प्रकट, प्रकाशित ~ यौवन, f. स्त्री. a young girl who has not completely outgrown childhood मुग्धा, नायिका का एक रूप।

UDĪYAMĀ उदीयमान (S. सं.) adj. वि. rising, promising उगंता हुआ, उदय होता हुआ।

UDVIGN उद्विग्न (S. सं.) adj. वि. anxious, perturbed परेशान, चिंतित।

UDYAM उद्यम (S. सं.) m. पु. effort, exertion, 2. an enterprise श्रम, उद्योग-धंधा, मेहनत।

UDYĀN उद्यान (S. सं.) m. पु. a garden, a park बगीचा, वाटिका, बाग़, ~ कर्म, horticulture फूल-पौधे आदि लगाने का काम।

UDYĀPAN उद्यापन (S. सं.) m. पु. concluding ceremony, dedication of a temple on completion व्रत आदि के समापन पर किया जाने वाला हवन।

UDYAT उद्यत (S. सं.) adj. वि. ready, prepared, 2. eager तैयार, आमादा।

UDYOG उद्योग (S. सं.) m. पु. endeav-our, effort, 2. industry अध्यवसाय, 2. उत्पादन (उत्पन्न करने) का धंधा~ धंधा, industrial activity उत्पादक धंधा, ~ पति, industrialist कारखाने का मालिक।

UF उफ़ (A. अ.) interj. अ. oh! (expressing distress, pain, regret) पीड़ा, पछतावा आदि का सूचक उद्गार।

UGALNĀ उगलना v.t. स.क्रि. to spit out, 2. to bring up (food) from the gullet or stomach (as cattle, bird etc.), 3. to disgorge थूक देना, खाई-पी हुई चीज़ को मुंह से बाहर फेंक देना।

UGHAṚNĀ उघड़ना v.i. अ.क्रि. to be exposed, uncovered, revealed खुलना, नंगा होना, भंडाफोड़ होना।

UGHĀṚNĀ उघाड़ना v.i. अ.क्रि. to be exposed, uncovered, revealed खुलना, नंगा होना, भंडाफोड़ होना।

UJAĀGAR उजागर adj. वि. manifest, shining प्रकट, प्रकाशित, प्रसिद्ध, दीप्तिमान।

UJĀLĀ उजाला m. पु. light, adj. light, bright प्रकाश, रोशनी।

UJĀṚ उजाड़ adj. वि. laid waste, 2. deserted, m. a deserted place उजड़ा हुआ, ध्वस्त, वीरान जगह।

UJAṚNĀ उजड़ना v.i. अ.क्रि. to be razed, rooted up, 2. to fall into decay or ruin वीरान होना, ध्वस्त होना, वीरान होना।

UJĀṚNĀ उजाड़ना v.t. स.क्रि. to devastate, raze, demolish ध्वस्त करना, बर्बाद करना, बसे हुए को निकाल बाहर करना।

UJJVAL उज्जवल (S. सं.) adj. वि. white, bright, without blemish स्वच्छ, निर्मल, सफ़ेद।

UJLĀ उजला (S. सं.) adj. वि. white, bright, without blemish स्वच्छ, निर्मल, सफ़ेद।

UJR उज्र (A. अ.) m. पु. excuse, pretext, objection आपत्ति, विरोध, बहाना।

UJRAT उजरत (A. अ.) f. स्त्री. remuneration मज़दूरी, पारिश्रमिक।

UKHAṚNĀ उखड़ना v.i. अ.क्रि. to be uprooted, dislocated गड़ी, जमी चीज़ का जगह से हट जाना।

UKHĀṚNĀ उखाड़ना v.t. स.क्रि. to uproot, to tear up or off. 2. to dislodge गड़ी, जमी या बिठाई हुई चीज़ को जगह से हटा देना।

UKSĀHAT उकसाहट f. स्त्री. provocation, arousal उत्तेजना, उकसाने (प्रवृत्त करने) का भाव।

UKT उक्त (S. सं.) adj. वि. said, spoken कहा हुआ, फ़लां।

UKTĀNĀ उकताना v.i. अ.क्रि. to grow tired, to be bored ऊबना, अधीर होना।

UKTI उक्ति (S. सं.) f. स्त्री. utterance कथन, वाक्य, कवित्वमय वचन।

ULĀHNĀ उलाहना m. पु. reproachment, accusation, 2. taunt शिकायत, उपालंभ, स.क्रि. दोष देना।

ULAT-PHER उलट-फेर m. पु. change of fortune or state परिवर्तन, उलट-पुलट।

ULFAT उल्फ़त (P. फ़ा.) f. स्त्री. love मुहब्बत, इश्क।

ŪLJALŪL ऊल-जलूल adj. वि. stupid, pointless, uncouth ऊटपटांग, अंड-बंड, फ़ालतू।

ULJHAN उलझन f. स्त्री. perplexity, confusion, complication, tangle गुत्थी, कठिनाई, चिन्ता, सोच।

ULJHĀNĀ उलझाना v.t. स.क्रि. to make complicated, to confuse गुत्थियां डाल देना, फंसाना।

ULAJHNĀ उलझना v.i. अ.क्रि. to be entangled, invalved गुंथ जाना लिपटना, भिड़ जाना, झगड़ा करना।

ULKĀ उल्का (S. सं.) f. स्त्री. a meteor, comet आकाश से टूटकर गिरने वाला प्रकाशमय पिंड।

ULLAṄGHAN उल्लंघन (S.सं.) m. पु. overstepping, transgression, violation सीमा लांघना, विरुद्धाचरण, लांघना।

ULLĀS उल्लास (S. सं.) adj. वि. joyful, joyousness उमंग, आह्लाद।

ULLEKH उल्लेख (S. सं.) m. पु. mention ज़िक्र, चर्चा, वर्णन।

ULLEKHNĪYĂ उल्लेखनीय (S. सं.) adj. वि. worth mentioning उल्लेख करने योग्य।

ULLEKHYA उल्लेख्य (S. सं.) adj. वि. worth mentioning उल्लेख करने योग्य।

ULLŪ उल्लू m. पु. an owl उल्लू, उलूक, नासमझ, मूर्ख।

ULṬĀ उल्टा adj. वि. reversed, back to front, upside down, opposite विपरीत, ऊपर का भाग नीचे होना, आगे का भाग पीछे होना।

ULTHĀ उल्था m. पु. translation अनुवाद, तर्जुमा, भाषांतर।

ULAṬNA उलटना v.t. स.क्रि. to turn (over), to upset, to turn around औंधा होना (करना), नीचे का ऊपर होना (करना)।

UMĀ उमा (S. सं.) f. स्त्री. Parvati, Lord Shiva's consort पार्वती, दुर्गा, भगवान शिव की पत्नी।

UMAṚNĀ उमड़ना v.i. अ.क्रि. to rise, to swell, to overflow वह चलना, बढ़कर फैलना।

UMDĀ उम्दा (A. अ.) f. स्त्री. fine, excellent, splendid अच्छा, बढ़िया, उत्तम।

UMEṬHNĀ उमेठना v.t. स.क्रि. to twist मरोड़ना, ऐंठना।

UMMĪD उम्मीद (P. फ़ा.) f. स्त्री. hope, expectation आशा, अपेक्षा ~ से होना, expecting, pregnant गर्भवती होना ~ वार, hopeful candidate (for service, election etc.) आशावान प्रार्थी (नौकरी का), प्रत्याशी (चुनाव का)।

ŪN ऊन f. स्त्री. wool खरगोश, भेड़ आदि का कोमल रोम, पशम।

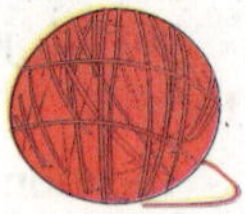

ŪNCĀ ऊंचा adj. वि. high, tall, 2. upper, superior लंबा, ऊपर की ओर अधिक उठा हुआ, बेहतर, उच्चतर।

ŪNCAĪ ऊंचाई f. स्त्री. height, 2. stature, 3. eminence बुलंदी, बड़ाई, ऊंचा होना।

ŪNGHNĀ ऊंघना v.i. अ.क्रि. to doze नीन्द में झूमना, झपकियां लेना।

UṄGLĪ ऊंगली f. स्त्री. finger, 2. a finger's length अंगुली ~ उठाना, to denigrate बदनामी करना ~ करना, to vex परेशान करना, सताना।

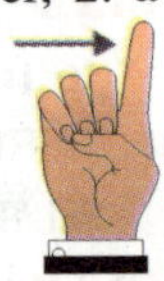

ŪNĪ ऊनी adj. वि. woollen ऊन से बना हुआ, पशमी।

UNĪṄDĀ उनींदा adj. वि. sleepy, drowsy नींद से भरा हुआ।

UNMĀD उन्माद (S. सं.) m. पु. frenzy, madness, insanity, 2. passion पागलपन, सनक।

UNMATT उन्मत्त (S. सं.) adj. वि. insane, 2. lustful, 3. intoxicated, m. a mad man पागल, 2. सनकी, 3. नशे में चूर।

UNMĪLAN उन्मीलन (S. सं.) m. पु. opening (as of eyes), 3. blooming (as of flowers) खुलना (आंख का), खिलना (फूलों का)।

UNMUKH उन्मुख (S. सं.) adj. वि. raising the face, 3. tending towards, 3. awaiting intently जिसका मुख या दृष्टि ऊपर की ओर हो।

UNMUKT उन्मुक्त (S. सं.) adj. वि. free, freed, released, 3. undone आज़ाद, खुला हुआ, बंधनहीन।

UNMŪLAN उन्मूलन (S. सं.) m. पु. eradication, abolishing, rooting up जड़-मूल से नाश करना।

UNNAT उन्नत (S. सं.) adj. वि. high, tall, elevated ऊंचा, बढ़ा हुआ, उठा हुआ।

UNNATI उन्नति (S.सं.) f.स्त्री. advance, development, prosperity तरक्की, बढ़ती, ऊंचाई।

UNNAYAK उन्नायक (S. सं.) adj. वि. reformer, uplifter सुधारक।

ŪNṬ ऊंट m. पु. a camel आदमी और बोझ ढोने वाला एक लंबी गर्दन वाला जावनर ~ नी, female camel ऊंट की मादा।

UP उप (S. सं.) pref. सर्व. near to 3. resembling यह शब्दों के पहले लग कर समीपता, आरंभ, सामर्थ्य, छुटाई आदि का द्योतन करना है (जैसे उपनिवेश, उपभाषा, उपपत्नी आदि)।

UPĀDĀN उपादान (S. सं.) m. पु. raw material, 2. motive, 3. withdrawal साधन, सामग्री, 2. स्वीकार, ग्रहण।

UPĀDHYAY उपाध्याय (S. सं.) m. पु. a teacher, 2. name of a Brahmin sub-community वेद-वेदांग पढ़ाने वाला शिक्षक, ब्राह्मणों की एक उपजाति की उपाधि।

UPADHYAKṢ उपाध्यक्ष (S. सं.) m. पु. vice-president, vice-chairperson अध्यक्ष का सहायक, अध्यक्ष के बाद वाला निचला पद।

UPĀHĀR उपाहार (S. सं.) m. पु. breakfast, a snack नाश्ता, जलपान।

UPAJ उपज f. स्त्री. produce, 2. crop, yield, 3. original idea पैदावार, 2. उत्पत्ति, 3. सूझ (मौलिक)।

UPĀKHYĀN उपाख्यान (S. सं.) m. पु. a tale, 2. an episode कहानी, पौराणिक कथा।

ŪPAR ऊपर adv. अ. above, on top, 2. up above, over, 3. upwards ऊंचाई पर, आकाश की ओर।

ŪPARĪ ऊपरी adj. वि. upper, 2. external, 3. superficial, 4. extra ऊपर का, बाहरी, दिखाऊ, दिखावटी।

UPĀRJAN उपार्जन (S. सं.) m. पु. earning, amassing, acquisition कमाना, पैदा करना, हासिल करना।

UPARYUKT उपर्युक्त (S. सं.) adj. वि. abovementioned, above said, above noted उपरोक्त, ऊपर या पहले कहा हुआ (या गया)।

UPĀSAK उपासक (S. सं.) m. पु. a devotee, worshipper उपासना करने वाला, भक्त, आराधक।

UPASTHIT उपस्थित (S. सं.) adj. वि. present हाज़िर, मौजूद, सामने आया हुआ।

UPASTHITI उपस्थिति (S. सं.) f. स्त्री. presence, 2. attendance मौजूदगी, हाज़िरी, उपस्थित होना।

UPĀY उपाय (S. सं.) m. पु. means, device, measure युक्ति, साधन, ~ करना, to devise a scheme.

UPBHOG उपभोग (S. सं.) m. पु. consumption भोगना, सुख, स्वाद लेना।

UPBHOKTĀ उपभोक्ता (S. सं.) m. पु. a consumer उपभोग करने वाला, ~ वस्तुएं consumer goods उपभोग की वस्तुएं।

UPCĀR उपचार (S. सं.) m. पु. service, 2. treatment, medical care चिकित्सा, उपचार।

UPDEŚ उपदेश (S. सं.) m. पु. instructing, 2. spiritual instruction सीख, शिक्षा, नेक सलाह, ~ क. counsellor उपदेश देने वाला।

UPADRAV उपद्रव (S. सं.) m. पु. turmoil, sudden disturbance, 2. uprising, revolt उत्पात, दंगा, फसाद, विद्रोह ~ ी, violent, rebellious, trouble-maker उत्पाती, दंगई, फ़सादी, उपद्रव करने वाला।

UPEKṢA उपेक्षा (S. सं.) f. स्त्री. indifference, neglect उदासीनता, अपेक्षा का उलटा, तग़ाफ़ुल, ध्यान न देना ~ क्षित, ignored, neglected जिसकी उपेक्षा की गई हो।

UPGRAH उपग्रह (S. सं.) m. पु. a satellite बड़े ग्रह की परिक्रमा करने वाला छोटा ग्रह।

UPHĀN उफान m. पु. boiling up, 2. froth, 3. turmoil (of mind) उबाल, जोश।

UPHĀR उपहार (S. सं.) m. पु. a gift, present भेंट, सौग़ात।

UPHĀS उपहास (S. सं.) m. पु. ridicule खिल्ली उड़ाना, मज़ाक उड़ाना, ~ ास्पद, ridiculous हंसने योग्य।

UPAJNĀ उपजना v.i. अ.क्रि. to grow, to be born पैदा होना, जनमना।

UPJĀNĀ उपजाना v.t. स.क्रि. to produce, to create, to cultivate पैदा करना, उत्पन्न करना।

UPJĀŪ उपजाऊ adj. वि. fertile, productive उर्वर, जिसमें अधिक उपज हो, 2. सूझवाला।

UPJĪVIKA उपजीविका (S. सं.) f. स्त्री. means of support, livelihood, 2. source of income वृत्ति, व्यवसाय, जीवन-निर्वाह का साधन।

UPKĀR उपकार (S. सं.) m. पु. favour, kindness, help भलाई, हित साधन।

UPKARAN उपकरण (S. सं.) m. पु. device, instrument, implement, equipment साधन, औज़ार, यंत्र, सामग्री।

UPKRAMAṆIKĀ उपक्रमणिका (S. सं.) f. स्त्री. index, table of contents

प्रस्तावना, विषय-सूची, विषय-तालिका।

UPKULPATI उपकुलपति (S. सं.) m. पु. vice-chancellor कुलपति के बाद वाला विश्वविद्यालय का सर्वोच्च अधिकारी।

UPLABDHI उपलब्धि (S. सं.) f. स्त्री. attainment, achievement प्राप्ति, सिद्धि।

UPLAKṢYĂ उपलक्ष्य m. पु. occasion, 2. implication उद्देश्य, ~ में, in recognition निमित्त से, की खुशी में।

UPMĀ उपमा (S. सं.) f. स्त्री. simile, comparison तुलना, समता, अर्थालंकार।

UPMĀN उपमान (S. सं.) m. पु. an object of comparison तुल्य वस्तु, जिससे किसी की तुलना की जाए।

UPMEYĂ उपमेय (S. सं.) m. पु. the subject of comparison उपमा देने योग्य, adj. वि. comparable जिसकी तुलना की जाए।

UPNAGAR उपनगर (S. सं.) m. पु. suburb नगर का बाहरी भाग, क़स्बा।

UPNĀM उपनाम (S. सं.) m. पु. pseudonym, nickname तख़ल्लुस, गौण नाम।

UPNAYAN उपनयन (S. सं.) m. पु. ceremony of investiture with the sacred thread जनेऊ, यज्ञोपवीत संस्कार, पास ले जाना।

UPNIṢAT उपनिषत (S. सं.) f. स्त्री. upnishad (any of the various philosophical works attached to the Vedas) वेदों का ज्ञान कांड, ब्रह्मज्ञान, वेद रहस्य।

UPNIṢAD उपनिषद (S. सं.) f. स्त्री. upnishad (any of the various philosophical works attached to the Vedas) वेदों का ज्ञान कांड, ब्रह्मज्ञान, वेद रहस्य।

UPNIVEṠ उपनिवेश (S. सं.) m. पु. a colony साम्राज्यवादियों द्वारा जीता गया देश।

UPNYĀS उपन्यास (S. सं.) m. पु. a novel कल्पित और काफ़ी लंबी कथा (कहानी), ~ कार, a novelist उपन्यास लेखक।

UPPATI उपपति (S. सं.) m. पु. a lover of a married man यार, परस्त्री से प्रेम करने वाला पुरुष।

UPPATNĪ उपपत्नी (S. सं.) f. स्त्री. concubine, mistress रखैल।

UPRĀJDŪT उपराजदूत (S. सं.) m. पु. charge'd, affaires, 2. legate वह कूटनीतिक प्रतिनिधि जिसे राजदूत का पद प्राप्त न हो।

UPRĀJDUTĀVĀS उपराजदूतावास (S. सं.) m. पु. legation उपराजदूत का निवास स्थान।

UPRĀṄT उपरान्त adv. अ. after बाद, अनंतर।

UPRĀṢTRAPATI उपराष्ट्रपति (S. सं.) m. पु. vice president राष्ट्रपति की अनुपस्थिति, बीमारी आदि के समय उनका पदभार संभालने वाला निर्वाचित पदाधिकारी (गणतंत्र का)।

UPROKT उपरोक्त (S. सं.) adj. वि. above-said, above-noted ऊपर कहा गया (उपर्युक्त का अशुद्ध रूप)।

UPSABHĀPATI उपसभापति (S. सं.) m. पु. vice-president (of a society etc.) सभापति की अनुपस्थिति में उसका स्थान ग्रहण करने वाला अधिकारी।

UPSAṀHĀR उपसंहार (S. सं.) m. पु. an epilogue समाप्ति, सारांश, समेटना।

UPSAṀPĀDAK उपसंपादक (S. सं.) m. पु. sub-editor प्रधान संपादक का अधीनस्थ संपादक, सहायक-संपादक।

UPSARG उपसर्ग (S. सं.) m. पु. a prefix, preposition वह अव्यय जो धातु

से पहले लग कर उसका अर्थ बदल देता है (जैसे कथा से उपकथा, पतन से अध:पतन)।

UPATYAKĀ उपत्यका (S. सं.) f. स्त्री. land at the foot of a hill, Valley घाटी, तराई।

UPVAN उपवन (S. सं.) m. पु. a garden फुलवारी, उद्यान, बगीचा।

UPVĀNIJYĂDŪT उपवाणिज्यदूत pro-counsel वाणिज्यदूत के अधीन काम करने वाला छोटा दूत।

UPVĀS उपवास (S. सं.) m. पु. a fast, fasting फ़ाका, भोजन का त्याग।

UPVĪT उपवीत (S. सं.) m. पु. sacred thread, invested with the sacred thread जनेऊ, उपनयन संस्कार।

UPYOG उपयोग (S. सं.) m. पु. use, service व्यवहार, काम लेना ~ी, useful काम लायक।

UPYOGITĀ उपयोगिता (S. सं.) f. स्त्री. usefulness उपयुक्तता।

UṚĀKŪ उड़ाकू adj. वि. flying, able to fly उड़ने वाला, उड़ने में समर्थ।

UṚĀN उड़ान f. स्त्री. flight, flying उड़ने की क्रिया, उड़ने की सामर्थ्य की सीमा।

UṚĀNĀ उड़ाना v.t. स.क्रि. to fly (an aircraft, a kite) उड़ने वाले प्राणी या उड़ने वाली वस्तु को चलाना।

URDŪ उर्दू (T. तु.) f. स्त्री. army, 2. camp, 3. Urdu the distinctly Persianised form of Hindi (Khari Boli) generally written in the Persian Script लश्कर, 2. छावनी, 3. (खड़ी बोली), हिन्दी का वह रूप जो फ़ारसी लिपि में लिखा जाता है और जिसमें फ़ारसी-अरबी शब्दों की बहुतायत होती है।

UṚELNA उड़ेलना v.t. स.क्रि. to pour out तरल पदार्थ को ढालना या गिराना।

URF उर्फ़ (A. अ.) adj. वि. alias उपनाम, पुकार नाम।

UṚIA उड़िया adj. वि. related to Orissa, 2. the Oriya language उड़ीसा निवासी, उड़िया भाषा।

ŪRMI ऊर्मि (S. सं.) f. स्त्री. a wave तरंग, लहर, प्रवाह।

UṚNĀ उड़ना v.i. अ.क्रि. to fly पंखों के सहारे हवा में चलना, 2. विमान द्वारा यात्रा करना।

URS उर्स (A. अ.) m. पु. the death anniversary of a Muslim Saint मुसलमान साधु-संत की बरसी।

URSIJ उरसिज (S. सं.) m. पु. the female breast उरोज, स्तन।

ŪRU ऊरू (S. सं.) m. पु. the thigh जांघ, रान।

URVAŚĪ उर्वशी (S. सं.) f. स्त्री. the most beautiful dancing girl of the heaven (the beloved of King Pururva of the earth) इन्द्रलोक की प्रसिद्ध अप्सरा (पृथ्वीलोक के राजा पुरुरवा से जिसका प्रेम संबंध हुआ था)।

URVAR उर्वर (S. सं.) adj. वि. fertile उपजाऊ।

URVARĀ उर्वरा (S. सं.) f. स्त्री. fertile land उपजाऊ ज़मीन, ज़रख़ेज जमीन।

URVARAK उर्वरक (S. सं.) m. पु. fertiliser खाद, रासायनिक खाद।

URVARTĀ उर्वरता (S. सं.) f. पु. fertility उपजाऊपन।

UṢĀ उषा (S. सं.) f. स्त्री. dawn तड़का, भोर, ~काल, day break सूर्योदय काल।

USAṄS उसांस f. स्त्री. breath, breathing, 2. a sigh लंबी सांस, ऊपर को खींची गई सांस, 2. आह।

UṢṆ उष्ण (S. सं.) adj. वि. warm, hot गर्म।

USTĀD उस्ताद (P. फ़ा.) m. पु. a teacher, 2. master गुरु, शिक्षक, वि. प्रवीण, विज्ञ, धूर्त।

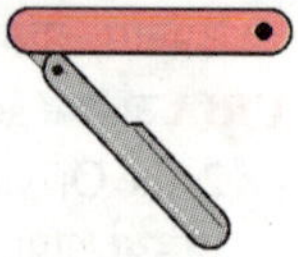

USTURĀ उस्तुरा (P. फ़ा.) m. पु. a razor छुरा, बाल मूंड़ने का औज़ार।

USŪL उसूल (A. अ.) m. पु. principles सिद्धांत, नियम, कायदा।

UTĀN उतान (S. सं.) adj. वि. upside down, 2. lying on the back चित्त, पीठ के बल लेटा हुआ।

UTTĀN उत्तान (S. सं.) adj. वि. upside down, 2. lying on the back चित्त, पीठ के बल लेटा हुआ।

UṬAṄG उटंग adj. वि. not long enough (trousers, pajamas) ओछा (कपड़ा), लंबाई में कम (पजामा या पतलून)।

UTĀR उतार m. पु. descent, slope, decline ढाल, बहाव, उतरने की क्रिया।

UTĀRNĀ उतारना v.t. स.क्रि. to cause to alight, to set down, to help to dismount, to take down, to remove ऊपर से नीचे लाना (पहुंचाना, करना, रखना), पहनी हुई चीज़ को उतारना।

UTĀRŪ उतारू adj. वि. bent upon, hell-bent आमादा, उद्यत।

UTĀVLA उतावला adj. वि. eager, impatient बेसब्र, जल्दबाज़, उतावली करने वाला ~पन, eagerness, rashness जल्दबाज़ी।

UTĀVLĪ उतावली f. स्त्री. hastiness अधीरता, जल्दी।

UṬHĀĪGIRĀ उठाईगीरा m. पु. a petty thief, a pilferer उचक्का।

UTHĀN उठान f. स्त्री. ascent, rise, beginning, 3. swelling of the breasts (in adolescence) बाढ़, ऊंचाई, उड़ने की क्रिया, वक्ष का उभार (किशोरावस्था में)।

UTHĀNĀ उठाना v.t. स.क्रि. to raise, to lift, to arouse जगाना, नीचे से ऊपर को जाना।

UṬHAṄGNĀ उठंगना v.i. अ.क्रि. to rest (on or against) बैठने में किसी चीज़ का सहारा लेना।

UTHLĀ उथला adj. वि. shallow छिछला, कम गहरा।

UṬHNĀ उठना v.i. अ.क्रि. to rise, to stand up, 2. to ascend, to soar ऊपर की ओर जाना, लेटे हुए का बैठना।

UTKAL उत्कल (S. सं.) m. पु. present day Orissa वर्तमान उड़ीसा।

UTKAṄṬHĀ उत्कंठा (S. सं.) f. स्त्री. longing, eager desire बेचैनी, लालसा।

UTKAṄṬHIT उत्कंठित (S. सं.) adj. वि. eagerly desirous अधीर, उत्सुक।

UTKARṢ उत्कर्ष (S. सं.) m. पु. eminence, superiority, excellence, 2. rise, increase उन्नति, ऊपर खींचना।

UTKṚṢṬ उत्कृष्ट (S. सं.) adj. वि. excellent, superior श्रेष्ठ, उत्तम, सबसे अच्छा।

UTPĀD उत्पाद (S. सं.) m. पु. a product उत्पादित वस्तु ~शुल्क, excise duty ~क., manufacturer उत्पादन करने वाला (पैदा करने वाला), ~न, production पैदा करना, उपजाना।

UTPAL उत्पल (S. सं.) m. पु. lotus कमल, कुमुद, नील-कमल।

UTPANN उत्पन्न (S. सं.) adj. वि. born, produced जन्मा हुआ, उपजा हुआ।

UTPĀT उत्पात (S. सं.) m. पु. mischief, 2. natural disaster उपद्रव, आफ़त।

UTPATTI उत्पत्ति (S. सं.) f. स्त्री. origin, 2. birth, 3. produce जन्म, उत्पादन, आरंभ, उद्भव।

UTPHULL उत्फुल्ल (S. सं.) adj. वि. fully open or in full bloom (flower) radiant (face), 2. wide open (eyes) खिला हुआ।

UTPIṚAN उत्पीड़न (S. सं.) m. पु. harrassment, oppression सताना, जुल्म करना, दबाना।

UTPREKṢĀ उत्प्रेक्षा (S. सं.) f. स्त्री. comparison, simile अलंकार का एक भेद।

UTRĀĪ उतराई f. स्त्री. slope, descent, 2. wages of unloading ढाल, माल उतारने की मज़दूरी, उतरने की क्रिया।

UTRAN उतरन f. स्त्री. second hand clothes उतारा, पुराना कपड़ा।

UTRĀNĀ उतराना v.i. अ.क्रि. to float पानी के ऊपर रहना, बहना, अ।

UTRNĀ उतरना v.i. अ.क्रि. to alight, to disembark, 2. to come down घटना, ढलना, ऊपर से नीचे आना।

UTSĀH उत्साह (S. सं.) m. पु. enthusiasm, zeal हौसला, उमंग, उद्यम।

UTSĀHĪ उत्साही (S. सं.) adj. वि. energetic, zealous, encouraged उत्साहयुक्त, उद्यमी।

UTSARG उत्सर्ग (S. सं.) m. पु. dedicating, 2. a sacrifice त्यागना, छोड़ना, अलग करना।

UTSAV उत्सव (S. सं.) m. पु. ceremony, festival समारोह, जलसा।

UTSUK उत्सुक (S. सं.) adj. वि. eager, keen बेचैन, अत्यधिक इच्छुक, उत्कंठित।

UTTAM उत्तम (S. सं.) adj. वि. best, supreme, excellent अच्छा, श्रेष्ठ, प्रधान, ~ पुरुष, (gram.) first person (व्या.) बोलने वाले का सूचक सर्वनाम।

UTTAMOTTAM उत्तमोत्तम (S. सं.) adj. वि. the very best सर्वश्रेष्ठ, अच्छे से अच्छा।

UTTAR उत्तर (S. सं.) m. पु. reply, answer, 2. north जवाब, उत्तर दिशा ~ प्रदेश, भारत का एक प्रांत, a state of the Indian Union.

UTTARĀDHIKĀR उत्तराधिकार (S. सं.) m. पु. inheritance, right of succession विरासत, हक़ (ख़ानदानी या पुश्तैनी), ~ ी. an heir, a successor वारिस, हक़दार।

UTTARĀYAṆ उत्तरायण (S. सं.) m. पु. the summer solstice, the Sun's northward progress सूर्य का मकर रेखा से उत्तर जाना (कर्क रेखा की ओर से)।

UTTARDĀYITV उत्तरदायित्व (S. सं.) m. पु. responsibility ज़िम्मेदारी, जवाबदेही।

UTTARĀRDH उत्तरार्द्ध (S. सं.) m. पु. upper part, northern part, last part पिछला, अंतिम (पूर्वार्द्ध का उल्टा) भाग।

UTTARĪYĀ उत्तरीय (S. सं.) m. पु. a shawl दुपट्टा, 2. वि. ऊपर का, उत्तर दिशा का।

UTTAROTTAR उत्तरोत्तर (S. सं.) adj. वि. more and more, higher and higher अधिकाधिक, लगातार।

UTTEJAK उत्तेजक (S. सं.) adj. वि. stimulant, exciting काम-क्रोध को भड़काने वाला, बढ़ावा देने वाला।

UTTEJNĀ उत्तेजना (S. सं.) f. स्त्री. excitement बढ़ावा, प्रेरणा, रोष, क्रोध।

UTTHĀN उत्थान (S. सं.) m. पु. awakening, advance उन्नति, उठना, बल-वैभव की बुद्धि जगाना।

UTTUNG उत्तुंग (S. सं.) adj. वि. lofty बहुत ऊंचा, गगनचुम्बी।

◆◆◆

V

VĀCĀL वाचाल (S. सं.) adj. वि. wordy, chattering, 2. garrulous बोलने में तेज़, डींग मारने वाला।

VACAN वचन (S. सं.) m. पु. word, speech, promise (gram.) number वाणी, बोलने की क्रिया, प्रतिज्ञा, (व्या.) एक या बहुवचन।

VĀCAN वाचन (S. सं.) m. पु. reading out, reciting, recitation पढ़ने की क्रिया।

VĀCNĀLAY वाचनालय (S. सं.) m. पु. reading room रीडिंग रूम, वह स्थान जहां बैठकर सार्वजनिक रूप में पत्र-पत्रिकाएं आदि पढ़ी जाएं।

VĀD वाद (S. सं.) m. पु. speech, 2. dispute, controversy बातचीत, तर्क, बहस, 2. दावा, मुकदमा, अभियोग, ~ पत्र, m. पु. plaint वादी द्वारा दाख़िल लिखित आरोप, ~ विवाद, arguement, discussion बहस-मुबाहसा।

VĀDĀ वादा (A. अ.) m. पु. a promise, 2. a contract क़रार, वचन।

VĀDAK बादक (S. सं.) m. पु. a player of musical instruments बजाने वाला।

VĀDAN वादन (S. सं.) m. पु. playing (a musical instrument) बाजा बजाना।

VADH वध (S. सं.) m. पु. slaying, killing मार डालना।

VADHŪ वधू (S. सं.) f. स्त्री. bride, young wife, son's wife दुलहिन, पत्नी, पतोहू।

VADHYĂ वध्य (S. सं.) adj. वि. to be killed हंतव्य, मार डालने योग्य।

VĀDĪ वादी (A. अ.) f. स्त्री. valley घाटी।

VĀDĪ वादी (S. सं.) m. पु. plaintiff मुद्दई।

VĀDYĂ वाद्य (S. सं.) m. पु. muscial instrument बाजा, ~ संगीत, instrumental music वाद्य यंत्रों द्वारा उत्पन्न संगीत।

VAFĀ वफ़ा (A. अ.) f. स्त्री. faithfulness, to be loyal or true वचन का पालन, निर्वाह, कृतज्ञता ~ दार, faithful वचन का पालन करने वाला, स्वाभिभक्त।

VĀG वाग (S. सं.) m. पु. (- वाक्) a speech, a word "वाक्" का समासगत रूप ~ जाल, deceitful language बातों की लपेट ~ युद्ध, a war of words शब्दों का युद्ध।

VAGAIRAH वग़ैरह (A. अ.) adv. अ. and so on, etc. आदि, इत्यादि।

VĀHAK वाहक (S. सं.) adj. वि. carrier, transporting ले जाने वाला, (बोझ), ढोने वाला ~ धनादेश, m. पु. bearer cheque वह धनादेश (चेक) जिसका रुपया किसी भी ऐसे व्यक्ति को दिया जा सके जो उसे लेकर बैंक में उपस्थित करे, (अं. BEARER CHEQUE)

VAHAM वहम (A. अ.) m. पु. an obsession, 2. delusion शक, शंका, ग़लत ख़्याल।

VAHMĪ वहमी (A. अ.) adj. वि. suspicious, delusional, obsessional शक्की, शंकालु।

VAHAṄ वहां adv. अ. there, thither उस जगह (दूर, परोक्ष)।

VĀHAN वाहन (S. सं.) m. पु. a vehicle, 2. carrying सवारी, 2. ढोना।

VAHŚĪ वहशी (A. अ.) adj. वि. wild, savage, m. a savage जंगली, उजड्ड, असभ्य।

VĀHINĪ वाहिनी (S. सं.) f. स्त्री. an army सेना, ब्रिगेड, ~ पति, m. पु. brigadier सेनानायक।

VĀHIYĀT वाहियात (A. अ.) f. स्त्री. nonsense, adj. vulgar बेहूदा, निकम्मी (बात), स्त्री. ख़ुराफ़ात।

VAIBHAV वैभव (S. सं.) m. पु. grandeur, wealth शक्ति, ऐश्वर्य, महत्ता।

VAICITRYĂ वैचित्र्य (S. सं.) m. पु. unusual nature विचित्रता, अनोखापन।

VAIDH वैध (S. सं.) adj. वि. legal, lawful क़ानूनी, जायज़, विधिसम्मत।

VAIDHĀNIK वैधानिक (S. सं.) adj. वि. constitutional विधान-संबंधी, विधान के अनुकूल।

VAIDHĪKARAṆ वैधीकरण (S. सं.) m. पु. validation वैध रूप देना।

VAIDIK वैदिक (S. सं.) adj. वि. related to or connected with the Vedas, Vedic वेद-संबंधी, वेद-विहित।

VALDYĂ वैद्य (S. सं.) m. पु. an Ayurvedic doctor चिकित्सक, आयुर्वेद का ज्ञाता।

VAIJNĂ NIK वैज्ञानिक (S. सं.) adj. वि. scientific, a Scientist विज्ञान का पंडित, विज्ञान संबंधी।

VAIKALPIK वैकल्पिक (S. सं.) adj. वि. optional ऐच्छिक ~ सदस्य, alternative member पु. दो सदस्यों में से एक।

VAIMATYA वैमत्य (S. सं.) m. पु. difference of opinion फूट, नापसन्दी, ~ सूचक, discordant असहमति सूचक।

VAIR वैर (S. सं.) m. पु. enmity, hostility दुश्मनी।

VAIRĀGĪ वैरागी (S. सं.) m. पु. an ascetic विरक्त, उदासीन, एक वैष्णव संप्रदाय।

VAIRĀGYĂ वैराग्य (S. सं.) m. पु. asceticism उदासीनता, विरक्ति।

VAITNIK वैतनिक (S. सं.) adj. वि. paid, salaried वेतनभोगी।

VAIYĀKARAṆ वैयाकरण (S. सं.) adj. वि. a grammarian व्याकरण का विद्वान।

VAJAH वजह (A. अ.) f. स्त्री. reason, cause कारण, सबब, ज़रिया।

VAJR वज्र (S. सं.) m. पु. a thunderbolt बिजली, बहुत कठोर, इन्द्र का अस्त्र।

VĀK वाक् (S. सं.) m. पु. speech, 2. a word शब्द, वाक्य, कथन ~ पटु, adj. वि. eloquent बात करने में चतुर।

VAKĀLAT वकालत (A. अ.) f. स्त्री. the profession of a lawyer, 2. pleading or arguing (any case) वकील का काम या पेशा, किसी मुकदमें में बहस करना, ~ नामा, power of attorney किसी मुकदमें में वकील होने का प्रमाणपत्र।

VAKR वक्र (S. सं.) adj. वि. crooked, curved टेढ़ा, तिरछा, चालबाज़।

VAKROKTI वक्रोक्ति (S. सं.) f. स्त्री. indirect speech, pun, insinuation चमत्कारपूर्ण उक्ति या बात, कटाक्ष।

VAKṢ वक्ष (S. सं.) m. पु. the breast, bosom छाती ~ स्थल, region of the breast सीना, हृदय।

VAKTĀ वक्ता (S. सं.) m. पु. a

speaker, adj. speaker बोलने वाला, विद्वान, पु. कथा कहने वाला, भाषण करने वाला व्यक्ति।

VAKTṚTĀ वक्तृता (S. सं.) f. स्त्री. a speech, lecture भाषण, वक्तृत्व।

VAKTAVYĂ वक्तव्य (S. सं.) m. पु. speech, utterance, 2. statement, communique कथन, adj. वि. speakable कहने योग्य।

VĀKYĂ वाक्य (S. सं.) m. पु. a sentence, 2. an utterance कथन, पदों का समूह ~ रचना, syntax वाक्य बनाना या निर्माण।

VALD वल्द (A. अ.) m. पु. son बेटा, पुत्र।

VALDIYAT वल्दियत (A. अ.) f. स्त्री. parentage वंश-परिचय, मां-बाप का नाम।

VALĪ वली (A. अ.) m. पु. saint, master स्वामी, संरक्षक, सिद्ध पुरुष।

VĀLID वालिद (A. अ.) m. पु. father पिता, बाप।

VĀLIDA वालिदा (A. अ.) f. स्त्री. mother माता, मां।

VĀM वाम (S. सं.) adj. वि. left, 2. crooked, adverse बायां, विरुद्ध, टेढ़ा।

VĀMĀ वामा (S. सं.) f. स्त्री. a woman स्त्री, सुन्दरी।

VĀMAN वामन (S. सं.) m. पु. dwarf बौना आदमी, adj. वि. dwarfish बौना, 2. विष्णु का एक अवतार।

VĀMPANTHĪ वामपंथी (S. सं.) adj. वि. leftist उग्र राजनीतिक विचार वाला या ऐसे विचार का अनुयायी।

VĀṆ वाण (S. सं.) m. पु. an arrow तीर।

VAN वन (S. सं.) m. पु. forest, jungle जंगल ~ चर, living in the forest, a wild animal जंगली जानवर, ~ पाल, a forester वन रक्षा अधिकारी ~ संरक्षक, conservator of forests वन संरक्षण अधिकारी ~ रोपण, afforestation जंगल लगाना।

VAṄKIM वंकिम (S. सं.) adj. वि. curved, bent कुछ-कुछ टेढ़ा।

VAṄŚ वंश (S. सं.) m. पु. dynasty, offspring, 2. breed, pedigree कुल, संतान, 2. जाति, ~ हीन, issueless संतानहीन।

VAṄŚĪ वंशी (S. सं.) f. स्त्री. flute बांसुरी, मुरली ~ वादन, playing the flute बांसुरी बजाना।

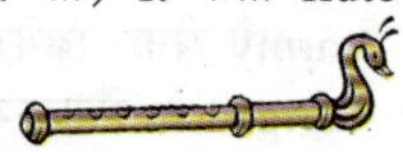

VANYĂ वन्य (S. सं.) adj. वि. wild, having to do with a forest or living in a forest जंगली, जंगल में पैदा होने वाला।

VĀPSĪ वापसी adj. वि. return (as fare, journey etc.) giving back फेरा, लौटाया हुआ, स्त्री, वापस होने, करने का भाव।

VAQF वक़्फ़ (A.अ.) m. पु. an endowment (religious or charitable) देवोत्तर संपत्ति।

VAQIF वाक़िफ़ (A. अ.) adj. वि. acquainted, 2. having information, 3. knowledgeble जानकार, परिचित।

VAQT वक़्त (A. अ.) m. पु. time, period of time, 2. season, 3. occasion समय, अवकाश, 2. मौत की घड़ी, 3. मौक़ा, अवसर, ~ आ जाना, days to be numbered मौत का समय आ जाना ~ का पाबंद, punctual समय पालक ~ पड़ना, misfortune to befall मुसीबत आना ~ पर, on time मौके (सही समय) पर।

VAR वर (S. सं.) adj. वि. bridegroom, 2. boon, 3. fine, excellent दूल्हा, 2. वरदान, देवता से मांगी गई वस्तु, 3. श्रेष्ठ, ~ यात्रा, a marriage procession

बारात, बरात।

VĀR वार (S. सं.) m. पु. day of the week, 2. attack दिन, दिवस, 2. प्रहार, आघात।

VARAṆ वरण (S. सं.) m. पु. selection, choosing चुनना, पति चुनना, ~स्वातंत्र्य, freedom of choice चुनने की स्वतंत्रता।

VARĀSAT वरासत (A. अ.) f. स्त्री. inheritance, heritage (~विरासत), उत्तराधिकार, वारिस होना।

VARDĪ वर्दी (A. अ.) f. स्त्री. uniform किसी संस्था की मान्य पोशाक, कर्मचारियों के लिए निर्धारित विशेष पहनावा।

VARG वर्ग (S. सं.) m. पु. group, class, 2. chapter, section, 3. square समानधर्मियों का समूह, 2. भाग, अध्याय, 3. समबाहु चतुर्भुज ~ पहेली, f. स्त्री. crossword puzzle एक विशेष प्रकार की पहेली ~ फल, m. पु. the square (of a number) समान राशियों का गुणनफल।

VARGIKARAṆ वर्गीकरण (S. सं.) m. पु. classification वर्ग के अनुसार विभाग करना।

VĀRIS वारिस (A. अ.) m. पु. heir उत्तराधिकारी।

VARJIT वर्जित (S. सं.) adj. वि. prohibited, forbidden निषिद्ध, मना किया हुआ, त्यक्त, अग्राह्य।

VARṆ वर्ण (S. सं.) m. पु. colour, quality, 2. class रंग, शब्द, जति, अक्षर, स्वर, ~माला, f. स्त्री. alphabet अक्षरों की यथाक्रम सूची, ~ व्यवस्था, class system viz. Brahmin, Ksatriya, Vaishya and Shudra हिन्दू समाज के चार वर्णों में विभाजित किए जाने की परिपाटी ~ संकर, adj. वि. hybrid, bastard पु. दोग़ला।

VARṆAN वर्णन (S. सं.) m. पु. description बयान, प्रशंसा, चित्रण।

VARṆANATIT वर्णनातीत (S. सं.) adj. वि. beyond description जिसका वर्णन न किया जा सके।

VARṆĀṄDH वर्णान्ध (S. सं.) adj. वि. colour blind जो रंगों में भेद न कर सके।

VARṆĀNUKRAM SE वर्णानुक्रम से (S. सं.) adv. अ. in alphabetical order वर्णों के अनुसार।

VARṆĀŚRAM वर्णाश्रम (S. सं.) m. पु. class and stage (of life) जाति और आश्रम ~ धर्म, the particular socio-religious duty of members of each of the four varnas in the four stages of life वर्ण और आश्रम संबंधी कर्त्तव्य।

VARPAKṢ वरपक्ष (S. सं.) m. पु. bridgegroom's relatives बराती।

VARṢ वर्ष (S. सं.) m. पु. a year साल।

VARṢĀ वर्षा (S. सं.) f. स्त्री. rain, the rainy season बरसात, बरसात का मौसम।

VARṢĀGAM वर्षागम (S. सं.) m. पु. the beginning of the rainy season वर्षा का आरंभ, बरसात की शुरूआत।

VĀRṢIK वार्षिक (S. सं.) adj. वि. annual, yearly वर्ष-संबंधी, हर एक साल में होने वाला (दोहराया जाने वाला) ~ वित्त विवरण, annual financial statement वर्ष भर की वित्तीय स्थिति का विवरण।

VĀRṢIKĪ वार्षिकी (S. सं.) f. स्त्री. annuities वार्षिक रूप में मिलने वाली वृत्ति।

VARṢĪYĂ वर्षीय (S. सं.) adj. वि. of (so many) years साल का।

VĀRTĀ वार्ता (S. सं.) f. स्त्री. talk, speech, conversation बात-चीत, ~ कार, m. पु. participant in a discussion वार्तालाप में भाग लेने वाला, वक्ता।

VARTAN वर्तन (S. सं.) m. पु. revolving, turning, 2. application चक्कर खाना, 2. दस्तूरी।

VARTANĪ वर्तनी (S. सं.) f. स्त्री. spelling, way (of writing) हिज्जे, मार्ग, तकला।

VAŚ वश (S. सं.) m. पु. power, 2. state of subjection क़ाबू, चाह, वि. अधीन, मुग्ध।

VĀS वास (S. सं.) m. पु. residence, 2. place of residence, 3. smell fragrance निवास, 3. घर, 3. गंध।

VASANT वसंत (S. सं.) m. पु. spring (season) ऋतुओं में एक-(गर्मी या ग्रीष्म से पहले) ~ काल, the spring season वसंत का मौसम।

VAŚĪBHŪT वशीभूत (S. सं.) adj. वि. enchanted, helpless, under control जो वश में हो गया हो, अधीन।

VAŚĪKARAṆ वशीकरण (S. सं.) m. पु. overpowering, subjugating वशीभूत करना।

VASĪLĀ वसीला (A. अ.) m. पु. means, cause ज़रिया, सहारा, सहायता।

VASĪYAT वसीयत (A. अ.) f. स्त्री. will, bequest मृत्यु के बाद अपनी संपत्ति के प्रबंध/ उपभोग आदि के विषय में किया हुआ आदेश, ~ नामा, m. पु. will मृत्यु-पत्र।

VĀSNĀ वासना (S. सं.) f. स्त्री. desire, passion कामना, इच्छा, भावना।

VĀṢP वाष्प (S. सं.) m. पु. steam, vapour भांप।

VĀṢPĪ KARAṆ वाष्पीकरण (S. सं.) m. पु. vaporisation, evaporation भांप में बदलना या भांप बन कर उड़ना।

VĀSTĀ वास्ता (A. अ.) m. पु. concern, connection नाता, संबंध, सरोकार, ~ पड़ना, a connection to exist काम पड़ना, सरोकार होना।

VĀSTAV वास्तव (S. सं.) adj. वि. real, actual, essential यथार्थ, निश्चित, ~ में, in reality, actually सत्यत:, यथार्थत:।

VASTR वस्त्र (S. सं.) m. पु. cloth, clothes कपड़ा, पोशाक।

VASTRĀGĀR वस्त्रगार (S. सं.) m. पु. cloth-shop (stores) कपड़े की दूकान।

VASTU वस्तु (S. सं.) f. स्त्री. a thing, object, article, commodity चीज़, कथा ~, subject matter of a story कथा का विषय ~ वाद, materialism भूतवाद (भौतिकता वाद) ~ स्थिति, actual position असली हालत, वास्तविक स्थिति, ~ त:, adv. अ. in reality असल में, यथार्थ में।

VĀSTU वास्तु (S. सं.) m. पु. a structure, a building मकान, इमारत, 2. मकान बनाने योग्य स्थान ~ कला/विद्या/शास्त्र, art, science, knowledge of architecture/architectural engineering ~ कार, architectural engineer भवन-निर्माण कला का ममर्ज्ञ।

VĀSTVIK वास्तविक (S. सं.) adj. वि. real, actual यथार्थ, ठीक, सत्य।

VASŪL वसूल (A. अ.) adv. अ. collected, raised (rent, loan etc.) प्राप्त, पाया हुआ, मिला हुआ।

VASUṄDHARA वसुंधरा (S. सं.) f. स्त्री. the earth पृथ्वी।

VĀSVYAVASTHĀ वासव्यवस्था (S. सं.) f. स्त्री. accommodation रहने या ठहरने का स्थान, सुविधा या प्रबंध।

VATAN वतन (A. अ.) m. पु. native, native country स्वदेश, जन्म-स्थान।

VĀTĀVARAṆ वातावरण (S. सं.) m. पु. atmosphere, environment पृथ्वी

के चारों ओर स्थित वायु, 2. परिस्थिति।

VATSAL वत्सल (S. सं.) adj. वि. loving, tender पुत्र-प्रेम से युक्त।

VĀTSALYĂ वात्सल्य (S. सं.) m. पु. parental affection, fondness प्रेम, माता-पिता का स्नेह।

VAY वय (S. सं.) f. स्त्री. age (~ वयस), आयु, उम्र, अवस्था।

VAYAHSANDHI वय:संधि (S. सं.) f. स्त्री. puberty वाल्य और तारुण्यकाल के बीच का काल।

VAYASK वयस्क (S. सं.) adj. वि. adult, major बालिग, (18 वर्ष से अधिक आयु का) ~ मताधिकार, adult franchise वयस्क नागरिकों को प्राप्त मताधिकार।

VAYOVṚDDH वयोवृद्ध (S. सं.) adj. वि. aged, elderly बूढ़ा, वृद्ध, अधिक आयु वाला।

VĀYU वायु (S. सं.) f. स्त्री. air, 2. wind हवा, सांस, ~ यान, aircraft हवाई जहाज़, ~सेना, air force हवाई (युद्धक) सेना, ~ पथ/मार्ग, aerial route विमान मार्ग।

VAZAN वज़न (A. अ.) m. पु. weight, 2. authority, influence तौल, 2. प्रतिष्ठा, महत्व।

VAZĪFĀ वज़ीफ़ा (A. अ.) m. पु. stipend, 2. scholarship छात्रवृत्ति, पेंशन।

VAZĪR वज़ीर (A. अ.) m. पु. minister, 2. queen (in chess) मंत्री

VAZĪREĀZAM वज़ीरे आज़म (P. फ़ा.) m. पु. prime minister प्रधानमंत्री।

VAZĪREKHĀRJĀ वज़ीरख़ारजा (A. अ.) m. पु. minister for foreign affairs परराष्ट्रमंत्री।

VAZĪREMĀL वज़ीरेमाल (A. अ.) m. पु. revenue minister राजस्व मंत्री।

VAZĪRETĀLĪM वज़ीरेतालीम (A. अ.) m. पु. education minister शिक्षा मंत्री।

VED वेद (S. सं.) m. पु. knowledge, 2. a Veda, any of the four early Indian scriptures हिन्दुओं के आदि धर्मग्रंथ, ~ वाक्य, something to be believed unquestioningly अखंडनीय बात।

VEDĀNT वेदांत (S. सं.) m. पु. end of the Vedas, the upnishads, 2. a monistic philosophy based on the upnishads ब्रह्मविद्या।

VEG वेग (S. सं.) m. पु. speed, movement (especially swift), flow, current प्रवाह, प्रचंडता, शीघ्रता, शक्ति।

VELĀ वेला (S. सं.) f. स्त्री. a time of the day, period समय, पहर।

VEṠ वेश (S. सं.) m. पु. dress, apparel बाना, पहनावा, ~ भूषा, way of dressing स्त्री, पोशाक।

VES वेष (S. सं.) m. पु. disguise भेस (बदला हुआ), वेश।

VEṠYĀ वेश्या (S. सं.) f. स्त्री. a prostitute तवायफ, रंडी ~लय, a brothel चकला, कोठा ~ गमन, frequenting prostitutes वेश्याओं के यहां अक्सर जाना।

VETAN वेतन (S. सं.) m. पु. salary, wages वृत्ति, तनख्वाह।

VIBHĀG विभाग (S. सं.) m. पु. a division, section, department महकमा।

VIBHĀGĀDHYAKṢ विभागाध्यक्ष (S. सं.) m. पु. departmental head किसी विभाग का प्रधान अधिकारी।

VIBHĀJAK विभाजक (S. सं.) adj. वि. dividing, distinguishing, divider बांटने वाला।

VIBHĀJAN विभाजन (S. सं.) m. पु.

division, partition बांटना, विभाग करना, बंटवाना।

VIBHĀJIT विभाजित (S. सं.) adj. वि. divided बंटा हुआ, विभक्त।

VIBHĀJYĂ विभाज्य (S. सं.) adj. वि. divisible, to be divided जिसका बंटवारा किया जाए या किया जाना हो, वह संख्या जिसमें किसी संख्या से भाग दिया जाए।

VIBHAKTI विभक्ति (S. सं.) f. स्त्री. division, 2. inflexion (gram.) बंटना, बांटना, 2. कारक का चिन्ह (व्या.)।

VIBHĀVARĪ विभावरी (S. सं.) f. स्त्री. night, starry night रात, तारों वाली रात।

VIBHED विभेद (S. सं.) m. पु. split, division फूट, तोड़ना, विभाग करना।

VIBHEDIKARAṆ विभेदीकरण (S. सं.) m. पु. discrimination विभेद करना।

VIBHINN विभिन्न (S. सं.) adj. वि. various, separated मिश्रित, कई तरह का।

VIBHŪTI विभूति (S. सं.) f. स्त्री. glory, grandeur, 2. wealth ऐश्वर्य, शक्ति, अलौकिक शक्ति।

VICĀR विचार (S. सं.) m. पु. thought, reflection, 2. an idea, a thought तत्त्व-निर्णय, मन ही मन सोचना, 2. आगा-पीछा निश्चित करना ~ धारा, a trend of thought स्त्री, सिद्धांत, ~शास्त्र, logic मीमांसा शास्त्र,~ शील, adj. वि. wise (~ विचारवान)। वि. सोच-विचार करने की शक्ति वाला ~ स्वातंत्र्य, freedom of thought विचार की स्वतंत्रता~क, a philosopher दार्शनिक।

VICITR विचित्र (S. सं.) adj. वि. strange, unusual, peculiar असाधारण, असामान्य, wonderful, surprising सुंदर, मनोरंजक, ~ता, f. स्त्री. strange or unusual nature, variagated colouring अनोखापन।

VICLIT विचलित (S. सं.) adj. वि. moved, deviated अस्थिर, डगमगाया हुआ।

VIDĀI विदाई f. स्त्री. farewell रुख़सती।

VIDEŚ विदेश (S. सं.) m. पु. another country, foreign country दूसरा देश, पराया देश, परदेश।

VIDEŚĪ विदेशी (S. सं.) adj. वि. foreign, external परदेश का, m. पु. a foreigner परदेशी, परदेश का निवासी।

VIDHĀN विधान (S. सं.) m. पु. method, manner आयोजन, व्यवस्था, आदेश, 2. constitution, legislation राज्य के विधान-मंडल द्वारा स्वीकृत कोई अधिनियम, व्यवस्था या विधि जैसा प्रभाव रखने वाला निश्चय, creaton ~ परिषद, f. स्त्री. legislative council जिस राज्य में विधान-मंडल के दो सदन हों उसका वह दूसरा सदन जिसके सदस्य नगरपालिकाओं, विश्वविद्यालयों के स्नातकों तथा शिक्षा-संस्थाओं के अध्यापकों के बने निर्वाचन-मंडलों द्वारा और विधान-सभा के सदस्यों द्वारा निर्वाचित किए जाएं ~ मंडल, m. पु. legistlature राज्य के लिए विधान बनाने वाले व्यक्तियों का समूह, भारत के जिन राज्यों में दो सदन हैं, वहां उन दोनों (और जिनमें एक सदन है उनमें उक्त सदन) तथा राज्यपाल को संयुक्त रूप से यह नाम दिया गया है) ~ सभा, f. स्त्री. legislative assembly जन-प्रतिनिधियों की वह सभा जो राज्य के लिए विधान बनाती, आय-व्यक स्वीकार करती तथा शासन-कार्यों का नियंत्रण करती है और जिनका चुनाव आम जनता करती है।

VIDHĀTĀ विधाता (S. सं.) m. पु.

ordainer व्यवस्था करने वाला, 2. Brahma (as creator) ब्रह्मा (संसार का निर्माता)।

VIDHĀDRĪ विधात्री (S. सं.) f. स्त्री. ordainer, 2. a title of saraswati (wife of Brahma) व्यवस्था करने वाली, बनाने-वाली, सरस्वती का एक नाम।

VIDHĀYAK विधायक (S. सं.) m. पु. legislator विधानसभा का सदस्य, adj. वि. legislative creative विधान बनाने वाला, निर्माता।

VIDHĀYĪ विधायी (S. सं.) m. पु. ~ विधायक।

VIDHEYAK विधेयक (S. सं.) m. पु. parliamentary or legislative bill किसी विधान, अधिनियम आदि का प्रारूप जो पारित होने के लिए लोक-सभा, विधान-सभा आदि में रखा जाए।

VIDHI विधि (S. सं.) f. स्त्री. rule नियम, ordinance, form law, statue, manner ढंग, प्रयोग, क़ानून, Brahma ब्रह्मा, destiny नियति ~ ग्राह्य मुद्रा, f. स्त्री. legal tender money वह मुद्रा जिसका प्रयोग ऋण चुकाने के लिए विधिविहित हो ~ पूर्वक, ~ वत्, adv. अ. according to rule नियमानुसार ~ शास्त्र, ~ विज्ञान, m. पु. jurisprudence नियमों, विधियों, सिद्धान्तों आदि का विवेचन करने वाला शास्त्र, ~ सचिव, m. पु. legal secretary विधि-संबंधी सचिव ~ परामर्शी, m. पु. legal remembrancer सरकार की विधि-संबंधी सलाह देने वाला पदाधिकारी।

VIDHIK विधिक (S. सं.) adj. वि. legal विधि-संबंधी, जो विधि के अनुकूल हो।

VIDHVA विधवा (S. सं.) f. स्त्री. a widow बेवा, रांड़, जिसका पति मर गया हो ~ विवाह, m. पु. widow-marriage बेवा की शादी, विधवा का या से विवाह।

VIDHVAṄS विध्वंस (S. सं.) m. पु. destruction devastation, demolition विनाश, क्षति।

VIDHVĀŚRAM विधवाश्रम (S. सं.) m. पु. home for widows विधवाओं के लिए आश्रय।

VIDHYANUKŪL विध्यानुकूल (S. सं.) m. पु. valid विधि के अनुसार, जिसमें कोई त्रुटि न हो।

VIDĪRṆ विदीर्ण (S. सं.) adj. वि. torn apart, split फाड़ा हुआ, फैला हुआ।

VIDIT विदित (S. सं.) adj. वि. known ज्ञात, अवगत, जाना हुआ, मुझे ~ होता है, it seans to appear to me मुझे लगता है।

VIDROH विद्रोह (S. सं.) m. पु. revolt, rebellion बलवा, क्रान्ति, उपद्रव।

VIDROHĪ विद्रोही (S. सं.) m. पु. rebellious क्रान्तिकारी, विप्लवी।

VIDŪSAK विदूषक (S. सं.) m. पु. a clown, jester मसख़रा।

VIDVĀN विद्वान (S. सं.) adj. वि. learned तत्वज्ञ, m. पु. a scholar पंडित, चतुर व्यक्ति।

VIDYĀ विद्या (S. सं.) f. स्त्री. learning knowledge, science, a particular skill or art ज्ञान-विज्ञान, गुण ~ दान, m. पु. teaching, instruction विद्या पढ़ाना, ~ मंदिर, m. पु. school, college जहां विद्या की पढ़ाई होती हो, विद्यालय, ~ पीठ, m. पु. university विश्व-विद्यालय, विद्या का केन्द्र ~ विहीन, adj. वि. uneducated अशिक्षित, अनपढ़।

VIDYĀRTHĪ विद्यार्थी (S. सं.) m. पु. student, pupil छात्र, शिष्य, विद्या का इच्छुक।

VIDYĀLAY विद्यालय (S. सं.) m. पु.

school, college, institute स्कूल, विद्यागृह।

VIDYUDGHĀT विद्युत्घात (S. सं.) m. पु. electrocution बिजली के संस्पर्श से होने वाली मृत्यु।

VIDYUT विद्युत (S. सं.) m. पु. leghtning तड़ित, आसमान से गिरने वाली बिजली, electricity बिजली।

VIGAT विगत (S. सं.) adj. वि. past, previous, departed अतीत, पहले का, भूत, नष्ट, जो जा चुका है, अनुपस्थित।

VIGHAṬAN विघटन (S. सं.) m. पु. disintegration, destruction, decomposition, dissolution छिन्न-भिन्न करना, अलग करना।

VIGHN विघ्न(S. सं.) m. पु. a difficulty, obstacle, impediment बाधा, कठिनाई, विरोध।

VIGRAH विग्रह (S. सं.) m. पु. strife, quarrel, separation, an idol अलगाना, कलह, खंड, युद्ध, मूर्ति।

VIHAG विहग (S. सं.) m. पु. a bird पक्षी, चिड़िया।

VIHĀG विहाग (S. सं.) m. पु. name of a raga एक राग।

VIHĀR विहार (S. सं.) m. पु. walking for pleasure, recreation, pleasure घूमकर मनोरंजन करना, जल ~ m. पु. water sport जल-क्रीड़ा, a Buddhist or Jain temple बौद्ध या जैन मन्दिर ~ करना, to enjoy मनोरंजन करना।

VIHĪN विहीन (S. सं.) adj. वि. deprived, without रहित, वंचित।

VIHIT विहित (S. सं.) adj. वि. prescribed, ordained करने योग्य, proper उपयुक्त।

VIHVAL विह्वल (S. सं.) adj. वि. perturbed, agitated व्याकुल, अशांत।

VIJAY विजय (S. सं.) f. स्त्री. conquest, victory, triumph जीत।

VIJYĀ विजया (S. सं.) f. स्त्री. Durga दुर्गा, 2. hemp भांग, ~ दशमी, f. स्त्री. the tenth day of the light half of the month of Ashwin, and the festival celebrating the victory of Rama over Raman held on that day दशहरा।

VIJAYOPHĀR विजयोपहार (S. सं.) m. पु. trophy विजय के रूप में रखी गई वस्तु (शील्ड, कप आदि)।

VIJETĀ विजेता (S. सं.) m. पु. victor, conquror जीतने वाला, जय प्राप्त करने वाला।

VIJEYĂ विजेय (S. सं.) adj. वि. conquerable जिसे जीता जा सके।

VIJÑ विज्ञ (S. सं.) adj. वि. learned, wise, prudent, well-versed विद्वान, जानकार, m. पु. learned person चतुर मनुष्य।

VIJÑĀN विज्ञान (S. सं.) m. पु. science शास्त्रीय विवेचन करने वाली विद्या।

VIJÑANĪ विज्ञानी (S. सं.) m. पु. a scientist विज्ञान का ज्ञाता, महान ज्ञानी, वैज्ञानिक।

VIJÑAPAN विज्ञापन (S. सं.) m. पु. advertisement, publishing, making known इश्तहार, सूचना देना, ~ दाता, m. पु. advertiser विज्ञापन देने वाला, इश्तहार देने वाला।

VIJÑĀPIT विज्ञापित (S. सं.) adj. वि. advertised, made known सूचित, इश्तहार किया हुआ।

VIKĀR विकार (S. सं.) m. पु. damage, deterioration, disorder, abnormality दोष, भावना, वासना, असामान्यता, रोग।

VIKĀS विकास (S. सं.) m. पु. development, evolution, progress खिलना, फूलना, फैलना ~ वाद, m. पु. the theory of evolution डार्विन द्वारा प्रवर्तित विकास वाद का सिद्धान्त-जिसमें

यह माना जाता है कि प्राणियों का प्रादुर्भाव एक ही मूल तत्त्व से हुआ है और वे क्रमशः विकसित होते हुए वर्तमान रूप में पहुंचे हैं और यह प्रक्रिया सतत चलती रहती है।

VIKAṬ विकट (S. सं.) adj. वि. dire, fearsome, forbiding भद्दा, भयंकर, मुश्किल।

VIKENḊRĪKARAṆ विकेंद्रीकरण (S. सं.) m. पु. decentralisation केंद्र में प्रस्थापित सत्ता, अधिकार आदि को आसपास के अंगों, राज्यों आदि में बांटना।

VIKHYĀT विख्यात (S. सं.) adj. वि. famous, renowned मशहूर, प्रसिद्ध।

VIKIRAṆ विकिरण (S. सं.) m. पु. radiation एक स्थान या केन्द्र से ताप, प्रकाश आदि का सीधी रेखाओं में चलकर इधर-उधर फैलना।

VIKRĀL विकराल (S. सं.) adj. वि. dreadful, hideous भीषण, भयंकर।

VIKRAM विक्रम (S.सं.) m. पु. valour, might, 2. king Vikramaditya वीरता, शक्ति, 2. महाराजा विक्रमादित्य।

VIKRAMĀBD विक्रमाब्द (S. सं.) m. पु. the Vikram era विक्रम संवत्, सम्राट् विक्रमादित्य द्वारा चलाया गया संवत्।

VIKRAY विक्रय (S. सं.) m. पु. sale बेचना, बिक्री करना, ~कर, m. पु. sales tax सामानों की बिक्री पर लगने वाला कर ~ धन, m. पु. turn over बिक्री से प्राप्त कुल धनराशि ~पंजी, f. स्त्री. sales ledger वह बही-खाता जिसमें विभिन्न तिथियों में बेची गई विभिन्न वस्तुओं का ब्योरा अलग-अलग लिखा रहता है, ~ लेख, m. पु. sale dead बैनामा, ~पत्र, m. पु. cash memo नगदी चिट्ठा।

VIKRETĀ विक्रेता (S. सं.) m. पु. seller, trader, salesman बेचनेवाला।

VIKṚT विकृत (S. सं.) adj. वि. mutilated, damaged, deformed, disordered विकारयुक्त, असंस्कृत।

VIKṚTI विकृति (S. सं.) f. स्त्री. impairment, defect, disorder विकार, क्षोभ, भावावेश।

VIKṢIPT विक्षिप्त (S. सं.) adj. वि. crazed, mad, scattered पागल, व्यग्र, व्याकुल।

VIKSIT विकसित (S. सं.) adj. वि. developed, budding (as a flower) खिला हुआ प्रफुल्ल, प्रस्फुटित, खिलता हुआ (जैसे कली)। प्रसन्न।

VIKṢOBH विक्षोभ (S. सं.) m. पु. agitation, disturbance (of mind), anguish घबराहट, क्षोभ, आतंक।

VIKṢUBDH विक्षुब्ध (S. सं.) adj. वि. agitated, disturbed अशांत।

VILAG विलग (S. सं.) adj. वि. detached, separated अलग, m. पु. difference अंतर, भेद।

VILAṀB विलंब (S. सं.) m. पु. delay देर।

VILAṀBIT विलंबित (S. सं.) adj. वि. delayed, putoff देर किया हुआ, लटकता हुआ, slow (time in music) द्रुत का उल्टा (संगीत), ~ करना, to postpone टाल देना, ~ शुल्क, m. पु. demurrage डेमुरेज।

VILĀP विलाप (S. सं.) m. पु. lamentation शोक ~करना, v.i. स.क्रि. to weep रोना, शोक करना।

VILĀS विलास (S. सं.) m. पु. sensuous, pleasure, luxurious life दैहिक सुख, आराम ~तलबी, प्रणय, क्रीड़ा, हाव-भाव ~ करना, to enjoy one-self मौज करना, मस्ती करना, आनन्देय भोग करना।

VILĀSĪ विलासी (S. सं.) adj. वि. pleasure-loving, sensuous कामी, आराम-तलब, m. पु. a pleasure-loving person कामी पुरुष, (f. स्त्री. विलासिनी)।

VILĀSITA विलासिता (S. सं.) f. स्त्री. love of sensuous pleasure, fondness for the opposite sex, sensuality कामुकता, विपरीत लिंगी के लिए चाहत।

VILAY विलय (S. सं.) m. पु. merging, dissolving, dissolution विलीन होना।

VILĪN विलीन (S. सं.) adj. वि. destroyed, hidden नष्ट, लुप्त, छिपा हुआ।

VILOM विलोम (S. सं.) adj. वि. improper, inauspicious, reverse, morganatic (a marriage) opposite उल्टा, विपरीत, रीतिविरुद्ध, उल्टा क्रम।

VILOP विलोप (S. सं.) m. पु. omission, cancellation किसी बात, रचना, आदि से कुछ अंश निकाल देने की क्रिया, रद कर देना।

VILOPAN विलोपन (S. सं.) m. पु. see "विलोप"।

VILOPIKARAṆ विलोपीकरण (S. सं.) m. पु. repeal रद कर देना।

VILUPT विलुप्त (S. सं.) adj. वि. repealed, vanished ग़ायब।

VIMAL विमल (S. सं.) adj. वि. pure, without fault or sin शुद्ध, साफ़, निर्दोष।

VIMĀN विमान (S. सं.) m. पु. aircraft वायुयान, हवाई जहाज़, ~ चालक, m. पु. pilot (of an aircraft) वायुयान या हवाई जहाज़ चलाने वाला ~ चालन, m. पु. aviation वायुयान उड़ाना, विमान चलाने की विद्या, ~ वाहक, m. पु. aircraft carrier विमानों को ढोकर ले जाने वाला जहाज़ ~ भेदी, तोप, m. पु. antiaircraft gun विमानों पर गोले बरसाने वाली तोप, ~ पत्तन, m. पु. airport हवाई अड्डा।

VIMARŚ विमर्श (S.सं.) m. पु. discuss-ion, consideration, deliberation समीक्षा, विवेचन, तर्क।

ĀVIMĀTĀ विमाता (S. सं.) f. स्त्री. stepmother सौतेली मां।

VIMUDRIKARAṆ विमुद्रीकरण (S. सं.) m. पु. demonitarisation किसी सिक्का, नोट आदि का मुद्रा रूप में चलन बंद कर देना।

VĪṆA वीणा (S. सं.) f. स्त्री. Vina (a large instrument of the type of the flute) सितार जैसा एक वाद्ययंत्र, ~ वादिनी, f. स्त्री. flute player वीणा बजाने वाली, Saraswati सरस्वती।

VINAMR विनम्र (S. सं.) adj. वि. courteous विनयी, सुशील।

VINAŚ विनाश (S. सं.) m. पु. utter distruction, annihilation क्षय, नाश, लोप, ~ कारी, adj. वि. destructive नाश करने वाला।

VINAṢṬ विनष्ट (S. सं.) adj. वि. lost, utterly destroyed भ्रष्ट, ध्वस्त।

VINAT विनत (S.सं.) adj. वि. humble, meek, bent विनम्र, झुका हुआ।

VINAY विनय (S. सं.) f. स्त्री. court sey, refinement of manner शिष्टता, नम्रता, भद्रता, ~ शील, adj. वि. courteous विनम्र, शिष्ट।

VINDU विंदु (S. सं.) m. पु. point शून्य।

VINIMAY विनिमय (S. सं.) m. पु. exchange अदल-बदल ~ अधिकोष, m. पु. exchange bank वह अधिकोष (बैंक) जहां एक देश की मुद्रा के बदले दूसरे देश की मुद्रा देने या बाहर भेजने आदि का काम होता है।

VINIRDEŚ विनिर्देश (S. सं.) m. पु. specification निश्चित रूप से कही हुई बात।

VINIŚCAY विनिश्चय (S. सं.) m. पु. decision किसी प्रश्न का निपटारा।

VINIṢIDDH VYĀPĀR विनिषिद्ध व्यापार (S. सं.) m. पु. contraband trade मना किया हुआ (निषिद्ध) व्यापार।

VINIYAM विनियम (S. सं.) m. स्त्री. regulation नियमादि बनाकर नियंत्रित करना।

VINIYAMAN विनियमन (S. सं.) m. स्त्री. regulation नियमादि बनाकर नियंत्रित करना।

VINIYANTRAṆ विनियंत्रण (S. सं.) m. पु. decontrol नियंत्रण व्यवस्था की समाप्ति।

VINIYOG विनियोग (S. सं.) m. पु. appropriation (कोई वस्तु या धन) अधिकार में ले लेना, ~ विधेयक, m. पु. appropriation bill वह विधेयक जिसमें राजस्व का ब्योरा हो।

VIPARYĀY विपर्याय (S. सं.) m. पु. antonym विरोधी अर्थ वाला।

VIPHAL विफल (S. सं.) adj. वि. unscussessful, ineffective असफल, व्यर्थ, 2. fruitless फलहीन।

VIPIN विपिन (S. सं.) m. पु. a forest वन, grove उपवन।

VIPLAV विप्लव (S. सं.) m. पु. uprising, revolt विद्रोह, उपद्रव, क्रांति।

VIPLAVĪ विप्लवी (S. सं.) adj. वि. revolutionary क्रांतिकारी, m. पु. a revolutionary क्रान्तिकारी।

VIPRALAṀBH विप्रलंभ (S. सं.) m. पु. separation (of lovers) प्रेमियों का वियोग, 2. deception बहकावा, quarrel नौराश्य ~ श्रृंगार, पु. वियोग श्रृंगार।

VIPRĪT विपरीत (S. सं.) adj. वि. opposite, contrary, unfavourable प्रतिकूल, उल्टा ~ त:, adv. अ. vice versa ठीक उल्टा।

VIPUL विपुल (S. सं.) adj. पु. ample, abumdant प्रचुर, अगाध, ~ ता, f. स्त्री. abundance प्रचुरता।

VĪR वीर (S. सं.) adj. वि. brave बहादुर, शक्तिशाली, m. पु. warrior, a hero योद्धा ~ काव्य, m. पु. heroic poetry, the early medieval barbaric poetry of North India उत्तर भारत की वीरता संबंधी कविता ~ गति, f. स्त्री. death in battle युद्ध करते हुए मृत्यु ~ गाथा, f. स्त्री. heroic ballad ~ चक्र, m. पु. a decoration for bravery विशेष वीरता पर दिया जाने वाला तृतीय श्रेणी का भारतीय पदक ~ रस, m. पु. the heroic sentiment वीरता-संबंधी एक काव्य रस।

VIRĀG विराग (S. सं.) m. पु. absence of desire, indifference विरक्ति, राग का अभाव, अनासक्ति।

VIRĀGĪ विरागी (S. सं.) adj. वि. an ascetic free of desire विरक्त, वैरागी।

VIRAH विरह (S. सं.) m. पु. separation, anguish of separation वियोग, जुदाई, ~ ज्वर, m. पु. the fever of separation (from beloved) प्रेमी से बिछोह से उत्पन्न ताप या बुखार।

VIRHĀNAL विरहानल (S. सं.) m. पु. fire of separation जुदाई की आग, विरह की अग्नि।

VIRHĪ विरही (S. सं.) adj. वि. separated (from a loved one) प्रिया के वियोग से दुखी।

VIRAHIṆT विरहिणी (S. सं.) f. स्त्री. a woman suffering the pangs of separation (from her lover) प्रेमी या पति से बिछुड़ी हुई नायिका।

VIRAKT विरक्त (S. सं.) adj. वि. unattached to worldly objects, averse उदासीन, अननुरक्त।

VIRAKTI विरक्ति (S. सं.) f. स्त्री. absence of desire उदासीनता, अनासक्ति।

VIRAL विरल (S. सं.) adj. वि. rarely-met with, dense थोड़ा, घना नहीं, बारीक।

VIRĀM विराम (S.सं.) m. पु. stopping, pause, rest अनत, विश्राम ~ चिन्ह, m. पु. punctuation mark

वाक्यों में ठहराव के चिन्ह, ~ संधि, f. स्त्री. truce, armistice युद्ध बंद करने की संधि।

VIRODH विरोध (S. सं.) m. पु. opposi-tion, resistance, conflict, hostility शत्रुता, कलह, विपक्षता।

VIRODHĀBHĀS विरोधाभास (S. सं.) m. पु. paradox, contrast विरोध का आभास, एक अर्थालंकार।

VIRODHĪ विरोधी (S. सं.) adj. वि. opposed, opposing बाधक, वैरी, m. पु. opposition, the opposite side शत्रु, विपक्षी।

VIRUDDH विरुद्ध (S. सं.) adj. वि. opposing, opposed, unfavourable प्रतिकूल, शत्रुतापूर्ण, असंगत।

VIRYĂ वीर्य (S. सं.) m. पु. vigour, virility वीरता, पुंसत्व, 2. semen वीर्य ~ वान, adj. वि. sexually virile, vigourous बलवान, पुष्ट, शक्तिशाली।

VIṢ विष (S. सं.) m. पु. poison ज़हर, गरल, ~ पान, m. पु. the taking of poison ~ कन्या, f. स्त्री. a woman in the Chanakya age whose kiss would kill the kisser चाणक्यकाल में शत्रु का भेद लेने के लिए तैयार की हुई ऐसी कन्या जिसके चुंबन से पुरुष की मृत्यु हो जाती थी ~ विज्ञान, m. पु. toxicology विषों की उत्पत्ति, प्रभाव आदि का विवेचन करने वाला शास्त्र।

VIṠAD विशद (S. सं.) adj. वि. pure, beautiful, clean स्वच्छ, सुंदर, बेदाग़, शान्त।

VIṢĀD विषाद (S. सं.) m. पु. depre-ssion, despair अवसाद, नैराश्य।

VIṠĀL विशाल (S. सं.) adj. वि. vast, huge, great बड़ा, भव्य, ~ ता, f. स्त्री. vastness भव्यता।

VIṢAM विषम (S. सं.) adj. वि. uneven, unbalanced, difficult, disagreeable कठिन, प्रतिकूल, असमान।

VISAṀVĀHAK विसंवाहक (S. सं.) m. पु. insulator वह कुचालक पदार्थ जो विद्युत या ताप का प्रवाह रोकने के लिए विद्युन्मय या तापमय पदार्थ तथा विद्युतविहीन, तापविहीन पदार्थ के नीचे लगाया जाता है।

VISAṀBĀHAN विसंवाहन (S. सं.) m. पु. insulation कुचालक पदार्थ द्वारा पृथक कर देना।

VIṠĀRAD विशारद (S. सं.) adj. वि. well-versed, learned विद्वान, designation of one passing a particular grade of examination in Hindi Visharad साहित्य ~ well-versed in literature.

VISARG विसर्ग (S. सं.) m. पु. renouncing परित्याग, the graph used to denote visarga (:) एक अक्षर का संकेत (:)।

VISARJAN विसर्जन (S. सं.) m. पु. renunciation छोड़ना, त्यागना, consigning to water, as an image at the end of a festival, or as cremated remains किसी प्रतिमा या मृतक के अवशिष्ट भाग को पानी में छोड़ देना (भसान) formal conclusion (of a function or ceremony) किसी सभा या सम्मेलन की समाप्ति।

VISARJIT विसर्जित (S. सं.) adj. वि. given up त्यक्त, हटाया हुआ, con-signed to water पानी में बहा या डुबा दिया गया, concluded समाप्त (जैसे सभा आदि)।

VIṢAY विषय (S. सं.) m. पु. subject, topic, matter प्रकरण, sensual enjoy-ment इन्द्रियजन्य आनंद, ~ समिति, f. स्त्री. subjects committee किसी सभा में उपस्थित किए जाने वाले विषय, प्रस्ताव आदि का निश्चय करने वाली उपसमिति ~ निर्धारिणी समिति, f. स्त्री. subjects committee विषय समिति ~ सूची, f. स्त्री. index, table of contents विषयों की तालिका, ~ भोग, m. पु. sensual enjoyment.

VIṢAYK **विषयक** (S. सं.) adj. वि. concerning संबंधी, विषय का।

VIṢAYĀṄTAR **विषयांतर** (S. सं.) m. पु. change of subject मूल विषय को छोड़कर इधर-उधर की चर्चा।

VIṢYĀSAKT **विषयासक्त** (S. सं.) adj. वि. attracted to worldly or sensual pleasures विषय (भोग-विलास संबंधी) सुख का लोभी, विषयलोलुज।

VIṢYĀTMAK **विषयात्मक** (S. सं.) adj. वि. sensual इंद्रिय संबंधी, विषय संबंधी।

VIṢYĀNUSUCIKĀ **विषयानुसूचिका** (S. सं.) f. स्त्री. index विस्तृत विषय सूची।

VIŚEṢ **विशेष** (S. सं.) adj. वि. special, particular, distinctive असाधारण, अधिक, प्रचुर, ~ज्ञ, adj. वि. specialist विशेष ज्ञान रखने वाला ~ ता, f. स्त्री. speciality ख़ूबी, ख़सूसियत।

VIŚIṢṬ **विशिष्ट** (S.सं.) adj. वि. special, distinctive उत्तम, विशेषतायुक्त ~ जनीन मतसंग्रह, m. पु. Gallop poll जन-समूह द्वारा मत-संग्रह।

VIŚIṢṬĀDHIKĀR **विशिष्टाधिकार** (S. सं.) m. पु. prerogative परमाधिकार।

VIŚIṢṬĀDVAIT **विशिष्टाद्वैत** (S. सं.) m. पु. qualified non-duality (the doctrine of Ramaniuja) रामानुज द्वारा प्रवर्तित एक दार्शनिक सिद्धान्त।

VIŚIṢṬĪKARAṆ **विशिष्टीकरण** (S. सं.) m. पु. specialization विशिष्ट लक्षणों के अनुसार किसी वस्तु को पृथक या स्वतंत्र करना, विशेषत्व प्राप्त करना।

VIŚLEṢAṆ **विशेषण** (S. सं.) m. पु. analysis भली-भांति छानबीन करके विचार करना।

VISMAY **विस्मय** (S. सं.) m. पु. astonishment, amazement dismay आश्चर्य, अचम्भा।

VISPHĪTI **विस्फीति** (S. सं.) f. स्त्री. deflection मुद्रा का बाहुल्य घटाना।

VISPHOṬ **विस्फोट** (S. सं.) m. पु. explosion, eruption (of a volcano) फटना (बम या ज्वाला मुखी आदि का), an eruption फोड़ा।

VIŚRĀM **विश्राम** (S. सं.) m. पु. rest ~ भवन, m. पु. rest house विश्रामादि करने के लिए बनाया गया घर।

VIŚRĀMĀLAY **विश्रामालय** (S. सं.) m. पु. - विश्रामभवन।

VIŚRUT **विश्रुत** (S. सं.) adj. वि. well-known विख्यात, प्रसिद्ध।

VISTĀR **विस्तार** (S. सं.) m. पु. expansion, extent, amplitude detail फैलाव, ब्योरा, लंबाई चौड़ाई।

VISTHĀPAN **विस्थापन** (S. सं.) m. पु. displacement उद्वासन, एक स्थान से उजाड़ देना।

VISTHĀPIT **विस्थापित** (S. सं.) adj. वि. displaced उद्वासित, एक स्थान से उजाड़ कर दूसरी जगह बसाया गया।

VISTṚT **विस्तृत** (S. सं.) adj. वि. enlarged, extensive, detailed फैला हुआ, विशाल।

VIŚUDDH **विशुद्ध** (S. सं.) adj. वि. pure, unadulterated पवित्र, साफ़ किया हुआ।

VIŚUDDHI **विशुद्धि** (S. सं.) f. स्त्री. purity शुद्धता, परिशोध ~ वाद, m. पु. puritanism विशुद्ध धार्मिक जीवन को प्रधानता देने वाला प्रोस्टेस्टैन्ट सिद्धांत।

VIŚV **विश्व** (S. सं.) m. पु. the universe समग्र, ब्रह्मांड, संसार, adj. वि. universal वैश्विक सांसारिक ~ विद्यालय, m. पु. university युनिवर्सिटी, ~ स्वास्थ्य संघटन, m. पु. World Health Organisation संसार के लोकस्वास्थ्य की उन्नति के प्रयत्नों में सहायता करने वाली अंतर्राष्ट्रीय संस्था, ~ नाथ, m. पु. Shiva शिव, ~ विख्यात, adj. वि. worldfamous जो सारे संसार में प्रसिद्ध

हो, ~ कोश, m. पु. encyclo-pedia वह कोश जिसमें संसार के सारे विषयों का विवरण हो।

VIŚVAMḂHAR विश्वंभर (S.सं.) m. पु. the supreme being who supports everyone सबका भरण-पोषण करने वाला।

VIŚVĀS विश्वास (S. सं.) m. पु. confidence, trust, faith, belief भरोसा, यक़ीन ~ घात, m. पु. betrayal, treachery विश्वास के विपरीत काम करना ~ प्रस्ताव, confidence motion किसी मंत्रिमंडल या किसी संस्था के अध्यक्षादि में विश्वास प्रकट करने के लिए किया जाने वाला प्रस्ताव।

VITT वित्त (S. सं.) m. पु. wealth, finance, funds धन-संपत्ति, राज्य की सार्वजनिक पूंजी या धन, राज्य की वित्त-संबंधी व्यवस्था, ~ प्रबंधक, m. पु. financier आय या धन का प्रबंध करने वाला अधिकारी ~ मंत्री, m. पु. finance minister राज्य के धन, आय-व्यय के साधनों संबंधी विभाग की देख-रेख करने वाला मंत्री, ~ विधेयक, m. पु. finance bill आय-व्ययक संबंधी विधेयक ~ साधन, m. पु. finances धन-प्राप्ति के ज़रिए।

VITRAK वितरक (S. सं.) m. पु. distributor वितरण करने वाला, बांटने वाला।

VITRAṆ वितरण (S. सं.) m. पु. distribution बांटना।

VITRIT वितरित (S. सं.) adj. वि. distributed बांटा हुआ।

VITTĪYĂ वित्तीय (S. सं.) adj. वि. fiscal, financial वित्त-संबंधी।

VIVĀD विवाद (S. सं.) m. पु. dispute, controversy, argument, debate बहस, झगड़ा, मुकदमा।

VIVĀDĀSPAD विवादास्पद (S.सं.) adj. वि. (which is) a subject of dispute विवाद के योग्य (~ विवादग्रस्त)।

VIVĀH विवाह (S. सं.) m. पु. marriage शादी, ब्याह ~ बंधन, m. पु. marriage tie ~ भंग, m. पु. divorce विवाहविच्छेद ~ संबंध, m. पु. marriage tie or relationship शादी का रिश्ता।

VIVARAṆ विवरण (S. सं.) m. पु. exposition, explanation, report, specification ब्योरा, वर्णन, व्याख्या।

VIVARṆĪ विवरणी (S. सं.) f. स्त्री. prospectus आंकड़े सहित रिपोर्ट (किसी भी संस्था की)।

VIVAŚ विवश (S. सं.) adj. वि. helpless, powerless लाचार, जिसका अपने पर वश न हो।

VIVECAN विवेचन (S. सं.) m. पु. enquiry, investigation, discern-ment, judgement परीक्षण, सच-झूठ का निर्णय।

VIVECNĪYĂ विवेचनीय (S. सं.) adj. वि. deserving investigation विवेचन करने योग्य।

VIVEK विवेक (S. सं.) m. पु. discrimi-nation, discernment, prudence, conscience भले-बुरे की पहचान, यथार्थ ज्ञान, ~ वान, adj. वि. discriminating विचारवान, ज्ञानी ~ शून्य, adj. वि. thoughtless विचारहीन, अज्ञानी।

VIVEKĀDHĪN विवेकाधीन (S. सं.) adj. वि. discretionary विवेक-बुद्धि के अधीन, अपने विवेक से किया जाने वाला (कार्य)।

VIVIDH विविध (S. सं.) adj. वि. various, miscellaneous विभिन्न प्रकार का, कई तरह का।

VIYOG वियोग (S. सं.) m. पु. separation, (especially of lovers) विरह (विशेषत: प्रेमियों का) ~ श्रृंगार, पु. श्रृंगार-रस का वह विभाग-जिसमें प्रेमियों के विरह का वर्णन होता है।

VIYOGĪ वियोगी (S. सं.) adj. वि. separated विरही, अलग हुआ हुआ, m. पु. a lover suffering the pangs of separation विरह से तड़पता प्रेमी।

VOṬ वोट (S. सं.) m. पु. vote निर्वाचन के लिए दिया जाने वाला मत, वोट।

VRAT व्रत (S. सं.) m. पु. religious rite or observance, a fast धार्मिक कृत्य, उपवास, ~ रखना, to fast, to keep a vow उपवास करना, प्रतिज्ञा पालन करना।

VṞDDH वृद्ध (S. सं.) adj. वि. old advanced in years बूढ़ा, m. पु. an old man बुड्ढा।

VṞKṢ वृक्ष (S. सं.) m. पु. tree पेड़।

VṞṢṬI वृष्टि (S. सं.) f. स्त्री. rain वर्षा, बरसात, पानी बरसना।

VṞTHĀ वृथा (S. सं.) adj. वि. vain, pointless बेकार, अनुचित, झूठ।

VṞTT वृत्त (S. सं.) m. पु. circle, circumference गोलाकार, event, occurrence घटित, वृत्तान्त, history इतिहास, ~ चित्र, m. पु. documentary (as a film) घटनाविशेष पर बनाई गई फ़िल्म ~ पत्रक, m. पु. history sheet अपराध-लेखा।

VṞTTI वृत्ति (S. सं.) f. स्त्री. means of sustanance, allowance, pension जीविका, पारिश्रमिक, पेन्शन, instinct, nature, tendency स्वभाव।

VYABHICĀR व्यभिचार (S.सं.) m. पु. adultory दुराचार, अनुचित यौन संबंध।

VYABHICĀRĪ व्यभिचारी (S. सं.) adj. वि. aulterous दुश्चरित्र, कुमार्ग गामी, m. पु. an adulterer दुश्चरित्र (व्यक्ति), कुमार्गी (व्यक्ति)।

VYABHICĀRIṆĪ व्यभिचारिणी (S. सं.) f. स्त्री. adulteress दुश्चरित्रा, कुल्टा, पुंश्चली।

VYAGR व्यग्र (S. सं.) adj. वि. agitated, bewildered, eager अस्थिर, व्याकुल, उत्सुक।

VYAJ व्याज (S. सं.) m. पु. deceit फ़रेब, धूर्तता, दुष्टता, ~ स्तुति, f. स्त्री. ironical praise निन्दा के बहाने प्रशंसा।

VYĀKHYĀ व्याख्या (S. सं.) f. स्त्री. exposition, explanation, commentary, interpretation टीका, वर्णन।

VYĀKHYĀN व्याख्यान (S. सं.) m. पु. lecture भाषण, वक्तृता ~ पीठ, m. पु. rostrum मंच का ऊंचा स्थान।

VYAKT व्यक्त (S. सं.) adj. वि. revealed, manifested, evident प्रकट, प्रत्यक्ष, दृश्य।

VYAKTI व्यक्ति (S. सं.) m. पु. a person, a particular person जन, व्यष्टि, आदमी, ~ गत, adj. वि. personal अपना, निजी, एक व्यक्ति का ~ निष्ठ, adj. वि. subjective आत्मगत, आत्मपरक, ~ त्व, m. पु. personality व्यक्ति की विशेषता, ~ परक, adj. वि. individualistic व्यक्ति का निजी ~ वाचक, adj. वि. dinoting a person ~ वाचक संज्ञा, f. स्त्री. a proper noun (gram.).

VYĀKUL व्याकुल (S. सं.) adj. वि. confused, bewildered, agitated, longing for, anxious व्यग्र, भीत।

VYAṄGYA व्यंग्य (S. सं.) m. पु. sarcasm, irony, satire ताना, गूढ़ार्थ, ~ चित्र, m. पु. cartoon कार्टून।

VYAÑJAN व्यंजन (S. सं.) m. पु. consonant स्वरहीन, वर्ण, vegetable (cooked) तरकारी, सब्जी, भोजन-सामग्री।

VYĀPAK व्यापक (S. सं.) adj. वि. extensive, pervasive सर्वत्र फैला हुआ, सर्व. ~ adj. वि. all-pervasive विश्व-व्यापी।

VYĀPĀR व्यापार (S. सं.) m. पु. trade, business वाणिज्य, उद्योग, activity, profession काम, क्रिया, पेशा, ~ चिन्ह, m. पु. trade mark किसी व्यापारी या उद्योगपति द्वारा माल पर अंकित किया जाने

वाला विशेष चिन्ह ~ मंडल, m. पु. chamber of commerce व्यापारियों का प्रतिनिधित्व करने वाली संस्था।

VYĀPĀRĪ व्यापारी (S. सं.) adj. वि. mercantile, commercial व्यापार संबंधी, m. पु. a merchant, a trader व्यापार करने वाला (~व्यापारिक)।

VYĀPT व्याप्त (S. सं.) adj. वि. diffused, spread through फैला हुआ, आच्छादित।

VYASAN व्यसन (S. सं.) m. पु. addiction, passion (for an activity) बुरी आदत, लत, प्रिय विषय।

VYASANĪ व्यसनी (S. सं.) adj. वि. having a vice or bias, addicted to sensuality विषयासक्त।

VYAST व्यस्त (S. सं.) adj. वि. occupied, busy कार्यादि में संलग्न।

VYATHĀ व्यथा (S. सं.) f. स्त्री. ache, pain पीड़ा, दुख।

VYATHIT व्यथित (S. सं.) adj. वि. tormented, distressed पीडित, दुखित।

VYATIKRAM व्यतिक्रम (S. सं.) m. पु. transgression, violation उल्लंघन, क्रम-विपर्यय, बीतना।

VYATĪT व्यतीत (S. सं.) adj. वि. elapsed, passed by बीता हुआ, ~ करना, to spend (time) बिताना (समय)।

VYAVHĀR व्यवहार (S. सं.) m. पु. action, conduct, behaviour, treatment (of, use आचरण, प्रयोग, कारबार, a case (in law) मुकदमा, ~न्यायालय, m. पु. civil court नागरिकों के अधिकारों आदि संबंधी विवादों पर विचार करने वाला न्यायालय ~ वाद, m. पु. civil suit नागरिकों के अधिकारों आदि संबंधी विवाद का मामला ~विधि, f. स्त्री. civil suit दीवानी मुकदमा।

VYAVSĀY व्यवसाय (S. सं.) m. पु. occupation, business, trade, profession जीविका, उद्योग, व्यापार ~ प्रशिक्षण, m. पु. vocational training किसी व्यवसाय में दिया जाने वाला प्रशिक्षण ~ संघ, m. पु. trade union मज़दूर संघ।

VYAVSĀYĪ व्यवसायी (S. सं.) adj. वि. engaged in trade, business or industry उद्‌यमी, परिश्रमी, m. पु. businessman व्यापारी।

VYĀVSĀYIK व्यावसायिक (S. सं.) adj. वि. concerning businesses व्यवसाय संबंधी, व्यवसायका।

VYAVASTHĀ व्यवस्था (S. सं.) f. स्त्री. arrangement, organisation, system, interpretation (of a matter involving law or orthodox practices) order, discipline इंतज़ाम, प्रबंध, विधान, विधखन वस्तुओं को ढंग से रखना, स्थिरता, अनुशासन।

VYAVSTHĀPAK व्यवस्थापक (S. सं.) m. पु. organiser प्रबंधक, मैनेजर।

VYAVSTHIT व्यवस्थित (S. सं.) adj. वि. organised, arranged ठीक हालत में किया हुआ।

VYAY व्यय (S. सं.) m. पु. expense, expenditure खर्च।

VYĀYĀM व्यायाम (S. सं.) m. पु. physical exercise, gymnastics कसरत।

VYOM व्योम (S. सं.) m. पु. the sky आकाश, आसमान।

VYŪH व्यूह (S. सं.) m. पु. arrangement (of an army drawn up to fight) सैनिकों को युद्धभूमि में यथोचित स्थान पर रखना।

VYUTPATTI व्युत्पत्ति (S. सं.) f. स्त्री. origin, derivation (of a word) etymology उत्पत्ति, उद्‌गम, शब्द का मूलरूप।

◆◆◆

Y

YĀCIKĀ याचिका (S. सं.) f. स्त्री. petition आवेदनपत्र, दर्ख़्वास्त।

YĀCNĀ याचना (S. सं.) f. स्त्री. entreaty मांगने की क्रिया, v.t. स.क्रि. to entreat, to beg मांगना, प्रार्थना करना।

YADĀ यदा (S. सं.) adv. अ. whenever जब, जिस समय, जहां ~कदा, adv. अ. from time to time कभी-कभी, जब-जब।

YADYAPI यद्यपि (S. सं.) adv. अ. even if, although अगरचे, यदि, गोकि।

YAJMĀN यजमान (S. सं.) m. पु. one who requests and pays for the performance of a puja or sacrifice यज्ञ कराने वाला, (~जजमान)।

YAJMĀNĪ यजमानी (S. सं.) f. स्त्री. the activity or status of a yajman पुरोहिनी, the fee paid by a yajman यजमान द्वारा पुरोहित को दिया जाने वाला धन आदि।

YAJÑ यज्ञ (S. सं.) m. पु. a sacrifice, offering, a vedic rite of sacrifice हवन-पूजन युक्त एक वैदिक कृत्य।

YAJÑOPVĪT यज्ञोपवीत (S. सं.) m. पु. investiture of a youth with the sacred thread, the Hindu sacred thread.

YAM यम (S. सं.) m. पु. name of the god who judges and punishes the dead मृत्यु के देवता, one of a pair, a twin जुड़वां, self-control, restraint आत्म-संयम।

YAMAJ यमज (S. सं.) m. पु. twin-born जुड़वां (बच्चे)।

YAMDŪT यमदूत (S. सं.) m. पु. yama's messenger (who brings the souls of the dead to judgement) यम का दूत।

YĀNĪ यानी (A. अ.) adv. अ. that is, it meant अर्थात्, मतलब यह है।

YAṄTR यंत्र (S. सं.) m. पु. an instrument, appliance, a machine औज़ार, कल, मशीन, an astrological diagram, magic square ज्योतिष का चिन्ह, an amulet ताबीज़ ~कार, m. पु. a mechanic मेकैनिक ~मानव, m. पु. robot रोबो (रोबोट) ~संचालित, adj. वि. mechanically operated मशीन से चलने वाला ~चातुर्य, m. पु. technique तकनीक ~विद्या, f. स्त्री. engineering यांत्रिकी, इंजीनियारिंग शास्त्र।

YAṄTRĀLAY यंत्रालय (S. सं.) m. पु. machine-shop यंत्रशाला, printing press मुद्रणालय, छापाख़ाना, प्रेस।

YAṄTRĪ यंत्री (S. सं.) m. पु. a mechanic कारीगर, मेकैनिक।

YĀṄTRIK यांत्रिक (S. सं.) adj. वि. mechanical मशीनें बनाने वाला यंत्र संबंधी, यंत्रवत् चलने वाला।

YAQIN यक़ीन (A. अ.) m. पु. confidence, conviction, certainty विश्वास, प्रतीति।

YAQĪNAN यक़ीनन (A. अ.) adv. अ. certainly, assuredly अवश्य, निःसंदेह, विश्वास पूर्वक।

YAŚ यश (S. सं.) m. पु. fame, reputation, praise कीर्ति, सुनाम, प्रशंसा।

YAŚODHARĀ **यशोधरा** (S. सं.) f. स्त्री. name of the wife of Buddha गौतम बुद्ध की पत्नी।

YAṢṬI **यष्टि** (S. सं.) f. स्त्री. stick, club, pole, छड़ी, लाठी, पताका का डंडा।

YĀTĀYĀT **यातायात** (S. सं.) m. पु. movement (as of traffic) गमनागमन, going and coming आना-जाना, transport (माल) लाना-ले जाना।

YATHA **यथा** (S. सं.) adv. अ. like, just as, according to जैसे, जिस प्रकार ~ वत्, adv. अ. properly, as previously ज्यों-का-त्यों, हूबहू, ~ शक्ति, adv. अ. as far as possible शक्ति भर, शक्ति के अनुसार ~ शीघ्र, adv. अ. as quickly as possible जितनी जल्दी संभव हो, ~ संभव, adv. अ. as far as possible जहां तक संभव हो, ~ साध्य, adv. अ. (~ यथासंभव) ~ समय, adv. अ. timely समय पर ~ स्थान, adv. अ. each in its proper place उचित स्थान पर ~ नियम, adv. अ. as per rule नियमानुसार।

YATHĀRTH **यथार्थ** (S. सं.) adj. वि. actual, real, genuine, true, realistic सत्य, उचित, ~ वाद, m. पु. realism जो बात या वस्तु जिस रूप में हो, उसी रूप में उसका वर्णन या चित्रण करना ~ वादी, adj. वि. a realist यथार्थवाद का अनुयायी।

YATHOCIT **यथोचित** (S. सं.) adv. अ. proper, suitable समुचित, जैसा चाहिए वैसा, (~ यथोपयुक्त)।

YATN **यत्न** (S. सं.) m. पु. attampt, effort, exertion, pains उपाय, उपचार, ~ वान् ~ शील, adj. वि. labourious, strenuous सचेष्ट, मेहनती, परिश्रमी।

YĀTRĀ **यात्रा** (S. सं.) f. स्त्री. journey travel, expedition भ्रमण, प्रस्थान, सफ़र, ~ धिदेय, m. पु. travelling allowance सफ़र-भत्ता।

YĀTRĪ **यात्री** (S. सं.) m. पु. a traveller, a tourist, a passenger मुसाफ़िर।

YAUN **यौन** (S. सं.) adj. वि. sexual, venereal काम संबंधी, योनि का, योनि संबंधी, लैंगिक ~ रोग, m. पु. venereal disease रतिज रोग, संभोग से संक्रमित रोग (जैसे उपदंश, एड्स आदि)।

YAVAN **यौवन** (S. सं.) m. पु. youth, adolescence तरुणावस्था, तरुणाई, जवानी, breasts (of a women) (स्त्री के) स्तन ~ काल, m. पु. the years of youth युवावस्था।

YAVAN **यवन** (S. सं.) m. पु. a greek ग्रीक, यूनान का निवासी।

YAVANIKĀ **यवनिका** (S. सं.) f. स्त्री. curtain, stage, curtain नाटक का पर्दा।

YĀVAT **यावत** (S. सं.) adv. अ. as many as, as much as, as often as until, while जितना, जब, जहां तक।

YĀYĀVAR **यायावर** (S. सं.) m. पु. a to wanderer, vagabond ख़ानाबदोश, परिव्राजक।

YOG **योग** (S. सं.) m. पु. connection, union जोड़ने का कार्य, means उपाय, occasion अवसर, संयोग, YOGA, a theory or practice of abstract, meditation undertaken to bring the soul towards or into union with the supreme spirit आत्मनियंत्रण या आत्मा को परमात्मा से मिलाने की विद्या, bodily exercises as conducive to the above आत्मा को परमात्मा से मिलाने में सहायक शारीरिक व्यायाम (~ हठ योग), total sum कुल जोड़ ~ क्षेम, m. पु. well-being ~ दान, m. पु. contribution (to) सहयोग करना, ~ सूत्र, ~ दर्शन, m. पु. Yoga philosophy of Maharshi Patanjali महर्षि पतंजलि

कृत योग दर्शन, योगसूत्र।

YOGĀBHYĀS योगाभ्यास (S. सं.) m. पु. practice of yoga योगसाधन।

YOGĀSAN योगासन (S. सं.) m. पु. yogic posture, postures of Hatha-yoga (~physical) yogic exercises योग के द्वारा बताए गए व्यायाम की विधि।

YOGĪ योगी (S. सं.) m. पु. a practitioner of yoga, an ascetic योगसाधक, आत्मज्ञानी, सिद्ध पुरुष।

YOGYĂ योग्य (S.सं.) adj. वि. suitable, capable, able, gifted, worthy समर्थ, निपुण, पात्र ~ता, f. स्त्री. capability, ability, suitability, worth क्षमता उपयुक्तता।

YOJNĀ योजना (S. सं.) f. स्त्री. plan planning व्यवस्था, प्रयोग, कार्यक्रम की रूपरेखा, ~ आयोग, m. पु. planning commission सरकारी योजनाओं का संचालन करने वाली प्रशासकीय संस्था।

YONI योनि (S. सं.) f. स्त्री. Vagina, the female sexual organs, female genitals स्त्रियों की जननेन्द्रिय, भग, birth, rebirth जन्म, पुनर्जन्म, ~ ज, adj. वि. mammalian योनि से पैदा होने वाला ~ मुक्त, adj. वि. free from rebirth आवागमन से छूटा हुआ।

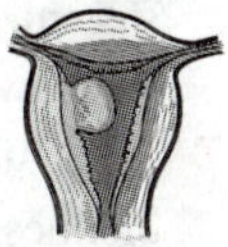

YUDDH युद्ध (S. सं.) m. पु. war संग्राम, रण, लड़ाई, जंग ~ काल, m. पु. war time लड़ाई का समय ~ परिषद, f. स्त्री. war-council युद्ध का संचालन करने के लिए निर्मित विशेष समिति ~ रत, ~ लिप्त, adj. वि. belligerant जो नियमित रूप से युद्ध में लगा हुआ हो ~ स्थगन, m. पु. cease-fire युद्ध विराम।

YUDDHĀPRĀ युद्धापराधी (S. सं.) m. पु. war-criminal वह जिसने युद्ध संबंधी कोई अपराध किया हो (जैसे हिटलर, स्तालिन आदि)।

YUDDOPKARAN युद्धोपकरण (S. सं.) m.पु. armaments युद्ध की सामग्री।

YUDDHOTTAR युद्धोत्तर (S. सं.) adj. वि. post-war लड़ाई के बाद का।

YUG युग (S. सं.) m. पु. a yoke जुआ (बैलों आदि के कंधों पर रखा जाने वाला), a pair जोड़ा, an age, era काल, ~ प्रवर्तक, ~ पुरुष, m. पु. epoch-making महापुरुष जो काल-धर्म को बदल देते हैं ~ युगांतर, m. पु. a period of centuries सैकड़ों हजारों साल, अन्य युग, दूसरा समय।

YUGM युग्म (S. सं.) m. पु. a couple, pair जोड़ा, युग्मक।

YUKT युक्त (S. सं.) adj. वि. joined (to) connected जुड़ा हुआ, उचित, सही, नियुक्त।

YUKTI युक्ति (S. सं.) f. स्त्री. use, connection, policy, skill, inference उपाय, दलील, तर्क, नीति ~ संगत, adj. वि. reasonable युक्ति या तर्क के अनुकूल।

YUKTYĀBHĀS युक्तयाभास (S. सं.) m. पु. sophistry देखने में बुद्धिमत्तापूर्ण किन्तु वास्तव में तथ्यहीन तर्क।

YUNIAN युनियन (E. अं.) f. स्त्री. union संघ, सभा।

YUVAK युवक (S. सं.) m. पु. a youth, young man तरुण, जवान।

YUVATĪ युवती (S. सं.) f. स्त्री. a young woman, a girl जवान स्त्री, adj. वि. young प्राप्त यौवना।

◆◆◆

Z

ZABĀN ज़बान (P. फ़ा.) f. स्त्री. tongue जीभ, जिह्वा, language भाषा, promise वादा, प्रतिज्ञा ~ पर लाना, to speak कहना ~ पर चढ़ना, to be on the tip of the tonque जीभ तक आ जाना (बात), ~ हारना, to give word वचन बद्ध होना।

ZABĀNĪ ज़बानी (P. फ़ा.) adj. वि. oral, unwritten मौखिक।

ZABAR ज़बर (P. फ़ा.) adj. वि. superior, larger, great बलवान, शक्तिशाली, महान, highanded अत्याचारी।

ZABAH ज़बह (A. अ.) m. पु. slaughtering (an animal for food) गला रेत कर जान लेने का काम।

ZABT ज़ब्त (A. अ.) m. पु. restraint, control प्रबंध, निगरानी, confiscation हस्तगत करना, ले लेना, adj. वि. confiscated हस्तगत किया हुआ।

ZABTĪ ज़ब्ती (P. फ़ा.) f. स्त्री. seizure, confiscation हस्तगत करना, कुर्की।

ZACCĀ ज़च्चा (P. फ़ा.) f. स्त्री. a woman who has recently given birth (to a child) सध:-प्रसूता, वह औरत जिसके अभी बच्चा हुआ है ~ ख़ाना, m. पु. lying-in room, place of confinement प्रसवगृह।

ZĀFRĀN ज़ाफ़रान (A. अ.) m. पु. saffron केसर।

ZĀFRĀNĪ ज़ाफ़रानी (A. अ.) adj. वि. of saffron, yellow केसरिया, केसर का।

ZAHAR ज़हर (P. फ़ा.) m. पु. poison विष, unpleasant अति, अप्रिय, ~ उगलना, to vomit poison, to say venomous things लगने वाली बात कहना, ~ का, धूंट पीना, to endure a bitter reverse असह्य को सह लेना ~ की पुड़िया, f. स्त्री. bundle of trouble भारी उपद्रवी ~ में बुझाना, to make a thing unbearable बात को असह्य बना देना ~ मोहरा, m. पु. bezoar stone (an antidote to poison) विष बुझाने वाली दवा।

ZĀHIR ज़ाहिर (A. अ.) adj. वि. evident, apparent, conspicuous, outward प्रकट, खुला हुआ।

ZAHRĪLĀ ज़हरीला adj. वि. poisonous विषाक्त, जिसमें ज़हर हो।

ZAĪF ज़ईफ़ (A. अ.) adj. वि. old बूढ़ा, वृद्ध, m. पु. an old man वृद्ध (पुरुष), बुड्ढा, weak कमज़ोर (उम्र के कारण)।

ZAĪFĪ ज़ईफ़ी (A. अ.) f. स्त्री. feeblenness (बुढ़ापे के कारण) कमज़ोरी, old age बुढ़ापा, वृद्धावस्था।

ZAK ज़क (A. अ.) f. स्त्री. defeat, disgrace हार, पराजय।

ZAKĀT ज़कात (A. अ.) f. स्त्री. portion of property given as alms ख़ैरात, दान, levy कर।

ZAKHĪRĀ ज़ख़ीरा (A. अ.) m. पु. treasure, stock, store ख़ज़ाना, भंडार।

ZAKHM ज़ख़्म (P. फ़ा.) m. पु. a wound, an injuury घाव, चोट, हानि ~ हरा होना, a wound to open बीते

हुए कष्ट का लौट आना, ~ पर नमक छिड़कना, to sprinkle salt on a wound घाव पर और घाव देना।

ZAKHMĪ ज़ख़्मी (P. फ़ा.) adj. वि. wounded, hurt, injured घायल।

ZĀLIM ज़ालिम (A. अ.) adj. वि. tyraunical, wicked अत्याचारी, क्रूर, m. पु. a tyrant, a cruel person अत्याचारी या क्रूर व्यक्ति, f. स्त्री. an unrelenting mistress सताने वाली प्रेमिका।

ZALZALĀ ज़लज़ला (A. अ.) m. पु. earth-quake भूकंप।

ZAMĀNĀ ज़माना (A. अ.) m. पु. time, period, an age वक्त, काल, युग, the world संसार।

ZAMĀNAT ज़मानत (A. अ.) f. स्त्री. surity, bail किसी की ज़िम्मेदारी लेना, बेल।

ZAMĀNATĪ ज़मानती (P. फ़ा.) adj. वि. bailable जमानत के योग्य ~ धन, m. पु. caution money प्रतिभूति।

ZAMIN ज़मीन (P. फ़ा.) f. स्त्री. earth पृथ्वी, land, ground, soil भूमि, धरती का स्थल भाग, ~ आसमान एक करना, to make untold efforts अत्यधिक प्रयत्न करना, ~ आसमान का फ़र्क़, a whole world of difference बहुत अधिक अंतर ~ में गड़ जाना, to be greatly ashamed अत्यंत लज्जित होना, ~ पर पैर न रखना, to be vainglorious अत्यन्त घमंड में होना।

ZĀMIN ज़ामिन (A. अ.) m. पु. guarantor, surety गारंटीकर्ता, प्रतिभू, ज़मानत करने वाला।

ZANĀNĀ ज़नाना (P. फ़ा.) adj. वि. women's (rooms, compartment, institution etc.) ज़नानख़ाना, घर आदि का औरतानी हिस्सा, स्त्री-संबंधी, effeminate औरतानी, स्त्रियोचित, gynaecological स्त्री-संबंधी (जैसे रोग आदि)।

ZANĀNKHĀNĀ ज़नानख़ाना (P. फ़ा.) m. पु. women's apartments घर पर महिलाओं के रहने का खंड, अंत:पुर।

ZANZĪR ज़ंज़ीर (P. फ़ा.) f. स्त्री. a chain, fetters सांकल, लड़ी, बेड़ी, श्रृंखला।

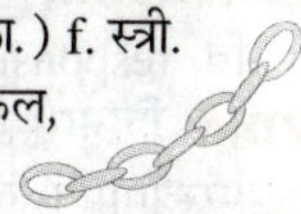

ZANKHA ज़नख़ा (P. फ़ा.) adj. वि. impotent नपुंसक, effeminate औरताना या औरतानी, स्त्रियोचित, स्त्रैण, a eunuch हिंजड़ा।

ZAR ज़र (P. फ़ा.) m. पु. wealth, money धन, दौलत ~ ख़रीद, adj. वि. bought with one's own money (as a slave) अपने पैसों से खरीदा हुआ (जैसे कोई ग़ुलाम या लौंडी) ~ दोज़, m. पु. an embroiderer (who works with gold or silver thread) कलाबत्तू या सोने-चांदी के सलमे-सितारे का काम करने वाला (f. स्त्री. ज़रदोज़ी)।

ZARĀ ज़रा (A. अ.) adj. वि. a little थोड़ा, थोड़ा-सा, adv. अ. just थोड़ी देर के लिए।

ZARĪ ज़री (P. फ़ा.) f. स्त्री. gold thread, gold brocade सोने का पानी चढ़ा धागा आदि।

ZARŪRAT ज़रूरत (A.अ.) f.स्त्री. need, necessity, want, lack आवश्यकता, हाजत।

ZĀYĀ ज़ाया (A. अ.) adj. वि. ruined बर्बाद, नष्ट ~ करना, to ruin, to waste नष्ट करना।

ZĀYQA ज़ायक़ा (A. अ.) m. पु. taste, flavour, savour स्वाद।

ZER ज़ेर (P. फ़ा.) adv. अ. under, below नीचे, तले, adj. वि. inferior हीन, निम्न कोटि का।

ZIKR ज़िक्र (A. अ.) m. पु. mention, account चर्चा, वर्णन, स्मरण।

ZILĀ ज़िला (A. अ.) m. पु. a district मंडल, ज़िला।

ZIMMĀ ज़िम्मा (A. अ.) m. पु. charge, responsibility सिपुर्दगी, उत्तरायित्व।

ZIMMEDĀR ज़िम्मेदार (S. सं.) adj. वि. responsible जवाबदेह, उत्तरदायी।

ZINĀ ज़िना (A. अ.) m. पु. adultery परस्त्रीगमन, व्यभिचार।

ZĪNA ज़ीना (A. अ.) m. पु. ladder, a flight of stairs सीढ़ी, सोपान।

ZIṄDĀ ज़िन्दा (P. फ़ा.) adj. वि. alive जीवित, active सक्रिय ~ बाद, m. पु. long live अमर हो, चिरजीवी हो, ~ दिल, adj. वि. cheerful, lively प्रसन्नचित्त, उत्साही।

ZIṄDGĪ ज़िन्दगी (P. फ़ा.) f. स्त्री. life, life time जीवन, जीवनकाल, ~ बसर करना, to spend life, to live जीवन बिताना।

ZOR ज़ोर (P. फ़ा.) m. पु. strength, power बल, शक्ति, effort, strain force प्रयास, इख़्तियार, ~ चलना, to have power बस चलना ~ डालना, to force दबाव डालना, ~ देकर, adv. अ. with emphasis बल देकर ~ पकड़ना, to gain in strangth or intensity गति पकड़ना, गति तीव्र होना, ~ लगाना, to apply force बल लगाना, ~ आज़माई, f. स्त्री. trial of strangth बल या शक्ति-परीक्षा ~ ज़ुल्म, m. पु. repressive measure अन्याय-अत्याचार।

ZUKĀM ज़ुकाम (A. अ.) m. पु. a cold (in throat or head) सर्दी (का रोग),~ होना, to catch cold सर्दी होना।

ZULM ज़ुल्म (A. अ.) m. पु. injustice, tyranny अन्याय, अत्याचार।

ZULMĪ ज़ुल्मी (A. अ.) adj. वि. tyrannical, unjust, cruel अन्यायी, अत्याचारी, (शायरी में माशूक या आशिक के लिए प्रयुक्त)।

◆◆◆

अँगरेज़ी - हिन्दी कोश

(An English-Hindi Dictionary)

फ़ादर कामिल बुल्के

Experts tell......

.... Dr. Bulcke's dictionary is based on the Concise Oxford and Webster dictionaries and gives the exact English pronunciation by printing the accented syllable in bold type. It is also cheap and handy .... I can safely recommend this dictionary by Bulcke as the best in the field. — *National Herald, Lucknow*

.... Dr. Bulcke, a well-known Hindi scholar, has produced an excellent dictionary. He includes in it Hindi equivalents of English words, both the simple and the more difficult Sanskritized versions which should satisfy both the layman and the purist.

— *The Statesman*

यह कोश न केवल हिन्दी और अंग्रेजी के नये पाठकों के लिए उपयोगी सिद्ध होगा वरन् हम जैसे पुराने घिसे हुए लेखकों के लिए भी बड़े काम की चीज सिद्ध होगा..... स्वंय मुझे अपने निबन्धों के लेखन में इससे बड़ी सहायता मिली है। — इलाचन्द जोशी

कोश में गुण अधिक हैं - उदाहरण के लिए मूल शब्द तथा उससे निकलने वाले सभी शब्दों के शुद्ध उच्चारण हिन्दी में दिए गए हैं। इससे कोश की उपयोगिता बढ़ी है। इसी तरह संभवत: यह अपने प्रकार का पहला कोश है जिसमें हिन्दी पर्यायों में स्त्रीलिंगवाचक संज्ञाओं के आगे वैसा संकेत कर दिया गया है। विदेशी पाठकों को इससे बहुत लाभ होगा। कोश की ये विशेषताएँ उसे दूसरे कोशों से भिन्न कर देती हैं। प्रूफशोधन एकदम त्रुटिहीन है, छपाई, गेट-अप आदि प्रशंसनीय है।

— विद्यासागर नंदा

एस. चन्द

हिन्दी-हिन्दी शब्दकोश

डॉ. द्वारका प्रसाद

किसी भी बड़े कोश में उस भाषा के प्रायः सभी शब्द और उनके सारे अर्थ देने की प्रथा बराबर से चली आ रही है, लेकिन समय के साथ अनेक नये शब्द बनते जाते हैं, अनेक शब्दों के कुछ विशेष अर्थ रूढ़ हो जाते हैं, कुछ का प्रचलन समाप्त हो जाता है, और कुछ शब्दों के तो अर्थ तक बदल जाते हैं। साधारण कोशों में एक ही शब्द के अनेक अर्थों में कौन-सा अर्थ अब प्रचलित है यह समझ पाना अत्यन्त कठिन हो जाता है और इससे व्यर्थ की उलझन पैदा होती है।

इस कोश में सिर्फ वही शब्द और उनके अर्थ संकलित किए गए हैं जो आज प्रचलित हैं इससे किसी प्रकार का भ्रम पैदा होने का खतरा भी नहीं होगा और आपको बोलने, लिखने, समझने में किसी प्रकार की कठिनाई नहीं होगी।

यह न सिर्फ सामान्य बोलने-चालने वालों तथा विद्यार्थियों के लिए , बल्कि लेखकों, कवियों, पत्रकारों आदि के लिए भी पूर्णतः उपादेय होगा।